MANUEL-FORMULAIRE

DES

ERTIFICATS DE PROPRIÉTÉ

ET DES OPÉRATIONS

CONCERNANT LES

RENTES SUR L'ÉTAT

DE TOUTES NATURES

PAR

Albert BERTHAUT

NOTAIRE

NOUVELLE ÉDITION

considérablement augmentée et mise au courant

PARIS

A L'ADMINISTRATION DU JOURNAL DES NOTAIRES ET DES AVOCATS

52, RUE DES SAINTS-PÈRES, 52

1897

HH328

PRÉFACE

Un succès dépassant nos prévisions a accueilli cet ouvrage.

Notre premier devoir, en publiant la seconde édition, est donc de remercier le public de la confiance qu'il nous a témoignée.

Cette bienveillance nous imposait une obligation : celle de compléter et de perfectionner notre œuvre en la continuant. C'est ce que nous nous sommes efforcé de faire.

Comme on le verra, non seulement l'ouvrage a été complété, augmenté et remis au point dans toutes ses parties, mais encore on y trouvera traitées, avec tout le développement qu'elles comportent, différentes questions que nous avions d'abord laissées de côté : *l'étude des caractères généraux des Rentes sur l'État*, des *privilèges et immunités dont elles jouissent* et celle *de la responsabilité résultant des transferts et mutations*.

Le développement tout particulier que nous avons donné à la partie, si importante en pratique, relative à la *capacité civile, aux formalités et aux justifications relatives aux transferts* n'échappera pas non plus à l'attention des lecteurs expérimentés auxquels nous nous adressons, qui apprécieront aussi, croyons-nous, l'innovation que nous tentons, en éditant l'ouvrage avec de *grandes marges* permettant de le tenir au courant.

Si, malgré tout le soin que nous avons apporté à l'élaboration de cette publication, des oublis ou même des inexactitudes nous avaient échappé, nous serions reconnaissant aux lecteurs de nous les signaler; il en serait tenu compte dans les éditions ultérieures.

Albert BERTHAUT.

SOMMAIRE DES MATIÈRES

DEUXIÈME PARTIE

RENTES SUR L'ÉTAT

APPENDICE

TROISIÈME PARTIE

FORMULES DIVERSES[1]

Certificats de propriété.

SUCCESSIONS AB INTESTAT.

Form. 1. — Succession directe. — Un seul héritier majeur. — Notoriété. — Réquisition dans le certificat. 467

Form. 2. — Succession directe. — Plusieurs héritiers majeurs. — Inventaire. — Communauté. — Rente propre. — Absence de partage. 469

Form. 3. — Succession directe. — Notoriété. — Communauté légale. — Absence de partage. — Acte de réquisition en tenant lieu. — Attribution divise 470

1. Consulter l'*Index alphabétique* qui précède les formules, *sup.* 461 et s.

SUCCESSIONS TESTAMENTAIRES.

DONATIONS.

MARIAGE.

Formules diverses.

Certificat de coutume.

Formules du Trésor.

PREMIÈRE PARTIE

CERTIFICATS DE PROPRIÉTÉ

RENTES SUR L'ÉTAT,
CAUTIONNEMENTS, LIVRETS DES CAISSES D'ÉPARGNE,
CAPITAUX ET ARRÉRAGES
A LA CAISSE NATIONALE DES RETRAITES,
PENSIONS, TRAITEMENTS, ETC.

PREMIÈRE PARTIE

CERTIFICATS DE PROPRIÉTÉ

CHAPITRE PREMIER

NOTIONS GÉNÉRALES

Le *Certificat de propriété* est l'acte par lequel un officier public atteste, dans certains cas prévus par la loi, les droits de propriété ou de jouissance d'une ou plusieurs personnes sur des valeurs déterminées [1].

1. — En principe, toute personne qui se trouve dans la nécessité de justifier de son droit à la propriété d'une chose quelconque est tenue de produire le titre qui constitue ce droit.

2. — Lors donc qu'une personne veut opérer la vente, obtenir la délivrance, ou prendre possession d'une valeur dont la propriété vient de lui être transmise, elle doit représenter les titres qui établissent son droit à la propriété de cette valeur.

3. — Et comme, d'après les articles 711 et 712 du Code civil, la propriété des biens ne s'acquiert et ne se transmet que par succession, par donation entre vifs ou testamentaire, par l'effet des obligations, par accession ou incorporation, et par prescription, le droit

---

[1]. Ce certificat, en ce qui concerne les rentes sur l'État, a été créé dans l'intérêt du Trésor, par les articles 165 et 172 de la loi du 24 août 1793, modifiés par l'article 6 de celle du 28 floréal an VII. Primitivement ce certificat était délivré par le liquidateur de la Trésorerie nationale, qui couvrait la responsabilité des autres fonctionnaires.

de propriété ne peut être rigoureusement démontré que par la production des inventaires, notoriétés, partages, donations, testaments, conventions, jugements ou autres titres qui constatent ces divers modes constitutifs de la propriété.

4. — Toutefois, le législateur a, dans certains cas déterminés, donné la faculté de suppléer à cette production de pièces, souvent très dispendieuse, par la remise d'une attestation délivrée par certains officiers publics, sous leur responsabilité, et contenant une analyse substantielle des titres de propriété.

5. — Ces attestations sont appelées *Certificats de propriété*.

CHAPITRE II

PAR QUI LES CERTIFICATS DE PROPRIÉTÉ
DOIVENT ÊTRE DÉLIVRÉS

6. — Aux termes de l'article 6 de la loi du 28 floréal an VII, des articles 37, 38, 39 et 41 de l'instruction ministérielle du 1er mai 1819 (titre III, 2e partie), le droit de délivrer les certificats de propriété appartient :

1° Aux *notaires ;*

2° Aux *juges de paix ;*

3° Aux *greffiers* des tribunaux de première instance et des cours d'appel ;

4° Et, à l'étranger, aux *magistrats* ou *consuls*, autorisés par les lois de leur pays.

7. — La compétence des juges de paix et des greffiers est limitée aux cas déterminés par la loi, tandis que celle des notaires peut être admise dans toutes les circonstances qui nécessitent la délivrance d'un certificat de propriété [1].

8. — Exceptionnellement, les *maires* sont aussi autorisés à délivrer des certificats de propriété. V. *inf.*, n° 61.

NOTAIRES.

9. — Le droit de délivrance appartient au notaire détenteur :

Soit de la minute de l'un des quatre actes mentionnés en l'article 6 de la loi du 28 floréal an VII : *Inventaire, Partage, Donation, Testament ;*

Soit de la minute d'un acte translatif quelconque ayant trait à la propriété de la rente, tel que : contrat de mariage, transport de droits successifs, acceptation de donation, délivrance de legs, dépôt avec reconnaissance d'écritures d'actes sous seings privés, nantissement, etc. [2].

10. — L'énumération faite en la loi du 28 floréal an VII ne peut, en effet, être considérée comme limitative, et une extension doit être admise pour tous actes attributifs ou translatifs de propriété [3].

11. — Les règles édictées par cette loi pour les certificats de propriété concernant les rentes sur l'État et développées par l'instruction précitée sont applicables, en principe, *mutatis mutandis*, aux certificats de propriété concernant les autres valeurs.

1. Instr. de la Direct. de la Dette inscrite, *sur la Délivrance des certificats de propriété,* août 1874, *in princ.*
2. Instr. préc., août 1874, § 1er, n° 1.
3. Même inst. *ub. sup.*

12. — Le notaire qui n'est détenteur d'aucune minute ne peut avoir qualité pour délivrer un certificat de propriété, même quand il aurait reçu en dépôt les expéditions de tous les actes justificatifs des droits des parties.

13. — Cependant, lorsqu'il s'agit d'actes reçus à l'*étranger* et même dans les *colonies*, un notaire français est compétent, en se faisant déposer ces actes eux-mêmes ou leurs expéditions ou extraits dûment légalisés.

Spécialement, pour les successions des *Alsaciens-Lorrains*, les pièces d'hérédité peuvent être déposées à un notaire français, qui a qualité pour délivrer les certificats de propriété nécessaires.

14. — Un arrêt de la Cour des comptes du 24 juin 1835 donne même un droit de préférence aux certificats délivrés par les notaires français [1].

15. — Les actes sous seings privés, valables en cette forme, ne peuvent servir de base aux certificats de propriété qu'autant qu'ils ont été déposés pour minute à un notaire avec reconnaissance d'écriture et de signatures, de façon à leur faire acquérir la valeur d'actes notariés [2].

16. — L'arrêt précité de la Cour des comptes du 24 juin 1835 décide en principe qu'il n'est pas besoin, de la part du Trésor, de faire un choix entre les actes donnant droit à la délivrance et de distinguer ceux qui sont *principaux* de ceux qui ne sont qu'*accessoires* [3].

17. — Lorsque les actes constatant la mutation d'une rente sur l'État ou autre valeur se trouvent au nombre des minutes de *plusieurs* notaires du *même ressort*, le certificat de propriété peut être dressé collectivement par tous les notaires détenteurs de ces minutes; mais, dans ce cas, la certification doit être collective et le Trésor n'admet pas qu'elle soit suivie de la mention restrictive : « *chacun en ce qui concerne* » [4].

18. — C'est là toutefois une pure faculté, et les notaires ne peuvent être contraints de concourir à la délivrance d'un certificat dont tous les titres ne se trouvent pas en leur possession, soit en

---

1. Instr. préc., août 1874, § 1er, no 8.
2. Gorges et de Bray, vo *Sous seings privés*, p. 325.
3. Inst. préc. de 1874, § 1er, no 2.
4. Inst. de la Direct. de la Dette inscrite, *concernant la Forme des certificats de propriété*, janvier 1873, XIV.

minute, soit par suite de dépôts d'expéditions. Juge de sa responsabilité et maître de ses attestations, le notaire n'est obligé par aucun texte de loi à assumer la responsabilité du visa d'actes qu'il n'a pas en sa garde [1].

19. — Pour que cette faculté puisse s'exercer, il faut que les deux notaires certificateurs aient le droit d'instrumenter dans le *même ressort* [2].

20. — Le notaire détenteur de la minute du *dernier* acte qui a fixé la propriété dans les mains des parties prenantes, au jour du certificat de propriété, n'a pas un *droit exclusif*, mais un simple *droit de préférence*, et c'est en ce sens que doit être interprétée la délibération de la Chambre des notaires de Paris du 9 ventôse an XIII, art. 17.

21. — Par suite, si deux ou plusieurs de ces actes ont été dressés par des notaires différents, et que ces notaires ne croient pas devoir concourir ensemble à la délivrance du certificat, ou qu'ils ne puissent le faire, comme n'étant pas du même ressort, le droit de délivrance appartient *indistinctement* au notaire détenteur de l'une quelconque des minutes, à la condition de faire le dépôt dont il va être parlé [3].

22. — Le notaire qui n'est détenteur que de l'une ou de plusieurs des minutes des actes translatifs de propriété doit viser, en outre, les expéditions ou extraits, *à lui déposés pour minute*, de tous autres actes reçus par d'autres notaires, et qui sont nécessaires pour compléter l'établissement des droits des nouveaux propriétaires.

23. — Ce dépôt pour minute est autorisé, même pour des actes reçus par des notaires de la même résidence ou du même ressort que le notaire certificateur [4].

24. — La représentation que le notaire certificateur se ferait faire de ces expéditions ou extraits serait insuffisante et ne pourrait tenir lieu du dépôt ; il en serait de même, à plus forte raison, de la simple énonciation de ces actes.

25. — Il doit se faire également déposer tous autres actes et pièces de toute nature qui seraient utiles, tels que : copies d'actes

1. Montélimar, 31 mai 1872.
2. Circ. Min. Just., 4 mai 1860.
3. Inst. préc., août 1874, § 1er, n° 2.
4. Stat. Ch. not. Paris, 1er mai 1870 (art. 30, 2e partie).

.de l'état civil, grosses ou extraits de jugements, originaux de signi-
.fications, certificats de non-opposition ni appel, etc.

26. — Il est cependant certaines pièces dont le dépôt n'est pas
nécessaire et dont la *relation* suffit ; tels sont les acceptations sous
.bénéfice d'inventaire, les certificats d'origine.

. **27.** — La *date de l'acte de dépôt* doit être relatée dans le certificat de propriété [1].

28. — La Chambre des notaires de Paris a prescrit d'énoncer
dans l'acte de dépôt le motif pour lequel il est fait et le titre de
rente pour lequel le certificat est requis.

Cette prescription a pour but d'empêcher le notaire dépositaire
de délivrer ensuite, au détriment du notaire détenteur de la minute,
aucune expédition ou aucun extrait des pièces déposées, autres que
des actes reçus en brevet ; elle s'applique également aux pièces
retenues comme annexes [2].

29. — La minute d'un simple *acte de notoriété* dressé, à défaut
d'inventaire, pour établir les qualités héréditaires des parties, ou
constater l'absence de réservataires, en cas de donation universelle
ou de legs au même titre, ne peut suffire pour conférer au notaire
qui en est détenteur la faculté de dresser le certificat de propriété,
dès lors qu'il existe, dans une autre étude, la minute soit de l'un
des actes visés par la loi de floréal, soit d'un acte quelconque translatif de propriété.

Ce notaire n'aurait pas qualité pour agir, même en se faisant
déposer une expédition ou un extrait de ce dernier acte.

Telle est la prescription formelle imposée par l'arrêt précité du
24 juin 1835 ; il établit, comme une règle absolue, que la loi du
28 floréal an VII a entendu déléguer, pour dresser le certificat de
propriété, le notaire détenteur de la minute de l'un des actes qui y
sont indiqués, et que cette délégation est essentiellement restrictive. Cet arrêt a été confirmé par deux autres de la Cour des
comptes des 30 mars 1837 et 8 juin 1839 [3].

30. — Un *intitulé non suivi d'inventaire* serait suffisant pour
.habiliter le notaire qui l'aurait dressé à délivrer les certificats de
.propriété ; mais ce moyen, quelquefois employé, nous semble une
manœuvre indigne d'un notaire scrupuleux.

1. Gorges et de Bray, v° *Dépôt d'acte*, p. 157.
. 2. Décis., 28 fév. et 2 déc. 1844.
3. Inst. préc., août 1874, § 1er, n° 4.

31. — Lorsque la mutation n'a pas d'autre cause de transmission que le fait du décès et qu'il n'existe aucun des actes sus-énoncés (cas dans lequel le juge de paix semblerait être le seul fonctionnaire désigné par la loi), le certificat de propriété délivré par un notaire et basé uniquement, soit sur la minute d'un acte de notoriété, soit sur le brevet original d'un acte de notoriété déposé pour minute, est-il suffisant et peut-il être admis?

La question est très controversée.

Nous croyons que, d'après les termes de l'article 6 de la loi du 28 floréal an VII, elle doit être résolue négativement. C'est, du reste, dans ce sens que se sont prononcés les auteurs et la jurisprudence [1].

Il faut cependant remarquer que ces décisions sont contraires à la règle suivie par le Trésor, lequel accepte les certificats de propriété délivrés par les notaires et visant simplement un acte de notoriété.

32. — Si un *inventaire* est *obligatoire*, par exemple en cas d'absence — C. c., 126, — de vacance de la succession — C. c., 813, — de déshérence — C. c., 769, — un acte de notoriété est insuffisant.

33. — Toutefois, pour les successions en déshérence, le Trésor admet le visa d'un acte de notoriété dressé pour suppléer à l'inventaire, quand, à raison de circonstances exceptionnelles, ce procès-verbal n'a pu être rédigé [2].

33 bis. — Un acte de notoriété pouvant être jugé insuffisant, même dans le cas où un inventaire n'est pas obligatoire, il est recommandé de ne faire usage de ce moyen de preuve qu'exceptionnellement [3].

34. — L'obligation de délivrer les certificats de propriété concernant des titres de rentes sur l'État, acquis en *remploi* par une femme dotale, incombe au notaire dépositaire de la minute du contrat de mariage et non au notaire rédacteur des actes de vente contenant remploi [4].

---

1. Ed. Clerc, *Traité gén. du Notariat*, t. I, n° 431; Eloy, *Resp. not.*, t. II, n° 904; Amiaud, *Obs. prat.*, *Rev. du not.*, n° 5625; Rutgeerts et Amiaud, *Comment. de la loi de ventôse*, t. I, n° 30; Pradier, *Rev. du not.*, n° 324-31; Paris, 30 juill. 1853; Cass., 8 mai 1854; Saint-Mihiel, 26 déc. 1877.

2. Inst. gén. de l'Enreg., 10 oct. 1878, n° 2602, art. 34.

3. Gorges et de Bray, v° *Notoriété*, III, p. 254.

4. C. Toulouse, 19 juill. 1878; Gorges et de Bray, v° *Régime dotal*, VI, p. 295.

35. — La minute d'un simple *acte de réquisition* ne peut conférer au notaire qui en est détenteur le droit de délivrer le certificat, à moins que la réquisition, faite par toutes les parties majeures et maîtresses de leurs droits, ne soit accompagnée d'une déclaration expresse de leur part, contenant division des rentes ou consentement de rester dans l'indivision.

36. — Mais pareille réquisition serait insuffisante, si elle était faite seulement dans le certificat délivré en brevet, ou si, même faite en minute, elle émanait *d'un seul* ayant droit, fût-il le seul, ou d'incapables [1].

37. — Dans le cas où la réquisition est admise, il faut, pour habiliter le notaire, qu'elle contienne partage des rentes ou convention d'indivision ; une réquisition en minute, par toutes les parties majeures et capables, serait insuffisante seule, s'il existait chez un autre notaire des actes translatifs ou attributifs de propriété.

38. — Les transferts de rentes sur l'État ne peuvent s'opérer que sur la certification d'un agent de change [2].

Par suite, un certificat de propriété, délivré sur le vu de la minute d'un acte contenant transfert pur et simple d'une rente sur l'État par le titulaire, au profit d'un tiers, ne peut être accepté pour faire opérer la mutation au nom de ce dernier [3].

39. — Cependant, de pareils certificats sont admis lorsqu'il s'agit d'une cession d'usufruit ou de nue propriété, ou bien lorsque la cession de la pleine propriété n'est que le complément ou l'accessoire de conventions ou obligations précédentes, telles que, par exemple, le cas de : cession en paiement par un acquéreur à son vendeur, liquidation de reprises, constitution de rente viagère, cession de fractions non inscriptibles, etc... [4].

40. — Si la mutation s'est opérée en vertu d'un jugement, le notaire pourra avoir qualité, ainsi que le greffier, pour délivrer le certificat de propriété, parce que les droits des parties, qui ont été l'objet d'une contestation, peuvent résulter partiellement d'actes ayant précédé ou suivi ce jugement [5].

---

1. Inst. préc., août 1874, § 1er, n° 6.
2. L. 28 flor. an VII; Arrêté 27 prairial an X, art. 15; Ordonn. 14 avril 1819, art. 6; Arrêté 30 janv. 1822.
3. Déc. min., 7 août 1821; Inst., août 1874, § 1er, n° 5.
4. Inst., août 1874, § 1er, n° 5.
5. Même inst., § 1er, n° 7.

Il suffira alors que le notaire soit détenteur de la minute de l'un de ces actes; il se fera déposer, en outre, la grosse du jugement et les pièces constatant son exécution, ou qu'il est passé en force de chose jugée, ainsi que les expéditions ou extraits de tous autres actes authentiques utiles, dont il n'aurait pas les minutes [1].

41. — Lorsqu'un jugement, par interprétation d'un testament, a décidé qu'une rente sur l'État devait être attribuée à telle personne, ce n'est pas au greffier du tribunal, mais au notaire détenteur de la minute de l'inventaire après le décès du testateur, qu'il appartient de dresser le certificat de propriété [2].

42. — Si un jugement a pour objet seulement de prescrire des mesures conservatoires, telles que la nomination d'un administrateur, ou d'autoriser le transfert de rentes dépendant d'une succession, c'est au notaire détenteur de la minute de l'un des actes qui ont dû précéder ou suivre l'obtention du jugement, qu'appartient le droit exclusif de délivrance [3].

JUGES DE PAIX.

43. — Les juges de paix ne sont compétents pour délivrer les certificats concernant les titulaires décédés *dans leur ressort*, qu'en l'absence de tout acte translatif ou attributif de propriété, et lorsque les droits des nouveaux propriétaires résultent uniquement des dispositions de la loi, sans être modifiés ou constatés par aucun acte antérieur ou postérieur au décès du titulaire [4].

44. — Ainsi, ils cessent d'avoir qualité pour cette délivrance lorsqu'il existe :

1° Un acte notarié quelconque ayant trait à l'hérédité (une exception est faite pour un simple acte de notoriété qui aurait été dressé par un notaire, à défaut d'inventaire, pour constater les qualités héréditaires, acte que le juge de paix doit d'ailleurs s'abstenir de relater dans son certificat) [5];

---

1. Même inst., § 1er, n° 7.
2. Ord. prés. trib. Seine, 21 juill. 1869; Rutgeerts et Amiaud, *op. cit.*, n° 31 et note 2.
3. Inst., août 1874, § 3.
4. Annotation à la suite du décret du 18 sept. 1806; Inst. préc., août 1874, § 2.
5. Comp. *sup.*, n° 31.

2° Un jugement en vertu duquel la mutation est opérée ; il en est ainsi, non seulement quand le jugement a statué sur la propriété des titres de rentes par suite d'une contestation survenue entre les parties, mais encore lorsqu'il a prononcé, soit l'envoi en possession provisoire ou définitive par suite d'absence, soit la déclaration de vacance ou de déshérence d'une succession, soit l'envoi en possession au profit d'un conjoint survivant ou de tout autre successeur irrégulier appelé à succéder à défaut d'héritiers légitimes ;

3° Des actes quelconques dressés au greffe d'un tribunal, tels que : actes d'acceptation ou de renonciation, concernant soit une communauté, soit une succession ;

4° Et des actes sous seings privés, tels que ceux contenant partage ou transport de droits successifs ; ces sortes d'actes ne peuvent servir de base à l'établissement des droits des parties, qu'autant qu'ils sont devenus authentiques par leur dépôt, avec reconnaissance d'écriture, en l'étude d'un notaire, ou que cette reconnaissance a eu lieu en justice, et un greffier de justice de paix ne peut recevoir régulièrement le dépôt d'actes sous seings privés et les ranger dans les minutes du greffe [1].

45. — Même dans le cas où le juge de paix est compétent pour la délivrance du certificat de propriété, le notaire reste toujours chargé, en principe, de faire les actes de notoriété qui peuvent être utiles.

Lorsque, par exemple, les noms ou prénoms ont été écrits d'une manière inexacte, soit dans l'inscription de rente, soit dans toute autre pièce, il faut que l'erreur soit relevée dans le certificat de propriété, et que la rectification soit appuyée par un acte de notoriété rédigé à cet effet par un notaire et non par le juge de paix [2].

46. — Un cas où le juge de paix a spécialement qualité pour délivrer un certificat de propriété, c'est celui où un militaire ou employé aux armées est décédé dans un hôpital militaire, en laissant des effets mobiliers, papiers, valeurs ou argent lui appartenant.

Les héritiers et représentants doivent alors, pour obtenir du Directeur, officier comptable, la remise de ces objets, produire un certificat de propriété délivré par le juge de paix sur l'attestation de deux témoins, constatant les noms, prénoms et qualités du défunt

---

1. Cass., 13 et 14 février 1886 ; Inst., août 1874, § 2.
2. Amiaud, *Rev. du Not.*, n° 5625. — *Contrà* : G. Duvert, n° 10 .(Edit. de 1883).

et de ses héritiers ou représentants, la demeure de ceux-ci, leur degré de parenté, l'époque et le lieu du décès du *de cujus*.

Ce certificat, rédigé sur timbre, enregistré, et légalisé par le président du tribunal, doit constater que lesdits héritiers ou représentants ont seuls droit aux objets et sommes dépendant de la succession, et si le défunt était célibataire, veuf ou marié. Dans ce dernier cas, il indique si la veuve a des droits comme commune en biens ou autrement, ou si elle n'en a pas [1].

47. — Les juges de paix peuvent encore, en ce qui concerne les justifications à fournir par les héritiers d'un *pensionnaire de l'État* pour recevoir les arrérages au décès du titulaire, délivrer le certificat de propriété nécessaire, lorsqu'il y a lieu de viser un contrat de mariage d'après lequel la veuve est qualifiée de commune en biens seulement [2].

48. — Enfin, aux termes du décret du 20 mars 1874 (art. 9), relatif au paiement des indemnités dues ensuite de la guerre franco-allemande, les certificats destinés à établir l'identité ou la qualité des parties prenantes peuvent être délivrés, sur papier libre et sans frais, par les juges de paix.

GREFFIERS.

49. — Le greffier du tribunal civil ou de la cour d'appel délivre le certificat de propriété lorsque, par suite de contestations litigieuses, les droits des nouveaux propriétaires de la rente sont établis par un jugement ou un arrêt [3].

50. — Mais il n'en est pas de même lorsqu'un jugement ou un arrêt a pour objet de prescrire des *mesures conservatoires* [4].

51. — Le greffier n'est apte à délivrer le certificat de propriété que si les droits des bénéficiaires résultent *uniquement* des dispositions de la décision rendue.

52. — Même dans cette hypothèse, le notaire des parties a qualité, en se faisant déposer les pièces pour minute [5].

1. H. Bertheau, *Répert. de la prat. des aff.*, v° *Cert. de prop.*, n°s 12811 et 13064 à 13066.
2. Inst. Trésor, 2 mars 1878.
3. Inst. août 1874, § 3; Seine, 21 juill. 1869.
4. V. *sup.*, n° 42.
5. Duvert, n° 218, p. 164.

NOTAIRES OU MAGISTRATS ÉTRANGERS ET CONSULS.

53. — Quant aux *successions ouvertes à l'étranger*, les certificats peuvent être délivrés par les magistrats, notaires ou autres fonctionnaires autorisés par les lois de leur pays, sur la justification d'un *certificat de coutume* attestant que les signataires des certificats de propriété ont qualité à cet effet[1].

54. — Ces certificats sont acceptés par le Trésor toutes les fois qu'ils remplissent les conditions de régularité exigées pour ceux de France.

55. — Par exception à cette règle, les *notaires anglais* n'ont pas qualité pour la délivrance des certificats de propriété.

On a recours à des notaires français, qui visent, indépendamment des actes reçus en pays étranger, des certificats de coutume émanant soit du conseil de l'ambassade de France à Londres, assisté d'un jurisconsulte anglais, soit du *registrar* (greffier) de la *Court of probate*, s'il s'agit de l'interprétation de documents soumis à cette haute juridiction[2].

56. — Dans les pays où le code civil a été en vigueur, la *Belgique*, l'*Alsace-Lorraine*, par exemple, le Trésor admet les certificats de propriété délivrés par les notaires locaux, sans autre justification, si, d'ailleurs, ils remplissent les conditions de régularité prescrites pour ceux de France ; mais, lorsqu'il y a doute sur la compétence, on exige un certificat de coutume[3].

57. — Les *consuls étrangers*, en France, peuvent également délivrer des certificats de propriété, pour les rentes qui dépendent des successions de leurs nationaux, mais seulement lorsque le droit d'instrumenter leur a été formellement reconnu par une convention diplomatique[4].

58. — Ainsi, les consuls et vice-consuls d'Espagne, en France, ont qualité pour recevoir tous les actes, comme les notaires espagnols, et notamment pour délivrer les certificats de propriété destinés à opérer la mutation ou le transfert des rentes françaises

1. Inst. du 1er mai 1819, relative à l'exéc. de la loi du 14 avril 1819, titre III, 2e partie, art. 41 et 42 ; Inst. août 1874, § 4.
2. De Bray, n° 350, p. 318.
3. Idem, n° 348, p. 317.
4. Inst. août 1874, § 4.

dépendant des successions de leurs nationaux domiciliés ou décédés en France.

La disposition leur conférant ce privilège remonte à la convention du Pardo, du 13 mars 1769 ; elle a été renouvelée le 7 janvier 1862 [1].

59. — Il en est de même pour l'*Italie* [2].

60. — De même, les *consuls français*, hors de France, sont admis à délivrer des certificats de propriété, pour les successions des Français décédés domiciliés dans l'étendue de leur juridiction [3].

MAIRES.

61. — Les maires ont *exceptionnellement* qualité pour délivrer des certificats de propriété, *quand la somme à recevoir n'excède pas* 50 *francs* :

1° Pour le remboursement, après le décès d'un rentier de la Caisse nationale des retraites pour la vieillesse, du capital réservé ou le paiement des arrérages courus [4] ;

2° Pour toucher les arrérages dus au décès d'un pensionnaire sur l'Etat ;

3° Pour le remboursement, après le décès d'un titulaire d'un livret de caisse d'épargne [5] ;

Ces certificats sont délivrés par le maire de la commune où a eu lieu le décès [6] ;

4° Pour le paiement du solde de la prime d'un rengagement de militaire.

Ce certificat est délivré par le maire de la commune où résident les héritiers [7].

S'ils étaient de différents endroits, la compétence appartiendrait au maire du lieu où le *de cujus* avait son domicile légal.

1. Duvert, p. 29, n° 1 ; G. Deloison, n° 71. V. aussi Bavelier, p. 60.
2. De Bray, n° 351, p. 318.
3. Inst. août 1874, § 4.
4. Inst. gén. 1er août 1877, art. 104.
5. Arnaud, n° 80, p. 23.
6. H. Paulme, p. 21, 38 et 50.
7. Circ. Min. guerre, 16 mai 1859.

CHAPITRE III

FORMES. — FORMALITÉS

Art. 1ᵉʳ. — Formes.

Sect. 1. — DISPOSITIONS GÉNÉRALES.

62. — Les certificats de propriété émanant de notaires sont des actes notariés, puisqu'ils sont délivrés par des notaires en cette qualité; mais ce sont des actes notariés d'une nature particulière, non soumis à toutes les règles ordinaires.

63. — Ainsi, ils sont délivrés sans l'assistance d'un second notaire ou de témoins. Cela résulte des modèles de certificats annexés au décret du 18 septembre 1806 et d'un usage constant [1].

---

1. Berthaut, *Man.-form. Rentes sur l'Etat*, p. 86.

64. — Ils n'ont pas, ordinairement, besoin d'être signés par les parties.

65. — Par exception à cette règle, les certificats de propriété doivent être signés par les parties :

1° Lorsque la réquisition de délivrance[1] a lieu dans le certificat de propriété ;

2° Lorsque les certificats de propriété contiennent une cession de fraction de franc non inscriptible ;

3° Et toutes les fois que, d'après les circonstances, le notaire rédacteur croit devoir exiger cette formalité dans l'intérêt de sa responsabilité[2].

66. — Les certificats de propriété sont au nombre des actes simples qui peuvent être délivrés en *brevet*[3]. C'est, d'ailleurs, la forme universellement adoptée pour leur délivrance, bien qu'aucun texte de loi ne nous paraisse s'opposer à ce qu'ils soient faits en minute.

67. — Toutefois, le Trésor *exige* que les certificats de propriété lui soient produits en *originaux* et non en expéditions, même lorsqu'ils sont délivrés à l'étranger[4].

68. — Le Trésor accepte les certificats de propriété délivrés par un notaire *substituant*[5].

69. — Lorsqu'un notaire se trouve détenteur d'actes reçus par son prédécesseur et dans lesquels lui ou ses parents ou alliés au degré prohibé sont parties intéressées, nous estimons qu'il a strictement le droit de délivrer le certificat de propriété[6] ; mais il est préférable, en pareil cas, et il est d'usage qu'il se fasse substituer par un confrère pour la délivrance des certificats de propriété basés sur ses actes[7].

70. — Le notaire substituant doit être du même ressort que son confrère substitué.

71. — Il déclare substituer le notaire empêché pour cause de parenté, d'alliance ou autre, et vise les minutes des actes en possession du notaire substitué[8].

---

1. V. *inf.*, ART. 2, *Formalités*, nos 267 et s.
2. V. cep. Gorges et de Bray, vo *Cert. de prop.*, VII, p. 107.
3. L. 25 vent. an XI, art. 20.
4. Inst. janv. 1873, XIV ; Inst. août 1874, § 2.
5. Berthaut, *op. cit.*, p. 87.
6. Art. 21281 J. N.
7. Comp. Berthaut, *op. cit.*, p. 87.
8. Gorges et de Bray, vo *Not.*, II, p. 253.

72. — Les actes et pièces établissant les droits des parties sont mentionnés par ordre de date et analysés sommairement; il suffit d'en rappeler les dispositions relatives aux noms et qualités des parties et aux valeurs dont la mutation est requise.

73. — Ces actes et pièces doivent être *visés;* une énonciation indirecte serait insuffisante.

74. — Les *erreurs* existant dans l'orthographe des noms et prénoms, ou celles provenant de l'interversion des prénoms, soit dans les actes, soit dans les inscriptions de rentes[1], pensions ou cautionnements, soit dans les livrets de caisses d'épargne, doivent être rectifiées.

75. — Ces rectifications peuvent être faites dans le certificat de propriété, en visant seulement la *minute* d'un acte de notoriété, sans qu'il soit besoin d'y relater l'annexe des actes de l'état civil[2].

76. — Cette annexe n'est *nécessaire* que dans le cas où l'acte de notoriété est produit *isolément;* encore n'est-elle pas exigée pour une simple interversion de prénoms, ni pour une légère différence dans l'orthographe du nom.

77. — Dans les cas où les annexes des actes de l'état civil ne sont pas exigées, les notaires, étant considérés comme responsables, sont juges de l'opportunité de ces annexes.

78. — A défaut d'acte de l'état civil, un certificat rectificatif, basé sur la *minute* d'une notoriété, suffit pour opérer la régularisation[3].

79. — Les actes de naissance et de mariage peuvent seuls servir de base aux rectifications.

80. — Les erreurs existant dans les actes de l'état civil ne peuvent être rectifiées qu'en vertu d'un jugement. (C. c., art. 99.)

81. — Toutefois, le Trésor admet la rectification de l'acte de décès en vertu d'un acte de notoriété, pour la mutation des rentes sur l'État et pour le paiement des arrérages d'une rente ou d'une pension, quand le décompte n'excède pas 200 francs[4].

82. — En cas de rectification, le notaire n'a pas à *certifier personnellement* l'identité.

---

1. *Adde : inf.*, 2ᵉ *partie, Rectif. de libellés.*
2. Inst. janv. 1873, XI.
3. Gorges et de Bray, vᵒ *Rectification*, 1, p. 291.
4. Décis. Min. fin., 17 mai 1817.

Cela n'est exigé que pour les rectifications d'une importance particulière [1].

83. — La disposition finale du certificat, par laquelle le notaire atteste les droits des nouveaux propriétaires, est appelée *Certifié*. C'est la partie principale de l'acte ; on doit donc apporter le plus grand soin à sa rédaction. Elle doit contenir la désignation complète des nouveaux propriétaires par noms et prénoms, l'énonciation de leurs droits et des conditions ayant pour objet de restreindre la faculté de disposer librement [2].

84. — Bien que cette énonciation ne soit pas rigoureusement obligatoire, il est bon, toutes les fois que le certificat est délivré en vue d'un paiement, d'attester au certifié, en outre du droit à la propriété ou à l'usufruit, celui, pour qui de droit, de recevoir. Il en est ainsi notamment, quand le droit de toucher ne coïncide pas exactement avec le droit de propriété, par exemple, quand la somme à recevoir, appartenant à un mineur, doit être encaissée par son tuteur ou son administrateur légal ; quand, appartenant à une femme mariée, elle peut être reçue par son mari ; quand l'usufruitier a le droit de recevoir sans le concours du nu propriétaire.

85. — Ce certificat atteste, alors, qu'en faisant le paiement entre les mains et sur la quittance de la partie désignée, le payant sera valablement libéré.

86. — Cette attestation a pour objet et souvent pour effet d'éviter tout doute au payant sur le droit de recevoir pour celui qui est appelé à encaisser ; elle ne doit, bien entendu, être donnée qu'à bon escient.

87. — On doit apporter le plus grand soin dans la rédaction des certificats de propriété, car lorsqu'ils sont admis comme titres justificatifs des droits des parties, ils forment la seule base de l'opération, et on ne pourrait régulièrement suppléer aux indications qui auraient été omises par la production ultérieure de pièces justificatives [3].

88. — Ainsi, le Trésor n'opère jamais le changement d'immatricule ou le paiement que sur la production d'*une seule pièce*, qui doit être complète, le certificat de propriété.

89. — Pendant longtemps, l'ambiguïté de la rédaction de l'ar-

---

1. Comp. Décr. 31 mai 1862, art. 205.
2. Inst. janv. 1873, III.
3. Berthaut, *op. cit.*, p. 87 et 88.

ticle 6 de la loi du 8 floréal an VII, qui semble prescrire indifféremment, à l'appui des mutations de rentes, la production d'un certificat de propriété ou d'un acte de notoriété, laissa supposer que ce dernier acte pouvait suffire ; mais cette interprétation a cessé, et il est aujourd'hui admis que cette opération ne peut avoir lieu que sur la production d'un *certificat de propriété*. Si l'article précité emploie indistinctement ces deux mots, c'est parce que le certificat que délivre le juge de paix contient nécessairement un acte de notoriété [1].

90. — Les certificats de propriété dressés par les juges de paix sont délivrés par eux, en *brevet*, sur l'attestation de deux témoins, sans que l'assistance du greffier soit nécessaire [2].

91. — Ceux délivrés par les greffiers des cours et tribunaux sont dressés par eux seuls, sur le visa des pièces établissant les droits des parties, sans l'attestation de témoins [3].

Sect. 2. — DISPOSITIONS SPÉCIALES.

1° *Rentes sur l'État.*

1. Gorges et de Bray, v° *Acte de notor.*, II, p. 70 ; Amiaud, *Rev. du not.*, n° 5625 ; Berthaut, *op. cit.*, p. 88 ; — Cass., 14 avril 1824.
2. Décr., 18 sept. 1806 (*mod. annexé*) ; Gorges et de Bray, v° *Juge de paix* (*form.*), p. 228.
3. Gorges et de Bray, v° *Greffiers des trib.* (*form.*), p. 201. — C'est par erreur que les *Pandectes franç.* (n° 91) indiquent le contraire.

92. — On doit énoncer, en tête du certificat, la *nature*, le *volume* (quand il y a lieu), la *série*, le *numéro*, la *somme* et l'*immatricule* littérale des titres qui en font l'objet [1].

93. — Un seul certificat *suffit* pour tous les titres appartenant à une même personne ou dépendant d'une même succession, encore qu'ils soient de différentes natures [2].

94. — Lorsque le certificat concerne plusieurs inscriptions de *même nature*, à partager entre divers ayants droit, il suffit d'indiquer la part revenant à chacun d'eux dans l'ensemble des titres, sans énoncer celle qui lui appartient dans chaque titre ; mais si les rentes ne sont pas de même nature, chaque espèce doit faire l'objet d'une attribution spéciale [3].

95. — Quand plusieurs ayants droit figurent sur un même titre, il est nécessaire de faire connaitre la somme de rente ou la quotité revenant à chacun, ou bien de dire qu'ils possèdent indivisément, sans que, dans aucun cas, on puisse laisser en doute le mode de possession, ni exprimer en même temps la *division* et l'*indivision* par des *termes contradictoires*, tels que : *conjointement ou chacun par moitié, un quart*, etc. [4].

96. — Il ne faut pas dire, non plus, chacun pour un tiers ou un

1. Quant à la manière dont se fait cette énonciation, voir *infrà* les *Formules*.

2. Inst. janv. 1873, I.

3. Inst. janv. 1873, II.

4. Inst. janv. 1873, IV.

quart *indivis*, car si c'est un tiers ou un quart que chacun possède, il y a pas indivision, les rentes sur l'État étant, de leur nature, essentiellement divisibles[1].

97. — A défaut de constatation divise formellement exprimée sur le titre, celui des intéressés qui voudrait ultérieurement se dessaisir de sa portion de rente aurait à réclamer le concours de ses copropriétaires, ou à justifier de ses droits divis en produisant un nouveau certificat de propriété.

98. — Toutefois, cette recommandation n'a d'intérêt qu'autant que le certificat de propriété est délivré en vue d'une *mutation;* car, lorsqu'il s'agit d'arriver à la *vente* de la totalité de la rente, il importe peu qu'elle soit attribuée aux ayants droit dans le certificat divisément ou indivisément[2].

99. — Il convient de remarquer que, depuis la loi du 27 février 1880 sur l'aliénation de valeurs appartenant aux mineurs et aux interdits, le Trésor rejette les certificats de propriété où la division des rentes n'est pas basée sur un partage régulier.

100. — En conséquence, lorsqu'il dépend d'une communauté ou d'une succession des rentes sur l'État, et que, parmi les représentants du titulaire, il se trouve des mineurs ou autres incapables, ces rentes, à défaut de partage régulier, *doivent* toujours être attribuées dans le certificat de propriété *conjointement et indivisément* à tous les ayants droit[3].

101. — Rigoureusement il n'en est ainsi que lorsqu'on se trouve en présence d'incapables. Quand tous les ayants droit sont majeurs et capables, on peut, même en l'absence de partage, conclure à l'attribution des rentes par portions viriles, suivant leurs droits héréditaires, et ce lors même que le chiffre total de ces rentes ne serait pas divisible par les fractions héréditaires[4].

1. On conçoit très bien que deux personnes possèdent un immeuble, indivisible de sa nature, chacune pour une moitié indivise, mais pas un titre de rente, qui est essentiellement divisible. Le Trésor, du reste, ne l'admet pas.
On peut exprimer les droits des parties en fractions, même quand la somme de rente du titre n'est pas divisible exactement par ces fractions. Ainsi, un titre de 25 francs de rente peut être immatriculé aux noms de deux personnes, chacune pour un 1/2, mais il ne faut pas ajouter indivise. — V. *infrà*, 2e PART., *Cap. civ. à l'égard des transf.*, vo *Copropriétaires*.

2. Gorges et de Bray, vo *Indivision*, XII, p. 218.

3. Lett. Min. just., 20 mai 1880, relat. à cette loi; Circ. Direct. Dette insc., 28 mars 1881, § IX.

4. V. cep. *inf.*, chap. VI, *Succ. ab intestat* (Partage), nos 385 et s.

102. — Il existe et probablement il existera longtemps encore au Grand-Livre des inscriptions de rente provenant de successions et d'origines diverses, immatriculées au nom des titulaires, même incapables, conformément à leurs droits et qualités héréditaires, c'est-à-dire par portions viriles, soit par quotités ou fractions, soit en francs et centimes.

103. — Lorsque, pour effectuer le transfert ou la mutation de ces rentes, il y a lieu, afin d'obtenir de nouveaux titres en chiffres ronds, de constater des *cessions de centimes ou de fractions non inscriptibles* entre majeurs et mineurs, c'est toujours au profit de ces derniers qu'elles doivent être faites [1].

104. — Le Trésor n'inscrit les propriétaires des rentes que pour des *sommes rondes*, de franc en franc, *sans fraction* [2].

105. — Dans le cas où le chiffre de rente ne se divise pas exactement sans fractions de franc, on peut toujours obtenir des titres distincts au moyen de cessions de centimes entre les copropriétaires [3].

106. — Ces cessions ont lieu, soit dans l'acte de réquisition, soit dans le certificat lui-même sans qu'il soit besoin de viser un acte notarié, soit dans tout autre acte.

107. — Quand la cession est la conséquence d'un transfert, elle a lieu en même temps que cette opération, sans mandat spécial, et les parties se règlent directement entre elles à ce sujet.

108. — Lorsque les droits des propriétaires sont exprimés dans un titre collectif en quotités ne permettant pas la division sans fractions de franc, les parties peuvent faire acheter, à la Bourse, la somme de rente nécessaire, *dans les mêmes termes*, pour parfaire un chiffre divisible et obtenir la délivrance de titres distincts [4].

109. — On doit, autant que possible, réunir en un seul titre toutes les inscriptions de rente de même nature appartenant à la même personne. Les efforts du Trésor tendent vers ce résultat, qui est conforme à l'esprit de la loi du 24 août 1793, relative à la création du Grand-Livre.

110. — Il vaut mieux exprimer les droits des nouveaux propriétaires en *sommes de rente* qu'en *quotités* correspondantes.

1. Gorges et de Bray, vᵒ *Portion virile*, II, p. 276; Berthaut, *op. cit.*, p. 90.
2. L. 24 août 1793, art. 4 ; Inst. 1ᵉʳ mai 1819, titre II, ch. V, art. 31.
3. Inst. janv. 1873, V.
4. Gorges et de Bray, vᵒ *Division*, IV, p. 162; Berthaut, *ub sup.*

111. — Quand cela se peut, on doit demander des *titres distincts*[1].

112. — Il n'existe un *maximum* inscriptible sur le Grand-Livre de la Dette publique que pour les *rentes mixtes*.

113. — Quant au *minimum* inscriptible, il est actuellement fixé à :

3 francs, pour les rentes perpétuelles 3 p. 100[2];

2 francs, pour les rentes perpétuelles 3 1/2 p. 100[3];

Et 15 francs, pour la rente amortissable[4].

114. — Pour cette dernière rente, les inscriptions nominatives ne peuvent être que d'un multiple de 15 francs[4].

Pour les *rentes perpétuelles*, le chiffre est facultatif.

Enfin, quant aux *rentes mixtes*, les inscriptions ne peuvent être que des quotités suivantes[5] :

Rente 3 p. 100	3 francs.	8 francs.	50 francs.	500 francs.
	4 —	9 —	100 —	1000 —
	5 —	10 —	200 —	1500 —
	6 —	20 —	300 —	3000 —
	7 —	30 —		

Rente 3 1/2 p. 100	2 francs.	8 francs.	50 francs.	500 francs.
	3 —	9 —	100 —	1000 —
	4 —	10 —	200 —	1500 —
	5 —	20 —	300 —	3000 —
	6 —	30 —		
	7 —			

115. — Il *faut* donc, dans la *réunion* ou la *division* des titres, se conformer, lorsqu'il y a lieu, aux obligations résultant de ces diverses règles.

116. — Dans la disposition finale, où se trouve la certification du droit de propriété, le notaire doit désigner les nouveaux propriétaires par leurs noms et prénoms, sans omettre les qualités civiles de : *fille majeure, femme de* ... ou *veuve de* ..., et déterminer la portion de rente afférente à chacun.

1. Gorges et de Bray, v° *Indivision*, VIII, p. 217.
2. L. 27 juill. 1870, art. 37.
3. L. 17 janv. 1894, art. 3; Décr. même date, art. 7.
4. Décr., 16 juill. 1878, art. 3, relatif à la loi du 11 juin précéd.
5. Arr. Min. fin. 6 juill. et 25 nov. 1864, art. 1er; L. 27 juill. 1870; Décr. 20 janv. 1894, art. 7.

Il mentionne, lorsqu'il y a lieu, qu'ils sont légataires ou héritiers sous *bénéfice d'inventaire*.

Pour les *mineurs*, les *interdits* et les *prodigues*, on indique les noms, prénoms et qualités des *tuteurs*, *administrateurs*, *curateurs* ou *conseils judiciaires*.

Pour les *femmes mariées*, on indique le *régime* auquel elles sont soumises, sauf pour le régime de la communauté conventionnelle, qui ne se mentionne que lorsque les femmes sont astreintes à emploi ou remploi, ou quand les rentes leur appartenant sont frappées d'indisponibilité.

Pour les *femmes divorcées*, on fait suivre les nom et prénoms des mots : *femme divorcée;* mais on ne rappelle pas le nom du mari [1].

Pour les *faillis*, on mentionne les noms des *syndics* et les *jugements* les nommant.

Enfin, pour les *sociétés*, les noms des *gérants* doivent être énoncés.

117. — Cette certification, spécialement quand il y a plusieurs titres de rente et plusieurs nouveaux titulaires, peut être faite ainsi : « *En conséquence, je certifie que les rentes énoncées en tête des présentes, s'élevant ensemble à ....., appartiennent aux personnes ci-après nommées et doivent être immatriculées comme suit, etc.* » [2].

118. — Lorsqu'une rente revient pour l'*usufruit* à une personne et pour la *nue propriété* à d'autres, l'usufruitier doit être désigné avant le nu propriétaire [3].

119. — Quand une rente doit être immatriculée au nom d'un usufruitier et que les droits des nus propriétaires ne peuvent être établis régulièrement, soit parce qu'ils sont inconnus, soit parce qu'il y a intérêt à ne pas les inscrire immédiatement, la nue propriété est attribuée à la succession du *de cujus* ou à ses héritiers et légataires d'une manière générale [4].

120. — Pour les successions gérées provisoirement par un *administrateur* judiciaire, les noms, prénoms et qualités des héritiers ou légataires ne sont pas rappelés au certifié; la rente peut être inscrite simplement au nom de la succession du titulaire, avec l'indication des nom et prénoms de l'administrateur ayant pouvoir

1. Circ. Dette insc., 18 avril 1885, § 2; C. c., 299.
2. Inst. janv. 1873, III.
3. Même inst., III, *nota*.
4. Inst. janv. 1873, VIII.

soit de vendre et transférer la rente, soit seulement de toucher les arrérages, en vertu du jugement rendu par le tribunal de ..., le ... [1].

121. — Lorsqu'il s'agit de dons ou de legs à des *établissements publics* ou *religieux*, l'immatricule est déterminée par les termes mêmes du *décret* ou de l'*arrêté* préfectoral qui a autorisé l'acceptation ou l'emploi en rente [2].

122. — Les rentes appartenant à ceux de ces établissements qui se trouvent dans les *départements* s'inscrivent au *livre auxiliaire* du département où ils sont situés [3].

123. — Quand, dans un partage, une rente forme l'objet d'un prélèvement pour l'*acquit du passif*, avec pouvoir à l'un des copartageants ou à un tiers d'en faire la réalisation [4], le notaire peut se borner à certifier que « *la portion de rente affectée à l'acquit du passif dépend de la succession de M...*, *et que M... a qualité pour la vendre et transférer et en toucher le prix* ».

124. — Il est inutile, alors, d'en requérir l'immatriculation par voie de mutation; l'opération s'effectue, dans ce cas, au moyen d'un transfert par le ministère d'un agent de change, auquel on remet les pièces, *sans qu'il soit besoin d'y joindre aucun extrait de procuration ou de liquidation* [5].

125. — Mais, bien entendu, si la personne désignée pour réaliser la rente ainsi affectée ne peut concourir personnellement à l'opération, elle doit donner, en la qualité qui lui est conférée, une procuration dans les formes ordinaires, sans avoir, alors, à justifier du pouvoir qu'elle tient de la liquidation par un extrait de cet acte. C'est en ce sens que doivent être comprises les instructions du Trésor.

126. — Ce pouvoir est donc presque toujours nécessaire, quand l'opération a lieu en province.

127. — On peut cependant l'éviter en s'entendant avec l'agent de

---

1. Même inst., VIII.

2. Lettre Garde des Sceaux, 30 mars 1865.

3. Gorges et de Bray, v^is *Établ. pub.*, IV, p. 188, et *Livres auxil.*, p. 236.

4. Le mandat ainsi donné dans un partage *judiciaire*, n'occasionne par un droit fixe particulier. Le jugement d'homologation, qui a supporté la taxe de 0 fr. 25 p. 100, ne peut être assujetti à aucun droit fixe, à raison des dispositions indépendantes qu'il renferme. — L. 26 janv. 1892, art. 11; Sol., 24 juill. 1895.

5. Inst. janv. 1873, IX.

change chargé de l'opération et en donnant, dans la liquidation, à la personne désignée par lui, le pouvoir en question.

128. — Les *arrérages doivent*, à moins d'empêchement, *être touchés avant la mutation*.

129. — Lorsque des titres distincts doivent être attribués aux nouveaux propriétaires et qu'il est dû des arrérages arriérés, ces arrérages doivent, autant que possible, leur être attribués dans la même proportion que les rentes elles-mêmes [1].

129 bis. — Quand *un prorata d'arrérages dépend de la succession d'un usufruitier*, il est utile d'en faire l'attribution à ses représentants, ou au nu propriétaire [2].

130. — Le nu propriétaire peut payer aux héritiers de l'usufruitier le prorata couru depuis le dernier terme estampillé sur le titre au jour du décès et produire un certificat de propriété lui attribuant tous les arrérages dus.

131. — Il peut aussi verser la même somme à la Caisse des dépôts et consignations et obtenir le même résultat, en déposant au Trésor, avec l'acte de décès, le récépissé de versement. Mais, dans ce dernier cas, il est bon de s'entendre avant avec la Dette inscrite.

132. — Il y a lieu de ne pas s'occuper du prorata dû au décès de l'usufruitier que si l'immatricule en dispense, par exemple, en stipulant que ce prorata sera acquis de plein droit au nu propriétaire.

133. — Les inscriptions de *rentes mixtes doivent être munies de tous les coupons à échoir*. Dans le cas contraire, le requérant est tenu de verser, à titre de garantie, une somme égale au montant des coupons distraits et non productive d'intérêts.

134. — La déclaration de versement est produite à l'appui de l'opération.

135. — Ce nantissement, d'une durée de cinq ans à partir de l'échéance de chaque coupon manquant, peut aussi être réalisé en une inscription nominative, s'il s'agit d'un capital équivalent à un minimum de 3 francs de rente en 3 p. 100, ou de 2 francs en 3 1/2 p. 100 [3].

136. — Les certificats de propriété doivent indiquer l'époque de

1. Inst. janv. 1873, **X**.
2. Même inst., **X**, *not 1*.
3. Gorges et de Bray, v° *Coupon*, II, p. 148.

la jouissance du nouveau propriétaire [1]. Cette indication a lieu
généralement au moyen de l'attestation faite par le notaire que le
titulaire *a droit à tous les arrérages échus et à échoir.*

137. — Quand, pour une cause ou pour une autre, les arrérages
n'ont pas été perçus avant la mutation, il est, le plus souvent, fait
au profit des ayants droit un *rappel* de ces arrérages, au moyen
d'une mention spéciale mise sur les nouveaux titres.

138. — Il peut aussi être délivré, dans le même cas, un certificat
spécial représentant les arrérages arriérés et appelé *certificat d'arrérages.* Le talon de cette pièce est transmis au comptable chargé
d'effectuer le paiement.

139. — Il peut arriver que les arrérages arriérés d'un titre reviennent dans des proportions différentes à diverses personnes.
autres que le nouveau titulaire; il doit alors en être fait mention
dans le rappel ou dans le certificat qui en tient lieu, d'après les
indications contenues dans le certificat de propriété [2].

140. — Les certificats de propriété sont terminés par la *réquisition d'immatricule,* c'est-à-dire la disposition par laquelle le notaire
requiert la délivrance, en des termes qu'il détermine, de nouveaux
titres destinés à remplacer ceux donnant lieu à la mutation.

141. — La rédaction des immatricules pouvant engendrer une
certaine responsabilité, il se pose, à ce propos, la question de
savoir si les notaires et les autres fonctionnaires, appelés à délivrer
les certificats de propriété destinés au Trésor, sont tenus de libeller
eux-mêmes les immatricules des inscriptions requises.

142. — A s'en tenir aux termes de la loi du 28 floréal an VII,
qui constitue la règle fondamentale relative à la délivrance des
certificats de propriété, et que les tribunaux, en maintes occasions,
ont déclaré devoir être prise pour base des obligations des agents
certificateurs et par suite de leur responsabilité, une réponse négative s'impose, car rien dans le texte de cette loi ne leur prescrit
cette obligation.

143. — Mais le Trésor, toujours empressé à rejeter sur les autres
la responsabilité qui pourrait lui incomber, soutient, au contraire,
que la rédaction des libellés incombe exclusivement aux notaires
et autres certificateurs.

1. L. 28 flor. an VII, art. 6.
2. Gorges et de Bray, v° *Arrér.*, XIX, p. 87 ; Inst. gén. Dette publiq.,
1er janv. 1811, art. 40.

144. — Le législateur, dit-il, en substituant la loi du 28 floréal an VII au régime antérieur[1], a voulu, en assignant au Trésor un rôle purement passif, l'exonérer de toute responsabilité ; il lui appartient bien de constater la régularité des pièces, mais il n'a pas à apprécier les actes établissant les droits des parties.

145. — Or, dans la plupart des cas, pour rédiger le libellé des titres à délivrer, il faut connaître d'une manière exacte la teneur des actes, et la relation qui en est faite dans le certificat est insuffisante pour permettre à la Dette inscrite de se charger de cette rédaction, sans s'exposer à commettre des oublis, des inexactitudes, ou des erreurs irréparables et même quelquefois préjudiciables aux parties.

146. — Puis, le pourrait-elle, ce ne serait, la plupart du temps, qu'en interprétant les actes, ce qui est contraire à l'esprit de la loi du 28 floréal an VII.

147. — Ces raisons, qui semblent irréfutables à MM. Gorges et de Bray, agents du Trésor[2], nous paraissent, à nous, peu convaincantes et plus spécieuses que vraies.

148. — Et d'abord, on sait ce que vaut la première : Le Trésor ne doit avoir, en matière de mutation de rente, qu'un rôle purement passif et il échappe à toute responsabilité.

149. — L'administration en use et en abuse ; car, lorsqu'elle a accepté un certificat de propriété, qui est reconnu plus tard irrégulier, elle prétend rejeter la responsabilité sur celui qui l'a délivré ; tandis qu'elle entend pouvoir toujours refuser les certificats dont les attestations lui semblent en opposition avec sa doctrine, alors que, se prétendant couverte par la responsabilité du certificateur, elle devrait, pour être logique, passer outre.

150. — La loi de floréal an VII nous fait un peu l'effet, dans les mains du Trésor, d'une arme à deux tranchants. C'est le sabre de M. Prudhomme ! arme légendaire servant, à la fois, pour combattre les institutions et pour les défendre !

151. — Quoi qu'il en soit, dans la pratique, on en passe par les exigences de la Dette inscrite et, dans les cas où elle l'exige, les certificats de propriété déterminent les libellés des inscriptions à délivrer.

---

1. V. *sup.*, p. 3, note 1.
2. *Man. des Transf. et Mutat.*, v° *Immat.* (*réquisit.*), p. 205.

152. — Cette manière de faire a, d'ailleurs, en compensation d'inconvénients relativement peu importants, l'avantage appréciable d'obtenir des immatricules souvent plus exactes et plus régulières que celles qui seraient laissées à l'initiative du Trésor.

153. — Lorsque les énonciations contenues dans le certificat de propriété font connaître que les rentes sont soumises à certaines clauses ayant pour effet d'en restreindre la libre disposition, telles que l'*incessibilité*, la *dotalité*, la *substitution*, le *droit de retour*, les *usufruits successifs*, etc., les actes stipulant les indisponibilités ou seulement la faculté d'aliéner à certaines conditions, sont relatés dans le certificat, qui doit présenter textuellement les termes dans lesquels les nouveaux titres doivent être expédiés ; c'est du moins l'exigence du Trésor [1].

154. — Même réquisition complète d'immatricule est exigée aussi pour toutes opérations sur les *nues propriétés*, telles que transferts, nantissements, etc. [1].

155. — Sauf ces cas d'indisponibilité, l'*origine* des rentes ne se mentionne pas sur les titres [1].

156. — Mais on *doit* s'abstenir de requérir la délivrance de *titres au porteur ;* car la conversion des inscriptions nominatives en rentes au porteur ne peut avoir lieu qu'en vertu d'un transfert et par le ministère d'un agent de change [2].

157. — Lorsqu'une *acceptation bénéficiaire* concernant des mineurs ou autres incapables est relatée dans le cours d'un certificat de propriété, ce *bénéfice d'inventaire doit être rappelé au certifié*, pour être mentionné sur les nouveaux titres [3].

158. — Les rentes au porteur trouvées dans une succession ne sont pas assujetties à la double formalité de la cote et du paraphe [4]. Aussi, elles ne doivent pas, en principe, figurer dans les certificats de propriété [5].

159. — Dans le cas où un titre de rente au porteur aurait été coté, pour le faire inscrire au nom des ayants droit, le notaire devrait annuler la cote au moyen de la mention suivante :

1. Inst. janv. 1873, VI.
2. Ord. 29 avril 1831, art. 2 ; Inst. janv. 1378, XIII.
3. Inst. préc., VII.
4. Cass., 15 avril 1861 ; Paris, 28 nov. 1895.
5. Inst. préc., XIII.

Je soussigné, notaire à…, déclare annuler la cote d'inventaire apposée par moi (ou M°…, mon prédécesseur), sur la présente inscription, dont je requiers le renouvellement ou l'échange. — (Signat. légalisée.)

160. — Les inscriptions nominatives sont, au contraire, assujetties à la formalité de la cote et du paraphe [1].

161. — Si, pour une cause ou pour une autre, à tort ou à raison, une inscription de cette nature est revêtue d'une cote d'inventaire, aucun changement ne fut-il survenu dans la propriété de la rente, ni dans la qualité du titulaire, il y a lieu, pour en obtenir soit le transfert, soit le renouvellement, soit la conversion, de produire au Trésor un certificat de propriété justifiant que cette mention n'apporte aucun obstacle à l'opération requise.

162. — Exceptionnellement cependant, le Trésor opère la mutation d'une rente ainsi cotée, sur la seule production, à cet égard, de l'acte de décès, quand la mention, qui doit alors être signée d'un notaire, atteste formellement que cette cote provient de l'inventaire après le décès de l'usufruitier.

163. — De plus, toutes les fois qu'un titre nominatif, objet d'un transfert, d'une mutation ou d'un renouvellement, porte une cote d'inventaire, il y a lieu de mentionner cet inventaire dans le certificat de propriété produit à l'appui de l'opération requise, que cet inventaire ait eu lieu après le décès du titulaire, de son auteur, de son conjoint ou de toute autre personne.

164. — Dans certains cas, il est utile et parfois même nécessaire de connaitre l'*origine des rentes* ou de se procurer des *renseignements* sur leur existence.

165. — Il y a lieu alors d'adresser une demande au Ministre des Finances.

Voir, en ce qui concerne ces demandes, ce que nous disons *infrà*, DEUXIÈME PARTIE, *Notions générales sur les rentes* (Renseignements).

166. — La Dette inscrite procède volontiers à l'examen officieux d'un certificat de propriété qui lui est soumis exceptionnellement, en *projet sur papier libre*, comme présentant quelque difficulté.

167. — Ce projet doit être aussi correct que le certificat authentique, et être accompagné des titres de rente auxquels il se

---

1. C. proc., art. 943-6°. Cette formalité suspend le paiement des arrérages. — V. *inf.*, 2° PART., *Paiement des arrérages.*

rapporte, ainsi que d'une lettre d'envoi *sur timbre*, faisant connaître si les rentes doivent être vendues, en tout ou en partie, ou s'il ne s'agit que de les faire porter aux noms des nouveaux propriétaires.

168. — Ce mode de consultation, outre qu'il accélère les affaires en évitant des rebuts, est, à tous égards, préférable aux demandes ou questions adressées par lettres missives, qui ne sont presque jamais assez détaillées pour permettre une réponse précise [1].

169. — En principe, le *renouvellement* pur et simple des titres de rente, occasionné par l'épuisement des coupons ou des cases destinées à recevoir les estampilles, ne donne pas lieu à la délivrance de certificats de propriété ; il s'opère sur le vu d'un certificat délivré par un notaire ou par le maire de la commune où réside le rentier, attestant l'existence de ce dernier.

Voir, à ce sujet, ce que nous disons à la DEUXIÈME PARTIE relativement au *Renouvellement des inscriptions*.

2° *Cautionnements des fonctionnaires.*

Ayants droit, 172 et s., 181, 184.	Héritiers, 172.
Bordereau d'annuel, 177.	Interdits, 185.
Caution, 178.	Justifications, 179, 180.
Cert. de prop., 171, 104.	Lieu, 179.
Cessionnaire, 172.	Légataires, 172.
Consignation, 180.	Numéraire, 170, 177.
Créanciers, 172.	Privilège de sec. ordre, 177, 182 et s.
Délai, 180.	Remboursement, 102 et s.
Département, 179.	Récépissé, 177.
Donataires, 172.	Restitution, 171 et s.
Désistement, 184.	Titres nomin., 170, 175.
Emploi, 178.	Titulaire, 171 et s.
Femme mariée, 183.	Usufruitier, 178.
Formes, 174.	Valeurs perdues, 170, note.

170. — Les cautionnements des fonctionnaires sont fournis, suivant les cas, soit en numéraire, soit en titres nominatifs de rente sur l'État [2].

---

1. Gorges et de Bray, v° *Cert. de prop.*, XI, p. 109.
2. Dans un assez grand nombre de cas, les valeurs perdues, détruites ou volées du Trésor, inscriptions, coupons, etc., donnent lieu aussi à la constitution de cautionnements en rente. Ce que nous disons des cautionnements en rente des fonctionnaires est applicable, en principe, par analogie, aux cautionnements fournis dans ces cas.

171. — Lorsque la restitution du cautionnement est faite au titulaire lui-même, par suite de la cessation de ses fonctions, il n'y a pas lieu à la délivrance d'un certificat de propriété.

172. — Mais il n'en est pas de même quand la restitution doit être faite aux ayants droit du titulaire, à quelque titre que ce soit : héritiers, légataires, donataires, cessionnaires, créanciers, etc.

173. — Il y a lieu, alors, de produire un certificat de propriété, qu'il s'agisse d'un cautionnement en numéraire [1] ou d'un cautionnement en rente, puisqu'il y a mutation.

174. — Les certificats de propriété, délivrés en vue du remboursement, sont assujettis, quant à leur délivrance et à leur forme, aux règles prescrites par la loi du 28 floréal an VII [2].

175. — Il en est de même de ceux destinés à la restitution aux ayants droit du titulaire du cautionnement en rente, puisqu'il s'agit d'une mutation rentrant dans le cas prévu par l'article 6 de la loi du 28 floréal an VII.

176. — Il y a donc lieu de s'en référer à ce que nous avons dit plus haut.

177. — On doit, par suite, énoncer en tête du certificat et viser le titre, c'est-à-dire, suivant le cas, soit le titre de cautionnement, soit le bordereau d'annuel, soit le récépissé, soit enfin, s'il s'agit d'un cautionnement en numéraire fourni par un tiers, le certificat de privilège de second ordre.

178. — Lorsque le certificat de propriété destiné à un remboursement est délivré au profit d'un usufruitier, il faut indiquer si celui-ci est ou non dispensé de caution ou d'emploi, afin qu'il ne puisse toucher la somme soumise à son usufruit qu'en donnant caution, ou à charge d'emploi, s'il y a lieu.

179. — Le remboursement des capitaux de cautionnements ne peut être autorisé que dans le département où le titulaire a exercé en dernier lieu [3], après l'accomplissement de formalités et sur la production, en outre du certificat de propriété, de justifications spéciales [4].

180. — Faute de justifications suffisantes dans le délai d'un an, à compter de la cessation des fonctions du titulaire, le montant du

1. L. 25 niv. an XIII ; Décr. 18 sept. 1806.
2. Décr. préc., art. 1er.
3. Décr. 31 mai 1862, art. 291.
4. L. 25 niv. an XIII ; Décr. 18 sept. 1806.

cautionnement, en capital et intérêts, peut être versé à la Caisse des dépôts et consignations, à la conservation des droits de qui il appartiendra [1].

181. — Si le titulaire de l'inscription affectée au cautionnement (qui peut être un *tiers*) est décédé pendant la durée du cautionnement, la mutation du titre peut être opérée au nom de ses ayants droit sur les justifications ordinaires : certificat de propriété, certificat de paiement des droits, etc...; mais il y a lieu, en outre, de souscrire un nouvel *acte d'affectation* [2].

182. — Pour obtenir la *mutation du privilège de second ordre*, les nouveaux ayants droit du bailleur de fonds doivent produire un certificat de propriété dressé dans les formes ordinaires.

Ce certificat, lorsqu'il existe plusieurs ayants droit, doit exprimer en *somme* et non en *fraction*, la part revenant à chacun d'eux.

183. — Lorsqu'il y a parmi ceux-ci des *femmes mariées*, il y a lieu d'indiquer leur *régime* [3].

184. — En cas de *désistement* du bénéfice du privilège de second ordre par les ayants droit du bailleur de fonds non encore inscrits, il faut produire, à l'appui du désistement, un certificat de propriété établissant leurs droits.

185. — Le remboursement à faire aux ayants droit du titulaire interdit doit aussi être basé sur un certificat de propriété [4].

3° *Livrets des caisses d'épargne.*

1. Décr. 31 mai 1882, art. 144.
2. Gorges et de Bray, v° *Cautionn.*, xix, p. 101 ; de Bray, n° 230, p. 214.
3. Faisons remarquer, à ce sujet, que les mutations survenues ne sauraient apporter aucune dérogation au contrat légalement intervenu entre le Trésor public et les titulaires des cautionnements en numéraire.
4. Décr. 18 sept. 1806, art. 5

186. — Le titulaire d'un livret de caisse d'épargne, qui veut opérer le retrait de la totalité ou de partie des sommes déposées, en fait la demande dans les formes établies par les statuts de la caisse ou les lois et règlements en vigueur [1]. Il n'y a pas lieu, dans ce cas, à la délivrance d'une certificat de propriété.

187. — Mais lorsque la demande de remboursement émane des héritiers ou ayants droit du titulaire, il y a lieu, en principe, de fournir un certificat de propriété [2].

188. — La loi du 9 avril 1881 n'a pas parlé de ces certificats, mais il y a lieu, par analogie, d'admettre ce mode de justification pour le retrait des sommes déposées à la caisse d'épargne postale. Cela résulte explicitement, du reste, d'une décision du Ministre des finances du 6 janvier 1882 et aussi de la loi du 20 juillet 1895, art. 23 et 25.

189. — Un certificat de propriété n'est cependant pas absolument obligatoire ; le remboursement peut avoir lieu sur la justification de toutes autres pièces établissant suffisamment les qualités des ayants droit : intitulé d'inventaire, notoriété, partage, jugement, etc. [3].

190. — Cette règle est applicable même à la Caisse nationale d'épargne [4].

---

1. V. LL. 9 avril 1881 (relative à la *Caisse d'épargne postale*) et 5 juin 1835 (sur les *Caisses d'épargne privées*).

2. L. 7 mai 1853, art. 3.

3. Arnaud, v° *Remb. ap. décès*, n° 391. — Exceptionnellement et lorsqu'il s'agit d'une somme absolument sans importance, certaines caisses d'épargne se contentent même d'une lettre explicative du notaire chargé du règlement de la succession.

4. Décr. 31 août 1881, art. 23. — Pour les successions en *déshérence*, le remboursement est fait à l'administration des Domaines, sur la production d'un extrait sur papier libre, certifié par le Directeur, du jugement d'envoi en possession définitive ou du jugement autorisant le remboursement. Inst. 28 mars 1892, art. 255.

Pour les successions *vacantes*, ce remboursement est effectué entre les mains du receveur des Domaines, chargé de verser les fonds à la Caisse des dépôts

191. — Cette dernière est même autorisée, lorsque les parties en expriment le désir, à leur rendre les pièces produites à l'appui de la demande de remboursement, après qu'il en a été fait un extrait succinct, annexé à la quittance [1].

192. — Lorsqu'un livret de caisse d'épargne est revêtu d'une cote d'inventaire, il ne doit être remboursé que sur la production d'un certificat de propriété établissant, s'il y a lieu, que cette mention ne met pas empêchement au retrait des fonds [2].

193. — Il peut y avoir lieu, aussi, à la délivrance de certificats de propriété pour le retrait, par les ayants droit du titulaire décédé, des titres de rente conservés par une caisse d'épargne ou la Caisse des dépôts et consignations, comme provenant d'achats faits par l'intermédiaire des caisses d'épargne, soit d'office, soit sur demande [3].

194. — Il en est de même pour le *transfert* de fonds [4] après décès, d'une caisse d'épargne à une autre.

195. — Notons, cependant, que la Caisse nationale d'épargne

et consignations, sur la production d'un extrait, certifié par le greffier, du jugement déclarant la vacance. Idem.

Pour les successions vacantes ouvertes en *Algérie*, le remboursement est fait aux curateurs, lorsque la demande est accompagnée d'un extrait de l'acte de décès et d'une autorisation sur papier libre, délivrée par le procureur de la République du ressort, donnant au signataire de la demande de retrait le droit de se faire rembourser en qualité de curateur. Inst. précit., art. 256.

Dans le cas où, par application de l'art. 113 du C. c., un notaire a été commis pour représenter un présumé absent, ce fonctionnaire peut intervenir au remboursement, à la condition que la pièce servant de soutien à la quittance vise le jugement le nommant. — Arnaud, v° *Remb. ap. décès*, n° 402.

1. Inst. gén. Caisse nat. d'ép., 28 mars 1892, art. 254.
2. Arnaud, v° *Invent.*, n° 223, note 1, p. 60.
3. Idem, v° *Remb. ap. décès*, n° 397, p. 110.
4. Les représentants du titulaire peuvent, s'ils le préfèrent, demander le *transfert* du livret à leur nom et sur une autre caisse.

Voici, à cet égard, comment s'exprime le *Journal des Caisses d'épargne* juin 1884, 21, p. 108 :

« Dans le cas où le titulaire d'un compte serait mort, les héritiers ou ayants droit qui demanderaient le transfert seront tenus, au préalable, de justifier de leur qualité et de faire mettre le livret à leur nom par la caisse d'épargne.

« S'il y a plusieurs héritiers ou ayants droit, il sera, suivant les justifications par eux produites et suivant leur demande, ou procédé au partage du compte et ouvert à chaque partie prenante un livret pour le montant de son avoir, ou délivré un livret collectif au nom de toutes les parties prenantes, comprenant le montant total du compte de leur auteur.

« Dans le premier cas, il sera fait autant de transferts distincts qu'il y aura de

n'admet pas les transferts, à cause des difficultés qui peuvent s'élever dans les questions de successions, notamment lorsque la propriété du livret appartient à plusieurs [1].

196. — La loi autorise les *femmes mariées*, quel que soit leur régime matrimonial, à se faire ouvrir des comptes *sans l'assistance de leurs maris*, et à retirer, sans cette assistance, les sommes inscrites aux livrets ainsi ouverts, sauf opposition de la part des maris [2].

197. — En cas de *prédécès du mari*, si la caisse ignore le décès, la femme peut retirer seule les fonds ainsi déposés, sauf opposition, soit de la part des héritiers du mari [3], soit de celle des créanciers de ce dernier ou de la femme [4].

198. — Naguère encore, s'il s'agissait d'un remboursement demandé pour la première fois depuis son veuvage, la déposante devait seulement joindre à sa demande un certificat du décès ou un extrait de l'acte de décès de son mari ; un certificat de propriété n'était pas nécessaire [5].

199. — Mais il n'en est plus ainsi d'après les nouvelles instructions. Si la caisse a eu connaissance du décès par une circonstance quelconque, une déclaration de la femme, par exemple, celle-ci doit être invitée à justifier de ses droits par la production d'un certificat de propriété [6].

200. — Bien entendu, la *femme remariée* ne peut jamais invoquer le bénéfice des articles 6 et 21 de la loi du 9 avril 1881 et 16 et 25 de celle du 20 juillet 1895 : son changement de qualité la remet sous le régime du droit commun [7].

201. — Il ne faut pas perdre de vue, d'ailleurs, que l'avis précité du Conseil d'État n'a que la valeur d'une consultation administrative, derrière laquelle l'établissement débiteur pourrait se retrancher, pour soutenir la validité du paiement fait dans l'ignorance

livrets nouveaux et de titulaires qui en feront la demande ; dans le second, la demande de transfert exigera le concours de tous les titulaires du livret indivis sans exception. » Inst. min. 4 juin 1857, art. 67.

1. Arnaud, v° *Transferts*, n° 497, p. 138.
2. LL. 9 avril 1881, art. 6 et 21 ; 20 juill. 1895, art. 16 et 25.
3. Av. Cons. d'État, 10 nov. 1886.
4. Inst. gén. C. nat. 28 mars 1892, art. 236.
5. Même inst., *ub. sup.*
6. Inst. Min. com., 20 déc. 1895.
7. Arnaud, v° *Femmes*, n° 179, p. 49.

du décès du mari, entre les mains de la femme seule, devenue veuve.

202. — Mais celle-ci ne pourrait contraindre la Caisse d'épargne à lui rembourser à elle seule, sans le concours des héritiers de son mari et la production d'un certificat de propriété, le montant du livret qu'elle se serait fait ouvrir à son nom pendant la communauté [1].

203. — C'est ce qu'a décidé, avec raison, un jugement du tribunal de la Seine du 11 février 1896 [2].

204. — Les certificats de propriété destinés aux retraits de fonds versés dans les caisses d'épargne doivent être délivrés dans les formes et suivant les règles prescrites par la loi du 28 floréal an VII [3].

205. — On doit énoncer en tête des certificats et viser les livrets, en indiquant les numéros et les noms et prénoms des titulaires.

206. — Ces certificats doivent mentionner expressément le montant en capital du livret qui en fait l'objet, et les caisses d'épargne doivent refuser tout certificat ne faisant pas connaître le *montant du livret en capital au jour du décès* [4].

207. — Bien que nous ne considérions pas que ce soit une obligation pour eux, nous croyons devoir conseiller aux notaires d'énoncer dans les certificats de propriété qu'ils délivrent les circonstances modificatives de la capacité civile des parties, telles que le régime matrimonial, les obligations d'emploi, etc. [5].

208. — Ils doivent aussi, lorsque le remboursement doit avoir lieu entre les mains d'un autre que le propriétaire de la somme, un usufruitier, un tuteur, etc., attester au *certifié* le droit pour le recevant d'encaisser la somme et d'en donner quittance [6].

---

1. Inst. préc., 20 déc. 1895.
2. V. notre dissert., *J. du Not.*, 1896, p. 513.
3. L. 7 mai 1853, art. 3.
4. Inst. Min. com., 20 déc. 1895.
5. En ce qui concerne les *Emplois et Remplois*, v. *infrà* le chapitre relatif aux *Pièces à produire*. (*Livrets de Caisse d'épargne.*)
6. C'est une question controversée que de savoir si, à défaut d'exigibilité fixée, l'usufruitier, dispensé de caution et d'emploi, peut retirer de la caisse d'épargne, sans le consentement du nu propriétaire, les sommes soumises à son droit.
Nous nous sommes prononcé pour l'affirmative (*J. du N.*, 1894, p. 33), attendu notamment que les sommes détenues par les caisses d'épargne doivent être considérées, non comme des *placements*, mais comme des *dépôts toujours*

209. — Cette attestation, qui ne doit être donnée qu'à bon escient, couvre d'autant la responsabilité de l'agent comptable chargé du paiement [1].

210. — Il a été décidé par le tribunal de la Seine, le 2 février 1878, que, la caisse d'épargne étant un tiers simple dépositaire, les prétendus héritiers ne peuvent, pour obtenir le remboursement des fonds versés à cette caisse, la mettre en cause directement à l'effet d'obtenir un jugement translatif de propriété, les autorisant à exiger du greffier le certificat de propriété prévu par l'article 6 de la loi de floréal. Ces prétendus héritiers doivent, en pareil cas, justifier de leurs droits par la production d'un certificat de propriété délivré par un notaire ou le juge de paix du domicile du défunt.

211. — Bien que les caisses d'épargne se montrent moins rigoureuses que le Trésor, cette tolérance ne doit jamais faire perdre de vue au notaire la responsabilité qui lui incombe en pareil cas, et l'autoriser à se dispenser de l'examen attentif et scrupuleux qui doit présider à la délivrance de tout certificat de propriété.

212. — Il est quelquefois nécessaire, pour la délivrance des certificats de propriété, comme en matière de rente sur l'État, d'obtenir des *renseignements* sur les comptes des déposants.

213. — Les caisses d'épargne font droit aux demandes qui leur sont faites par *simple lettre*, sur *papier libre*.

214. — Mais, à moins qu'elles ne soient appuyées d'une permission du juge, il n'est donné aucune suite aux demandes formées

---

exigibles (*Adde : J.* de p., Reims, 1er cant., 11 oct. 1893; *J. du Not.*, 1894, p. 37).

Il en est ainsi surtout quand le dépôt existait au moment de l'ouverture du droit d'usufruit ; mais le concours du nu propriétaire serait indispensable s'il s'agissait d'un dépôt fait, d'accord avec ce dernier, à titre de placement.

Bien que, rigoureusement, l'usufruitier non dispensé de caution puisse toucher avant d'avoir satisfait à cette obligation, les caisses d'épargne doivent alors exiger le consentement du nu propriétaire.

En tout cas, avant d'attester le droit pour l'usufruitier de recevoir seul, les notaires agiront sagement en se couvrant par une réquisition de délivrance signée du nu propriétaire.

Sur le vu d'un certificat de propriété ainsi basé, les caisses d'épargne ne pourraient refuser le remboursement à l'usufruitier.

A son défaut, elles pourraient, par mesure de prudence, exiger que le nu propriétaire fût avisé que, faute d'opposition de sa part, il sera procédé au remboursement dans un délai imparti.

Voir sur ces questions notre dissertation, *J. du Not.*, 1894, p. 33, et le *J. des C. d'éparg.*, oct. et nov. 1894.

1. *Sup.*, n° 84 et s.

par les avocats et les avoués, qui pourraient se servir des renseignements obtenus devant les tribunaux [1].

4° Valeurs émises par le Trésor [2].

215. — Ces valeurs sont, quant aux transferts et mutations, soumises aux mêmes règles et aux mêmes formalités que les rentes sur l'État [3].

216. — Les pièces à produire doivent être déposées au bureau du contrôle des dépenses, à la Caisse centrale.

217. — Les opérations concernant ces valeurs sont faites sous la responsabilité du Caissier payeur central du Trésor, et les agents comptables de la Dette inscrite n'ont pas à intervenir [4].

---

1. Arnaud, v° *Renseig.*, n°s 411 et 412, p. 115.

2. V. *infrà*, chapitre IV, lettre *f*, texte et note.

3. Nous empruntons à l'ouvrage de M. Foyot (p. 90 et s.) les renseignements suivants sur ces valeurs :

« 151... Les valeurs du Trésor créées sous la forme au porteur, conformément aux lois qui en ont autorisé l'émission, peuvent être converties, sur la demande des parties, en valeurs nominatives.

« 152. — Cette conversion, comme toutes les autres opérations auxquelles ces valeurs peuvent donner lieu, est opérée par le Caissier central du Trésor.

« Le nouveau titre nominatif remis aux parties en échange de leurs titres au porteur, prend ici le nom de certificat nominatif et est assujetti, en cas de transfert ou de mutation, aux mêmes règles et aux mêmes formalités que celles qui régissent les rentes sur l'État.

« 153. — Les valeurs au porteur, déposées à la Caisse centrale, sont conservées dans le portefeuille du Trésor, qui en opère la remise aux ayants droit sur la présentation du certificat nominatif qui leur a été délivré. Ce certificat doit être signé par la partie, dont l'identité sera certifiée par un agent de change ou par un notaire, dont la signature aura été légalisée par le président du tribunal civil, s'il s'agit d'un notaire d'un département autre que celui de la Seine.

« 156. —... Les trésoriers généraux et les receveurs des finances sont tenus de prêter gratuitement aux intéressés leur entremise, et de recevoir toutes les valeurs du Trésor déposées à leurs guichets pour être l'objet d'une opération quelconque. Les titres provenant de ces opérations doivent être également remis aux ayants droit par leur entremise. »

4. Foyot, n°s 149 à 156, p. 90 ; Bavelier, n° 80 et s., p. 147. V. aussi ce que dit, au sujet de ces valeurs, M. de Bray, n° 35 et s., p. 39 et s.

5° Capitaux réservés à la Caisse nationale
des retraites pour la vieillesse et arrérages dus au décès du titulaire.

218. — La loi du 20 juillet 1886, qui régit la Caisse nationale des retraites ou rentes viagères pour la vieillesse, a autorisé la réserve par le déposant, du remboursement à son décès du capital versé, soit que ce décès ait lieu avant l'ouverture de sa pension, soit qu'il ait lieu postérieurement. La demande de cette réserve doit être faite au moment du versement[1].

219. — Les versements peuvent être faits par un tiers comme donateur, avec réserve du droit de retour du capital à son profit ou au profit des ayants droit du donataire[2].

220. — Le déposant qui stipule le remboursement, à son décès, du capital versé, peut, à toute époque, faire abandon de tout ou partie de ce capital, à l'effet d'obtenir une augmentation de rente[3].

221. — Le versement opéré antérieurement au mariage reste propre à celui qui l'a fait[4].

222. — Les femmes mariées, quel que soit le régime par elles

1. Art. 5 et 17; Décr. 28 déc. 1886, art. 2.
2. L. 20 juill. 1886, art. 15; Décr. préc., art. 8.
3. L. préc., art. 15; Décr. 28 déc. 1886, art. 19.
4. L. 20 juill. 1886, art. 13.

adopté, sont admises à faire des versements sans l'assistance de leurs maris[1].

223. — Le versement fait pendant le mariage par l'un des deux conjoints, profite séparément à chacun d'eux par moitié[1].

224. — Par suite, même en renonçant à la communauté, la femme a toujours droit à la moitié.

225. — Peut, néanmoins, profiter à celui des conjoints qui l'effectue, le versement opéré après que l'autre conjoint a atteint le maximum de rente, ou après que les versements faits dans l'année au profit exclusif de celui-ci, soit antérieurement au mariage, soit par donation, ont atteint le maximum des versements annuels[1].

226. — Le déposant marié qui justifie, soit de sa séparation de corps, soit de sa séparation de biens, contractuelle ou judiciaire, est admis à effectuer des versements à son profit exclusif[1].

227. — En cas d'absence ou d'éloignement de l'un des deux conjoints depuis plus d'une année, le juge de paix peut accorder l'autorisation de faire des versements au profit exclusif du déposant; mais sa décision peut être frappée d'appel devant la chambre du conseil du tribunal de première instance[1].

228. — Les versements faits pendant le mariage au profit de l'un des conjoints par un tiers peuvent cependant profiter exclusivement à celui au nom de qui ils sont effectués et lui rester propres, si telle est la volonté du déposant.

229. — C'est ainsi qu'il a été jugé que les versements faits par une compagnie de chemin de fer, au profit d'un employé marié, lui appartiennent à titre de propre, attendu que la prescription de la loi n'est pas obligatoire[1] et qu'un tiers peut conserver la faculté de faire bénéficier de sa générosité l'un ou l'autre des conjoints séparément[2].

230. — Cette *législation spéciale* est importante à signaler, car elle forme une dérogation au droit commun (C. civ., art. 1401)[3].

231. — Au décès du titulaire de la rente, avant ou après l'époque d'entrée en jouissance, le capital déposé est remboursé sans intérêt aux ayants droit, si la réserve a été faite au moment du dépôt

---

1. L. 20 juill. 1886, art. 13.
2. Seine, 31 juill. 1878.
3. V. aussi Décr. du 28 déc. 1886, art. 1, 3 et 4.

et s'il n'a pas été fait usage de la faculté sus-exprimée, accordée par l'article 15 de la loi de 1886 [1].

232. — Après l'entrée en jouissance, les arrérages sont acquis au titulaire de la rente jusqu'au jour du décès et sont payés aux héritiers ou ayants droit [2].

233. — La demande de remboursement ou de paiement des arrérages dus au décès doit être accompagnée d'un certificat de propriété [3].

234. — Lorsque le remboursement du capital réservé est fait au profit du donateur lui-même, il n'y a pas lieu de produire un certificat de propriété, mais seulement le livret ou le certificat de réserve et l'acte de décès [4].

235. — Si le donateur était décédé après avoir exercé son droit, ses ayants droit devraient produire, à l'appui de leur demande, un certificat de propriété.

236. — Les certificats de propriété destinés à la Caisse nationale des retraites sont délivrés dans les formes et suivant les règles prescrites par la loi de floréal an VII [5]. Il y a donc lieu d'appliquer ici ce que nous avons dit plus haut.

237. — Ainsi, ils doivent énoncer les noms, prénoms, qualités et demeures des ayants droit, ainsi que le degré de parenté et la portion du capital et des arrérages afférents à chacun d'eux, ou dire qu'ils possèdent conjointement et indivisément.

238. — Ils doivent, en outre, spécifier que les bénéficiaires ont seuls le droit de toucher de la Caisse nationale des retraites la somme qui y avait été déposée, et, s'il y a lieu, les arrérages au décès, et enfin indiquer si le rentier est décédé célibataire ou veuf, ou si son conjoint lui a survécu.

239. — S'il y a des mineurs, il faut les distinguer des majeurs, les dénommer, ainsi que leur tuteur, indiquer la date de leur naissance, et en cas de tutelle dative, celle de la délibération du conseil de famille ayant nommé le tuteur.

240. — Il y lieu d'énoncer en tête du certificat et de viser :

Pour le remboursement du capital seulement, le livret du titu

---

1. Art. 17, même loi.
2. Décr. 28 déc. 1886, art. 31, *in fine*, et art. 35, alinéa 1er.
3. Décr. 28 déc. 1886, art. 35.
4. Idem.
5. L. 20 juill. 1886, art. 17; Décr. préc., art. 35.

laire, si ce dernier en était détenteur à l'époque de son décès, et le certificat de réserve, s'il en avait été délivré un, le cas échéant;

Pour le remboursement du capital et le paiement des arrérages échus, les mêmes pièces et le certificat d'inscription [1];

Pour le paiement des arrérages échus seulement, le certificat d'inscription [2].

241. — Quand les arrérages à recevoir n'excèdent pas 50 francs, circonstance dans laquelle le certificat peut être délivré par le maire (*sup.*, n° 61), l'acquit peut être donné par un seul des ayants droit se portant fort de ses cohéritiers.

242. — Les quittances d'arrérages de rente sont soumises au timbre de 10 centimes édicté par la loi du 23 août 1871 [3].

243. — Mais les quittances de capitaux remboursés et les reçus de titres profitent de l'immunité des droits.

244. — Un décret du 27 décembre 1886 a rendu exécutoire, en Algérie, la loi du 20 juillet 1886 sur la Caisse nationale des retraites pour la vieillesse.

RENOUVELLEMENT DES TITRES. CHANGEMENT DE QUALITÉS [4].

---

1. Dans ce cas, le certificat doit énoncer que les parties ont droit, non seulement au capital à rembourser, mais aux arrérages échus au décès.

La quittance est donnée au bas d'une lettre d'avis adressée directement aux ayants droit par la Direction de la Caisse des dépôts et consignations.

2. La liquidation doit, alors, être demandée au trésorier-payeur général du département où la rente était touchée par le rentier en son vivant.

Toutefois, si les ayants droit désirent être payés dans un autre département que celui de l'ordonnancement, le trésorier à qui le paiement est demandé prend les mesures nécessaires.

Il n'y a lieu de s'adresser à la Caisse des dépôts et consignations que dans le cas où le prorata doit être payé à Paris.

3. L. (de fin.) 30 mars 1888, art. 6.

4. RENOUVELLEMENT DES TITRES. — CHANGEMENT DE QUALITÉ. — Le *renouvellement* des titres a lieu sans qu'il soit besoin de fournir un certificat attestant l'existence des rentiers.

Le *changement de qualité*, à l'égard des femmes devenues veuves, s'opère sans certificat de propriété, sur la simple production de l'acte de décès du mari (Décr. 28 déc. 1886, art. 27, al. 2.)

Il en est de même pour tout autre changement dans les qualités civiles du déposant. Celui-ci est tenu de le déclarer au premier versement qui suit ; il produit en même temps les justifications qui peuvent être nécessaires pour constater le changement survenu (Décr. préc., art. 6.)

6° *Pensions et traitements sur l'État, les départements ou les communes*[1].

245. — Lorsque le titulaire d'une pension sur l'État, les départements ou les communes vient à décéder, et qu'un prorata d'arrérages se trouve dû au jour de son décès, les héritiers et autres représentants du titulaire doivent, pour recevoir ce prorata, justifier de leurs droits par la production d'un certificat de propriété[2].

Il en est de même pour tous autres traitements, ainsi que pour toutes sommes qui peuvent être dues en pareil cas par l'État, les départements et les communes[3].

246. — Les certificats de propriété à produire doivent être délivrés dans les formes et suivant les règles prescrites par la loi du 28 floréal an VII.

---

1. Consulter, en ce qui concerne les *Pensions*, le *Dict. des pens. inscr. au Trésor public*, de M. E. Ourry.
2. Ord. du 16 oct. 1822.
3. Amiaud, *Revue not.*, n° 5625, p. 482 et la note.

247. — On peut comprendre dans le *même certificat* les créances de *différentes natures*, proratas de pension, de traitement et autres sommes à acquitter par le *même payeur*.

Spécialement, les héritiers d'un légionnaire ou d'un médaillé militaire, déjà titulaire d'une pension civile ou militaire, n'ont à produire qu'un seul certificat de propriété et une seule expédition des pièces d'hérédité pour toucher le prorata du traitement et de la pension [1].

248. — Bien que le mandat de paiement mentionne des *retenues* à encaisser par le payeur, la quittance devant être donnée de la *somme brute*, c'est pour cette somme que le certificat de propriété doit être délivré.

249. — Lorsqu'il s'agit de toucher les arrérages d'une pension sur l'État, les départements ou les communes, les héritiers ou représentants du titulaire doivent produire, en outre, une *déclaration de non-cumul*.

Cette déclaration doit attester que le décédé ne recevait sur les fonds de l'État, des départements, des communes ou des établissements publics, ni traitement, ni remises, salaires ou indemnités quelconques, et, en outre, qu'il ne jouissait d'aucune autre pension ou solde de retraite, soit à la charge de l'État, soit sur les fonds de la Caisse des invalides de la marine, des départements ou des communes, et qu'il n'était pas titulaire d'un débit de tabac [2].

250. — Depuis la loi du 26 décembre 1890 (art. 31), les certificats de vie délivrés par les notaires pour les *nouvelles pensions* militaires, doivent, en exécution de la circulaire du Ministre des finances du 16 mai 1891, reproduire exactement, d'après les indications du certificat d'inscription : 1° le montant de la dernière solde d'activité; 2° la mention placée au-dessous du titre : *Pensions militaires de la Guerre*, et libellée : *soumise à l'application de l'article 31 de la loi du 26 décembre 1890 sur le cumul* [3].

---

1. Inst. Gr. Chancell., 1er déc. 1881, art. 113 ; Circ. Compt.; publ., 6 déc. 1881. § 20. — Le certificat de propriété peut être remplacé, soit par un extrait d'intitulé de l'inventaire, s'il y en a eu un, soit, dans le cas contraire, par un acte de notoriété dressé par un notaire ou le juge de paix, quand il s'agit de toucher seulement un prorata de traitement de légionnaire ou de médaillé.

2. L. 15 mai 1818, art. 14 ; Décr. 31 mai 1862 ; art. 276 ; Inst. min. 27 juin 1839, art. 23 ; LL. 18 août 1881, art. 1er ; 26 déc. 1890, art. 31 ; Circ. Min. fin., 9 sept. 1881 ; Circ. Min. just., 16 mai 1884, 11 avril 1891.

3. V. aussi Circ. Min. just., 7 sept. 1881 et 25 avril 1891.

250 *bis.* — Cette prescription est applicable, par analogie, aux certificats de propriété à délivrer pour toucher le prorata d'arrérages de ces pensions au décès du titulaire.

251. — Si la déclaration n'est pas *négative*, on doit énoncer la quotité et la nature des traitements ou pensions autres que ceux faisant l'objet du certificat de propriété, quand bien même le notaire ou les parties croiraient pouvoir considérer ces allocations comme affranchies des prohibitions sur le cumul.

251 *bis.* — Si, *malgré la déclaration négative* qui lui serait faite, le notaire avait la certitude de la *fausseté* de cette déclaration, il devrait refuser de délivrer le certificat de propriété et en informer le payeur[1].

252. — La déclaration peut être faite, soit dans le certificat de propriété, soit séparément.

Dans le premier cas, les déclarants signent le certificat ou déclarent qu'ils ne peuvent ou ne savent le faire.

Dans le second cas, la déclaration doit être faite devant le maire ou le notaire.

Elle est alors établie sur papier timbré ou sur papier libre, suivant que le certificat de vie était ou non soumis au timbre[2].

253. — La déclaration de non-cumul doit être faite par les héritiers ou représentants du titulaire décédé. Un mandataire ne pourrait la faire qu'autant que son mandat contiendrait un pouvoir spécial à cet effet.

254. — Cependant, il suffit que l'un des héritiers ou représentants fasse la déclaration, en se portant fort des autres.

255. — La déclaration est faite au nom de l'héritier mineur par son tuteur.

256. — *Cette déclaration n'est pas nécessaire*, quand la pension dont il s'agit de toucher les arrérages est susceptible de se cumuler avec une autre; telles sont les pensions de donataires dépossédés[3]; les pensions à titre de récompense nationale, lorsque la loi qui a concédé la récompense a accordé la faveur de la cumuler

---

1. Inst. 27 juin 1839, art. 23.
2. Saumur, p. 77 ; Dict. Enreg. Rédact., v° *Décl.*, n° 31 ; Paulme, *Dev. des maires*, n° 123.
3. L. 21 juill. 1821.

avec toute autre pension [1]; les dotations du mont de Milan [2]; les traitements de la Légion d'honneur et les rentes viagères attribuées aux médaillés militaires [3].

257. — Si l'acte de décès indique que le *pensionnaire militaire* est *décédé domicilié à l'étranger*, le certificat de propriété doit énoncer qu'il était autorisé à résider à l'étranger, conformément à l'ordonnance du 24 février 1832; mais cette justification n'est pas nécessaire, si la *résidence* du pensionnaire n'était qu'accidentelle et avait duré moins d'un an [4].

258. — Lorsqu'il s'agit d'un *pensionnaire civil*, le certificat de propriété doit énoncer qu'il n'avait pas perdu la qualité de Français [5]; mais ceci n'est applicable qu'au cas où le pensionnaire serait *domicilié* à l'étranger.

La justification exigée est suffisamment faite au moyen d'une déclaration insérée dans le certificat de propriété, dans les mêmes formes que celle de non-cumul, établissant que le défunt, depuis qu'il habitait tel endroit, n'y avait formé aucun établissement sans esprit de retour, et qu'il n'y avait accepté ni fonction, ni grade, ni pension, ni traitement quelconques, qui, aux termes des articles 18, 19 et 21 du Code civil, pussent lui avoir fait perdre la qualité de Français [6].

259. — S'il s'agissait d'une *veuve de militaire*, il faudrait déclarer qu'elle n'avait pas contracté un second mariage avec un étranger [7].

260. — Le mariage avec un étranger entraînant pour les femmes la perte de la qualité de Française (C. civ., art. 19), les certificats de propriété, pour toucher les arrérages de pensions des *filles*, *femmes* ou *veuves*, doivent toujours constater qu'elles n'étaient pas mariées ou remariées, ou qu'elles l'étaient avec un Français [8].

260 *bis*. — Cette prescription ne s'applique pas aux bénéficiaires des pensions à titre de *récompense nationale*, accordées par la loi

1. LL. 13 juin 1850, art. 9 ; 30 juill. 1881, art. 12.
2. Circ. Dette inscr., 20 sept. 1862.
3. Décr. 31 mai 1862, art. 274.
4. V. L. 11 avril 1831, art. 26; Ord. 24 févr. 1832, art. 1er ; — Ourry, v° *Certif. de prop.*, p. 284.
5. L. 9 juin 1853, art. 29; Circ. Dette insc., 11 fév. 1854.
6. V. L. 26 juin 1889.
7. V. L. 11 avril 1831, art. 26; Ord. préc., 24 févr. 1832, et le modèle (n° 3) de certif. de vie y annexé.
8. Circ. Dette insc., 4 déc. 1869.

4

du 13 juin 1850, ni des dotations des canaux, qui ont été attribuées indistinctement à des Français ou à des étrangers [1].

261. — Lorsqu'un pensionnaire laisse plusieurs héritiers et qu'un ou quelques-uns d'entre eux sont absents ou ne se présentent point, ceux qui se présentent ont le droit de réclamer le paiement de la part qui leur revient, à la condition que leur réclamation soit appuyée des pièces réglementaires régulièrement établies, déterminant la part exacte de chaque ayant droit.

262. — De même, une *veuve*, commune en biens et justifiant de cette qualité au payeur, a droit au paiement de la *moitié* du prorata des arrérages dus au jour du décès de son mari, nonobstant la négligence des héritiers à se présenter [2].

263. — Dans ce cas, le certificat de propriété doit attribuer à la veuve, à raison de la communauté qui existait entre elle et son mari, la moitié des arrérages dus, l'autre moitié appartenant aux héritiers [3].

264. — Quand la somme à recevoir n'excède pas 50 francs, l'acquit peut être donné par un seul des héritiers, se portant fort des autres [4].

265. — Les héritiers ou ayants cause d'un pensionnaire doivent réclamer le décompte des *arrérages* dus au décès, dans un délai de trois années, sinon leurs droits sont *prescrits* [5].

266. — Les dotations du mont de Milan et les dotations des canaux ne sont passibles que de la *prescription quinquennale* résultant de l'article 2277 du Code civil.

RENOUVELLEMENT DES TITRES. CHANGEMENT DE QUALITÉS [6].

---

1. Circ. Dette insc., 15 avril 1864.
2. Circ. fin., 4 juill. 1851 et 27 avril 1887, § 3. — V. H. Paulme, *Manuel à l'usage des Rentiers et Pensionnaires de l'État*, p. 72, nos 43 et 44.
3. Déc. Min. fin., oct. 1832.
4. Déc. Min. fin., 17 juin 1851; Circ. Comp. pub., 4 juill. 1851.
5. L. 9 juin 1853, art. 30.

6. RENOUVELLEMENT DES TITRES. — CHANGEMENT DE QUALITÉS. — Lorsque les cases destinées à recevoir les estampilles sont épuisées, un dernier paiement est encore fait et estampillé sur le *recto*, en regard du nom du pensionnaire, puis le titre est conservé par le trésorier-payeur général qui l'adresse à la Direction de la Dette inscrite, et le *renouvellement* en a lieu *sans formalités*.

Le *changement de qualités* des femmes pensionnaires, par suite de leur mariage ou du décès de leurs maris, ne donne pas lieu à la délivrance de certificats de propriété et s'opère sur la production des pièces desquelles résultent ces changements de qualités.

Art. 2. — Formalités.

RÉQUISITION.

267. — Dans la pratique, on considère généralement que le notaire est suffisamment requis de délivrer un certificat de propriété par la demande verbale des parties et la remise du titre.

268. — Toutefois, en droit strict, les notaires n'ont pas qualité pour suivre l'exécution des actes qu'ils reçoivent; il ne leur appartient pas de faire constater, sans autorisation, les mutations qui en résultent, et les parties, si elles éprouvaient un préjudice de ce chef, pourraient les en rendre responsables.

269. — Il est donc tout au moins prudent que les notaires se fassent requérir de délivrer les certificats de propriété.

270. — Mais nous ne pensons pas, contrairement à ce qu'enseigne l'*Encyclopédie du notariat*[1], que le Trésor puisse refuser un certificat de propriété délivré sans réquisition, car rien dans la législation spéciale à la matière ne prescrit cette formalité, dont l'application a seulement pour objet, au point de vue où nous nous plaçons, de couvrir la responsabilité du notaire.

271. — On sait, du reste, que, dans la pratique, le Trésor n'exige pas la justification d'une réquisition à l'appui des certificats de propriété qui lui sont remis.

272. — La chambre des notaires de Paris a décidé, le 9 ventôse an XIII et le 2 décembre 1844, que la délivrance des certificats de propriété doit être précédée soit d'un acte attributif ou déclaratif

1. V° *Certif. de prop.*, n° 60.

de propriété, soit d'une réquisition consignée dans un acte particulier.

273. — Cette réquisition est encore utile, lorsque, même après inventaire, les parties n'ont pas encore pris qualité[1].

274. — La réquisition est faite soit dans l'acte en vertu duquel le certificat de propriété est délivré, soit dans un acte spécial, qui reste en *minute* au notaire pour sa décharge, soit dans le certificat de propriété même.

275. — Le premier moyen est généralement employé quand le certificat de propriété est précédé d'un acte emportant prise de qualité, par exemple un partage, une donation, etc.

276. — La réquisition n'est assujettie à aucune forme spéciale.

277. — Elle est généralement libellée ainsi :

S'il s'agit d'un état liquidatif sujet à homologation : « Après l'homologation des présentes, le notaire liquidateur délivrera aux parties, les certificats de propriété nécessaires pour faire immatriculer les rentes sur l'État au nom des nouveaux propriétaires. »

S'il s'agit d'un partage amiable : « Les parties requièrent le notaire soussigné de leur délivrer les certificats de propriété nécessaires pour faire immatriculer au nom des ayants droit les rentes sur l'État à eux attribuées. »

278. — Mais on doit s'abstenir d'insérer une pareille réquisition dans un inventaire ; car, en faisant prendre qualité aux parties, elle ferait perdre à l'inventaire son caractère purement conservatoire.

279. — On a recours aux deux autres moyens quand, avant la délivrance des certificats de propriété, les parties n'ont pas encore pris qualité.

280. — Lorsque la réquisition doit contenir des conventions relatives aux valeurs donnant lieu à la délivrance des certificats, stipulation d'indivision, etc., elle doit nécessairement avoir lieu en *minute*, et, pour être valable, toutes les parties doivent être majeures, capables et maîtresses de leurs droits.

281. — Une telle réquisition peut même, seule, à défaut d'autres actes, et quand elle remplit les conditions voulues, habiliter le notaire qui l'a reçue à délivrer le certificat de propriété[2].

282. — Quand la réquisition a seulement pour objet de couvrir

---

1. Inst. Ch. not., Paris, 8 mai 1824.
2. *Suprà*, nos 35 et s.

la responsabilité du notaire certificateur, il est suffisant qu'elle soit insérée dans le certificat de propriété.

283. — Elle est alors valable, sans qu'il soit besoin de faire signer le certificat par un second notaire ou par des témoins, comme le prétend l'*Encyclopédie du Notariat*[1], pourvu, bien entendu, que toutes les parties, sans exception, signent le certificat.

284. — Si l'on peut contester au certificat de propriété la qualité proprement dite d'acte notarié, la réquisition qui y est contenue, ainsi signée de toutes les parties, ne constitue pas moins, pour le notaire, une décharge indirecte, valable en la forme unilatérale comme acte sous seings privés[2].

285. — Cette mesure nous semble de nature à sauvegarder suffisamment la responsabilité du notaire, et c'est à tort que MM. Gorges et de Bray, dans leur *Manuel des transferts et mutations*[3] et M. de Bray, dans son récent *Traité de la Dette publique*[4], affirment que l'intervention des parties n'est jamais nécessaire dans les certificats de propriété, qu'elle est légalement sans valeur et qu'elle ne peut atténuer, en quoi que ce soit, la responsabilité des notaires.

286. — L'intervention des parties au certificat, pas plus que la réquisition par acte distinct, en minute, ne peut exonérer le notaire certificateur de la responsabilité qu'il encourt vis-à-vis du Trésor, en vertu de l'article 7 de la loi du 28 floréal an VII, mais elle a incontestablement pour conséquence de couvrir sa responsabilité du chef des parties.

287. — Tous les auteurs qui ont examiné cette question se sont prononcés dans le sens de l'opportunité de l'intervention des parties au certificat de propriété, dans les cas que nous avons indiqués. — *Suprà*, nos 272 et s.[5]

288. — Lorsque la réquisition a lieu dans l'acte en vertu duquel le certificat de propriété est délivré ou dans le certificat lui-même, elle constitue une disposition dépendante et ne donne lieu à aucun droit[6].

289. — Quand elle est faite par acte séparé ne contenant aucune

1. Vo *Cert. de prop.*, no 61.
2. Comp. L. 25 vent. an XI, art. 68.
3. Vo *Cert. de prop.*, VII, p. 107.
4. No 356, p. 321.
5. Vo *Cert. de prop.* : Dict. du Not., nos 91 et s.; Encyc. du Not., nos 60 et 61; Ed. Clerc., *Form.*, no 36 ; Amiaud, *Traité-form.*, nos 34 et 41 et s.
6. L. 22 frim. an VII, art. 11, arg. *a contrario*.

autre disposition, elle est passible du droit fixe de 3 francs, comme acte innommé [1].

290. — Mais si l'acte de réquisition contient une disposition principale dont la réquisition n'est que l'accessoire, par exemple un partage, une convention d'indivision, c'est sur cette disposition que doit être assis le droit [2].

291. — Ainsi, il a été jugé par le tribunal de Charleville, le 25 mars 1886, que l'acte par lequel les héritiers et la veuve commune en biens d'une personne décédée propriétaire d'un titre de rente sur l'État requièrent un notaire de leur délivrer un certificat de propriété constatant la part revenant à chacun d'eux dans la rente, pour faire immatriculer le titre à leurs noms dans les proportions indiquées, contient un partage passible du droit gradué.

292. — Quant aux réquisitions dressées par actes notariés, en vue d'obtenir la délivrance des certificats de propriété destinés aux caisses d'épargne, elles ne peuvent être considérées comme nécessaires au service de ces établissements, attendu qu'elles sont faites soit dans l'intérêt des parties, soit, plus généralement, dans celui du notaire et en vue de couvrir sa responsabilité.

293. — Par conséquent, ces actes ne peuvent, à aucun titre, bénéficier des dispositions des lois des 9 avril 1881 (art. 20 et 21) et 20 juillet 1895 (art. 23), et ils sont soumis aux droits de timbre et d'enregistrement.

LÉGALISATION.

294. — La signature des *notaires*, autres que ceux du département de la Seine, — où l'on est dispensé de cette formalité, — doit être légalisée par le président du tribunal civil de l'arrondissement. Elle peut l'être aussi par le juge de paix de leur canton, lorsqu'ils n'exercent pas dans les chefs-lieux de département ou d'arrondissement [3].

---

1. L. 22 frim. an VII, art. 68, § 1er-51. — V. aussi : LL. 18 mai 1850, art. 8 ; 22 fév. 1872, art. 4.

2. La convention d'indivision est passible, comme acte innommé, du droit fixe de 3 francs (L. 22 frim. an VII, art. 68, § 1er-51), et dans le cas où elle ne contient aucune autre disposition, la réquisition qui en est la conséquence ne donne lieu à aucun droit particulier.

3. LL. 25 vent. an XI, art. 28, et 2 mai 1861. — Inst. août 1874, § 1er, 9o.

295. — Celle des *juges de paix* est légalisée par le président du tribunal civil de l'arrondissement dans lequel ils exercent[1].

296. — Celle du *greffier* du tribunal ou de la cour, par le président du tribunal ou de la cour[2].

297. — Les certificats de propriété délivrés par les *magistrats* ou *fonctionnaires étrangers* sont légalisés, en premier lieu par les autorités du pays, et ensuite, par le consul français et au Ministère des affaires étrangères en France.

298. — Ceux que délivrent les *consuls* étrangers ou français sont légalisés au Ministère des affaires étrangères[3].

RÉPERTOIRE.

299. — Les certificats de propriété doivent-ils être inscrits au répertoire? — Cette question est très controversée.

On allègue, pour *la négative*, que cette formalité ne s'applique, d'après l'article 49 de la loi du 22 frimaire an VII, qu'aux actes et contrats, et que les certificats de propriété ne rentrent pas dans cette catégorie[4].

Les auteurs qui se prononcent pour *l'affirmative* soutiennent que les certificats de propriété, étant des écrits dressés en vue de constater un fait juridique, n'en restent pas moins des *actes*, dans le sens que le langage du droit attache à ce mot[5]. D'après le Dictionnaire de l'enregistrement, des rédacteurs, les certificats de pro-

1. Même inst., § 2.
2. Même inst., § 3.
3. Ord. 25 oct. 1833 ; Inst. préc., août, § 4.
4. Dict. du Not., v° *Cert. de prop.*, n° 88 ; *Suppl.*, n° 133, 1°, 2°, 3° et 4° ; Ed. Clerc, Form., *eod. verb.*, n°ˢ 26 et 27 ; — Strasbourg, 1ᵉʳ déc. 1857; Cass., 9 mars 1839 ; Yvetot, 29 août 1884. — L'arrêt de Cass. de 1859 admet la dispense de l'inscription au répertoire pour les certificats de propriété destinés aux caisses d'épargne, par le motif que ces actes sont dressés par un seul notaire, sans témoins. A s'en tenir à cette raison, tous les certificats de propriété seraient exempts de la formalité du répertoire ; mais l'administration n'a jamais admis cette théorie, qui est, d'ailleurs, en opposition avec un arrêt de la même Cour, — Req., 4 avril 1854, — assujettissant à l'inscription au répertoire un procès-verbal de comparution en matière de liquidation dressé sans notaire en second et sans témoins.
5. Comp. : Pradier, *Revue not.*, n° 324-23. — Inst. Rég., 15 juin 1843, n° 1814, § 5. — Dict. Enreg. Rédact., v° *Cert. de prop.*, n° 19. — V. aussi Aubry et Rau, § 754, texte et note 2;

priété ne seraient dispensés de l'inscription au répertoire que lorsqu'ils ne sont pas assujettis à l'enregistrement [1].

Enfin, d'après l'administration de l'Enregistrement, il ne saurait exister aucun doute en ce qui concerne les certificats de propriété concernant les rentes sur l'État: ils doivent être portés au répertoire [2].

300. — *Dans la pratique*, il est d'usage de faire toujours figurer au répertoire les certificats de propriété [3].

REGISTRE.

301. — Les certificats de propriété se délivrent en brevet; mais comme il est utile, dans l'intérêt du notaire comme dans celui des parties, de conserver copie de ces actes, les notaires, par esprit d'ordre, les transcrivent, au fur et à mesure de leur délivrance, sur un registre spécial non timbré [4].

1. *Adde* Pandectes franc., v° *Cert. de prop.*, n° 208.
2. Sol., 26 oct. 1895 (R. g. 8941).
3. V. aussi ce qui sera dit *infrà*, chap. IX, *Enreg. et Timbre*.
4. Déc. Min. fin., 7 fév. 1807.

CHAPITRE IV

VALEURS POUR LA MUTATION
DESQUELLES IL Y A LIEU
A DÉLIVRANCE DE CERTIFICATS DE PROPRIÉTÉ

302. — Les valeurs donnant lieu à la délivrance de certificats de propriété sont :

a) Les *rentes perpétuelles* sur l'État purement *nominatives* ou *mixtes, directes* ou *départementales* [1];

b) Les *rentes amortissables* sur l'État nominatives [2];

c) Les *cautionnements* des fonctionnaires publics [3];

d) Les *livrets des caisses d'épargne* ordinaires [4] et ceux de la Caisse d'épargne postale, créée par la loi du 9 avril 1881 [5];

e) Les *capitaux réservés*, versés à la *Caisse nationale des retraites* pour la vieillesse, et les *arrérages* dus au décès des titulaires de rentes sur cette Caisse [6];

f) Les *bons du Trésor* [7], et les autres valeurs qui peuvent être émises par l'État [8];

1. L. 28 floréal an VII, art. 6; Ord. 14 avril 1819, art. 7; Décr. 12 juin 1864; Circ. Dette insc., 15 juill. 1864.

2. L. 11 juin 1878; Décr. 16 juill. suiv.

3. Décr. 18 sept. 1806.

4. L. 7 mai 1833, art. 3.

5. L. 20 juill. 1895, art. 23.

6. L. 20 juill. 1886, art. 17; Décr. 28 déc. 1886, art. 35.

7. Autrefois les valeurs émises par le Trésor étaient plus nombreuses qu'aujourd'hui, mais une partie a été remboursée en vertu de la loi du 24 déc. 1890.

8. Toutefois, le DICTIONNAIRE DU NOTARIAT (SUPPL., v° *Certif. de prop.*, n° 15 *bis*. estime que les notaires ne peuvent être tenus de délivrer des certificats de propriété même pour les caisses publiques, en dehors des cas prévus par la loi et

g) Et, en général, toutes *les sommes à payer après décès par les caisses de l'État, des départements et des communes*, quand les instructions administratives admettent comme pièces justificatives les certificats de propriété, ce qui comprend notamment : les *traitements de la Légion d'honneur* et de *la Médaille militaire* pour le *prorata* acquis ;

Et les *pensions et traitements sur l'État, les départements et les communes* [1].

303. — Les énonciations qui précèdent ne sont pas limitatives, et les notaires peuvent délivrer des certificats de propriété pour toutes les *caisses publiques* qui acceptent ce mode de justification [2].

304. — Mais ils doivent s'abstenir de délivrer des certificats de propriété pour les *caisses particulières* [3], et aussi pour les *sociétés, compagnies de chemins de fer* et *autres administrations* et *établissements commerciaux, industriels* et *financiers*, lors même que ceux à qui il doit être justifié de la propriété les accepteraient, car ce mode de procéder a pour effet de faire peser sur le notaire une responsabilité très lourde, que doit subir la personne qui fait le paiement.

305. — Ainsi, lorsqu'un notaire a à faire constater une mutation survenue dans la propriété de valeurs nominatives (actions ou obligations) du Crédit foncier, de la Banque de France ou d'une compagnie de chemins de fer, par exemple, il doit délivrer, non pas un certificat de propriété, mais des expéditions ou extraits des actes établissant les droits des nouveaux propriétaires.

---

spécialement pour les bons du Trésor, et il cite un cas où le Trésor s'est incliné devant le refus d'un notaire de délivrer le certificat de propriété qui lui était requis.

1. Un certificat de propriété est encore exigé par le Ministère de la guerre pour retirer ce qu'avait un militaire à l'hôpital où il est décédé. *Suprà*, n° 46.

2. Délib. Ch. Not. Paris, 11 mai 1815 et 2 déc. 1834 ; Règl., 27 avril 1847, art. 18.

3. Circ. même Ch., 27 sept. 1846.

CHAPITRE V

JUSTIFICATIONS A EXIGER

(Pour guider ses recherches dans ce chapitre, le lecteur consultera utilement le *sommaire des matières* qui figure au commencement de l'ouvrage ; il trouvera également un index alphabétique en tête de chacun des principaux paragraphes.)

306. — Sous les différents paragraphes de ce chapitre, nous allons énumérer, suivant les cas qui peuvent se présenter le plus fréquemment dans la délivrance des certificats de propriété, les diverses justifications sur lesquelles ceux-ci doivent être basés.

307. — Ces justifications, au point de vue qui nous occupe, c'est-à-dire de la *délivrance des Certificats de propriété*, sont les mêmes, qu'il s'agisse d'une *mutation* ou d'un *transfert* [1].

§ 1er. — Successions « ab intestat ».

1. A la Dette inscrite, on désigne sous le nom de TRANSFERTS les opérations qui ont lieu par le ministère d'agent de change, et de MUTATIONS, celles qui se font sans ce concours. — Gorges et de Bray, v° *Transferts* et la note.

1° *Successions ab intestat en général.*

308. — La délivrance des certificats de propriété aux héritiers *ab intestat* doit être fondée sur des pièces établissant :

a) Que la succession est ouverte ;

b) Qu'elle est dévolue à ces héritiers;

c) Que ceux-ci l'ont régulièrement acceptée ;

d) Qu'ils sont saisis ou envoyés en possession des droits recueillis par eux ;

e) Et qu'ils ont droit à la chose réclamée.

309. — **Ouverture de la succession.** — Toute succession s'ouvre par le décès du *de cujus* — art. 718 C. civ. [1]. — Ce décès doit être énoncé dans le certificat de propriété et il est nécessaire d'en justifier.

310. — La justification du décès résulte de l'acte qui en est dressé et inscrit sur les registres de l'état civil, conformément aux règles tracées par le chapitre IV du titre II du livre I du Code civil.

311. — Dans le cas où il n'existe pas d'acte de décès ou bien s'il ne peut être représenté, la preuve se fait conformément aux articles 46, 1348 et 1353 du Code civil et au décret du 3 janvier 1813.

312. — Pour les marins disparus dans les naufrages et accidents de mer, il est d'usage de faire constater le décès, quand il y a lieu, par un jugement du tribunal civil de leur dernier domicile.

---

1. L. 31 mai 1854, art. 1er.

La grosse ou un extrait de ce jugement tient alors lieu d'acte de décès [1].

Ce mode de procéder est fréquemment mis en pratique dans les arrondissements du littoral de la mer.

313. — Quant aux militaires et marins disparus pendant la guerre, du 19 juillet 1870 au 31 mai 1871, ou aux autres Français disparus pendant le même temps, par suite de faits de guerre, les formalités à remplir à leur égard ont été réglées par la loi du 9 août 1871, remettant en vigueur celle du 13 janvier 1817.

314. — Faute de pouvoir justifier régulièrement du décès, il y aurait lieu d'avoir recours aux formalités prescrites pour l'absence. (C. civ., 115 et s.)

315. — Bien que le Trésor soit en droit d'exiger la preuve du décès, une tolérance s'est établie dans la pratique. En effet, quand il existe un inventaire, le décès est suffisamment justifié par l'énonciation qui en est faite dans ce procès-verbal, sans qu'il soit besoin de produire une copie de l'acte de décès, ni même de la relater dans le certificat de propriété.

316. — Mais lorsqu'on procède en vertu d'un acte de notoriété, on doit justifier du décès, soit en produisant au Trésor une copie de l'acte qui le constate, soit en visant dans le certificat de propriété cette copie, qui doit alors être annexée à la minute d'un acte reçu par le notaire certificateur. Aussi les notaires ont-ils généralement le soin d'annexer une copie de l'acte de décès à l'acte de notoriété dressé à défaut d'inventaire.

317. — Le visa d'un inventaire ou d'un acte de notoriété est toujours obligatoire à l'appui des qualités héréditaires: celui d'un partage ou de tout autre acte serait insuffisant pour y suppléer [2].

318. — **Dévolution de la succession**. — L'ordre de dévolution des successions est réglé par les articles 723 et suivants du Code civil.

319. — En principe, l'inventaire, ou, à son défaut, un acte de notoriété en minute, auquel est annexée une copie de l'acte de décès, établissent suffisamment, jusqu'à preuve contraire, les *qualités des héritiers* [3].

320. — S'il existe des *dispositions entre vifs ou testamentaires* mo-

---

1. Gorges et de Bray, v° *Milit. et Mar. disparus*, II, p. 242.
2. Idem, v° *Qualit. héréd.*, II, p. 288.
3. Idem, *eod. verb.*, p. 288.

difiant la dévolution de la succession, il est utile que ce soit énoncé dans l'intitulé de l'inventaire ou dans la notoriété [1].

321. — Dans le cas contraire, il est prudent d'indiquer dans l'intitulé, ou de faire attester dans l'acte de notoriété, que le défunt n'a laissé aucun acte contenant des dispositions de cette nature. Cette précaution peut avoir pour avantage de mettre à l'abri de tout reproche d'imprudence le notaire qui aurait délivré un certificat de propriété à des héritiers apparents [2].

322. — Lorsque le défunt a laissé des dispositions entre vifs ou testamentaires dont l'existence est relevée dans le certificat de propriété, mais qui ne concernent pas les valeurs pour la mutation desquelles le certificat de propriété est délivré, le notaire doit l'attester au *certifié* [3].

323. — Le Trésor exige que le certificat de propriété délivré après décès mentionne si le titulaire est décédé *célibataire*, *veuf*, ou *marié*, et, dans ce dernier cas, s'il y avait ou non communauté [4]. Il est donc nécessaire que l'intitulé de l'inventaire ou l'acte de notoriété contienne ces renseignements. S'il y a communauté, il faut encore faire connaître le régime.

324. — Lorsqu'une femme, appelée à recueillir une succession, est devenue veuve depuis l'ouverture de la succession, le certificat de propriété doit, si les rentes en dépendant lui sont restées propres, viser les actes le constatant, contrat de mariage ou autres.

325. — Il en est de même pour attribuer les rentes lui revenant à ses héritiers exclusivement, quand elle est décédée depuis l'ouverture de la succession.

326. — Si le droit des héritiers appelés repose, en totalité ou en partie, sur la *renonciation* faite par d'autres héritiers, il doit être justifié de cette renonciation par une expédition déposée au rang des minutes du notaire chargé de délivrer le certificat de propriété et *visée* dans celui-ci. Il n'y a pas à distinguer si la renonciation s'est produite antérieurement ou postérieurement à la signature de l'intitulé de l'inventaire ou de la notoriété ; mais dans le second cas, il peut être utile de rectifier les premières qualités : en cas d'inven-

1. Pradier, *Rev. not.*, n° 816-84.
2. Pradier, *Rev. not.*, n° 816-84.
3. V. *sup.* n° 83.
4. Décr. 18 sept. 1806, modèle 3, *nota*.

taire, et s'il n'est pas encore clos, dans ce procès-verbal, et dans tous les autres cas, par un acte de notoriété [1].

327. — Lorsque, parmi les appelés à la succession, il s'en trouve un dont l'existence n'est pas reconnue, la succession est dévolue exclusivement à ses cohéritiers [2]; et il n'y a pas lieu, alors, de faire commettre un notaire pour le représenter, cette formalité n'étant applicable qu'aux héritiers connus non présents [3].

328. — Dans ce cas, le Trésor accepte les certificats de propriété basés sur un simple acte de notoriété constatant les faits, sans exiger d'autres justifications.

329. — Toutefois, comme pour que l'article 136 du Code civil soit applicable, il faut qu'il y ait réellement incertitude sur l'existence de l'absent, ce qu'il est parfois difficile d'apprécier, il est prudent, pour le notaire certificateur, d'exiger un jugement déclarant que les héritiers présents sont fondés raisonnablement à méconnaître l'existence de celui qui n'est pas sur les lieux, et à procéder sans lui à la réalisation de l'actif et à la liquidation et au partage de la succession [4].

330. — Ce jugement, qui constitue un acte de juridiction gracieuse, est rendu à la requête des héritiers présents, sur le vu d'un acte de notoriété constatant les faits et, s'il y a lieu, des pièces à l'appui.

La pratique tend, du reste, à s'établir dans ce sens.

331. — L'*indignité* — C. civ., art. 727 et s. — n'existant pas de plein droit [5], lorsqu'on se trouve en présence d'un héritier exclu à ce titre, il est nécessaire de relater dans le certificat de propriété le jugement prononçant l'indignité et les pièces constatant qu'il a acquis l'autorité de la chose jugée [6].

332. — Les *créanciers* de *celui qui a renoncé* au préjudice de leurs droits peuvent se faire autoriser en justice à accepter la succession, du chef de leur débiteur, en ses lieu et place (art. 788 C. civ.).

333. — S'ils obtiennent cette autorisation, ils doivent justifier que l'héritier qu'ils représentent avait droit à la succession et que

1. Pradier, *Rev. not.*, n° 816-86.
2. C. c., 136.
3. C. proc., 942.
4. Demolombe, t. II, n°s 203, 204; Amiaud, *Tr.-form.*, v° *Part.* (*Liq. et*), n° 139; *Gaz. du Not.*, 1894, p. 49 et s.
5. Aubry et Rau, § 593-25.
6. Pandectes franc., v° *Certif. de prop.*, n° 155.

le jugement, en vertu duquel ils agissent, est passé en force de chose jugée.

Ce jugement, ainsi que les pièces constatant qu'il est passé en force de chose jugée, doivent être déposés pour minute au notaire certificateur et visés dans le certificat de propriété.

334. — Bien que, dans la pratique, on justifie quelquefois des originaux des significations, le certificat délivré par l'avoué poursuivant est seul nécessaire (C. de proc., art. 548).

335. — Les *successeurs à titre particulier*, — C. c., art. 351, 352, 747, 766, — c'est-à-dire ceux qui succèdent seulement à certains biens déterminés par la loi et dépendant de la succession du défunt, doivent justifier de leur qualité héréditaire de la même manière que les successeurs ordinaires et, ensuite, de l'origine des biens auxquels ils prétendent, par la production de pièces qui varient avec les circonstances, telles que donation, testament, inventaire, notoriété, lettre d'origine, etc. [1].

336. — Le droit des successeurs à titre particulier s'exerçant à titre de succession et ne s'ouvrant que par le décès du donataire, ne se mentionne pas sur les titres, attendu qu'il n'emporte, pour ce dernier, aucune restriction au droit de disposer.

337. — Il donne lieu, le cas échéant, à la délivrance d'un certificat de propriété.

337 *bis*. — On ne peut y renoncer du vivant du donataire [2].

338. — En ce qui concerne les *successeurs irréguliers*, — C. c., art. 756 et s., L. 15 pluviòse an XIII, — on admet, en principe, que l'intitulé de l'inventaire ou une notoriété suffit pour établir leurs qualités héréditaires, comme celles des successeurs réguliers.

338 *bis*. — En ce qui concerne les *enfants naturels* (même depuis qu'ils sont *héritiers*) [3], nous pensons avec Pradier qu'il est au moins utile et que la prudence commande au notaire certificateur, de se faire justifier de leur reconnaissance par le dépôt de l'acte qui la contient, à cause des formalités auxquelles elle est soumise et des causes de nullité qui peuvent la frapper (C. civ., art. 334 et 337) [4].

339. — L'avis du Conseil d'État du 3 novembre 1809, décidant

---

1. Pradier, *Rev. Not.*, n° 488-100.
2. C. c., 791, *argum*.
3. C. c., 756 (L. 25 mars 1896).
4. L. 21 juin 1843, art. 2; Pradier, *Rev. Not.*, n° 488-99.

que les effets mobiliers apportés par les malades, qui décèdent dans les hospices où ils ont été traités gratuitement, appartiennent à ces établissements, ne s'applique qu'au mobilier corporel et par conséquent pas aux rentes sur l'État [1], ni aux autres valeurs incorporelles [2].

340. — Lorsqu'un hospice ou un hôpital civil recueille une rente dépendant de la succession d'un enfant assisté, en vertu de l'article 8 de la loi du 15 pluviôse an XIII, il y a lieu, pour faire inscrire le titre au nom de l'établissement, de produire un certificat de propriété, délivré par le notaire détenteur du jugement d'envoi en possession [3].

341. — Lorsque les successeurs sont incapables, le certificat de propriété doit énoncer leur incapacité. Toutefois, il ne s'agit là que d'énonciations que le notaire certificateur ne doit faire qu'après s'être assuré de leur exactitude, mais qui ne donnent pas lieu, en principe, au dépôt pour minute des pièces à indiquer.

342. — **Acceptation de la succession.** — En règle générale, aucun certificat de propriété ne doit être délivré aux héritiers avant qu'ils n'aient accepté la succession, puisqu'ils pourraient y renoncer et qu'alors ils seraient censés n'avoir jamais été héritiers. (C. civ., art. 775.)

343. — L'acceptation d'une succession peut avoir lieu *purement et simplement ou sous bénéfice d'inventaire.* (C. civ., art. 774.)

344. — L'acceptation pure et simple est expresse ou tacite — C. civ., art. 778. — Lorsqu'elle ne résulte pas d'une manière indubitable d'un titre non susceptible de disparaître, comme la minute d'un acte authentique ou un jugement, les notaires doivent, avant de délivrer aucun certificat de propriété, provoquer l'acceptation formelle de la succession au moyen d'une réquisition de délivrance.

345. — Lorsque, depuis l'ouverture de la succession, l'un des héritiers est décédé, il faut, pour attribuer sa part à ses héritiers, s'assurer qu'il avait accepté; à défaut d'acceptation par lui, ses héritiers pourraient accepter de son chef. (C. civ., 781.)

---

1. Gorges et de Bray, v° *Hosp.-hôpit.*, IV, p. 204; Deloison, n° 108, p. 81.
2. Si les héritiers ne voulaient pas consentir une attribution de ces valeurs au profit des hospices, ceux-ci devraient remplir les formalités prescrites par les articles 768 et s. du C. c., et invoquer leur droit de préférence. — Gorges et de Bray, *ub. sup.*
3. Gorges et de Bray, *eod. verb.*, I, p. 202.

346. — S'ils étaient divisés sur le parti à prendre, l'acceptation devrait avoir lieu sous bénéfice d'inventaire. (C. civ., 782.)

347. — L'acceptation bénéficiaire doit être expresse et faite dans les formes prescrites par l'article 793 du Code civil.

348. — En ce qui concerne les *successeurs irréguliers*, — C. civ., art. 766, — l'acceptation résulte de leur demande d'envoi en possession, si elle émane d'un héritier majeur et capable; dans le cas contraire, une acceptation bénéficiaire est nécessaire[1].

349. — Lorsque les valeurs qui donnent lieu à la délivrance des certificats de propriété dépendent d'une *communauté*, il y a lieu de surseoir à la délivrance du certificat jusqu'à ce que la femme ou ses représentants aient *accepté* la communauté ou y aient *renoncé*. (C. civ., art. 1453.)

350. — Si la succession est acceptée par une femme mariée autorisée en justice à cet effet, — C. civ., art. 219 et 776, — il y a lieu de viser le jugement d'autorisation et les pièces constatant qu'il n'est susceptible d'aucun recours.

351. — Quand il existe une *renonciation à communauté*, il doit en être justifié par le dépôt pour minute d'un extrait au notaire certificateur.

352. — Quelquefois l'héritier devenu capable renonce au bénéfice d'inventaire[2]. La mention de bénéfice d'inventaire sur le titre est alors rayée, soit sur la production d'une expédition de l'acte de renonciation, soit en vertu du visa de la renonciation dans un certificat de propriété[3].

353. — Il peut arriver que, dans le délai accordé aux héritiers pour prendre qualité, l'un d'eux ou un tiers soit nommé *administrateur provisoire* de la succession, avec pouvoir de vendre les titres de rente en dépendant, pour faire face au passif à acquitter — C. civ., art. 796[4]. — Il faut alors, quoiqu'il n'y ait pas eu d'acceptation, délivrer les certificats de propriété à l'administrateur.

354. — Ce dernier peut être nommé par un jugement ou par une ordonnance de référé. Il y a lieu de justifier de la décision nommant l'administrateur et lui conférant les pouvoirs suffisants, en déposant pour minute au notaire certificateur, soit la grosse du

1. V. cep., *infrà*, n° 357.
2. V. *infrà*, 2° PART., *Capacité civ. à l'égard des transf.*, (Bénéf. d'invent.)
3. Gorges et de Bray, v° *Bénéf. d'inv.*, III, p. 92.
4. Demolombe, *Successions*, t. II, 278.

jugement, soit l'expédition de l'ordonnance, si l'original a été déposé au greffe, soit l'original lui-même (C. de pr., art. 811 et 944), à moins que le notaire ne possède cette ordonnance au rang de ses minutes, par exemple si le référé a été introduit au cours de l'inventaire et l'ordonnance mise sur la minute de ce procès-verbal, dans le cas prévu par l'art. 944 du Code de procédure [1].

355. — Si les parties au profit desquelles le certificat de propriété est délivré doivent justifier au notaire de leur acceptation de la succession, le Trésor, en principe, n'exige pas que le certificat relate formellement cette acceptation; il considère que sa responsabilité est suffisamment couverte par le certificat de propriété attestant les droits des héritiers.

356. — Le Trésor n'exige pas, non plus, au sujet des rentes échues en totalité ou en partie à des mineurs ou interdits, la justification que la succession a été acceptée sous bénéfice d'inventaire.

357. — On peut, d'ailleurs, faire observer à ce sujet que si, pour que l'acceptation d'une succession échue à un mineur ou à un interdit soit valable et devienne irrévocable, une délibération du conseil de famille autorisant l'acceptation est nécessaire, il n'en est pas de même de la déclaration au greffe du tribunal. Lorsque le tuteur, autorisé par le conseil de famille à accepter, a fait acte d'héritier au nom de l'incapable, celui-ci est irrévocablement lié, et devenu capable, il ne pourrait renoncer [2]. La jurisprudence est en ce sens [3].

358. — Mais, s'il existe une acceptation bénéficiaire, elle doit être énoncée dans le certificat de propriété et rappelée au certifié, afin d'être mentionnée sur les nouvelles inscriptions à délivrer [4].

359. — Dans le cas où les rentes dépendant de la succession du *de cujus* proviennent elles-mêmes de successions acceptées sous bénéfice d'inventaire, les mentions constatant le mode d'acceptation doivent être maintenues et rappelées dans les nouveaux titres, si, d'ailleurs, il n'a pas été renoncé à cette qualité.

360. — Les rentes possédées sous bénéfice d'inventaire ne peu-

---

1. Carré et Chauveau, s. les art. 810 et 811 C. proc., quest. 2777 et 2778.
2. Berthaut, *J. du Not.*, 1895, p. 593.
3. Rouen, 24 janv. 1845; Nîmes, 21 juill. 1852; Cass., 10 mai 1841, 11 déc. 1854; Vienne, 18 mars 1880; Saint-Étienne, 10 déc. 1883.
4. Gorges et de Bray, v° *Bénéf. d'invent.*, I, p. 91; Règl. des not. Paris, art. 17; *Suprà*, n°s 116 et 157.

vent être aliénées, lors même qu'elles sont inférieures à 50 francs, sans autorisation judiciaire [1].

361. — Dans le cas de renonciation au bénéfice d'inventaire, il faut viser dans le certificat de propriété la minute de l'acte qui la constate ou une expédition déposée au notaire certificateur.

362. — **Saisine.** — Les *héritiers légitimes* sont saisis de plein droit des biens, droits et actions du défunt, sous l'obligation d'acquitter toutes les charges de succession (C. civ., art. 724).

363. — En justifiant de leur vocation et de leur acceptation, ils établissent donc, par cela même, leur droit de disposer immédiatement des valeurs qui dépendent de la succession.

364. — Depuis la loi du 25 mars 1896, la situation des *enfants naturels* se trouve modifiée; le nouvel article 756 du Code civil leur conférant la qualité d'*héritiers* naturels, ils doivent être assimilés aux enfants légitimes au point de vue successoral, sauf la quotité : par suite, ils sont aussi saisis de plein droit et n'ont pas à demander l'envoi en possession, qu'ils viennent à la succession seuls ou avec des enfants légitimes. C. civ., art. 724 (L. 25 mars 1896).

365. — La question de savoir si les *successeurs à titre particulier* jouissent de la saisine est controversée. Mais la solution de cette difficulté est sans importance au point de vue qui nous occupe, attendu qu'ils ne sont pas tenus de demander la délivrance des objets soumis au retour successoral et sont autorisés à se mettre par eux-mêmes en possession de ces objets, à moins que les héritiers légitimes ne les aient, de fait, déjà appréhendés; dans ce cas, les ayants droit jouissent d'une action en pétition d'hérédité [2].

366. — Les *successeurs irréguliers* ne jouissent jamais de la saisine. (C. civ., art. 724.)

367. — La loi du 25 mars 1896 n'a pas changé la situation des père et mère et des frères et sœurs des enfants naturels; ils restent des successeurs irréguliers et n'ont pas la saisine [3].

---

1. L. 24 mars 1806; Avis C. d'État 11 janvier 1808; Inst. Dette insc., 1er mai 1819, titre III, 1re part., art. 12 et suiv.; L. 27 fév. 1880, art. 12; Circ. Dette insc., 10 mars 1880, VI; Cass., 4 avril 1884. — V. aussi *infrà*, 2e PARTIE, *Capacité civile à l'égard des transferts*, v° *Bénéfice d'inventaire*.

2. Aubry et Rau, § 640 *bis*, 2, texte et note 4.

3. C. c., 724, arg. *a cont.* — Defrénois, *Comm. L. 25 mars 1896*, n° 114. — On peut cependant soutenir que les père et mère naturels n'étant plus, depuis la loi de 1896, compris dans le chap. des *success. irrégulières*, sont devenus *ipso facto* des *héritiers* et ont la saisine. Sic : Bonnet, *J. du Not.*, 1896, p. 386.

368. — Si les successeurs irréguliers viennent en concours avec des parents légitimes du défunt[1], ils ont, dès l'instant du décès de celui-ci, la propriété de la quote-part qu'ils sont appelés à recueillir, et n'ont qu'à en demander la mise en possession aux héritiers légitimes.

369. — Dans cette hypothèse, lorsque le certificat de propriété est délivré à tous les ayants droit conjointement, qu'ils aient ou non la saisine, on peut se contenter de s'assurer et de justifier du consentement des héritiers ayant la saisine à la délivrance du certificat dans ces termes. — Si le certificat de propriété devait être délivré aux successeurs irréguliers seuls, quoique venant à la succession en concours avec d'autres, il y aurait lieu de recourir à l'application des règles spéciales au partage[2].

370. — Lorsque les successeurs irréguliers ne viennent pas en concours avec des héritiers légitimes et appréhendent seuls la succession, ils sont aussi, dès le décès du *de cujus*, investis de la propriété de l'hérédité; mais ils doivent se faire envoyer en possession, et le certificat de propriété qui leur est délivré doit viser la grosse ou un extrait déposé du jugement d'envoi en possession (C. civ., art. 724, 770.) *Sup.*, n° 367 et la note.

371. — L'époux survivant et l'État n'ont pas, non plus, la saisine et doivent toujours se faire envoyer en possession[3].

372. — On considère que le conjoint survivant, envoyé en possession en vertu de l'article 767 du Code civil, ne peut disposer des rentes lui revenant comme héritier de son conjoint qu'après un délai de trois ans[4].

373. — Toutefois, quand la rente dépend de la communauté qui a existé entre les époux, le Trésor admet que cette restriction au droit d'aliéner ne porte que sur la portion, c'est-à-dire la moitié, afférente au conjoint décédé.

374. — Dans ce cas, il y a lieu de requérir, lors de la mutation, la division des titres en deux parties égales : l'une, représentant la moitié afférente au conjoint survivant, et dont il a la libre disposition ; l'autre, représentant la moitié revenant à la succession du

---

1. Ce cas peut se présenter pour les successions ouvertes antérieurement à la promulgation de la loi du 25 mars 1896. C. c., art. 756 et s., ancien texte.
2. V. *infrà*, *Partage*, n°s 385 et s.
3. C. c., 724.
4. C. c., 771, — V. *infrà*, 2e PART., *Capac. civ. à l'égard des transf.*, (*Env. en poss.*)

prédécédé, dont le conjoint ne peut disposer qu'après un délai de trois ans à compter de la date du jugement, d'envoi en possession.

375. — Le titre représentant cette dernière moitié constate cette restriction au droit de disposer.

376. — Si le chiffre de rente n'était pas divisible, il y aurait lieu d'avoir recours à une cession de fraction de franc [1].

377. — Le jugement d'envoi en possession est rendu sur requête, le ministère public entendu, sans contradicteur [2]; comme tel, il n'est pas susceptible d'opposition ni d'appel.

378. — Depuis la loi du 9 mars 1891, ayant modifié l'art. 767 du C. civ., l'*époux survivant*, non divorcé ni séparé de corps, qui ne succède pas en pleine propriété à son conjoint, a droit à l'usufruit de partie de la succession de ce dernier.

379. — Le conjoint survivant étant un successeur irrégulier, — — C. c., L. III, tit. 1er, chap. IV, sect. II, — comme tel, n'a pas la saisine et devrait régulièrement obtenir la délivrance amiable ou judiciaire de son droit.

380. — Quoi qu'il en soit, qu'il s'agisse d'un *transfert* ou d'une *mutation*, le Trésor n'exige pas le visa, dans le certificat de propriété, d'une délivrance amiable ou judiciaire, à l'appui de l'énonciation du droit en usufruit du conjoint, ou pour mentionner ce droit sur les nouveaux titres [3].

381. — En cas de *renonciation* par l'époux survivant à son droit d'usufruit, cette renonciation peut avoir lieu par acte notarié [4].

382. — Quand il dépend des rentes d'une succession en *déshérence*, elles sont immatriculées au nom du Domaine de l'État, dès que le tribunal a prononcé l'envoi en possession définitive [5].

383. — Le certificat de propriété nécessaire est délivré par le notaire rédacteur de l'inventaire qui doit être dépositaire d'une expédition ou d'un extrait du jugement d'envoi en possession [6], une simple relation ou mention du jugement serait insuffisante [7].

384. — Le dossier comprenant, en outre du titre et du certificat

---

1. V. *Suprà*, nos 105 et s.
2. Aubry et Rau, § 639, t. VI, p. 699 et s.
3. *V. sur l'applic. de l'art.* 767 C. c. (*nouv. texte*), A. Berthaut, *Dissert.*, J. du Not., 1892, p. 753.
4. *Non obst.* C. c., 784.
5. Inst. Adm. Enreg., 10 oct. 1878, n° 2602, art. 34.
6. Lettre-circ. Enreg., 13 nov. 1844. — V. cep. *suprà*, n° 33.
7. Solut. 2 avril 1878.

de propriété, une demande de mutation présentée par le receveur de l'enregistrement, est transmis par le Directeur du département à la Direction de la Dette inscrite [1].

385. — Partage. — Celui qui réclame certaines valeurs d'une succession doit justifier de ses droits exclusifs à ces valeurs. Cette justification se fait au moyen de la production d'un partage.

386. — Il est donc nécessaire de justifier d'un partage, toutes les fois que la succession est dévolue à plusieurs successeurs et que le certificat de propriété a pour objet d'attribuer à un ou plusieurs d'entre eux certaines valeurs dépendant de l'hérédité, ou une plus forte portion dans ces valeurs que celle que leur assignent leurs qualités héréditaires.

387. — Mais il n'est pas nécessaire de justifier d'un partage pour faire immatriculer un titre dépendant d'une succession ou d'une communauté au nom des héritiers *majeurs* et *capables*, dans la proportion de leurs droits héréditaires. (C. civ., art. 1220) [2].

388. — Cependant, comme les droits des parties peuvent se trouver modifiés par suite de *rapports* ou de toute autre cause, la prudence conseille au notaire de ne délivrer de certificat de propriété tendant à l'immatricule dans ces termes, qu'en vertu d'une réquisition signée par les intéressés, qui doivent nécessairement être tous majeurs et capables.

389. — L'attribution par portion virile avait toujours été admise par le Trésor, même lorsqu'il y avait des incapables, jusqu'à la promulgation de la loi du 27 février 1880. Mais, depuis cette époque, à défaut de partage régulier, le Trésor exige que les rentes dépendant d'une communauté ou d'une succession soient attribuées, dans les certificats de propriété, conjointement et indivisément aux ayants droit, lorsque parmi eux se trouvent des incapables [3].

390. — Il en est de même pour les autres valeurs donnant lieu à la délivrance des certificats de propriété.

391. — Lorsque, dans un partage, un titre de rente est divisé entre plusieurs ayants droit, il faut avoir soin que les attributions représentent des sommes rondes de rente, qu'elles soient faites en

1. Inst. 10 oct. 1878, art. 34.
2. Gorges et de Bray, v^is *Indivision*, p. 214 et s.; *Portion virile*, p. 275 et s. — V. aussi *sup.*, n° 101,
3. Gorges et de Bray, *ubi suprà*; Circ. Garde des Sceaux, 20 mai 1880.

francs et en centimes, d'après la valeur au cours de la Bourse, ou en fractions du titre.

392. — Autrement, on serait obligé, pour obtenir des titres distincts au nom des attributaires, d'avoir recours à des cessions de centimes [1].

393. — Lorsque plusieurs personnes possèdent une inscription de rente immatriculée à leurs noms conjointement et indivisément et qu'elles veulent obtenir des titres séparés, il faut avoir recours à un partage, et il serait inexact de soutenir que, jusqu'à preuve contraire, les titulaires sont présumés posséder l'inscription par portions égales [2].

394. — Il n'est pas nécessaire d'avoir recours à un partage, si le certificat de propriété est délivré au profit de tous les ayants droit conjointement et indivisément, soit pour obtenir la délivrance de nouveaux titres en leurs noms sans expression de part, soit pour toucher des sommes à verser par les caisses de l'État ou les autres caisses publiques, comme les cautionnements, les proratas de traitements et pensions, les sommes à rembourser par les caisses d'épargne, etc.

395. — Lorsqu'un partage a eu lieu à l'*amiable* par *acte authentique*, il suffit de viser la minute de cet acte ou son expédition déposée.

396. — S'il est *sous seings privés*, il faut viser, en outre, la minute de l'acte de dépôt contenant reconnaissance d'écriture et de signatures.

397. — Quand le partage a été fait en la forme *judiciaire*, on doit viser l'état liquidatif, le procès-verbal de lecture et d'approbation, et, si le partage n'est pas définitif par l'approbation des parties, la grosse du jugement d'homologation et les pièces constatant qu'il a acquis l'autorité de la chose jugée — C. proc., art. 548 ; — ces grosse et pièces doivent être déposées pour minute au notaire certificateur.

2° *Successions vacantes.*

398. — Lorsqu'une succession est déclarée vacante, — C. civ., art. 811 ; C. proc., art. 998, — il doit lui être nommé un curateur (C. civ., art. 812).

---

1. Comp. *suprà*, n°s 105 et s.
2. Gorges et de Bray, v°s *Division et Indivision*, p. 161 et 214 et suiv.

399. — Le curateur a qualité pour faire immatriculer au nom de cette succession vacante les rentes en dépendant ; mais, en principe, il ne peut rien toucher par lui-même (C. civ., art. 813) ; les créances doivent être payées, à sa diligence, par les débiteurs, à la Caisse des dépôts et consignations [1].

400. — Cependant le tribunal peut lui accorder des autorisations spéciales pour faire certains actes et toucher certaines sommes [2].

401. — Les certificats de propriété à délivrer au curateur sont basés sur l'inventaire et le jugement déclarant la vacance, en attestant au certifié, lorsqu'il y a lieu, les pouvoirs spéciaux confiés au curateur.

402. — Ce jugement constitue un acte de juridiction volontaire ; il n'y a donc pas lieu de justifier des certificats prévus par l'article 548 du Code de procédure.

§ 2. — Successions testamentaires.

1. Aubry et Rau, § 642, texte et note 11.
2. Idem, § 642, texte et note 13.

1° *Successions testamentaires en général.*

403. — Pour que les certificats de propriété puissent être délivrés aux légataires, il est nécessaire qu'ils justifient :

a) Que la succession du testateur est ouverte ;

b) Que le testament invoqué par eux existe ;

c) Qu'il n'est pas révoqué ;

d) Qu'il est régulier en la forme ;

e) Que ses dispositions ne sont pas prohibées par la loi ;

f) Que le testateur était capable de disposer ;

g) Qu'ils sont capables de recevoir ;

h) Que les legs faits ne sont ni rapportables, ni réductibles ;

i) Que ces legs ont été acceptés ;

j) Que la possession des legs leur est acquise ;

k) Enfin, que les valeurs faisant l'objet des certificats de propriété sont comprises dans leurs legs ;

Qu'elles étaient susceptibles d'être léguées ; et que ces legs ne sont ni caducs [1] ni révoqués [2] depuis leur ouverture.

De plus, il y a lieu d'examiner si les legs sont ou non grevés de charges ou conditions.

404. — Ouverture de la succession. — Le testament étant un

---

1. C. c., art. 1043.
2. C. c., art. 954, 955 et 1046.

acte par lequel le testateur dispose de tout ou partie de ses biens pour le temps où il n'existera plus, — C. civ., art 895, — il est nécessaire, pour invoquer valablement le testament, de justifier que son auteur est décédé.

405. — En ce qui concerne la preuve du décès du testateur, v. *suprà*, nᵒˢ 310 et s.

406. — Comme en matière de successions *ab intestat*, il faut indiquer dans le certificat de propriété si le *de cujus* est décédé *célibataire, veuf* ou *marié*. — V. *suprà*, nᵒ 323.

407. — **Existence du testament.** — L'existence du testament se prouve par la représentation de cet acte; le legs fait verbalement est réputé non avenu; il ne suffirait même pas que les héritiers présomptifs du testateur se fussent tous obligés, de son vivant, à exécuter la disposition, et on ne pourrait leur déférer le serment décisoire (C. civ., art. 895, 969 et suiv)[1].

408. — En cas de perte du testament par suite d'un accident de force majeure resté inconnu au testateur, ou en cas de suppression par une autre personne que ce dernier, les légataires pourraient, cependant, poursuivre l'exécution des dispositions qu'il contenait en leur faveur, en prouvant, par tous les moyens, la perte ou la suppression du testament, son contenu et sa régularité, à moins que la demande ne fût dirigée contre l'auteur de la suppression; dans ce cas, il ne serait pas nécessaire de fournir cette dernière preuve (C. civ., arg., art. 1348)[2].

409. — Dans cette hypothèse, le certificat de propriété devrait être basé sur la décision judiciaire, déclarant l'existence et la validité du legs et les pièces constatant qu'elle a acquis l'autorité de chose jugée.

410. — **Révocation du testament.** — Les testaments sont essentiellement révocables jusqu'au décès du testateur; ce dernier ne pourrait même pas renoncer à cette faculté (C. civ., art. 895)[3].

411. — Le notaire certificateur doit donc s'assurer, autant que possible, que la disposition sur laquelle il base son attestation n'a pas été révoquée. Aussi est-il prudent de laisser s'écouler, entre l'époque où l'existence du testament est révélée et la délivrance

1. Aubry et Rau, § 647, texte et note 1.
2. Idem, § 647, texte et notes 4 à 7.
3. Idem, § 725, texte et notes 1 et 2.

des certificats de propriété, le temps voulu pour que la révocation, s'il y en a, puisse être invoquée.

412. — Régularité de la forme du testament. — La forme des testaments est régie par les articles 967 et suivants du Code civil.

413. — Le notaire certificateur doit s'assurer de la régularité de la forme du testament.

414. — Dispositions permises ou prohibées. — En principe, toute personne capable de disposer, peut apposer à ses dispositions entre vifs ou testamentaires un terme certain ou incertain, les surbordonner à telle condition, ou les grever de telle charge qu'elle juge convenable[1].

415. — Toutefois, ce principe reçoit une exception, quant aux conditions et aux charges impossibles ou contraires aux lois ou aux mœurs — C. civ., art. 900, — et en particulier quant aux substitutions (C. civ., art. 896 et suiv.).

416. — Lorsqu'un notaire est requis de délivrer un certificat de propriété en vertu d'une disposition à titre gratuit, contenant une condition qui lui paraît rentrer dans la catégorie de celles dont parle l'article 900 du Code civil, il doit s'abstenir de le faire jusqu'à ce qu'une décision judiciaire ait été rendue sur la question; sinon, il doit rapporter textuellement la disposition dans son certificat de propriété[2].

417. — Les substitutions permises — C. civ., 1048 et suiv. — donnent lieu, en principe, à la délivrance de certificats de propriété au *grevé* et aux *appelés*.

418. — En ce qui concerne les certifiats de propriété à délivrer au *grevé*, la principale justification à fournir est celle de la disposition entre-vifs ou testamentaire de laquelle résulte le droit du grevé.

419. — Il faut mentionner la substitution, le terme ou la condition y donnant ouverture, les nom, prénoms, qualité et domicile du tuteur, l'acte ou la délibération du conseil de famille contenant sa nomination — C. civ., art. 1055 et suiv.; — mais il n'est pas nécessaire de viser l'acte ou la délibération, bien que cela soit préférable, quand il est possible de le faire.

---

1. Aubry et Rau, § 691.
2. Comp. *infrà*, n°s 948 et s.

420. — Dans la réquisition d'immatricule, on relate seulement la charge de restitution et les noms et prénoms du grevé et du tuteur.

421. — On considère que les tiers n'ont pas à se préoccuper de l'*emploi* auquel est tenu le grevé; mais, lorsqu'il s'agit d'une somme à recevoir, le tuteur à la restitution doit être appelé au paiement, car c'est sur lui que pèse la responsabilité du défaut d'emploi[1].

422. — Pour les certificats de propriété à délivrer aux *appelés*, il faut justifier : de la disposition entre vifs ou testamentaire dont les appelés tiennent leurs droits, d'un intitulé d'inventaire ou d'un acte de notoriété constatant que ceux qui réclament les biens substitués sont les seuls enfants du grevé — C. civ., art 1050, — et de l'ouverture des droits des appelés (C. civ., art. 1053).

423. — Lors de l'ouverture de la substitution, les appelés sont saisis de plein droit et n'ont aucune délivrance, ni aucun envoi en possession à obtenir[2].

424. — A *défaut d'appelés*, il en est justifié par l'intitulé de l'inventaire dressé après le décès du grevé, ou par un acte de notoriété.

425. — Lorsque le certificat de propriété est délivré aux héritiers ou représentants du testateur, en cas de *renonciation* de la part du grevé à la disposition faite à son profit, il faut mentionner le *droit éventuel des appelés*, s'il en survenait.

426. — Il en est de même, quand il est délivré par suite de *révocation* pour cause d'ingratitude ou d'inexécution des conditions. (C. civ., 953 et s., 1046.)

427. — Si, dans le même cas, le certificat de propriété est délivré aux appelés déjà existants, on doit mentionner l'éventualité du droit des autres appelés qui pourraient survenir — (C. civ., art. 1050).

428. — Les actes renfermant des substitutions présentent souvent certaines difficultés d'interprétation. Par conséquent, il importe que les notaires en relatent très fidèlement les termes dans leurs certificats de propriété, afin de permettre au Trésor de contrôler plus sûrement leur attestation et de diminuer d'autant leur responsabilité[3].

429. — Dans ces différents cas et dans tous les autres où le droit

1. C. c., 1065 et s., 1073.
2. Marcadé, s. *l'art.* 1053, t. IV, n° 234.
3. Comp. *infrà*, n°ˢ 948 et s.

des légataires peut être discuté, les notaires agiront prudemment en s'assurant du consentement — dans l'acte de réquisition de certificat de propriété ou autrement — des représentants de la succession, c'est-à-dire de ceux qui profiteraient de la nullité du legs.

430. — Il faut se garder de confondre la substitution permise avec la libéralité faite au profit des enfants nés ou conçus au jour du décès du testateur. Cette dernière crée un droit présent et acquis par le fait du décès du disposant, tandis que l'effet de la substitution est momentanément indéterminé et suspensif.

431. — Lorsqu'on se trouve en présence d'une *substitution permise*, il ne faut pas faire inscrire les valeurs au nom du grevé pour l'usufruit et à celui de ses enfants nés et à naître pour la nue propriété; d'abord ce mode de libellé est inexact, et ensuite, il peut avoir pour résultat de faire perdre le capital à la succession du grevé, si celui-ci meurt sans laisser de descendants; ce capital se trouvant alors n'appartenir à personne, fait retour à l'État (C. civ., art. 713) [1].

432. — En principe, c'est au notaire détenteur de la minute de la disposition entre vifs ou testamentaire contenant la substitution qu'il appartient de délivrer les certificats de propriété nécessaires au grevé et aux appelés [2].

433. — **Capacité de disposer et de recevoir.** — Toute personne peut disposer et recevoir soit par testament, soit par donation entre vifs, sauf celles que la loi en déclare incapables (C. civ., art. 902).

434. — La capacité est donc la *règle*, et l'incapacité l'*exception* [3].

La capacité de disposer et de recevoir ne donne lieu, en principe, à aucune justification spéciale dans le certificat de propriété. C'est au notaire à se faire juge de la validité des actes sur lesquels il base son attestation.

435. — Disons seulement que, si le testament émane d'un *mineur* de plus de seize ans, nous ne pensons pas qu'il soit nécessaire de viser son acte de naissance; mais il faut énoncer le lieu et la date de sa naissance, pour prouver que lorsqu'il a testé il avait seize ans accomplis (C. civ., art. 904).

1. Gorges et de Bray, v^is *Substitution — Restitution*, V, p. 326.
2. Comp. Idem, *eod. verb.*, II et III, p. 325 et suiv.
3. V. à ce sujet : C. c., art. 901 et suiv.; v. aussi C. c., art. 499, 513, 997, 1081 et suiv., 1095, 1098; C. com., art. 446; LL. 24 mai 1825, 31 mai 1854.

436. — **Rapport et réduction.** — Les dispositions testamentaires peuvent se trouver amoindries et même anéanties par l'effet du rapport et de la réduction.

437. — Il est nécessaire, quand le legs est fait à un héritier et qu'il n'y a pas lieu à *rapport*, d'indiquer que ce legs a été fait expressément par préciput ou avec dispense de rapport, — C. civ., art. 843, — ou d'énoncer très exactement les termes de la disposition desquels résulte implicitement la dispense de rapport.

438. — On ne doit pas délivrer un certificat de propriété à un héritier légataire, pour un legs qui n'est pas fait à titre de *préciput*, ou qui n'est pas *dispensé de rapport*, à moins qu'il ne soit établi :

Que ses cohéritiers lui ont fait la délivrance de son legs (C. civ., art. 1004, 1011, 1014) ;

Ou qu'ils ont renoncé à la succession (C. civ., art. 857);

Ou, enfin, que le légataire a renoncé à sa qualité d'héritier (C. civ., art. 843, 857).

439. — Si le testateur n'a laissé *aucun héritier à réserve*, il faut viser, dans le certificat de propriété, un acte de notoriété en minute le constatant [1].

440. — Lorsqu'*il existe des réservataires*, il faut, en principe, appuyer le certificat de propriété sur une délivrance de legs.

441. — Le Trésor n'accepte pas les certificats de propriété par lesquels on attribue à l'époux survivant des quotités excédant les libéralités permises entre époux — C. civ., art. 1094, 1098, — alors qu'il existe des réservataires et qu'il n'y a pas eu, de leur part, consentement régulier à l'exécution de la libéralité [2].

442. — **Acceptation.** — Aucun certificat de propriété ne doit être délivré au légataire avant son acceptation, puisque celui-ci pourrait renoncer (C. civ., art. 775, arg.).

443. — Lorsqu'il s'agit de libéralités faites au profit d'*établissements publics* ou *religieux*, d'*établissements d'utilité publique*, ou de *sociétés de bienfaisance* ou *de secours mutuels*, les notaires certifica-

---

1. Un intitulé d'inventaire pourrait, dans certains cas, être considéré comme insuffisant, par exemple, si les héritiers appelés en première ligne étaient des frères ou des sœurs, évinçant des ascendants; car on peut prétendre que, les collatéraux renonçant, les ascendants auraient alors droit à une réserve. Comp. Demolombe, xix, nos 116 à 122. — V. cep. *contrà* Aubry et Rau, § 680, texte et note 10.

2. Gorges et de Bray, vo *Donat. entre époux*, p. 166. — V. *infrà*, no 544.

teurs doivent avoir, au rang de leurs minutes, les ampliations des décrets ou arrêtés préfectoraux autorisant l'acceptation de ces libéralités et les viser dans les certificats de propriété.

Ces décrets ou arrêtés sont aussi énoncés dans les immatricules des nouveaux titres [1].

444. — L'*acceptation provisoire*, que certains de ces établissements sont autorisés à faire [2], serait insuffisante pour servir de base à la délivrance de certificats de propriété, puisqu'elle n'a pas pour résultat de rendre ces établissements définitivement propriétaires des choses léguées.

445. — Néanmoins, lorsqu'elle a eu lieu, il faut l'énoncer, à cause de ses effets quant aux fruits, et viser les ampliations des délibérations qui la constatent [3].

446. — Transmission de la possession des legs. — Aux termes de l'article 1014 du Code civil, tout legs pur et simple donne au légataire, du jour du décès du testateur, un droit à la chose léguée. Le légataire a donc, dès le moment de cet événement, la *propriété* de l'objet du legs, propriété transmissible à ses héritiers ou ayants cause.

447. — Ce principe s'applique aux legs faits à *terme certain* et à ceux faits sous *condition résolutoire*.

448. — Quant aux legs sous *condition suspensive* ou à *terme incertain*, la *propriété* n'en est acquise aux légataires qu'à partir de l'événement, de la condition ou du terme. (C. civ., art. 1040) [4].

449. — C'est donc à compter de cette époque seulement que des certificats de propriété peuvent être délivrés, pour ces derniers legs.

450. — Mais il n'en est pas de même de la *possession* du legs.

En effet, la saisine n'a lieu de plein droit, au profit du légataire universel, qu'autant qu'il n'existe pas d'héritier réservataire. Par suite, il est nécessaire de justifier de l'absence d'héritier de cette catégorie (C. civ., 1006 ; comp. aussi art. 1008).

451. — Lorsqu'on se trouve en présence d'un *exécuteur testamentaire* — C. civ., art. 1025, — il importe de distinguer s'il a ou non *la*

---

1. Gorges et de Bray, v[is] *Etabliss. publ.*, II, et *Etabliss. relig.*, II, p. 186 et suiv.
2. V. not. LL. 7 août 1831, art. 11 ; 10 août 1871, art. 53 ; 5 avril 1884, art. 113 ; Cass., 12 nov. 1866.
3. Pradier, *Rev. Not.*, n°s 1427-332 et s.
4. Aubry et Rau, § 717, texte et notes 1 à 4.

saisine — C. civ., art. 1026, 1027, — ses droits n'étant pas les mêmes dans les deux cas, et de l'indiquer dans le certificat de propriété, en visant le testament.

452. — L'exécuteur testamentaire ne peut toucher les capitaux dus à la succession et les revenus échus et en donner quittance que s'il a la saisine [1].

453. — Si les sommes à toucher comprennent des *fruits* ou *revenus*, il faut aussi distinguer, quant aux droits de l'exécuteur testamentaire et des héritiers, ceux *échus au décès* de ceux *courus depuis*.

454. — Dans le cas où le *de cujus* a investi son exécuteur testamentaire de droits spéciaux, en vertu desquels des certificats de propriété lui sont délivrés, il faut les mentionner dans ces certificats [2].

455. — Lorsque le certificat de propriété est délivré à l'exécuteur testamentaire, comme autorisé à aliéner des rentes dépendant de la succession, en vertu d'une sentence du juge, il faut viser cette décision et les pièces constatant qu'elle a acquis l'autorité de la chose jugée.

456. — L'article 1031 du Code civil rendant un inventaire obligatoire quand il existe un exécuteur testamentaire, une notoriété ne pourrait, dans ce cas, servir de base à la délivrance des certificats de propriété.

457. — Si le légataire a dû se faire *envoyer en possession* de son legs — C. civ., art. 1008, — la grosse de l'ordonnance doit être déposée au rang des minutes du notaire certificateur et visée dans le certificat de propriété [3].

458. — Il en est de même de l'ordonnance d'exequatur, quand il est nécessaire d'y recourir.

459. — Quoique l'ordonnance d'envoi en possession soit rendue sur le vu d'une notoriété constatant l'absence d'héritiers réservataires, on doit viser la minute de la notoriété dans le certificat de propriété [4].

460. — Lorsqu'un certificat de propriété est délivré à un léga-

---

1. Aubry et Rau, § 711, texte et notes 34 et 37.
2. Gorges et de Bray, v° *Testament*, II, p. 342. — V. en ce qui concerne les droits de l'exécut. testament., *infrà*, 2e PART., *Cap. civ. à l'égard des transf.*, v° *Exécut. testamentaire*.
3. Gorges et de Bray, v° *Envoi en possession*, p. 187.
4. Idem., v° *Testament*, I, p. 342.

taire universel, seul héritier réservataire, institué par testament olographe ou mystique, le Trésor exige le visa de l'ordonnance d'envoi en possession dans le certificat de propriété [1].

461. — Cette exigence nous paraît discutable ; elle est, d'ailleurs, contraire à la jurisprudence et à la doctrine [2].

462. — On considère que l'ordonnance d'envoi en possession n'est pas susceptible de voies de recours et le Trésor n'exige le visa d'aucune autre pièce [3].

463. — Si l'envoi en possession était remplacé par le consentement de tous les héritiers à la prise de possession du legs, il faudrait viser la minute de cet acte dans le certificat de propriété.

464. — Lorsqu'il y a lieu à *délivrance de legs*, elle doit être visée dans le certificat de propriété.

465. — Si cette délivrance résulte d'une décision judiciaire, il faut, en outre, viser les pièces constatant qu'elle a acquis l'autorité de chose jugée (C. proc., 548).

466. — Si le legs était fait à titre *libératoire*, et par suite, ne donnait pas lieu à délivrance, d'après la doctrine dominante [4], on devrait l'énoncer dans le certificat de propriété.

467. — La preuve du *droit aux fruits* ou intérêts, pour les légataires, et de l'époque à laquelle remonte ce droit, résulte des actes ou décisions judiciaires établissant qu'ils ont la saisine ou qu'ils ont obtenu la délivrance de leurs legs [5].

468. — Cependant, lorsqu'il s'agit d'un légataire universel n'ayant pas la saisine, si la délivrance du legs n'a été obtenue judiciairement ou volontairement consentie, après une demande en délivrance régulièrement formée, que postérieurement à l'année du décès [6], il faut distinguer si l'acte ou la décision judiciaire

---

1. Gorges et de Bray, v° *Succession directe*, II, p. 333.
2. Cass. civ., 25 mars 1889 (*Rép. not.*, 4794). — Demolombe, t. XXI, n° 566.
3. Cependant, d'après un arrêt de Cass. (Ch. civ.) du 3 avril 1895 (*J. du Not.*, 1895, p. 311), paraissant destiné à clore la controverse, cette ordonnance est susceptible de recours d'après les règles du droit commun : opposition devant le magistrat dont elle émane, si elle a été rendue en l'absence de l'héritier légitime ; appel devant la Cour, quand elle a été contradictoire. — Comp. Bonnet, *J. du Not.*, 1895, p. 305 et 321.
4. Aubry et Rau, § 718, texte et note 8 ; Demolombe, t. XXI, n° 620. — *Contrà*, Laurent, t. XIV, n° 46.
5. Comp. C. c., art. 1005, 1006, 1011, 1014, 1015.
6. C. c., 1005.

indique ou non l'époque à partir de laquelle le légataire a droit aux fruits.

Dans le premier cas, il suffit de viser cette décision et les pièces constatant qu'elle a acquis l'autorité de chose jugée, ou l'acte, en relatant l'indication qu'il contient à l'égard du droit aux fruits.

Dans le second cas, il nous semble qu'il est nécessaire de viser ou au moins de relater l'exploit introductif d'instance en délivrance du legs.

469. — Pour les établissements publics et religieux, il faut viser les actes desquels résulte l'acceptation, afin de justifier de l'époque à laquelle remonte le droit des légataires aux fruits.

470. — Quand les fruits ou intérêts courent de plein droit à partir du décès du testateur, soit par la volonté de celui-ci, soit parce qu'il s'agit d'une rente viagère ou d'une pension alimentaire, il est nécessaire, en visant le testament, d'indiquer la volonté exprimée par le disposant ou le titre auquel il a entendu faire le legs. (C. civ., art. 1015.)

471. — Dans tous les cas, il faut indiquer au certifié l'époque à partir de laquelle chacune des parties, à qui est délivré le certificat de propriété, a droit aux fruits, ou énoncer, d'une manière générale, qu'elles ont droit à tous les arrérages échus et à échoir.

472. — La *distinction des legs* ne donne lieu à aucune justification ou énonciation spéciale. Disons seulement que le notaire certificateur doit plutôt relater dans le certificat de propriété les termes du testament, que de s'en faire l'interprète, en désignant le legs par le nom qui lui convient.

473. — **Étendue et validité des legs. — Charges et conditions.** — Il est de toute évidence que le légataire qui requiert la délivrance d'un certificat de propriété doit justifier que son legs comprend les valeurs qui doivent faire l'objet de ce certificat et que ces valeurs lui appartiennent.

474. — La chose léguée doit être délivrée dans l'état où elle se trouve au décès avec les accessoires en dépendant, tels que les intérêts et arrérages échus[1].

475. — Lorsqu'un notaire est appelé à délivrer un certificat de propriété basé sur un testament dont l'*interprétation* lui paraît

---

1. C. civ., 1018; Pradier, *Rev. Not.*, n° 900—279.

équivoque, il doit surseoir à cette délivrance, jusqu'à ce que le testament ait reçu une interprétation juridique régulière.

476. — Toutefois, si tous les intéressés sont majeurs et capables, ils peuvent se dispenser d'avoir recours aux tribunaux et interpréter eux-mêmes le testament, ou consentir à la délivrance du certificat de propriété, dans un acte spécial en minute.

477. — Une réquisition de délivrance dans le certificat de propriété, même signée de toutes les parties majeures et capables, ne nous paraît pas suffisante dans ce cas, et si la difficulté se trouvait révélée au Trésor par la teneur du certificat produit, ce certificat ne serait pas admis par lui [1].

478. — En cas d'*accroissement* — C. civ., art. 1044, — il faut relater dans le certificat de propriété les termes de la disposition desquels il résulte, et justifier des circonstances qui y donnent lieu.

479. — Bien que l'*inexécution des conditions* imposées au légataire puisse entraîner la révocation du legs, cette éventualité ne fait pas obstacle, en principe, à la délivrance des certificats de propriété.

480. — Il n'en est autrement que quand le testateur a stipulé que le bénéficiaire du legs ne pourrait disposer des biens légués qu'après l'accomplissement de certaines charges, ou que les valeurs léguées sont spécialement affectées à l'exécution de ces charges.

481. — La loi n'impose pas aux notaires l'obligation de mentionner, dans les certificats de propriété qu'ils délivrent, les *charges* grevant les legs, et la Cour de cassation a consacré ce principe par un arrêt du 9 août 1853, infirmant un arrêt de la Cour de Bordeaux du 18 mars 1851 [2].

482. — En général, lorsqu'il s'agit d'un certificat de propriété délivré en vue de toucher une somme faisant l'objet d'un legs grevé de la charge d'en payer une autre, il est préférable de délivrer le certificat au légataire principal et à celui au profit de qui la charge est instituée conjointement.

483. — Au contraire, lorsque le certificat de propriété a pour objet la mutation d'une rente sur l'Etat, affectée au service d'une charge temporaire ou perpétuelle, telle que des services religieux, le service d'une rente, etc., il doit être délivré au légataire prin-

---

1. Comp. Gorges et de Bray, v° *Certif. de prop.*, VII, p. 107 et suiv.
2. Pradier, *Rev. Not.*, n°⁵ 488 — 108 et s.

cipal seul, et il est alors convenable de requérir la mention, dans le libellé du nouveau titre, des charges imposées.

484. — Les notaires doivent, quand il s'agit de rentes sur l'Etat, requérir dans les certificats de propriété la mention, dans le libellé des nouveaux titres, des conditions qui sont de nature à restreindre le droit pour les légataires de disposer de ces titres, telles que la prohibition temporaire d'aliéner[1].

485. — Au surplus, dans la plupart des cas, la juste appréciation des notaires leur tracera leur ligne de conduite; il importe seulement qu'ils ne perdent pas de vue que, là où il n'existe pas pour eux une obligation légale absolue, il existe souvent une obligation morale, leur prescrivant de se conformer aux précautions que leur dicte une sage prudence.

2° *Partages d'ascendants par testament.*

486. — Le partage d'ascendants — C. civ., art. 1075 — par testament, est assujetti aux formalités, conditions et règles prescrites pour cette sorte d'acte. (C. civ., art. 1076.)

487. — Il doit, à peine de nullité, avoir été fait entre tous les descendants qui se trouvent appelés à la succession *ab intestat* de l'ascendant, au moment de son ouverture, et la recueillent. (C. civ., art. 1078 arg.) [2].

488. — Il importe de remarquer que ce genre de disposition ne constitue pas un acte de libéralité, mais une simple distribution de biens; c'est la succession toute partagée que les descendants recueillent ainsi, en qualité d'héritiers *ab intestat.*

489. — Ceux-ci doivent donc accepter la succession — purement et simplement ou sous bénéfice d'inventaire, — pour réclamer les biens qui leur sont attribués.

490. — Lorsqu'un notaire est appelé à délivrer un certificat de propriété en vertu d'un partage d'ascendants par acte testamentaire il doit s'assurer:

Que le testament est régulier en la forme (C. civ., art. 1076);

1. Inst., janv. 1873, VI. — V. *sup.*, n° 153.
2. Aubry et Rau, § 730, 1°.

Qu'il n'a point été révoqué (C. civ., art. 895 et 1035 et s.);

Que le partage a eu lieu entre tous les héritiers acceptant la succession, ou ceux qui les représentent — C. civ., art. 1078; — cela doit même résulter des énonciations faites au certificat;

Et que les bénéficiaires ont accepté la succession.

491. — Les certificats de propriété sont basés:

Sur la justification du décès du testateur;

Sur le partage testamentaire;

Sur l'inventaire ou, à défaut, la minute d'un acte de notoriété constatant le nombre et la qualité des héritiers, et sur le consentement des héritiers à l'exécution du testament (C. civ., art. 832 et 1079 arg.).

§ 3. — Donations.

492. — **Donations entre vifs en général.** — Les certificats de propriété ayant pour objet des valeurs transmises par donations entre vifs doivent être basés:

a) Sur l'acte de *donation*, qui est toujours notarié (C. civ., art. 931);

b) Et sur l'*acceptation*, si elle est faite par un acte séparé; puis,

sur l'original de la *notification* au donateur — C. civ.,
art. 932, — ou sur l'acte aux termes duquel ce dernier a
déclaré se tenir l'acceptation pour signifiée.

493. — S'il s'agit d'un don fait à un *établissement public* ou *religieux*, ou à une autre *personne morale*, ne pouvant accepter les dons
qui lui sont faits qu'avec l'autorisation du gouvernement, il faut,
en outre, viser :

    a) Les ampliations des décrets ou arrêtés préfectoraux autorisant l'acceptation ; ces décrets ou arrêtés sont énoncés
dans les immatricules des nouveaux titres ;

    b) Et, dans le cas où il y a eu une acceptation provisoire de ce
don, les ampliations des délibérations desquelles résulte
cette acceptation.

494. — On doit mentionner dans les certificats de propriété, pour
qu'elles soient relatées sur les titres, les stipulations de droit éventuel ou de *retour conventionnel* — C. civ., art. 951, — à moins que
l'acte ne contienne une dispense à cet égard [1].

495. — Le droit de retour ne peut être stipulé qu'au profit du
donateur seul (C. civ. 951.)

496. — Lorsqu'il y a lieu de délivrer des certificats de propriété,
soit pour faire rayer la mention du droit éventuel du donataire, soit
pour faire immatriculer les valeurs ou toucher les sommes faisant
l'objet de la donation, il faut, suivant le cas, justifier de la défaillance de la condition ou de son accomplissement.

497. — Le donateur peut, de son vivant, renoncer au droit de
retour par acte en la forme des donations ; il pourrait même y
renoncer tacitement [2] ; mais ce genre de renonciation ne serait pas
admis par le Trésor.

498. — Pour faire disparaître la mention du retour conventionnel,
on produit un certificat de propriété délivré par le notaire dépositaire de la minute de la donation et de l'acte de décès du donateur [3] ou de renonciation.

499. — Quand le droit de retour conventionnel, réservé au profit
du donateur, est exercé par lui au décès du donataire sans postérité,
la mutation s'opère au moyen d'un certificat de propriété délivré
par le notaire détenteur, soit de la minute de la donation, de l'acte

---

1. Gorges et de Bray, v° *Droit de retour*, I, p. 179.
2. Aubry et Rau, § 700-16 et 17.
3. Gorges et de Bray, *eod. verb.*, II, p. 179.

de décès, de la notoriété ou de l'inventaire, soit de tous autres actes concernant la succession du *de cujus*[1].

500. — La donation peut être faite sous une *condition suspensive*.

501. — Le donateur est, alors, propriétaire de l'objet donné, mais il n'en peut plus disposer par sa volonté, sans porter atteinte au droit éventuel du donataire.

502. — Ce dernier est, par suite, autorisé à prendre toutes mesures conservatoires[2].

503. — Il peut donc y avoir lieu, dans ce cas, de délivrer des certificats de propriété visant la donation, pour faire mentionner le droit du donataire.

504. — Si la condition vient à défaillir, le droit qui y est corrélatif est censé n'avoir point existé; dans le cas contraire, ce droit est censé n'avoir jamais été subordonné à la condition. (C. civ., art. 1179).

505. — Les notaires, appelés à délivrer des certificats de propriété par suite de donations entre vifs, doivent s'assurer :

    a) Que les parties avaient la capacité voulue pour faire la donation et la recevoir (C. civ., art. 902);

    b) Que les biens compris dans la disposition étaient susceptibles d'être transmis de cette manière;

    c) Que les actes sur lesquels repose la mutation sont réguliers en la forme (C. civ., art. 931 et s.);

    d) Que l'acceptation de la donation, lorsqu'elle a eu lieu par acte distinct de la donation, et la notification ont été faites en temps utile (C. civ., art. 932);

    e) Que la donation n'a pas été faite sous des conditions susceptibles d'en entraîner la nullité (C. civ., art. 896 et suiv., 900);

    f) Et qu'elle ne se trouve pas révoquée (C. civ., art. 953 et s.).

506. — Mais il n'y a pas lieu de se préoccuper de la *réductibilité*, du vivant du donateur, attendu que ce n'est qu'après son décès que l'importance de la quotité disponible peut être fixée.

507. — En cas de *réserve d'usufruit*, le certificat de propriété doit en faire mention et indiquer l'époque à laquelle l'usufruit doit s'éteindre; ces renseignements sont relatés dans l'immatricule des nouveaux titres.

---

1. Gorges et de Bray, *eod. verb.*, IV, p. 179 et suiv.
2. Aubry et Rau, § 302, texte et notes 51 et 52.

508. — Les donations (sauf les dispositions entre époux), faites par une personne n'ayant pas d'enfants ou de descendants vivants, se trouvant révoquées de plein droit par la survenance ou la légitimation d'un enfant (C. civ., 960 et s.), il est nécessaire, le cas échéant, de mentionner dans le certificat de propriété, l'absence de descendants vivants du donateur lors de la donation, et de relater, dans la réquisition d'immatricule des titres à délivrer, la cause de révocabilité dont la disposition se trouve frappée de ce chef.

509. — Si une donation a été *déguisée* sous la forme d'un contrat à titre onéreux, le notaire n'a pas à s'en préoccuper ; il délivre le certificat de propriété qui lui est requis, d'après les termes de l'acte translatif de la propriété[1].

510. — Quant aux *substitutions,* voir ce que nous avons dit *suprà,* n°ˢ 417 et suiv.

511. — Partages d'ascendants. — Les notaires, appelés à délivrer les certificats de propriété à la suite de partages d'ascendants par actes entre vifs, doivent s'enquérir notamment :

a) Lorsque cette délivrance a lieu un certain temps après la donation, s'il n'est pas survenu, depuis, des présomptifs héritiers au donateur (C. civ., art. 1078) ;

b) Quand ils n'ont pas reçu eux-mêmes le partage d'ascendants et qu'il y a lieu de requérir la mention de réversibilité d'un usufruit au profit de l'un des époux sur les titres de rente, si cet avantage n'est pas nul, en conformité de l'article 1097 du Code civil[2] ;

c) Et lorsque le partage ne résulte pas de l'acte même de donation et qu'il y a parmi les donataires des incapables, si ce partage a eu lieu avec le concours et sous la médiation du donateur (C. civ., art. 1075 arg.).

512. — Ces certificats de propriété sont basés :

a) Sur l'acte de *donation ;*

b) Sur l'*acceptation* par tous les donataires ou leurs représentants, lorsqu'elle a eu lieu par un ou plusieurs actes distincts de la donation (C. civ., art. 932 et s., 1078) ;

c) Et sur l'original ou les originaux de *notification* d'accepta-

---

1. Pandectes franç., v° *Certif. de prop.,* n° 112.
2. Cass., 19 janvier 1881 ; Aubry et Rau, § 743, texte et notes 13 et s.

tion au donateur, ou sur l'acte par lequel celui-ci a déclaré se tenir l'acceptation pour signifiée (C. civ., art. 932).

513. — Lorsqu'il y a des incapables parmi les donataires et que la disposition comprend des biens et valeurs tant de la communauté qui a existé entre le donateur et son conjoint prédécédé que de la succession de ce dernier, le partage doit avoir lieu judiciairement, et le Trésor exige le visa, dans le certificat de propriété, du jugement d'homologation et des certificats de non-opposition ni appel[1].

514. — Il en est de même, quand le partage a lieu par un acte subséquent.

515. — Le Trésor aurait qualité pour refuser d'opérer la mutation, s'il ressortait du certificat de propriété qu'on a contrevenu à la règle d'après laquelle chaque enfant doit recevoir même quantité de meubles et d'immeubles[2].

516. — Cette règle s'applique aux partages d'ascendants entre vifs ou testamentaires comme aux partages ordinaires[3], à moins, toutefois, de circonstances exceptionnelles.

517. — **Donations de biens présents par un tiers aux époux par contrat de mariage.** — Les certificats de propriété à délivrer à la suite de donations de biens présents, faites par un tiers aux époux dans le contrat de mariage de ces derniers, doivent être basés :

a) Sur le *contrat de mariage* ;

b) Et sur l'*acte civil du mariage*.

Toutefois, le Trésor se contente de l'énonciation complète de la célébration du mariage dans les certificats de propriété[4].

518. — Lorsqu'il s'est écoulé un laps de temps assez long entre la date du contrat et celle de la délivrance du certificat de propriété, il est utile, lorsque le donateur n'avait pas d'enfant à l'époque de la donation, de s'assurer qu'il ne lui en est pas survenu depuis ; car ces donations sont révocables pour cause de survenance d'enfants (C. civ., art. 960). — *Sup.*, n° 508.

519. — **Institutions contractuelles.** — C. civ., art. 1082. —

---

1. Gorges et de Bray, v° *Part.*, VI, p. 264.
2. C. c., 826, 832 ; Gorges et de Bray, v° *Part.*, VII, p. 264.
3. Aubry et Rau, § 732, texte et notes 1 à 3 ; Amiaud, *Tr.-form.*, v° *Part. d'ascend.*, n° 48. — V. aussi : Cass., 5 févr. 1864 ; 14 janv. 1868 ; 20 janv. 1877 ; 23 mars 1877.
4. Gorges et de Bray, v° *Donat. en fav. des époux par cont. de mar.*, p. 170.

En principe, l'institution contractuelle ne donne pas lieu à la délivrance de certificats de propriété, pendant la vie de l'instituant.

520. — Les certificats de propriété délivrés après son décès doivent être basés :

a) Sur le *contrat de mariage* contenant l'*institution ;*

b) Sur l'*acte civil* de célébration de mariage, sauf ce que nous avons dit ci-dessus, n° 517, *b ;*

c) Sur la justification du *décès de l'instituant ;*

d) Sur un acte constatant que l'*institué a accepté la succession ;*

e) Et sur un acte de notoriété ou un inventaire, établissant que l'instituant n'a laissé aucun héritier réservataire, dont l'existence mette obstacle à l'exercice de la disposition.

521. — Le donataire n'a pas besoin de demander la délivrance ou l'envoi en possession ; il est saisi de plein droit par l'effet du contrat [1].

522. — Lorsque l'institué ne se trouve pas avoir seul droit à tous les biens de la succession, il faut viser un acte de partage régulier déterminant les biens lui revenant, ou délivrer les certificats de propriété à tous les ayants droit conjointement et indivisément. — V. *sup.*, n°s 385 et s.

523. — Dans le cas où l'institution profite aux enfants de l'institué en premier ordre, il est nécessaire de viser une notoriété ou un inventaire constatant leur qualité (C. civ., art. 1082).

524. — Donations cumulatives de biens présents et à venir. — Les certificats de propriété délivrés à la suite de donations de biens présents et à venir cumulativement doivent être basés sur les mêmes justifications que ceux délivrés aux institués contractuellement. — V. *sup.*, n°s 519 et s.

525. — En effet, ces donations ne diffèrent de l'institution contractuelle que par le droit d'option, résultant pour le donataire de l'article 1084, C. civ.

526. — Aussi, en principe, il n'y a pas lieu à délivrance de certificats de propriété du vivant des donateurs.

527. — Lorsque le donataire déclare s'en tenir aux biens présents — C. civ., art. 1084, — les certificats, au lieu d'être basés sur

---

1. Aubry et Rau, § 739, texte et notes 68 et s.

l'acceptation de la succession, le sont sur la déclaration d'option du donataire.

528. — Quoique le donataire se trouve saisi de plein droit par le décès du donateur, il nous semble nécessaire de justifier qu'il n'existe pas d'héritiers réservataires, ou de viser un acte contenant consentement à exécution de la libéralité, s'il n'apparaît pas clairement que celle-ci n'excède pas la quotité disponible.

529. — Donations entre époux par contrat de mariage. — En règle générale, les certificats de propriété délivrés en vertu de donations entre époux, de biens à venir, ou de biens présents ou à venir, faites par contrat de mariage, donnent lieu aux mêmes justifications et énonciations que ceux délivrés par suite de donations entre époux pendant le mariage. — V. *infrà*, nos 531 et s.

530. — S'il s'agit d'une donation de biens présents seulement, il suffit de viser le contrat et l'acte de mariage.

531. — Donations entre époux pendant le mariage. — Ces donations peuvent avoir pour objet des *biens présents*, des *biens à venir*, ou, cumulativement, *des biens présents et à venir* (C. civ., art. 947).

532. — Elles sont révocables. (C. civ., art. 1096).

533. — Les donations de *biens présents* sont rares.

534. — Les certificats de propriété à délivrer en vertu de cette disposition sont basés :

a) Sur l'acte de *donation;*

b) Sur son *acceptation;*

c) Et sur le *contrat de mariage.*

Une donation mobilière n'aurait aucune raison d'être sous le régime de la communauté légale (C. civ., art. 1401-1°).

535. — Il est utile de relater l'acte de mariage, sans qu'il soit nécessaire de le viser.

536. — Il nous paraît utile, en outre, d'énoncer dans les certificats de propriété et de faire mentionner sur les titres la révocabilité dont la donation est susceptible. (C. civ., art. 1096.)

537. — Les donations de *biens présents et à venir* sont aussi peu usitées [1].

---

1. La donation telle qu'elle se fait généralement des biens que le donateur laissera à son décès, quoiqu'elle puisse comprendre des biens présents, doit, en effet, être considérée comme une donation de biens à venir, dont elle est une modification. — Demolombe, *Don. et test.*, t. VI, no 365.

538. — En principe, du vivant du donateur, il n'y a pas lieu à délivrance de certificats de propriété. — Comp. *sup.*, n° 519.

539. — Ceux à délivrer après le décès du donateur sont basés sur les justifications énoncées *infrà*, n° 542.

540. — Les donations de *biens à venir* sont les plus fréquentes.

541. — Elles ne donnent lieu à la délivrance de certificats de propriété qu'après le décès du donateur.

542. — Ces certificats sont basés sur :

a) La *donation* et son *acceptation;*

b) La justification du *décès* du donateur ;

c) L'*acceptation* du donataire après le décès; cette acceptation résulte suffisamment d'une prise de qualité dans un acte quelconque et n'a pas besoin d'être formelle et expresse ;

d) Et un acte de *notoriété* ou un *inventaire*, établissant qu'il n'existe pas d'héritiers réservataires dont l'existence fasse obstacle à l'exercice de la disposition.

543. — Quand le donataire ne se trouve pas avoir seul droit à tous les biens de la succession, il faut viser un acte de partage régulier déterminant les biens lui revenant, ou délivrer les certificats de propriété à tous les ayants droit conjointement et indivisément.

544. — Le Trésor n'admet pas les certificats de propriété en vertu desquels on attribue à l'époux survivant des quotités excédant les libéralités permises entre époux, alors qu'il existe des réservataires et qu'il n'y a pas, de leur part, consentement régulier à l'exécution des donations [1].

---

1. Gorges et de Bray, v° *Donat. entre époux*, p. 166. — V. *sup.*, n° 441.

§ 4. — Mariage.

545. — Les certificats de propriété à délivrer, par suite de mariage, doivent toujours rappeler les principales conditions du contrat, quand il y en a un, et notamment le régime adopté.

546. — Un certificat de propriété n'est pas nécessaire pour faire constater, sur les titres au nom de la femme, comme *fille* ou *veuve*, sa qualité de *femme mariée*. Il suffit de produire la copie de l'acte de mariage et, au besoin, un certificat de vie, lorsque le titre ne contient rien autre chose que la désignation de la personne et que celle-ci est dans des conditions d'état civil ordinaire[1].

547. — **Communauté légale.** — Les biens apportés en mariage par le mari ne donnent pas lieu, pendant le cours de la communauté, à la délivrance de certificats de propriété.

548. — Quant aux rentes inscrites au nom de la femme, comme

1. Gorges et de Bray, v° *Changem. de qualités*, 1, p. 123. — V. aussi *infrà*, 2e PART., art. 1er, § 8. *Chang. de qual.*

fille, le Trésor exige la production de certificats de propriété, soit que le mari veuille les aliéner sans le concours de celle-ci, soit qu'il veuille les faire immatriculer en son nom, comme chef de la communauté. (C. civ., art. 1521) [1].

549. — La communauté légale ne se mentionne pas sur les immatricules des rentes.

550. — Lorsque les titres doivent être inscrits au nom du mari, le Trésor n'admet la jonction aux nom et prénoms du titulaire d'aucune mention, telle que : *époux de...*, *veuf de...*

551. — Si les rentes sont au nom de l'épouse, comme *fille* ou *veuve*, et si l'on veut seulement faire constater sa qualité de *femme mariée*, il suffit de produire au Trésor la copie régulière de l'acte de mariage et, au besoin, un certificat de vie [2].

552. — Les certificats de propriété délivrés par suite de mariage sous le régime de la communauté légale, à défaut de contrat, doivent être basés sur l'acte de mariage, constatant qu'il n'a pas été fait de contrat.

553. — Toutefois, lorsque la mutation ne résulte pas *uniquement* du mariage, le Trésor se contente de l'énonciation du mariage civil et, souvent même, ne l'exige pas.

554. — Si le mariage est antérieur au 1er janvier 1851 [3], l'acte de mariage est remplacé par un acte de notoriété en minute, dressé sur la déclaration des époux, et constatant qu'ils se trouvent soumis au régime de la communauté légale, à défaut de contrat préalable à leur union. Il est nécessaire, alors, d'annexer à la notoriété une copie régulière de l'acte de mariage ou de constater sa représentation [4].

555. — On devrait procéder de la même manière si l'acte de mariage, quoique postérieur au 1er janvier 1851, ne contenait pas l'indication prescrite au sujet du contrat de mariage [5] ; le notaire devrait viser la notoriété dans le certificat de propriété.

556. — Bien entendu, si les époux avaient adopté, par contrat, le régime de la communauté légale pure et simple, il faudrait viser le contrat.

1. Gorges et de Bray, v° *Comm. légale*, IV, p. 131. — Comp. *inf.*, n°s 559 et s.
2. *Suprà*, n° 346.
3. L. 10 juillet 1850 ; C. c., art. 75, 1391 et 1394.
4. Inst. Ch. synd. ag. de change Paris, relat. à la justif. de la *Cap. civ. des femmes mariées.*
5. C'est ce qui a lieu pour les actes reconstitués à la suite des incendies de la Commune. — L. 12 fév. 1872.

557. — **Communauté conventionnelle**. — Les valeurs apportées en mariage par le mari ne donnent pas lieu à la délivrance de certificats de propriété, tant que dure la communauté.

558. — Il n'est pas nécessaire, non plus, de délivrer un certificat de propriété pour faire immatriculer à son nom, comme *femme mariée*, les valeurs nominatives apportées en mariage par la femme [1].

559. — Mais il y a lieu de produire un certificat de propriété pour les valeurs propres à la femme que le mari veut faire immatriculer à son nom, comme chef de la communauté, quand celle-ci en est devenue propriétaire pour leur valeur.

560. — Toutefois, pour que le Trésor opère le changement d'immatricule, du nom de la femme à celui du mari, il faut qu'il y ait réellement *mutation* résultant d'un titre régulier, comme, par exemple, quand le mari devient propriétaire, comme chef de la communauté, pour leur estimation au contrat, des rentes apportées en mariage par la femme.

561. — Il ne donnerait pas suite à un certificat de propriété, même délivré par le notaire détenteur de la minute du contrat, qui conclurait à l'immatriculation au nom du mari d'un titre de rente, acquis pendant le mariage et inscrit au nom de la femme purement et simplement.

562. — En effet, d'une part, il n'y a pas alors mutation, et d'autre part, le titre, bien que ne portant aucune mention spéciale, peut provenir d'une acquisition faite en remploi de propres de la femme, accepté et constaté seulement par acte authentique.

563. — Pour qu'il y ait lieu à délivrance d'un certificat de propriété, il faut qu'il y ait *mutation* résultant d'un titre régulier ; s'il s'agit d'un *transfert*, l'opération est du ressort d'un agent de change.

564. — Mais le *transfert* du titre inscrit au nom de la femme peut avoir lieu, sous la seule responsabilité de l'agent de change, par le mari seul, en justifiant, par un certificat de propriété délivré par le notaire détenteur de la minute du contrat, que ce titre dépend de la communauté ; faute de cette justification, il ne pourrait être valablement effectué qu'avec le concours de la femme [2].

565. — On sait, du reste, que, depuis 1831, le Trésor entend se

---

1. *Suprà*, n° 546.
2. Inst. 1er mai 1819, t. III, 1re partie, art. 7 et 8.

retrancher derrière l'agent de change, en ce qui concerne la capacité des femmes mariées, relativement au transfert de titres leur appartenant[1].

566. — Hors le cas de mutation dûment constatée, le Trésor n'accepte de certificat de propriété pour des rentes acquises au nom de la femme mariée, dans le but que le mari puisse en disposer, que lorsque les époux sont mariés sous le régime de la communauté légale, parce que ce régime a des effets connus et uniformes dans tous les cas.

567. — Le régime de la communauté conventionnelle ne se mentionne pas dans les immatricules des valeurs propres à la femme, sauf quand elles sont sujettes à emploi ou frappées d'une indisponibilité résultant du contrat ou d'autres actes[2].

568. — Lorsqu'il y a lieu, on indique la date du contrat, le nom du notaire qui l'a reçu et le régime adopté[3].

569. — Pour les propres de la femme, le Trésor n'admet la mention de l'origine qu'autant qu'une restriction est apportée au droit d'aliéner, ou que ce droit ne peut être exercé que sous certaine condition ; il faut alors énoncer l'acte ou le jugement d'où résulte la restriction ou la condition[3].

En ce qui concerne les usufruits et les nues propriétés, on doit spécifier si les prohibitions ou restrictions s'appliquent à l'usufruit, à la nue propriété, ou à l'un et à l'autre[3].

570. — Lorsqu'il y a lieu de constater l'origine, on indique l'acte en vertu duquel les fonds ont été touchés ; s'il est authentique, on relate sa date, le nom et la résidence du notaire ; s'il est sous seings privés, sa date, le lieu et la date de l'enregistrement, ainsi que les folios et cases de cette formalité et les droits perçus ; enfin, s'il s'agit d'un paiement administratif, le lieu, la date et le numéro du mandat[3].

571. — Nous avons vu plus haut (nᵒ 553) que, lorsque la mutation ne résulte pas uniquement du mariage, le Trésor se contente de l'énonciation du mariage et souvent même ne l'exige pas.

571 *bis.* — L'adoption du régime de la *communauté universelle* ne donne lieu à aucune justification ou énonciation particulière.

---

1. V. *infrà*, 2ᵉ PART., art. 1ᵉʳ, § 2, *Vente de rentes nomin. ou mixtes.*.
2. Gorges et de Bray, vᵒ *Comm. convent.*, 1, p. 127.
3. Inst. Ch. synd. sur les *Libellés d'inscriptions*. — V. *infrà*, 2ᵉ PART., *Libellés d'immatr. de rentes* (vᵒ *Femmes mariées*).

7

572. — Non-communauté. — C. civ., art. 1329 et suiv. — Si la femme, comme *fille*, est titulaire d'inscriptions de rente, il n'est pas indispensable, en principe, de délivrer un certificat de propriété pour faire immatriculer ces valeurs en son nom comme *femme mariée*[1]. Il suffit de produire l'acte de mariage[2].

573. — Ce certificat, s'il est délivré, est basé sur le contrat et l'acte de mariage.

574. — Il n'est pas nécessaire que les titres énoncent le régime.

574 *bis*. — Il n'y a pas lieu, non plus, de faire inscrire les valeurs au nom du mari pour l'usufruit; son droit, à cet égard, résulte suffisamment du régime adopté (C. civ., art. 1530).

575. — Mais il est nécessaire de délivrer des certificats de propriété au mari pour lui permettre de toucher seul le montant des livrets de caisse d'épargne ou les autres sommes appartenant à son épouse (C. civ., art. 1531).

576. — Séparation de biens. — C. civ., art. 1536 et suiv. — Il y a lieu de délivrer des certificats de propriété pour permettre à la femme de faire mentionner, sur les inscriptions de rente lui appartenant, son changement d'état et le régime adopté, et pour lui permettre de toucher seule les sommes lui appartenant.

Ces certificats sont basés sur le contrat et l'acte de mariage.

577. — S'il s'agissait de faire constater seulement sa qualité de *femme mariée*, la production de l'acte de mariage et, au besoin, d'un certificat de vie suffirait[3].

578. — Au décès du mari, il est nécessaire de produire un nouveau certificat pour opérer le changement de qualité; la production de l'acte de décès est insuffisante[4].

579. — Régime dotal. — C. civ., art. 1540 et suiv. — Les valeurs apportées en mariage par le mari ne donnent pas lieu à délivrance de certificats de propriété.

580. — Quant aux rentes nominatives apportées par la femme, il n'est pas nécessaire de produire un certificat de propriété pour les

---

1. Comp. Gorges et de Bray, v° *Changement de qualités*, I, p. 123.
2. *Adde sup.*, n° 546.
3. *Adde sup.*, n° 546.
4. Gorges et de Bray, v° *Femme devenue veuve*, I, p. 194.

faire immatriculer à son nom comme *femme mariée;* il suffit de produire une copie de l'acte de mariage [1].

581. — Mais il y a lieu de produire un certificat de propriété : soit pour permettre au mari ou à la femme, suivant que ce sont des biens dotaux — C. civ., art. 1541, — ou paraphernaux — C. civ., art. 1576, — d'en toucher le montant, s'il s'agit de sommes à recevoir; soit que le mari veuille aliéner des rentes dotales [2]; soit enfin qu'il y ait lieu de faire immatriculer à son nom les rentes apportées en mariage par la femme, quand il en est devenu propriétaire pour leur valeur.

582. — Le régime dotal se mentionne dans les immatricules; il en est de même, pour les valeurs propres à la femme, de l'obligation d'emploi et, dans certains cas, de l'origine des deniers.

582 bis. — Il n'y a jamais lieu de fournir, à cet égard, au Trésor aucune pièce justificative, contrat ou autres, à l'appui du certificat de propriété.

583. — Les rentes sur l'État étant essentiellement aliénables, en principe, les *emplois* ou *remplois* ne peuvent être mentionnés dans les immatricules qu'autant qu'ils ont été dûment prescrits et constatés par actes authentiques, comme étant l'objet de prohibitions ou de restrictions au droit d'aliéner valablement imposées, et à la condition de relater dans ces immatricules les actes et pièces d'où résultent les indisponibilités [3].

584. — Dans les certificats de propriété délivrés après le décès de la femme, pour lui attribuer, comme biens propres, des rentes acquises en emploi ou remploi, il est inutile, *quand il existe un contrat de mariage,* de viser les actes et pièces constatant l'origine des emplois ou remplois. Le visa de ce contrat suffit, sous la responsabilité du notaire.

585. — Pour les propres de la femme, le Trésor n'admet la mention de l'*origine* qu'autant qu'une restriction est apportée au droit d'aliéner ou que ce droit ne peut être exercé que sous certaines conditions; il faut alors énoncer l'acte ou le jugement d'où résulte la restriction ou les conditions [4].

1. *Adde sup.*, n° 546.
2. Déc. C. des comptes, 15 juin 1877. — V. *infrà*, 2ᵉ PART., *Capacité civile,* v° *Femme mariée* (régime dotal).
3. Gorges et de Bray, v° *Emplois et Remplois,* 1, p. 185 — V. *inf.*, 2ᵉ PART.. *Libellés d'immat. de rentes,* v° *Femmes mariées.*
4. V. *inf.*, *Libellés d'immat.*

586. — Lorsqu'il y a lieu de constater l'origine, on indique l'acte aux termes duquel les fonds ont été touchés [1].

587. — Quand l'emploi ou le remploi des deniers dotaux doit avoir lieu en rentes sur l'État, on peut avoir recours, pour l'immatriculation des titres, à un certificat délivré par le notaire rédacteur de l'acte établissant la réception des fonds, constatant la propriété de ceux-ci et rappelant les conditions de l'emploi ou du remploi.

588. — Cet acte, délivré en la forme ordinaire des certificats de propriété, est désigné, à cause de sa destination, sous le nom de *Certificat d'immatricule*.

589. — Toutefois, ce n'est qu'exceptionnellement qu'il y a lieu d'avoir recours à ce moyen, car, en règle générale, le Trésor inscrit les rentes acquises au nom des nouveaux titulaires avec les indications que lui fournit l'agent de change, sans justifications spéciales [2].

§ 5. — Dissolution du mariage.

590. — Le mariage se dissout — C. civ., art 227 ; LL. 31 mai 1854, 8 mai 1816, 27 juillet 1884 :

1. V. aussi *inf.*, *ub. sup.*
2. Idem.

a) Par le décès de l'un des époux ;

b) Et par le divorce légalement prononcé.

Comme la dissolution du mariage par suite de divorce, fera l'objet du § 7 ci-après, nous ne nous occuperons ici que de la dissolution résultant du décès de l'un des époux.

591. — Lorsqu'une *communauté* ou une *société d'acquêts* a existé entre les époux, le premier point à examiner est celui de savoir si les valeurs pour lesquelles il s'agit de délivrer des certificats de propriété dépendent de ces communauté ou société d'acquêts, ou sont propres à l'un d'eux.

592. — Si elles font partie de la communauté ou de la société d'acquêts, il y a lieu de voir si la femme ou ses héritiers ont accepté ces communauté ou société d'acquêts, ou y ont renoncé (C. civ., art. 1453 et 1482). — V. cep. *sup.*, nᵒˢ 223 et s.

593. — *Dans le premier cas,* — *acceptation,* — les justifications varient, suivant qu'il y a eu ou non partage.

594. — Lorsqu'*il n'existe pas de partage,* les certificats de propriété doivent être délivrés au profit de tous les ayants droit *conjointement et indivisément.* Ils sont généralement basés :

a) Sur le *contrat de mariage ;*

b) Sur l'*acte de mariage* (V. cep. *sup.*, nᵒ 553) ;

c) Et sur un acte de *notoriété* ou un *intitulé d'inventaire,* constatant le décès et le nombre et la qualité des héritiers.

595. — Toutefois, lorsque toutes les parties sont majeures et maîtresses de leurs droits, l'attribution peut avoir lieu *divisément,* même en l'absence de partage, en visant la minute d'un acte de réquisition signé par elles et contenant division des valeurs, ce qui est, en définitive, un partage partiel et spécial [1].

596. — S'il n'existe pas de contrat, les certificats de propriété doivent être basés sur l'acte de mariage ou un acte de notoriété constatant l'absence de contrat. *Sup.*, nᵒˢ 552 et s.

597. — En cas de *préciput* — C. civ., 1515, — on ne doit pas délivrer de certificat de propriété au profit de l'époux bénéficiaire, sans qu'il soit basé sur un partage régulier ou un acte de consentement à la délivrance du préciput.

598. — La clause de *forfait* et celle d'*attribution* — C. civ., art. 1520 et suiv. — ayant pour effet de rendre l'époux, en faveur

---

1. Comp. *sup.*, nᵒˢ 100 et s.

duquel elle est stipulée, propriétaire exclusif de toute la communauté, des certificats de propriété peuvent être délivrés à son profit, afin de faire immatriculer les rentes en son nom, ou de toucher les sommes dépendant de cette communauté.

599. — Ces certificats sont basés :

Sur le *contrat de mariage;*

Et sur une *notoriété* ou *un intitulé d'inventaire,* constatant le décès de l'autre époux, et établissant que ces époux étaient mariés en premières noces, ou, dans le cas contraire, la non-existence d'enfants d'une précédente union (C. civ., art. 1098 et 1527).

600. — S'il résulte de l'inventaire que les héritiers de l'époux décédé n'ont aucune reprise à exercer sur la communauté, on peut l'énoncer dans les certificats; de même, s'il résulte d'un acte régulier que les reprises ont été réglées, ou que la somme stipulée comme un forfait a été payée, on peut viser cet acte, mais cela n'est pas indispensable [1].

601. — Lorsque les certificats de propriété sont délivrés au profit d'une femme commune (ou de sa succession), le notaire doit s'assurer que la communauté a été acceptée (C. civ., art. 1453 et 1492).

602. — En cas d'existence d'enfants d'une précédente union de l'époux prédécédé, le Trésor n'admettrait pas les certificats de propriété dans lesquels on attribuerait à l'époux survivant des quotités excédant les libéralités permises entre époux par l'art. 1098 du Code civil, à moins qu'il n'y ait eu, de leur part, consentement régulier à l'exécution de la convention contenue au contrat de mariage.

603. — Quand il n'existe pas d'enfant d'un précédent mariage, il n'est pas nécessaire de faire connaître les héritiers du défunt; il suffit qu'il résulte de la notoriété ou de l'intitulé d'inventaire qu'il est décédé à la survivance de son conjoint, bénéficiaire de la clause insérée au contrat.

604. — Il y a lieu de surseoir à la délivrance des certificats de propriété jusqu'à ce que la femme ou ses héritiers aient accepté ou renoncé.

605. — *S'il existe un partage,* les certificats de propriété sont alors délivrés aux ayants droit, conformément aux attributions

1. Gorges et de Bray, v° *Comm. convent.,* II, p. 127.

contenues au partage. Ils sont basés sur les mêmes justifications que celles ci-dessus énoncées et, en outre, sur le partage.

Si le partage a eu lieu à l'amiable, par acte authentique, il suffit de viser la minute de cet acte.

S'il est sous seing privé, il faut viser, en outre, la minute de l'acte de dépôt, contenant reconnaissance d'écriture et de signatures.

Enfin, quand le partage a été fait en la forme judiciaire, on doit viser les actes et procès-verbaux dont il résulte : état liquidatif, procès-verbal de lecture, etc... Dans ce cas, si la liquidation n'est pas définitive par l'approbation des parties, il y a lieu, en outre, de viser le jugement d'homologation et les pièces constatant qu'il a acquis l'autorité de la chose jugée; ces pièces doivent, ainsi que la grosse du jugement, être déposées pour minute au notaire certificateur.

606. — *Dans le second cas*, c'est-à-dire si la femme ou ses héritiers *renoncent à la communauté* ou à *la société d'acquêts*, il faut distinguer, suivant que c'est le mari ou la femme qui survit.

607. — Lorsque l'*époux survivant est le mari*, tous les biens dépendant de la communauté ou de la société d'acquêts lui appartiennent; les certificats de propriété sont délivrés à son profit et basés sur :

a) Le *contrat de mariage ;*

b) L'*acte de mariage* (Voir cep. sup., n° 553) ;

c) Un acte de *notoriété* ou un *intitulé d'inventaire*, constatant le décès, le nombre et la qualité des héritiers;

d) Et la *renonciation.*

608. — Il est bien entendu que si les héritiers sont divisés et que, par suite, les uns acceptent la communauté et que les autres y renoncent, la part de ces derniers revient au mari seul (C. civ., art. 1475.)

609. — Si, au contraire, c'est la *femme qui survit*, tous les biens de la communauté ou de la société d'acquêts reviennent à la succession du mari; les certificats de propriété sont délivrés au profit de cette succession, et basés sur les justifications énoncées plus haut. *Sup.*, n° 607.

610. — En règle générale, les *valeurs propres au mari*, qui sont immatriculées à son nom et qui sont restées sa propriété, ne donnent lieu, *quand il survit*, à la délivrance d'aucun certificat de propriété.

611. — Il en serait cependant autrement si ces valeurs avaient été cotées et paraphées comme comprises dans un inventaire [1].

612. — Les certificats de propriété doivent, dans ce cas, être basés sur :

a) Le *contrat de mariage* ;

b) L'*acte de mariage* (V. cep. *sup.*, n° 533);

c) Et l'*intitulé de l'inventaire*, constatant le décès et énonçant que les valeurs y ont été comprises comme biens propres au mari.

613. — En principe, lorsqu'il existe un contrat de mariage, le Trésor n'exige expressément le visa d'aucun acte ou pièce concernant l'origine des rentes pour laisser constater, dans les certificats de propriété après décès, que ces valeurs appartiennent en propre à l'un ou à l'autre des époux, à quelque titre que ce soit; le visa du contrat est seul obligatoire, c'est au notaire à se faire produire les justifications qu'il juge utiles [2].

614. — Mais cette règle reçoit exception quand il n'existe pas de contrat de mariage [3].

615. — Il y a également lieu à délivrance de certificats de propriété pour les valeurs propres au mari, quand elles sont comprises dans une liquidation et attribuées à la succession de la femme, en paiement des sommes dues à celle-ci par le mari (C. civ., art. 1472).

616. — Si le *mari est prédécédé*, les valeurs qui lui ont appartenu en propre dépendent de sa succession, et les certificats de propriété à délivrer doivent être basés sur les justifications indiquées plus haut (n°ˢ 612 et s.), et, en outre, sur toutes autres, qui varient nécessairement avec les circonstances dans lesquelles a lieu l'ouverture de la succession.

617. — Lorsqu'une *femme devient veuve*, il y a lieu, pour faire immatriculer à son nom, en sa nouvelle qualité, les *rentes à elles propres*, qu'elles soient inscrites à son nom comme *femme* ou comme *fille*, ou pour lui permettre de toucher les sommes lui appartenant, de produire des certificats de propriété; la production de l'acte de décès du mari serait insuffisante, car le Trésor ne réclame, en principe, aucune justification pour l'immatriculation des titres au nom de la femme ou pour la constatation de l'origine des fonds.

---

1. Gorges et de Bray, vº *Cote d'inventaire*, I, p. 147.
2. Idem, vº *Comm. convent.*, II, p. 127.
3. Idem., vº *Femme devenue veuve*, V, p. 195.

618. — Ces certificats sont basés sur :

a) Le *contrat de mariage ;*

b) L'*acte de mariage* (V. cep. *sup.*, n° 553);

c) Et une *notoriété* ou un *intitulé d'inventaire*, constatant le décès du mari, ou même seulement l'acte de décès de ce dernier (*Sup.*, n°s 613 et s.).

619. — Ce que nous avons dit à l'égard de l'origine des biens propres au mari est applicable à ceux de la femme.

620. — Il en est ainsi, même lorsque les rentes ou livrets de caisse d'épargne portent des mentions de séparation contractuelle, de dotalité, d'emploi ou de remploi, attendu que ces mentions sont inscrites sans justifications [1].

621. — Mais, quand il s'agit de rentes inscrites au nom d'une femme, avec mention de *séparation judiciaire* de biens, il suffit, pour faire constater la nouvelle qualité de la titulaire devenue veuve, de produire l'acte de décès du mari [2].

622. — Par analogie, cette règle doit être étendue aux livrets des caisses d'épargne.

623. — Les *valeurs propres à la femme prédécédée* se trouvent dépendre de sa succession, et il y a lieu de produire des certificats de propriété, pour permettre à ses héritiers d'en disposer.

624. — Ces certificats sont basés sur les justifications indiquées plus haut (n°s 612 et s., 616 et 619), et, en outre, sur toutes autres, variant nécessairement avec les circonstances de l'ouverture de la succession. V. aussi *sup.*, n° 325.

625. — En ce qui concerne les *droits en usufruit de l'époux survivant sur la succession de son conjoint prédécédé*, voir *sup.* n° 378 et s.

---

1. Gorges et de Bray, v° *Femme devenue veuve*, I et s., p. 194.
2. Idem, v^is *Femme devenue veuve*, p. 194, et *Séparation de biens*, I, p. 320 ; *Inf.*, n°s 633 et 645.

§ 6. — Séparations judiciaires.

626. — La séparation judiciaire de biens ayant pour effet, comme le décès de l'un des époux, de dissoudre la communauté ou la société d'acquêts qui peut exister entre les époux et de rendre à la femme la libre administration et la jouissance de ses biens, il y a lieu, dans la plupart des cas, de s'en référer, quant aux justifications et énonciations, à ce que nous avons dit relativement à la dissolution du mariage.

627. — Lorsqu'on veut faire constater, au moyen d'une mention, qu'une femme, titulaire d'une inscription de rente, est séparée judiciairement de biens, il est nécessaire de produire un certificat de propriété visant :

a) Le jugement de séparation ;

b) La liquidation des reprises ou les pièces constatant l'exécution de la séparation, conformément aux articles 1444 et 1445 du Code civil [1].

628. — La séparation de biens, ou de corps et de biens, se mentionne dans les immatricules des valeurs appartenant à la femme, en indiquant la date des jugements ou arrêts et la résidence des tribunaux ou cours qui les ont rendus [2].

629. — En cas de séparation de corps, il n'y a pas lieu, en principe, de rappeler dans l'immatricule du nouveau titre le nom du mari, si le jugement a interdit à la femme de le porter, ou si, l'ayant autorisée à ne pas le porter, elle désire user de cette faculté [3].

---

1. Gorges et de Bray, v° *Séparat. de biens*, I, p. 320.
2. Instr. Ch. synd. ag. de change de Paris sur les *Libellés des inscriptions*.
3. L. 6 fév. 1893, art. 3 (C. c., art. 311). — Toutefois, cette énonciation est le plus souvent nécessaire, à cause de la relation du régime. — *Infrà*, n° 630.

630. — La séparation de biens ou de corps et de biens laissant subsister les effets de la dotalité, il n'y a pas lieu de faire disparaître des immatricules l'énonciation du contrat portant adoption du régime dotal ou restriction à la faculté de disposer.

631. — Il en est de même à l'égard des mentions d'origine; mais, dans ce cas, qu'il y ait ou non restriction au droit d'aliéner, la mention d'origine doit être suivie de la suivante : « *La présente rente ne sera aliénable pendant le mariage qu'avec autorisation du mari ou de justice.* » La Chambre syndicale, du moins, l'exige ainsi, quand l'achat a lieu par son intermédiaire [1].

632. — Toutefois, depuis la loi du 6 février 1893, il n'y a pas lieu d'insérer cette mention pour la femme séparée de corps, attendu qu'elle est affranchie de l'autorisation maritale [2].

633. — Si la titulaire des titres de rente devient veuve, il suffit, pour faire mentionner son changement de qualité, de produire l'acte de décès du mari [3].

634. — En cas de *rétablissement de la communauté après séparation de biens* — C. civ., art. 1451, — les certificats de propriété sont basés sur :

a) Le contrat de mariage;

b) L'acte de mariage: v. cependant *suprà*, n° 553;

c) L'acte de rétablissement de communauté;

d) Et la publication qui en a été faite.

635. — Cette dernière justification se fait au moyen du dépôt pour minute des certificats constatant la publication.

636. — En cas de *réconciliation des époux après séparation de corps*, il peut se présenter deux hypothèses :

Ou il y a simplement reprise de la vie commune, et la femme se trouve, quant à sa capacité civile, soumise au régime de la séparation judiciaire de biens [4];

Ou bien il y a cessation de la séparation de corps et retour au contrat de mariage, cas auquel le régime adopté reprend son empire [5].

---

1. Inst. précitée.
2. L. 6 février 1893, art. 3 (C. c., art. 311). — V., en ce qui concerne la capacité de la femme séparée, *infra*, 2e PARTIE, *Capacité civile* (v° *Femme mariée*).
3. Gorges et de Bray, v° *Sépar. de biens*, I, p. 320. — Comp. *inf.*, n° 645.
4. C. c., art. 311 (L. 6 février 1893, art. 3). — V. *inf.*, 2e PARTIE, *Capacité civ.* (v° *Femme mariée*).
5. C. c., art. 1451.

637. — Ces changements d'état doivent être constatés sur les titres.

638. — Les certificats de propriété nécessaires sont basés sur les justifications analogues à celles indiquées ci-dessus, n° 634.

§ 7. — Divorce.

639. — Le divorce a été rétabli par la loi du 27 juillet 1884 ; sa procédure a été modifiée par la loi du 18 avril 1886. — V. aussi L. 6 février 1893.

640. — En principe, les titres de rente *propres au mari* ne donnent pas lieu à la délivrance de certificats de propriété après le divorce.

641. — Il pourrait en être autrement si ces titres avaient été cotés et paraphés, lors de l'inventaire fait au cours de l'instance — C. civ., art. 242 ; C. proc., art. 943. — Le Trésor serait alors en droit d'exiger un certificat de propriété pour opérer le renouvellement ou le transfert [1].

642. — Quant aux inscriptions de rente, au *nom d'une femme* dont le divorce a été prononcé, une distinction est nécessaire.

643. — Si l'inscription porte la mention de séparation de biens *judiciaire*, ou de corps et de biens, il suffit, pour faire constater la nouvelle qualité de la femme ou pour lui permettre d'aliéner le titre, de produire au Trésor une copie de l'acte de l'état civil prononçant le divorce — L. de 1884, — ou une copie de la transcription du jugement ou de l'arrêt de divorce. — L. de 1886 [2].

1. Gorges et de Bray, v° *Cote d'inventaire*, I, p. 147.
2. Les jugements, arrêts et actes de l'état civil, prononçant ou constatant le divorce, donnent lieu aux droits d'enregistrement suivants : jugement, D. f., 75 fr. ; Arrêt, D. f. 150 fr. — Si le jugement de divorce n'est pas frappé d'ap-

644. — Dans tous les autres cas, que les inscriptions portent ou non des mentions de séparation contractuelle de biens, de dotalité ou d'emploi, il est nécessaire, pour arriver à la constatation de la nouvelle qualité de la femme ou à l'aliénation des rentes, de produire un certificat de propriété[1].

645. — Les motifs de cette distinction sont, d'une part, que le Trésor ne mentionne la séparation judiciaire de biens sur les titres de rente, par voie de mutation, que sur la production d'un certificat de propriété visant les pièces justificatives, et que cette séparation produit des effets uniformes dans tous les cas ; et d'autre part, que le Trésor inscrit les autres mentions sans justifications, et qu'en adoptant le régime de la séparation de biens, les époux peuvent faire des stipulations de nature à en modifier les effets.

646. — Il pourra donc arriver que le certificat de propriété attribue les rentes, non pas à la femme, mais au mari seul, ou à elle et à son mari.

647. — Les certificats de propriété par suite de divorce sont délivrés en la forme ordinaire, sur le visa d'une copie, déposée au rang des minutes du notaire certificateur, de l'acte de l'état civil prononçant le divorce, ou portant transcription du jugement ou de l'arrêt qui l'a prononcé[2], et en outre, des autres justifications variant avec les circonstances.

648. — Les rentes sur l'État étant insaisissables[3], le Trésor n'exige pas le visa des pièces constatant la publicité du divorce.

649. — Néanmoins, lorsque le certificat de propriété est basé sur une liquidation intervenue à la suite du divorce, le notaire doit, pour se mettre à l'abri de toute critique, s'assurer que ces formalités ont été remplies.

650. — Il n'y a pas lieu de rappeler, dans les immatricules des nouveaux titres délivrés à la femme divorcée, les mentions de dotalité, d'emploi ou de remploi, qui existaient sur les anciens titres et se rattachaient à sa qualité de femme mariée, ni les nom

---

pct. le droit de 150 fr. continue à être perçu sur la *première expédition*, soit de la transcription, soit de la mention du dispositif du jugement sur les registres de l'*état civil*. L. 26 janv. 1892, art. 17. — La perception est mentionnée sur la minute, en marge et, ensuite, sur les nouvelles expéditions qui peuvent être requises.

1. Gorges et de Bray, v° *Femme devenue veuve*, I, p. 194.
2. V. *sup.*, n° 643, à la note.
3. LL. 8 nivôse an VI, art. 4 ; 22 floréal an VII, art. 7.

et prénoms du mari[1]; elle est qualifiée seulement de femme divorcée[2].

651. — En effet, le divorce dissolvant le mariage, les conventions matrimoniales qui en étaient la conséquence disparaissent et la femme devient capable de disposer comme si elle était veuve[3].

652. — Mais, s'il existait des conditions d'inaliénabilité ou d'indisponibilité étrangères à sa qualité de femme mariée et susceptibles de produire encore effet, il y aurait lieu de les rappeler dans les nouvelles immatricules.

653. — Sous le régime de la loi de 1884, le divorce, qui n'est pas la consécration d'un droit préexistant, mais une modification dans l'état des personnes, n'avait d'effet que du jour de sa prononciation devant l'officier de l'état civil; mais, depuis la loi de 1886, le jugement dûment transcrit remonte, quant à ses effets entre époux, au jour de la demande (C. c., 252).

§ 8. — Interdiction. — Aliénation. — Nomination de conseil judiciaire.

Admin. judic., 669, 671.
— légale, 669 et s.
— provis., 663, 668, 669.
Achat, 662, 672, 677.
Aliénation, 654 et s.
Certificat du directeur, 670, 674.
Changem. d'état, 655, 661, 670, 676, 679.
Conseil judiciaire, 654 et s., 676 et s.
Délibérat. de cons: de fam., 661, 664, 667.
Fin de l'interdiction, 665 et s.

Immatricules, 667 et s., 673, 680.
Interdiction, 654 et s., 660 et s.
— judiciaire, 660, 666.
— légale, 660, 665.
Incapacité, 659.
Jugement, 663 et s., 667 et s., 671, 678.
Mainlevée de cons. judic., 678.
Mutations, 662, 664, 672, 677.
Sommes à toucher, 664, 675, 681.
Tuteur, 667.

654. — L'aliénation, l'interdiction et la nomination d'un conseil judiciaire n'emportant, par elles-mêmes, aucune transmission de propriété ou d'usufruit, ne donnent pas lieu, en principe, à la délivrance de certificats de propriété.

655. — En règle générale, il suffit, pour faire constater les changements de qualités survenus, de produire les pièces dont ils résultent.

656. — Cependant, dans certains cas, un certificat de propriété peut être nécessaire.

1. L. 6 février 1893, art. 2 (C. c., art. 299). — V. cep. Gorges et de Bray, v° *Divorce*, p. 162 et suiv.
2. Circ. Dette insc., 18 avril 1885, § 2.
3. Comp. *inf.*, 2° PARTIE, *Capacité civile* (v° *Femme divorcée*).

657. — On peut toujours, du reste, remplacer les pièces à produire par un certificat de propriété délivré par un notaire et visant ces pièces, déposées pour minute.

658. — Ce procédé a même pour avantage de ne pas laisser les pièces dans les archives du Trésor[1].

659. — Les certificats de propriété à délivrer aux interdits, aux aliénés et aux prodigues, doivent mentionner l'incapacité de ces derniers.

660. — **Interdiction.** — Il y a deux sortes d'interdictions : l'*interdiction judiciaire* — C. civ., 489 et s. — et l'*interdiction légale* — C. p., art. 29; LL. 8 juin 1850 et 31 mai 1854.

661. — Pour faire constater, comme changement de qualité. l'état d'interdiction d'une personne sur les titres lui appartenant, il suffit de produire une expédition ou un extrait de la délibération du conseil de famille nommant le tuteur et contenant les énonciations suffisantes de la décision dont résulte l'interdiction.

662. — Cette justification n'est même pas nécessaire. lorsqu'il s'agit d'un *achat* de rente par ministère d'agent de change, ou d'une *mutation* basée sur un certificat de propriété[2].

663. — Ces règles s'appliquent à la constatation de la nomination d'un *administrateur provisoire* — C. civ., art. 497; — la production de l'expédition ou de l'extrait de la délibération du conseil de famille est remplacée par celle de la grosse ou d'un extrait du jugement nommant l'administrateur. L. 30 juin 1838, art. 32. — V. aussi art. 37.

664. — Il nous paraît suffisant, quand le certificat de propriété a pour objet une mutation concernant l'interdit ou l'administré, ou le paiement d'une somme lui revenant, de relater, d'après les actes visés, le jugement d'interdiction et la délibération du conseil de famille, ou le jugement nommant l'administrateur, sans déposer ces pièces pour les viser.

665. — Quand l'interdiction légale résultant d'une condamnation a pris fin, par l'expiration du temps, la grâce ou la remise de la peine, il y a lieu, pour faire disparaître sur les titres la mention qui la constate, de produire un certificat de propriété basé sur :

a) Les pièces constatant que l'interdiction a cessé ;

1. Comp. Gorges et de Bray, v° *Cons. jud.*, IV, p. 138.
2. Gorges et de Bray, v° *Interdiction*, II, p. 224 et suiv.

b) Et les actes constatant la reddition et l'approbation du compte de tutelle rendu par le tuteur à celui qui était interdit [1].

666. — Un certificat de propriété basé sur des pièces analogues, est nécessaire pour faire rayer la mention d'*interdiction judiciaire* [2].

667. — On doit indiquer dans les immatricules, en outre des nom, prénoms et qualité civile de l'interdit, la nature de l'interdiction, les nom et prénoms du tuteur, la date de la délibération du conseil de famille qui l'a nommé, la résidence du juge de paix qui a présidé ce conseil, et la décision dont résulte l'interdiction [3].

668. — Pour l'administrateur, on indique ses nom et prénoms et le jugement l'investissant de ses fonctions.

669. — **Aliénation.** — L'*administration provisoire* des aliénés non interdits est *légale* ou *judiciaire*, suivant que ceux-ci se trouvent placés dans un *établissement public* d'aliénés, ou dans un *établissement privé* [4].

670. — En cas d'administration légale, il suffit, pour faire mentionner sur les titres appartenant à l'aliéné, que ce dernier est sous l'administration de la commission administrative ou de surveillance de l'établissement où il se trouve, de produire un certificat constatant ce fait, délivré par le Directeur de la maison où le titulaire est interné [5].

671. — En cas d'administration judiciaire, il faut produire la grosse ou un extrait du jugement [6].

672. — Ces justifications ne seraient pas nécessaires en cas d'*achat* de rentes par ministère d'agent de change ou de *mutation* basée sur un certificat de propriété.

673. — On doit mentionner dans les immatricules, l'état de non-interdiction de l'aliéné et l'administration sous laquelle il se trouve, en indiquant, s'il s'agit d'un administrateur judiciaire, ses nom et prénoms, et le jugement qui l'a investi de ses fonctions.

674. — Pour faire rayer ces mentions, il nous paraît suffisant

---

1. Gorges et de Bray, v° *Interdiction*, III, p. 225 ; de Bray, n° 368, p. 325.
2. Gorges et de Bray, *ubi suprà*.
3. Inst. Ch. synd. sur les *Libellés*.
4. L. 30 juin 1838, art. 31 et 32.
5. Gorges et de Bray, v° *Aliénés*, p. 75 ; de Bray, n° 367, p. 325.
6. Gorges et de Bray, *eod. verb.*, p. 75 ; de Bray, n° 367, p. 325.

de produire un certificat constatant que l'aliénation a cessé, délivré par le directeur de la maison où l'aliéné était interné; on pourrait aussi avoir recours à un certificat de propriété visant ce certificat.

675. — Les certificats de propriété pour toucher des sommes dues à l'aliéné sont délivrés, suivant les cas, ou au receveur de l'établissement ou de l'assistance publique, ou à l'administrateur provisoire judiciaire.

676. — Nomination de conseil judiciaire. — C. civ., art. 499 et 513 et s. — Pour faire constater qu'une personne est pourvue d'un conseil judiciaire, sur les titres lui appartenant, il suffit de produire la grosse ou un extrait du jugement de nomination et les certificats prescrits par l'article 548 du Code de procédure civile [1].

677. — Cette production n'est pas nécessaire quand il s'agit de faire immatriculer des *titres achetés* par ministère d'agent de change ou de *mutation* appuyée sur un certificat de propriété [2].

678. — La même production est nécessaire pour faire rayer la mention de conseil judiciaire, après mainlevée.

679. — On peut aussi avoir recours, pour ces changements de qualités, à un certificat de propriété.

680. — On doit indiquer dans les immatricules les nom et prénoms du conseil judiciaire, ainsi que le jugement de nomination.

681. — Les certificats de propriété destinés au recouvrement de sommes, doivent être délivrés au profit de celui à qui un conseil judiciaire a été donné, en mentionnant l'existence de ce conseil, et en indiquant que le paiement doit être fait en sa présence.

§ 9. — Faillite. — Liquidation judiciaire. — Déconfiture.

1. Deloison, n° 98, p. 75.
2. Idem, *ub. sup.*

8

682. — **Faillite**[1]. — La faillite est l'état d'un créancier qui cesse ses paiements. (C. com., art. 437.)

683. — La question de savoir si les rentes sur l'État sont comprises dans le dessaisissement est controversée.

684. — L'affirmative, qui semble prévaloir, est admise par le Trésor[2].

685. — Il n'y a généralement pas lieu de faire mentionner sur les inscriptions de rente l'état de faillite du titulaire. Ces rentes, en effet, sont le plus souvent vendues par le syndic, autorisé par le juge-commissaire.

686. — Pour faire constater cet état, il faut produire la grosse ou un extrait du jugement déclaratif de faillite et du jugement nommant le syndic définitif, ou, ce qui est préférable, produire un certificat de propriété basé sur ces pièces.

687. — On relate dans l'immatricule l'état de faillite, le jugement qui a prononcé la faillite, les nom et prénoms du syndic définitif, et le jugement qui l'a nommé.

688. — Pour faire disparaître la mention de faillite, on doit produire un certificat de propriété visant la grosse de l'arrêt de *réhabilitation* — C. com., 604 et s., — et l'original de l'acte de reddition de compte du syndic[3].

689. — Il est toutefois préférable et plus pratique, quand rien ne s'y oppose, de faire vendre les titres par le syndic et le failli ou le syndic autorisé du juge-commissaire et d'en racheter d'autres que l'on fait immatriculer au nom de l'ex-failli, sans mention restrictive[4].

690. — Lorsqu'il y a eu *concordat ordinaire* — C. com., art 507 et s., — les certificats de propriété concernant les biens abandonnés aux créanciers sont délivrés au liquidateur nommé pour représenter la masse des créanciers, et basés sur le jugement déclaratif de faillite, le concordat, le jugement d'homologation et les certificats constatant qu'il a acquis l'autorité de la chose jugée, et la reddition du compte du syndic. (C. com., art. 519.)

691. — Ceux concernant les autres valeurs restant au failli sont délivrés à ce dernier sur les mêmes justifications.

692. — En matière de *concordat par abandon d'actif* — C. com.,

---

1. V. *infrà*, 2ᵉ PARTIE, *Capacité civile*, vᵒ *Failli*.
2. V. *infrà*, 2ᵉ PARTIE, *Notions génér. sur les Rentes*, Privilèges et indemnités (Faillite).
3. Gorges et de Bray, vᵒ *Faillite*, I, p. 189 ; Duvert, nᵒ 71, p. 71.
4. Gorges et de Bray, *eod. verbo*, II, p. 190.

art. 541, — les certificats de propriété relatifs aux biens compris dans l'abandon sont délivrés au syndic, sur les justifications que nous venons d'indiquer, sauf la reddition de compte du syndic.

693. — Pendant l'*union* — C. com., art. 529, — les certificats de propriété sont délivrés au syndic définitif, sur le visa du jugement déclaratif de faillite et celui de nomination du syndic.

694. — Après la *dissolution de l'union* — C. com., art. 537, — ils sont délivrés au failli, pour les valeurs qui lui surviennent, en visant la grosse des mêmes jugements et le procès-verbal constatant la clôture des opérations et la reddition du compte du syndic.

695. — Lorsque la *faillite* a été *close pour insuffisance d'actif* — C. com., art. 527 — (ce qui ne fait pas disparaître l'état de faillite), les certificats de propriété concernant les valeurs qui adviennent au failli doivent être délivrés à ce dernier et au syndic, et basés sur le jugement déclaratif de faillite, celui de nomination du syndic et celui de clôture.

696. — Des certificats de propriété peuvent être délivrés au *syndic provisoire* comme au *syndic définitif.*

697. — Lorsque la *faillite* est déclarée *après le décès du failli*, c'est aussi au syndic que les certificats de propriété doivent être délivrés; mais il est d'usage de mentionner les noms et qualités des héritiers, afin que le Trésor puisse se rendre compte de la situation[1].

698. — Il ne nous semble pas nécessaire d'indiquer l'état de faillite du mari dans les certificats de propriété délivrés à sa femme, pour les valeurs à elle propres.

699. — La *réhabilitation* faisant disparaître l'état de faillite, les certificats sont délivrés à l'ex-failli comme à toute autre personne, sans justifications ni énonciations spéciales; le notaire doit seulement s'assurer personnellement de la réhabilitation.

700. — **Liquidation judiciaire**[2]. — La liquidation judiciaire a été introduite dans notre législation par la loi du 4 mars 1889.

701. — Il y a lieu, en cette matière, d'appliquer ce que nous avons dit relativement à la faillite dont la loi précitée a modifié la législation.

702. — Le jugement déclaratif de faillite est remplacé par celui

---

1. Pradier, *Rev. Not*, n° 1730-421.
2. V. *inf.*, 2° PARTIE, *Capacité civile*, v° *Liquid. juaic.*

ordonnant la liquidation judiciaire (art. 4); — le ou les syndics provisoires ou définitifs par le ou les liquidateurs aux mêmes titres. (Art. 4 et 9.)

703. — Il peut y avoir lieu à déclaration de faillite. (Art. 19.)

704. — Les dispositions du Code de commerce qui n'ont pas été modifiées continuent à recevoir leur exécution en cas de liquidation judiciaire, comme en matière de faillite. (Art. 24.)

705. — Le recouvrement des créances est fait soit par le débiteur, avec l'assistance des liquidateurs, soit par ces derniers seuls, en vertu de l'autorisation du juge-commissaire, en cas de refus. (Art. 6.)

706. — Les certificats de propriété sont délivrés soit au débiteur et aux liquidateurs conjointement, soit à ces derniers seuls, en justifiant de l'autorisation du juge-commissaire.

707. — **Déconfiture** [1]. — Les non-commerçants ne peuvent être déclarés en faillite ou mis en liquidation judiciaire. (Arg. : C. com., art. 437; L. 4 mars 1889, art 1.)

708. — Lorsqu'un débiteur non commerçant se trouve dans l'impossibilité de payer ses dettes, à raison de l'insuffisance de son actif, il est en état de déconfiture.

709. — S'il n'y a pas eu cession de biens, les certificats de propriété sont toujours délivrés au débiteur insolvable.

710. — Après la cession de biens, ils sont délivrés au liquidateur nommé.

711. — Ils sont basés :

En cas de cession volontaire, — C. civ., art. 1265 et s., — sur cette cession;

Et en cas de cession judiciaire, — C. civ., art. 1266, 1268; C. proc., art. 898 et s., — sur le jugement admettant le débiteur au bénéfice de la cession, les certificats constatant qu'il n'a été frappé ni d'opposition ni d'appel, et sur la déclaration à faire par celui-ci, dans les termes de l'article 901 du Code de procédure.

712. — Le notaire doit s'assurer, dans tous les cas, que les valeurs faisant l'objet du certificat sont comprises dans celles abandonnées et que la cession a été régulièrement faite.

---

1. V. *infr.*, 2e PARTIE, *Capacité civile*, v° *Cession de biens.*

§ 10. — **Séquestre.**

713. — L'insaisissabilité dont jouissent les rentes sur l'État ne s'oppose pas à ce qu'elles soient mises sous séquestre [1].

714. — La Cour de Cassation a décidé, le 28 novembre 1838, que cette insaisissabilité ne s'opposait pas non plus à la séquestration, entre les mains d'un tiers dépositaire, de rentes dont le demandeur se prétendait propriétaire indivis.

715. — Mais, bien entendu, un créancier ne pourrait requérir la séquestration des rentes de son débiteur, car cela équivaudrait à une saisie.

716. — Les valeurs séquestrées ne doivent jamais être inscrites au nom du séquestre en première ligne [2]; ses nom et qualités sont seulement mentionnés sur les titres, ainsi que la convention ou la décision judiciaire le nommant.

717. — Ce sont ceux au nom desquels il administre : succession, union de créanciers etc., qui continuent à figurer en tête de l'immatricule [3].

718. — Les certificats délivrés dans ce but sont basés sur la *convention* ou sur la *décision judiciaire* (*infrà*, n° 722) et les certificats constatant qu'elle a acquis l'autorité de chose jugée [4].

719. — Comme nul n'est tenu d'accepter les fonctions de séquestre [5], les notaires doivent s'assurer que les personnes qui ont été choisies pour cette charge l'ont acceptée, et, au besoin, faire requérir par elles la délivrance des certificats de propriété.

720. — Après la *cessation* des fonctions de séquestre, les certificats de propriété sont délivrés aux ayants droit et basés sur les actes et décisions judiciaires fixant la propriété des biens séquestrés.

721. — Un notaire ne peut délivrer les certificats de propriété concernant les valeurs dont il est nommé séquestre. Il doit, le cas échéant, se faire substituer pour cause d'empêchement par un confrère [6].

1. Dumesnil et Pallain, p. 121 ; de Bray, n° 185, p. 166.
2. Deloison, n° 114, p. 84.
3. V. *inf.*, 2ᵉ PARTIE, *Libellés d'immatricules*, v° *Séquestre*.
4. Pradier, *Rev. Not.*, n° 1730-440.
5. Aubry et Rau, § 409, texte et note 8.
6. Gorges et de Bray, v° *Séquestre*, III, p. 322 et s. ; Deloison, n° 114, p. 84.
— Comp. *Sup.*, n°ˢ 68 et s.

722. — Le séquestre est conventionnel ou judiciaire. (C. civ., art. 1955.)

<h3 style="text-align:center">§ 11. — Cessions.</h3>

723. — Lorsque des valeurs donnant lieu à délivrance de certificats de propriété ont fait l'objet d'une cession, les certificats doivent être basés sur l'acte de cession, et, s'il y a lieu, sur sa signification.

724. — Quant aux rentes sur l'Etat, le transfert ne pouvant s'en opérer que sur la certification d'un agent de change, les cessions de rente ne peuvent avoir lieu par acte, qu'autant qu'il s'agit d'une nue propriété ou d'un usufruit, qui ne sont pas négociables en Bourse, ou que la cession de la pleine propriété est le complément, l'accessoire ou la conséquence de conventions ou obligations précédentes, par exemple une cession de droits successifs [1].

725. — Il y a lieu, alors, pour faire inscrire les titres au nom de l'ayant droit, de produire un certificat de propriété basé sur l'acte dont résulte la transmission de la propriété [2].

725 bis. — Mais le nom du cessionnaire devant être inscrit au Grand-Livre et sur le nouveau titre au moyen de la production d'un certificat de propriété, il n'y a pas de signification à faire au Trésor.

726. — Une cession pure et simple de la pleine propriété d'un titre de rente, par acte notarié, ne serait pas valable, et il a été jugé que le transfert en cette forme d'un titre de rente est insuffisant pour saisir le cessionnaire [3].

727. — Par application de ce principe, le Trésor a refusé, en 1886, d'exécuter un jugement du tribunal civil de Caen, qui avait ordonné la licitation, par-devant notaire, d'une rente, au lieu d'en prescrire la vente à la Bourse, en commettant une tierce personne pour procéder au transfert et toucher le prix de la négociation [4].

728. — Lorsque la cession est faite par l'usufruitier, le titre est produit par celui-ci à l'appui de l'opération.

729. — Si, au contraire, la cession porte sur la nue propriété et que l'usufruitier, détenteur du titre, se refuse à s'en dessaisir

1. *Sup.*, nos 38 et s.
2. V. *inf.*, 2e PARTIE, *Capacité civile*, vo *Usuf.-Nue prop.*
3. Paris, 3 juin 1836 ; C. Toulouse, 5 mai 1838 ; Seine, 26 nov. 1839.
4. De Bray, no 268, p. 247.

momentanément pour la constatation de l'opération, il y a lieu de procéder alors comme en matière de nantissement [1].

730. — Il a été jugé, à cet égard, qu'en cas de vente par le nu propriétaire de son droit à un tiers :

1° Le vendeur est obligé de procurer à son acheteur le moyen de faire immatriculer le titre à son nom [2] ;

2° Et que l'usufruitier est tenu de déposer son titre, soit à là Direction de la Dette inscrite, soit entre les mains du notaire qui a reçu l'acte de cession, pour permettre l'immatriculation de la nue propriété au nom du nouveau propriétaire [3].

731. — Les transferts et mutations proprement dits de rente sur l'État étant seuls exempts de la formalité de l'enregistrement [4], lorsque la vente de rentes a lieu par acte notarié, l'acte n'est pas dispensé de la *formalité*, et il est dû le droit fixe de 3 francs [5], qu'il s'agisse de pleine propriété, de nue propriété ou d'usufruit.

732. — Ce droit étant dû pour le salaire de la formalité, il n'est dû qu'un seul droit, même si plusieurs personnes, ayant des intérêts distincts, se réunissent pour passer un seul acte au profit du cessionnaire [6].

733. — Ce droit fixe ne doit pas être perçu lorsque l'acte notarié contient une autre disposition donnant ouverture à un droit spécial [7].

§ 12. — Renonciation à usufruit.

734. — Quand un usufruitier, au lieu de céder son droit à un tiers, renonce purement et simplement à l'usufruit qu'il a sur un titre de rente déjà immatriculé à son nom en cette qualité, il ne suffit pas, pour faire opérer la mutation au profit de l'ayant droit, de justifier au Trésor de l'acte de renonciation, en lui en déposant un

---

1. V. *inf.*, 2ᵉ PARTIE, *Opér. s. les Rentes nom. ou mixtes*, § 14, *Nantissement*.
2. C. Rouen, 30 mars 1885.
3. C. Rouen, 28 déc. 1883 ; Seine, 2 mars 1892.
4. L. 22 frim. an VII, art. 70, § 3, n° 3.
5. Délib. 18 août 1820 ; 24 oct. 1828 ; Inst. 1272, § 6 ; Dict. Enreg. Rédact., vᵒ *Dette publ.*, n° 75.
6. Sol. 16 sept. 1875 ; Dict. Rédact., *eod. verbo*, n° 76.
7. Dict. Enreg. Rédac., *eod. verb.*, n° 77. — Les cessions, par acte notarié, des *bons* ou *obligations du Trésor*, ne sont, comme celles des rentes, passibles que du droit fixe. Sol. 7 avril 1888.

extrait ou une expédition; il y a lieu de produire un certificat de propriété délivré par le notaire détenteur de la minute de cet acte.

735. — Dans ce cas, bien que le nouveau titre doive être immatriculé purement et simplement au nom du nu propriétaire pour la toute propriété, le certificat doit contenir la réquisition de la délivrance du nouveau titre en ces termes [1].

736. — Pour pouvoir valablement céder son droit ou y renoncer l'usufruitier doit en avoir la libre disposition.

737. — Ainsi, une mère possédant l'usufruit incessible et insaisissable, par exemple à titre de pension alimentaire, d'un titre de rente appartenant à ses enfants pour la nue propriété, ne pourrait renoncer à son droit en faveur de ceux-ci, à moins d'y avoir été autorisée judiciairement.

738. — Il faut alors, pour obtenir de nouveaux titres au nom des enfants seuls pour la pleine propriété, produire un certificat de propriété visant, en outre des actes constitutifs de l'usufruit, donation, testament... etc., la grosse du jugement d'autorisation [2].

§ 13. — Dation en paiement [3].

739. — Si, en principe, la pleine propriété des rentes sur l'État ne peut faire l'objet d'une vente par acte notarié, il n'en est pas ainsi quand cette vente est le complément ou l'accessoire de conventions ou obligations précédentes ou concomitantes [4].

740. — Ainsi, ces rentes peuvent être cédées et transférées, pour leur valeur au cours de la Bourse, par acte authentique ou sous seings privés (V. cep. *sup.*, n° 15), à titre de dation en paiement pour se libérer d'un prix de vente, d'un reliquat de compte de tutelle, d'une dot, de reprises, d'une créance hypothécaire, d'une constitution de rente viagère, etc., pourvu que cette opération ait le caractère d'un *paiement* et non celui d'une *vente directe* [5].

741. — La mutation est opérée sur le Grand-Livre au nom de

---

1. *Sup.*, n° 154.
2. Gorges et de Bray, v° *Inalién.*, - *Incessib.*, II, p. 210. — V. aussi *infr.*, *Capac. civ.*, *eod. verb.*
3. V. *inf.*, 2ᵉ PARTIE, Capac. civ., v° *Dat. en paiement*.
4. *Sup.*, nᵒˢ 724 et s.
5. *Adde* : Duvert, nᵒˢ 243 et 244, p. 147; Gorges et de Bray, v° *Dation en paiem.*, I, p. 152 ; de Bray, n° 268, p. 246 et s.

l'acquéreur, sur la production d'un certificat de propriété, délivré en la forme ordinaire par le notaire détenteur de l'acte de dation en paiement, du contrat de mariage mis au rang de ses minutes, s'il n'y est déjà et s'il s'agit d'une femme, et des autres pièces constatant que la propriété est acquise à l'acquéreur d'une façon incommutable, par exemple les pièces de transcription et de purge, s'il s'agit de la vente d'un immeuble.

742. — La dation en paiement, lorsqu'elle émane d'une femme mariée, ne peut avoir lieu que dans la limite de disposer, permise par son contrat de mariage.

743. — Autrefois, le Trésor opérait sans difficulté la mutation au nom des attributaires de rente à titre de dation en paiement, quel que soit le régime auquel la femme titulaire était soumise.

744. — Aujourd'hui, il n'en est plus ainsi ; le Trésor n'admet pas qu'une rente dotale soumise à remploi fasse l'objet d'une dation en paiement ; il craindrait de s'associer à une manœuvre ayant pour but d'éluder l'obligation de remploi [1].

745. — Le Trésor se refuse d'opérer la mutation au nom de l'attributaire et exige que la rente soit vendue et transférée directement par le titulaire, par le ministère d'un agent de change, dont la responsabilité couvre la sienne [2].

§ 14. — Gage ou nantissement [3].

746. — Lorsque la pleine propriété, la nue propriété ou l'usufruit d'une rente sur l'État est donné en nantissement, il y a lieu,

---

1. De Bray, p. 347, note 1.
2. Defrénois, *R. G.*, 1887, art. 3623.
3. V. *inf.*, 2e PARTIE, *Opérat. s. les rentes nom. ou mixtes*, § 14, *Nantissement.*

pour le faire mentionner sur le titre, de produire un certificat de propriété basé sur l'acte d'affectation.

747. — On énonce la créance pour laquelle la rente est donnée en gage et l'acte de nantissement ; ces renseignements sont relatés dans l'immatricule du nouveau titre.

748. — Quand un ou plusieurs nantissements figurent déjà sur une inscription, il est nécessaire, pour en faire mentionner un nouveau, de viser un acte constatant le consentement à cet effet des premiers créanciers gagistes [1].

749. — Dans ce cas, il doit être choisi un dépositaire du titre, chargé de le détenir dans l'intérêt de tous les créanciers.

750. Lorsque le nantissement est conféré par le nu propriétaire, le titre devant rester entre les mains de l'usufruitier en cette qualité, c'est ce dernier qui est ordinairement choisi comme détenteur.

751. Si l'usufruitier se refuse à remettre le titre pour que le nantissement conféré par le nu propriétaire soit mentionné, on procède de la manière suivante : — Le notaire délivre un certificat de propriété qui est déposé à la Dette inscrite. En attendant que le Trésor puisse donner suite à l'opération, la rente est frappée d'un *empêchement administratif*. Quand l'usufruitier se présente pour toucher les arrérages, le comptable chargé de les payer l'invite à laisser son titre contre un récépissé. S'il s'y refuse, le Trésor ne peut l'y contraindre, mais les parties intéressées ont qualité à cet effet en employant les voies judiciaires [2].

752. — Par le seul fait qu'il a conféré le nantissement, le nu propriétaire se trouve tenu envers le créancier de lui procurer le moyen de faire régulariser l'immatricule du titre [3].

753. — Ce que nous venons de dire (n° 731) s'applique à toutes les opérations ayant trait à la nue propriété des rentes dont on ne produirait pas les titres [4].

754. Pour faire disparaître la mention de nantissement, il faut produire un certificat de propriété visant un acte de désistement [5].

755. — Lorsque le créancier nanti s'est fait autoriser à aliéner la rente affectée au nantissement, il est procédé au transfert sur la

---

1. Gorges et de Bray, v° *Nantissement*, IV, p. 245.
2. Idem, v° *Nu propriétaire*, VI, p. 256.
3. Rouen, 30 mars 1885.
4. Gorges et de Bray, v° *Nu propriétaire*, VI, p. 256.
5. Idem, v° *Nantissement*, II, p. 244 et s.

production d'un certificat de propriété basé sur la grosse du jugement d'autorisation, les pièces constatant qu'il a acquis l'autorité
de chose jugée et les actes établissant les droits du créancier [1].

756. — Pareille justification est nécessaire pour permettre au
créancier de toucher les sommes données en nantissement.

757. — Le nantissement ne se mentionne pas sur les *titres de
cautionnement ;* mais après la cessation des fonctions du titulaire,
le certificat de propriété, pour recevoir le remboursement, est
délivré conjointement à ce dernier et au créancier.

758. — Le Trésor ne mentionne pas de nantissement sur les
rentes mixtes ou sur celles atteintes d'une *indisponibilité quelconque*
et spécialement sur celles formant la garantie de *cautionnements.*

759. — Cependant, on admet que ces dernières pourraient faire
l'objet d'un nantissement en sous-ordre.

760. — Ainsi, il a été jugé [2] qu'un titre de rente déposé au Trésor
comme cautionnement par un officier public peut être délégué
par ce dernier à un de ses créanciers, par exemple, pour sûreté
d'une rente dont il est débiteur.

761. — Un tel nantissement fait simplement l'objet d'une signification au conservateur des oppositions, qui prévient la Dette inscrite.

762. — Celle-ci annote en conséquence le Grand-Livre, pour
éviter qu'un transfert ne soit fait au détriment des droits du créancier nanti [3].

763. — L'omission de cette précaution exposerait le Trésor à
des dommages-intérêts [4].

§ 15. — Formation et dissolution de sociétés.

1. Gorges et de Bray, v° *Nantissement*, V, p. 245.
2. Paris, 7 juin 1851. — Cet arrêt a admis que la signification faite dans ce
cas au Trésor n'était pas sujette à la péremption quinquennale prévue par
l'art. 14 de la loi du 9 juill. 1836. — Mais il est bon de faire remarquer que
cette jurisprudence se trouve infirmée par un arrêt de Cass. (civ.) du 9 août 1892.
— V. aussi C. Montpellier, 26 mai 1896.
   La nullité résultant de la péremption est absolue et radicale et peut être
opposée non seulement par l'État, mais aussi par tous cessionnaires et créanciers.
3. De Bray, n° 218, p. 202 et la note.
4. Paris, 7 juin 1851 (préc.).

764. — Les certificats de propriété nécessaires pour faire immatriculer au nom d'une société les valeurs mises dans cette société ou pour en toucher le montant, sont basés sur l'acte de société constatant la transmission, et les pièces de constitution et de publication.

765. — Lorsque les certificats de propriété sont délivrés en vue de réaliser les valeurs, ils doivent faire connaître l'étendue des pouvoirs du gérant ou des administrateurs.

766. — Ce qui vient d'être dit (n° 764) s'applique aux certificats de propriété à délivrer au profit des sociétés, pour les valeurs qui leur adviennent par voie de mutation pendant leur fonctionnement.

767. — Les achats de rente se font au nom des sociétés sans production d'aucune pièce autre que les statuts, dont un exemplaire est déposé au Bureau des transferts [1].

768. — Lorsqu'il s'agit de transférer des rentes inscrites au nom de la société ou de recevoir le remboursement de livrets de caisse d'épargne à son nom, il n'y a pas lieu à délivrance de certificats de propriété, mais à la production des pièces justificatives des droits des gérants ou administrateurs, et variant selon les circonstances.

769. — Les certificats de propriété délivrés à la suite de dissolution de sociétés sont basés sur les actes et pièces constatant la constitution de la société et sur ceux dont résulte sa dissolution.

770. — En cas de partage, ils sont basés, en outre, sur cet acte et délivrés au profit des attributaires.

771. — Le transfert ou le changement d'immatricule nécessité par la dissolution d'une société en nom collectif doit être effectué, non pas directement sur les actes de constitution ou de dissolution, mais sur la production d'un certificat de propriété délivré par le notaire *détenteur de la minute de l'acte de constitution* et d'une expédition à lui déposée de l'acte de dissolution [2].

772. — Lorsqu'un liquidateur a été nommé pour réaliser l'actif, les certificats de propriété sont délivrés à son nom et doivent viser l'acte ou la décision judiciaire dont résultent ses pouvoirs, et, le

1. *Inf.*, 2ᵉ PARTIE, *Libellés d'immatricules*, vᵒ *Sociétés ;* Gorges et de Bray, vᵒ *Sociétés industrielles, etc.*, I, p. 324.
2. Gorges et de Bray, *eod. verb.*, III, p. 324.

— 125 —

cas échéant, les pièces établissant que la décision a acquis l'autorité de chose jugée [1].

§ 16. — **Absence.**

773. — Pour faire mentionner sur les titres de rente la nomination d'un *administrateur provisoire*, — C. c., art. 112, 122. — il y a lieu de produire un certificat de propriété basé sur la grosse du jugement de nomination, déposé au notaire certificateur [2].

774. — L'administrateur n'étant pas tenu d'accepter les fonctions qui lui sont confiées, le notaire doit s'assurer de son acceptation et, au besoin, exiger de lui une réquisition.

775. — En cas de *déclaration d'absence* — C. c., art. 115 et suiv., — il y a lieu, pour faire immatriculer les titres au nom des envoyés en *possession provisoire*, de produire un certificat de propriété basé sur la grosse du jugement d'envoi en possession et sur la minute d'un intitulé d'inventaire ou d'un acte de notoriété, établissant les qualités des présomptifs héritiers [3].

776. — Pour faire mentionner l'*envoi en possession définitive*, après l'envoi en possession provisoire inscrite sur les titres, un certificat de propriété n'est pas nécessaire ; il *suffit* de produire la grosse du jugement, s'il n'est survenu aucun changement dans les qualités des ayants droit [4].

777. — Il en est de même pour le transfert des rentes par les envoyés en possession provisoire qui ont obtenu l'envoi en possession définitive [5].

778. — Dans le cas contraire, il est *nécessaire* de produire un certificat de propriété basé sur la grosse du jugement et les actes

1. Pradier, *Rev. Not.*, n° 1730-466.
2. Gorges et de Bray, v° *Absence*, I, p. 60 ; Deloison, n° 91, p. 70.
3. Gorges et de Bray, *eod. verb.*, II. p. 60 ; Deloison, n° 91, p. 70.
4. Gorges et de Bray, *eod. verb.*, III, p. 60 ; Deloison, n° 91, p. 70.
5. V. *inf.*, 2ᶜ PARTIE, Capac. civile, v° *Envoyés en possess.*

et pièces établissant les droits et qualités des nouveaux propriétaires [1].

779. — Les jugements en matière d'absence, rendus contradictoirement avec le procureur de la République, — C. de pr., **art. 859** et 860, — sont susceptibles d'appel de la part de ce magistrat; néanmoins, aucune justification n'est exigée dans la pratique, à ce sujet.

780. — Les certificats de propriété délivrés en vue du recouvrement de sommes dues, sont assujettis aux règles que nous venons de rappeler.

781. — S'il s'agit d'aliénations subordonnées à l'autorisation judiciaire, il y a lieu de justifier des décisions les autorisant.

782. — Lorsque le conjoint du présumé absent ou de l'absent opte pour la *continuation de la communauté*, — C. c., art. 124, — on doit viser l'expédition de l'acte constatant l'option fait au greffe. (C. c., 1457 arg.)

783. — Si le *présumé absent* ou l'*absent reparaît*, il recouvre ses biens, et les inscriptions de rente lui appartenant sont rétablies à son nom sur la production d'un certificat de propriété basé sur les actes dressés à cet effet : notoriété, constatant, s'il y a lieu, l'identité de la personne disparue avec celle qui se présente, acte constatant la remise à l'absent de ses biens et la reddition du compte des fruits auxquels il peut avoir droit. (C. c., art. 132.)

784. — Au cas de preuve du *décès*, les certificats de propriété sont basés sur cette preuve et délivrés aux ayants droit sur la justification de leurs qualités variant avec les circonstances.

§ 17. — Contumace [2].

785. — Les certificats de propriété sont délivrés à l'Administration des Domaines, comme séquestre des biens du contumax [3].

786. — La délivrance est faite soit par le greffier détenteur de

---

1. Gorges et de Bray, v° *Absence*, 111, p. 60.
2. V. *inf.*, 2ᵉ PARTIE, *Capac. civile*, v° *Contumax*.
3. Aubry et Rau, § 84, texte et note 12 ; C. instr. crim., art 465 et suiv. — Il n'y a d'exception à cette règle que si le contumax est un failli poursuivi pour banqueroute frauduleuse, la faillite entraînant le dessaisissement du failli et transférant à la masse des créanciers l'administration de ses biens. C. instr. crim., **art. 465.**

l'arrêt de condamnation, soit par un notaire, dépositaire au rang de ses minutes de la grosse, d'une expédition ou d'un extrait de cet arrêt [1].

787. — Lorsque les certificats doivent être appuyés, en outre, sur des actes établissant les droits des parties, c'est le notaire détenteur de ces actes et non le greffier qui peut les délivrer, sauf à se faire déposer les pièces nécessaires [2].

788. — Le séquestre dure en général les vingt ans accordés au condamné pour purger sa contumace [3].

789. — Si avant ce délai le contumax est arrêté, se présente ou décède, le séquestre cesse et le compte est rendu au condamné ou à ses héritiers [4].

790. — Après ce délai, le compte est rendu au condamné s'il se présente, ou à ses héritiers présomptifs au jour de sa disparition ou de ses dernières nouvelles, à la charge par ceux-ci de faire déclarer l'absence et de se faire envoyer en possession [5].

791. — Les justifications, pour la délivrance des certificats de propriété après la cessation du séquestre, varient donc suivant les circonstances. V. *sup.*, §§ 10 et 16.

§ 18. — Majorats.

792. — On désigne ainsi l'affectation à un titre de noblesse de biens transmissibles avec le titre, de mâle en mâle, par ordre de primogéniture.

1. Deloison, n° 91, p. 71 ; Gorges et de Bray, v^is *Absence*, p. 67 ; *Absent*, XII, p. 67.
2. Deloison, *ub. supr.* ; Gorges et de Bray, *ub. sup.*
3. Aubry et Rau, § 84, texte et note 16.
4. C. inst. crim., art. 476, arg.
5. Aubry et Rau, § 84, t. I, p. 347.

793. — Les dispositions régissant les majorats constituent une dérogation à l'ordre de la dévolution des successions établi par le Code civil.

794. — Cette institution remontant aux Romains, qui avait été abolie par la Révolution [1] fut rétablie et réglementée par Napoléon [2]. Elle fut l'objet, sous la Restauration, de diverses dispositions destinées à en favoriser le développement [3]. Mais, deux lois promulguées sous la Monarchie de Juillet et la République de 1848, l'ont abolie pour l'avenir et ont limité l'effet des majorats existants [4].

795. — Les majorats encore existants, aujourd'hui peu nombreux [5], se divisent en deux catégories : ceux de propre mouvement et ceux sur demande.

796. — Les premiers, provenant de libéralités du Chef de l'État, sont toujours réglés par le décret de 1808, et les biens qui les composent doivent faire retour à la Nation.

797. — Les seconds, constitués par des particuliers avec l'autorisation du Chef de l'État, tombent sous le coup des lois de 1835 et 1849 et sont appelés à disparaître prochainement ; les biens les constituant redeviennent libres à l'extinction des majorats.

798. — Les rentes affectées aux majorats font mention de leur immobilisation, et quand il s'agit de dotation, elles sont soumises à des règles spéciales.

799. — En cas de décès du titulaire, il y a lieu de produire un certificat de propriété dressé dans les formes ordinaires par le notaire de la famille.

800. — Mais il faut justifier en outre [6] :

1° D'un certificat d'investiture, délivré par le Secrétaire général du Ministre de la Justice, commissaire près le Conseil du Sceau ;

2° Et d'un certificat du Conseil d'administration de la Direction générale des Domaines, approuvé par le Ministre des Finances [7].

---

1. L. 25 août 1792 ; C. civ., 896.
2. Décr. 30 mars 1806 ; Sén.-Cons. 14 août 1806 ; Décr. 1er mars 1808.
3. Ordon. 25 août 1817 ; 13 août 1824 ; L. 17 mai 1826.
4. LL. 12 mai 1835, 7 mai 1849.
5. Dans leur édition de 1891, MM. Gorges et de Bray indiquent (v° *Majorats*, p. 238, note 1) qu'il existait alors 45 majorats de propre mouvement et 9 sur demande.
6. Gorges et de Bray, v° *Majorats*, III, p. 238 ; de Bray, n° 158, p. 140.
7. LL. 15 mai 1818 et 26 juillet 1821 ; Arr. Cons. d'État, 12 juillet 1836.

801. — Le majorataire ne jouit pas de l'intégralité du revenu de ses rentes : 1/10 fait l'objet d'une retenue[1].

802. — Ce dixième est porté à un compte d'accroissement dont la gestion est confiée maintenant à la Caisse des dépôts et consignations.

803. — Lorsqu'il a doublé par l'accumulation, on restitue au titulaire la jouissance d'une rente d'égale somme ; cette rente est réunie à l'inscription principale et la retenue primitive continue à figurer au compte d'accroissement et à préparer un nouveau dédoublement[2].

804. — A l'extinction d'un majorat réversible, les rentes le composant sont annulées et portées au compte de la Nation dit *Compte de réduction*, et on annule, en même temps et dans les mêmes conditions, la partie des rentes appartenant au titulaire dans le fonds commun.

805. — S'il est dû aux héritiers du majorataire un prorata d'arrérages, il y a lieu de produire un certificat de propriété, sur le vu duquel il est délivré une quittance spéciale pour leur recouvrement.

806. — Ces dispositions sont toujours appliquées pour les majorats réversibles ; mais, depuis la loi du 7 mai 1849, elles ont cessé de l'être pour les majorats sur demande.

807. — Les rentes majoratisées tombent, comme les autres, sous le coup des conversions[3].

808. — Les rentes affectées à des majorats peuvent être remobilisées, c'est-à-dire rendues à la libre disposition du titulaire, soit lorsque celui-ci leur substitue une propriété territoriale[4], soit lorsque la dissolution du majorat est prononcée.

809. — Dans le premier cas, la Dette inscrite ne fait qu'exécuter une décision de la Direction générale des Domaines ; dans le second, elle s'appuie sur un certificat émanant du Ministre de la justice (Division du Sceau[5]).

---

1. Décr. 1er mars 1808, art. 6.
2. Décr. 4 juin 1809, art. 3 et s.
3. C. d'État, 13 mars 1874 ; Décr. 14 mars 1852.
4. Comp. : Décr. 10 mars 1808, art. 54 et s. ; Ord. 27 mai 1846 ; Déc. 13 mars 1865, 29 janv. 1877, 22 oct. 1886.
5. Gorges et de Bray, v° *Remobilisation*, p. 299.

§ 19. — **Transaction.**

810. — La transaction — C. civ. 2044 et s. — n'est assujettie, en principe, à aucune forme particulière.

811. — Elle doit être rédigée par écrit, et les seules conditions exigées pour sa validité sont les suivantes : le consentement des parties, un objet certain faisant la matière de la transaction, une cause licite et la capacité d'aliéner cet objet à titre onéreux, car la transaction suppose des sacrifices réciproques.

812. — Les rentes sur l'Etat, comme les autres biens, peuvent faire l'objet d'une transaction.

813. — Dans ce cas, la mutation qui en résulte est opérée sur la production d'un certificat de propriété délivré par le notaire détenteur de la minute de la convention.

814. — Comme le tuteur ne peut transiger au nom du mineur qu'après y avoir été autorisé par le conseil de famille et de l'avis de trois jurisconsultes désignés par le Procureur de la République, si un mineur était en cause, le certificat de propriété devrait viser, en outre, la délibération du conseil de famille, l'avis des jurisconsultes et la grosse du jugement homologuant la transaction[1].

815. — S'il s'agissait d'une transaction intervenue entre un mineur devenu majeur et celui qui a été son tuteur, il y aurait lieu de justifier de la reddition du compte de tutelle, et de viser la minute de l'acte de récépissé antérieur d'au moins 10 jours[2].

816. — Mais il ne serait pas nécessaire que le compte eût été approuvé[3].

---

1. C. c., 467 et 2045 ; Gorges et de Bray, v° *Transactions*, p. 350.
2. C. c., 472 et 2045.
3. Arg. C. c., 472.

CHAPITRE VI

PIÈCES A PRODUIRE

817. — Nous allons examiner, sous ce paragraphe, quelles sont les différentes pièces qui doivent être produites à l'appui des certificats de propriété.

Pour plus de clarté, nous considérerons séparément chacune des principales valeurs pour lesquelles des certificats de propriété doivent ou peuvent être délivrés.

§ 1er. — Rentes sur l'État.

818. — **Certificat d'inscription.** — On doit nécessairement produire le *certificat d'inscription*.

819. — En cas de perte, il y a lieu de faire dresser une déclaration le constatant, le Trésor ne délivrant pas de *duplicata*[1].

820. — La déclaration est alors visée dans le certificat de propriété et produite au lieu et place de l'inscription.

821. — Si les parties n'avaient pas les indications suffisantes, il y aurait lieu de se les procurer au moyen d'une demande de renseignements adressée à la Direction de la Dette inscrite[2].

822. — La déclaration de perte est faite par le titulaire ou, en cas de décès, par ses représentants, devant le maire de la commune du domicile du rentier, en présence de deux témoins constatant l'individualité des déclarants[3].

823. — Si les intéressés ne font pas la déclaration eux-mêmes, ils doivent être représentés par un fondé de pouvoir spécial[4].

824. — Cette déclaration doit être rédigée sur papier timbré, enregistrée[5] et revêtue, en dehors du département de la Seine, des légalisations nécessaires.

825. — Le nouveau titre est délivré après l'échéance du terme courant[6].

826. — En attendant la délivrance d'un nouveau titre, la rente est frappée d'un *empêchement administratif*.

827. — Même avant la production de cette déclaration, le titulaire de l'inscription perdue ou ses représentants peuvent faire frapper la rente d'un empêchement administratif, en formant oppo-

---

1. Décr. 3 mess. an XII, art. 1er.
2. V. *Infr.*, 2e PARTIE, *Notions gén. s. les Rentes, Renseignements.*
3. Décr. 3 mess. an XII, art. 2.
4. Arr. Min. fin., 1841, art. 1.
5. Décr. 3 mess. an XII, art. 2.
6. Décr. 3 mess. an XII, art. 1.

sition au paiement ou au transfert par acte d'huissier, ou par simple demande sur papier timbré adressée au Directeur de la Dette inscrite.

V., au surplus, ce que nous disons *infrà*, 2e PARTIE, § 11, *Remplacement d'inscription de rentes perdues, détruites ou volées*.

828. — **Certificat de paiement des droits.** — Lorsque la mutation d'une rente est requise par suite de *décès* ou d'*absence*, le certificat de propriété doit être accompagné du *certificat de l'Enregistrement* prescrit par la loi du 8 juillet 1852, en exécution de la loi du 18 mai 1850, à l'effet de constater que la rente a été comprise dans la déclaration faite à cette administration [1].

829. — Il est également exigé pour les *successions vacantes*, ainsi que pour les successions ouvertes à l'*étranger* [2].

830. — Quant aux successions s'ouvrant dans les pays de *protectorat*, la question de savoir si les rentes en dépendant sont assujetties au droit de mutation par décès est controversée.

831. — L'Administration soutient l'affirmative, considérant que les pays sur lesquels la France exerce un simple droit de protectorat doivent être assimilés aux pays étrangers et non aux colonies.

832. — Il n'y a pas lieu de s'en tenir au texte littéral de la loi du 8 juillet 1852 : *Certificat constatant l'acquittement des droits de mutation*.

833. — La Dette inscrite n'ayant pas à s'immiscer dans les questions de perception, il n'y a pas lieu de distinguer si la mutation est exempte ou non de droit.

834. — Le fait du décès d'une personne titulaire d'une rente, ou ayant droit en tout ou partie à la propriété ou à la jouissance, suffit pour motiver la demande de production dudit certificat.

835. — Dans la pratique, cette justification donne lieu à de nombreuses difficultés ; car elle est exigée dans beaucoup de cas où il n'est pas dû de droit et où les titres n'ont pas eu à figurer dans la déclaration de succession, ce qui ne va pas sans protestations — d'ailleurs inutiles — des parties.

836. — Aussi l'Administration a-t-elle adopté une formule s'appliquant à tous les cas, même quand il n'est pas dû de droit, et constatant seulement que la rente a été comprise dans la déclara-

---

1. Inst. Dette insc., janv. 1873, XV.
2. Même. instr.

tion après décès ou absence, pour la *toute propriété*, la *nue propriété* ou l'*usufruit* [1].

837. — Quand la délivrance du certificat n'a pas été précédée de paiement de droit de mutation, il doit être dressé, en la forme usitée, une déclaration par laquelle les héritiers font connaître les circonstances qui s'opposent à l'exigibilité des droits.

838. — Dans les cas exceptionnels où cette déclaration ne peut être légalement exigée, par l'Administration et est refusée par les parties, le receveur doit inscrire et signer sur le registre des successions, à la date courante, une mention suffisamment détaillée, qui est alors considérée comme constituant une déclaration proprement dite, dans le sens de la formule adoptée [2].

839. — Ces dispositions ne sont pas applicables à la ville de Paris, où un système particulier de contrôle est organisé pour les certificats de l'espèce.

840. — Pour obtenir ce certificat, à Paris, il suffit de s'adresser au chef du Contrôle de l'Enregistrement, 13, rue de la Banque, et de lui fournir, à l'appui de la demande, les pièces établissant que la mutation du titre ne doit pas donner lieu, à la suite du décès, au paiement de droits de mutation.

841. — Le certificat doit être spécial et désigner les inscriptions par sommes et numéros [3].

842. — Il doit, en outre, contenir l'indication du département et du bureau, les nom, prénoms, qualité et domicile du titulaire ou propriétaire des rentes, la date du décès ou de la déclaration d'absence et celle de la déclaration faite au bureau de l'Enregistrement [4].

843. — *Ce certificat doit être produit*, notamment, dans les circonstances suivantes [5] :

a) *Réversions* ou *ouvertures* soit de *propriété*, soit d'*usufruit* au profit de propriétaires ou usufruitiers conjoints ou successifs ;

b) *Droit de retour* au profit du donateur, en cas de prédécès du donataire ;

c) *Rentes inscrites postérieurement au décès de l'ayant droit*,

---

1. Instr. Enreg., 27 avril 1875, n° 2508, § 6.
2. Même inst.
3. Instr. Dette insc., janv. 1873, XVI.
4. Dict. Enreg. Rédact., v° *Dette publ.*, n° 66.
5. Inst. janv. 1873, XVI.

soit comme achats, soit en vertu de la répartition tonti-
nière ou d'emploi de fonds versés à la Caisse d'épargne ;

c) *Décès*, soit *d'un donateur* ou *d'un cédant*, avant l'immatricule
au nom des donataires ou cessionnaires des rentes don-
nées ou cédées[1], soit d'un titulaire qui serait reconnu par
jugement ou autrement n'avoir jamais eu de droit à la
rente ;

a) Décès des grevés de *restitution*, des *fidéicommissaires, exécuteurs testamentaires, administrateurs quelconques*......, spécialement pour les rentes possédées par les *étrangers*[2] ;

f) *Attribution* des biens *de la communauté* à l'époux survivant
à titre de conventions matrimoniales, en paiement de ses
reprises, ou pour toute autre cause ;

g) *Renonciation à la communauté* par la femme ou ses représentants.

844. — Il y a lieu de produire aussi ce certificat pour les rentes
affectées à des *majorats ;* mais, dans ce cas, elles ne doivent pas être
évaluées d'après le cours de la Bourse : on forme le capital en mul-
tipliant le revenu par 20.

845. — Ce certificat est délivré sans frais, sur papier libre, visé
par le directeur du département, dont la signature est légalisée par
le préfet[3].

846. — En cas de demande de *duplicata*, il n'est pas dû de rémunération au receveur par application de la loi du 22 frim. an VII,
art. 58[4].

847. — Si les énonciations du certificat ne concordaient pas avec
celles du titre, par suite d'erreurs dans la déclaration, il y aurait lieu
de faire une *déclaration complémentaire rectificative ;* une notoriété
rectificative ne serait pas admise par le Trésor.

848. — *Il n'y a pas lieu à la production du certificat* dans les cas
ci-après[5] :

a) *Décès antérieur à la promulgation de la loi du* 18 mai 1850[6] ;

---

1. Comp. Besançon, 25 juin 1890 (J. E., août 1891).
2. Il en est ainsi notamment pour les *trustees* anglais, qui n'ont sur les rentes
inscrites à leur nom aucun droit de propriété.
3. L. 8 juill. 1852, art. 25.
4. Dict. Enreg. Rédact., v° *Dette publ.*, n° 67.
5. Instr. janv. 1873, XVII.
6. Lettre Direct. gén. Enregist. et Dom., 27 octobre 1868.

b) Décès de personnes domiciliées *en Algérie* et *dans les colonies françaises* où les lois précitées n'ont pas été promulguées [1] ;

c) Décès de personnes domiciliées en *Alsace-Lorraine*, lorsque ce décès a eu lieu antérieurement au traité du 2 mars 1871 [2].

d) Successions en déshérence recueillies par le Domaine, les droits ne devenant exigibles que dans les cas où les héritiers du décédé auraient obtenu la remise des biens administrés par le Domaine ;

e) Décès d'un usufruitier, lorsque, par suite de l'extinction de l'usufruit, il y a réunion de l'usufruit à la nue propriété ;

f) Reprise en nature par le conjoint survivant des rentes inscrites à son nom ;

g) Prescription des droits par l'écoulement de trente années ;

h) Succession d'un *enfant assisté* recueillie par l'hôpital où il est décédé [3].

849. — La prescription en matière de paiement de droit de mutation sur les rentes sur l'État, en cas de retard ou d'omission, n'est acquise qu'au bout de trente ans [4].

850. — Quand une succession comprend d'autres valeurs, concurremment avec les rentes sur l'État, les parties peuvent toujours faire une déclaration spéciale pour les rentes, afin d'obtenir le certificat nécessaire pour la mutation.

851. — Les pièces ci-dessus indiquées sont celles qui doivent être fournies en cas de *mutation ;* quand il s'agit d'un *transfert*, il y a lieu, le plus souvent, d'en produire d'autres, contrat de mariage, procuration, etc..., qui varient avec les circonstances. — V. à ce sujet *infrà*, 2e partie, *Capacité civile à l'égard des transferts*.

---

1. Inst. Enreg. 31 déc. 1857, no 2114, § 9. — Cette instruction a été prise à la suite d'un arrêt de Cass. du 12 août 1857.

Différents décrets ont établi un droit de mutation par décès sur les rentes dépendant de successions ouvertes dans certaines colonies : Guadeloupe, 5 juillet 1882; |Martinique, 15 octobre 1883 ; Guyane, 10 mai 1882. — Gorges et de Bray, vo *Cert. de l'Enreg.*, III, note 1, p. 103.

2. Décis. minist. 3 déc. 1873.

3. Décis. min. fin. 23 juin 1858. — L'attribution autorisée par l'art. 8 de la L. du 18 pluv. an VIII est considérée non comme une succession, mais comme une indemnité peu considérable de frais importants.

4. L. 8 juill. 1852, art. 26.

§ 2. — Cautionnements des Fonctionnaires [1].

852. — **Certificat d'inscription.** — On doit fournir le *certificat d'inscription* du cautionnement ou les *titres constatant le paiement* du cautionnement [2].

853. — Si un *certificat* d'inscription *n'a pas été délivré*, on produit les *récépissés de versements* ou *certificats des comptables* du Trésor public [3].

854. — En cas de *perte* du titre, on doit faire une déclaration sur papier timbré, dûment légalisée, et procéder comme on l'a dit pour les rentes [4].

855. — **Bordereau d'annuel. — Acte d'affectation.** — Pour les cautionnements fournis en rente, on doit produire le *bordereau d'annuel* ou une déclaration de perte, en la forme ordinaire [5] et, autant que possible, le double de l'*acte d'affectation* [6].

856. — **Certificat de privilège de second ordre.** — Lorsque la demande de remboursement émane des héritiers ou représentants d'un *bailleur de fonds*, on produit, au lieu du certificat d'inscription le certificat de *privilège de second ordre* [7].

857. — **Certificat d'affiches et de non-opposition.** — Les *avocats à la Cour de cassation*, les *notaires*, les *avoués près les cours et tribunaux*, le *greffier en chef à la Cour de cassation*, les *greffiers près les cours et tribunaux*, les *greffiers des tribunaux de commerce*, ceux des *justices de paix et de simple police* et les *huissiers*, ainsi que les *commissaires-priseurs*, sont tenus, avant de pouvoir réclamer leur cautionnement, de déclarer au greffe du tribunal dans le ressort duquel ils exercent, qu'ils cessent leurs fonctions. Cette déclaration est affichée dans le lieu des séances du tribunal pendant trois mois [8].

858. — Ces formalités s'appliquent à leurs héritiers ou ayants droit en cas de décès ou d'interdiction [9].

---

1. On consultera utilement, au sujet des pièces à produire, les instructions se trouvant au dos des certificats d'inscription.
2. Décr. 18 sept. 1806, art. 1er.
3. Arr. du Gouv., 24 germ. an VIII ; Décr. 18 sept. 1806, art. 1er.
4. Sup., nos 819 et s.
5. Décr. 19 déc. 1863, sect. IV, art. 33.
6. Gorges et de Bray, vo *Caut. en rentes*, XVI, p. 100 ; de Bray, no 229, p. 213.
7. Gorges et de Bray, *eod. verb., ub. sup.*
8. L. 25 niv. an XIII, art. 5. — V. aussi Décr. du 18 septembre 1806, art. 1er ; L. 28 avril 1816, art. 88 ; Ord. 9 oct. 1816, art. 1er et s.
9. L. 25 niv. an XIII, art. 7 ; Décr. du 18 sept. 1806, art. 1er.

859. — Pour obtenir le remboursement, il y a lieu de produire un certificat délivré par le greffier de la Cour de cass., de la cour d'appel, du tribunal civil ou de commerce, suivant le cas, — après le délai d'affiches et après la levée des oppositions directement faites au Trésor, s'il en est survenu, — légalisé par le président et enregistré, constatant que la déclaration prescrite a été affichée dans le délai fixé, que pendant cet intervalle il n'a été prononcé contre le fonctionnaire aucune condamnation pour fait relatif à ses fonctions, et qu'il n'existe au greffe du tribunal aucune opposition à la délivrance du certificat ou que les oppositions survenues ont été levées [1].

860. — En ce qui concerne les *agents de change*, il y a lieu dè remplir les formalités ci-dessus près le tribunal de commerce ; la déclaration de cessation de fonctions est affichée à la Bourse près laquelle ils exercent, et il faut produire au Trésor deux certificats, l'un du syndic de cette bourse relatif à l'affiche de la cessation de fonctions, et l'autre du greffier du tribunal de commerce, légalisé par le président de ce tribunal, enregistré et motivé comme nous venons de l'indiquer [2].

861. — **Mainlevées.** — En cas d'opposition, il faut produire, soit l'acte authentique de *mainlevée*, soit le jugement qui l'a prononcée. La grosse du jugement doit être accompagnée des certificats prescrits par l'art. 548 du C. de procédure civile.

862. — Lorsque la mainlevée a eu lieu par acte *en minute* devant notaire, il suffit de produire une expédition.

863. — Mais si l'acte est *en brevet*, quoique enregistré, scellé et légalisé, l'exploit original doit être rapporté.

864. — **Certificat de quitus.** — Les *commissaires-priseurs* et les *huissiers* doivent, en outre, produire un *certificat de quitus* du produit des ventes dont ils ont été chargés.

865. — Ce certificat est délivré par leur chambre de discipline, sur le vu des décharges des ventes ou du récépissé de la Caisse des consignations pour les sommes par eux versées à cette caisse. Il est

---

1. L. 25 niv. an XIII, art. 5 ; Décr. du 18 sept. 1806, art. 1 et 2.
L'autorisation de remboursement accordée aux titulaires ou bailleurs de fonds ne les dispense pas, pour être payés, de faire lever les oppositions formées sur les cautionnements, soit au Trésor, soit aux greffes des tribunaux.
2. L. 25 niv. an XIII, art. 6 ; Ord. 18 déc. 1822.

visé par le président du tribunal dans le ressort duquel ils excercent ou par le procureur de la République près ce même tribunal [1].

866. — En cas d'impossibilité de représenter toutes les pièces comptables nécessaires pour obtenir le certificat de *quitus*, on y supplée en faisant constater cette impossibilité par une délibération motivée de la chambre de discipline, visée par le procureur de la République [2].

867. — La déclaration de cessation de fonctions doit alors, outre l'affichage prescrit par l'article 5 de la loi du 25 nivôse an XIII, être insérée, pendant la durée de l'affiche, c'est-à-dire pendant trois mois, dans un des journaux imprimés au chef-lieu de l'arrondissement du tribunal ou, à défaut, dans le chef-lieu du département [3].

868. — Le certificat de la chambre de discipline ou du procureur de la République constatant l'accomplissement de ces formalités tient lieu du certificat de quitus [4].

869. — Ces dispositions sont applicables aux ayants cause des titulaires [5].

870. — Les *commissaires-priseurs* et les *huissiers* peuvent être affranchis de l'obligation de représenter le *certificat de quitus*, en faisant régler, chaque année, par leur chambre ou, à défaut de la chambre, par le procureur de la République, le compte de leur gestion administrative [6].

871. — **Demande.** — On doit joindre au dossier une demande de remboursement, sur timbre, adressée au Ministre des finances, énonçant les pièces produites et indiquant le département et l'arrondissement où le remboursement doit être effectué.

872. — La demande de remboursement du cautionnement d'un notaire doit être adressée au Garde des Sceaux et non au Ministre des finances [7].

---

1. Décr. 24 mars 1809, art. 1 et 2.
2. Ord. 22 août 1821, art. 1er.
3. Ord. 22 août 1821, art. 2 et 3.
4. Ord. préc., art. 3.
5. Ord. préc., art. 1 et 2, arg.
6. Ord. 22 août 1821, art. 4.
7. Déc. Min. just., 4 sept. 1844; Pand. franç., vo *Caut. des fonct.*, no 291.

§ 3. — Livrets des caisses d'épargne.

873. — **Livret.** — Il faut produire, à l'appui de la demande de remboursement, le *livret* constatant les versements.

874. — En cas de *perte* du livret, il y a lieu d'en faire, sur papier libre, la déclaration et la demande de délivrance d'un *duplicata*, qui est ensuite produit à l'appui de la demande de remboursement.

875. — Cette déclaration est signée par les intéressés et est légalisée par le maire ou le commissaire de police[1].

876. — Ces règles s'appliquent à la Caisse d'épargne postale, comme aux Caisses d'épargne privées.

877. — La législation n'est cependant pas toujours exigée[2].

878. — **Demande.** — Les ayants droit du titulaire doivent produire, en outre, une *demande de remboursement*.

879. — Cette demande est signée de tous les héritiers majeurs et, pour les mineurs, par leur représentant légal; les femmes doivent être autorisées de leurs maris.

880. — Si l'un des intéressés ne sait ou ne peut signer, ce fait est attesté par deux témoins.

881. — Les signatures apposées sur les demandes de remboursement après décès doivent, en principe, être certifiées par le maire ou le commissaire de police du domicile des intéressés[3]; mais on passe souvent outre cette formalité.

882. — **Pièces accessoires.** — Les parties doivent, en outre, produire les pièces que leur situation particulière rend nécessaires pour la validité des remboursements : contrat de mariage, etc.[4].

---

1. Arnaud, v° *Livret perdu*, n° 261.
2. Inst. gén. s. le serv. de la C. nat. d'ép., 28 mars 1892, art. 500.
3. Arnaud, v° *Remb. ap. décès*, n°ˢ 393 et s. ; Instr. préc. App., n° 5.

4. EMPLOI. — En cas d'obligation d'emploi, la Caisse d'épargne doit en surveiller l'exécution.
Régulièrement, elle ne devait se délibérer que sur la justification que les fonds ont été régulièrement employés ; mais, d'un autre côté, les parties ne peuvent effectuer l'emploi avant d'avoir reçu. On se trouverait donc tourner dans un cercle vicieux, et le seul moyen d'en sortir serait d'avoir recours à la nomination d'un séquestre chargé de faire l'emploi.
La Caisse d'épargne pourrait aussi déposer la somme litigieuse à la Caisse

§ 4. — **Caisse nationale des retraites pour la vieillesse.**

883. — **Livret.** — **Titre de rente.** — Pour obtenir le remboursement du capital réservé, il faut produire le *livret*. S'il s'agit des arrérages dus au décès du rentier, on produit le *titre de rente*[1].

884. — En cas de *perte* du livret ou du titre, il est pourvu à son remplacement dans les formes prescrites pour le remplacement d'un extrait d'inscription nominative de rente sur l'État[2]. Il y a donc lieu, par analogie, de procéder comme nous l'avons dit *suprà*, n°s 819 et s.

885. — **Acte de décès.** — On doit produire, à l'appui du certificat de propriété, la copie *in extenso* ou par extrait (contenant la date du décès et celle de la déclaration faite à l'officier de l'état civil) de l'*acte de décès* du titulaire, à moins qu'elle n'ait été visée dans le certificat, comme étant au rang des minutes du notaire et reproduite en tête, en entier ou par extrait[3].

886. — Cette copie, quand elle est produite, doit être légalisée par le Président du Tribunal civil ou par le juge de paix, si elle n'a pas été délivrée dans le département de la Seine[4].

887. — **Demande.** — Les ayants droit du titulaire doivent, en outre, produire une *demande* de remboursement, qui est adressée au Directeur de la Caisse des dépôts et consignations à Paris[5], soit directement en *franchise*, soit par l'entremise des préposés de la Caisse nationale des retraites[6].

des dépôts et consignations. — Inst. gén. sur les consig., 15 janvier 1878. — Encyc. not., v° *Caisse d'épargne*, n° 34.

Pour éviter ces formalités la Caisse d'épargne de Paris a adopté le moyen suivant.

Elle exige l'intervention d'un notaire qui prend l'engagement de faire l'emploi prescrit, de constater cet emploi par un acte authentique et d'en justifier à la Caisse d'épargne à première réquisition. — Journ. des Caisses d'épargne. juin 1885, p. 126 ; Arnaud, v° *Femmes*, n° 194, p. 52.

Toutefois, lorsqu'il s'agit de sommes inférieures à 150 francs, il n'y a pas lieu de s'occuper de l'emploi. — Av. Min. fin. 31 janvier 1862.

1. Décr. du 28 déc. 1886, art. 35, al. 1er.
2. Décr. du 28 déc. 1886, art. 12, al. 1er et art. 27 *in fine*.
3. Décr. 28 déc. 1886, art. 35 et arg.
4. Inst. gén. C. des Dép., 1er août 1877.
5. Aucun *remboursement* de sommes versées ne peut avoir lieu sans autorisation du Directeur général de la Caisse des dépôts et consignations.
6. Les trésoriers-payeurs généraux et les receveurs particuliers des fin., et en Algérie, les trésoriers-payeurs et payeurs particuliers ont seuls qualité pour

888. — Il n'est pas nécessaire que cette demande soit signée des ayants droit; elle est généralement établie par le notaire certificateur [1].

889. — **Certificat de réserve.** — Si le remboursement du capital réservé par le donateur est fait au profit des ayants droit de ce dernier, il y a lieu de produire le *certificat de réserve* qui a pu être délivré [2].

890. — **Certificat de médecin.** — En cas de remboursement par suite du décès du déposant arrivé dans les vingt jours du versement, il y a lieu de produire un *certificat de médecin* constatant que le titulaire était atteint, au jour du versement, de la maladie dont il est décédé [3].

891 — **Pièces accessoires.** — Les parties intéressées produisent, en outre, suivant les circonstances, les pièces que leur situation particulière rend nécessaires pour la validité du paiement [4], contrat de mariage, etc. [5].

§ 5. — Valeurs émises par le Trésor.

892. — Les valeurs émises par le Trésor sont, pour les opérations auxquelles elles donnent lieu, assimilées aux rentes sur l'État. V. *sup.*, nos 215 et s., texte et notes, et nos 818 et s.

893. — Notons, cependant, qu'il n'y a pas lieu de produire le

effectuer les remboursements de la Caisse des retraites ; mais les receveurs des postes et les percepteurs sont tenus de prêter leur concours pour la transmission des pièces.

1. Toutes les pièces à reproduire sont dispensées des droits de *timbre* et *d'enregistrement*, et les légalisations doivent avoir lieu *sans frais*.

Les procurations notariées que les *illettrés* doivent obligatoirement fournir pour les sommes supérieures à 150 fr. sont *seules* exemptées de timbre et d'enregistrement. Sol. 28 déc. 1893. — Circ. Direct. gén. 6 févr. 1894.

2. L. 20 juill. 1886, art. 5 et 15 ; Décr. 28 déc. 1886, art. 8 et 35.

3. Inst. Postes, 5 mars 1887, art. 160. — Comp. art. C. civ. 1974 et 1975 ; L. 20 juill. 1886, art. 17 ; Décr. 28 déc. 1886, art. 29.

4. Décr. 26 déc. 1886, art. 35, alinéa 2.

5. Emploi. — Les femmes mariées doivent justifier, par la représentation de l'expédition de leur contrat de mariage, qu'il n'y a pas lieu à emploi des sommes qu'elles ont à recevoir.

Cette justification n'est pas exigée lorsque la part leur revenant est inférieure à 150 francs. — Av. min. fin. 31 janv. 1862.

Pour les sommes excédant 150 francs, l'emploi est effectué par la Caisse des dépôts, si le paiement a lieu à Paris, et par le comptable chargé d'opérer le remboursement si le paiement est demandé dans un département.

certificat constatant le paiement des droits en cas de mutation par-
décès, la loi du 8 juillet 1852, qui a exigé cette justification pour
les rentes, ne l'ayant pas imposée pour les autres valeurs [1].

§ 6. — Pensions et traitements.

894. — Certificat d'inscription. — Il est nécessaire de produire
le *titre de la pension* ou *du traitement*.

895. — En cas de *perte*, ce titre est remplacé par une déclaration
la constatant, faite devant le maire en présence de deux témoins,
sur papier timbré et légalisée par le préfet ou le sous-préfet [2],
comme cela a lieu pour les rentes sur l'État [3].

896. — Acte de décès. — La copie de l'*acte de décès* du titulaire
doit être jointe à la demande du paiement.

897. — Toutefois, on est dispensé de produire cette copie au
Trésor, lorsque le notaire donne *spécialement*, en tête du certificat
de propriété, une copie ou un extrait de l'acte de décès, et qu'il
déclare en avoir une expédition dans ses minutes [4].

898. — Cette copie doit être sur *papier timbré*. Cependant elle
peut être sur *papier ordinaire* pour les pensions de militaires et de
veuves de militaires de la Guerre ou de la Marine, les pensions à
titre de récompense nationale, les pensions de donataires dépossédés, les pensions civiles du service des douanes, poudres et sal-
pêtres, et les indemnités aux victimes du 2 décembre 1851 ; mais la
copie doit alors mentionner qu'elle a été spécialement délivrée [5],
pour servir à toucher les arrérages de la pension du défunt.

899. — Lorsque l'acte de décès n'est pas délivré dans le département de la Seine, il doit être légalisé.

900. — Déclaration de non-cumul. — Nous avons vu que cette
déclaration est généralement faite dans le certificat de propriété.

Dans le cas contraire, il y a lieu de produire cette déclaration [6].
— V. *suprà*, n⁰ˢ 249 et s.

---

1. Bavelier, n⁰ 83, p. 151. — Comp. *sup.*, n⁰ 828 et s.
2. Ourry, v⁰ *Duplicata*, p. 334.
3. *Sup.*, n⁰ˢ 819 et s.
4. Circ. Direct. gén. Compt. publ., 1ᵉʳ mai 1876, § 6. — Comp. *Sup.*, n⁰ 885.
5. Règlem. Min. fin., 31 déc. 1886.
6. Règl. préc. — V. L. 15 mai 1818, art. 14.

CHAPITRE VII

OPPOSITIONS

901. — Nous étudierons plus loin, avec tous les développements qu'elle comporte, l'*insaisissabilité* des rentes sur l'Etat [1].

902. — Rappelons seulement ici les principales règles qui régissent cette matière.

903. — Les rentes sur l'Etat sont insaisissables, pour le *capital* comme pour les *arrérages*.

904. — Et on admet généralement que les rentes sont insaisissables d'une manière absolue, c'est-à-dire, non seulement à l'égard du Trésor, mais encore à l'égard du propriétaire lui-même ; en sorte qu'elles échappent à toute mainmise de la part des créanciers de ce dernier [2].

905. — Ainsi, le propriétaire — et lui seul — peut faire opposition sur la rente ; ce droit n'appartient à aucun créancier, pour quelque cause que ce soit.

906. — C'est, du moins, la doctrine du Trésor, qui s'est toujours refusé à exécuter les décisions rendues en sens contraire. Et si, dans certains cas, il a paru en être autrement, c'est que la Dette

---

1. V. *inf.*, 2ᵉ PARTIE, *Notions gén. sur les Rentes, Privilèges et immunités, Insaisissabilité*.

2. Nous ne parlons ici que des rentes *nominatives* ; quant aux rentes *au porteur*, elles sont aussi insaisissables, non en vertu de ces dispositions, qui ne sauraient leur être applicables, puisqu'elles ne remontent qu'à 1831, mais par leur nature même, qui les rend transmissibles par simple tradition, comme des billets de banque, en sorte que, la possession valant titre, le Trésor n'a pas à intervenir pour en assurer la propriété et la jouissance entre les mains du porteur. La confirmation de ce principe résulte de l'art. 16 de la loi du 5 juin 1872 sur les titres au porteur perdus, détruits ou volés, qui exclut les rentes au porteur du bénéfice de cette loi.

publique reconnaissait à l'action intentée le caractère d'une *reven-dication*.

907. — C'est à tort aussi qu'on a prétendu soutenir que l'insaisissabilité était suspendue par le décès du titulaire, l'exercice de ce privilège ne pouvant être repris par l'héritier qu'après le partage et l'attribution de la rente. « La mort saisit le vif, » et par l'effet du décès, l'héritier est immédiatement investi de tous les droits qu'avait son auteur.

908. — De ce qui précède il résulte notamment :

Que les créanciers d'une succession ne peuvent former opposition au partage des biens en dépendant, ni au transfert ou à la mutation des rentes en faisant partie, la succession fût-elle même bénéficiaire [1];

Que les rentes dépendant d'une succession vacante ne peuvent pas plus être saisies sur cette succession que sur le titulaire;

Qu'une rente mise au lot d'un copartageant ne peut, malgré ce dernier, être attribuée à ses créanciers intervenant au partage.

909. — Les notaires doivent faire l'application de ces principes pour la délivrance des certificats de propriété qu'ils sont appelés à dresser pour le transfert ou la mutation des rentes dépendant de successions.

910. — Par conséquent, si une rente dépendait d'une succession ou d'une communauté encore indivise entre les nouveaux propriétaires et que l'un d'eux voulût en faire opérer la mutation, les autres pourraient former opposition entre les mains du notaire à la délivrance du certificat de propriété, et entre celles du Trésor à la mutation, afin que l'immatriculation n'ait pas lieu en fraude et au détriment de leurs droits; — et le notaire ainsi que le Trésor devraient respecter l'opposition, car cet acte émanerait d'un *copropriétaire*, agissant en cette qualité, et non d'un *créancier*.

911. — Mais si, après un partage réalisé, une opposition était faite par un créancier de la succession ou d'un héritier, entre les

---

1. Paris, 14 avril 1849. — En ce qui concerne le droit d'opposition à partage, il importe, du reste, de remarquer qu'il n'appartient pas aux créanciers de la succession, mais à ceux des copartageants. C. c., 882. — Mais, d'une part, les créanciers de la succession conservent leur recours contre les héritiers et peuvent demander la séparation des patrimoines — C. c., 878, — et, d'autre part, l'héritier bénéficiaire qui ne veut pas déchoir de sa qualité, doit réaliser les rentes et tenir compte de leur valeur aux créanciers. Paris, 22 nov. 1855; 13 juin 1856; 26 fév. 1885.

mains du notaire liquidateur à la délivrance du certificat de propriété à baser sur cet acte, il n'y aurait pas lieu d'en tenir compte, car l'immatricule n'est que la relation d'un fait accompli et le certificat de propriété l'attestation de ce fait.

912. — Cependant, le notaire devrait s'abstenir jusqu'à ce qu'il ait été statué par la justice, si l'opposition était la conséquence de ce que le partage serait attaqué par le créancier d'un héritier comme fait au préjudice d'une opposition formée par lui. C. civ., 882.

CHAPITRE VIII

COMPÉTENCE ET PROCÉDURE
EN CAS DE DIFFICULTÉS AVEC LE TRÉSOR

913. — Aucune action judiciaire ne peut être exercée contre le Trésor à raison d'un refus de transfert ou de mutation de rentes [1].

914. — La tenue du Grand-Livre de la Dette publique et les mutations et transferts de rentes sur l'État sont exclusivement placés dans les attributions de l'*autorité administrative ;* ces mutations et transferts constituent des actes administratifs qui ne peuvent être appréciés par l'*autorité judiciaire*, et l'autorité administrative est seule compétente pour juger les questions de responsabilité vis-à-vis du Trésor [2].

915. — La responsabilité du Trésor, dit M. Deloison [3], n'est pas de la même nature que celle des particuliers ; elle se modifie d'après les circonstances que l'autorité administrative, mieux placée que l'autorité judiciaire pour connaître et juger les nécessités du service, est naturellement désignée pour apprécier.

916. — C'est donc au département des Finances que l'examen de ces sortes d'affaires est attribué.

917. — Toutefois, il faut faire une distinction entre les actes émanant du ministre : les uns sont d'*administration pure* et les autres ont un caractère *contentieux*.

Les premiers relèvent du pouvoir discrétionnaire et s'accom-

---

1. Ord. 14 avril 1839 ; 11 mars 1843 ; 17 juill. 1843 ; 28 août 1844 (R. N., art. 1862, n° 343).
2. Ord. 5 janv. 1847 ; Arr. 19 mars 1880.
3. *Tr. des val. mob.*, n° 141 *bis*, p. 129.

plissent sous la seule responsabilité ministérielle, sans recours.

Les seconds, au contraire, relatifs à des droits véritables, sont discutables devant le juge administratif.

918. — Les demandes relatives à cette dernière catégorie doivent être adressées, par écrit, sur timbre, au Ministre compétent, en se conformant à l'article 1er du décret du 22 juillet 1806, mais sans l'intervention d'un avocat au Conseil d'État[1] ; elles sont instruites dans les trois mois par les soins des bureaux et ne sont soumises à aucun délai.

919. — Les parties peuvent exiger un récépissé.

920. — Le ministre statue par décision spéciale, qui est notifiée administrativement aux intéressés[2].

921. — Procès-verbal est dressé de la communication ou récépissé est exigé.

922. — Ces décisions sont exécutoires par provision; elles ne peuvent être rapportées et faute d'avoir été attaquées dans les délais de la loi elles acquièrent l'autorité de la chose jugée[3].

923. — La question de savoir si ces décisions sont des jugements et, par suite, susceptibles d'opposition, ou, au contraire, des actes de gestion échappant à ce recours est controversée.

924. — Mais elles peuvent être déférées au Conseil d'État, statuant au contentieux, appelé à en connaître comme juge unique[4].

925. — Ce recours a lieu dans les trois mois de la notification[5].

926. — Mais, bien entendu, les tribunaux civils sont compétents pour statuer dans le cas où il s'agit de l'application des règles du droit commun et de questions de propriété[6], sauf au ministre à se refuser à l'exécution des décisions, si elles étaient rendues en violation des règles fondamentales de la Dette publique[7].

927. — C'est là une conséquence du principe de la séparation des pouvoirs administratifs et judiciaires[8].

1. Décr. 2 nov. 1864, art 1er.
2. Même décr., art. 6.
3. Av. C. d'État, 15 therm. an XI et 12 nov. 1811; Deloison, *ub. sup.*
4. Deloison, *op. cit.*, n° 142.
5. Décr. 22 juill. 1806, art. 11.
6. C. d'État, 14 avril 1839; 8 juin 1883.
7. De Bray, *op. cit.*, n° 180, p. 160.
8. LL. 16-24 août 1790, t. II, art. 13. — V. *infrà*, 2e PARTIE, *Notions générales sur les Rentes, Privilèges et immunités*. Insaisissabilité.

CHAPITRE IX

RESPONSABILITÉ NOTARIALE

928. — En règle générale, les officiers publics qui délivrent des certificats de propriété doivent être considérés comme responsables de la *vérité des faits qu'ils y attestent* et dont ils ont dû prendre une connaissance suffisante dans les pièces qui les établissent, et ils sont garants de ces faits, si d'ailleurs on ne peut leur imputer ni faute ni négligence [1].

929. — Cela résulte de la loi du 28 floréal an VII (art. 6 et 7), qui a voulu placer entre l'État et ses créanciers des fonctionnaires chargés de délivrer, *sous leur responsabilité personnelle*, les certi-

---

1. Arg. Cass., 8 août 1827.

ficats constatant le droit de propriété des intéressés sur les rentes inscrites au Grand-Livre et, par suite, nécessaires pour la mutation ou le transfert de ces valeurs[1].

L'article 7 précité dispose, en effet, que les certificats opèrent la décharge du Trésor.

930. — Ce principe s'applique, par analogie, aux certificats de propriété relatifs aux autres valeurs pour lesquelles ce mode de justification est prescrit ou autorisé.

931. — La loi du 28 floréal an VII et le décret du 18 septembre 1806 n'exigent l'énonciation dans les certificats de propriété que des noms, prénoms et domiciles des nouveaux propriétaires ou des héritiers et ayants droit, la qualité en laquelle ils procèdent et possèdent, c'est-à-dire s'ils sont héritiers, légataires ou donataires, l'indication de la portion de la rente ou du cautionnement à laquelle ils ont droit, et l'époque d'entrée en jouissance.

932. — Cette règle est celle qui doit être prise pour base de la responsabilité des notaires en pareille matière ; on ne saurait donc exiger autre chose, bien que les notes jointes au décret précité et les instructions du Trésor prescrivent de déterminer l'état et la capacité des parties[2].

933. — Toutefois, lorsque le notaire délivre un certificat de propriété basé sur un acte reçu par lui et dans lequel les ayants droit ont agi comme *parties*, il est responsable, non seulement de la vérité des faits énoncés comme résultant de cet acte, mais encore de l'individualité des nouveaux propriétaires au moment de la passation de ces actes, puisqu'il a dû s'en assurer à cette époque, conformément à la loi du 25 ventôse an XI, art. 11 ; si donc il délivrait un certificat de propriété à une femme mariée, à un mineur ou à un interdit, sans faire mention de ces circonstances, il pourrait engager sa responsabilité[3].

934. — Le notaire n'est pas responsable de l'incapacité des parties résultant de modifications survenues depuis la passation des derniers actes reçus par lui et, à plus forte raison, depuis la délivrance du certificat de propriété.

935. — Comme conséquence de ce qui précède, le notaire certifi-

1. Gorges et de Bray, vᵒ *Certificat de propriété*, VI, p. 107.
2. Cass., 8 août 1807 (J. N. 6379).
3. Cass., 9 août 1843 ; Bordeaux, 6 mars 1844 et 2 juin 1853 ; Éloy, nᵒ 913 ; Dict. du not., vᵒ *Cert. de propr.*, nᵒ 114.

cateur n'est pas responsable de l'incapacité des parties ayant figuré dans un acte qui n'a pas été reçu par lui, si cette incapacité n'est pas connue de lui, ou si elle n'est pas révélée par l'acte.

936. — Mais le notaire qui délivrerait un certificat de propriété, sans y mentionner l'incapacité constatée dans un acte reçu par lui, commettrait une faute engageant sa responsabilité[1].

937. — Le notaire qui délivre un certificat de propriété basé sur une notoriété dressée à défaut d'inventaire ou sur l'affirmation de témoins produits devant lui, n'est responsable que de l'exactitude de l'attestation qu'il donne, des énonciations de cet acte ou des déclarations des témoins, mais non de celle des faits eux-mêmes et de l'état ou de la capacité des ayants droit[2]. Il n'en serait autrement que si ceux-ci avaient figuré à l'acte ou si ce dernier révélait l'incapacité[3].

938. — Il a toutefois été jugé que le notaire qui délivre un certificat de propriété de la compétence exclusive du juge de paix, doit être déclaré responsable de l'attestation qu'il a donnée en dehors de sa compétence[4].

939. — Le notaire n'encourt aucune responsabilité, lorsqu'il délivre un certificat de propriété à l'héritier apparent, et le véritable héritier, qui se présente plus tard, ne peut exercer aucun recours contre lui ; en effet, une qualité héréditaire, régulièrement établie, doit être reconnue par les tiers jusqu'à ce qu'elle ait été contestée[5].

940. — Les actes établissant les qualités héréditaires des ayants droit devant, en principe, décharger les notaires de la responsabilité des attestations qu'ils contiennent, il importe que ces derniers soient de la plus grande circonspection dans l'admission des témoins, qui sont des parties déclarantes aux actes de notoriété et ne doivent témoigner qu'en connaissance de cause.

941. — S'il existait des circonstances qui eussent dû faire prendre au notaire certificateur des précautions qu'il aurait négligées, les attestations contenues dans la notoriété seraient inefficaces pour dégager sa responsabilité.

---

1. Pand. franç., v° *Cert. de prop.*, n° 28.
2. Cass., 9 août 1849.
3. Dict. du not., v° *Cert. de prop.*, n° 113.
4. Saint-Mihiel, 20 déc. 1877.
5. Nancy, 6 déc. 1853 ; Ed. Clerc, n° 1136 ; Eloy, n° 916.

942. — C'est ce qui est arrivé dans un cas où, pour vendre une rente dépendant d'une succession ouverte dans le midi de la France au profit d'un failli, celui-ci avait eu recours, pour dissimuler sa situation, au ministère d'un notaire de Paris pour dresser la notoriété et le certificat de propriété nécessaires. Le notaire certificateur fut déclaré responsable envers la faillite [1].

943. — Les notaires, avant de délivrer les certificats de propriété, doivent prendre une connaissance approfondie des actes et des faits sur lesquels ils appuient leur attestation, analyser les pièces et en relever avec exactitude et précision les dispositions essentielles.

944. — Celui qui négligerait d'énoncer une disposition susceptible d'influer sur l'opération en vue de laquelle le certificat de propriété est délivré, engagerait sa responsabilité.

945. — Ainsi, il a été jugé que, quand des rentes ont été léguées avec prohibition de les aliéner avant l'extinction totale des charges imposées au légataire, le notaire détenteur du testament, qui délivre le certificat de propriété exigé par la loi, sans y mentionner cette défense, s'expose à des dommages-intérêts, à raison de l'aliénation ultérieure de ces rentes au mépris de cette clause [2].

946. — Si des rentes ont été léguées à la charge d'acquitter d'autres legs, le notaire certificateur n'est pas tenu d'attester savoir personnellement que la condition a été remplie ; mais il ne peut se refuser à transcrire dans son certificat les quittances produites et à lui déposées [3].

947. — Dans une espèce où le *de cujus* avait légué aux pauvres d'une commune 300 francs de rente à prendre sur ses indemnités comme émigré et où le transfert de 50 francs de rente 3 p. 100 provenant de cette indemnité avait été opéré en vertu d'un certificat de propriété délivré aux représentants des héritiers sans faire mention de ce legs, la Cour de cassation [4] déclara le notaire indemne, attendu qu'en délivrant le certificat au véritable et seul propriétaire des rentes, il s'était conformé à la loi et n'avait pu, dès lors, engager sa responsabilité.

948. — Si, *en droit* strict, les notaires ne peuvent atténuer leur responsabilité et la faire partager par le Trésor dans une certaine

1. Seine, 12 janv. 1855.
2. Bordeaux, 6 mars 1844.
3. Pau, 26 juill. 1864.
4. 9 août 1853.

mesure, en transcrivant dans leurs certificats la teneur des actes et documents qu'ils visent, *en fait*, cette énonciation est le plus souvent de nature à sauvegarder leur responsabilité ; car l'examen de l'administration de la Dette inscrite constitue, en quelque sorte, pour eux, une juridiction de premier degré.

949. — Les notaires agiront donc sagement en reproduisant textuellement, dans les certificats de propriété, les dispositions exceptionnelles qui, sans présenter des doutes sérieux pour eux, pourraient cependant être diversement interprétées.

950. — Il a été jugé que le Ministre des finances ne peut se refuser à immatriculer une inscription de rente au nom de celui qui en a été déclaré propriétaire par un jugement, sous prétexte que le certificat de propriété délivré par le greffier, au lieu d'être pur et simple, contient le texte de ce jugement *in extenso*, si, d'ailleurs, le greffier atteste, sans restriction ni réserve, l'existence du droit de propriété, et si la relation textuelle du jugement ne peut avoir pour effet d'affaiblir son attestation [1].

951. — Mais il n'y a jamais lieu de produire, à l'appui des certificats, les expéditions ou extraits des pièces qui y sont visées.

952. — Lorsque les droits des requérants ne leur paraissent pas suffisamment établis, les notaires ont l'obligation et le devoir de refuser leur ministère, sous peine d'engager leur responsabilité ; s'il existe des circonstances pouvant donner des doutes, ils doivent prendre des précautions particulières, car le recours des parties pourrait les atteindre [2].

953. — Toutefois, il est nécessaire que leur refus soit basé sur des motifs sérieux, car ils pourraient être passibles de dommages-intérêts envers les parties.

954. — Le notaire ne peut insérer dans le certificat de propriété des énonciations tendant à présenter comme sujet à contestation le droit à la rente ; il doit délivrer un certificat pur et simple, sa mission étant non d'apprécier, mais de constater le titre de propriété et la possession [3].

955. — Au point de vue de la responsabilité qu'entraîne la délivrance des certificats de propriété, il faut encore distinguer la *mutation* du *transfert*.

1. Cons. d'État, 20 déc. 1835 (annul. déc. Min. fin. 22 avril 1852).
2. Seine, 12 janv. 1853 préc. — Pand. franc., v° *Cert. de prop.*, n° 31.
3. Nancy, 6 déc. 1853.

956. — La mutation a lieu sous la responsabilité, dans la limite où nous l'avons dit, du notaire certificateur, tandis que le transfert engage, dans certains cas, celle de l'agent de change seul [1].

957. — Il en est ainsi quand, par exemple, le nouveau propriétaire, qui a obtenu le certificat de propriété nécessaire pour arriver à l'immatriculation de la rente en son nom, devient incapable et transfère *personnellement* cette rente par le ministère d'un agent de change ; celui-ci, qui avait le devoir de s'assurer de la capacité du vendeur, est responsable de la validité du transfert [2].

958. — Si cette opération avait lieu en vertu d'une procuration notariée, le notaire serait alors responsable de l'*état* et de la *demeure* du mandant, c'est-à-dire de son *individualité*, au moment de la signature de l'acte [3], mais non de sa *capacité civile*, car les expressions : nom, état, demeure, employées par l'article 11 de la loi de ventôse doivent s'entendre seulement de l'individualité et non de la capacité [4].

959. — Il n'en serait autrement que si le notaire connaissait par lui-même ou avait pu connaître par les documents en sa possession l'incapacité, ou si elle était notoire ou facilement apparente.

960. — La juridiction compétente en matière de responsabilité notariale est le tribunal civil de première instance de la résidence du notaire [5].

---

1. Paris, 24 janv. 1825.
2. Il est vrai que la Cour suprême a cassé, le 8 août 1827, l'arrêt préc. de la C. de Paris du 24 janv. 1825, par la raison qu'aucune loi ni aucun règlement n'obligent les agents de change à attester la capacité de leurs clients. Mais nous verrons *infrà*, en traitant de la responsabilité de ces officiers ministériels, que si, aux termes de l'arrêté du 27 prairial an X, ils ne sont pas tenus explicitement de garantir la capacité des parties, ils en sont tenus implicitement et ne peuvent guère y échapper en fait.
3. L. 25 vent. an XI, art. 11.
4. Amiaud, Tr.-form., v° *Capacité*, n° 7.
5. L. du 25 vent. an XJ, art. 53.

CHAPITRE X

HONORAIRES

961. — La loi du 20 juin 1896, posant le principe de la tarification légale des actes des notaires est ainsi conçue :

ARTICLE PREMIER. — Il sera dressé, au moyen de règlements d'administration publique, par ressort de Cour d'appel, le département de la Seine excepté, un tarif des honoraires, vacations, frais de rôles et voyages et autres droits qui peuvent être dus aux notaires à l'occasion des actes de leur ministère.

Il sera dressé, en la forme indiquée au paragraphe premier, un tarif spécial pour les notaires du département de la Seine.

Ces divers tarifs pourront faire l'objet de décrets successifs.

ART. 2. — Pour les actes qui n'auraient pas été compris dans le tarif, les frais seront, à défaut de règlement amiable entre les notaires et les parties, taxés par le président du tribunal de la résidence du notaire.

ART. 3. — Toutes dispositions contraires aux décrets qui seront rendus en exécution de la présente loi seront abrogées à partir de la promulgation de ces décrets.

962. — Un arrêté du Ministre de la justice du 16 juillet suivant a institué une commission à l'effet de préparer les règlements d'administration publique prévus par cette loi.

963. — Les certificats de propriété, nombreux dans la pratique, seront certainement compris dans les décrets qui fixeront, par ressort de Cour et pour le département de la Seine, les honoraires des notaires.

964. — Mais, au moment où nous publions cette édition, le travail de la commission n'étant pas encore terminé, nous ne pouvons que renvoyer aux décrets qui seront ultérieurement promulgués.

965. — Il n'est rien dû aux juges de paix pour les certificats de propriété qu'ils délivrent[1].

966. — Ces certificats ne sont signés que par eux et par les témoins ; du moins, la signature du greffier n'est pas nécessaire. Mais, dans l'usage, quelquefois ce dernier les signe et presque toujours c'est lui qui les rédige[2].

967. — Il semble alors juste d'accorder au greffier le même droit que pour les actes de notoriété, auxquels sont assimilés ces certificats[3].

968. — L'allocation accordée aux greffiers pour les actes de notoriété (autres que ceux dressés en exécution des articles 70 et 71 du Code civil) est, suivant la classe de la ville : 0 fr. 67, — 0 fr. 50 — et 0 fr. 34[4].

969. — Aucune disposition spéciale ne paraît, non plus, avoir fixé les émoluments dus aux greffiers des cours et tribunaux dans les cas où ils sont appelés à dresser des certificats de propriété.

970. — Le seul texte dont on puisse leur faire l'application est l'article 1er du décret du 24 mai 1854, d'après lequel il est alloué aux greffiers des tribunaux, 0 fr. 50 pour tout certificat fait au greffe[5].

---

1. L. 21 juin 1845, art. 1er

2. *Sic* : Million et Beaume, *Dict. de la compét des justices de paix*, v° *Cert. de prop.*, n° 29.

3. Idem, *ub. sup.*

4. Tarif, 16 févr. 1807, chap. ii, art. 16 (V. aussi le chap. 1er, abrogé par la loi du 21 juin 1845). — Million et Beaume, v° *Acte de not.*, n° 25.

5. Quelque étrange que soit le résultat donné par l'application de l'article 1er du décret de mai 1854, cela paraît conforme à une circulaire du Garde des Sceaux du 2 juillet 1864.

CHAPITRE XI

TIMBRE ET ENREGISTREMENT

1° *Timbre.*

971. — En principe, les certificats de propriété sont assujettis au timbre [1].

1. L. 13 brum. an VII, art. 12.

972. Cette règle s'applique notamment aux certificats délivrés : pour le paiement des *sommes dues par l'État* à titre de *pension*, de *rémunération* ou de *secours* [1], pour le paiement des sommes dues pour *pensions* accordées aux *donataires dépossédés* [2] ou à titre de *secours* par la *caisse des offrandes nationales* [3], et pour le paiement des *sommes dues par les caisses départementales ou communales* à titre de *pension*, même lorsqu'ils sont délivrés par les maires [4].

973. — Toutefois, sont exempts de timbre les certificats de propriété concernant la *Caisse nationale des retraites pour la vieillesse* [5] et les *caisses d'épargne* [6].

974. — Mais ceux destinés aux *caisses d'épargne* doivent être *visés pour timbre* [7].

2° *Enregistrement.*

975. — En principe, les certificats de propriété sont sujets à l'enregistrement, au droit fixe de 3 francs, ou de 1 fr. 50, suivant qu'ils ont lieu par acte *civil* ou *judiciaire* [8].

976. — Les certificats de propriété délivrés par les *juges de paix* doivent être considérés comme des *actes judiciaires* et, comme tels, sont assujettis au droit de 1 fr. 50 [9].

977. — Ceux délivrés par les *greffiers* ne sont pas soumis au droit de greffe [10].

978. — En principe, les certificats de propriété délivrés par les notaires d'*Algérie* ne sont assujettis, lors de leur enregistrement dans la colonie, qu'au demi-droit (1 fr. 50) [11].

979. — Mais comme, lorsque ces actes sont produits à la Dette inscrite, ils doivent acquitter le complément du droit dû en France

---

1. Déc. Min. fin., 13 nov. 1847 ; 30 mars 1848 ; 14 fév. 1877.
2. Déc. Min. fin., 14 févr. 1877.
3. Déc. Min. fin., 8 oct. 1878.
4. Circ. Direct. C. Dép. et Cons., 30 juill. 1887.
5. LL. 18 juin 1850, art. 11 ; 20 juill. 1886, art. 24 ; Déc. Min. fin., 31 janv. 1855 ; Circ. Min. fin., 2 mars 1878.
6. L. 9 avril 1881, art. 20 et 21 ; Déc. Min. fin., 11 juin 1888.
7. L. 20 juill. 1895, art. 23 et 25. — V. aussi *inf.*, n° 986.
8. LL. 22 frim. an VII, art. 68, § 1er, n° 17 ; 18 mai 1850, art. 8 ; 28 fév. 1872, art. 4.
9. Pand. franç., v° *Cert. de prop.*, n° 77. — Conf. sol. 27 fév. 1888. V. cep. *contrà* Dict. Enreg. Rédac., *eod. verb.*, n° 21.
10. L. 26 janv. 1892, art. 4.
11. LL. 22 frim. an VII, art. 68 ; 18 mai 1850, art. 8 ; 28 fév. 1872, art. 4 ; Ordonn. 19 oct. 1841, art. 2.

en principal et décimes[1], le ministre a décidé que le complément du droit (2 fr. 25) serait, à l'avenir, perçu lors de l'enregistrement du certificat[2].

980. — Il n'est dû qu'*un seul droit fixe*, quel que soit le nombre des valeurs ou des ayants droit[3].

981. — Quand les parties interviennent dans le certificat de propriété pour partager la rente ou autre valeur qui en fait l'objet, le *droit de partage* est dû[4].

982. — Mais quand il y a *cession de fraction de franc* dans le certificat de propriété, nous pensons qu'il n'est pas dû de droit particulier, attendu que les transferts de rente sont exempts du droit proportionnel et que le droit fixe, qui pourrait être exigible, se confond avec celui encouru par le certificat de propriété[5].

983. — Toutefois, sont exempts de l'enregistrement, — tant qu'il n'en est pas fait usage en justice, dans un acte authentique ou devant une *autorité constituée :* — les certificats de propriété concernant : le paiement des *arrérages de pensions* aux héritiers des *pensionnaires de l'État*[6], d'un *arriéré de solde d'un militaire* à ses héritiers, ou d'un *traitement sur l'État*[7] et généralement des *sommes dues par l'État* à titre de *pension*, de *rémunération* ou de *secours*[8], — (le *traitement de la Légion d'honneur* devant être compris dans l'expression rémunération[9], de même que celui de la *Médaille militaire*); — les *pensions ecclésiastiques* ou de l'*Imprimerie nationale*[10]; — la *Caisse nationale des retraites* pour la vieillesse[11]; — les *caisses d'épargne*[12]; — les *victimes du coup d'État*[13]; — l'établissement des *Invalides de la marine*[14].

---

1. LL. 22 frim. an VII, art, 23 ; 28 avril 1816, art. 58.
2. Inst. Adm. Enreg., 23 déc. 1882, n° 2676.
3. Déc. Min. fin., 17 sept. 1823 ; Inst. Rég., 1094, § 1er.
4. Dict. Enreg. Rédact., v° *Dette publique*, n° 80. — Si la division résultait de l'acte de réquisition, le droit serait dû sur cet acte. Comp. Charleville, 26 mars 1886.
5. A. Berthaut, *op. cit.*, p. 92.
6. Déc. Min. fin., 29 oct. 1842, 13 nov. 1847. — V. Circ. Compt. 16 déc. 1847; 22 août 1857, § 2.
7. Circ. Compt., 27 mars 1880.
8. Déc. Min. fin., 13 nov. 1847, 30 mars 1848; Inst. Fin., 20 juin 1859.
9. Sol. 12 sept. 1873.
10. Déc. Min. fin., 23 mars 1888 ; Circ. 31 déc. 1888.
11. LL. 18 juin 1850, art. 11 ; 20 juill. 1886, art. 24.
12. L. 9 avril 1881, art. 20 et 21 ; Déc. Min. fin., 11 juin 1888. — V. cep. *inf.*, n° 986.
13. Defrénois, Rép., 8651-7.
14. Déc. Min. fin., 12 avril 1893.

984. — Mais s'il était fait usage de ces certificats, soit par acte authentique, soit en justice, soit devant une autorité constituée, ils deviendraient sujets à l'enregistrement[1].

985. — La dénomination *autorité constituée*, employée par les LL. du 13 brumaire et 22 frimaire an VII, comprend notamment les ministres, préfets, sous-préfets et maires; mais elle ne comprend pas les payeurs et autres comptables du Trésor[2].

986. — Depuis la loi du 20 juillet 1895, les certificats de propriété et actes de notoriété exigés par les caisses d'épargne, pour effectuer le *remboursement*, le *transfert* ou le *renouvellement* des livrets appartenant aux titulaires décédés ou déclarés absents, doivent être *visés pour timbre et enregistrés gratis*. (Art. 23.)

987. — Ces dispositions sont applicables à la *Caisse nationale d'épargne* (Art. 23.)

988. — Les agents-comptables des caisses d'épargne doivent assurer l'exécution de ces prescriptions en n'acceptant que les certificats de propriété et actes de notoriété pour lesquels cette double formalité a été remplie[3].

989. — Un décret du 8 avril 1896 a rendu exécutoire, en Algérie, la loi du 20 juillet 1895.

990. — D'après l'Administration de l'Enregistrement, l'exemption de timbre et d'enregistrement accordée par la loi du 7 juillet 1833, art. 58, aux actes relatifs aux *expropriations* pour cause d'utilité publique, ne s'applique pas aux certificats de propriété produits pour le paiement du prix des immeubles expropriés[4].

991. — Ceux concernant les *sommes dues par les communes* doivent être enregistrés dans le délai légal[5].

992. — Dans quel délai doivent être enregistrés les certificats de propriété qui ne sont pas exempts de cette formalité?

993. — Nous pensons que ces certificats, qui échappent aux formes prescrites pour les actes notariés proprement dits, ne sont

1. Dict. Enreg. Rédact., v° *Cert. de prop.*, n° 16 ; Garnier, Rép. Enreg., *eod. verb.*, n° 22.
2. Déc. Min., 1er août 1821, 15 janv. 1823, 29 oct. 1842; Dict. Enreg. Rédact., *ub.' sup.*, n°s 15 et 17.
3. Inst. Min. Comm., 24 juill. 1895.
4. Déc. Min. fin., 20 janv. 1835. — Cette décision est encore applicable sous l'empire de la loi du 3 mai 1841 (art. 58). Sol. 8 août 1859. — Dict. Enreg. Red., v° *Cert. de prop.*, n° 23. *Contrà* Pand. franç., *eod. verb.*, n°s 204 et s.
5. Epernay, 8 juin 1855 ; Vesoul, 26 déc. 1864. — Dict. Enreg. Rédact., *eod. verb.*, n° 18.

pas assujettis à l'enregistrement dans les délais fixés pour ces derniers par la loi du 22 frimaire an VII, art. 20 (10 ou 15 jours); c'est, du reste, ce qui résulte d'un arrêt de Cassation du 9 mars 1859.

994. — Mais l'Administration, qui n'a d'ailleurs pas admis cette jurisprudence, prétend qu'en tout cas elle doit être restreinte aux certificats qu'elle a eus pour objet, c'est-à-dire à ceux concernant les rentes sur l'État, et que les autres certificats, qui ne sont pas exempts de l'enregistrement, doivent être soumis à cette formalité dans les dix ou quinze jours et inscrits au répertoire, ces deux formalités étant corrélatives [1].

995. — Dans la pratique, on répertorie les certificats de propriété [2] et on observe les délais pour l'enregistrement de ceux qui ne sont point exempts de cette formalité.

---

1. L. 22 frim. an VII, art. 20 et 19; Dict. d'enreg., v° *Cert. prop.*, nos 12 et suiv., 18 et 19; Garnier, *eod.* v°, 15 et suiv.
2. Sol. 26 oct. 1893 (Rép. gén., 8941).

DEUXIÈME PARTIE

RENTES SUR L'ÉTAT

NOTIONS GÉNÉRALES,
OPÉRATIONS SUR LES RENTES,
CAPACITÉ CIVILE, FORMALITÉS ET JUSTIFICATIONS RELATIVES
AU TRANSFERT DES RENTES, PROCURATIONS, ETC.

Nota. — Le sommaire placé en tête de l'ouvrage comprend également les matières traitées dans cette deuxième partie. Le lecteur est prié de s'y reporter.

DEUXIÈME PARTIE

RENTES SUR L'ÉTAT

CHAPITRE PREMIER

NOTIONS GÉNÉRALES SUR LES RENTES SUR L'ÉTAT

La *Rente sur l'État* est le revenu d'un capital emprunté par l'État; par extension, on désigne souvent ainsi le capital lui-même.

§ 1er. — Différentes natures.

Les rentes sur l'État sont *perpétuelles, viagères* ou *amortissables.* Elles sont aussi *directes* ou *départementales*[1].

Les *rentes perpétuelles* sont celles dont le propriétaire ne peut, en aucun cas, exiger du Trésor le remboursement du capital[2].

Par contre, comme toutes les rentes constituées en perpétuel, elles sont essentiellement rachetables[3].

Toutefois, le droit de remboursement de l'État a été suspendu pendant 8 ans, à compter du 16 février 1894, pour les rentes 3 1/2 p. 100[4].

---

1. Il est question de supprimer les *rentes départementales;* la Chambre des députés est saisie d'un projet de loi dans ce sens. — V. *inf.,* chap. II, art. 1er, § 2.
2. C. c., art. 1909.
3. C. c., art. 1911; Bavelier, n° 66, p. 118.
4. L. 17 janv. 1894, art. 2.

Les *rentes viagères* sont celles dont le service des arrérages est limité à l'existence du ou des titulaires.

Il existe deux sortes de rentes viagères sur l'État :

1° Les *rentes viagères pour la vieillesse*, servies aux pensionnaires de la Caisse nationale des retraites pour la vieillesse, créée par la loi du 18 juin 1850, et dont le fonctionnement est régi maintenant par les lois des 30 janvier 1884 et 20 juillet 1886, qui en ont confié la gérance à la Caisse des dépôts et consignations [1] ;

2° Et les *rentes de l'ancien fonds viager*, contemporain du tiers consolidé.

Il ne sera pas autrement question ici de ces rentes.

En effet, celles de l'ancien fonds viager, bientôt toutes éteintes, ne donnent lieu qu'à de rares opérations de renouvellement [2] ; quant aux autres, elles sont incessibles [3] et nous avons eu l'occasion de nous occuper autre part [4] des autres opérations (remboursement, renouvellement, changement de qualité, etc.), dont elles sont susceptibles.

Les *rentes amortissables* sont celles dont le capital a été déclaré remboursable par la loi d'emprunt en un certain nombre d'années.

Les possesseurs de ces rentes sont tenus de recevoir le remboursement du capital à l'époque déterminée ou résultant de tirages au sort [5].

Ces rentes ont été, à l'origine, divisées en 175 séries dont une

---

1. Bien que les rentes viagères sur la vieillesse ne fassent plus partie de la Dette publique proprement dite, il existe toujours à la direction de la Dette inscrite, au Ministère des Finances, un double de leur Grand-Livre, qui y est tenu au courant. — L. 20 juill. 1886, art. 20.

2. Gorges et de Bray, v° *Rentes viagères*, § 2, p. 314.

Au budget de 1895, il n'existait plus que 3 parties de rentes de cette nature. De Bray, n° 69, p. 65.

Au fur et à mesure de leur extinction, qui a lieu par le décès du dernier des cocrédi-rentiers (elles pouvaient reposer sur 1, 2, 3 ou 4 têtes), le montant en est rayé du Grand-Livre et reporté à un compte ouvert au nom de la Nation, dit *Compte d'extinction*. — L. 23 floréal an II, art. 45.

3. L. 20 juill. 1886, art. 8. — V. aussi Décr. 28 déc. suiv., art. 19.

4. *Sup.*, 1re PARTIE, n°s 218 et s. et n°s 883 et s.

5. L 11 juin 1878 ; Décr. 16 juill. suiv. — V. aussi : L. 22 déc. 1878, 21 déc. 1879, 22 déc. 1880 ; Décr. 7 mars 1881 ; Arr. 21 mars 1881 ; — L. 30 déc. 1882 ; Décr. 14 mars 1883 ; Arr. 14 mars 1883 ; — L. 29 déc. 1883, — L. 30 janv. 1884 ; Décr. 2 fév. 1884 ; Arr. 2 et 8 fév. 1884 et 24 mai suiv.; — L. 24 déc. 1890 ; Décr. 14 janv. 1891 ; Arr. 3 fév. 1891.

partie est éteinte par suite des tirages annuels s'effectuant le 1er mars, et dont le premier a eu lieu le 1er mars 1879 [1].

Le capital au pair a été stipulé remboursable à raison de :

1 série par an	de 1879 à 1907	. . . .	29
2 séries —	de 1908 à 1925	. . . .	36
3 — —	de 1926 à 1938	. . . .	39
4 — —	de 1939 à 1945	. . . .	28
5 — —	de 1946 à 1950	. . . .	25
6 — —	de 1951 à 1953	. . . .	18
		Total.	175

Voici, indiquées successivement, les 18 séries amorties pendant les 18 ans, de 1879 à 1896 :

116e, 8e, 174e, 163e, 156e, 3e, 127e, 86e, 170e, 161e, 130e, 19e, 93e, 52e, 102e, 35e, 148e, 58e.

Les *rentes directes* sont celles dont les titres sont délivrés à Paris, par le Directeur de la Dette inscrite.

Les *rentes départementales* sont celles dont les titres sont délivrés, avec le visa et sous le contrôle du préfet, par les trésoriers-payeurs généraux dans les départements, celui de la Seine excepté [2], sur le crédit collectif qui leur est ouvert [3].

Les rentiers sont inscrits sur les *Livres auxiliaires*, dont la création a été autorisée par la loi du 14 avril 1819.

Chaque trésorier-payeur général tient, à cet effet, comme Livre auxiliaire du Grand-Livre du Trésor, un registre spécial, où sont nominativement inscrits les rentiers compris dans le compte collectif tenu au Ministère des finances [4].

Les titres de rente départementale ne peuvent être que nominatifs, les trésoriers-payeurs généraux n'ayant pas le droit de délivrer des rentes mixtes ou au porteur. Toutefois, pendant le séjour du gouvernement de la Défense nationale à Bordeaux, la trésorerie générale de la Gironde fut autorisée à créer des titres au porteur ; mais c'est la seule exception qui existe.

L'extrait délivré à chaque rentier est détaché d'un registre à

1. Décr. 16 juill. 1878, art. 2.
2. Il n'existe pas, non plus, de livres auxiliaires dans les 3 départements de l'*Algérie*, ni dans les *Colonies*.
3. L. 14 avril 1819, art. 1er ; Décr. 31 mai 1862, art. 206 et 208.
4. L. 14 avril 1819 ; art. 2 ; Décr. 31 mai 1862, art. 207. — Le projet de loi dont nous avons parlé (p. 165, note 1) supprimerait les *Livres auxiliaires*.

souche et à talon ; il est signé par le trésorier-payeur général, visé et contrôlé par le préfet [1].

Ce titre équivaut aux extraits d'inscriptions délivrés par le Directeur de la Dette inscrite [2].

Les règles concernant la tenue de ces livres sont tracées dans l'Instruction ministérielle du 1er mai 1819.

Ces rentes sont transférables dans le département sous la certification d'un notaire, à défaut d'agent de change.

Dans les villes où il y a une bourse de commerce et un parquet, comme Lyon, Bordeaux, Marseille, elles peuvent être négociées et transférées directement par un agent de change de la localité et le trésorier-payeur général, sans passer par l'Administration centrale.

Elles sont soumises, quant aux opérations auxquelles elles donnent lieu, aux mêmes règles que les rentes directes.

Pour ces opérations, les trésoriers-payeurs généraux remplissent, chacun dans son département, le rôle que jouent à Paris l'Agent comptable des transferts et mutations, et l'Agent comptable du Grand-Livre; c'est à eux que doivent être fournies les justifications nécessaires.

Cependant, en cas de retard ou de refus injustifié, les rentiers pourraient en référer au Ministre, en lui envoyant le dossier de l'affaire ou des explications détaillées.

Les arrérages sont ordonnancés exclusivement sur la caisse du comptable qui a délivré le titre.

Les possesseurs de ces inscriptions de rente peuvent toujours les échanger, sans frais, contre des rentes directes [3].

Toutefois, il existe une certaine catégorie de créanciers de l'État qui ne peut posséder que des rentes départementales; ce sont les établissements publics ou religieux, les fabriques d'église, les cures, les sociétés de secours mutuels reconnues par l'État, les communes, les bureaux de bienfaisance, les hospices, etc.

Il n'y a de livres auxiliaires que dans le fonds 3 p. 100 perpétuel; il n'en existe pas pour la rente 3 p. 100 amortissable [4] et le 3 1/2 p. 100, et il n'en existait pas dans le fonds 4 1/2 p. 100 [5].

1. Décr. 1862 préc., art. 208.
2. Décr. préc., art. 209.1
3. Décr. préc., art. 209.
4. Décr. 16 juill. 1878, art. 4.
5. L. 17 janv. 1894; Décr. 20 janv. 1894. — L. 30 avril 1883, art. 2.

Il existe actuellement trois natures ou *fonds* de rente :

La rente 3 p. 100 *perpétuelle* [1] ;

La rente 3 p. 100 *amortissable* [2];

Et la rente 3 1/2 p. 100 *perpétuelle* [3].

§ 2. — Caractères généraux.

Nature mobilière. — Quelque forme que revêtent les rentes sur l'État, elles sont toujours *meubles* par la détermination de la loi [4].

Sous l'ancien régime, les rentes sur l'État étaient réputées immeubles [5], et comme telles, étaient susceptibles d'hypothèque [6].

Mais la loi du 24 août 1793, par son art. 161, leur reconnut un caractère mobilier, en proclamant qu'on pourrait, à l'avenir, en disposer comme des créances mobilières. Ce principe a été confirmé par le Code civil (art. 529).

Une loi seule pourrait leur faire perdre ce caractère; un décret serait insuffisant. Le Conseil d'État, consulté à ce sujet, s'est prononcé dans ce sens, à l'occasion d'un rapport de M. Mollien, ministre du Trésor, à l'Empereur, du 20 mars 1808, tendant à accorder aux propriétaires de rentes la faculté de leur donner le caractère immobilier [7].

Immobilisation. — Cependant, dans certains cas, ces rentes peuvent être immobilisées.

1° Ainsi, les sommes dont le placement ou le *remploi en immeubles* est prescrit ou autorisé par la loi, par un jugement, par un contrat ou par une disposition à titre gratuit entre vifs ou testamentaire, peuvent, à moins de clause contraire, formellement exprimée [8], être employées en rentes françaises de toute nature [9], même amor-

1. Ces rentes proviennent de différentes émissions remontant à la loi de conversion du 1er mai 1825.
2. Ce type de rente a été créé par la loi du 11 juin 1878; il a fait depuis l'objet de différentes autres émissions.
3. Ces rentes proviennent de la conversion, par la loi du 17 janv. 1894, des inscriptions 4 1/2 p. 100, créées par la loi du 27 avril 1883.
4. C. civ., 529, § 2.
5. Coutume de Paris.
6. V. un édit de 1673, instituant des greffiers conservateurs des hypothèques sur ces valeurs.
7. De Bray, n° 145, p. 128.
8. Seine, 13 janv. 1863; Paris, 27 mars 1863.
9. L. 16 sept. 1871, art. 29. — V. aussi L. 2 juill. 1862, art. 46.

tissable[1] ou du fonds 3 1/2 p. 100[2], mais purement nominatives[3].

Dans ce cas, sur la réquisition des parties, l'immatricule des rentes au Grand-Livre en indique l'affectation spéciale[4].

2° Aux termes de la loi du 16 septembre 1871, article 29, les *cautionnements* qui, suivant les lois alors en vigueur, devaient ou pouvaient être constitués en totalité ou en partie, soit en immeubles, soit en rentes françaises d'une nature spéciale, peuvent être constitués en rentes françaises de toute nature[5].

3° Enfin, les rentes peuvent être immobilisées par suite de leur affectation à un *majorat*[6], et elles ne reprennent alors leur caractère mobilier qu'au moyen de leur remobilisation. — V. *suprà*, 1re PARTIE, n°s 798 et 808.

Aliénabilité. — En principe, les rentes sur l'Etat sont essentiellement aliénables, et toute clause ou convention d'inaliénabilité perpétuelle les grevant serait frappée de nullité, car la libre disposition des biens est une maxime d'ordre et d'intérêt publics, résultant du texte et de l'esprit de la loi ; et une propriété quelconque ne peut être déclarée inaliénable que dans les cas prévus par la loi, où elle a cru devoir permettre une dérogation formelle au privilège fondamental de la libre disposition des biens, attribut et caractère essentiel de la propriété[7].

C'est en vertu de ce principe que les tribunaux annulent quelquefois les clauses d'inaliénabilité que le Trésor consent à insérer dans les immatricules, par suite de dispositions entre vifs ou testamentaires.

Cependant, les rentes sur l'Etat peuvent être frappées d'inaliénabilité provisoire par la volonté des parties et en exécution de conventions purement civiles.

Ainsi, la doctrine et la jurisprudence admettent la validité de l'interdiction d'aliéner insérée dans une disposition entre vifs ou testamentaire, quand elle est temporaire et qu'elle est imposée soit pour la garantie d'un droit au profit du disposant ou d'un tiers,

---

1. L. 11 juin 1878, art. 3.
2. L. 17 janv. 1894, art. 3. — V. aussi. L. 27 avril 1883, art. 3.
3. L. 2 juill. 1862, art. 46 ; 16 sept. 1871, art. 29.
4. Décr. 18 juin 1864, art. 1er.
5. V. aussi LL. 11 juin 1878, art. 3 ; 17 janv. 1894, art. 3.
6. Décr. 1er mars 1808, art. 6.
7. *Sic* : Cass., 6 juin 1853. — Comp. C. c., 537, 544, 1594 et 1598.

soit dans l'intérêt légitime et justifié de l'un des deux, du gratifié ou de sa famille [1].

Ces restrictions à la faculté d'aliéner ne sauraient s'appliquer, en tout cas, qu'aux rentes nominatives; quant aux rentes au porteur, les clauses d'inaliénabilité ne peuvent jamais les atteindre en raison de leur nature, qui les rend essentiellement transmissibles sans intermédiaire et par simple tradition [2].

Exceptionnellement, cependant, certains titres nominatifs de rente peuvent être frappés d'une inaliénabilité temporaire, en vertu de dispositions législatives. — Ce sont :

1° Les rentes affectées aux *majorats* (Décret 1er mars 1808), qui restent inaliénables jusqu'à l'extinction de ces majorats;

2° Celles grevées de *substitutions* permises (C. civ., 1048 et s., L. 7 mai 1849), qui ne deviennent aliénables qu'après l'exécution de la substitution ou son extinction par le décès des appelés;

3° Celles affectées au *cautionnement* de certains fonctionnaires, qui ne peuvent être aliénées qu'après l'extinction de ce cautionnement et sa libération.

§ 3. — **Titres**.

Extrait d'inscription. — Il est remis à chaque créancier, pour lui servir de titre, un extrait d'inscription au Grand-Livre de la Dette publique [3], qui constitue le titre unique et fondamental de tous les créanciers de l'Etat [4].

L'inscription au Grand-Livre forme un titre constatant les droits à la propriété de la rente [5].

Elle équivaut à un acte authentique et la preuve qui en résulte ne peut, en dehors du cas de dol ou de fraude, être détruite par de simples présomptions [6].

---

1. Aubry et Rau, § 692, t. VIII, p. 296 et s.; Buchère, *Op. de Bourse*, n° 190, p. 158.
2. De Bray, n° 146, p. 129.
3. Décr. 31 mai 1862, art. 198.
4. L. 24 août 1793, art. 6; Décr. 31 mai 1862, art. 197.
5. LL. 24 août 1793, art. 6; 13 therm. an XIII, art. 1er. — V. aussi, L. 14 vent. an III, art. 1er.
6. Bavelier, n° 6, p. 19; Buchère, *Val. mob.*, n° 105; de Bray, n° 118, p. 105;

Il n'est jamais délivré qu'un extrait de chaque inscription au Grand-Livre [1].

En cas d'usufruit et de nue propriété, le titre reste entre les mains de l'usufruitier.

Si le nu propriétaire désire avoir une preuve de ses droits, le Directeur de la Dette inscrite est autorisé à lui délivrer un certificat constatant ses droits à la nue propriété [2].

On obtient ce certificat, qui est donné sous forme de simple *lettre*, signée du Directeur de la Dette inscrite, en adressant en *franchise*, à ce dernier, une demande sur *timbre*, au besoin légalisée [3].

Cette lettre est, en principe, dispensée de timbre et d'enregistrement [4]; mais les parties ont toujours la faculté de la faire timbrer et enregistrer, afin de lui donner une date certaine.

Elle peut servir de base à un acte de cession ou de nantissement de la nue propriété.

A l'égard des rentes départementales inscrites aux Livres auxiliaires, V. *sup.*, p. 167 et s.

Quant aux rentes au porteur, comme ce sont des meubles [5] pour l'aliénation desquelles la tradition manuelle est suffisante; la règle de l'article 2279 du C. civ. : en fait de meubles la possession vaut titre, leur est applicable [6].

Formes. — Les rentes sont *nominatives* ou *au porteur* [7]; elles peuvent aussi être *mixtes* [8].

— Cass., 19 avril 1823; 16 fév. 1848; C. Orléans, 9 juill. 1845; Pau, 6 juill. 1870; Rouen, 21 déc. 1886; Paris, 20 juill. 1894.

La propriété pourrait, cependant, n'être qu'apparente, par exemple, si l'inscription au Grand-Livre résultait d'un vol ou d'une fraude.

Le véritable propriétaire pourrait, alors, s'adresser aux tribunaux civils pour exercer son action en revendication.

Il importe, toutefois, de remarquer que dans ce cas, le Trésor, se basant sur le principe de la séparation des pouvoirs, pourrait se refuser à exécuter la décision, s'il la trouvait contraire à la législation spéciale aux rentes et à la règle de l'insaisissabilité de celle-ci. V. *inf.*, *Insaisissabilité*, p. 192 et s.

1. Décr. 3 messid. an XII, art. 1er.
2. Décr. 14 vent. an III, art. 6.
3. La légalisation n'est pas exigée si la demande contient les indications suffisantes pour établir l'identité du signataire. — Inst. Dette inscr., 6 juin 1840, art. 3.
4. L. 16 frim. an VIII, art. 198.
5. C. c., 529, § 2.
6. Bavelier, n° 6, p. 19 et s.
7. Décr. 31 mai 1862, art. 198.
8. Décr. 18 juin 1864, art. 1er.

Le titre *nominatif* est celui qui est délivré au nom du propriétaire de la rente.

Ce titre doit être présenté au payeur pour toucher les arrérages.

Il est revêtu, au verso, de cases destinées à recevoir l'estampille ou l'indication du paiement de chaque trimestre d'arrérages pendant 10 ans.

Le titre *au porteur* ne mentionne pas le nom du propriétaire.

Il est muni de coupons qu'il suffit de détacher à chaque trimestre et de remettre au payeur, sans avoir à présenter le titre lui-même.

Primitivement, ces titres ne portaient de coupons que pour 5 ans; mais un décret du 28 juillet 1896, qui recevra son exécution au fur et à mesure des besoins du service, a autorisé la création, dans tous les fonds, de titres au porteur munis de coupons pour une période de 10 ans.

La création des titres au porteur remonte seulement au 29 avril 1831 [1].

Le titre *mixte* est celui dont le capital seul est nominatif et les coupons d'arrérages au porteur.

Comme les inscriptions purement nominatives, elles ne peuvent être transférées que sur la déclaration du propriétaire; mais les arrérages sont payés sur la production des coupons détachés du titre.

La création de ce type de rente remonte seulement à 1864 [2].

Ces titres ne peuvent être délivrés qu'aux rentiers ayant la pleine et entière disposition de leurs inscriptions [3].

Ils sont munis de 40 coupons, pour une période de 10 ans.

Les extraits *nominatifs* sont signés par celui des Agents comptables qui a certifié l'opération en vertu de laquelle la rente a été inscrite [4] (transferts ou reconversions), par l'Agent comptable du Grand-Livre [5] et par le Directeur de la Dette inscrite [6]; pour former titre envers le Trésor, ils doivent, en outre, être revêtus du visa du Contrôle institué par la loi du 24 avril 1833 [7].

1. Ord. 29 avril 1831, art. 5.
2. Décr. 18 juin 1864 ; Arr. Min. fin., 6 juill. suiv.
3. Décr. 18 juin 1864, art. 1er.
4. Décr. 31 mai 1862, art. 203.
5. Décr. 18 déc. 1869, sect. III, art. 14.
6. Pour tous les titres de rente, la signature du Directeur de la Dette inscrite peut être imprimée. — Décr. 21 mai 1877, art. 1er.
7. L. 24 avril 1833, art. 4 ; Décr. 31 mai 1862, art. 203, 18 déc. 1869, sect. III. art. 14, et 14 déc. 1876, art. 4.

Ces règles sont applicables aux rentes *mixtes*, qui ne sont qu'une variété des titres nominatifs.

Pour les inscriptions directes provenant de transferts certifiés dans leurs départements, en vertu des décrets des 12 juillet 1883, 10 juin 1884 et 28 mai 1896, le visa de contrôle est donné par les préfets [1].

Les extraits d'inscriptions *au porteur* sont revêtus des signatures de l'Agent comptable du Grand-Livre et de l'Agent comptable appelé à les délivrer (reconversions et renouvellements), visés au Contrôle et signés du Directeur de la Dette inscrite; ils sont à talons et les porteurs peuvent, quand ils le veulent, les rappro cher de la souche, qui reste déposée au Trésor [2].

Un service spécial du Ministère des Finances, le *Contrôle central*, établi au Trésor public en exécution de la loi du 24 avril 1833, a pour mission de reconnaître et de constater que tout certificat d'inscription sur les livres de la Dette publique (rentes, pensions, cautionnements, etc...), résulte soit de la concession d'un droit à cette inscription, soit de l'échange d'un titre équivalent, préalablement frappé d'annulation.

Ce contrôle donne aux effets publics, par son visa, le caractère d'authenticité qui leur est nécessaire pour former titre contre le Trésor [3].

Maximum et minimum inscriptibles. — Il n'existe de *maximum* inscriptible que pour les rentes *mixtes* : 3,000 francs (en 3 p. 100 et en 3 1/2 p. 100).

Quant au *minimum*, il est actuellement fixé à :

3 francs, pour la rente perpétuelle 3 p. 100 [4];

2 francs, pour la rente perpétuelle 3 1/2 p. 100 [5];

Et 15 francs, pour la rente amortissable [6].

Pour la rente *amortissable*, les inscriptions nominatives ou au

---

1. Décr. préc. 1883, 1884, 1896, art. 5. — LL. 14 avril 1833, art. 3 ; 24 avril 1833, art. 4.

2. Ord. 29 avril 1831, art. 5; L. 24 avril 1833, art. 4 ; Décr. 31 mai 1862, art. 203; 18 déc. 1869, sect. III, art. 14; 14 déc. 1876, art. 4.

3. Décr. 23 déc. 1887, art. 2.

4. L. 27 juill. 1870, art. 37.

5. L. 19 janv. 1894, art. 3; Décr. même date, art. 7.

6. Décr. 16 juill. 1878, art. 3.

porteur ne peuvent être que de 15 francs ou d'un multiple de cette somme [1].

Mais, pour les rentes *perpétuelles*, le chiffre est facultatif.

Coupures diverses. — Les rentes *mixtes* et *au porteur* sont susceptibles, d'après la législation actuelle, des *coupures* suivantes :

RENTES MIXTES		RENTES AU PORTEUR		
3 p. 100	3 1/2 p. 100	3 p. 100	3 1/2 p. 100	3 p. 100 AMORTISSABLE
3	2	3	2	15
4	3	4	3	30
5	4	5	4	60
6	5	6	5	150
7	6	7	6	300
8	7	8	7	600
9	8	9	8	1500
10	9	10	9	3000
20	10	20	10	
30	20	30	20	
50	30	50	30	
100	50	100	50	
200	100	200	100	
300	200	300	200	
500	300	500	300	
1000	500	1000	500	
1500	900	1500	1000	
3000	1000	3000	1500	
	1500		3000	
	3000			

Il n'y a de *titres mixtes* que pour la rente *perpétuelle* 3 p. 100 et 3 1/2 pour 100 ; il n'en existe pas dans le fonds 3 p. 100 *amortissable*.

Certificats d'emprunt. — On nomme ainsi la reconnaissance par le Trésor du versement fait par un souscripteur, en garantie de sa souscription, lors d'un emprunt émis par l'État.

Il est délivré au souscripteur, en échange du récépissé à talon, visé au contrôle (généralement négociable et au porteur), qui lui est délivré en échange de son premier versement, quand la rente souscrite est libérable par termes.

1. Décr. 16 juill. 1878, art. 3.

Il lui sert de titre jusqu'au jour de la remise de l'inscription.

Quand l'emprunt est payable en une seule fois, il n'y a pas lieu à la délivrance de ce certificat : le titre définitif est remis au souscripteur en échange de son récépissé de versement.

Voici, d'après M. de Bray (n°s 138 et s., p. 120 et s.), les principales règles concernant ces certificats, qui sont, sous beaucoup de rapports, assimilables aux rentes au porteur.

Ils ne sont pas susceptibles d'opposition.

En cas de perte, la rente à laquelle ils correspondent n'est délivrée que sur la justification de la libération entière et contre le dépôt en garantie, au Trésor, de la rente, pendant 5 ans si le certificat perdu était entièrement libéré, et pendant 20 ans dans le cas contraire. Ce délai court du jour de l'acte d'affectation signé avec l'Agent judiciaire [1].

On estime aussi : — 1° que le porteur d'un certificat d'emprunt qui ne s'est pas libéré dans les délais prescrits est déchu du bénéfice de l'emprunt ; qu'il n'a plus d'action contre le Trésor pour obtenir un titre de rente, et qu'il ne peut que réclamer, pendant 5 ans, à peine de déchéance [2] la somme versée [3] ; — 2° qu'au contraire, celui qui a rempli l'engagement souscrit conserve, pendant 30 ans à dater de sa libération, le droit d'exiger la livraison des titres qui lui ont été vendus [4].

Ces principes sont applicables aux porteurs de certificats provisoires qui, au moment de la clôture de l'emprunt, n'ont pas réclamé la délivrance de la rente souscrite.

Les rentes correspondant aux certificats non libérés sont vendues et les sommes revenant aux intéressés sur le produit de la vente sont tenues, pendant 5 ans, à leur disposition ; passé ce délai, la créance se trouve prescrite [5].

Au contraire, les rentes correspondant à des certificats entièrement libérés sont mises en réserve au *Compte des portions non réclamées* [6], et elles sont tenues à la disposition des ayants droit pendant 30 ans de la libération.

---

1. Déc. min. 24 juin 1870 ; 1er mars 1873.
2. L. 29 janv. 1831.
3. Déc. min. 21 sept. 1854.
4. Déc. min. 26 juill. 1855.
5. L. 29 janv. 1831, art. 9.
6. V. *inf.*, § 4, *Grand-Livre*, p. 180.

Après ce délai, le Trésor serait-il admis à revendiquer la propriété de la rente et à l'annuler?

La décision ministérielle précitée, du 24 juin 1870, semble dire oui; mais M. de Bray[1] se prononce, au contraire, pour la négative, par la raison que le souscripteur qui a rempli ses engagements ne doit pas être traité plus défavorablement que le rentier négligent, qui reste pendant trente ans, quarante ans sans réclamer d'arrérages et faire renouveler son titre.

Promesses d'inscriptions. — On désigne sous ce nom les extraits détachés d'un *registre spécial*, délivrés aux rentiers pour les *fractions non inscriptibles* de rente qui leur reviennent par suite des opérations de liquidation, conversion ou autres, auxquelles se trouvent soumises les rentes possédées par eux.

Le système des promesses d'inscriptions a été appliqué pour la première fois lors de la création du Grand-Livre et de la liquidation de la Dette publique[2], puis lors du rachat des chemins de fer de Lyon[3], de la consolidation des obligations de l'emprunt mexicain[4], pour la conversion du 5 p. 100 en 4 1/2 p. 100[5], pour celle du 4 p. 100 et du 4 1/2 (1852) en 3 p. 100[6], et enfin, pour celle du 4 1/2 p. 100 (1883) en 3 1/2 p. 100[7].

Les promesses de rente sont cotées à la Bourse.

Par le fait de leur non-inscriptibilité, elles sont toujours au porteur[8].

Elles sont signées, visées et contrôlées comme les titres de cette nature, mais elles ne portent pas la signature du Directeur de la Dette inscrite.

Aucun paiement d'arrérages ne peut être fait sur elles[9]; mais elles donnent droit, pour le porteur qui en produit pour une somme de rente inscriptible ou une coupure admise, à la délivrance d'un titre définitif, nominatif, mixte ou au porteur[10].

---

1. N° 140, p. 122.
2. L. 30 vent. an IX; Décis. impér. 21 frim. an XIII.
3. L. 17 août 1848.
4. L. 2 août 1868.
5. L. 27 avril 1883; Décr. même jour, art. 7.
6. L. 7 nov. 1887, art. 6; Décr. même date, art. 11.
7. L. 17 janv. 1894, Décr. même jour, art. 7.
8. Comp. Décr. 27 avril 1883, art. 7; L. 7 nov. 1887, art. 6; Décr. 7 nov. 1887, art. 11; L. 17 janv. 1894, art. 7; Décr. 17 janv. 1894, art. 7.
9. Comp. Décr. 7 nov. 1887, art. 11.
10. Comp. Décr. préc. : de 1883 (art. 7); de 1887 (art. 11); de 1894 (art. 7).

On a même admis les porteurs de promesse 3 p. 100, 3 1/2 p. 100 et 4 1/2 p. 100 à les réunir à un titre préexistant, pourvu qu'ils en présentent à la fois pour une somme minima de 1 franc [1].

§ 4. — Grand-Livre.

ORIGINAL

Le Grand-Livre de la Dette publique a été dénommé par Cambon le titre unique et fondamental des créanciers de la République.

Cette définition, qui pouvait être exacte à l'origine, ne l'est plus aujourd'hui, en raison des formes multiples que la Dette publique a revêtues.

Il est donc plus conforme à l'état de choses actuel de dire que le Grand-Livre de la Dette publique est le relevé des créances qui constituent la *Dette inscrite*, c'est-à-dire les *Rentes*, les *Pensions* et les *Cautionnements en numéraire* [2].

Nous ne nous occuperons ici du Grand-Livre qu'en ce qui concerne les *rentes* proprement dites, perpétuelles et amortissables.

Volumes-Séries. — Le Grand-Livre, créé par la loi du 24 août 1793, se compose de plusieurs *volumes*, où sont inscrits de la manière ci-après indiquée les noms des rentiers.

Le nombre de ces *volumes* et celui des *séries* est déterminé par les besoins du service [3].

Le même ordre numérique se reproduit dans chaque série.

Les rentes inscrites à ce Grand-Livre constituent les *rentes directes*.

Les *rentes nominatives perpétuelles* sont divisées en huit séries comprenant :

La 1re, les lettres A, C ;

La 2e, la lettre B ;

La 3e,   — D ;

La 4e, les lettres E, F, G ;

La 5e,   — H, I, J, K, M ;

La 6e,   — L, N, O ;

La 7e,   — P, Q, R ;

La 8e,   — S à Z.

1. De Bray, n° 142, p. 124.
2. *Sic* : de Bray, n° 95, p. 85.
3. Décr. 31 mai 1862, art. 198.

Chaque titulaire d'inscription est inscrit à la série à laquelle correspond la lettre initiale de son nom [1].

Les rentes appartenant à des femmes mariées sont inscrites à leur nom patronymique [2].

Celles grevées d'usufruit sont inscrites au nom de l'usufruitier, avec indication du nom du nu propriétaire [3].

Les rentes appartenant à plusieurs en commun sont inscrites en un seul et même article, sous le nom de l'un d'eux, avec indication des copropriétaires [4].

Celles appartenant aux pauvres, aux hôpitaux et autres établissements publics sont inscrites sous le nom de la ville de leur situation [5].

Chaque série comporte autant de numéros que d'inscriptions y comprises.

Les *rentes mixtes* et *au porteur* sont divisées en autant de séries qu'il y a de coupures; celles 3 1/2 p. 100 (1894) sont réparties en 8 séries approximativement égales [6].

Les *rentes amortissables* nominatives et au porteur sont réparties en 175 séries [7].

Comptes courants. — Les agents de change, les banques, les établissements financiers, etc..., ont une comptabilité particulière dite *comptes courants*, nécessitée par le nombre d'opérations auxquelles ils se livrent et destinée à les faciliter.

Les inscriptions qui en font l'objet ne sont classées à aucune des séries ci-dessus; elles sont inscrites sur des *livres spéciaux*, affectés aux opérations des personnes appelées à en bénéficier.

La création de ces comptes courants a été autorisée par une circulaire ministérielle du 7 novembre 1816.

En ce qui concerne les agents de change, le caractère précaire des rentes ainsi inscrites à leurs comptes courants, à leur nom ou à celui de leurs fondés de pouvoir (qui ne sont souvent que des dé-

---

1. Arr. min. 22 déc. 1816. — Cet arrêté créait 10 séries, dont les 8 premières sont celles encore existantes; les deux autres comprenaient, la neuvième les rentes des communes, et la dixième les rentes immobilisées.
2. L. 24 août 1793, art. 20.
3. Même loi, art. 21.
4. Même loi, art. 22.
5. Même loi, art. 23.
6. Décr. 20 janv. 1894, art. 3.
7. Décr. 16 juill. 1878, art. 2.

positaires de rentes appartenant à leurs commettants), a été reconnu par la jurisprudence [1].

Les *rentes viagères d'ancienne origine* et les *majorats* ne sont divisés ni par séries, ni par coupures; ces rentes font l'objet de *comptabilités spéciales*.

Compte des portions non réclamées. — Il existe au Grand-Livre un compte spécial dit *Compte des portions non réclamées*, qui a une très grande importance.

Ce compte, dont l'établissement a été autorisé par une décision du 11 mai 1810, était destiné, en principe, à comprendre les coupures de rente qui, par suite de mutation ou autrement, étaient attribuées à des personnes inconnues, ou qui n'avaient produit que des justifications incomplètes [2].

Par application de cette règle, on porte en réserve à ce compte, au nom de l'ayant droit, avant même qu'il n'y ait prescription :

La portion de rente revenant, dans une succession, à un héritier non présent au partage, ou qui n'est pas en mesure de produire les pièces nécessaires;

En cas de décès d'un usufruitier, et à défaut de pièces justificatives, la rente dont il possédait une partie en pleine propriété.

Une décision ministérielle du 26 avril 1825 a prescrit d'y comprendre aussi les inscriptions de rente rejetées des états d'arrérages, pour cause de non-paiement pendant plus de 5 ans.

On porte également à ce compte les rentes représentées par les certificats provisoires délivrés au moment de la clôture de l'emprunt, lorsque les ayants droit ne réclament pas la délivrance de ces rentes. — V. *sup.*, *Certificats d'emprunt*, p. 175.

Les rentes mixtes et au porteur sont portées au même compte, 5 ans après l'échéance du dernier coupon non réclamé.

Lorsqu'une rente a été portée au compte des portions non réclamées, elle ne peut être remise en paiement qu'en vertu d'une décision ministérielle et sur la production des pièces nécessaires [3].

V. *inf.* ce qui concerne le *Rétablissement des rentes*.

1. **Cass.** 23 juill. 1833.
2. **Rap.** au Min. du 2 mai 1840.
3. **Arr. min.** 2 mai 1840, art. 2 et 3.

La loi du 24 août 1793, article 8, avait prescrit qu'il serait fait deux copies du Grand-Livre. Mais cette mesure ne fut mise à exécution qu'à la suite d'un arrêté du ministre du Trésor du 26 vendémiaire an XIII (18 octobre 1804).

Ce double est constitué par des fiches classées par ordre alphabétique, suivant les noms des rentiers, et établies sur le vu des certificats de transfert et de mutation ayant servi à la confection de l'original au Grand-Livre, où les rentes sont, au contraire, inscrites par ordre numérique.

L'immatricule complète des titres est transcrite sur les fiches, et ces bulletins mobiles servent aux recherches qui permettent de donner suite aux demandes de renseignements adressées au Directeur de la Dette inscrite.

GRANDS-LIVRES AUXILIAIRES.

En outre du Grand-Livre proprement dit, il existe des *Grands-Livres auxiliaires*, créés par la loi du 14 avril 1819 et dont la tenue est réglée par l'instruction du 1er mai 1819 (titre III), relative à l'exécution de cette loi.

C'est à ces Grands-Livres auxiliaires que sont inscrites les *rentes départementales*.

§ 5. — Paiement des arrérages.

Le paiement des arrérages est soumis aux règles suivantes :

Époques de paiement. — Les arrérages des rentes sont payés aux époques ci-après :

Le 3 p. 100 perpétuel, les 1er janvier, 1er avril, 1er juillet et 1er octobre ;

Le 3 p. 100 amortissable, les 16 janvier, 16 avril, 16 juillet et 16 octobre ;

Et le 3 1/2 p. 100, les 16 février, 16 mai, 16 août et 16 novembre.

Quant aux rentes viagères d'ancienne origine (*suprà*, p. 166) et aux rentes viagères pour la vieillesse (*suprà*, p. 166), elles sont payées : les premières, les 22 juin et 22 décembre, sur la production du titre et d'un certificat de vie notarié [1], et les secondes, par les soins de la

---

1. Règl. min. 27 juin 1839, art. 4.

Caisse des dépôts et consignations, chargée de la gérance de la Caisse nationale des retraites [1], les 1er mars, 1er juin, 1er septembre et 1er décembre.

Ordonnancement. — La mise en paiement des arrérages des rentes est précédée de l'ordonnancement, opération qui a pour objet d'autoriser un comptable à payer ces arrérages et de lui délé guer les crédits nécessaires.

Naguère encore, la comptabilité du paiement à faire sur les titres *nominatifs de rente* 3 1/ 2 p. 100 et 3 p. 100 *amortissable* était confiée au Payeur central de la Dette publique, qui recevait seul l'ordonnance de paiement [2].

C'était pour son compte qu'étaient effectués les paiements faits dans les départements, et c'était à lui que revenaient les quittances délivrées.

Les rentes *mixtes* et *au porteur*, dont la comptabilité est centralisée à Paris, étaient aussi ordonnancées sur la Caisse du Payeur central de la Dette.

Les coupons, payés *à présentation* par les comptables des départements, étaient transmis au Trésor, et ces comptables, après constatation de la régularité de la valeur transmise, étaient couverts de leur remise.

Ce régime a été modifié récemment.

Un décret de réorganisation de l'Administration centrale du Ministère des finances, du 12 août 1896 [3], a supprimé le poste de Payeur central de la Dette publique, et toutes les attributions de ce dernier sont maintenant dévolues au Caissier-payeur central du Trésor.

Depuis le 1er octobre 1896, c'est donc le Caisser-payeur central du Trésor qui remplace le comptable supprimé, et c'est sur lui qu'a lieu l'ordonnancement des rentes dont il s'agit [4].

1. LL. 30 janv. 1884, art. 9 ; 20 juill. 1886, art. 2.
2. Le paiement des arrérages des rentes avait été distrait du service du Payeur central du Trésor et placé sous la direction et la responsabilité d'un Payeur central de la Dette publique, par décret du 27 mars 1875 (art. 1er). — V. aussi les décrets du 25 mai 1875 déterminant les attributions et la composition du personnel des bureaux de ces deux comptables.
3. *Officiel* du 18 août 1896.
4. Cette modification est sans importance pour les rentiers, qui continuent à toucher leurs rentes comme par le passé. En revenant au régime antérieur à 1875, le Ministre des Finances a seulement voulu faire une économie sur les dépenses de son département.

Il lui a été adjoint, par ce décret, un sous-caissier, mais qui n'a pas la qualité de comptable et, par suite, n'a pas de cautionnement.

Quant aux *rentes nominatives* 3 *p.* 100, elles sont demeurées en dehors de cette centralisation ; elles sont ordonnancées directement sur le département où le paiement doit avoir lieu.

Pour elles, le décret du 9 novembre 1849 et l'arrêté ministériel du lendemain sont toujours en vigueur [1].

En raison des oppositions dont peuvent être frappés les arrérages de rentes nominatives ordonnancées sur la Caisse du Caissier-payeur central du Trésor [2], les inscriptions en faisant l'objet sont assignées payables sur la caisse du comptable indiqué par le rentier ; cela permet, en outre, à ce comptable, de payer ces arrérages *à présentation.*

Droit au payement. — Le paiement des arrérages a lieu *au porteur* [3].

Ainsi, les arrérages des rentes *nominatives* sont payés au porteur du titre sur son acquit [4], et ceux des rentes *au porteur* ou *mixtes*, sur la production des coupons destinés à justifier de la dépense [5].

Le paiement des arrérages ne peut être suspendu que sur la demande du titulaire ou de ses représentants [6].

Cependant, s'il existe une cote d'inventaire, il doit être sursis au paiement [7].

Aux termes du décret du 26 fructidor an XIII (art. 1 et 2), les arrérages des rentes qui n'avaient pas été réclamés pendant les deux années précédant le dernier trimestre en paiement ne pou-

---

1. L'article 1er de cet arrêté est ainsi conçu : « L'ordonnancement collectif, par département, des rentes directes et départementales inscrites sur les livres du Trésor sera soumis à la signature du Ministre dans les quinze jours qui précédcront l'échéance d'un semestre » (maintenant un trimestre).

2. L. 22 floréal an VII, art. 7.

3. Toutefois, les arrérages des rentes affectées à des *majorats* ne sont payables que sur la production d'un certificat de vie notarié.

4. L. 22 flor. an VII, art. 5 ; Décr. 31 mai 1862, art. 214.

5. Ord. 29 avril 1831, art. 6 ; Ord. 10 mai 1831, art. 6 ; Décr. 31 mai 1862, art. 216.

6. L. 22 floréal an VII, art. 7.

7. Arr. Com. fin., IIIᵉ jour compl. an III ; Règlem. Compt. pub., 26 déc. 1866. Lorsqu'il y a intérêt à ce que les arrérages dus au décès d'un rentier soient encaissés avant la mutation, et, toutes les fois que cette mutation se complique d'un transfert total ou particl, le Bureau des transferts, lorsque le dossier est reconnu régulier, peut autoriser le paiement sur le titre coté, par l'apposition de cette mention : *Bon pour paiement d'arrérages.*

vaient être soldés que sur la quittance du propriétaire ou celle de son mandataire spécial, et le titulaire qui voulait toucher lui-même devait justifier d'un certificat d'individualité délivré par le maire ou le juge de paix.

Il n'en est plus ainsi aujourd'hui ; les dispositions du décret de fructidor ont été implicitement abrogées par l'article 214 du décret du 31 mars 1862, et les arrérages des rentes sont, dans tous les cas, payés au porteur, sur la représentation de son titre et sur son acquit, à moins qu'il n'y ait *empêchement administratif* ou cote d'inventaire.

Le recevant doit donner quittance sur un bordereau spécial, fourni gratuitement.

Pour les inscriptions nominatives, le paiement est constaté par l'apposition, au verso du titre, d'un timbre à date indiquant (par le numéro d'ordre correspondant au département), le comptable qui a effectué ce paiement. Le casier disposé au verso du titre, porte l'échéance imprimée d'avance [1].

Dès qu'une inscription n'a plus de case libre pour l'estampillage, le paiement des arrérages est suspendu, et il y a lieu d'avoir recours au renouvellement du titre [2].

Les coupons doivent être classés :

1° Par montant de coupures de rente, en commençant par les plus petites ;

2° Dans chaque coupure, par numéros, en commançant par les moins élevés.

Coupons mutilés ou détériorés. — Les coupons mutilés ou détériorés doivent, avant le paiement, être soumis à un visa spécial, par l'entremise du Bureau central de la Dette inscrite [3].

Si les fragments sont jugés insuffisants, le paiement peut être ajourné pendant 5 ans.

Coupons perdus ou détruits. — Quant aux coupons perdus ou détruits, il y a lieu d'en demander le remplacement [4].

Lieux de paiement. — En principe, depuis la suppression du Payeur central de la Dette publique, les *arrérages des rentes nomi-*

1. Circ. Dette insc. 27 oct. 1882.
2. V. *inf.*, chap. II, art. 1er, § 4, *Renouvellement*.
3. Gorges et de Bray, v° *Coup.*, III, p. 148.
4. V. *inf.*, chap. II, art. 2, § 6.

natives sont payables à Paris, à la caisse du Caissier-payeur central du Trésor[1], à moins que les titulaires n'aient désigné d'avance, au moment de l'immatriculation des inscriptions, le département dans lequel ils veulent recevoir, à la Trésorerie générale.

Ces arrérages peuvent aussi être payés, sur la demande des rentiers, à la Trésorerie générale d'un département ou dans une Recette particulière quelconque des finances.

L'intention de toucher désormais à telle ou telle caisse peut être exprimée verbalement ou par écrit. Cette déclaration est consignée sur des formules de couleurs diverses et, pour éviter tout retard, doit être transmise à la Dette inscrite 20 jours au moins avant l'échéance.

Quand un titre nominatif est présenté par un rentier dans un département autre que celui où doit avoir lieu l'encaissement des arrérages, l'agent du Trésor peut en refuser le paiement immédiat.

Il donne alors au rentier un reçu provisoire de la quittance signée à l'avance par celui-ci, dite *quittance visée*, et dans un délai de 20 jours, le montant en est payé au titulaire, sur la présentation du reçu provisoire, après que la quittance signée du rentier a été revêtue du visa du comptable qui devait faire le paiement[2].

Les receveurs-percepteurs de Paris et les percepteurs de la banlieue peuvent aussi payer les arrérages des rentes perpétuelles et amortissables pour le compte du caissier-payeur central et sous sa responsabilité[3].

Les inscriptions de rente nominatives d'un même fonds, à la même personne, dont le montant cumulé ne dépasse pas la somme de 2,000 francs, peuvent seules être assignées payables à la caisse des receveurs-percepteurs et des percepteurs.

Le Receveur central de la Seine paye les arrérages des rentes possédées par les communes et les établissements dont il surveille le service financier[4].

---

1. Précédemment c'était le Payeur central de la Dette publique qui était chargé du paiement des arrérages des rentes nominatives. Décr. 27 mars 1875, art. 1er. — V. *sup.*, p. 182, *Ordonnancement*.

2. Inst. de 1859, art. 681 et 684. — La quittance visée est considérée comme une valeur *au porteur*, et en cas de perte elle est soumise aux mêmes conditions de remplacement que les coupons au porteur.

3. Déc. min. 21 fév. 1874, 22 nov. 1879 et 27 déc. 1881; Arr. min. 10 juin 1882; Décr. 27 mars 1875, art. 1er.

4. De Bray, n° 446, p. 365.

Pour toucher, dans un arrondissement autre que celui de la Trésorerie générale, les rentiers doivent en faire la demande 10 jours au moins à l'avance, soit à la Trésorerie générale, soit à la Recette où ils désirent recevoir.

Pour faire cette demande, il n'est pas nécessaire de se présenter en personne dans les bureaux des comptables. On peut avoir recours à une lettre, en indiquant exactement le numéro de l'inscription, celui de la série, s'il y a lieu, le montant et la nature de la rente, le nom du rentier, le lieu où la rente était payable et celui où l'on désire recevoir[1].

Les rentiers qui habitent hors d'un chef-lieu d'arrondissement peuvent aussi avoir recours au percepteur de leur commune pour l'encaissement de leurs arrérages ; ils lui déposent leurs titres qui sont transmis au receveur des finances ; celui-ci, après les avoir estampillés, les renvoie au percepteur revêtus du : *Vu bon à payer*[2].

Quand le propriétaire d'une inscription assignée payable dans un département se trouve momentanément à Paris et y demande le paiement de termes échus, on a recours aussi à une *quittance visée*[3].

MM. Gorges et de Bray résument ainsi[4] les moyens de contrôle employés par le Trésor pour éviter les erreurs dans une comptabilité, qui embrasse, avec les rentes au porteur, près de cinq millions de parties.

« Des bulletins individuels, relatant le numéro de l'inscription, la somme de rente, le montant de l'échéance et le nom du titulaire, sont adressés, soit au Payeur central de la Dette publique[5], soit aux Trésoriers généraux, pour être classés dans des casiers spéciaux formant une matrice à la fois mobile et permanente.

« Les bulletins afférents aux rentes départementales sont revêtus, par les comptables eux-mêmes, de la désignation des inscriptions qu'ils concernent.

« Chaque bulletin porte, au verso, comme le titre qu'il représente, des cases où une même estampille constate le paiement effectué. Une colonne est réservée pour les mentions d'opposition ou de mainlevée.

---

1. Inst. gén. 20 juin 1859, art. 669.
2. Même inst., art. 673.
3. Ordon. 9 janv. 1818, art. 2.
4. Vo *Arrérages*, p. 84.
5. Maintenant le Caissier-payeur central du Trésor. — V. *sup.*, p. 182, *Ordonnancement*.

« Un autre moyen de contrôle, émanant de la Dette inscrite, consiste en un relevé, par série et par ordre numérique, des bulletins dont il s'agit, réduits à l'indication sommaire des numéros et quotités d'inscriptions.

« Ces états d'arrérages sont tenus au courant par l'envoi, pour chaque échéance, d'un *état supplémentaire*, comprenant les parties nouvellement ordonnancées dans le département, et d'un *état de déduction* indiquant celles qui doivent être retranchées.

« Les trésoriers généraux procèdent à ce travail d'élimination en retirant des casiers les bulletins correspondants, qu'ils frappent d'un timbre d'annulation et renvoient à l'Administration centrale; ceux qui concernent les inscriptions départementales sont déposés dans les archives de la préfecture.

« Lorsque l'examen de ces documents révèle des termes non acquittés, les comptables dressent un tableau des *Restes à payer*, sur lequel se font plus tard les émargements [1]. »

Quant aux *coupons des rentes au porteur et des rentes mixtes*, ils sont payés à présentation [2] à la Caisse centrale du Trésor public à Paris (Ministère des finances), et dans les départements, aux caisses des trésoriers-payeurs généraux et receveurs des finances et chez tous les percepteurs [3].

Les percepteurs de Paris sont aussi autorisés à payer les coupons des rentes, à la condition que les bordereaux présentés à l'encaissement dans la même journée, par une même personne, ne comprennent pas plus de 20 coupons et ne s'élèvent pas à plus de 500 francs [4].

Dépôt avant l'échéance. — Pour permettre aux rentiers de toucher leurs arrérages à l'échéance, malgré l'affluence des per-

---

1. Cette partie du service est réglementée par : un décret du 9 nov. 1849, un arrêté ministériel du 10 du même mois, une circulaire de la Comptabilité publique du 25 octobre 1883, et une circulaire de la Dette inscrite du 7 février 1884.

2. Les comptables chargés du paiement ne seraient fondés à recourir aux précautions prescrites par l'art. 689 de l'inst. gén., consistant à exiger la représentation des titres et à ne payer qu'après l'envoi des coupons à Paris qu'autant qu'ils auraient des motifs de suspecter la validité des coupons et la légitimité de leur possession par le porteur. — Circ. Min. fin. (Dir. gén. Compt. publ.) 25 mars 1865. — De Bray, n° 460, p. 372.

3. L'intervention de ces derniers comptables est réglée par une Circ. du Min. des fin. (Dir. gén. Compt. publ.) du 25 mars 1865, complétée, en ce qui concerne le 3 p. 100 amortissable, par une décision ministérielle du 25 nov. 1879.

4. Déc. Min. fin. 21 fév. 1874; Foyot, n° 170.

sonnes qui, à Paris, se présentent aux guichets des payeurs et éviter des pertes de temps, il est ouvert, à chaque échéance, au Ministère des Finances, des guichets spéciaux pour recevoir, avant l'échéance, le dépôt des titres et des coupons, sur la remise desquels il est délivré aux rentiers des récépissés.

Le paiement des arrérages et des coupons est fait à l'échéance, sur la représentation de ces récépissés.

Des avis placardés, à chaque terme, font savoir la date à laquelle ces dépôts sont reçus au Trésor.

Paiement sur procuration. — Les rentes sur l'État ne sont payables qu'en France ; il n'y a pas, à l'étranger, de représentants accrédités pour ces paiements.

Les rentiers résidant hors du territoire doivent faire présenter leurs coupons ou leurs titres nominatifs.

Toutefois, ils ont la faculté de consentir une procuration spéciale, devant les autorités locales, en vue d'autoriser une tierce personne à toucher leurs arrérages en France, sur un certificat constatant le dépôt de cet acte en l'étude d'un notaire de Paris [1].

L'inscription peut ainsi rester entre les mains du titulaire.

Ces procurations sont valables pour une durée de 10 ans, sauf révocation ; mais si, pendant ce temps, le titulaire se présente pour recevoir, sa quittance est considérée comme révocation [2].

Il n'est pas nécessaire qu'elles désignent spécialement les inscriptions par sommes et numéros ; elles peuvent même valoir pour les inscriptions à acquérir, si elles contiennent une clause expresse à ce sujet [3].

Il est produit un seul extrait ou expédition à l'Agent comptable du Grand-Livre, qui en délivre autant d'extraits qu'il y a d'inscriptions différentes visées dans la procuration [4].

Ces certificats de dépôts sont visés au Contrôle central [5] ; ils servent au paiement des arrérages, et chaque versement est indiqué au dos par l'apposition d'un timbre [6].

Généralement le bénéfice de ces dispositions n'est invoqué que

1. Ord. 1er mai 1816 et 9 janv. 1818.
2. Ord. 1er mai 1816, art. 4.
3. Ord. 9 janv. 1818, art. 1er.
4. Même ord., art. 2.
5. Décr. 23 déc. 1887, art. 46.
6. L. 22 flor. an VII, art. 9.

par les rentiers résidant à l'étranger, mais tous les rentiers seraient fondés à s'en prévaloir [1].

Prescription. — Les *arrérages* des rentes perpétuelles ou viagères sont *prescriptibles* par 5 ans [2].

Les rentes dont les arrérages n'ont pas été réclamés pendant 5 ans consécutifs sont portées au *Compte des portions non réclamées* [3], et l'annulation comprend tous les trimestres arriérés, y compris le dernier.

Lorsque le trimestre d'une rente est prescrit, les comptables doivent annuler non seulement ce trimestre, mais ceux subséquents, qu'il y ait ou non des paiements intermédiaires [4], sauf à la Direction générale à faire la distinction entre les rentes à porter définitivement au compte des portions non réclamées et celles dont une partie serait susceptible d'être mise en réserve pour être réordonnancée [5].

La prescription étant d'ordre public, on n'admet aucune cause suspensive ni interruptive, et la déchéance encourue s'applique aussi bien au rentier inscrit, porteur d'un titre régulier, qu'à celui qui a laissé 5 ans s'écouler sans demander son inscription au Grand-Livre.

Le retard apporté par l'Administration à la délivrance du titre ou au paiement pourrait seul rendre recevable la réclamation du rentier [6].

Les réclamations des créanciers d'arrérages, non appuyées des pièces justificatives, ne pourraient interrompre la prescription qu'autant que, dans le délai d'un an du jour de la réclamation, le créancier se mettrait en règle et présenterait toutes les pièces justificatives de la légitimité de sa demande [7].

Ainsi, au cas où les héritiers d'un titulaire décédé laisseraient s'écouler 6 ans sans justifier de leur droit, la mutation ne serait faite qu'avec 5 ans d'arrérages; ils n'auraient droit à la sixième année que s'ils avaient, dans le cours du trimestre précédant la

1. Arg. tiré du préambule de l'ord. de 1818.
2. Art. 2277 C. c.; L. 24 août 1793, art. 156.
3. Décr. 31 mai 1862, art. 217. — *Sup.* p. 180.
4. Inst. gén. Compt., 20 juin 1859, art. 687.
5. Circ. Min., 15 fév. 1851.
6. Arr. Cons. d'État, 18 janv. 1878.
7. Avis C. d'Etat, 13 avril 1809.

déchéance, formulé une demande interruptive et produit un dossier régulier pour la mutation dans le délai d'un an de la réclamation.

Le délai de la prescription court successivement de l'échéance de chaque terme et non de la clôture de chaque exercice [1].

C'est à l'administration de décider si la prescription est acquise ou non [2].

Mais, une fois la prescription acquise, elle est absolue et il ne serait pas au pouvoir du Ministre de relever les parties de la déchéance encourue [3].

Les rentes viagères dont les arrérages n'ont pas été réclamés pendant 3 années consécutives sont portées à un compte spécial dit *Compte des décès présumés* [4] ; mais c'est là une mesure d'ordre qui ne préjudicie pas à la prescription quinquennale. C. civ. 2277.

Compensation. — Il est permis aux titulaires d'inscriptions de rentes directes ou départementales d'en compenser les arrérages avec leurs contributions directes ou celles d'un tiers.

La demande en est faite au trésorier-payeur général, qui se charge de la recette des arrérages et de l'application de leur montant au paiement de ces contributions, dans quelque lieu qu'elles doivent être acquittées [5].

Toutefois cette faculté ne fait pas échec au principe de l'insaisissabilité, et le Trésor ne pourrait imposer la compensation à ses débiteurs venant toucher leurs arrérages [6].

Les règles relatives à cette compensation sont tracées par le titre IV de la loi du 14 avril 1819.

Mode de calcul au cas de prorata. — Pour établir le prorata d'arrérages dû au décès d'un *usufruitier*, le Trésor calcule comme si les mois étaient uniformément de 30 jours et l'année de 360. En d'autres termes, on donne des 360es [7].

1. Inst. gén. Compt., 20 juin 1859, art. 686.
2. Arr. C. d'Etat, 24 juill. 1824.
3. Gorges et de Bray, v° *Prescript.*, VI, p. 279.
4. Décr. 8 vent. an XIII.
5. L. 14 avril 1819, art. 6 ; Ord. 14 avril 1819, art. 13 à 18.
6. Avis Sect. des fin., 19 janv. 1864 ; Arr. C. d'Etat, 31 mars 1865.
7. Ce mode de calculer les arrérages, qui sont des fruits civils, est certainement critiquable. C. c., 584 et 586. — On donne de cette pratique la raison que les rentes sont ordonnancées par trimestres et que ces trimestres correspondent, à peu près, aux *anciens quartiers* de notre vieille dette.

Chaque trimestre, même celui comprenant le mois de février, est censé composé de 90 jours.

Et comme on paie à *terme échu*, le jour de l'échéance du coupon appartient au trimestre suivant. Ainsi, pour le 3 p. 100, le terme payable le 1er juillet comprend les arrérages courus du 1er avril au 30 juin [1].

Difficultés. — Le règlement des difficultés qui peuvent s'élever entre l'État et les rentiers, relativement au paiement des arrérages, appartient au Ministre des finances, sauf pourvoi au Conseil d'État; les tribunaux civils seraient incompétents [2].

Frais. — Quelle que soit la caisse de l'État où les arrérages sont payés, leur encaissement doit avoir lieu sans frais.

Détachement du coupon. — Toutes les opérations qui s'effectuent sur les rentes sur l'État se font avec jouissance courante, et le cours coté à la Bourse comprend le prorata acquis du trimestre d'arrérages en cours.

Toutefois, 15 jours avant l'échéance et tout en restant payable à cette date seulement, le trimestre d'arrérages en cours cesse d'être compris dans la cote à la Bourse, et toutes les inscriptions émises pendant ces quinze jours sont portées au Grand-Livre et délivrées aux parties avec la jouissance du trimestre à venir [3].

On dit alors que le *coupon est détaché.*

Le détachement du coupon a lieu :

Sur le 3 p. 100 perpétuel, les 16 mars, juin, septembre et décembre;

Sur le 3 p. 100 amortissable, les 1er janvier, avril, juillet et octobre;

Et sur le 3 1/2 p. 100, les 1er février, mai, août et novembre.

Si la date du détachement du coupon tombe un jour férié cette opération est reportée au lendemain [4].

A l'époque du détachement du coupon, le dépôt des titres doit avoir lieu avec le coupon détaché.

---

1. Par suite d'une fiction budgétaire, remontant à 1862, le terme du 1er janvier fait partie du budget de l'exercice nouveau.
2. Arr. 23 août 1838, 23 juin 1846; Dumesnil et Pallain, n° 114, p. 118.
3. Ord. 30 janv. 1822. — V. aussi Arr. min. fin., même jour. — Les mesures prescrites par cet arrêté ont été étendues depuis à toutes les natures de rentes.
4. Note Ch. synd. concern. les *Estampilles apposées sur les titres.*

§ 6. — **Privilèges et immunités**.

Les rentes sur l'Etat jouissent de trois privilèges : l'*Insaisissabilité*, l'*Exemption d'impôts* et l'*Imprescriptibilité*.

1° INSAISISSABILITÉ

PRINCIPE.

Le caractère d'insaisissabilité des rentes a été reconnu par la loi du 8 nivôse an VI, art. 4, en ce qui concerne le *capital*, et par la loi du 22 floréal an VII, art. 7, en ce qui concerne les *arrérages*.

Mais c'est une question toujours controversée que de savoir quelle est l'étendue de cette insaisissabilité ; si elle est *absolue* ou *relative;* en d'autres termes, si les rentes sur l'Etat échappent, en toutes circonstances, à l'action des créanciers du titulaire, ou bien si le législateur a seulement entendu proscrire les oppositions dans l'intérêt du Trésor public, afin de dégager sa comptabilité des entraves qui auraient pu en résulter. Ce qui reviendrait à dire que les rentes tombent sous la mainmise des créanciers, quand ceux-ci peuvent exercer leurs droits sans mettre le Trésor en cause, c'est-à-dire sans avoir à former opposition entre ses mains.

En raison de l'importance de cette question, nous croyons devoir lui consacrer quelques développements.

La loi organique de la Dette publique, du 24 août 1793, autorisait expressément les oppositions sur le paiement des arrérages des rentes et sur l'aliénation des titres. L'article 183 disait, en effet, qu'il pourrait être formé sur les objets compris au Grand-Livre de la Dette publique deux sortes d'oppositions : les unes sur le remboursement ou l'aliénation, les autres sur le paiement annuel; mais cet état de choses, qui faisait du Trésor public un débiteur ordinaire, en l'obligeant à tenir compte des oppositions qui étaient pratiquées entre ses mains, ne dura pas longtemps. Bientôt fut votée la loi du 8 nivôse an VI (28 décembre 1797) portant, dans son article 4, qu'il ne serait plus reçu à l'avenir d'opposition sur le tiers consolidé inscrit ou à inscrire.

En agissant ainsi, l'Etat n'avait pas seulement pour but, à notre avis, comme on l'a dit souvent, en en faisant un considérant de jugements ou d'arrêts, de dégager la comptabilité du Trésor public des entraves que pouvaient créer les oppositions pratiquées par les tiers; c'était bien là un des motifs de la nouvelle loi, mais le gouvernement voulait aussi attacher une faveur particulière au nouveau fonds d'Etat, au *tiers consolidé*, auquel on venait de faire l'honneur d'un nouveau Grand-Livre [1], sans doute pour faire oublier aux rentiers frustrés, la faillite déguisée qu'ils venaient de subir, sous le nom de consolidation du tiers, résultat des embarras financiers créés par le mouvement révolutionnaire et par la chute des assignats [2].

C'est dans le même esprit que la loi de consolidation du 9 vendémiaire an VI déclarait (art. 98) que le tiers conservé en inscription serait exempt de toute retenue présente et future.

L'exposé des motifs de la loi du 8 nivôse an VI, présenté au Conseil des Anciens, confirme d'ailleurs clairement l'intention du législateur. — « Les rentes sont meubles par leur nature, disait M. Vernier, rapporteur; elles n'étaient réputées immeubles que par fiction. Il convient, non seulement de rendre les rentes à leur première nature, *mais encore de priver les créanciers, pour l'avenir, de toute espèce de droits, saisie ou opposition, soit sur le capital, soit sur les arrérages. Les créanciers, prévenus et instruits qu'ils n'auront plus à compter sur cette ressource pour le paiement et la sûreté de leur créance, régleront, à l'avenir, leurs transactions en conséquence et se ménageront d'autres sûretés moins sujettes à tromper leur attente.* En supprimant ces oppositions, on donne en quelque sorte à ces capitaux, à ces sortes de créances, la valeur et l'effet du numéraire en circulation dont il est si important d'augmenter la masse. On satisfait au vœu du commerce. — Les députés, en cette partie, ont donné sur cet objet un mémoire au Ministre des finances où ils mettent en évidence les inconvénients qui résultaient pour le crédit public des oppositions admises et des entraves perpétuelles qu'éprouvait la circulation de ces capitaux. — En dernier résultat, l'intérêt des créanciers (des créanciers de l'Etat, c'est-à-dire des rentiers) se rencontre. Ils trouvaient difficilement à négocier leurs créances; ils étaient forcés de les vendre à perte et à vil prix, tandis

---

1. L. 8 niv. an VI (28 déc. 1797), art. 1er.
2. LL. 9 vendém. an VI (30 sept. 1797), art. 98; 30 vent. an IX (21 mars 1801), art. 3 et suiv.; Dalloz, v° *Trésor public*, n° 278.

que, libres et sans aucun danger d'opposition, elles seront portées à un plus haut prix et d'un commerce plus facile. »

Une autre loi du même jour, 8 nivôse an VI, déclara que l'article ci-dessus ne recevrait son exécution que deux mois après la publication de cette loi.

L'article 4 de la loi du 8 nivôse an VI ne faisait aucune distinction entre le capital et les arrérages, mais la loi du 22 floréal an VII (11 mai 1799), en confirmant le principe de l'insaisissabilité, a été plus explicite.

« Il ne sera plus reçu à l'avenir, dit l'article 7, d'opposition au payement desdits arrérages (ceux des rentes perpétuelles, de la dette viagère et des pensions)[1], à l'exception de celle qui serait formée par le propriétaire de l'inscription ou du brevet de pension. » Et cet article ajoute que la disposition prévue n'aura d'effet qu'à dater de deux mois de publication de la loi.

Enfin, l'article 1er du décret du 13 thermidor an XIII (1er août 1805), relatif au transfert du 5 p. 100 consolidé, porte :

« A l'avenir la déclaration de transfert des 5 p. 100 consolidés, sur le registre établi à cet effet près le Directeur du Grand-Livre, conformément à la loi du 28 floréal an VII, saisira l'acquéreur de la propriété et jouissance de l'inscription transférée, et ce par la seule signature du vendeur. Toute opposition postérieure à cette déclaration sera considérée comme non avenue. »

Bien que ces dispositions remontent à une époque où il n'existait qu'une seule nature de rente, le 5 p. 100 consolidé, il n'est pas douteux qu'elles s'appliquent à toutes les autres rentes sur l'Etat. Le Grand-Livre forme, en effet, un tout uniforme et les variations dans le taux de l'intérêt ne sont qu'un accident sans influence sur les privilèges généraux de la rente[2]. Le principe de l'insaisissabilité a d'ailleurs été rappelé dans la loi du 11 juin 1878 (art. 3), créant la dette amortissable, et dans les lois de conversion du 27 avril 1883 (art. 3), et du 17 janvier 1894 (art. 3.)

Il n'est donc pas douteux que les rentes sur l'Etat sont insaisissables et qu'elles le sont, non seulement d'une manière *relative*, c'est-à-dire à l'égard du Trésor, mais d'une façon *absolue* et même à l'égard du propriétaire lui-même; en sorte qu'elles échappent à toute mainmise de la part des créanciers du titulaire.

1. Art. 5 et 6, même loi.
2. De Bray, n° 167, p. 149.

L'exposé des motifs de la loi du 8 nivôse an VI, que nous avons rapporté ci-dessus, ne permet aucun doute à cet égard. Cela s'explique d'ailleurs. L'Etat, qui venait de faire une faillite déguisée. en faisant perdre, ou à peu près, à ses prêteurs les 2/3 de leur créance [1], voulut accorder à l'autre tiers, au tiers consolidé, des immunités, des privilèges destinés à lui assurer la faveur du public. C'est ainsi que ces rentes furent déclarées insaisissables et exemptes de toute retenue présente et future, et comme il s'était trouvé bien de ces dispositions, non seulement elles ne furent point abrogées, mais, au contraire, elles furent, comme nous venons de le dire, confirmées par les lois postérieures [2].

Ainsi le propriétaire — et le propriétaire seul — peut faire opposition sur la rente. Ce droit n'appartient à aucun créancier, même pour cause alimentaire [3].

Les créanciers d'une succession ou ceux des héritiers ne peuvent, non plus, pratiquer aucune saisie sur les rentes dépendant de la succession.

C'est ainsi qu'il a été jugé :

Que les rentes inscrites au Grand-Livre ne peuvent pas plus être saisies sur une succession vacante que sur le titulaire de l'inscription [4];

Qu'une rente mise dans le lot d'un cohéritier ne peut, malgré ce dernier, être attribuée à ses créanciers intervenant au partage [5];

Que les créanciers d'un cohéritier, intervenant au partage, ne peuvent se faire attribuer la part revenant à leur débiteur dans les

1. On sait que les bons créés par la loi du 9 vendémiaire an VI (30 sept. 1797), appelés *Bons des deux tiers mobilisés*, n'eurent, pour ainsi dire, aucune valeur vénale. — Galland, *Code des transferts*, p. 30, note 1.

2. Quant aux *rentes au porteur*, elles sont aussi insaisissables, non en vertu de ces dispositions, qui ne sauraient les concerner, puisque ces valeurs remontent seulement à 1831, mais par leur nature même, qui les rend transmissibles par la simple tradition, comme des billets de banque, en sorte que la possession valant titre, le Trésor n'a pas à intervenir pour en assurer la propriété et la jouissance entre les mains du porteur. — La confirmation de ce principe résulte de l'article 16 de la loi du 13 juin 1872 sur les titres au porteur perdus, volés, ou détruits, qui exclut les rentes au porteur du bénéfice de cette loi.

3. Paris, 22 janv. 1847.

4. C. d'État, 19 déc. 1839.

5. C. Toulouse, 5 mai 1838; C. Angers, 10 janv. 1893.

rentes à partager, toute mainmise directe ou indirecte étant interdite aux créanciers des rentiers [1];

Que les legs faits par le *de cujus* en rente sur l'Etat doivent être
acquittés, même quand ils auraient pour conséquence de rendre la
succession du testateur insolvable [2];

Que la cession par un héritier de ses droits indivis dans les rentes
sur l'Etat dépendant d'une succession ne peut être attaquée par les
créanciers personnels du cédant, comme faite en fraude de leurs
droits [3];

Que l'opposition ne saurait avoir lieu dans le cas même où les
créanciers auraient obtenu la séparation des patrimoines [4];

Que les créanciers d'une succession bénéficiaire ne sauraient
davantage former des oppositions à l'effet de saisir une rente ou
d'empêcher son immatriculation au nom des héritiers [5].

Mais, bien entendu, l'héritier bénéficiaire qui ne veut pas déchoir
de sa qualité, est tenu, comme administrateur de la succession et
aux termes de l'article 803 du Code civil, de réaliser les rentes et
de tenir compte aux créanciers de leur valeur [6].

C'est en vertu du même principe :

Que l'Administration rejette les demandes de renseignements
qui lui sont adressées par les créanciers du titulaire [7];

Que l'Etat lui-même ne peut imposer la compensation à ses débiteurs, porteurs de titres de rente, venant toucher leurs arrérages [8].

On a essayé de soutenir, quant aux rentes dépendant de successions, que le décès du titulaire suspendait l'exercice du privilège
de l'insaisissabilité, qui ne pouvait être invoqué à nouveau par
l'héritier qu'après l'attribution à son profit des rentes; et que les
créanciers de la succession pouvaient, dans tous les cas, saisir les
rentes en dépendant, attendu qu'il n'y a d'actif pour l'héritier que
le passif payé : *Bona non sunt nisi deducto xre alieno*. Mais ces arguments sont sans valeur : *La mort saisit le vif* [9], et tous les droits

1. Paris, 19 déc. 1895.
2. Paris, 2 mai 1878.
3. Seine, 30 janv. 1896.
4. Paris, 16 déc. 1848; 30 juill. 1853.
5. Paris, 14 avril 1849.
6. Paris, 22 nov. 1855, 13 juin 1856, 26 fév. 1885.
7. Arr. min. 6 juin 1840, art. 2.
8. Av. Sect. F., 19 janv. 1864; Arr. C. d'État, 31 mars 1865.
9. C. c., 711.

du *de cujus* passent immédiatement à ses héritiers, qui en sont investis par son décès, *ipso facto.*

La loi ne parle que de l'opposition, mais le privilège qu'elle établit a une portée plus grande : il a pour effet d'interdire aux créanciers toute mainmise sur les rentes de leur débiteur ; en sorte qu'ils ne sauraient se prévaloir d'une décision judiciaire pour obtenir le transfert à leur profit des rentes inscrites au nom de ce dernier, ou pour les faire vendre. Il est, en effet, de principe que le transfert des rentes sur l'État ne peut avoir lieu sans le consentement du titulaire [1].

Cela est si vrai, que le Ministre des finances est en droit de ne pas déférer aux décisions judiciaires, même passées en force de chose jugée, par lesquelles des créanciers auraient obtenu l'attribution de rentes appartenant à leurs débiteurs, lorsque les défendeurs ne veulent pas obtempérer aux jugements, ni concourir aux transferts [2], et l'opposition du Ministre au transfert d'inscriptions réclamées par des tiers contre le Trésor public, constitue un acte administratif dont les tribunaux ordinaires ne peuvent connaître [3] ; mais il peut y avoir recours en Conseil d'État [4].

Bien entendu, les tribunaux civils restent compétents pour statuer, lorsqu'il s'agit de l'application des règles du droit commun et de questions de propriété [5].

Tels sont, à notre avis, les véritables principes qui régissent la matière et l'application qui doit en être faite.

C'est donc à tort que les tribunaux se sont écartés de cette voie en décidant, par exemple :

Que le notaire liquidateur est fondé à se refuser à remettre à un héritier, sur lequel existe une opposition à partage, un titre de rente compris dans ses attributions [6] ;

Que l'insaisissabilité dont jouissent les rentes sur l'État ne s'oppose pas à ce que les créanciers d'un héritier se fassent attribuer

---

1. L. 28 floréal an VII, art. 3, arg.
2. C. d'État, 26 juin 1808, 3 janv. 1813, 8 août 1821, 19 déc. 1839, 13 mars 1874, 6 août 1878. — V. aussi Avis, 17 therm. an X et 11 nov. 1817 ; Dumesnil et Pallain, nº 114, p. 118 ; Deloison, *Val. mobil.*, nº 126, p. 97 ; Buchère, *Val. mobil.*, nº 149, p. 68 ; de Bray, nº 182, p. 161.
3. Paris, 22 mars 1836. — V. aussi Ordon. 11 mars 1843, 5 janv. 1847.
4. Bavelier, nº 78, p. 142.
5. C. d'État, 14 avril 1839 ; Cass., 20 juin 1876 ; C. Amiens, 11 mai 1877.
6. Bordeaux, 11 mars 1887.

par la justice la rente que leur débiteur est appelé à recueillir, du moment que le transfert ne nécessite aucune saisie préalable [1];

Que cette insaisissabilité ne saurait faire obstacle à l'application des principes généraux de la législation civile, et notamment aux règles du rapport, les tribunaux pouvant valablement autoriser le Trésor à procéder d'office au transfert rendu nécessaire par la composition de l'actif successoral, au moyen d'un rapport, alors qu'un des cohéritiers s'oppose à ce transfert, qui n'exige d'ailleurs aucune saisie préalable [2];

Qu'elle ne saurait, non plus, faire obstacle à ce qu'un créancier fasse valablement pratiquer une saisie-arrêt sur un titre de rente appartenant à son débiteur et remis en nantissement entre les mains d'un tiers [3].

Le refus du Trésor d'opérer le transfert, dans le cas où il considère que cette opération peut porter atteinte au principe de l'insaisissabilité, n'est, d'ailleurs, que l'application du principe de la séparation des pouvoirs administratif et judiciaire, proclamé par la loi des 16-24 août 1790, dont l'article 13 du titre II stipule que « les fonctions judiciaires sont distinctes et demeureront toujours séparées des fonctions administratives », et que « les juges ne pourront, à peine de forfaiture, troubler, de quelque manière que ce soit, les opérations des corps administratifs ».

Cette règle est encore confirmée : 1° par la loi du 26 septembre 1793, déclarant que « toutes les créances de l'État seront réglées administrativement », et par l'ordonnance royale du 5 janvier 1847, portant que « aux termes des lois de la matière, la tenue du Grand-Livre de la Dette publique et les mutations et transferts des rentes sur l'État, sont exclusivement placés dans les attributions de l'autorité administrative », que « ces mutations et transferts constituent des actes administratifs qui ne peuvent être appréciés par l'autorité judiciaire », et que « ainsi l'autorité administrative est seule compétente pour juger les questions de responsabilité vis-à-vis du Trésor ».

Voici comment M. **Laferrière**, dans son excellent *Traité de la*

---

1. Le Mans, 19 janv. 1892 (inf. par C. d'Angers, 10 janv. 1893); Cass., civ., 2 juill. 1894 (*J. du N.*, 13 sept. 1894).

2. Cass., req., 16 juill. 1894. (*J. du N.*, 13 sept. 1894.)

3. Paris, 20 nov. 1895.

juridiction administrative, explique les conséquences pratiques du principe de la séparation des pouvoirs.

« Les tribunaux judiciaires ou administratifs, dit cet auteur, ne peuvent que constater, chacun dans les matières de sa compétence, les obligations, les devoirs juridiques qui incombent à l'Administration. Quant à l'accomplissement de ces devoirs, quant à l'exécution matérielle de ces obligations, ils ne relèvent que de l'Administration elle-même et, en dernier lieu, de la responsabilité ministérielle. »

«... Les tribunaux judiciaires sont seuls compétents pour statuer sur les contestations qui s'élèvent entre ceux qui prétendent qu'une inscription de rente leur appartient ou doit leur être attribuée. Mais, d'un autre côté, le Ministre des finances est le gardien du Grand-Livre de la Dette publique, aucune mutation, aucun transfert de rente nominative ne peut être opéré sans son concours ; il est donc l'exécuteur nécessaire des jugements qui statuent sur ces mutations ; son refus d'opérer le transfert paralyserait ces jugements. »

« Ce refus constituerait un excès de pouvoir, si la décision ministérielle prétendait régler la question de propriété autrement que ne l'a fait le jugement. Mais ce refus serait conforme, non seulement au droit, mais au devoir du ministre, si l'exécution du jugement devait avoir pour effet de porter atteinte au principe de l'insaisissabilité des rentes, de violer ainsi les clauses d'un contrat solennellement passé entre l'État et ses créanciers, et dont le Ministre des finances doit être le gardien vigilant...[1] »

« La compétence administrative n'est limitée en cette matière, que par le droit qui appartient aux tribunaux judiciaires de statuer sur les questions de propriété et sur les conventions de droit commun dont les rentes peuvent être l'objet. Ces tribunaux ont seuls qualité pour connaître de tous les actes translatifs de la propriété des rentes : ventes, successions, donations, apports en société, etc. ; de tous les cas d'inaliénabilité se rattachant au droit civil, tels que la dotalité, l'incessibilité stipulée par le testateur. Aucune de ces questions ne peut, en effet, affecter les rapports de l'État avec son créancier, qui dispose librement de sa créance sur le Trésor. Mais la compétence administrative reprend ses droits dès que les con-

1. T. I, p. 509.

ventions intervenues entre particuliers doivent se traduire sur le Grand-Livre. C'est pourquoi le transfert est une opération administrative, qui se distingue de toutes les mutations civiles qui peuvent y donner lieu, et qui rentre exclusivement dans les attributions du Ministre des finances. Les tribunaux, compétents pour faire l'attribution de la rente, ne le sont pas pour statuer sur le transfert ; les contestations auxquelles peuvent donner lieu les décisions ministérielles rendues en cette matière ne peuvent être portées que devant le Conseil d'État. » — C. d'État, 11 mars 1843, 17 juillet 1843, 5 janvier 1847.

« Le principe de l'insaisissabilité des rentes importe trop au crédit public, il se rattache trop étroitement au contrat passé entre l'État et ses créanciers, pour que son application ait pu être abandonnée aux tribunaux judiciaires. Aussi, le Ministère des finances, appelé à réaliser une mutation de rente au moyen d'un transfert, a-t-il toujours le droit de rechercher si le transfert est requis par le propriétaire du titre ou par un de ses créanciers, et de refuser de l'opérer dans ce dernier cas [1]. »

C'est en ce sens que le Directeur de la Dette inscrite s'est prononcé récemment, dans la lettre qui servait au Ministre des finances à répondre, devant la Chambre des députés, dans la séance du 9 novembre 1895, à la question qui lui avait été adressée par l'un d'eux, M. Bazille, député de la Vienne.

« Si, disait-il, des jugements attribuant des rentes à des créanciers étaient produits à l'Agent-comptable des transferts et mutations, celui-ci ne pourrait passer outre à l'opération et se retrancherait derrière les dispositions qui lui interdisent de procéder à un transfert en l'absence du concours du titulaire ou du propriétaire régulier. »

« En pareil cas, je demanderais au Ministre de prendre une décision conforme à notre jurisprudence et contre laquelle la partie pourrait se prévaloir devant le Conseil d'État qui, certainement, donnerait gain de cause à l'Administration. »

Les intéressés qui obtiendraient des décisions contraires au principe de l'insaisissabilité des rentes ne pourraient donc contraindre le Trésor à les exécuter, fussent-elles passées en force de chose jugée.

1. T. 1, p. 599.

L'Administration, du reste, il importe de le remarquer, ne peut jamais être soumise par les décisions d'aucune juridiction, ni à une contrainte *manu militari*, ni à des voies d'exécution sur ses biens [1].

S'ensuit-il de là que, dans tous les cas, les décisions faisant échec aux règles suivies par l'Administration ne soient pas susceptibles d'être exécutées par elle ?

Il y a lieu de faire une distinction.

Ou bien l'Administration est restée étrangère à la décision intervenue et est seulement chargée, en raison de ses attributions, d'en assurer l'exécution ; ou bien elle a été partie dans l'instance et la décision rendue a acquis, à son égard, l'autorité de la chose jugée.

Dans la première hypothèse, l'Administration peut, non seulement se refuser à exécuter la décision, mais encore elle le doit, si la sentence rendue devait avoir pour effet de porter atteinte aux principes dont elle a pour mission d'assurer le respect, comme celui de l'insaisissabilité des rentes.

Dans la seconde, au contraire, l'Administration a le *devoir juridique* d'exécuter la décision, quand même elle estimerait qu'elle aurait été mal rendue au fond, ou contrairement aux règles de la compétence, ou encore qu'elle lui imposerait des obligations contraires aux devoirs de sa fonction ; car c'est le propre de la chose jugée de s'imposer aux parties.

Sans doute, il serait regrettable et contraire à l'ordre public et à la séparation des pouvoirs que l'Administration fût obligée à l'exécution de décisions de cette nature ; mais l'atteinte à l'ordre public et à la séparation des pouvoirs serait bien plus grave encore, si l'Administration répudiait une obligation qu'elle se serait laissé imposer et donnait ainsi, publiquement, l'exemple de la résistance à la chose jugée.

C'est pour éviter ces éventualités que l'Administration a été armée du *droit de conflit*, qu'elle peut exercer tant qu'il n'est pas intervenu, sur le fond, une décision définitive. Si elle n'en use pas, elle n'a à s'en prendre qu'à elle, et si elle en use elle doit s'incliner devant la décision du tribunal des conflits, juge suprême des compétences.

Notons, enfin, que, dans ces deux hypothèses, il ne peut s'agir pour l'Administration que d'un *devoir juridique*, puisque les con-

1. Laferrière, *Op. cit.*, t. I, p. 509.

damnations prononcées contre elles ne sont pas, comme nous l'avons dit, susceptibles de sanction effective, l'Administration échappant à toute voie d'exécution forcée.

Enfin, lorsque les tribunaux ont à statuer dans ces conditions, ils ne peuvent, sous peine de forfaiture[1], procéder par voie d'injonction ou d'interdiction directe à la puissance publique, même sous la forme d'un jugement; ces décisions seraient contraires à l'instruction législative du 8 janvier 1790, et il ne peut y avoir chose jugée qu'autant que les juges exercent leur pouvoir de juridiction[2].

L'Administration s'est, au surplus, toujours montrée le gardien vigilant du principe de l'insaisissabilité des rentes et recommande, dans ses instructions, à ses agents, de veiller scrupuleusement à ce qu'il n'y soit jamais porté atteinte[3].

Il est, cependant, des cas où elle se départit de cette rigueur et exécute les jugements prononçant la dépossession du titulaire inscrit, même quand celui-ci ne concourt pas à l'opération.

C'est lorsque l'action intentée a le caractère d'une *revendication*.

La différence se justifie d'ailleurs.

S'il s'agit d'une *saisie*, on se heurte à un texte formel : la loi du 8 nivôse an VI; — s'il s'agit, au contraire, d'une *revendication*, on aboutit également à une mainmise sur la rente, malgré la volonté des créanciers inscrits; mais, dans ce cas, si les tribunaux ont admis la revendication, c'est qu'elle émanait tacitement ou explicitement du propriétaire réel. C'est ce qui a lieu en matière de réalisation forcée de rentes données en gage.

La revendication a été admise par les tribunaux dans de nombreux cas[4]; il en est ainsi, par exemple, quand l'immatriculation au nom du titulaire provient d'un vol ou d'une fraude; en cas de révocation de la donation dont provenait la rente, si la donation excédait la quotité disponible, etc.

Le Trésor exécute alors les décisions sur la production d'un cer-

---

1. C. pén., art. 127.
2. Laferrière, *Op. cit.*, p. 509 et suiv.
3. Inst. 1er mai 1819, t. III, 1re part., art. 27.
4. Cass., 20 juin 1876; C. Amiens, 11 mai 1877; Poitiers, 8 fév. 1881; Nantes, 25 fév. 1883; C. Lyon, 27 mars 1885; Paris, 1er juill. 1884; Cognac, 29 nov. 1886; Bordeaux, 27 avril 1887.

tificat de propriété, établissant les droits des intéressés et sur une autorisation spéciale du Ministre, couvrant la responsabilité de l'agent comptable chargé de l'opération [1].

Si les *arrérages* des rentes sur l'État sont insaisissables comme le capital, c'est en tant qu'ils sont entre les mains du Trésor, car, aussitôt qu'ils ont été touchés, ils constituent des deniers disponibles, et, comme tels, sont susceptibles d'être frappés de saisie-arrêt [2].

En ce qui concerne les *capitaux* provenant de l'aliénation volontaire de rentes sur l'État, c'est une question très controversée que de savoir s'ils sont saisissables entre les mains des tiers et notamment entre celles de l'agent de change négociateur.

L'affirmative résulte d'un arrêt de la Cour de cassation du 21 juin 1832; mais la négative nous paraît préférable, du moins, tant que le délai accordé pour la remise des fonds n'est pas expiré, et pourvu que la créance du vendeur contre l'agent de change, résultant de la négociation, ne se trouve pas dénaturée; c'est là la conséquence forcée du délai prévu par l'article 52 du décret du 7 octobre 1890 pour la remise des fonds [3].

Le Ministre des finances, consulté par la Chambre syndicale sur la validité d'une opposition faite à la négociation d'une rente et à la remise des fonds en provenant, a répondu, le 27 juin 1829, que cette opposition lui paraissait illégale.

Mais comme cette mesure avait eu lieu en vertu d'une ordonnance du juge, il a ajouté que respect était dû à cette décision, et que c'était à l'autorité judiciaire à statuer.

Cette dernière assertion est d'ailleurs conforme à la doctrine du Trésor, qui prétend que son intervention en matière de transfert est purement administrative, et que la responsabilité relative au paiement du prix est assumée par l'agent de change négociateur. V. *inf.*, *Responsabilité résultant des transf. et mutat.*

Dans la pratique, les agents de change ne passent pas outre les oppositions faites dans ces conditions; ils s'abstiennent de tout

1. Les *rentes au porteur* peuvent, aussi, être l'objet de revendications, mais le Trésor n'a pas, alors, à intervenir, et les questions de propriété qui les concernent se règlent exclusivement entre les parties.

2. Cass., 21 juin 1832; Paris, 28 déc. 1840; Seine, 7 juin 1880, 19 fév. 1892.

3. Aux termes de cet article, le délai pour le paiement est déterminé par le règlement des agents de change dûment homologué. — Pour ceux de Paris, voir le règlement du 3 déc. 1891, art. 44 à 46.

paiement, même pour la portion excédant le montant de l'opposition, sans entrer dans l'examen des droits des parties, et sans se
faire juges du mérite des saisies-arrêts. Ils laissent les intéressés
se pourvoir devant l'autorité compétente

On admet, à cet égard, qu'une ordonnance de référé, rendue
contradictoirement entre le vendeur, le saisissant et l'agent de
change, est suffisante pour permettre à ce dernier de payer la
portion de la somme que cette ordonnance ne frappe pas d'une
affectation spéciale [1].

En cas de contestation prolongée, l'agent de change pourrait
verser les fonds à la Caisse des dépôts et consignations [2].

Lors même que l'opposition ou la défense serait nulle, en principe,
comme n'étant basée ni sur un titre, ni sur une autorisation du juge,
l'agent de change devrait s'arrêter devant l'exploit qui lui serait
signifié, ou tout au moins notifier à son auteur qu'il serait passé
outre, faute de procéder régulièrement dans un délai imparti [3].

En résumé, nous estimons que la rente sur l'État est insaisissable
aussi bien dans l'intérêt du rentier que dans celui du Trésor, et
qu'elle échappe à toute action des créanciers du titulaire, si ce n'est
dans les cas faisant l'objet des exceptions ci-après.

Assurément, lorsque le législateur de l'an VI a proclamé l'insaisissabilité de la rente sur l'État, qui était alors une quantité négli-
geable de la fortune publique, il ne prévoyait pas l'augmentation
qui devait se produire dans le chiffre de la Dette publique; sans
quoi, il eût sans doute hésité à poser un principe aussi en opposition avec les règles du droit commun et de la morale, d'après
lesquelles tous les biens du débiteur sont le gage de ses créanciers;
mais ces considérations, qui paraissent avoir inspiré les décisions
que nous avons critiquées, ne nous semblent pas de nature à
permettre aux tribunaux de s'écarter du texte de la loi.

EXCEPTIONS.

La règle de l'insaisissabilité des rentes sur l'État reçoit cependant
exception dans certains cas; il en est ainsi en ce qui concerne :

1. Duvert, n° 531, p. 265.
2. De Bray, n° 179 in *fine*, p. 159.
3. Duvert, n° 532, p. 265.

1° Les rentes appartenant aux *comptables, fournisseurs* et autres *reliquataires de deniers publics;*

2° Celles appartenant aux *faillis* (la question est cependant controversée) ;

3° Celles données en *nantissement;*

4° Et celles affectées à des *cautionnements.*

Enfin, 1° le propriétaire d'une rente sur l'État peut lui-même former *opposition* au transfert et au paiement de cette rente ;

2° Et, indépendamment des oppositions dont peuvent, en certains cas, être frappées les rentes par acte d'huissier, elles peuvent aussi faire l'objet d'*empêchements administratifs.*

Comptables.

L'Agent judiciaire du Trésor est fondé à former opposition au transfert des rentes appartenant aux *Comptables de deniers publics* dont les comptes ne sont pas apurés, et même à s'opposer au paiement des arrérages, lorsque ces comptes sont en débet[1].

La compensation s'opère alors de plein droit avec la créance du Trésor, sans qu'il y ait lieu à distribution avec les créanciers[2].

De plus, le Trésor peut saisir les arrérages des rentes des *fournisseurs et autres reliquataires de deniers publics* débiteurs, jusqu'à leur libération ou au transfert de leurs rentes au profit du Trésor jusqu'à due concurrence[3].

Dans ces différents cas, l'opposition se fait administrativement et au profit du Trésor seul, et la mainlevée en a lieu de la même manière.

Faillite.

La question de savoir si, en matière de faillite, l'insaisissabilité des rentes sur l'État fait obstacle au dessaisissement prononcé par l'article 443 du Code de commerce, c'est-à-dire si les rentes appartenant au failli peuvent être vendues par le syndic, est très controversée.

Suivant les uns, le principe posé par l'article 443, d'après lequel le jugement déclaratif de faillite emporte de plein droit, à partir de sa date, dessaisissement pour le failli de l'administration

1. L. 4 niv. an VI, art. 4; Arr. consul. 24 mess. an XII, art. 2.
2. Arr. C. d'État, 17 déc. 1809.
3. Arr. préc., 24 mess. an XII.

de tous ses biens, est général et ne comporte pas d'exception [1].

Suivant les autres, la règle de l'insaisissabilité a un caractère absolu, et, ayant été édictée, non seulement dans l'intérêt du Trésor, mais encore dans celui des rentiers eux-mêmes, elle ne doit pas fléchir devant celle de l'article 443 du Code de commerce [2].

La jurisprudence, de son côté, est également divisée, et l'on peut citer un grand nombre de décisions dans un sens comme dans l'autre [3].

Quant à la pratique, celle du Trésor, voulons-nous dire, elle admet l'aliénation par le syndic, et les rentes inscrites au nom du failli peuvent être vendues et transférées par les syndics provisoires ou définitifs, en vertu d'une ordonnance du juge-commissaire [4].

En présence d'une telle controverse, à quelle opinion doit-on s'arrêter?

Nous croyons, quant à nous, que c'est la théorie admise par le Trésor qui est la vraie; non pas que nous estimions, en aucune façon, que l'insaisissabilité des rentes sur l'Etat a été édictée uniquement dans l'intérêt de la comptabilité administrative, — nous croyons avoir prouvé le contraire, — mais parce que le principe du dessaisissement prononcé par l'article 443 du Code de commerce, est général et ne semble pas comporter d'exception.

1. *Sic.* : Dumesnil et Pallain, *op. cit.*, n° 119, p. 126; Bédarride, *Tr. des faillites*, n° 776 *bis;* Labbé, *J. du P.*, n° 1859, p. 545; Alauzet, *Comm. du C. comm.*, t. VI, 2739; Deloison, *op. cit.*, n° 127, p. 97; Duvert, n°s 67 et suiv., p. 68; Boistel, *Préc. de droit comm.*, n° 1076; de Bray, n° 203, p. 186.

2. *Sic :* Buchère, *Val. mobil.*, n° 151, p. 68; Mollot, *G. des trib.*, 7 juin 1860; Dalloz, v° *Trésor*, n° 1161; Dutruc, *Sirey*, 1860-1-418, note 1; Delacroix, *Des rentes sur l'État*, p. 257; Bavelier, *op. cit.*, n° 43, p. 92.

3. *Pour l'aliénabilité par le syndic :* Cass. civ., 8 mai 1859; Orléans, 9 avril 1878; Paris, 19 janv. 1886; Seine, 20 nov. 1869; Amiens, 16 janv. 1894.

En sens contraire : Av. C. d'État, 26 fruct. an XIII; Cass. req., 8 mai 1854; Seine, 8 juill. 1880; Aix, 31 juill. 1882; Rouen, 6 mars 1888; Seine, 26 juin 1888; Nantes, 28 juin 1888.

Le jugement précité, du 8 juillet 1880, ayant refusé au syndic le droit de disposer des rentes du failli, attendu que, comme mandataire des créanciers, il ne pouvait avoir plus de droit que ceux-ci, un certificat de propriété fut délivré en conformité de ce jugement pour obtenir la mutation des rentes au profit du failli. Mais le Bureau des transferts rejeta cet acte. Le notaire certificateur, s'étant pourvu auprès du Contentieux du Ministère des finances, la Direction de ce service décida, le 8 janvier 1881, que le Trésor, étant couvert par la réquisition du notaire, devait se désintéresser de la question et donner cours à l'opération demandée.

4. V. *infr.*, Chap. *Cap. civ. à l'égard des transf.* (v° *Failli*).

Remarquons, au surplus, d'ailleurs, que cette théorie n'est point en opposition avec les lois qui régissent la Dette inscrite.

Il résulte implicitement de l'article 3 de la loi du 28 floréal an VII que le transfert des rentes sur l'État ne peut avoir lieu que du consentement du titulaire; mais, par l'effet de la déclaration de faillite, la personnalité juridique du failli passe au syndic, et le failli se trouve dessaisi de l'administration de tous ses biens. Cette administration appartient au syndic, qui devient alors le mandataire légal du failli, et a droit, en cette qualité, de donner le consentement voulu pour le transfert, faisant d'ailleurs un acte de bonne administration en vendant les rentes et les autres biens pour acquitter les dettes [1].

Si le failli conservait ce titre de rente et continuait à en toucher les arrérages, il se rendrait coupable de banqueroute et pourrait être poursuivi de ce chef, et tout agent de change qui connaîtrait son état devrait lui refuser son concours pour le transfert du titre [2].

On a objecté que, si le syndic a l'administration des biens du failli, la propriété n'en continue pas moins à résider sur la tête du failli, et qu'au surplus le syndic est bien plutôt le mandataire des créanciers que celui du failli.

Mais ces arguments sont plus spécieux que justes.

Le syndic n'est bien qu'un simple administrateur, mais c'est un administrateur d'une nature particulière, un administrateur qui a le droit, et même le devoir, d'aliéner, — avec l'autorisation du juge-commissaire; — c'est un mandataire à l'effet de réaliser l'actif. Le droit d'aliéner ne veut, d'ailleurs, en aucune façon, dire que la propriété des biens du failli lui est transférée. Un mandataire qui a dans ses pouvoirs celui de vendre ne devient pas, pour cela, propriétaire; il n'en est pas moins tenu de rendre compte à son mandant du produit des aliénations qu'il a faites.

Quant à prétendre que le syndic est surtout le représentant de la masse des créanciers et qu'il n'est pas possible de le considérer comme agissant au nom du failli, quand celui-ci s'y oppose [3], cela nous semble en contradiction formelle avec les dispositions mêmes du Code de commerce.

S'il en était ainsi, le syndic ne serait jamais en droit de repré-

1. Deloison, *op. cit.*, n° 127, p. 99.
2. Amiens, 16 janv. 1894; Arr. 27 prair. an X, art. 18; C. com. 391.
3. Buchère, *Val. mobil.*, n° 151, p. 68.

senter le failli; mais on sait qu'il peut aliéner les meubles et les immeubles du failli, même sans son consentement [1].

Comment, le syndic peut transiger sur toute espèce de droits appartenant au failli, malgré son opposition [2], et on voudrait objecter que le failli peut suspendre le mandat du syndic à l'effet de transférer les rentes lui appartenant! Cela nous paraît incompréhensible.

Prévoyant le cas où le failli aurait détourné les inscriptions à son nom, nous dirons même que cette circonstance ne serait pas un empêchement à l'exercice des droits du syndic. Ce dernier, qui n'agit pas comme créancier, mais comme propriétaire, serait alors autorisé à faire opposition, conformément à l'article 7 de la loi du 28 floréal an VII, et à faire les diligences nécessaires pour obtenir le remplacement de l'inscription [3].

1. C. com., art. 534.
2. C. com., art. 535.
3. De son côté, La Gazette du Notariat (19 nov. 1893), examinant la question de savoir si le failli qui a conservé entre ses mains un titre nominatif de rente sur l'État, peut, sans inconvénient, en disposer librement par une vente à un tiers, par exemple, sans l'assistance de son syndic, la résout en ces termes :

« D'après une instruction ministérielle du 1er mai 1819, reproduisant un avis du Conseil d'État du 26 fructidor an VIII, l'affirmative semblerait certaine. — En effet, cette instruction porte : qu'il est interdit aux créanciers du failli, de mettre opposition *au transfert des inscriptions appartenant à leur débiteur*, attendu que, d'après les dispositions de la loi, les inscriptions doivent être considérées comme un bien que le créancier peut saisir quand il se trouve dans la caisse de son débiteur en faillite, mais dont il ne peut arrêter la circulation, si ce débiteur infidèle le lui a frauduleusement soustrait.

« Mais cette instruction étant antérieure à la loi du 28 mai 1838 sur les faillites, la négative nous paraît préférable, dans le cas surtout où la faillite a été close pour insuffisance d'actif, où le dessaisissement pour le failli de l'administration de ses biens subsiste (art. 443 C. com.). Dans l'hypothèse d'un concordat ou de la dissolution de l'union des créanciers (art. 557), le dessaisissement cessant, le failli peut vendre, seul, un titre de rente lui appartenant.

« La vente que ferait seul le failli, sans son syndic, au cas où il n'aurait pas recouvré l'administration de ses biens par son concordat ou la dissolution de l'union, pourrait être déclarée nulle par application de l'art. 446 du C. de com. Mais la nullité ayant pour objet de remettre les choses au même et semblable état où elles étaient avant la formation de l'acte annulé, il devrait être restitué à l'acquéreur du titre de rente le prix qu'il aurait payé (Arg., art. 1312 C. civ.), à moins qu'il ne fût établi qu'il eût agi de mauvaise foi, ou que la vente aurait été simulée pour faire fraude aux créanciers.

« Dans ce cas, l'acquéreur doit agir avec prudence, en faisant consentir la vente par le failli assisté de son syndic.

« Au cas contraire, il risquerait fort d'être inquiété, bien que le transfert ait

Nous estimons donc que le dessaisissement occasionné par la faillite emporte dérogation au privilège de l'insaisissabilité.

Ce privilège, comme le dit fort justement M. de Bray [1], est chose fort respectable ; mais il constitue une dérogation si flagrante au droit commun qu'il est rationnel d'en limiter l'application aux seuls cas où elle est justifiée, et il est inutile de l'invoquer quand le Trésor lui-même, chargé de veiller à sa conservation, ne s'en arme pas pour protéger ses créanciers.

Nantissements.

Les rentes sur l'Etat n'étant, en principe, susceptibles d'être aliénées qu'avec le consentement du titulaire, on s'est demandé. à l'origine, si l'affectation de ces valeurs en gage n'était pas contraire à la législation spéciale qui les régit, le nantissement pouvant avoir pour conséquence une exécution forcée. Mais il est aujourd'hui admis que ces rentes peuvent faire l'objet de nantissement. — V. à ce sujet *inf.*, chap. ii, art. 1er, § 14, *Nantissement*.

Cautionnements.

Un grand nombre de comptables de deniers publics, de fonctionnaires et d'agents sont autorisés à fournir en rentes les *cautionnements* auxquels ils sont assujettis [2].

En vertu de l'ordonnance du 22 mai 1823, les comptables des finances justiciables de la Cour des comptes, sortis de fonctions, ont été autorisés à convertir en rentes le dernier tiers de leurs cautionnements.

Les caissiers des caisses d'épargne, les conservateurs des hypothèques, les adjudicataires de travaux, fournitures, exploitations ou fabrications, pour le compte de l'Etat, des départements, des

été opéré à son nom, en vertu de la vente-transfert que le Trésor ne peut manquer de faire, si le titre, ainsi que la vente, ne mentionne pas l'état de faillite.

« Aucun notaire ne peut prendre sous sa responsabilité de ne pas relater cet état touchant à la capacité du vendeur dans un acte qu'il reçoit concernant ce dernier. »

1. N° 203 *in fine*, p. 186.

2. On trouvera, dans le *Traité de la Dette publique* de M. de Bray, p. 208 et 209, un tableau contenant la nomenclature de ces personnes, des lois, ordonnances et décrets fixant leurs cautionnements et leur montant, avec l'indication des ministères dont ils ressortissent.

communes et des établissements publics, peuvent aussi fournir en rentes les cautionnements auxquels ils sont assujettis [1].

La loi du 16 septembre 1871, art. 29, a autorisé la constitution en rentes de toutes natures des cautionnements qui, d'après les lois alors en vigueur, devaient ou pouvaient être constitués en totalité ou en partie, soit en immeubles, soit en rentes d'une nature spéciale.

Enfin, un cautionnement en rente peut encore être exigé par le Trésor dans différents cas, par exemple pour obtenir le remplacement de titres perdus ou le paiement de coupons manquants. V. *inf.*, chap. II, art. 1er, § 11, et art. 2, § 5.

Les rentes remises en cautionnement peuvent être de toutes natures [2] ou mieux de tous fonds ; mais elles doivent être nominatives, le Trésor n'acceptant pas les titres au porteur [3].

Elles doivent être directes ou départementales, suivant le cas, et peuvent appartenir à un tiers.

Le titulaire doit en avoir la libre disposition et être capable de s'obliger.

Les rentes appartenant à des femmes mariées peuvent être données en cautionnement, avec l'autorisation du mari et si le contrat ne contient aucune clause s'y opposant.

L'acte d'affectation est signé, suivant la nature du cautionnement, soit par l'Agent judiciaire du Trésor ou le Ministre des Finances, soit par la Caisse des dépôts et consignations, soit par les Trésoriers-payeurs généraux, soit même par les Directeurs de l'Enregistrement et des Domaines.

Quand l'acte d'affectation est signé avec le Trésor, le titre, revêtu d'une mention spéciale, est déposé à la Caisse centrale et le compte correspondant au Grand-Livre est frappé d'une opposition au transfert. Il est remis au titulaire un *bordereau d'annuel* pour le paiement des arrérages.

La Caisse des dépôts et consignations ne délivre pas de bordereau d'annuel, mais seulement un *récépissé ;* elle touche elle-même les intérêts et en tient compte au titulaire.

Quand les cautionnements sont reçus par les Trésoriers-payeurs

1. LL. 25 avril 1852, 1er août 1864 ; — 8 août 1864, 22 mai 1873 ; — décr. 18 nov. 1882 ; — L. 28 juill. 1875.
2. L. 16 sept. 1871, art. 29.
3. Instr. gén. fin., 20 juin 1859, art. 1177.

généraux ou les Directeurs des Domaines, ils doivent être fournis en inscriptions départementales, et les titres sont conservés, sur récépissé, soit dans la caisse du Trésorier, soit dans celle du receveur des Domaines, et l'encaissement des arrérages continue à se faire à la Trésorerie.

Par le fait de son affectation, il y a suspension de l'insaisissabilité de la rente, mais seulement relativement aux créances résultant des fonctions ou de la gestion [1].

Il a été jugé, à cet égard, que les art. 12 et 14 de la loi du 9 juillet 1836 s'appliquent à toutes les sommes dont le Trésor peut être débiteur; que, par suite, la saisie-arrêt opérée sur le capital du cautionnement d'un notaire doit être réputée de nul effet et non avenue à défaut de renouvellement dans le délai de 5 ans de sa date; et que cette nullité est radicale et absolue et peut être opposée non seulement par l'Etat mais encore par tous cessionnaires ou créanciers [2].

En matière de cautionnement, comme en celle de nantissement, on considère qu'il n'y a pas atteinte au privilège de l'insaisissabilité, la remise en cautionnement par le titulaire de son inscription emportant son consentement à la réalisation de ce titre.

C'est à l'Agent judiciaire du Trésor qu'il appartient de poursuivre la vente des inscriptions affectées à des cautionnements, même quand ils n'ont pas été reçus par lui.

Lorsqu'il vend une rente ainsi affectée, il se fait autoriser par une décision ministérielle, et quand la vente a lieu à la requête de tiers, — comme cela peut avoir lieu, par exemple, pour les conservateurs des hypothèques, — elle doit résulter d'un jugement signifié à l'Agent judiciaire et ayant acquis l'autorité de la chose jugée.

La restitution des cautionnements réalisés à Paris avec l'Agent judiciaire a lieu en vertu d'une décision ministérielle spéciale, autorisant la délivrance d'un nouveau titre en remplacement du pre-

---

1. Paris, 25 juin 1832.
2. C. Montpellier, 26 mai 1896. — La C. de Paris a décidé, le 7 juin 1851, que les art. 13 et 14 de la loi de 1836 ne sont applicables qu'aux *sommes dues* par le Trésor et non à un cautionnement constitué par un officier public à l'aide du dépôt d'un titre de rente, le Trésor n'étant, alors, que *détenteur*, pour un cas éventuel, d'un titre qui, par suite de la signification de la délégation ou cession qui en a été faite, est devenu la propriété du cessionnaire. — V. cepend. *sup.*, 1re PART., n° 760 et la note, p. 123.

mier, dont la circulation ne serait plus possible à cause des annotations le revêtant.

Quant à la Caisse des dépôts, elle restitue les cautionnements par elle reçus après autorisation donnée par l'autorité compétente [1].

Oppositions par le titulaire.

Le droit reconnu au titulaire d'une rente de former opposition au transfert de cette rente n'est pas une dérogation au principe de l'insaisissabilité.

C'en est, au contraire, le corollaire et la conséquence forcée, puisque cette opposition a pour but la sauvegarde des droits du propriétaire.

Quant au droit, pour ce dernier, de faire opposition au paiement des arrérages, il résulte expressément de l'article 7 de la loi du 22 floréal an VII.

Il ne s'agit, bien entendu, que des rentes *nominatives;* car celles au *porteur* sont essentiellement transmissibles par simple tradition, et exemptes de justification de propriété ; et le Trésor, qui n'a aucun moyen d'en empêcher la cession, ne peut recevoir d'opposition de la part du propriétaire [2]. La règle de l'article 2279 du Code civil : en fait de meubles la possession vaut titre, leur est applicable.

Si dans certains cas [3], l'Administration prend officieusement note des réclamations du rentier, il ne saurait résulter de ce fait d'engagement pour le Trésor [4].

Quant aux rentes *mixtes*, elles sont assimilées aux rentes nominatives pour le capital, et aux rentes au porteur pour les arrérages.

L'opposition a lieu par acte extrajudiciaire signifié par huissier, à la requête de l'ayant droit ; il n'y a pas lieu d'énoncer un titre, ni de recourir à une autorisation du juge.

Les oppositions sont signifiées, au Conservateur des oppositions, à l'Agence judiciaire du Trésor (de 10 h. à 2 h.), pour les rentes

---

1. Inst. gén. C. dépôts, art. 182; Circ. C. Dépôts, 21 déc. 1882; 4 nov. 1889 et 30 sept. 1892, § 5.
2. Inst. Direct. Cont. fin., 11 déc. 1879, art. 168. — V. aussi L. 15 juin 1872, art. 16.
3. V. *inf., Empêchem. administ.*, p. 213.
4. C. Lyon, 18 juill. 1873.

directes, et le paiement des arrérages ordonnancés dans le département de la Seine [1].

Le conservateur donne immédiatement connaissance de cette opposition :

Au Directeur de la Dette inscrite, s'il s'agit d'un empêchement **au** transfert ;

Et au Payeur central du Trésor, s'il s'agit d'arrêter le paiement des arrérages [2].

Les oppositions concernant les rentes départementales et le paiement des arrérages des rentes directes payables dans les départements sont signifiées, dans le premier cas, au trésorier-payeur du département, et dans le second, à celui chargé du paiement [3].

Les oppositions doivent rester pendant 24 heures dans le bureau où elles sont faites, les dimanches et jours fériés non compris [4].

Dans le cas où le représentant du Trésor refuse de les viser, — ce qui a lieu notamment quand l'opposition n'émane pas du titulaire ou d'un créancier gagiste, — on peut déposer l'exploit au parquet du Procureur de la République [5].

Les saisies-arrêts, oppositions et significations n'ont d'effet que pendant 5 ans de leur date, si elles ne sont pas renouvelées dans ce délai [6].

La mainlevée en est donnée soit amiablement, par acte notarié, soit judiciairement [7].

Empêchements administratifs.

Indépendamment des oppositions signifiées au Trésor, les rentes nominatives peuvent être l'objet d'*empêchements administratifs*, mis par la Direction de la Dette inscrite, à la requête des parties ou d'office [8].

1. L. 9 juill. 1836, art. 13 ; Arr. min. 28 août 1836, art. 1er.
2. Arr. 28 août 1836, art. 2. — Cpr. *Sup.*, p. 182, *Ordonnancement.*
3. Arg. art. 13, L. 9 juill. 1836 ; Inst. Direct. Cont., 11 déc. 1879, art. 170 et 171.
4. L. 19 fév. 1792, art. 9 ; 25 niv. an XIII, art. 3 ; Arr. 1er pluv. an XI, art. 3 ; 28 oct. 1837, art. 9.
5. C. proc. civ., 561 ; Décr. 18 août 1807.
6. L. 9 juill. 1836, art. 14 ; Circ. Cont., 10 nov. 1893. — Comp. *supr.*, 1re PART., n° 760, p. 123, note 2.
7. Instr. Direct. Cont. 11 déc. 1879, art. 31.
8. Arr. min. 28 août 1836, art. 4 ; Décr. 18 déc. 1869, art. 71 et s.

C'est une mesure essentiellement provisoire, dont l'initiative appartient au Directeur de la Dette inscrite, qui est juge de son opportunité.

Elle peut s'appliquer au capital et aux arrérages, et suffit, dans la pratique, pour arrêter, suivant le cas, soit le transfert ou la mutation, soit le paiement des arrérages, soit l'un et l'autre.

Cette forme est employée notamment dans les cas suivants : 1° détention du titre par un tiers ; — 2° perte ; — 3° décès du titulaire notifié au Trésor ; — 4° réclamation justifiée des intéressés, tendant à la modification du libellé ; — 5° Erreur matérielle dans les opérations du Grand-Livre, par exemple : délivrance d'une inscription défectueuse ou formant double emploi ; — 6° Événement porté à la connaissance du Trésor, survenu depuis l'immatriculation et devant en faire modifier le libellé : titulaire qualifié mineur et étant majeur, mariage, séparation, divorce, viduité d'une femme, etc.

L'empêchement administratif sur requête a lieu en vertu d'une simple demande, sur papier timbré, au Ministre ; il est levé sans frais et sans délais, après les régularisations nécessaires opérées.

2° EXEMPTION D'IMPOTS

La loi du 9 vendémiaire an VI, par son article 98, a déclaré le tiers consolidé exempt de toute retenue présente et future.

Cette immunité a été maintenue pour toutes les autres rentes créées depuis [1].

En vertu de ce principe, les rentes sur l'Etat sont exemptes :

Du droit de timbre prévu par la loi du 5 juin 1850 ;

Du droit de transmission créé par la loi du 23 juin 1857 ;

De l'impôt sur le revenu résultant des lois des 29 juin 1872, 21 juin 1875, 28 décembre 1880, 29 décembre 1884 et 26 décembre 1890.

Les inscriptions de rentes sont également exemptes de tout droit de timbre [2], et de tout droit d'enregistrement, quand la mutation a lieu à titre onéreux [3].

1. V. not. LL. 1er mai 1825, art. 3 ; 11 juin 1878, art. 3 ; 17 janv. 1894, art. 3.
2. L. 13 brum. an VII, art. 16.
3. L. 22 frim. an VII, art. 70, § 3.

Les quittances d'arrérages sont dispensées du droit de timbre [1] et d'enregistrement [2]; elles le sont aussi du timbre-quittance créé par la loi du 23 août 1871 (art. 18).

Enfin, sont aussi exemptes de ce timbre de 0 fr. 10 :

Les reconnaissances délivrées par les receveurs des finances, lors des dépôts qui leur sont faits, de titres de rente sur l'État destinés à être changés par suite de réunions, renouvellements, mutations, conversions, etc. ;

Et les décharges données aux comptables, lors du retrait des nouveaux titres [3].

Mais cette exemption ne s'applique pas aux reçus et décharges donnés à l'occasion des achats et ventes de rentes, qui doivent être revêtus du timbre-quittance de 0 fr. 10 [4].

Pendant longtemps les rentes sur l'Etat avaient été exonérées du paiement des droits de transmission [5]; mais, aujourd'hui, les mutations par décès et les transmissions entre vifs à titre gratuit de ces rentes sont passibles des mêmes droits que les autres valeurs [6].

De plus, depuis la loi du 28 avril 1893, les rentes sur l'État sont assujetties à l'impôt sur les opérations de Bourse, dont nous parlerons en traitant des opérations sur les rentes. V. *inf.* chap. II, art. 1er, § 1er.

3° IMPRESCRIPTIBILITÉ

Le *capital* des rentes perpétuelles est *imprescriptible ;* le créancier n'ayant jamais le droit de demander le remboursement, on ne saurait, en effet, fixer un point de départ à la prescription [7].

Par suite, les rentes définitivement inscrites au Grand-Livre demeurent perpétuellement à la disposition des titulaires ou de

1. L. 23 frim. an VII, art. 16.
2. L. 22 frim. an VII, art. 70, § 3.
3. Déc. min. fin. 7 juill. 1874; Circ. Compt. pub., 29 juill. 1874, § 6, complét. la circ. du 14 avril 1872.
Cette circulaire, en employant l'expression *receveurs des finances*, vise évidemment tous les intermédiaires du Trésor : les Trésoriers-payeurs généraux, les receveurs particuliers et les percepteurs, dans le cas où ils sont appelés à fournir leur concours.
4. Déc. min. fin. 7 juill. 1874.
5. L. 22 frim. an VII, art. 70, § 3, n° 3.
6. L. 15 mai 1850, art. 7. — V. *sup.*, 1re PARTIE, n°s 828 et s.
7. Avis Com. des fin. 27 juin 1834 et 14 juillet 1838, convertis en décisions par l'approbation du ministre.

leurs ayants droit, quel que soit le temps qu'ils restent sans réclamer le capital ou les arrérages, fût-ce même plus de 30 ans.

La question s'est posée à nouveau pour les rentes au porteur,
après la loi du 15 juin 1872, à cause des termes de l'article 16, mais
elle a été résolue aussi dans le sens de la négative par la Direction
du contentieux, dont les conclusions ont été converties en une décision ministérielle du 1er mars 1873.

Quant aux rentes amortissables, le Trésor doit tenir pendant
trente ans à la disposition des parties le capital de celles amorties [1].

A l'expiration de la période quinquennale, le montant des titres
amortis et non remboursés est versé par le Caissier-payeur central
du Trésor au compte : *Valeurs du Trésor restant à rembourser depuis
plus de cinq ans.* L'article 9 de la loi du 29 janvier 1831 ne leur est
pas applicable.

§ 7. — Modes de réduction et d'extinction.

Les rentes sur l'Etat peuvent se trouver réduites et même éteintes
soit par une conversion, soit par leur remboursement, soit par le
fonctionnement d'une caisse d'amortissement, soit, enfin, par la
propriété régulière et définitive que l'Etat en acquiert.

CONVERSIONS.

La conversion, au point de vue où nous nous plaçons, est une
opération financière qui a pour objet de substituer, à une dette
ancienne de l'Etat, une dette nouvelle moins onéreuse.

Lorsque l'élévation des cours prouve une diminution notable dans
le prix du loyer de l'argent, en d'autres termes, une baisse du taux
de l'intérêt, l'Etat propose à ses créanciers : ou d'accepter, en
échange des inscriptions qu'ils possèdent, des titres portant un
moindre intérêt, ou de leur rembourser le capital de ces inscriptions.

Le droit pour l'État d'avoir recours aux conversions, même
quand il n'y a pas de terme fixé pour le remboursement, est généralement admis. C'est l'application à la Nation du droit résultant

1. Avis Cont. des fin. 2 août 1881, 23 mai 1884, 28 mars 1890.

pour les particuliers de l'article 1911 du C. civ. Au surplus, l'alternative offerte aux rentiers de recevoir ou de nouveaux titres ou leur remboursement conserve à la conversion un caractère de loyauté.

En droit, l'État est libre de choisir le moment qu'il juge à propos pour opérer la conversion ; mais, en fait, il n'use de ce droit que lorsque la rente a dépassé le pair sur le marché.

Il peut offrir à ses crédi-rentiers : 1° le remboursement au pair ou la remise d'un nouveau titre d'un revenu inférieur, mais du même capital ; 2° la conversion en rentes au-dessous du pair ; 3° ou la conversion avec soulte, cas auquel le rentier peut se faire rembourser ou conserver son même chiffre de rente du nouveau fonds, en payant une soulte.

L'État a usé à différentes reprises de son droit de conversion : en 1825, en 1852, en 1862, en 1883, en 1887 et en 1894 [1].

Lors de chaque conversion, les formalités relatives à l'échange des titres sont réglementées par des décrets rendus en exécution de la loi autorisant cette mesure.

Voici les principales règles qui ont été suivies pour la conversion de 1894.

En ce qui concerne les propriétaires *n'ayant pas la libre et complète administration de leurs biens*, l'acceptation de la conversion était assimilée à un acte de *simple administration* et dispensée d'autorisation spéciale ainsi que de toute autorisation judiciaire ; les tuteurs, curateurs et administrateurs pouvaient, nonobstant toute disposition contraire et notamment par dérogation à l'article 5 de la loi du 27 février 1880, recevoir et aliéner, sans autorisation, les promesses de rentes au porteur représentatives résultant de la conversion des rentes appartenant aux incapables qu'ils représentaient [2].

Pour les *rentes grevées d'usufruit*, la demande de remboursement devait être faite par le nu propriétaire et l'usufruitier conjointement. Si elle était faite par l'un d'eux seulement, le Trésor se trouvait valablement libéré, en déposant à la Caisse des dépôts et consignations le capital de la rente [3].

Les titres ou expéditions à produire pour le remboursement ou

---

1. V. L. 1er mai 1825 ; Décr. 14 mars 1852 ; LL. 12 fév. 1862 ; 27 avril 1883 ; 7 nov. 1887 ; 17 janv. 1894.
2. L. 17 janv. 1894, art. 7.
3. Art. 8.

la conversion devaient être *visés pour timbre et enregistrés gratis*, pourvu que cette destination fût indiquée, et en tant qu'ils ne servaient qu'aux opérations nécessitées par la loi [1].

Les fractions non inscriptibles des titres dont le remboursement n'a pas été demandé, ont donné lieu à des promesses de rente au porteur, établies par millimes [2].

Il n'y avait lieu à aucune justification pour l'échange des titres, alors même que les inscriptions à échanger avaient plus de 10 ans de date; mais les nouvelles inscriptions étaient revêtues de la mention « *à régulariser* », lorsque, par suite d'un décès ou d'un changement de qualité signalé au Trésor, la rente était devenue susceptible de mutation [3].

Quand il s'agit d'un *remboursement*, les justifications sont, en règle générale, les mêmes que pour un transfert.

Une différence importante est, cependant, à signaler : pour les rentes dotales, le Trésor exige la justification d'un remploi régulier en cas de remboursement, tandis qu'en cas de transfert, il n'exige aucune justification, se considérant comme couvert par l'intervention de l'agent de change.

En 1894, on procéda de la manière suivante :

Pour les *inscriptions au porteur*, le paiement était suffisamment justifié par la production du titre et la quittance du détenteur, quel qu'il fût.

Pour les *inscriptions nominatives* ou *mixtes*, la demande devait être faite par l'ayant droit, avec une légalisation de la signature par un notaire ou un agent de change, dont la signature devait, elle-même, être légalisée dans les autres départements que celui de la Seine.

Lorsqu'il s'agissait de *rentes possédées librement*, la quittance était signée par le titulaire ou son fondé de pouvoir, en vertu d'une procuration qui devait être en minute lorsque la rente excédait 50 francs.

Pour les *rentes grevées d'usufruit*, la quittance et la demande devaient être signées par l'usufruitier et le nu propriétaire. Si la demande n'émanait que de l'un d'eux, les fonds étaient remis à la Caisse des dépôts et consignations [4].

1. Art. 12.
2. Décr. 17 janv. 1894, art. 7; 20 janv. 1894, art. 8. — Cpr. *sup.*, p. 177.
3. Décr. 20 janv. 1894, art. 3.
4. L. 17 janv. 1894, art. 8.

Les *changements de qualités* se constataient selon les règles ordinaires : la majorité, par l'extrait de l'acte de naissance ; le mariage, par celui de l'acte de célébration.

Les viduités, les séparations de biens ou de corps, les divorces, les absences et les décès impliquaient la production d'un *certificat de propriété*.

On devait produire, s'il y avait lieu, le certificat de paiement des droits.

Quant aux *rentes indisponibles*, c'est-à-dire appartenant à des incapables, la manière de procéder pour les principaux cas pouvant se présenter, a été réglée ainsi par une circulaire de la Direction générale du mouvement des fonds du 6 février 1894.

1° Si la rente était frappée de *dotalité* ou soumise à une condition d'*emploi* ou d'*indisponibilité* quelconque, le Trésor exigeait ou la preuve du remploi, ou la nomination, par jugement passé en force de chose jugée, d'un séquestre chargé de toucher les fonds et d'en surveiller le remploi dans les conditions prescrites.

2° Pour les *capitaux revenant aux mineurs* en tutelle ou sous l'administration légale de leur père, à des mineurs émancipés ou à des interdits, on se conformait à la loi du 27 février 1880, et à la circulaire interprétative du Garde des Sceaux du 20 mai suivant. — Par suite, les capitaux étaient remboursés au père administrateur ou au tuteur, *sur la justification de leur qualité*, mais sans exiger, en cas de tutelle, quelle que soit la somme, ni l'assistance du subrogé tuteur, ni une délibération du conseil de famille, ni un jugement d'homologation autorisant le tuteur à recevoir.

3° Les héritiers bénéficiaires pouvaient toucher sans formalité et sans renoncer à leur qualité.

4° Si depuis l'immatriculation de la rente, le titulaire avait été interdit, pourvu d'un conseil judiciaire ou d'un nouveau tuteur, on demandait les actes de nomination : expédition d'arrêt ou de jugement, de délibération de conseil de famille.

En dehors du département d'origine, les signatures des greffiers ayant délivré ces pièces devaient être légalisées, suivant les cas, par les présidents des cours et des tribunaux ou par les juges de paix.

Cette circulaire a rappelé : que l'intervention du Président du tribunal n'est plus exigée pour la légalisation de la signature des greffiers de justice de paix ;

Et que les pièces à produire devaient être visées pour timbre et enregistrées gratis.

Pour les *titres de rentes affectés à des cautionnements* et atteints par la conversion, le Trésor n'exige pas de garanties supplémentaires; il ne conserve même pas les promesses d'inscription[1].

Les usufruits possédés à titre de rente viagère étant forcément atteints par les conversions, il a été jugé que, dans ce cas, l'héritier ou le légataire universel devait faire l'achat d'une rente complémentaire destinée à compenser la réduction[2].

REMBOURSEMENT.

L'État ne rembourse le capital des rentes qu'en cas de conversion ou lorsqu'il s'agit de rentes amortissables. (V. *suprà*, p. 165 et s.)

Dans ce dernier cas, le remboursement a lieu, sans intérêt, à l'échéance qui suit le tirage : à Paris, à la Caisse centrale du Trésor, et dans les départements, aux caisses des trésoriers-payeurs généraux et des receveurs particuliers, comme intermédiaires du Caissier-payeur central, et après autorisation de celui-ci, à qui les pièces destinées à appuyer l'opération doivent être d'abord transmises pour être examinées[3].

Pour les *rentes amortissables au porteur*, les remboursements ont lieu sur la simple production du titre.

Ces titres doivent être munis de leurs coupons; le capital des rentes amortissables n'est, en effet, tenu à la disposition des ayants droit, que sous la retenue des coupons non échus qui auraient été détachés du titre[4].

A défaut de pouvoir représenter le titre sorti au tirage, le remboursement ne peut avoir lieu que sur le dépôt d'un cautionnement en rente d'une valeur égale au capital à rembourser, pendant 20 ans de la date de l'acte d'affectation.

Quant aux *rentes amortissables nominatives* (il n'en existe pas de *mixtes*), les justifications à fournir varient d'après le libellé du titre et les conditions dans lesquelles le titulaire possède[5].

1. Déc. min. 18 juill. 1883.
2. C. Nancy, 24 oct. 1885; Paris, 27 janv. 1888.
3. Circ. Comp. publ. et Dette inscr. 1er avril 1879.
4. Décr. 16 juill. 1878, art. 2.
5. Circ. Compt. publ. et Dette inscrite, 31 mars 1890.

On peut dire, d'une façon générale, que les justifications à fournir, en pareil cas, sont les mêmes que pour le remboursement des rentes en cas de conversion, avec cette différence que la procuration doit être en minute pour les rentes supérieures à 45 francs.

Les rentes *amorties* jouissent du privilège de l'insaisissabilité, aussi bien que celles qui restent en cours.

AMORTISSEMENT.

Il existe une *caisse* dite d'*amortissement*, dont la création remonte à l'édit de 1764 et qui a fait l'objet de diverses modifications successives, dont les plus importantes résultent des lois des 28 avril 1816, 10 juin 1833 et 11 juillet 1866.

Cette caisse avait pour objet l'extinction de la Dette publique, par le jeu des intérêts composés.

Mais, depuis la loi du 16 septembre 1871, en vertu de laquelle les ressources et les charges qui lui étaient attribuées ont été réparties au budget général de l'Etat, cette caisse n'a plus existé, en fait, que de nom.

Elle n'a plus eu à annuler que les rentes perpétuelles dont la Caisse des retraites pour la vieillesse, devait lui faire la rétrocession [1].

Depuis la loi du 30 janvier 1884, abandonnant cette dernière caisse à ses seules ressources, cette annulation a même cessé, et on peut dire que les rentes perpétuelles ne donnent plus lieu à aucun amortissement proprement dit.

EXTINCTIONS.

Depuis que l'action de la Caisse d'amortissement se trouve suspendue, les seuls décroissements qui se produisent dans les rentes sur l'Etat proviennent de celles de ces valeurs dont l'Etat devient propriétaire définitif.

En effet, toutes les rentes inscrites au Grand-Livre, au nom du Domaine de l'Etat, doivent être annulées et portées, comme éteintes, au *Compte de la Nation* devenu le *Compte de réduction* [2], dès que

---

1. LL. 18 juin 1850; 28 mai 1853; 12 juin 1861.
2. L. 24 août 1793, art. 5.

l'Etat en devient propriétaire d'une façon incommutable[1]; il en est de même, par analogie, des rentes au porteur[2].

Cette doctrine est, du reste, en harmonie avec la législation spéciale de la Dette publique[3] et les principes du droit civil[4].

La règle ci-dessus reçoit son exécution, notamment dans les cas suivants :

1° Rentes dépendant de successions dont l'Etat a été envoyé en possession définitive, lorsque l'action en revendication des héritiers légitimes est prescrite.

A cet égard, il avait été décidé autrefois que la prescription trentenaire ne commençait à courir que du jugement d'envoi en possession[5]; mais on admet, aujourd'hui, que ce délai part du jour de l'ouverture de la succession[6];

2° Rentes dépendant de successions d'étrangers dont les héritiers sont inconnus ou auxquelles ils ont renoncé[7].

Ces rentes appartiennent à l'Etat en vertu de son droit de souveraineté, qui s'exerce sur les meubles comme sur les immeubles; la nation du *de cujus* ne pouvant prétendre faire acte de souveraineté au delà des limites de son territoire et par conséquent sur les rentes sur l'Etat dépendant de la succession de son sujet[8].

3° Rentes au porteur trouvées dans les boîtes aux lettres et aux guichets des bureaux de poste, renfermées ou non dans des lettres que l'administration des postes n'a pu remettre à destination, et dont la remise n'est pas réclamée par les ayants droit[9].

Enfin on porte au même compte, les rentes affectées à des dotations réversibles au Domaine, quand le majorat prend fin et que les biens le composant font retour à l'Etat[10].

---

1. Déc. min. 14 déc. 1877.
2. Inst. Dom. 23 mars 1878, n° 2594, et 10 octobre 1878, n° 2602.
3. L. 24 août 1793, art. 5 et 180; 28 floréal an VII, art. 5.
4. C. c., 1300.
5. Paris, 2 fév. 1844; Déc. Min. fin., 13 août 1832.
6. C. c., 787; Cass., 13 juin 1855; C. Bourges, 28 nov. 1871.
7. C. c., 539 et 768.
8. Seine, 2 fév. 1832, 31 mai 1876; Paris, 15 nov. 1833; Bordeaux, 12 fév. 1852; Aubry et Rau, § 606-7, t. VII, p. 337. — Arg. C. c., 537, 713, 723 et 768.
9. LL. 31 janv. 1833, art. 8; 5 mai 1855, art. 17; 15 juill. 1862, art. 1er.
10. V. *sup.*, 1re PART., n° 804.

§ 8. — Certificats d'origine. — Renseignements.

Dans certains cas, il est utile et parfois même nécessaire de connaître l'*origine* des titres de rente ou de se procurer des *renseignements* sur leur existence.

Les demandes d'origine ou de renseignements doivent être écrites *sur timbre* [1] et adressées, *en franchise*, à M. le Ministre des finances, avec cette indication sur l'enveloppe de la lettre : *Bureau de la Dette inscrite.*

Le Directeur de la Dette inscrite a seul qualité, à l'exclusion des autres comptables, pour fournir ces renseignements.

Si des demandes de cette nature étaient adressées à des trésoriers-payeurs généraux, elles devraient lui être transmises accompagnées d'une lettre sur timbre émanant des titulaires inscrits ou de leurs représentants légitimes [2].

Ces demandes doivent porter la signature du requérant et l'indication de son domicile, et faire connaître en quelle qualité il agit [3].

L'origine est constatée par une lettre du Directeur de la Dette, sur papier libre, désignée dans la pratique sous le nom de *Certificat d'origine;* les renseignements sont fournis de la même manière.

En principe, l'Administration n'accorde de renseignements sur les rentes qu'aux personnes ayant un intérêt réel et légitime à les requérir, telles que les rentiers ou leurs représentants légitimes, sur la justification, dans certains cas, de leurs qualités.

Cette partie du service administratif n'est régie par aucun texte; les seules règles suivies sont celles résultant des traditions et des pratiques consacrées par l'usage. Elles sont consignées dans une note de la Dette inscrite, du 6 juin 1840, approuvée par M. le Ministre des finances, et qui se trouve reproduite dans l'ouvrage de MM. Gorges et de Bray [4], et dans celui de M. de Bray [5].

D'après cette instruction :

Les demandes doivent être adressées à la Direction de la Dette inscrite [6].

1. L. 13 brum. an VII, art. 2.
2. Inst. Direct. Dette inscr. 6 juin 1840, art. 1er.
3. Circ. Dette inscr. 27 sept. 1873.
4. P. 398 et s.
5. No 100, note 3, p. 87.
6. Art. 1er.

Celles émanant des créanciers ne sont jamais admises [1].

Celles venant des avocats et des avoués ne sont accueillies que si elles sont appuyées d'une autorisation du juge [2].

Les tuteurs, curateurs, administrateurs, sont autorisés à demander des renseignements au même titre que les rentiers qu'ils représentent. Si leurs qualités sont déjà établies au Grand-Livre, ils n'ont aucune justification à fournir ; dans le cas contraire, ils doivent communiquer les actes leur conférant leurs qualités [3].

Les demandes des héritiers doivent être appuyées de justifications si, après vérification, il est reconnu que les rentes dont il s'agit existent ou ont été recueillies par autrui. Les pièces justificatives sont rendues après que note en a été prise sur la lettre de demande [4].

Le mandataire doit justifier de ses pouvoirs et, s'il agit au nom d'un héritier, des droits de celui-ci. Si la procuration est en brevet elle est gardée ; si elle est en minute note est prise du nom du notaire qui l'a reçue et elle est rendue [5].

Les notaires sont admis à obtenir, sur leur demande, des renseignements concernant l'existence ou le sort des rentes dépendant ou ayant dépendu des successions en liquidation dans leurs études. Ils sont, en outre, exclusivement à tous autres, admis à obtenir des renseignements sur l'immatricule ou l'origine des rentes dont ils sont chargés de requérir la mutation.

Les demandes de certificats d'origine doivent être accompagnées de l'extrait d'inscription ou d'une déclaration indiquant pour quelle cause le titre ne peut être produit [6].

Les notaires, ainsi du reste que les agents de change, mais ces derniers seulement pour les transferts qu'ils ont certifiés [7], peuvent, sans produire aucune justification, faire des demandes d'origine et de renseignements.

1. Art. 2, inst. précitée.
2. Art. 9.
3. Art. 4.
4. Art. 5.
5. Art. 6.
6. Art. 7.
7. Art. 7 et 8.

CHAPITRE II

OPÉRATIONS SUR LES RENTES

Avant d'examiner en détail les opérations relatives au rentes sur l'État, nous résumerons :

1° Les dispositions générales qui les concernent ;

2° Les principes de la responsabilité qui en résulte pour le Trésor et les intermédiaires qui sont appelés à lui prêter leur concours.

Puis nous aborderons l'étude des opérations sur les rentes, en les divisant ainsi :

Art. Ier. — Opérations effectuées sur les *rentes nominatives* ou *mixtes*.

Art. II. — Opérations effectuées sur les *rentes au porteur.*

I. — Dispositions générales.

GRAND-LIVRE DE LA DETTE PUBLIQUE.

Différents services.

Le service des rentes, à Paris, est confié, sous la surveillance du Directeur de la Dette inscrite, à trois chefs de bureau, en qualité d'agents comptables :

1° L'*Agent comptable des Transferts et Mutations ;*

2° L'*Agent comptable du Grand-Livre ;*

3° Et l'*Agent comptable des Reconversions et Renouvellements.*

Les bureaux de la Dette inscrite sont maintenant tous situés au Palais du Louvre, rue de Rivoli, entrée porte A [1].

A côté de ces services, il convient, en outre, de mentionner l'*Agence judiciaire* et le *Bureau central*.

Voici quelles sont, sommairement, les principales attributions de ces différents services.

Directeur de la Dette inscrite.

Le Directeur de la Dette inscrite est chargé, sous les ordres du Ministre des finances, de suivre et de diriger les travaux relatifs à l'inscription sur le Grand-Livre du Trésor public des rentes de toutes natures, perpétuelles et viagères, dont les lois de finances autorisent la création [2].

Il est tenu de surveiller et de contrôler tous les actes des divers comptables ou agents chargés d'opérer ou de constater, soit à Paris, soit dans les départements, les mouvements de ces deux espèces de dettes [3].

Il fait opérer, en vertu de décisions ministérielles, les radiations provisoires ou définitives des inscriptions portées au Grand-Livre et les rétablissements qu'il y a lieu d'admettre [4].

Il est chargé de veiller à l'insertion dans les immatricules des clauses qui peuvent modifier la nature de la propriété des rentes; il concourt, en ce qui le concerne et dans les cas réservés par les lois et par les règlements, à assurer l'effet des empêchements administratifs formés d'office ou sur la demande des parties, ainsi que des oppositions judiciaires ou extra-judiciaires notifiées par le Conservateur des oppositions.

Les immobilisations provisoires et définitives, les remobilisations, divisions, réunions, rectifications, rétablissements, remplacements ou renouvellements des titres, les conversions de rentes nominatives en rentes au porteur ou en rentes mixtes et réciproquement, ainsi que les conversions de rentes directes en rentes départementales,

---

1. Précédemment, avant le 9 oct. 1893, le Bureau des transferts et mutations était installé au Palais de la Bourse.
2. Décr. 18 déc. 1869, sect. III, art. 1er. — V. aussi : L. 17 juill. 1790 ; Décr. 31 mai 1862, art. 196.
3. Décr. 18 déc. 1869, sect. III, art. 1er.
4. Même art.

et *vice versa*, sont effectués sous sa direction et sous sa surveillance [1].

Il est, en outre, chargé de centraliser la comptabilité des rentes et d'en provoquer l'ordonnancement sur la caisse à laquelle les rentiers ont exprimé le désir d'être payés.

Agents comptables de la Dette inscrite.

Les attributions de ces agents étaient autrefois centralisées en la personne du Directeur de la Dette inscrite.

Mais le service de la Dette inscrite a été modifié et réorganisé, d'abord par deux arrêtés ministériels des 14 et 29 juin 1814, et ensuite par un décret du 14 décembre 1876 et un arrêté ministériel du 12 mars 1877.

Ce sont ces textes qui déterminent actuellement les attributions respectives de chacun de ces agents, qui sont tous justiciables de la Cour des comptes [2].

Les agents comptables des transferts et des reconversions sont respectivement responsables, chacun en ce qui le concerne, avec l'agent comptable du Grand-Livre de la régularité des extraits qu'ils délivrent [3].

L'Agent comptable des transferts et mutations est préposé aux opérations portant sur les rentes nominatives et mixtes (achats et ventes en Bourse, mutations, transferts d'ordre), et à l'examen des pièces produites pour les opérations de son ressort. Il libelle, d'après ces justifications, les immatricules des rentes dans des certificats qu'il transmet à l'Agent comptable du Grand-Livre, et la transcription en est faite de suite par les soins de ce dernier. Puis il remet aux parties les nouveaux titres provenant des dépôts faits dans ses bureaux, et envoie au Bureau central ceux dont la délivrance est requise par correspondance [4].

Cet agent a pour mission de veiller à l'exécution de la loi; il représente un intérêt d'ordre public, purement administratif, et les questions de responsabilité que soulèvent ses actes ou ceux de ses

1. Art. 2.
2. Décr. 31 mai 1862, art. 204.
3. Décr. 18 déc. 1869, sect. III, art. 15; 14 déc. 1876, art. 4.
4. Décr. 31 mai 1862, art. 200.

délégués échappent à l'autorité judiciaire. C'est le Conseil d'État qui en connaît [1].

L'*Agent comptable du Grand-Livre* procède, comme on vient de le dire, à l'inscription des rentes et à l'expédition des extraits destinés aux parties; il expédie les *lettres de crédit* autorisant l'émission des inscriptions départementales et les *lettres de débit* qui en prescrivent l'annulation; il assure le paiement des arrérages aux échéances; enfin, il tient la comptabilité des diverses rentes perpétuelles, amortissables et viagères [2].

L'action de cet agent se trouve, en fait, subordonnée à celle des deux autres, attendu qu'aucune modification n'est apportée aux comptes du Grand-Livre, sans qu'elle ait pour base un *certificat* signé de l'un ou de l'autre de ces derniers.

Quant à l'*Agent comptable des reconversions et renouvellements*, dont la création remonte seulement au décret du 14 décembre 1876 et est due à l'extension du service des rentes au porteur, il reçoit, par dépôt direct ou par correspondance, les titres de rentes au porteur destinés à être reconvertis, renouvelés, divisés, etc.; il effectue les transferts d'ordre qu'entraînent ces opérations et remet ou envoie les inscriptions qui en proviennent [3].

Tous les titres au porteur, quelle que soit l'opération demandée par les parties, doivent être déposés à son bureau.

Agence judiciaire.

En outre de ces trois services, il en existe encore un autre : l'*Agence judiciaire* (*Service du Contentieux des finances*), chargée de la correspondance relative aux questions contentieuses concernant le Ministère des finances et pouvant donner lieu à une action administrative pour ou contre le Trésor ; ce qui comprend notamment :

Les réceptions et annulations de cautionnements, par exemple, en cas de perte de titres ou de coupons; la délivrance des bordereaux d'annuels; l'examen, la réception et l'annulation des oppositions et significations de transports, de jugements, etc. [4]...

1. Gorges et de Bray, v° *Agent compt.*, I, p. 73 ; *adde* Laferrière, t. I, p. 598.
2. Décr. 30 mai 1862, art. 201.
3. Décr. 14 déc. 1876, art. 1er.
4. V. Gorges et de Bray, vis *Agent comptable* et *Agent judiciaire du Trésor*, p. 72 et s.

Bureau central.

Enfin, il convient de mentionner le *Bureau central*, fonctionnant sous la surveillance du Directeur de la Dette inscrite, et qui est chargé : de la correspondance avec les clients du Trésor ; de la réception et de la transmission des pièces, titres et renseignements de toute nature ; de suivre les demandes adressées au Ministre et de tous les rapports avec l'extérieur concernant la Dette publique.

GRANDS-LIVRES AUXILIAIRES [1]

Quant aux *Grands-Livres auxiliaires*, auxquels sont inscrites les rentes départementales, la tenue en est confiée aux Trésoriers-payeurs généraux, qui se trouvent réunir en leur personne, ainsi que nous l'avons déjà dit, la double qualité d'agent comptable des transferts et d'agent comptable du Grand-Livre. *Suprà*, p. 168.

Ces fonctionnaires sont passibles de la Cour des comptes, à laquelle ils doivent présenter, dans les 6 mois de l'année suivante, le compte annuel de leur gestion [2].

Les règles relatives à cette partie de la comptabilité des Trésoriers-payeurs généraux sont tracées, sous le titre III de l'Instruction du 1er mai 1819, relative à l'exécution de la loi du 14 avril 1819.

La comptabilité des inscriptions départementales est centralisée à Paris, et le Directeur de la Dette inscrite est tenu au courant de toutes les opérations faites par les Trésoriers, au moyen de l'envoi quotidien des talons des inscriptions délivrées et de la transmission mensuelle d'états de contrôle émanant de la préfecture.

Quand l'opération est provoquée par l'Administration centrale, il en reste trace au Grand-Livre par les *lettres de crédit* ou *débit* qui sont délivrées. V. *infrà*, § 12.

Il existe donc, de cette façon, à la Dette inscrite, un contrôle permanent des livres auxiliaires.

Par suite, les inscriptions départementales peuvent subir à Paris, par l'entremise de l'Agent comptable des transferts et mutations, les mêmes opérations que dans les départements où elles sont inscrites.

---

1. Les livres auxiliaires sont appelés à disparaître. — V. *sup.*, p. 165 et *inf.*, p. 257.

2. L. 14 avril 1819, art. 8 ; Décr. 31 mai 1862, art. 210 et 211 ; Circ. Dette inscr. 25 oct. 1839 et 20 janv. 1863.

Il en est ainsi, qu'elles soient présentées isolément ou qu'elles fassent partie d'un dossier complexe, comprenant également d'autres inscriptions, purement nominatives ou mixtes.

INTERMÉDIAIRES

Trésoriers-payeurs généraux et Receveurs particuliers.

Dans les départements, les inscriptions de rentes de toutes natures, nominatives, mixtes ou au porteur, peuvent être déposées aux caisses des Trésoriers-payeurs généraux et des Receveurs des finances.

Ces inscriptions (excepté toutefois celles *au porteur* et celles *mixtes* munies de coupons) peuvent être aussi reçues par les percepteurs [1].

Ces agents sont, chacun dans sa circonscription, les représentants du Trésorier-payeur général ; ils sont chargés de faire parvenir à qui de droit les titres qui leur sont remis et de prêter leur entremise gratuite pour toutes les opérations auxquelles ils donnent lieu. — V. cependant, en ce qui concerne les *achats* et les *ventes*, *inf.*, p. 246 et 254.

Les Receveurs des finances correspondent avec le Trésorier-payeur général, et les percepteurs, dans leur arrondissement, suivant le cas, soit avec le Trésorier-payeur général, soit avec le Receveur particulier.

Percepteurs.

Comme on le voit, les Trésoriers-payeurs généraux et les Receveurs des finances ont qualité pour recevoir et transmettre les titres de rente, de toutes natures.

Quant aux percepteurs, il y a lieu de faire une distinction.

D'après la circulaire précitée, du 10 février 1883, ils ne peuvent servir d'intermédiaires que pour les *rentes purement nominatives* ; il leur est interdit de prêter leur concours, même officieux, pour les *rentes au porteur*, sous peine de mesures disciplinaires pouvant aller jusqu'à la révocation, en cas de récidive.

Quant aux *rentes mixtes*, il n'en est pas question dans cette circulaire ; mais cette omission a été réparée par une nouvelle circulaire

1. Décis. min. 1er fév. 1883 ; Circ. Direct. gén. Compt. publiq., 10 fév. 1883, § 1er.

du 21 mars suivant (1883), rappelée dans une autre du 31 octobre 1884.

D'après ces nouvelles instructions, ces agents sont autorisés à intervenir non seulement lorsqu'il s'agit de rentes purement nominatives, mais encore ils peuvent offrir leur entremise aux rentiers pour les *rentes mixtes*, à la condition que les titres soient *entièrement dépourvus de coupons*, ce qui ne se présente guère que dans le cas de renouvellement.

Les Trésoriers-payeurs généraux ne pourraient, en aucun cas et sous quelque prétexte que ce soit, autoriser, même sous leur responsabilité personnelle, une dérogation à ces prescriptions [1].

*
* *

Récépissé. — Tout dépôt de titres donne lieu à un récépissé, en échange duquel les titres nouveaux sont remis.

En cas de perte de cette pièce, l'intéressé est tenu d'y suppléer par la remise de l'expédition d'une décharge notariée, portant déclaration de perte [2].

Cette règle s'applique aux récépissés de dépôt de rentes délivrés par les Trésoriers-payeurs généraux, qui, d'après les formules jointes à la circulaire de la Comptabilité publique du 20 mars 1865, doivent toujours contenir le nom du déposant [3].

Autrefois on exigeait l'intervention d'un agent de change à cette décharge, mais il n'en est plus ainsi aujourd'hui.

L'intéressé peut encore faire opposition par acte extrajudiciaire à la délivrance des titres à recevoir par lui.

Franchise. — Le Syndic des agents de change de Paris avec les Trésoriers-payeurs généraux, — ces derniers avec les Receveurs particuliers de leur département, — les Trésoriers-payeurs généraux et les Receveurs particuliers avec les percepteurs de leurs circonscriptions, — tous réciproquement, jouissent de la franchise postale pour la correspondance relative au service du Trésor.

Pièces produites. — *Références.* — Nous indiquerons au fur et à mesure pour chaque opération, et *infrà*, chap. III, en traitant de la *Capacité civile*, les pièces à produire.

1. Circ. Direct. gén. Compt. publ. 10 fév. 1883, § 1er.
2. Avis Chef Content. fin., 5 janv. 1857 ; Inst. Direct. Dette inscrite, 1er oct. 1883, n° 76. — V. *inf.*, art. 2.
3. Bavelier, n° 61, p. 114.

Chaque dossier transmis au Trésor doit être complet en lui-même.

Quelquefois, les parties demandent à se reporter, pour certaines justifications, à des pièces précédemment produites ; il en est ainsi surtout pour les procurations. Mais ce moyen, s'il n'est pas absolument repoussé par la Dette inscrite, présente, on le conçoit, des inconvénients et ne peut occasionner que des lenteurs. Il est donc bon de s'abstenir d'en user.

Les inscriptions annulées par suite de transferts ou de mutations étant transmises tous les ans, avec les pièces à l'appui, à la Cour des Comptes, pour qu'elle en vérifie la régularité, on ne peut, en principe, se reporter qu'aux pièces produites pendant l'année courante.

Timbre. — Toutes les pièces à produire à l'appui des opérations concernant les rentes sur l'État doivent être *sur timbre de dimension.*

Sont cependant exempts de timbre : les actes et pièces délivrés aux personnes ayant obtenu *l'assistance judiciaire;* les *ampliations* des *décrets, arrêtés* et *décisions administratives;* les actes concernant les *sociétés de secours mutuels,* et les actes et pièces concernant les *rentes viagères pour la vieillesse.*

Quant aux certificats de propriété, aux certificats de vie et aux procurations, voir *sup.*, 1re PARTIE, p. 157 et s. et *inf.*, Chap. IV et V.

Légalisation. — Les actes de l'état civil et les autres pièces produites, excepté celles du département de la Seine, doivent être légalisées.

TRANSFERTS — MUTATIONS

En principe, on peut dire que toutes les opérations effectuées sur les rentes sur l'État donnent lieu à un transfert.

Mais il convient de distinguer deux sortes de transferts :

1° Le *Transfert réel;*

2° Et le *Transfert d'ordre* ou *Mutation*[1].

---

1. A la Dette inscrite, on désigne sous le nom générique de *Transferts* les opérations qui ont lieu par le ministère des agents de change, et de *Mutations* celles qui se font sans le ministère de ces officiers ministériels. — Gorges et de Bray, v° *Transfert*, à la note, p. 350.

Il importe toutefois de ne pas confondre le transfert d'ordre, dont il s'agit ici, avec l'opération désignée aussi sous le même nom, qui est employée dans la pratique pour faciliter le transfert réel et dont nous parlerons plus loin. V. p. 260 et s.

Transfert réel. — Le transfert réel est le résultat d'une négociation ou d'une aliénation.

Est aussi considérée comme telle la conversion d'une rente nominative ou mixte en rente au porteur.

Ce transfert nécessite l'intervention d'un agent de change[1].

Transfert d'ordre ou Mutation. — Ce transfert a lieu :

1° Lorsqu'il n'y a pas de transmission de propriété, par exemple en cas de : réunion de plusieurs inscriptions ; changement d'état, de qualité ; rectifications, etc... ;

2° Lorsque la propriété change de mains sans négociation, ainsi en cas de succession, donation, testament, etc... ;

Dans ces transferts, il n'y a pas de parties transférantes ; par suite, le ministère des agents de change n'est pas obligatoire[2].

3° Et, en général, pour les opérations auxquelles donnent lieu les rentes au porteur.

Ces opérations peuvent avoir lieu aussi sans ministère d'agent de change[3].

DÉPÔT ET RETRAIT DES TITRES

La durée des opérations varie nécessairement avec leur nature et les difficultés qu'elles présentent.

A moins de circonstances particulières, le tableau suivant, où sont indiqués les délais ordinaires et les heures d'ouverture des bureaux, pourra servir de guide.

PARIS

NATURE DES OPÉRATIONS	DATE de la remise des titres après le dépôt au Trésor.	HEURES de l'ouverture des guichets.
Rentes nominatives.		
Renouvellement, Réunion, Division, Changement de qualité, Extinction d'usufruit, Mutation.	15 jours à 3 semaines.	De 10 h. à 3 h.
Transfert simple.	Le lendemain	
Transfert avec certificat de propriété.	De 1 à 3 jours, suivant l'importance des pièces à examiner.	

1. Arr. 27 prair. an X, art. 15.
2. De Lacroix, p. 326.
3. V. cep. ce que nous disons *infrà*, art. 2, § 1er.

NATURE DES OPÉRATIONS	DATE de la remise des titres après le dépôt au Trésor.	HEURES do l'ouverture des guichets.
Conversion d'inscription nominative en inscription au porteur ou mixte. Conversion d'inscription mixte en inscription au porteur.	3 jours.	De 10 h. à 11 h. 1/2.

Rentes mixtes.

Renouvellement, Réunion, Division, Transfert simple.	3 jours.	De 10 h. à 3 h. 1/2.
Transfert avec certificat de propriété.	Délai variable.	
Mutation.	15 jours à 3 semaines.	

Rentes au porteur.

Renouvellement, Réunion, Division, Reconversion en inscription mixte.	3 jours.	De 10 h. à midi.
Reconversion en inscription nominative.	Le lendemain.	

Le Bureau des Transferts et Mutations et celui des Reconversions et Renouvellements sont au Ministère des finances, Palais du Louvre.

DÉPARTEMENTS

Les nouvelles inscriptions provenant d'opérations demandées dans les départements, par l'intermédiaire des Trésoriers-payeurs généraux ou de leurs préposés, sont adressées aux Trésoreries générales, *8 jours* après la date de l'arrivée des anciens titres au Ministère des finances, quand il s'agit d'opérations concernant des *rentes au porteur*, et dans un délai maximum d'*un mois*, lorsqu'il s'agit d'opérations portant sur des rentes *nominatives* ou *mixtes*.

II. — Responsabilité résultant des transferts et mutations.

Primitivement, les transferts étaient opérés au Trésor par les soins d'un agent de l'Administration, le Liquidateur de la Dette publique, à qui les parties devaient remettre directement, avec leurs titres, les pièces justificatives de leurs droits, et qui assumait la responsabilité de l'opération[1].

Mais l'État a voulu faire cesser cet état de choses, en plaçant entre

1. L. 24 août-17 sept. 1793, art. 165 et 172; *Sup.*, 1ʳᵉ PARTIE, p. 3, note 1.

lui et ses créanciers des intermédiaires chargés d'assumer la responsabilité résultant de la transmission des rentes.

D'une part, l'arrêté du 27 prairial an X, par son article 15, stipule que les transferts seront faits au Trésor en présence d'un agent de change, chargé de certifier l'identité du propriétaire, la vérité de sa signature et celle des pièces produites.

Et d'autre part, aux termes de l'article 6 de la loi du 28 floréal an VII, les mutations, autres que les transferts résultant des ventes sont opérées sur le rapport d'un certificat de propriété ou d'un acte de notoriété, délivré, suivant les circonstances, soit par un notaire, soit par l'un des autres fonctionnaires autorisés à cet effet.

De là trois responsabilités en matière de transmission de rentes : 1° celle des agents de change, en cas de transfert ; 2° celle des notaires et autres fonctionnaires appelés à délivrer des certificats de propriété, en cas de mutation ; 3° et celle du Trésor dans ces deux cas.

Responsabilité du Trésor.

Depuis que, par suite de la modification apportée à la législation primitive de la Dette inscrite, les transferts sont opérés sur la certification d'agents de change, et les mutations sur la production de certificats de propriété délivrés par les notaires, la responsabilité du Trésor se trouve très réduite.

Son intervention est purement administrative ; elle consiste uniquement à consacrer, par une inscription sur ses registres, destinés à servir de minutes, le résultat d'une transmission provenant soit d'un contrat intervenu entre les parties, soit d'une décision rendue entre elles et auxquels il est resté étranger, soit des dispositions de la loi.

La responsabilité du Trésor se trouve couverte par ces deux intermédiaires : les agents de change et les notaires.

En effet, d'une part, l'article 16 de l'arrêté du 27 prairial an X, relatif aux transferts, porte que l'agent de change sera, par le seul effet de sa certification, responsable, pendant 5 ans, de la validité des transferts qu'il aura certifiés, en ce qui concerne l'identité du propriétaire, la vérité de sa signature et des pièces produites ; et, d'autre part, aux termes de l'article 7 de la loi du 28 floréal an VII, relative aux mutations, les certificats de propriété délivrés par les notaires et autres fonctionnaires autorisés par l'article 6, opèrent la décharge du Trésor.

La passivité du rôle du Trésor a, du reste, été reconnue par divers avis du Conseil d'État [1].

L'arrêté de prairial an X ne concernait que les agents de change de Paris, les seuls alors appelés à certifier des transferts de rentes; mais l'ordonnance royale du 14 avril 1819, rendue en exécution de la loi du même jour, a étendu ces dispositions à ceux des départements, pour le cas où leur intervention est admise.

On a prétendu, il est vrai, contester la légalité de cette ordonnance, alléguant que celle-ci pouvait seulement prescrire des mesures administratives et réglementaires, mais non régler la responsabilité d'un officier public, le pouvoir législatif étant seul compétent à ce sujet, à l'exclusion du pouvoir exécutif.

Mais cette critique ne nous semble pas fondée, car l'ordonnance en question a été rendue en exécution et par délégation de la loi du 14 avril 1819, article 9, et, comme telle, elle participe de son caractère législatif et forme corps avec elle [2].

Suivant M. de Bray [3], la question de savoir si les agents de change départementaux encourent la même responsabilité que ceux de Paris, ne peut, en tout cas, être douteuse que pour les rapports de ces officiers ministériels avec leurs clients.

Les agents de change des départements, qui auraient donné une certification fausse, devraient donc être déclarés responsables vis-à-vis du Trésor.

Les tribunaux trouveraient, d'ailleurs, le cas échéant, dans ce fait, la base d'une responsabilité de droit commun [4].

Bien que le rôle du Trésor en matière de mutation se borne à une opération purement administrative, il n'en est pas moins fondé, dans certains cas, à exiger des justifications spéciales, par

---

1. Avis. C. d'Etat 2 juill. 1828, 7 fév. 1851, 7 déc. 1853. — Ce dernier avis, approuvé par décret du 20 du même mois, exprime formellement qu'il résulte des dispositions de la loi du 28 floréal an VII, que les agents du Trésor n'ont pas à examiner les titres constitutifs et translatifs du droit de propriété ; que les titres de cette nature ne doivent pas être soumis à leur appréciation, et que ces dispositions exonèrent le Ministre des finances de la responsabilité, qui incombe aux officiers publics.

2. Crépon, n° 229, p. 233. — Cpr. Cass., 14 août 1877; 30 juill. 1885.

3. N° 309, p. 292.

4. Buchère, *Op. de Bourse*, n° 876, p. 601.

exemple, quand les libellés des titres sur lesquels porte l'opération lui révèlent l'incapacité des titulaires ou l'indisponibilité des inscriptions [1].

S'il opérait au mépris d'une mention de cette nature, ou sans exiger la justification régulière que l'incapacité du titulaire a cessé, il encourrait une responsabilité envers les parties lésées [2]; mais, même dans ce cas, si l'opération avait eu lieu avec le concours d'un agent de change ou d'un notaire, la jurisprudence du Conseil d'État admet que la responsabilité du Trésor serait couverte par celle de l'agent de change ou du notaire.

C'est, du moins, ce qui a été décidé dans la circonstance suivante :

Un titre de rente, immatriculé au nom du sieur Lenormand, avec mention que celui-ci était pourvu d'un conseil judiciaire, avait été vendu par le titulaire, sur la certification d'un agent de change et sur la production d'un jugement de mainlevée, rendu en chambre du conseil.

Mais ce jugement, non contradictoire, qui n'avait été ni publié, ni signifié, ayant été rapporté ultérieurement, le fils du titulaire, après la mort de son père, comme représentant de ce dernier, prétendit que le représentant du Trésor devait l'indemniser pour avoir laissé transférer ce titre, au mépris de la mention dont il était revêtu.

L'affaire fut portée devant le tribunal de la Seine ; mais celui-ci s'étant déclaré incompétent, elle fut portée devant le Conseil d'État, qui, par une décision du 19 mars 1880, rejeta la demande du sieur Lenormand fils, attendu, en substance, que le rôle du Trésor, à l'égard des transferts qui s'effectuent par le ministère des agents de change, consiste à constater l'opération sur ses registres ; que cette constatation s'opère sur la déclaration des parties, certifiée par l'agent de change, responsable de la validité du transfert, en ce qui concerne l'identité du propriétaire, la vérité de sa signature et des pièces produites ; que ces dispositions ont eu pour effet de restreindre la responsabilité antérieure du Trésor ; que si le titre du sieur Lenormand portait que celui-ci était pourvu d'un conseil judiciaire, il était produit un jugement de mainlevée ; que dans ces circonstances, en constatant le transfert, sur vu des pièces pro-

---

1. De Bray, n° 312, p. 294.
2. Buchère, *Op. de Bourse*, n° 185, p. 155.

duites, les agents du Trésor n'avaient pas contrevenu aux obligations leur incombant, et que l'État n'avait pu encourir de responsabilité.

Cette décision nous semble rigoureuse. Dans l'espèce, dit avec raison M. Deloison [1], en admettant que les agents du Trésor n'avaient point à examiner si le jugement avait été rendu contradictoirement, nous leur reprocherions de n'avoir pas exigé la production du certificat de non-appel. Ils ne sont ni juges ni responsables des pièces produites; mais étant donnée une incapacité, ils doivent veiller à ce que les pièces qui justifient de la validité du transfert soient produites par les parties.

Pour être conséquent avec les principes qu'il invoque devant les tribunaux, le Trésor devrait conserver un rôle purement passif dans tous les cas, et opérer, sans se faire juge de leur validité, les transferts, dès qu'ils sont certifiés par un agent de change, et les mutations, quand elles sont appuyées d'un certificat de propriété; mais on sait qu'il n'en est pas ainsi [2].

Il est vrai que les agents de change, qui prétendent rejeter sur le Trésor la responsabilité résultant de l'incapacité des parties, opposent aussi à celles-ci, le cas échéant, leur *veto*.

Bien entendu, le Trésor ne saurait se soustraire à la responsabilité encourue si le transfert frauduleux était le résultat du fait même d'un de ses agents qui, après avoir soustrait un titre, l'aurait ensuite transféré avec le concours d'un agent de change.

Dans une affaire se présentant dans ces conditions, le Trésor a été condamné solidairement avec l'agent de change [3]; mais la Cour de cassation a décidé qu'ils n'avaient l'un contre l'autre aucune action.

Quand il s'agit, non plus d'un transfert, mais d'une mutation, le rôle du Trésor reste le même; l'intermédiaire entre l'État et ses créanciers est seul changé: c'est un notaire au lieu d'être un agent de change.

Dans ce cas encore, le Trésor n'apprécie pas personnellement les actes sur lesquels repose la mutation. Cette appréciation est

1. No 133, *in fine*, p. 116.
2. Comp., à ce sujet, ce que nous avons dit *sup.*, 1re PARTIE, no 149, p. 30.
3. Paris, 25 janv. 1833; Cass., 29 fév. 1836; — de Bray, no 313, p. 298; Crépon, no 231, p. 234.

confiée aux officiers ministériels chargés de délivrer des certificats de propriété, qui se trouvent alors jouer un rôle analogue à celui des agents de change pour les transferts et assumer, à peu près, la même responsabilité[1].

En effet, d'après l'article 6 de la loi du 28 floréal an VII, la mutation s'opère au profit de l'ayant droit sur le simple rapport de l'ancien extrait d'inscription et d'un certificat de propriété ou acte de notoriété, contenant ses nom, prénoms et domicile, la qualité en laquelle il procède et possède, l'indication de sa portion dans la rente et l'époque de sa jouissance.

L'agent comptable, représentant du Trésor, ne pourrait être inquiété que s'il admettait un certificat de propriété irrégulier en la forme, émanant d'un fonctionnaire incompétent ou concluant à des attributions de propriété contraires au droit commun ou à la législation spéciale des rentes[2].

Aux termes d'un avis du Conseil d'État du 2 juillet 1828, l'examen dont l'agent comptable a à s'occuper, par rapport aux certificats de propriété délivrés par les notaires, est légalement consommé, lorsqu'il s'est assuré qu'ils sont revêtus des formalités et qu'ils renferment les indications voulues par la loi du 28 floréal an VII.

Ce comptable ne serait, d'ailleurs, utilement pris à partie qu'après le rédacteur du certificat de propriété.

Quant aux opérations de vente et d'achat qui sont faites par l'intermédiaire des Trésoriers-payeurs généraux et Receveurs des finances, pour le compte des particuliers, ceux-ci ne sont garantis que par le droit commun, c'est-à-dire par l'action personnelle qu'ils ont contre l'agent du Trésor[3].

L'ordonnance du 8 décembre 1832, art. 6, déclare que les achats et les ventes opérés par l'intermédiaire des trésoriers-payeurs généraux ne peuvent donner lieu à aucun recours en garantie contre le Trésor public, et la loi du 24 avril 1833, art. 3, est venue confirmer cette déclaration, en l'appliquant aux versements faits tant aux Receveurs particuliers qu'aux Trésoriers-payeurs généraux.

1. De Bray, n° 327, p. 309.
2. De Bray, n° 328, p. 309.
3. Cass. (req.), 14 avril 1875.

La circulaire qui accompagne cette loi a justifié, en ces termes, cette disposition : « Il est donc établi que la volonté seule des particuliers les déterminant à confier aux Receveurs particuliers, les commissions d'achat et de vente des rentes, il n'en doit résulter aucun recours en garantie contre le Trésor. »

Quant aux percepteurs, ils ne sont pas les préposés des Trésoriers-payeurs généraux et des Receveurs particuliers, et ceux-ci ne sauraient être déclarés responsables des malversations commises par eux au préjudice des particuliers. La loi n'a jamais admis, en principe, d'autres intermédiaires, pour les ventes et achats, que les Trésoriers-payeurs généraux et les Receveurs particuliers. Par conséquent, un Trésorier-payeur général et un Receveur particulier ne sont pas responsables d'un détournement de titres commis par un percepteur, au préjudice d'une personne qui les lui avait confiés pour être transmis à la Recette particulière[1].

L'ordonnance de 1832 et la loi de 1833 ne visent, pour exonérer le Trésor de responsabilité, que les opérations de vente ou d'achat. En serait-il de même, s'il s'agissait du détournement de titres déposés dans une Trésorerie ou dans une Recette, en vue d'une autre opération, une mutation, un renouvellement, une reconversion, etc...?

Nous n'avons trouvé cette question résolue par aucun des auteurs spéciaux que nous avons consultés, et les tribunaux n'ont pas encore eu, que nous sachions, à se prononcer.

Nous estimons que, dans ce cas, la responsabilité du Trésor serait engagée, d'abord parce que les Trésoriers-payeurs généraux et les Receveurs particuliers nous semblent être alors les intermédiaires obligés entre l'État et les particuliers, contrairement à ce qui a lieu pour les ventes et les achats, qui peuvent être faits par d'autres intermédiaires, et ensuite, parce que les dispositions législatives précitées constituent une exception et, comme telles, doivent être appliquées dans les limites qu'elles prévoient.

Le Caissier-payeur central du Trésor remplissant, à Paris, l'office de Trésorier-payeur général pour les ventes et les achats[2], il doit,

---

1. Cass., 8 août 1882. — Il s'agissait, dans l'espèce, de titres de rente, les uns nominatifs et les autres au porteur, confiés à un percepteur pour les faire transformer en deux titres au porteur, opération qui équivalait, en ce qui concernait les rentes nominatives, à un transfert.

2. Décr. 6 juin 1883, art. 1er.

quant aux questions de responsabilité, être assimilé aux Trésoriers-payeurs généraux des départements.

Ainsi que nous le dirons en parlant de la responsabilité des agents de change en matière de transfert de rentes, cette responsabilité est limitée à 5 ans. L'action que les rentiers pourraient prétendre exercer, dans le même cas, contre l'État, s'éteint par le même laps de temps. Passé ce délai, et alors qu'ils n'auraient plus de recours contre l'agent de change, ils ne pourraient se retourner contre le Trésor[1].

Responsabilité des agents de change.

La responsabilité des agents de change en matière de transfert de rentes sur l'État est régie, ainsi qu'on vient de le voir, par l'arrêté du 27 prairial an X. D'après cet arrêté, le témoignage de l'agent de change doit porter sur trois points : l'identité du propriétaire, la vérité de sa signature et la vérité des pièces produites.

L'identité signifie la reconnaissance de la personne, comme on l'entend en matière criminelle[2].

Contrairement à ce qui existe pour les notaires[3], la loi n'indique, pour les agents de change, aucun moyen de constater l'identité des parties ; les précautions à prendre, en pareil cas, sont laissées à leur appréciation.

Afin que l'agent de change puisse attester avec certitude la vérité des signatures, la loi prescrit, en ce qui concerne les rentes sur l'État, que les déclarations et certificats de transfert doivent être signés et scellés dans le bureau de l'agent de change[4].

En ce qui concerne la vérité des pièces produites, nous pensons, avec M. Bédarride[5], que la responsabilité s'entend plutôt de la forme que du fonds.

Un agent de change ne saurait, en effet, équitablement être déclaré responsable d'un transfert opéré à l'aide d'une procuration

1. Av. Com. fin. 22 août 1822 ; Paris, 23 janv. 1834 ; Seine, 25 mars 1855 ; Déc. C. d'État 19 mars 1886.
2. C. inst. crim., 518 et s. ; Deloison, n° 134, p. 117.
3. L. 25 ventôse an XI, art. 11.
4. L. 20 juin 1883.
5. N° 263 in fine, p. 504.

16

dont la falsification, qu'il ignorerait, serait l'œuvre du notaire qui l'a délivrée et non la sienne[1].

C'est ce qui a été jugé par la Cour de Paris[2] dans une espèce où la falsification de la procuration était le fait du dépositaire du pouvoir, qui avait voulu s'approprier le produit de la négociation.

Le propriétaire dépossédé avait dirigé son action contre le Trésor et contre l'agent de change; mais elle fut repoussée à bon droit, attendu que l'expédition de l'acte authentique faisant foi comme celui-ci de son contenu, aucun d'eux ne pouvait être tenu de vérifier l'expédition sur la minute.

Dans cette circonstance, comme dans toutes autres analogues, les conséquences du faux doivent retomber sur celui qui, en choisissant le notaire, a mal placé sa confiance.

Dans les cas où, en raison des circonstances, ils peuvent être déclarés responsables, les agents de change conservent leur recours, dans les termes du droit commun, contre les auteurs des pièces fausses, surtout si elles émanent d'officiers ministériels, et si, d'ailleurs, il ne peut leur être imputé aucune faute ni aucune imprudence[3].

Les agents de change doivent-ils aussi être responsables de la capacité des parties?

C'est là une question des plus controversées.

On dit, pour soutenir l'irresponsabilité de l'agent de change, qu'aux termes de l'article 15 de l'arrêté du 27 prairial an X, ceux-ci doivent certifier seulement l'identité du propriétaire, la vérité de sa signature et celle des pièces produites, et que l'article 16 du même arrêté ne les rend responsables que de ce fait; que la responsabilité de ces agents, comme celle de tous les fonctionnaires et officiers publics, est limitée aux seuls cas spécifiés, dans les hypothèses qui déterminent la nature et l'étendue de leurs obligations envers le gouvernement et le public; qu'aucune loi ni aucun règlement n'obligeant les agents de change à attester la capacité de leurs clients, ils ne sauraient être responsables de ce chef.

C'est en ce sens que s'est prononcé un arrêt de la Cour de cassa-

1. Buchère, *Op. de Bourse*, n° 878, p. 602. — *Contrà*, Crépon, n° 232, p. 235.
2. Paris, 25 janv. 1834. — V. cep. Cass. (req.), 11 juill. 1876 (rapp. p. Crépon, n° 233, p. 242).
3. Deloison, n° 134 *in fine*, p. 118.

tion du 8 août 1827[1] ; c'est aussi l'opinion de la plupart des auteurs spéciaux[2].

On peut, d'ailleurs, ajouter, comme le fait judicieusement M. Duvert[3], que les Avis du Conseil d'État, sur lesquels s'appuie le Trésor pour prouver la passivité complète de son rôle, n'ont, si respectables qu'ils soient, que la valeur d'une consultation administrative, depuis que la charte de 1814 a retiré à ce corps constitué le pouvoir d'interprétation législative[4].

Mais le Trésor soutient, au contraire, qu'il est indemne de toute responsabilité, quant à la capacité civile des rentiers.

Et le Ministre des finances, conformément à cette doctrine, a pris, à la date du 23 juillet 1831, une décision prescrivant à l'Agent comptable des transferts de s'abstenir, à l'avenir, de toute demande de production qui ne serait pas formellement exigée par la législation spéciale sur la matière, dont les dispositions ont expressément pour but, est-il dit en cette circulaire, de restreindre autant que possible les cas de responsabilité du Trésor.

Aux termes de ce document : « dans toute opération d'achat de rente nominative ou de conversion d'une rente au porteur en rente nominative, le libellé d'une inscription fourni par l'agent de change ou par la partie elle-même, doit être admis par l'Administration purement et simplement, quelle que puisse être la qualité qui y soit exprimée pour le rentier ».

« Le transfert de cette inscription, quand il a lieu ensuite, doit s'opérer de même, en toute liberté, à moins, bien entendu, que l'immatricule ne contienne quelque disposition restrictive de la disponibilité du titre ou énonciation de l'incapacité du titulaire pour aliéner. »

Ces instructions qui avaient, sinon pour but, du moins pour conséquence d'accorder aux agents de change une plus grande latitude dans leurs rapports avec le Trésor, ne furent cependant pas accueillies sans protestations de la part de ceux-ci.

Ils y voyaient la preuve que le Trésor entendait rejeter définitivement sur eux la mission de vérifier les qualités prises par l'ac-

1. V. cep. contrà, Seine, 31 juill. 1881.
2. Bédarride, n° 261, p. 298 ; Buchère, Op. de Bourse, n° 877, p. 601 ; Deloison, n° 135, p. 118 ; Duvert, n° 486 et s., p. 238 ; Bavelier, n° 72, p. 127.
3. N° 487, p. 239.
4. Aubry et Rau, t. I, p. 10 et 125.

quéreur et la capacité civile du vendeur; c'était trancher, dans le sens favorable au Trésor, une question de responsabilité très controversée.

Le Syndic des agents de change de Paris protesta, par une lettre du 17 août 1851 au Ministre des finances, à laquelle ce dernier répondit par une autre du 25 septembre suivant.

Dans cette lettre, le Ministre disait qu'il n'avait pas augmenté la responsabilité des agents de change, ce qu'il reconnaissait d'ailleurs ne pouvoir faire; mais que le Bureau des transferts s'écartant des véritables principes en se livrant à des vérifications qui le faisaient sortir de son rôle passif, et pouvant ainsi compromettre la sécurité du Trésor et donner aux parties et aux intermédiaires une trompeuse sécurité, il avait jugé à propos de faire cesser ces errements.

Et il ajoutait, avec une logique qu'on ne peut guère contester, que si la loi ne prescrit pas explicitement aux agents de change de vérifier les droits des contractants, cette obligation résulte implicitement pour eux de la nature de leur mandat, puisque, étant responsables, en vertu de l'article 13 de l'arrêté du 27 prairial an X, de la livraison et du paiement de ce qu'ils ont vendu ou acheté, livraison et paiement qui s'opèrent par leur entremise après l'exécution du transfert, il faut bien, nécessairement, qu'avant de certifier le transfert, ils vérifient les qualités de leurs clients, pour s'assurer de leur capacité et s'ils pourront se dessaisir valablement entre leurs mains.

Les agents de change contestent toujours la doctrine du Trésor; mais, cependant, ils l'appliquent dans la pratique et s'y soumettent en fait, en ajoutant même leurs exigences à celles de l'Administration de la Dette inscrite. Le transfert des rentes appartenant au mineur sous l'administration légale de son père, en offre un exemple frappant. V. *inf.*, chap. III, v° *Mineurs*.

La responsabilité des agents de change est absolue; elle existe non seulement vis-à-vis du Trésor, mais encore de l'ancien titulaire de la rente transférée[1].

Cette responsabilité, quant au transfert proprement dit, dure 5 ans à partir de la déclaration du transfert[2]; et comme il s'agit

1. Bavelier, n° 72, p. 127; Crépon, n°s 223 et s., p. 228 et s.; Cass., 11 juill. 1876. — V. cep. Buchère, *Op. de B.*, n° 878, p. 602.
2. Arr. 27 prairial an X, art. 16; Paris, 25 janv. 1833; Crépon, n° 243, p. 248.

d'une responsabilité spéciale, la prescription qui s'y applique, comme toutes celles *brevis temporis*, n'est pas susceptible de suspension et court contre les incapables [1].

Mais si le prix de la négociation n'avait pas été payé par l'agent négociateur, ou si celui-ci ne pouvait justifier du versement de ce prix, la prescription opposable serait seulement celle de 30 ans [2]; et comme il ne s'agirait plus d'une prescription spéciale, mais de droit commun, les règles concernant la suspension de la prescription ordinaire seraient applicables [3].

Responsabilité des Notaires.

La responsabilité des notaires et des autres fonctionnaires appelés à délivrer des certificats de propriété pour la mutation des rentes sur l'Etat est régie, ainsi que nous l'avons dit, par la loi du 28 floréal an VII.

Les difficultés relatives à cette responsabilité ayant été examinées en traitant des certificats de propriété, il y a lieu de se reporter à ce que nous avons dit à cet égard. *Suprà* 1re PARTIE, chap. VII et IX.

ART. 1er

Opérations sur les rentes nominatives ou mixtes.

Ces sortes de rentes comportent les opérations suivantes :

1° Achat;

2° Vente ;

3° Conversion de rentes nominatives et de rentes mixtes en rentes au porteur;

4° Renouvellement;

5° Réunion ou division ;

6° Conversion de rentes nominatives en rentes mixtes;

7° Conversion de rentes mixtes en rentes nominatives;

1. Duvert, n° 486, p. 238 ; Crépon, n° 238, p. 244 (mais, d'après cet auteur, n° 245, p. 249, l'action est soumise aux causes interruptives de prescription) de Bray, n° 308, p. 291 ; Deloison, n° 139 *bis*, p. 124 ; Bédarride, n° 270, p. 314 ; Buchère, *Op. de B.*, n° 882 et s., p. 604 et s. ; Cass., 31 mars 1843.

2. De Bray, *ubi sup.*; Bavelier, n° 72, p. 128 ; Buchère, *Op. de B.*, n° 884, p. 605 ; Cass., 18 nov. 1840. — *Contrà*, Bédarride, n° 269, p. 311.

3. Crépon, n° 244, p. 248.

8° Changement de qualités;

9° Rétablissement de rentes éteintes par la prescription;

10° Rectification de libellés;

11° Remplacement d'inscriptions perdues, détruites ou volées;

12° Conversion d'inscriptions directes en inscriptions départementales et *vice versa*; — Echange de rentes départementales;

13° Mutation;

14° Nantissement.

Chacune de ces opérations fera l'objet d'un paragraphe spécial.

§ 1er. — Achat de rentes nominatives ou mixtes.

La négociation des rentes se fait à la Bourse, par le ministère des agents de change, chargés par la loi d'être les intermédiaires obligés entre vendeurs et acheteurs[1], et auxquels sont remis les fonds nécessaires.

L'achat a lieu, soit à un cours fixé par l'acquéreur, qui signe une commission précisant les conditions de l'opération, soit au cours moyen du jour, constaté par la cote officielle[2].

L'ordre d'achat doit spécifier si l'acquéreur veut une rente *au porteur*, *nominative* ou *mixte*.

Dans les villes où il existe une Bourse et par suite une Compagnie d'agents de change, les parties peuvent s'adresser, comme à Paris, à l'agent de change de leur convenance.

Les agents de change doivent délivrer des reçus des fonds qui leur sont remis[3].

A Paris, l'achat (comme la vente) peut aussi avoir lieu par l'entremise du *Caissier-payeur central du Trésor*[4].

Dans les départements, les *trésoriers-payeurs généraux* et les *receveurs particuliers* sont tenus de prêter leur concours aux acquéreurs, sans autres frais que ceux de courtage alloués aux agents de change[5].

Mais il est interdit aux *percepteurs* de recevoir des fonds pour

1. L. 28 vent. an IX; Arr. consul. 27 prair. an X.
2. Gorges et de Bray, v° *Achat de rentes*, I, p. 68.
3. Décr. 7 oct. 1890, art. 42.
4. Décr. 6 juin 1883, art. 1er. — Cpr. *inf.*, § 2, *Vente*.
5. Ord. 14 avril 1819, titre VI, art. 21; Inst. gén. fin. 20 juin 1859, art. 1156; Circ. Mouv. fonds, 20 mars 1866. — Cpr. *inf.*, § 2, *Vente*.

achat de rente sur l'Etat et de se faire, soit officiellement, soit a titre gracieux, les intermédiaires des rentiers auprès des receveurs des finances et agents de change [1].

Les ordres d'achat remis aux comptables du Trésor sont transmis, par l'intermédiaire des trésoriers-payeurs généraux, à la Chambre syndicale des agents de change de Paris qui est, dans ce cas, leur intermédiaire obligé [2].

C'est aussi par l'intermédiaire de cette Chambre que sont exécutés les ordres donnés par la Caisse des dépôts et consignations au nom des Caisses d'épargne pour leurs déposants.

Les achats faits pour les déposants aux Caisses d'épargne, ont lieu soit d'office, soit à la demande des intéressés. Ils ne donnent jamais lieu qu'à la délivrance de titres nominatifs [3].

Les trésoriers et receveurs délivrent à la partie versante un reçu timbré à 0 fr. 10, extrait d'un registre à souche et indiquant la somme versée, le chiffre et la nature de la rente demandée [4].

Toutefois, il importe de ne pas confondre ces reçus avec les récépissés dont il est parlé en l'article 1er de la loi du 24 avril 1833; les versements faits pour achat de rente aux trésoriers-payeurs généraux et aux receveurs des finances, ne sont point soumis aux formalités prescrites par les articles 1 et 2 de la loi précitée (récépissé à talon et visa du contrôle), attendu qu'ils ne donnent lieu à *aucun recours contre le Trésor* [5].

Lorsque les arrérages doivent être encaissés en province, on peut, lors de l'achat, indiquer à l'intermédiaire le département où l'on veut recevoir, afin que le titre soit délivré payable sur la caisse du Trésorier de ce département. Mais on ne peut indiquer que le département; pour recevoir à une recette particulière, il y a lieu d'en faire la demande soit à cette recette, soit à la trésorerie [6].

La demande d'achat, le versement des fonds et le retrait des titres peuvent être faits par un tiers [7].

---

1. Circ. Mouv. fonds, 12 oct. 1880; *Suprà*, p. 230. *Intermédiaires.* — C'est, en effet, par erreur que Deloison semble laisser supposer le contraire dans son *Traité des valeurs mobilières*, n° 141, p. 126.
2. Circ. Mouv. fonds, 1er juill. 1862.
3. LL. 9 avril 1881, art. 7; 20 juill. 1895, art. 2 et 4.
4. H. Paulme, n°s 24 et 25, p. 11. — Cpr. *sup.*, p. 215.
5. L. 24 avril 1833, art. 3.
6. *Sup.*, p. 185.
7. H. Paulme, n° 36, p. 13 et s.

Tout achat de rente donne lieu à des frais de *courtage* et de *timbre*.

Par exception, les achats de rente effectués par l'intermédiaire des caisses d'épargne pour leurs déposants ont lieu sans frais, mais le droit de timbre est dû [1].

Aux termes du décret du 7 octobre 1890, article 38, le taux de courtage est déterminé, pour chaque place, par la Chambre syndicale, quand il y en a une.

Les *frais de courtage* des agents de change de Paris sont ainsi fixés [2] :

1/4 p. 100 ou 0 fr. 25 par 100 francs, sur toutes les négociations faites en vertu de pièces contentieuses.

(Toute pièce, autre qu'une procuration simple, est réputée pièce contentieuse).

1/8 p. 100 ou 0 fr. 125 par 100 francs, sur toutes opérations simples de vente et d'achat.

Minimum : 1 franc par bordereau, et 0 fr. 25 par titre.

Lorsque, pour un seul client, il est effectué, dans une même bourse, un achat et une vente, le courtage n'est prélevé que sur l'une des deux opérations, celle dont le montant est le plus élevé.

Quant aux agents de change près des bourses de commerce non pourvues de parquet, le droit de courtage pour les rentes sur l'Etat est (comme celui des agents de change de Paris) de : 1/4 p. 100, sur les négociations en vertu de pièces contentieuses, et 1/8 p. 100, sur les autres opérations au comptant d'achat ou de vente [3].

Le courtage est dû aussi bien par le vendeur que par l'acheteur.

Avant le premier juin 1893, les *droits de timbre* des bordereaux de vente ou d'achat étaient de [4] : 0 fr. 60 pour toute négociation de 10,000 francs et au-dessous, et 1 fr. 80 pour toute négociation d'un chiffre supérieur.

Depuis cette époque, l'article 19 de la loi du 2 juillet 1862 est abrogé [5], et en vertu de la loi du 28 avril 1893, toute opération de Bourse ayant pour objet l'achat ou la vente, au comptant ou à terme, de valeurs de toute nature, donne lieu à un bordereau soumis à un

1. Arnaud, *Man. des dépos.*, n° 209, p. 60.
2. Délib. Chambre synd. 19 déc. 1887.
3. Décr. 17 nov. 1894.
4. L.L. 2 juill. 1862, art. 19 ; 23 août 1871, art. 2.
5. L. de fin. du 28 avril 1893, art. 35.

droit de timbre, exempt de décimes, dont la quotité avait été fixée par cette loi à 5 centimes par 1,000 francs ou fraction de 1,000 francs du montant de l'opération, calculé d'après le taux de la négociation [1].

Mais la loi du 28 décembre 1895, par son article 8, a réduit ce droit des 3/4, pour les opérations relatives aux rentes sur l'Etat.

Cet article stipule, en outre, que toute fraction de centime dans la liquidation des droits donne lieu à la perception du centime entier, et que la disposition de l'article 28 de la loi de 1893, réduisant le droit de moitié pour les opérations de report, est maintenue.

Les dispositions de la nouvelle loi s'appliquent à toutes les opérations relatives aux titres de la catégorie de ceux qui se négocient soit sur le marché officiel, soit sur le marché en banque, opérations qui comprennent notamment la négociation à la Bourse ou en banque des fonds d'Etat et créances, *rentes sur l'Etat, bons du Trésor, promesses d'inscriptions de rentes*, etc. [2].

Les délais de livraison, d'acceptation ou de paiement sont déterminés par les règlements des compagnies d'agents de change dûment homologués [3].

A Paris, au bout de 8 jours, l'acquéreur reçoit son titre des mains de l'agent de change [4].

En province, ce délai est un peu plus long.

L'acheteur est avisé par le trésorier-payeur de l'arrivée de son titre et, si un mois après il n'est pas venu le retirer, ce préposé est autorisé à le retourner à Paris, au Ministère des finances, auquel la partie doit s'adresser pour le règlement de son compte [5].

Il doit toujours être remis à la partie le bordereau timbré relatant l'opération : date, cours, somme de rente, courtage et timbre.

Toute demande d'achat de rentes purement nominatives ou mixtes doit être accompagnée de l'indication du *libellé* à inscrire.

---

1. L. 28 avril 1893, art. 28. — V. aussi le décr. du 20 mai 1893 et l'Inst. de l'Enreg. du 30 mai 1893, n° 2840. — A ces droits il y a lieu d'ajouter, le cas échéant, celui de timbre-quitt. L. 23 août 1871, art. 18 ; Dict. d'Enreg., v⁰ *Quitt., Reçus, Décharge (timbre)*, n° 719.

2. Inst. Enreg. 30 mai 1893, n° 2840.

3. Décr. 7 oct. 1890, art. 52.

4. Cpr. Règl. ag. de ch. de Paris, 3 déc. 1891, art. 44 et 45 ; Buchère, *Op. de Bourse*, n° 412, p. 310.

5. H. Paulme, n⁰ˢ 26, et 27, p. 11 et s.

Les éléments essentiels de l'immatricule de la rente sont fournis, dans l'intervalle d'une bourse à l'autre, par l'agent de change acheteur à l'agent de change vendeur, qui remet en même temps à son confrère un bulletin certifiant le dépôt de l'inscription transférée fait à la Direction de la Dette inscrite [1].

Le transfert s'opère par les soins de l'agent de change vendeur [2].

Nous nous expliquerons *infrà*, chapitre VI, sur la rédaction de l'immatricule des titres.

Disons seulement ici qu'en principe les parties n'ont pas à justifier des mentions à insérer dans les immatricules.

Cependant, dans quelques cas, le Trésor peut demander la production des pièces énoncées.

Il est, en effet, aussi intéressant pour la Dette publique que pour les rentiers de ne laisser aucune ambiguïté ni aucune erreur se glisser dans les immatricules dont on aura, plus tard, à faire l'interprétation en cas de vente ou de mutation [3].

En principe, toute personne peut acheter et posséder des rentes sur l'État, et le choix entre les types de rentes nominatives, mixtes et au porteur appartient à l'acquéreur.

Il existe cependant des exceptions à cette règle.

Ainsi, d'une part, les établissements religieux, dans tous les cas, et les établissements publics, dans certains, ne peuvent acquérir sans une autorisation supérieure spéciale [4].

Ils sont, de plus, astreints à faire inscrire leurs rentes aux livres auxiliaires de la Trésorerie générale dans tous les départements, où il en existe.

D'autre part, les titres de rente mixtes ne peuvent être délivrés qu'aux rentiers ayant la pleine et entière disposition de leurs biens [5], et les établissements publics et religieux ne peuvent posséder que des inscriptions départementales [6].

Enfin, les achats faits par l'intermédiaire des caisses d'épargne,

---

1. Gorges et de Bray, v° *Achat de rentes*, I, p. 68 et s.
2. Règl. préc., 3 déc. 1891, art. 45.
3. Foyot, n° 54, p. 36.
4 V. *infrà*, chap. VI, *Libellés d'immatricules*, v^{is} *Établissements publics et religieux.*
5. Décr. 18 juin 1864, art. 1er.
6 Décr. 18 juin 1864, art. 2, § 1 ; Inst. min. just., 30 mars 1865.

soit d'office, soit à la demande des déposants [1], ne peuvent comprendre que des titres purement nominatifs [2].

Le rentier qui achète *plus de 15 jours avant une échéance* a droit de recevoir un titre muni du coupon à toucher à cette échéance.

Celui qui achète *moins de 15 jours avant cette époque* reçoit un titre démuni du coupon du trimestre courant [3].

§ 2. — Vente de rentes nominatives ou mixtes.

Les rentes sur l'État, avons-nous dit (*suprà*, p. 246), se négocient à la Bourse, par le ministère des agents de change.

Lorsque les rentes sont inscrites au nom de personnes ayant la libre disposition de leurs biens, l'opération ne donne lieu à aucune difficulté [4].

A Paris, le vendeur remet à l'agent de change [5] de son choix, qui doit lui en donner un reçu [6], les inscriptions de rentes nominatives ou mixtes qu'il veut aliéner.

Puis il signe [7] deux feuilles distinctes [8] :

1° L'une, appelée *Déclaration de transfert*, qui constitue un véritable acte de vente par suite de négociation avec l'intermédiaire des agents de change [9], acte par lequel le vendeur se dessaisit de la propriété de la rente et désigne la personne qu'il entend faire inscrire en son lieu et place [10].

1. LL. 9 avril 1881, art. 7 et 9 ; 20 juill. 1895, art. 2 et 4.
2. L. 20 juill. 1895, art. 2 ; Circ. Caisse dép. et consig. 6 août 1895.
3. V. *suprà*, *Détachement du coupon*, p. 191.
4. Autrefois, même après la proclamation de l'insaisissabilité des rentes (*sup.*, p. 192 et s.), les rentiers étaient obligés, pour le transfert de leurs inscriptions, de produire un *Certificat de non-opposition ;* mais cette obligation, qui était contraire à l'esprit de la loi, a été supprimée par un arrêté du Ministre des finances du 25 fév. 1824 (art. 9).
5. Ainsi que nous l'avons dit déjà (*sup.*, p. 11 et 118, n°s 38 et 724), le transfert des rentes *nominatives* ou *mixtes* sur l'État ne peut avoir lieu que par le ministère d'un agent de change.
6. Décr. 7 oct. 1890, art. 42.
7. L. 28 flor an VII, art. 3 ; Arr. min. 26 janv. 1828.
8. En raison de l'importance de ces feuilles, nous donnons *infrà*, aux Formules, un *fac simile* de chacune d'elles.
9. Galland, page 42, note 1.
10. Gorges et de Bray, v° *Transfert*, II, p. 351.

Cet acte ne doit contenir qu'un seul article de vente [1].

L'identité du déclarant et la vérité de sa signature et des pièces produites sont certifiées par l'agent de change [2].

2° Et l'autre, appelée *Certificat de transfert*, constituant la reconnaissance de la vente.

Cette feuille est également certifiée par l'agent de change [3].

L'indication des noms, prénoms et qualités des acquéreurs et les autres renseignements devant figurer dans l'immatricule : mariage, majorité, minorité, interdiction, usufruit, nue propriété, incessibilité, etc., sont consignés dans le certificat de transfert.

Ces énonciations doivent être fournies par l'agent de change acheteur à son confrère vendeur dans l'intervalle d'une bourse à l'autre.

Les déclarations et certificats de transfert de rentes sont, depuis 1885, dressés et signés dans les bureaux de l'agent de change négociateur [4], et déposés ensuite au Trésor avec les titres de rente, entre les mains de l'Agent comptable des transferts et mutations, accompagnés, s'il y a lieu, des pièces de nature à justifier des droits du vendeur : procuration, certificat de propriété, jugement, etc.

Cet agent vérifie la régularité des pièces, au point de vue du Trésor, et si cet examen ne donne lieu à aucun rebut, il transmet les pièces, à fin d'exécution, à l'Agent comptable du Grand-Livre.

Lorsque la vente ne comprend qu'une partie du titre, le solde est réinscrit au nom du titulaire, sous un nouveau numéro [5].

Ensuite, lorsque le transfert est régularisé, le rentier se présente chez l'agent de change pour recevoir le prix de la vente.

La réalisation d'un transfert demande un temps plus au moins long, suivant que le dossier déposé au Trésor est plus ou moins compliqué.

Les délais de paiement, comme ceux de livraison, sont déterminés

1. Déc. min. fin. 30 juill. 1825.
2. Arr. 27 prair. an X, art. 15.
3. Arr. min. fin., 26 févr. 1821.
4. L. 20 juin 1885. — Avant cette loi, l'agent de change et son client étaient tenus de venir signer le transfert dans les bureaux du Ministère, en présence d'un délégué du Trésor. — L. 28 flor. an VII, art. 2 et 3 ; Arr. 27 prair. an X, art. 5.
5. Dans la comptabilité de la Dette publique, cette dernière portion est appelée *Reste de compte*. On donne aussi ce nom à la partie restant au titulaire d'une inscription, dont le surplus a fait l'objet d'une mutation par suite de donation, de dation en paiement ou autrement.

par les règlements des compagnies d'agents de change dûment homologués [1].

Le transfert s'opère par les soins de l'agent de change vendeur [2].

Lorsque ces opérations ne donnent lieu à aucune difficulté, les fonds ou les nouveaux titres, s'il y a lieu, sont remis au vendeur dans un délai de 8 jours [3].

La déclaration de transfert est classée au Bureau des transferts pour être transmise à la Cour des comptes [4].

Quant au certificat de transfert, il est conservé aux Archives de la Dette inscrite, afin de servir à la constatation de l'origine et du sort des inscriptions [5]. Au besoin, il pourrait être invoqué comme preuve de la vente [6].

C'est ce document qui sert à la réalisation matérielle de l'opération comprenant : l'annulation des parties de rente aliénées, dont le Grand-Livre est débité ; l'ouverture de nouveaux comptes à ce Grand-Livre aux noms des acquéreurs ; l'expédition des nouveaux titres, et la copie du libellé devant entrer dans la composition des répertoires formant le double du Grand-Livre [7].

Lorsque le client ne peut ou ne veut pas signer lui-même ces déclaration et certificat, il peut se faire représenter par un mandataire [8].

Les noms et prénoms des parties sur les titres et dans la procuration doivent concorder. Dans le cas où il y aurait une erreur dans

---

1. Décr. 7 oct. 1890, art. 52. — V. p. les Ag. de ch. de Paris. Régl. 3 déc. 1891.

2. Règl. 3 déc. 1891, art. 45.

3. Comp. Règl. préc. 3 déc. 1891, art. 44, 45 et 46 ; Buchère, *Op. de Bourse*, n° 412, p. 310.

4. Une ordonn. du 21 août 1834 prescrit à la Cour de conserver indéfiniment ces pièces, ainsi que celles de toutes natures qui servent d'appui aux comptes des agents comptables de la Dette publique.

5. C'est, croyons-nous, par suite d'une erreur que M. Buchère dit, dans son *Traité des Opérations de Bourse* (n° 194, p. 161), que le certificat de transfert est produit à la C. des comptes et que la déclaration reste aux archives de la Dette inscrite ; c'est le contraire qui a lieu. — Gorges et de Bray, v° *Transfert*, VI, p. 351; de Bray, n° 263.

6. Arr. min. 26 janv. 1828. — Dans ce but, l'agent comptable des transferts est autorisé, par cet arrêté, à faire revêtir ce certificat des mêmes signatures que les déclarations.

7. *Sup.*, p. 181.

8. V. *infrà*, ch. IV.

l'immatricule, elle devrait être rectifiée au moyen d'une notoriété [1].

La notoriété rectificative peut être établie dans la procuration servant au transfert, qu'elle soit en minute ou en brevet.

Le Caissier-payeur central du Trésor public, à Paris, peut aussi, au même titre que les Trésoriers-payeurs généraux dans les départements, servir d'intermédiaire pour la vente des rentes sur l'État par les habitants du département de la Seine [2].

En province, le dépôt des titres s'effectue dans les trésoreries générales et les recettes particulières des finances.

L'article 21 de l'ordonnance du 14 avril 1819, titre VI [3], ne visait que les Trésoriers-payeurs généraux ; mais les receveurs particuliers ont reçu depuis la même autorisation [4].

Quant aux percepteurs, il leur est interdit de s'immiscer dans les achats et ventes de rentes [5].

Le dépôt des titres donne lieu à la signature d'un bordereau dont les formules sont mises à la disposition des parties, indiquant le jour et le cours fixés par le rentier pour la vente demandée.

Dans ce cas, le dépôt doit être accompagné d'une procuration donnée par le propriétaire des titres au Syndic des agents de change de Paris ou à son adjoint en exercice [6].

Le bordereau de demande de vente est transmis, avec les pièces

1. V. *inf.*, art. 1er, § 10, *Rectifications.*
2. Décr. 6 juin 1883, art. 1er.
3. Cet article est ainsi conçu : « Chaque receveur général est chargé d'office, à la volonté des particuliers, d'opérer, pour leur compte et sans frais, sauf ceux de courtage, justifiés par bordereaux d'agent de change, toutes les ventes et achats de rentes qu'ils jugeront à propos de leur confier. »
4. Inst. gén. fin. 20 juin 1859, art. 1156 ; Circ. Mouv. fonds, 20 mars 1866.
5. Circ. Mouv. fonds, 12 oct. 1880.
6. Note Chamb. synd. sur la marche à suivre pour les opérations confiées à cette chambre ; — V. aussi *infrà*, ch. IV. — Avant 1862, l'agent de change chargé de l'opération était choisi soit par le Trésorier-payeur général, soit par les parties elles-mêmes ; mais, depuis cette époque, il n'en est plus ainsi ; toutes les opérations qui ont lieu par les trésoreries et les recettes des finances doivent nécessairement être effectuées par la Chambre syndicale, et les mandats donnés au Syndic ou à son adjoint. — C'est par erreur que M. Buchère enseigne le contraire dans son *Traité des opérations de Bourse* (no 226, p. 188).
A ce propos, il a été jugé que si, malgré cette obligation de s'adresser à la Chambre syndicale, un comptable du Trésor chargeait de l'opération un agent de change de son choix, cette infraction ne dénaturerait pas, au préjudice du déposant, le caractère de l'opération, alors même que celui-ci aurait consenti à l'exécution de l'opération par l'agent de change du comptable. Paris, 13 janv. 1882.

à l'appui, directement à la Chambre syndicale des agents de change, à qui doit toujours être confiée l'exécution de l'opération, laquelle a lieu sous la surveillance du Directeur du mouvement général des fonds [1].

Le règlement des opérations faites par cette Chambre s'opère par l'intermédiaire du Trésor, à l'aide du compte courant du Trésorier-payeur général qui a transmis l'ordre [2].

Lorsque le Trésorier général ou le receveur des finances a reçu de Paris le bordereau de négociation, il en avise immédiatement, par l'envoi sous bande d'une lettre d'avis, le rentier [3] qui n'a qu'à se présenter à la caisse de ce comptable pour toucher le montant de la vente.

Il en donne quittance au bas du récépissé qui lui a été délivré lors du dépôt du titre [4].

Rappelons ici que les opérations d'achat et de vente faites par l'intermédiaire des receveurs généraux et particuliers ne donnent lieu à *aucun recours contre le Trésor* [5].

Les agents de change près les bourses départementales pourvues de Parquet [6] sont autorisés à certifier les transferts des inscriptions nominatives 3 p. 100 [7], 3 1/2 p. 100 (1894) [8] et 3 p. 100 amortissable [9], assignées payables à la Trésorerie du département où ils exercent, lorsque ces transferts ont pour objet la délivrance d'autres inscriptions nominatives.

1. Circ. Mouv. fonds, 1er juill. 1862.
2. Note précitée de la Chambre synd. des agents de change de Paris.
3. Circ. Mouv. des fonds, 11 juill. 1860, n° 3, § 22; Circ. Direct. gén. Compt. publ., 3 oct. 1874, n° 1151, § 5.
4. Paulme, n°s 123 et s., p. 42.
5. L. 24 avril 1833, art. 3.
6. On nomme *Parquet* l'endroit où se réunissent, à des jours et heures fixes, les agents de change pour la négociation des valeurs.
Peuvent seules avoir un parquet les bourses comportant au moins six offices d'agents de change.
La création et la suppression des parquets est réglée par le décret du 7 octobre 1890, art. 15 et suiv.
Il n'existe jusqu'ici de parquets que dans les villes de Lyon, Marseille, Bordeaux, Toulouse, Lille, Nantes et Nice (Buchère, n° 28, p. 21 et s.).
Cette dernière ville avait six agents de change lors de la création du parquet par le décret du 6 juillet 1881, mais le nombre en a été réduit à deux par le décret du 20 janvier 1887 (Buchère, n° 42, p. 32).
7. Décr. 28 mai 1896, art. 1.
8. Décr. 20 janv. 1894, art. 4. (V. aussi Décr. 12 juill. 1883).
9. Décr. 10 juin 1884, art. 1.

Dans ce cas, il est procédé ainsi :

L'agent de change établit les *déclaration* et *certificat de transfert* (*suprà*, p. 251), qui sont revêtus de la signature du vendeur ou de son fondé de pouvoir spécial, et certifie cette signature.

Les transferts sont signés par le Trésorier-payeur général en qualité d'agent comptable des transferts, et les opérations sont effectuées par les soins de l'Agent comptable du Grand-Livre, à Paris, sur le vu des certificats de transfert et des anciens titres.

Le Trésorier-payeur général vérifie les dossiers au double point de vue de la capacité des vendeurs et de la validité des pièces justificatives [1].

Sa responsabilité est la même que celle qui lui incomberait pour les transferts d'inscriptions départementales.

Si le dossier lui paraît régulier, il envoie les anciens titres et le certificat de transfert à la Dette inscrite, où l'exécution matérielle de l'opération est réalisée par l'Agent comptable du Grand-Livre dont elle ressort.

Les nouvelles inscriptions, signées du Directeur de la Dette inscrite et visées par l'Agent comptable du Grand-Livre, sont adressées au Trésorier général qui les certifie, après les avoir rapprochées des déclarations de transfert, et les fait viser par le Préfet [2].

Depuis le 1er juillet 1896 seulement, cette autorisation s'applique aux transferts des inscriptions nominatives du fonds 3 p. 100 [3].

Quant aux *rentes départementales* [4], elles sont transférables dans le département, sous la certification d'un agent de change ou, à défaut, d'un notaire [5].

L'instruction ministérielle du 1er mai 1819 a tracé les règles concernant la tenue des *livres auxiliaires*.

L'opération se consomme alors entièrement dans le département.

Le transfert s'opère par un *émargement* sur le livre auxiliaire, à l'article correspondant et, en outre, par une *déclaration de transfert* sur un *registre* spécial tenu par le Trésorier-payeur général.

1. Circ. Dette inscr. 18 juill. 1883.
2. Décr. 12 juill. 1883; 10 juin 1884; 28 mai 1896, art. 2, 3, 4, 5. — V. aussi L. 24 avril 1833, art. 4.
3. Décr. 28 mai 1896.
4. L. 14 avril 1819 ; *Sup.*, p. 107 et s.
5. Ord. 14 avril 1819, art. 6; Instr. min. 1er mai 1819, art. 32; Décr. 31 mai 1862, art. 209.

L'émargement et la déclaration sont signés du propriétaire de la rente ou de son mandataire spécial, assisté d'un agent de change ou, à défaut, d'un notaire, qui certifie l'individualité des parties, la vérité de leurs signatures et celle des pièces produites [1].

L'*émargement* et la *déclaration* sont nécessairement signés dans les bureaux de la Trésorerie ; ils remplacent, pour les rentes départementales, la *déclaration* et le *certificat* qui servent de base au transfert des rentes directes et qui sont signés, depuis 1885, dans les bureaux de l'agent de change négociateur [2].

Les nouvelles inscriptions, visées et contrôlées par le Préfet, sont délivrées par le Trésorier-payeur général, après le rapport et l'annulation des anciennes [3].

Le transfert (comme la conversion) des rentes départementales peut aussi avoir lieu à Paris. Dans ce cas, le titre doit être soumis au visa du Bureau central [4].

Chaque département est devenu, depuis la création de ces livres auxiliaires, un centre d'opérations locales, pour lesquelles le Trésorier général remplit les doubles fonctions d'agent comptable du Grand-Livre et des transferts et mutations.

Il impute, sur un crédit collectif qui lui est ouvert à cet effet, le montant des rentes dont l'inscription lui est demandée, constate les transmissions de propriété, les changements de qualités et procède aux réunions, divisions et renouvellements [5].

Les rentes départementales sont appelées à disparaître. Elles avaient été créées, en 1819, alors que les communications entre Paris et les départements étaient beaucoup moins rapides et fréquentes qu'actuellement ; par suite, elles ne répondent plus à aucun besoin et n'ont plus guère de raison d'être.

Elles sont, d'ailleurs, peu nombreuses. Sur 1,154,000 inscriptions nominatives, il n'en existe que 150,000 sur les livres auxiliaires. Encore faut-il tenir compte que la presque totalité de ces dernières appartient à des établissements publics ou religieux des départements, pour lesquels l'usage des livres auxiliaires est obligatoire. *Sup.*, p. 168.

---

1. Inst. préc., tit. III, art. 6.
2. *Sup.*, p. 252 et la note 4.
3. Même inst., tit. II, art. 8.
4. *Infrà*, § 12.
5. L. 14 avril 1819 ; Gorges et de Bray, vº *Livres auxiliaires*, p. 235 et s.

17

Un projet de loi tendant à la suppression de ces rentes, par voie d'extinction, a été déposé par le Ministre des finances à la Chambre des députés.

Dans les *Colonies*, les Trésoriers-payeurs servent aussi d'intermédiaires pour les achats et les ventes de rentes, mais seulement lorsque l'opération se rapporte à des inscriptions nominatives.

Le payeur principal de *Tunisie* qui, précédemment[1], n'était autorisé à prêter son concours que pour les opérations sur les rentes nominatives, est maintenant autorisé à accepter les opérations d'achat, de vente et de renouvellement de rentes mixtes ou au porteur, pourvu que les parties s'engagent, par écrit, à décharger l'Administration et ses préposés de toute responsabilité en cas de perte, vol ou destruction survenus pour quelque cause que ce soit, au cours du transport, aller et retour[2].

Le transfert des rentes ne pouvant s'opérer que par le ministère des agents de change[3], une vente pure et simple par acte sous seing privé ou authentique ne serait pas admise par le Trésor comme base de l'opération.

Le Trésor n'intervient dans les opérations de transfert que pour consacrer les résultats des négociations auxquelles il demeure étranger[4].

L'expression *transférer*, comme on l'emploie dans la pratique des affaires, c'est-à-dire l'aliénation d'une valeur pour en réaliser le montant comprend, en effet, deux opérations qu'il importe de ne pas confondre : la *vente*, qui est effectuée par l'agent de change, et le *transfert* proprement dit, c'est-à-dire la consécration de la vente ou la dépossession du titulaire de la valeur vendue pour en saisir une autre personne, l'acquéreur[5], qui est opérée par l'Administration.

Toute vente, autrement dit toute négociation, suppose nécessairement deux parties : le vendeur et l'acheteur et, par conséquent, le concours de deux agents de change. Elle peut donc avoir lieu dans toutes les Bourses où il se trouve des agents de change et spéciale-

1. Déc. min. ... mars 1891.
2. Déc. min. 17 mars 1893.
3. L. 28 flor. an VII; Arr. 27 prair. an X; Ord. 14 avril 1819, art. 6; Arr. 30 janv. 1822. — V. aussi *sup.*, 1re PARTIE, p. 11 et 118.
4. Gorges et de Bray, vo *Transfert*, VIII, p. 352.
5. Duvert, no 471, p. 231.

ment dans celles qui sont pourvues de parquet[1]. Mais, le plus souvent, les agents de change de province, excepté ceux des grandes villes, préfèrent faire procéder à la négociation par un de leurs confrères de Paris[2].

Quant au transfert, c'est-à-dire à l'opération administrative, elle ne peut avoir lieu qu'à Paris, excepté pour les rentes départementales. Et, à part ces rentes et celles que les agents de change près les Bourses pourvues de parquet peuvent certifier, tout transfert doit forcément être certifié par un agent de change de Paris[3].

Quant au Trésor, en réalisant l'opération au Grand-Livre, il ne fait que consacrer le résultat d'un contrat auquel il est resté étranger; il considère son intervention, dans la circonstance, comme purement matérielle.

Le paiement du prix qu'il veut ignorer, et la livraison des titres qu'il fournit, sont garantis par l'agent de change, dont la responsabilité est engagée pendant 5 ans[4].

C'est du moins la doctrine du Trésor, qui considère sa responsabilité comme entièrement couverte par l'intervention de l'agent de change et qui n'exige plus, depuis 1851, de justifications à l'appui des qualités prises par l'acquéreur ou des conditions modifiant le droit de propriété[5].

Tout transfert réel, ou mieux, toute vente d'un titre d'une certaine somme de rente, suppose nécessairement, avons-nous dit[6], un acheteur de pareille quantité de rente de même nature et le concours simultané de deux agents de change, vendeur et acheteur.

Ce mode de procéder, s'il devait être suivi rigoureusement, ne serait pas sans occasionner des difficultés souvent insurmontables; il serait, de plus, contraire à l'article 19 de l'arrêté du 27 prairial an X et à l'article 40 du décret du 7 octobre 1890, qui prescrivent aux agents de change de garder le secret le plus inviolable sur les opérations dont ils sont chargés; aussi procède-t-on généralement

1. La cote du cours des Bourses ne peut être publiée régulièrement que quand il y a un parquet. Buchère, *Op. de Bourse*, n° 152, p. 127.

2. Cpr. Buchère, n° 152, p. 126; de Bray, n° 269, p. 248.

3. Cpr. de Bray, n° 269, p. 248 et n° 310, p. 292.

4. Déc. Min. fin. 23 juill. 1851; Lettre Min. fin. au Synd. des agents de change du 25 sept. 1851; Arr. cons. 27 prair. an X, art. 16. — V. aussi Buchère, n° 192, p. 159; Deloison, n° 51, p. 42.

5. Lettre préc. Min. fin. — V. cep., en sens contraire, Duvert, n° 486, p. 238 et s.

6. *Sup.*, p. 258.

par voie de *conversion*[1] et de *reconversion*[2] : les titres nominatifs ou mixtes sont, avant la négociation, convertis en titres au porteur, et ensuite reconvertis en titres nominatifs ou mixtes au nom du nouveau propriétaire, ce qui simplifie les choses et ôte toute difficulté aux agents intermédiaires[3].

On peut aussi avoir recours à une opération connue en Bourse sous le nom de *transfert d'ordre*, et c'est ce qui a lieu le plus souvent, surtout pour les rentes sur l'Etat.

Voici, à ce sujet, ce que dit M. Buchère, dans son *Traité des Opérations de Bourse*[4] :

« L'agent de change, vendeur d'un titre de rente (ou de toute autre valeur) nécessitant la mutation de l'inscription sur les registres du Trésor public (ou d'une société), est obligé de faire la déclaration de vente et de faire connaître le nom de son client vendeur avant d'avoir reçu le prix. Il serait impossible d'exiger le concours au même instant de deux agents de change, vendeur et acheteur. Leur déclaration concomitante serait même contraire au secret qui leur est imposé sur les opérations dont ils sont chargés, etc... »

« Pour éviter ces difficultés, la Chambre syndicale des agents de change de Paris a prescrit, par un arrêté en date du 28 avril 1828, l'emploi du procédé qui a reçu le nom de *transfert d'ordre*. L'agent de change vendeur signe sur les registres du Trésor, qui approuve cette mesure, un premier transfert au nom de l'agent de change acheteur, avec accomplissement de toutes les formalités légales. Lorsque ce dernier a payé à son confrère le prix de la négociation, il signe un nouveau transfert au nom de son client acheteur. Ces deux transferts, qui doivent être opérés dans un délai de cinq jours[5], se font sans augmentation de frais et sans que l'agent de change acheteur ait connu les noms du client vendeur, ni réciproquement[6]. »

De son côté, M. de Bray[7] explique ainsi cette opération :

« Dans la pratique, l'agent de change vendeur ne fait pas immé-

---

1. V. *infrà*, art. 1, § 3.
2. V. *infrà*, art. 2, § 7.
3. Cpr. Buchère, 176, p. 147.
4. Nº 176, p. 147 et s.
5. Maintenant 10 jours (Décr. 7 oct. 1890, art. 49).
6. V. aussi Deloison, nº 54, p. 43.
7. Nº 275, p. 252.

diatement porter la rente au nom de l'acheteur réel ; il lui est, en effet, difficile d'obtenir immédiatement de l'agent de change acheteur toutes les indications voulues pour l'établissement du nouveau titre ; en outre, si la déclaration des deux agents était simultanée, le secret des opérations serait violé ; enfin, si l'inscription était mise au nom de l'acheteur avant que le prix eût été payé, celui-ci pourrait désavouer l'acquisition et refuser le paiement. »

« C'est pour éviter ces difficultés que les agents ont recours au *transfert d'ordre*, qui est prescrit par un arrêté de la Chambre syndicale des agents de change de Paris, en date du 28 avril 1828, et qui consiste à porter tout d'abord la rente au nom d'une tierce personne, qui est généralement l'agent de change lui-même ou son prête-nom. »

Ce mode de procéder est d'ailleurs sanctionné, aujourd'hui, par une disposition légale ainsi conçue[1] :

« Les agents de change peuvent faire effectuer en leur nom, sous la dénomination de transferts d'ordre, des transferts provisoires. Ces transferts ne conservent leur caractère provisoire que pendant un délai de 10 jours, à l'expiration duquel ils sont considérés comme définitivement opérés au nom de l'agent de change. Si avant l'expiration de ce délai, l'agent de change acheteur a notifié à l'établissement émetteur, par acte extrajudiciaire, le nom de son donneur d'ordre, le transfert effectué au nom de cet agent de change sera considéré, à partir du moment où le transfert aura été réalisé au nom du donneur d'ordre ainsi désigné, comme n'ayant jamais été opéré. »

« Les transferts d'ordre pourront être effectués, même au profit des agents de change porteurs de la procuration du vendeur. »

Toutefois, le Bureau des transferts n'admet pas que l'agent de change, désigné nominativement comme mandataire par le vendeur pour opérer un transfert, fasse porter à son nom les rentes qu'il est chargé de vendre.

Ce refus est basé : 1° sur l'article 85 du Code de commerce, interdisant aux agents de change de faire des opérations pour leur propre compte ; 2° et sur l'article 1596 du Code civil, déclarant que les mandataires ne peuvent se rendre adjudicataires des biens qu'ils sont chargés de vendre.

---

1. Décr. 7 oct. 1890, art. 49.

D'un autre côté, pour que le transfert d'ordre conserve son caractère provisoire, n'emportant pas transmission de la propriété au profit de l'agent de change ou de son prête-nom, il faut que le transfert réel, qui en est la suite, soit opéré dans le délai légal. Dans le cas contraire, le transfert d'ordre deviendrait définitif [1].

Le fonctionnement des transferts d'ordre se trouve complété, dans la pratique, par celui des *Comptes courants* dont nous avons déjà parlé (*sup.* p. 179) et que résument ainsi, d'une façon très claire, MM. Gorges et de Bray [2] :

« Chaque rente vendue passe au compte de l'agent de change négociateur et se fond dans la masse de celles dont il est crédité, sans que le Trésor puisse en constater la transmission à l'acquéreur.

« Les agents de change détachent de leurs comptes courants les coupures qu'ils transfèrent à leurs commettants dans les termes fixés par l'ordre d'achat.

« Ces prélèvements rapides, faits sur un fonds déterminé, facilitent les transactions, en dispensant de toute justification d'origine les titulaires de ces inscriptions d'un caractère spécial. »

Dans la pratique, on divise les transferts réels en *transferts simples* et *transferts avec pièces*.

Les transferts simples sont ceux que signent eux-mêmes les titulaires, avant ou après avoir fait vendre leurs rentes par un agent de change.

Les transferts avec pièces se divisent eux mêmes en deux catégories :

Ceux qui ont lieu seulement en vertu de la procuration du titulaire ;

Et ceux qui sont opérés en vertu de la procuration et d'autres pièces, telles que : certificats de propriété, actes de l'état civil, jugements et autres pièces dont la production est nécessaire, suivant les circonstances [3].

Les frais de *courtage* de vente sont, comme ceux d'achat, *Sup.*, p. 248 :

---

1. Cass., 5 mai 1883 ; Crépon, n° 252, p. 255 ; Buchère, *Op. de Bourse*, n° 179, p. 151.
2. V° *Comptes courants*, II et III, p. 138.
3. Gorges et de Bray, v° *Tranferts*, X, p. 353.

De 1/8 p. 100, pour les transferts simples ou en vertu d'une procuration simple ;

Et de 1/4 p. 100, pour les transferts appuyés d'autres pièces.

Les opérations de *vente* donnent lieu aussi, comme celles d'achat, à la délivrance d'un bordereau soumis à un droit de timbre, non sujet aux décimes, de 5 centimes par 1,000 francs ou fraction de 1,000 francs du montant de l'opération et réduit à moitié pour les opérations de report, lequel droit est encore réduit de 3/4 pour les rentes sur l'État[1].

Si la vente a lieu *plus de 15 jours avant une échéance*, les titres doivent être munis du coupon.

Si elle a lieu *moins de 15 jours avant cette date*, il est remis au vendeur une *quittance visée*, c'est-à-dire une quittance représentative des arrérages dus — et non échus, — visée par l'Agent comptable du Grand-Livre et qui sert au titulaire dépossédé à obtenir le paiement du trimestre d'arrérages auprès du comptable chargé de ce versement[2]. *Sup.*, p. 191.

Ces quittances sont délivrées sur des formules à talon. Les talons sont transmis aux comptables sur la caisse desquels la rente est ordonnancée ; ils annotent, en conséquence, leurs états d'arrérages et ne payent la quittance visée qu'après rapprochement du talon[3].

On a aussi recours à une quittance visée, quand un rentier réclame, après coup, les arrérages qu'il a omis de toucher sur une inscription transférée[4].

En cas de mutation et lorsque les arrérages échus n'appartiennent pas aux nouveaux titulaires, la Dette inscrite délivre non pas une quittance visée, mais un *certificat d'arrérages*[5].

Le Bureau des transferts et mutations du Trésor refuse d'admettre à l'examen les dossiers de vente de rentes avant le détachement du coupon, s'il ne lui est pas laissé pour cet examen :

1. LL. 28 avril 1893, art. 28 ; 28 déc. 1895, art. 8. — Cpr. *Sup.*, p. 248 et s.
2. Déc. Min. fin. 6 juin 1811 ; Arr. min. 2 déc. 1815 ; Déc. Min. fin. 5 nov. 1819.
3. Inst. gén. 20 juin 1859, art. 680.
4. Déc. Min. 24 juill. 1833.
La quittance visée est considérée comme un effet *au porteur* (*Sup.*, p. 185, note 1). En cas de perte, le paiement n'en est autorisé que sur le dépôt préalable d'un cautionnement en représentant la valeur. A défaut, le paiement en serait différé pendant cinq ans à compter de l'échéance.
5. Inst. gén. Dette publ. 1er janv. 1811, art. 40 ; *Sup.*, 1re PARTIE, n° 138, p. 29.

Au moins : 1 jour franc, pour les dossiers ne comprenant qu'une procuration simple ;

4 jours francs (ceux fériés non compris), pour les dossiers comprenant d'autres pièces.

Le renvoi de tout dossier ne remplissant pas ces conditions est inévitable[1].

Lorsque les inscriptions de rentes nominatives ou mixtes appartiennent à des personnes n'en ayant pas la libre disposition ou sont grevées de restrictions au droit de disposer, il y a lieu de produire, à l'appui du transfert, des justifications qui varient avec les circonstances.

C'est ce que nous examinerons sous un chapitre spécial. *Infrà*, chap. III.

V. aussi *Sup.*, p. 232.

§ 3. — Conversion de rentes nominatives et de rentes mixtes en rentes au porteur.

La conversion d'une inscription de *rente nominative* en rente au porteur s'opère au moyen d'un transfert par le ministère d'agent de change[2].

Ce transfert est soumis aux mêmes règles et conditions que s'il avait pour objet l'aliénation du titre.

Il ne saurait d'ailleurs en être autrement. En effet, cette conversion équivaut à une aliénation, puisque les titres au porteur qui sont remis en échange peuvent être librement négociés sans l'intervention du Trésor et être transmis de la main à la main[3].

Pour opérer cette conversion, le propriétaire de l'inscription doit remettre son titre, signer — par lui ou par son fondé de pouvoir — une déclaration de transfert dans la forme ordinaire, qui est certifiée par un agent de change, et indiquer le nombre et la quantité de coupures qui lui sont nécessaires[4].

Le Directeur de la Dette inscrite fait alors opérer un transfert d'ordre du montant de la rente au crédit du compte ouvert au

---

1. Note Ch. synd. concernant les *Estampilles apposées sur les titres.*
2. Ord. 29 avril 1831, art. 2.
3. Foyot, n° 57, p. 38; Buchère, n° 785, p. 547; Bavelier, n° 27, p. 77.
4. Ord. 29 avril 1831, art. 2 et 3.

Grand-Livre, sous le titre de : *Trésor public, son compte de rente au porteur*, 3 p. 100, 3 1/2 p. 100[1].

Puis les titres au porteur sont remis au propriétaire 3 jours après la signature de la déclaration.

Quant aux *rentes mixtes*, elles sont assujetties, pour les opérations auxquelles elles donnent lieu, transferts et mutations, aux mêmes règles et justifications que les rentes purement nominatives[2].

Il y a donc lieu, pour tout ce qui concerne la conversion des rentes nominatives et mixtes en rentes au porteur, de s'en référer à ce que nous avons dit *sup.*, 2e PARTIE, chap. II, art. 1er, § 2, et à ce que nous dirons *inf.*, chap. II, art. 1er, § 13 et chap. III.

§ 4. — Renouvellement des inscriptions de rentes nominatives ou mixtes.

Lorsque les cases qui se trouvent au dos des inscriptions nominatives pour constater le paiement des arrérages se trouvent remplies, ou lorsque les inscriptions mixtes sont démunies de leurs coupons, il y a lieu de procéder au renouvellement ou à la réexpédition de ces titres.

Ce renouvellement a lieu sur la production d'un certificat, dit *Certificat de vie*, constatant l'existence et l'identité du rentier[3].

Cette justification est exigée dans l'intérêt de l'État, comme dans celui du rentier ou de ses ayants droit, afin d'éviter qu'une personne n'ayant pas qualité ne puisse toucher indûment, pendant longtemps, les arrérages d'un titre[4].

Lorsque l'usufruitier refuse de se prêter à la constatation de son existence, les intéressés peuvent faire faire cette constatation par acte extrajudiciaire[5].

1. Même ord., art. 4.
2. Circ. Dette inscr. 15 juill. 1864.
3. Déc. Min. fin. 10 avril 1827; Arr. min. 14 déc. 1883, art. 5.
4. Par exception à cette règle :
1o Les Caisses d'épargne ont qualité pour toucher les arrérages des rentes dont elles sont dépositaires, pendant trente ans à compter de la dernière opération demandée par leurs déposants. LL. 30 juin 1831, art. 6; 7 mai 1853, art. 4, 9 avril 1881, art. 10 et 14.
2o On reconnaît à la Caisse des dépôts de consignations le droit de toucher les arrérages des valeurs à elle déposées en vertu de la loi du 28 juillet 1875, encore que le titulaire n'existe plus et que l'inscription soit revêtue d'une cote d'inventaire. Décr. 13 déc. 1875, art. 6. — *Sup.*, p. 183.
5. V. *inf.*, chap. V, *Certif. de vie.*

Le certificat de vie est la justification qu'il y a lieu de produire, en règle générale ; cependant, il pourrait y être suppléé par toute autre pièce de nature à établir que le rentier existe et qu'il n'y a aucun changement à constater dans ses droits ou ses qualités [1].

Ainsi, quand le renouvellement se trouve opéré par suite d'une mutation exécutée en vertu d'un certificat de propriété, il n'y a pas lieu de produire un certificat de vie.

Si la rente est inscrite au nom d'une personne pour l'*usufruit* et à celui d'une autre pour la *nue propriété*, il suffit de produire le certificat de vie de l'usufruitier [2].

Après le décès de l'usufruitier, le nu propriétaire obtient le renouvellement à son nom personnel, sur la production de son certificat de vie, s'il y a lieu, et de l'acte de décès.

Quand il y a plusieurs nus propriétaires ayant des parts déterminées, le Trésor délivre, sur simple demande, des titres distincts à ceux-ci.

Si parmi les nus propriétaires, il y en a de décédés, il faut produire, suivant les cas, les justifications nécessaires.

Quand il y a des nus propriétaires dont le domicile et la résidence sont inconnus ou dont on ne peut fournir le certificat de vie, leur part peut être portée au *Compte des portions non réclamées* [3].

En cas de prorata d'arrérages dû au décès de l'usufruitier, on procède comme nous l'avons indiqué *sup.*, 1re PARTIE, n° 129 *bis*, page 28.

Lorsque plusieurs personnes ont simultanément la jouissance de la rente, il faut produire le certificat de vie de chacune d'elles.

Si elles sont inscrites pour jouir successivement, la première en titre est seule astreinte à justifier de son existence.

Quant aux titres de rentes appartenant aux *absents* ou *présumés absents*, il y a lieu de faire une distinction.

Si l'absent est *usufruitier*, il est d'usage de faire remplir les formalités relatives à l'absence. Le nu propriétaire, qui se trouve avoir sur les biens de l'absent les droits subordonnés à son décès [4], se fait nommer administrateur provisoire ou envoyer en possession, et le

---

1. Cpr. Arr. min. 14 déc. 1883, art. 2.
2. Arr. min. 14 déc. 1883, art. 2.
3. *Sup.*, p. 180.
4. C. c., art. 123.

renouvellement a lieu sur la production d'un certificat de propriété délivré dans les formes voulues.

Si l'absent est *nu propriétaire*, le renouvellement peut, en principe, être fait sur la production seulement du certificat de vie de l'usufruitier.

Pour les inscriptions de rentes qui appartiennent à des *personnes morales* : département, commune, fabrique, communauté religieuse, etc., il n'y a pas lieu, bien entendu, à délivrance de certificat de vie.

Le renouvellement a lieu sur la demande des administrateurs, trésoriers, directeurs, etc., dûment légalisée et timbrée, s'il y a lieu[1].

Ainsi sont compétents pour faire cette demande :

Le préfet, pour un département ;

Le maire ou le receveur municipal, pour une commune ;

Le président du conseil d'administration ou le trésorier de l'établissement, pour un hospice, un asile d'aliénés, un bureau de bienfaisance ;

Le supérieur, pour une communauté ;

Le curé ou le desservant, pour une rente consacrée à un service purement religieux[2].

Pour les titres au nom d'une *raison sociale*, il y a lieu de produire un *certificat d'existence* délivré soit par le maire de la commune où est établi le siège social, soit par un notaire, à la requête d'un des associés et sur son attestation que la raison sociale n'est pas modifiée[3].

Pour les *détenus*, un extrait de l'écrou, signé du concierge et visé par le juge de paix de l'arrondissement, peut tenir lieu de certificat de vie[4].

Les inscriptions détenues par les *caisses d'épargne* pour les déposants au nom desquels elles les ont acquises[5], sont renouvelées sur la demande des directeurs de ces établissements[6].

---

1. Gorges et de Bray, vº *Renouvellement de titres*, VIII, p. 304.
2. Foyot, nº 91, p. 54.
3. Gorges et de Bray, vº *Certificat de vie*, VII, p. 111.
4. Cpr. L. 8 mess. an II, art. 8 ; Deloison, nº 67, p. 55.
5. LL. 30 juin 1851, art. 2, 5 et 6 ; 7 mai 1853, art. 2 ; 9 avril 1881, art. 9 et 10 ; 20 juill. 1895, art. 2 et 4.
6. Gorges et de Bray, vº *Renouvellem. des titres*, VII, p. 304.

Une circulaire du Ministre des finances aux trésoriers-payeurs généraux et aux receveurs particuliers des finances, du 2 mars 1889[1], décide même que ces inscriptions peuvent être renouvelées sans autres justifications qu'une demande du caissier ou du directeur[2].

Les titres renouvelés sont réexpédiés, au nom des rentiers, sous le numéro et à la date que portent les extraits[3]; le compte ancien reste ouvert au Grand-Livre et la formule seule est changée.

Les *bordereaux d'annuels* délivrés en représentation de titres affectés à des cautionnements, sont renouvelables aussi au bout de 10 ans, de la même manière et avec les mêmes formalités; mais on procède alors à un transfert de forme entraînant la radiation de l'ancien compte et le nouveau titre est délivré sous un numéro différent[4].

La partie n'a pas à signer un nouvel acte d'affectation relatant le numéro du titre délivré en dernier lieu; elle produit seulement un certificat de vie.

L'inscription provenant de la réexpédition est déposée à la Caisse centrale par le Service du Contentieux, suffisamment couvert par les conventions antérieures, et le nouveau bordereau d'annuel est remis à l'intéressé[5].

Au contraire, quand l'inscription déposée en garantie a été l'objet d'une mutation, il y a lieu de produire un certificat de propriété et un nouvel acte d'affectation[6].

Cependant, quand les formalités à accomplir en pareil cas présentent des difficultés trop grandes, l'Agent judiciaire peut autoriser les comptables à continuer, pendant un temps déterminé, le paiement des arrérages de la rente susceptible de mutation[7].

A Paris, les demandes de réexpédition et les titres sont déposés, avec les pièces à l'appui, au Bureau des transferts et mutations.

---

1. Journ. des Caisses d'éparg., avril 1889, p. 84.
2. De Bray, n° 386, p. 332.
3. Arr. min. 14 déc. 1883, art. 3. — Au point de vue du paiement des arrérages, les bulletins mobiles correspondants (*sup.*, p. 186) sont extraits et remis à la Direction de la Dette inscrite, qui en envoie immédiatement d'autres nouveaux. Lorsque ces bulletins constatent des arrérages antérieurs restant à payer, le payeur les relève sur un bulletin spécial. De Marcillac, n° 77, p. 37.
4. De Bray, n° 387, p. 333.
5. Gorges et de Bray, v° *Caut. en rentes*, V, p. 95.
6. *Sup.*, 1re PARTIE, n° 181, p. 35.
7. Gorges et de Bray, *eod. verb.*, VI, p. 95.

Dans les départements, les dépôts des titres nominatifs ou mixtes à renouveler sont reçus à toutes les caisses, trésoriers généraux, receveurs particuliers des finances et percepteurs résidant en dehors des chefs-lieux d'arrondissement[1].

Les opérations de renouvellement sont entièrement gratuites.

C'est le Bureau des transferts et mutations[2] qui a qualité pour apprécier les demandes de réexpéditions des inscriptions de rente nominatives ou mixtes et de rente viagère pour la vieillesse.

Quand des trimestres arriérés sont restés impayés, il est fait un *rappel* sur les nouveaux titres.

S'il s'est produit un changement dans l'état civil du rentier, la production d'autres pièces : actes de naissance, de mariage et même un certificat de propriété, peut être nécessaire pour le renouvellement. V. *inf.*, § 8, *Changement de qualités*.

En raison de l'importance des certificats de vie, nous leur consacrerons un chapitre spécial. V. *inf.*, chap. v.

§ 5. — Réunion ou division d'inscriptions de rentes nominatives ou mixtes.

La réunion et la division des inscriptions nominatives ou mixtes de rentes sur l'État s'opèrent, sans frais, au même bureau et avec le concours des mêmes intermédiaires que les renouvellements[3].

Réunion. — La loi n'a fixé de maximum inscriptible que pour les rentes mixtes[4].

Les extraits d'inscriptions de rente de *même nature*, appartenant à une *même personne* et dont les *libellés* sont *identiques*, peuvent être réunis au gré des titulaires, sur leur simple demande, dans la limite du maximum inscriptible, bien entendu, pour les rentes mixtes, et en tenant compte pour celles-ci des coupures dont elles sont susceptibles[5].

Les parties et le Trésor ont, du reste, intérêt tous deux à cette réunion qui facilite d'autant le paiement des arrérages et diminue

1. *Sup.*, p. 230.
2. Arr. min. 14 déc. 1883, art. 1er.
3. *Sup.*, p. 269 et s. V. cep. *Sup.*, p. 230, *Percepteurs*.
4. *Sup.*, p. 174.
5. *Sup.*, p. 175.

les chances de perte; elle est aussi conforme à l'esprit de la loi organique de la Dette publique du 24 août 1793.

Quoique cette loi ait posé le principe de l'unité de compte, la réunion en un seul, des titres qu'ils possèdent, n'est pas *obligatoire* pour les particuliers [1].

Elle l'est, au contraire, pour les rentes de communes et des établissements qui en dépendent [2].

Les immatricules des nouveaux titres devant, en principe, être les mêmes que celles des anciens, il n'y a pas lieu de justifier de la propriété des rentes; mais, comme pour les renouvellements, le Trésor peut exiger la production d'un certificat de vie.

Cela se comprend d'ailleurs, car il est des cas où la réunion de plusieurs titres sans justification pourrait avoir des inconvénients.

Ainsi, le Trésor exigerait la production d'un certificat de vie si, par exemple, la réunion lui était demandée à un titre important, remontant à près de dix ans, d'un autre de peu de valeur, récemment acquis [3]. L'opération pourrait alors avoir pour but d'obtenir, malgré le décès du titulaire, un nouveau titre permettant de prolonger la durée du service des intérêts.

De même, le Trésor se refuserait à réunir, sans la production d'un certificat de vie, les inscriptions émises d'office par suite d'une conversion, sans qu'aucune justification d'existence ait été requise de l'ayant droit [4].

On peut, en même temps que la réunion, faire opérer les changements de qualités ou les rectifications utiles, en produisant les pièces nécessaires.

Ainsi, si une personne possède deux titres de rente de même nature, inscrits à son nom, l'un comme fille mineure sous la tutelle de sa mère, l'autre comme fille majeure, et si elle vient à se marier, elle pourra faire réunir ces deux titres en un seul à son nom comme femme mariée, en produisant une expédition régulière de son acte de mariage.

La réunion en un seul de plusieurs titres — il est à peine besoin de le dire — ne fait pas obstacle à la vente d'une portion quelconque des rentes comprises dans ce titre. Après la négociation par-

---

1. Inst. 1er mai 1819, t. II, art. 34.
2. Circ. Dette inscr. aux Rec. gén. 15 févr. 1851 ; 1er juin 1863; 4 juin 1864.
3. Circ. Dette inscr. 28 mars 1881, § 2.
4. De Bray, n° 394, p. 336.

tielle, il est remis au titulaire une nouvelle inscription du montant de la rente non aliénée [1].

Les réunions peuvent aussi avoir lieu au moyen de transferts résultant d'achat. L'ancien titre est remis à l'agent de change, qui requiert la délivrance d'une inscription unique pour celui-ci et le titre acheté.

Division. — Bien que la division des titres de rente appartenant à la *même personne* soit contraire à l'esprit fondamental du Grand-Livre de la Dette publique, le Trésor opère ces fractionnements sur la simple demande du titulaire.

Si l'opération avait pour objet, en même temps, un changement de qualité ou une rectification, il faudrait produire les pièces nécessaires en ces circonstances.

Pour les rentes mixtes, il faut nécessairement conformer la demande de division aux coupures admises [2].

On comprend aussi par division l'opération qui a pour objet de fractionner une inscription de rente appartenant à *plusieurs personnes.*

Si la portion revenant à chacune est *déterminée*, la division s'opère sans difficulté et sans justification.

Dans le cas contraire, c'est-à-dire si l'inscription est au nom de tous les ayants droit *conjointement et indivisément*, il y a lieu de produire un certificat de propriété basé sur un partage régulier.

Lorsque l'inscription est soumise à l'*usufruit* d'un tiers, il faut justifier du consentement de ce dernier à la division.

Lorsque, bien que les droits des parties soient exprimés en *quotités*, 1/2, 1/3, 1/4, etc..., le chiffre de rente n'est pas divisible par ces quotités, les parties peuvent néanmoins obtenir des titres distincts en faisant acheter à la Bourse la somme nécessaire de rente, immatriculée dans les mêmes termes, pour parfaire un chiffre divisible [3].

Rente amortissable. — Pour la rente amortissable nominative, la même opération — réunion ou division — peut comprendre

[1]. L. 24 août 1793, art. 168.
[2]. *Sup.*, p. 175.
[3]. V. à ce sujet, ce que nous disons *inf.*, chap. III, *Capac. civile*, vᵒ *Copropriétaires.*

des titres de séries différentes, contrairement à ce qui a lieu pour les titres de cette rente au porteur [1].

§ 6. — Conversion de rentes nominatives en rentes mixtes.

La conversion des inscriptions nominatives de rentes en inscriptions mixtes a lieu sur la demande des parties.

Elle nécessite seulement une déclaration signée du titulaire, certifiée par un agent de change ou un notaire [2], dont la signature doit être légalisée, si ce n'est pas un notaire du département de la Seine ou un agent de change de Paris.

Si le déclarant ne sait signer ou ne le peut, le notaire ou l'agent de change doit le certifier expressément.

La signature de l'agent de change doit être légalisée, lorsqu'il y a lieu, par le président du tribunal de commerce, et celle du notaire, par le président du tribunal civil ou le juge de paix, conformément à la loi du 2 mai 1861.

Les inscriptions de rentes mixtes ne peuvent être délivrées qu'aux rentiers ayant la pleine et entière disposition de leurs inscriptions [3].

En effet, en faisant choix de ce type de rente, le propriétaire renonce implicitement à la faculté qu'il a de faire opposition au paiement des arrérages [4], et une telle renonciation est un acte de propriétaire, qui ne peut émaner que de rentiers jouissant de la plénitude de leurs droits et possédant librement [5].

Quant à la femme mariée, son incapacité [6] n'étant que relative, elle peut échanger ses inscriptions de rentes nominatives contre des inscriptions mixtes, avec le concours de son mari, pourvu que les premières ne portent aucune mention de restriction au droit de disposer, ni aucune mention de régime, c'est-à-dire quand les inscriptions ne portent que les nom et prénoms de la femme et sa qualité de *femme de X...*

1. Décr. 16 juill. 1878, art. 4. — Cpr. *inf.*, art. 2, § 4.
2. Décr. 18 juin 1864, art. 1er; 18 déc. 1869, art. 25. — Cette déclaration, par assimilation aux transferts, est exempte de timbre et d'enregistrement. LL. 13 brum. et 22 frim. an VII.
3. Décr. 18 juin 1864, art. 1er; Circ. Dette inscr. 15 juill. 1864.
4. L. 22 floréal an VII, art. 7.
5. Circ. Dette inscr. 15 juill. 1864.
6. C. civ., art. 1124.

Le mari ne serait admis à obtenir seul cet échange qu'en justifiant, par un certificat de propriété, que les rentes dépendent de la communauté [1].

Quand la rente appartient à une femme, la demande doit être signée des deux époux.

Les arrérages des trimestres échus doivent être touchés avant le dépôt pour l'échange.

Cette opération ne donne lieu à aucuns frais; elle a lieu par l'agent comptable des transferts et mutations [2].

Le dépôt des titres se fait :

A *Paris*, au Bureau des transferts et mutations;

Et dans les départements, aux mêmes caisses que pour les renouvellements [3].

§ 7. — Conversion de rentes mixtes en rentes nominatives.

La conversion des rentes mixtes en rentes purement nominatives constitue un simple échange.

Elle ne donne lieu à aucune justification particulière et s'opère sur la simple remise des titres, appuyée d'un bordereau signé du déposant [4], sans l'intervention d'aucun officier ministériel.

On considère que le rentier consolide sa situation et qu'il n'y a lieu de l'astreindre à aucune formalité.

Les inscriptions mixtes doivent être munies de tous leurs coupons à échoir [5].

Si des arrérages sont échus sur les inscriptions mixtes déposées, au moment du dépôt, des *coupons spéciaux*, pour le paiement des arrérages, sont remis aux parties en même temps que les nouvelles inscriptions [6].

Si des coupons manquaient, il y aurait lieu de fournir un cautionnement ou de faire un dépôt en garantie [7].

La délivrance des nouveaux titres a lieu généralement dans un délai de 3 jours [8].

1. Foyot, n° 19, p. 12 et n° 98, p. 57.
2. Arr. min. fin., 6 juill. 1864, art. 4.
3. *Sup.*, p. 268 et s.
4. Circ. Dette insc., 15 juill. 1864.
5. Circ. Dette inscr. aux Rec. fin., 15 juill. 1864; Arr. min. fin., 6 juill. 1864, art. 4.
6. Foyot, n° 102, p. 58. — Cpr. *inf.*, art. 2, § 3.
7. *Infr.*, art. ii, *in cap.*
8. *Sup.*, p. 234.

Les titres sont remis :

A *Paris*, au Bureau des transferts et mutations.

Et *dans les départements*, aux mêmes caisses que pour les renouvellements.

A moins d'urgence, les trésoriers généraux ne doivent transmettre à la Dette inscrite les inscriptions à convertir et les pièces à l'appui que tous les 10 jours.

Ces transmissions sont suspendues pendant les 25 jours qui précèdent l'échéance des trimestres[1].

§ 8. — Changement de qualités.

On désigne sous ce nom les opérations qui ont pour objet de constater sur les immatricules des rentes les changements qui surviennent dans la qualité civile des titulaires.

S'il s'agit d'un simple changement survenu dans l'état du rentier : majorité, mariage, etc..., il se constate sur la production des actes de l'état civil établissant ce changement.

Mais lorsque l'opération doit entraîner la suppression de clauses d'inaliénabilité temporaire ou conditionnelle figurant sur les titres, la modification ou la transformation partielle ou totale de l'immatricule, il y a lieu de produire un certificat de propriété basé sur les pièces que nécessitent les circonstances.

Il en est de même, à plus forte raison, quand le changement de qualité résulte d'une circonstance emportant mutation.

Voici, dans les situations qui se présentent le plus fréquemment, les justifications à produire.

En cas de *majorité* ou de *mariage*, le changement de qualité est opéré sur la production des actes de naissance et de mariage[2].

Quand il s'agit de constater seulement le *convol* d'une femme, il suffit aussi de produire l'acte de mariage[3].

Pour faire constater le *changement de tutelle*, il faut produire une expédition ou un extrait de la délibération du conseil de famille.

En cas d'*interdiction*, cet état est mentionné sur les titres en vertu

---

1. Circ. Direct. Dette insc. 15 juill. 1864.
2. Inst. min. fin. 1er mai 1819, art. 47. — Cpr. *sup.*, 1re PARTIE, n° 551.
3. *Sup.*, 1re PARTIE, n° 551.
4. Arr. min. 6 juill. 1864, art. 2.

d'une expédition ou d'un extrait de la délibération nommant le tuteur et contenant une énonciation suffisante de la décision dont résulte cette interdiction [1].

Cette règle s'applique à la constatation de la *nomination d'un administrateur provisoire* (Code civil, 497); l'expédition ou l'extrait de délibération est remplacé par la grosse ou un extrait du jugement de nomination [2].

Il en est de même pour faire constater l'état d'*aliénation* du titulaire; s'il est dans un établissement public, on produit un certificat du Directeur de la maison; s'il est dans un établissement privé, on produit la grosse ou un extrait du jugement nommant l'administrateur [3].

Si le rentier a été pourvu d'un *conseil judiciaire*, mention en est faite sur le titre en produisant la grosse ou un extrait du jugement [4].

Pour faire disparaître ces différentes mentions il faut produire : après la *cessation de l'interdiction*, un certificat de propriété basé sur les pièces constatant la cessation de l'interdiction et la reddition du compte de tutelle [5]; après la *cessation de l'aliénation*, un certificat du Directeur de la maison [6]; après la *mainlevée du conseil judiciaire*, la grosse ou un extrait du jugement de mainlevée et les certificats prescrits par l'article 548 du Code de procédure [7].

Pour les *femmes devenues veuves*, il y a lieu, pour faire mentionner cette nouvelle qualité sur les titres, soit en usufruit, soit en nue propriété, soit en pleine propriété, ainsi que pour les aliéner, de produire un certificat de propriété les leur attribuant, à moins que ces titres ne portent mention de séparation judiciaire [8].

Il en est de même en cas de *divorce*, celui-ci ayant pour effet, comme le décès de l'un des époux, de dissoudre le mariage [9].

En cas de *convol* de la mère, tutrice de ses enfants, son maintien dans la tutelle et l'adjonction de son mari comme cotuteur sont

1. *Sup.*, 1re PARTIE, no 661.
2. *Sup.*, no 663.
3. *Sup.*, no 670 et s.
4. *Sup.*, no 676.
5. *Sup.*, no 665.
6. *Sup.*, no 674.
7. *Sup.*, no 678.
8. Inst. min. fin. 1er mai 1819, art. 48; *Suprà*, 1re PARTIE, nos 617 et suiv.
9. *Sup.*, 1re PARTIE, nos 642 et s.

mentionnés sur la production d'une expédition ou d'un extrait de la délibération du conseil de famille et d'une copie régulière de l'acte de mariage [1].

Pour les inscriptions au nom d'*usufruitiers*, certaines distinctions sont à faire [2].

S'il n'y a *qu'un seul usufruitier*, à son décès la mutation en pleine propriété s'opère au nom du nu propriétaire, sur la production de l'acte de décès accompagné du certificat de vie du nu propriétaire.

La règle est la même quand il y a *plusieurs nus propriétaires* ; on peut alors obtenir un titre distinct pour chacun d'eux, quand leur part est déterminée.

Cependant, si les titres avaient été cotés et inventoriés, un certificat de propriété serait nécessaire [3].

Ce n'est qu'exceptionnellement que le Trésor se contente de l'acte de décès, à la condition que la mention de cote atteste formellement que l'inventaire a été fait après le décès de l'usufruitier par Mᵉ..., notaire à..., le..., et que cette mention soit signée du notaire [4].

Quand il est survenu parmi les nus propriétaires des décès ou des changements de qualités, il y a lieu de fournir, suivant les cas, les certificats de propriété et les autres pièces nécessaires pour la régularisation de l'immatricule des nouveaux titres.

S'il y en a parmi eux dont le domicile et la résidence soient inconnus, ou dont on ne puisse produire le certificat de vie, on requiert que leur part soit portée au *Compte des portions non réclamées* [5].

Quand un changement dans la nue propriété d'une rente grevée d'usufruit, dont le titre se trouve en circulation, est demandé à la Dette inscrite, celle-ci fait remettre par le Caissier-payeur central, à l'usufruitier quand il se présente pour encaisser les arrérages, une lettre qui lui tient lieu de reçu du titre pendant le cours de l'opération, et le nouveau titre est ensuite échangé contre cette lettre. Si l'usufruitier ne consent pas à se dessaisir du titre, il est néanmoins

1. Gorges et de Bray, vᵒ *Tuteur*, IV, p. 355.
2. Cpr. *Sup.*, § 4.
3. *Sup.*, 1ʳᵉ PARTIE, nᵒ 161
4. *Ub. sup.*
5. *Sup.*, p. 180.

procédé au paiement; mais avis de ce refus est immédiatement donné à la Dette inscrite, qui suspend l'expédition de la nouvelle inscription[1].

Quant au *prorata d'arrérages* dû au décès de l'usufruitier, v. *sup.*, p. 28 et 190.

Lorsque *plusieurs usufruitiers* sont inscrits pour jouir conjointement, avec réversion de tout ou partie au profit du survivant, le droit d'usufruit de celui-ci s'inscrit, par mutation à son nom, sur la production de l'acte de décès et du certificat de vie du nu propriétaire.

Cette règle s'applique à l'usufruit inscrit au nom de *deux époux conjointement avec réversion* au profit du survivant[2].

Au contraire, quand les deux époux sont inscrits *conjointement* ou *sans distinction de part*, mais *sans stipulation de réversion*, il y a lieu, au décès du prémourant, de produire un certificat de propriété établissant le droit du survivant; la production de l'acte de décès serait insuffisante.

La même justification est exigée pour l'usufruit acquis au cours de la communauté et reposant sur la tête d'un *tiers*.

Dans le cas où *l'usufruitier est sans domicile ni résidence connus*, il est d'usage de faire remplir les formalités relatives à l'absence[3].

En cas de *renonciation* par l'usufruitier à son droit, il ne suffit pas de justifier de l'acte de renonciation; il faut produire un certificat de propriété visant l'acte et requérant la délivrance d'un nouveau titre au nom du nu propriétaire pour la toute propriété[4].

Toutes les pièces fournies à l'appui des changements de qualité doivent être sur timbre, et légalisées quand elles sont produites en dehors du département où elles sont délivrées.

Toutefois, les expéditions délivrées par les greffiers des justices de paix en matière civile, et par conséquent celles des délibérations des conseils de famille, sont dispensées du timbre[5].

Les délibérations et autres actes concernant les indigents, affran-

---

1. De Marcillac, n° 90, p. 41.
2. V. *inf.*, ch. VI, *Libellés d'immat.*, v° *Usufruit*.
3. V. *Sup.*, 1re PARTIE, p. 125, et 2e PARTIE, chap. II, art. 1er, § 4.
4. *Sup.*, 1re PARTIE, n°s 734 et s.
5. L. 26 janv. 1892, art. 12.

chis de tous droits, doivent néanmoins être soumis à la formalité de l'enregistrement, et les expéditions qui en sont produites au Trésor doivent mentionner qu'ils ont été enregistrés gratis [1].

Dans les cas sus-indiqués où les changements de qualités peuvent avoir lieu sur la production des pièces les constatant, ils peuvent aussi être opérés au moyen d'un certificat de propriété visant ces pièces déposées pour minute au notaire certificateur.

Autrefois, les changements de qualité se constataient par une mention sur le Grand-Livre et sur l'inscription, qui était réexpédiée dans les mêmes termes, sans date nouvelle. Maintenant, il n'en est plus ainsi; ce système, qui présentait des inconvénients pour la comptabilité du Trésor, a été abandonné. Chaque changement emporte l'annulation de l'ancien titre, la délivrance d'un nouveau et le débit du compte.

Le dépôt des titres à modifier se fait aux mêmes caisses que celles indiquées *suprà*, p. 268 et s. — V. aussi p. 230 et s.

Quant aux rentes départementales, v. *sup.*, p. 229 et la législation qui les concerne [2].

§ 9. — Rétablissement de rentes nominatives ou mixtes.

Bien que le capital des rentes sur l'État soit imprescriptible (*sup.*, p. 213), le Trésor n'en procède pas moins à la radiation du nom du titulaire, lorsqu'il s'est écoulé un certain temps depuis son inscription au Grand-Livre, sans que les arrérages aient été touchés.

Ces rentes cessent de figurer sur les états de paiements et sont inscrites d'office à un compte spécial appelé *Compte des portions non réclamées* [3].

Cette inscription a lieu :

Pour les rentes *nominatives*, 5 ans après l'échéance du dernier terme ;

Pour les rentes *mixtes*, 15 ans après la date de l'émission de l'inscription, c'est-à-dire 5 ans après l'échéance du dernier coupon ;

1. L. 26 janv. 1892, art. 12; Inst. Direct. Enreg., n° 2816; Circ. Dette inscr. 24 déc. 1892.
2. L. 14 avril 1819; Inst. Min. fin. 1er mai 1819.
3. Déc. 31 mai 1862, art. 217. — *Sup.*, p. 180.

Et pour les rentes *au porteur*, 10 ans après la date de l'émission du titre, c'est-à-dire 5 ans après l'échéance du dernier coupon [1].

Cette différence n'est qu'apparente puisque, dans tous les cas, la radiation aux états de paiement a lieu après 5 ans de l'échéance du dernier trimestre à recevoir. Elle s'explique par cette double raison que, pour les rentes nominatives seulement, le titulaire peut, en cas de rétablissement, obtenir un rappel de 5 ans d'arrérages, et que les rentes mixtes et au porteur sont munies de coupons, les premières pour 10 ans et les secondes pour 5 ans, sauf, pour celles-ci, l'effet de l'application du décret du 28 juillet 1896.

Mais cette opération n'est qu'une *mesure d'ordre* intérieur et les arrérages ne s'en prescrivent pas moins par 5 ans.

Les rentes portées au *Compte des portions non réclamées* ne peuvent être remises en paiement que sur une demande de rétablissement, dûment timbrée, et en vertu d'une décision ministérielle qui fixe le point de départ des arrérages réordonnancés [2].

Cette demande doit être adressée au Ministre des Finances et énoncer les nom, prénoms et domicile du postulant, dont la signature doit être légalisée par le maire de sa résidence.

En dehors du département de la Seine, la signature du maire est elle-même légalisée par le préfet ou le sous-préfet.

Il faut, en outre, produire le titre ou, s'il est adiré, une déclaration de perte dans les formes ordinaires. V. *sup.*, p. 132.

Il n'est fait d'exception à cette règle que dans le cas où il s'agit de rétablir une portion de rente mise en réserve par suite d'une mutation antérieure.

Le Trésor, en effet, ne délivre pas d'inscription représentative de la rente portée au *Compte des portions non réclamées* [3]; le droit des intéressés est constaté par une lettre du Directeur de la Dette inscrite, à qui la demande en est faite, si besoin est, comme nous l'avons dit *sup.*, p. 223.

---

1. Toutefois, au fur et à mesure que le décret du 28 juill. 1896 recevra son exécution et que les titres au porteur mis en circulation seront munis de coupons pour 10 ans, comme les titres mixtes, ils ne seront portés au *Compte des portions non réclamées* qu'après 15 ans de leur émission, comme ceux-ci. *Sup.*, p. 173.

2. Décr. 31 mai 1862, art. 217; Arr. min. fin. 2 mai 1840, art. 2.

3. Arr. min. fin. 2 mai 1840, art. 1er.

Tout rétablissement ne donne droit qu'à 3 ans d'arrérages, non compris le terme courant[1].

Cependant, dans le cas où la prescription aurait été interrompue par les intéressés, il leur serait tenu compte des arrérages pendant l'année qui leur est accordée pour faire valoir leurs droits[2].

Ce rétablissement a lieu sans autre formalité que l'application des règles communes aux opérations de renouvellements, transferts et mutations : certificat de vie, certificat de propriété, etc.[3].

V. Quant aux *rentes amortissables* sorties au tirage, *infrà* § 11 et 13.

§ 10. — Rectification de libellés.

Des erreurs peuvent se produire lors des opérations de transfert et de mutation et, par suite, dans l'immatriculation des titres.

L'intéressé qui s'en aperçoit doit faire le nécessaire pour en obtenir la rectification, attendu que la plus légère différence peut faire naître des doutes sur l'identité des parties, et que la Cour des comptes est fondée à en exiger la régularisation par une production supplémentaire de pièces justificatives qu'il n'est pas toujours facile de se procurer[4].

Les erreurs peuvent être le fait soit de l'Administration, soit de l'agent de change, du notaire ou autre fonctionnaire qui a délivré le certificat de propriété, soit des intéressés.

Si l'erreur provient de l'*Administration*, c'est-à-dire si les agents du Trésor n'ont pas suivi exactement le certificat de transfert fourni par l'agent de change ou le certificat de propriété délivré par le notaire, le juge de paix, etc..., la rectification a lieu sans justification et sans aucuns frais ; on représente l'extrait d'inscription à la

---

1. L. 24 août 1793, art. 156. — *Sup.*, p. 189 (*Prescription*).
Les arrérages des rentes rétablies en vertu de décisions ministérielles donnent lieu à la délivrance d'états émanant de l'agent comptable du Grand-Livre et servant à l'émargement des paiements.
Les paiements ont lieu soit au vu de quittances visées, soit au vu des mentions de rappel inscrites sur les titres.
Les arrérages rétablis se prescrivent par 5 ans de la date du rétablissement. De Marcillac, nos 82 et 2106, p. 38 et 504.
2. Foyot, n° 191, p. 119. — V. aussi Av. C. d'État 13 avril 1809.
3. Cpr. Arr. min. fin. 2 mai 1840, art. 3.
4. Inst. min. fin. 1er mai 1819, titre III, 2e partie, art. 44. Voir aussi, quant au mode de rectification des erreurs, L. 8 fructidor an V, art. 1er ; Avis. C. d'État 16 mess. an III ; Arr. 27 frim. an XI, art. 1 et 2.

Direction de la Dette inscrite (Bureau central), au Ministère des finances [1], et on indique l'erreur à rectifier; il est donné un récépissé contre lequel on reçoit, peu de temps après, soit un nouveau titre, soit le même rectifié. Quand il s'agit d'une erreur d'*expédition*, la rectification a lieu à bref délai; mais si c'est une erreur de *minute*, elle demande un peu plus longtemps, environ 15 jours [2].

Si l'erreur provient des *agents de change* et qu'ils puissent l'attester, la rectification s'opère sur un certificat délivré par les agents négociateurs qui ont concouru à la confection des déclarations, visé du Syndic des agents de change et produit avec les titres à régulariser, pourvu qu'il ne se soit pas écoulé plus de trois mois depuis la déclaration de transfert [3].

La force probante de ces certificats a été reconnue par une décision ministérielle du 24 ventôse an XI.

Les agents de change ne sont tenus de délivrer ces certificats que si l'erreur provient de leur fait.

Les rectifications provenant des erreurs qui se glissent dans les transferts d'agents de change s'effectuent aussi quelquefois par voie de *rétrocession* [4].

Cette opération, purement d'ordre, est ainsi nommée parce qu'elle a généralement pour objet de faire reporter la rente, objet de la rectification, au *compte courant* [5] de l'agent de change fautif, celui-ci ayant réparé l'erreur par l'achat d'un autre titre régulièrement immatriculé.

Ce mode de réparation n'est toutefois admis par la Dette inscrite que lorsqu'il n'est pas possible d'arriver à la régularisation par un nouveau transfert.

Les principales causes de rétrocession sont les suivantes :

Emploi en une rente au lieu d'une autre;

Capital pris pour la somme et réciproquement;

Doubles emplois;

---

1. Foyot, n° 105, p. 60. — Pour les rentes départementales, v. *suprà*, p. 167 et 229, et Inst. Min. fin. 1er mai 1819.

2. Galland, p. 80 et s., note 1.

3. Galland, *ub. suprà*; Gorges et de Bray, v° *Rectification*, III, p. 292; Foyot, n° 106, p. 60; de Bray, n° 376, p. 329.

4. Gorges et de Bray, v° *Rétrocession*, p. 316.

5. *Sup.*, p. 179 et 262.

Erreurs de sommes ;

Enfin, toutes les erreurs matérielles qui ne sont pas du fait des parties et ne peuvent être redressées sans leur concours.

Les rétrocessions ont lieu en vertu d'une décision du Ministre des finances, sur le rapport du Directeur de la Dette inscrite, motivé par des justifications variant avec les circonstances.

Lorsque les erreurs proviennent du *notaire, du juge de paix, du greffier ou autre fonctionnaire* qui a délivré le certificat de propriété, la rectification se fait au moyen d'actes de notoriété, en *brevet* ou en *minute*[1], basés sur des actes de naissance ou de mariage (un acte de décès serait insuffisant), ou de certificats rectificatifs délivrés par un notaire, sur le vu de notoriétés en minute[2].

L'annexe des actes de l'état civil n'est obligatoire que si l'acte de notoriété est produit isolément[3].

Les rectifications provenant du fait des *parties* s'opèrent sur la production des mêmes pièces : notoriété en *brevet* ou en *minute* ou certificat rectificatif.

Les erreurs dans les immatricules peuvent aussi être rectifiées au moyen des certificats de propriété délivrés pour les transferts et mutations ; c'est même, le plus souvent, ainsi et à ce moment qu'elles le sont[4].

Enfin, elles peuvent l'être lors du renouvellement des titres, à l'aide du certificat de vie produit[5].

Le principe de la rectification des erreurs commises dans le libellé des inscriptions de rente résulte de la loi du 8 fructidor an V, dont l'article 1er est ainsi conçu : « Les créanciers de l'État au préjudice desquels il pourrait être intervenu quelques erreurs dans leurs noms et prénoms portés au Grand-Livre et registre de la Dette publique, formeront leur pétition en rectification d'erreur devant les Commissaires de la Trésorerie ; comme par le passé, ils y joindront les actes de notoriété et autres pièces authentiques, à l'aide desquelles ils croiront pouvoir constater l'erreur. »

1. Gorges et de Bray, v° *Notoriété*, I, p. 254.
2. Foyot, n° 107, p. 61 ; Gorges et de Bray, v° *Rectifications*, I, p. 291.
3. Inst. Dette inscrite, janv. 1873, XI.
4. Comp. *sup.*, 1re PARTIE, n°s 74 et s.
5. *Inf.*, ch. v, *Certificat de vie*.

Bien entendu, si les rectifications demandées étaient très importantes, si, par exemple, elles avaient pour effet de changer le fond même de l'inscription, de modifier essentiellement les droits des propriétaires des titres, le Trésor pourrait exiger soit un nouveau transfert consenti, dans la forme ordinaire par les titulaires et certifié par un agent de change, soit des justifications spéciales, variables, quant à leur nature, avec les circonstances, mais en tout cas propres à dégager sa responsabilité [1], par exemple une décision judiciaire passée en force de chose jugée.

Les changements et rectifications à effectuer dans les immatricules des rentes sont opérés en vertu d'une décision du Ministre des Finances, provoquée par la Direction de la Dette inscrite et produite par l'agent comptable à la Cour des comptes [2].

Les inscriptions peuvent être reçues dans les départements aux mêmes caisses que pour les renouvellements. *Sup.*, p. 268 et s. — V. cepend. *Sup.*, p. 230 et s.

Il ne faut pas confondre les rectifications nécessitées par les erreurs matérielles, commises dans les libellés d'inscriptions ou dans la rédaction des actes notariés, qui peuvent avoir lieu sur la production d'actes de notoriété, avec les rectifications ou modifications de noms patronymiques, constituant un changement d'état civil, qui nécessitent des formalités spéciales [3].

§ 11. — Remplacement d'inscriptions
de rentes nominatives ou mixtes perdues, détruites ou volées.

Rentes nominatives. — En cas de perte, de destruction ou de vol d'inscriptions de rentes nominatives, les titulaires [4] ou leurs représentants dûment autorisés doivent immédiatement former opposition au transfert et au paiement des arrérages [5].

---

1. Foyot, n° 107, p. 61 ; de Bray, n° 377, p. 329.
2. Décr. 18 déc. 1869, sect. III, art. 21. — *Adde* Av. Cons. d'État, 16 mess. an VIII.
3. C. c., art. 99 et s. ; L. 11 germ. an XI ; *Sup.*, 1re PARTIE, p. 19.
4. L. 22. flor. an VII, art. 7.
5. V. *sup.* 2e PARTIE, chap. 1, § 6, p. 212, *Opposit. p. le titul.* — Nous avons indiqué *sup.*, p. 212, la manière dont les oppositions doivent être pratiquées. Le visa est donné sur l'original (*vu et reçu copie*) ; il est daté en toutes lettres, du jour où expirent les 24 heures accordées pour le dépôt. En cas d'irrégularité,

Les oppositions concernant les rentes nominatives sont signifiées par exploit d'huissier au Conservateur des oppositions, au Trésor. Il en est de même pour celles concernant les arrérages desdites rentes, quand ils sont payables à Paris [1].

Pour les arrérages payables ailleurs, tant de ces rentes que des rentes départementales, les oppositions ne peuvent être faites qu'aux mains des payeurs chargés de les acquitter [2].

Enfin, s'il s'agit de la mutation ou du transfert de rentes départementales, l'empêchement se notifie à celui des trésoriers-payeurs généraux qui tient le livre auxiliaire où ces rentes sont inscrites [3].

L'opposition peut aussi résulter d'une simple demande sur papier timbré dénonçant le fait, adressée au Directeur de la Dette inscrite.

La loi ne faisant aucune distinction entre le propriétaire unique et le propriétaire indivis, nous pensons, avec M. Bavelier [4], que ce dernier a le même droit que le premier.

L'opposition ou la demande doit contenir l'indication de la nature et du montant de la rente, des numéros du titre et des nom et prénoms du titulaire.

Après que la régularité de la demande a été reconnue et l'identité constatée, la rente est frappée d'*empêchement administratif* [5] et avis en est donné au requérant [6].

Mais pour obtenir la délivrance d'un nouveau titre remplaçant le premier, les rentiers doivent produire, en outre, une *déclaration de perte*, faite dans la forme du décret du 3 messidor an XII [7] par eux ou leur fondé de pouvoir spécial, devant le maire de leur domicile, en présence de deux témoins, sur timbre [8], et légalisée lorsqu'elle est reçue en dehors du département de la Seine.

---

le refus du visa est motivé en marge de l'original (*refusé, attendu que...*). Lorsqu'un exploit refusé à un huissier est transmis par le procureur de la République, il en est immédiatement référé au Ministre. De Marcillac, n° 1237, p. 329.

1. L. 24 août 1793, art. 187 ; Inst. 11 déc. 1879, art. 169 ; Bavelier, n° 50, p. 101.
2. Inst. 11 déc. 1879, art 170 ; Bavelier, *ub. sup.*
3. Inst. 11 déc. 1879, art. 171 ; Bavelier, *ub. sup.*
4. Bavelier, n° 45, p. 96.
5. *Sup.*, p. 213.
6. Arr. préc., art. 2.
7. Arr. min. de 1841, art. 1er. (On trouvera le texte de cet arrêté reproduit dans l'ouvrage de M. de Bray, n° 407, note 1, p. 342.)
8. Dict. de l'Enreg. Rédact., v° *Dette publique*, n° 136.

La procédure à suivre dans ce cas est réglée par le décret du 3 messidor an XII, ainsi conçu :

ART. 1er. — A l'avenir il ne sera plus délivré de duplicata des extraits d'inscription au Grand-Livre de la Dette consolidée et de la Dette viagère.

ART. 2. — Les rentiers qui auraient perdu leurs extraits d'inscription en feront la déclaration devant le maire de la commune de leur domicile.

Cette déclaration, faite en présence de deux témoins qui constateront l'individualité du déclarant, sera assujettie au droit fixe d'enregistrement d'un franc[1].

ART. 3. — Ladite déclaration sera rapportée au Trésor public. Après en avoir fait constater la régularité, le ministre du Trésor public autorisera le Directeur du Grand-Livre à débiter le compte de l'inscription perdue et à la porter à un compte nouveau par un transfert de forme. Il sera remis au réclamant un extrait original de ce nouveau compte.

ART. 4. — Le transfert de forme autorisé par l'article précédent aura lieu dans le semestre[2] qui suivra celui pendant lequel la demande d'un nouvel extrait d'inscription aura été adressée au ministre du Trésor public[3].

Il en est ainsi afin de permettre au Trésor de s'assurer que le titre n'est pas en circulation et que le remplacement ne lèse personne.

Toutefois, dans les cas urgents ou lorsque les droits des parties reposent sur une décision judiciaire, le Directeur de la Dette inscrite peut, sur un rapport spécial motivé, être autorisé par le Ministre à procéder immédiatement au remplacement[4].

L'article 3 du décret de messidor parle de la régularité de la demande, mais c'est le bien fondé qu'il faut entendre par cette expression, plutôt que la régularité matérielle.

Voici, du reste, les règles suivies en cette circonstance :

Lorsque la demande émane d'un mandataire, elle doit être

1. Aujourd'hui 3 fr. : LL. 18 mai 1830, art. 8 ; 28 fév. 1872, art. 4.
2. Autrefois, les arrérages des rentes étaient payables par semestre, L. 24 août 1793, art. 156 ; maintenant, toutes les rentes sont payables par trimestre, c'est donc dans le trimestre suivant la demande que le remplacement a lieu. — Dumesnil et Pallain, n° 116, *in fine*, p. 122.
3. Arr. de 1841, art. 4.
4. Même arr., art. 4.

accompagnée d'une procuration spéciale, qui reste au dossier, si elle est en brevet, mais qui est rendue après qu'il en a été pris note, si elle est en minute [1].

Quand elle est formulée par un héritier du rentier, elle doit être accompagnée d'un certificat de propriété [2].

Des informations sont prises afin de connaître la date du dernier paiement d'arrérages et la personne qui a touché [3].

Si le paiement a été fait au rentier, foi est accordée à sa réclamation ; dans le cas contraire, on l'invite à faire des démarches auprès de la personne qui lui est désignée, pour recouvrer son inscription, et l'empêchement administratif est maintenu ; mais le remplacement n'a lieu qu'autant qu'il est justifié d'une manière suffisante de l'insuccès des démarches [4].

Toutefois, il n'y a pas lieu à ces informations quand l'inscription est atteinte par la prescription quinquennale [5].

Toute décision autorisant un remplacement doit être communiquée au Contrôle central, qui la frappe d'un timbre constatant cette communication [6].

Lorsque l'opération est terminée, il est écrit à la partie pour lui adresser le nouveau titre si elle demeure dans les départements, ou pour l'inviter à le retirer au Trésor, si elle habite Paris ou les environs [7].

La remise en est faite, à Paris, aux bureaux du Trésor, et en province, par l'intermédiaire des Trésoreries et Recettes.

Les règles tracées par le décret précité pour les inscriptions perdues s'appliquent aux inscriptions volées ou détruites par un accident [8].

Elles s'appliquent aussi aux *rentes départementales* [9].

S'il s'agissait, non de titres réellement perdus, détruits ou volés, mais remis en gage ou détenus par une tierce personne contre la

---

1. Même arr., art. 1.
2. Id., art. 1.
3. Id., art. 3.
4. Id., art. 3.
5. Id., art. 3.
6. Id., art. 5.
7. Id., art. 6.
8. Dalloz, v° *Trésor public*, n° 1130 ; Galland, p. 85, note 1.
9. Ord. 14 avril 1819, art. 5 ; Inst. min. fin. 1er mai 1819, titre III, 2e part., art. 46.

volonté du propriétaire, il ne pourrait y avoir lieu à remplacement que si le Trésor était autorisé à passer outre à la délivrance d'une nouvelle inscription, en vertu d'une décision judiciaire ayant acquis l'autorité de la chose jugée.

Il n'est pas nécessaire, alors, que le Trésor soit mis en cause ; la décision est prise contre le tiers détenteur, et incidemment le Ministre, faute par le détenteur de restituer le titre, est invité à en délivrer un nouveau [1].

Rentes mixtes. — Les dispositions qui précèdent sont applicables aux **rentes mixtes.**

Toutefois, les coupons de ces rentes étant au porteur et constituant une valeur de circulation, indépendante des termes qu'ils représentent et pouvant être détachés à l'avance, escomptés ou donnés en paiement [2], il n'est pas possible d'étendre la faculté d'opposition au paiement des arrérages [3].

Dans la pratique, le Trésor (Direction de la Dette inscrite) consent à prendre officieusement note de la réclamation du rentier dont le titre est perdu ou volé. Lorsque les coupons sont présentés, ils sont payés au porteur, mais l'Administration prévient l'intéressé et lui indique le nom et l'adresse de la personne qui a touché [4].

Toutefois, il ne saurait résulter pour l'État aucun engagement de ce fait [5].

Si des coupons d'arrérages étaient ou devaient régulièrement être attenants aux titres, d'après la date de leur délivrance, le Trésor exige, préalablement au remplacement de l'inscription, le dépôt en cautionnement d'une quotité de rente représentant le montant des coupons échus et non payés ou restant encore à échoir, et dont le possesseur pourrait réclamer ultérieurement le paiement s'ils étaient retrouvés. Le cautionnement prend fin 5 ans après l'échéance du dernier coupon [6].

Si la personne dont le titre est adiré ou perdu ne peut fournir le

1. De Bray, n° 408, p. 343.
2. Gorges et de Bray, v° *Coupons*, I, p. 148.
3. Inst. Direct. Cont. fin. 11 déc. 1879, art. 168 ; Foyot, n° 113, p. 64 ; Bavelier, n° 45, p. 96.
4. Bavelier, n° 45, p. 97.
5. C. Lyon, 18 juill. 1873, cité par Bavelier, *ub. sup.*
6. Décr. 18 déc. 1869, 4e sect., art. 44. — V. aussi Déc. min. 22 janv. 1869 ; Foyot, n° 114, p. 64 ; Bavelier, n° 55, p. 106.

cautionnement exigé, il peut y être suppléé en vertu d'une décision spéciale, rendue sur la proposition du Directeur de la Dette inscrite, de la manière suivante :

En remplacement de l'inscription mixte adirée ou perdue, il est expédié, au nom du titulaire, deux inscriptions purement nominatives, représentant chacune la moitié de celle dont la perte a été déclarée.

L'une des inscriptions est remise au réclamant, et l'autre est conservée par le Trésor pour être affectée au cautionnement jusqu'à l'expiration de la cinquième année, à partir de l'échéance du dernier coupon [1].

En représentation de cette dernière inscription, il est remis aux parties une copie certifiée du titre, dite *Bordereau d'annuel*, visée à la Direction de la Dette inscrite et au Contrôle central [2], au moyen duquel elles peuvent toucher les arrérages de ce titre [3] ; des cases sont disposées à cet effet au verso des bordereaux.

Un acte d'affectation de la rente déposée en cautionnement est souscrit entre le titulaire ou son fondé de pouvoir spécial et l'Agent judiciaire du Trésor.

Rentes amortissables. — Lorsqu'elles sont sorties au tirage et que la Dette inscrite a remis à la Caisse centrale l'état de remboursement, les déclarations de perte de titres sont faites à la Caisse centrale : 1° si le titre est affecté seulement à la série sortie ; 2° si le titre perdu est un certificat spécial dit de remboursement.

Dans ces deux cas, la déclaration de perte, jointe à un *Certificat de non-paiement*, est communiquée à la Dette inscrite, qui délivre une copie certifiée de l'immatricule de la rente.

Si, au contraire, l'inscription perdue comprend plusieurs séries, comme le compte du rentier continue à figurer au Grand-Livre, la Dette inscrite reçoit la déclaration de perte.

Dans les trois cas, c'est seulement après l'échéance des termes courants que le rentier est mis à même d'être payé [4].

---

1. Décr. 18 déc. 1869, 4ᵉ sect, art. 45. — V. aussi Déc. min. 12 fév. 1869.
2. Déc. Min. des fin. 28 juin 1844.
3. Foyot, n° 115, p. 65.
4. C pr. De Marcillac, nᵒˢ 1294 et s., p. 339. — V. aussi *sup.*, p. 220.

§ 12. — Conversion d'inscriptions directes en inscriptions départementales et vice versa.
Échange de rentes départementales.

Ces opérations ne nécessitent, en principe, aucune justification de propriété ni d'identité ; elles ont lieu sur la seule demande du détenteur des titres.

Les possesseurs de rentes directes, qui le désirent, peuvent obtenir l'échange de ces titres contre des rentes départementales [1].

Il leur suffit de déposer leurs inscriptions au Grand-Livre avec une demande écrite au trésorier-payeur général du département où ils veulent être inscrits. Ce comptable leur délivre un reçu contre la remise duquel ils reçoivent, quelques jours après, une inscription comprise dans le crédit collectif ouvert au trésorier-payeur général de ce département [2].

Réciproquement, la conversion d'une inscription départementale en une inscription directe au Grand-Livre s'effectue de la même manière, après confrontation du talon au nom du propriétaire désigné dans l'inscription départementale, sur une simple demande accompagnée du titre [3].

Lorsqu'une rente acquise à Paris doit être inscrite au livre auxiliaire d'un département, ou qu'il est demandé la conversion d'une rente directe en rente départementale, un avis, appelé *lettre de crédit*, est transmis au comptable intéressé pour lui notifier l'accroissement d'autant de son compte et l'autoriser à délivrer le titre, et au préfet pour lui permettre le contrôle auquel il est tenu [4].

Le rentier reçoit un duplicata de cette pièce, en échange duquel l'inscription lui est délivrée à la Trésorerie générale [5].

De même, quand une rente départementale est transférée à Paris, ou est convertie en une inscription directe, il est adressé un

---

1. Ord. 14 avril 1819, art. 1er. — V. aussi Décr. 18 déc. 1869, sect. III, art. 26 ; *sup.*, p. 167.
2. Même ord., art. 1er, § 8.
3. Même ord., art. 8 et 9.
4. Même ord., art. 3 et 4 ; Gorges et de Bray, v° *Crédit*, I, p. 152.
5. Gorges et de Bray, v° *Crédit*, 11, p. 152.

avis, dit *lettre de débit*, au trésorier-payeur général pour l'informer de la réduction de son compte et au préfet pour son contrôle [1].

Les arrérages de ces rentes sont ordonnancés à la caisse du comptable du département au livre auxiliaire duquel ces titres figurent [2]. Une conversion en rente directe ou un échange en une autre inscription départementale serait nécessaire pour les rendre payables à Paris ou dans un autre département [3].

L'échange d'une inscription départementale contre un titre semblable d'un autre département se fait de la manière suivante : L'inscription à échanger est représentée au trésorier signataire qui l'annule et délivre au titulaire une *lettre d'avis*, adressée au trésorier général du département où la rente doit être transportée ; l'inscription est envoyée au Trésor, pour qu'il fasse diminuer le compte du premier trésorier et augmenter celui du second en conséquence ; puis l'inscription nouvelle est délivrée, après réception de l'*avis de crédit*, sur la production de la lettre du trésorier qui a fait l'annulation de la première inscription [4].

Les inscriptions départementales délivrées par les trésoriers généraux sont détachées d'un registre à souche et à talon [5] ; elles sont contrôlées et visées par le préfet [6].

Il doit être tenu, dans toutes les préfectures, un registre-contrôle des inscriptions présentées au visa, et à chaque inscription, c'est-à-dire jour par jour, les talons de ces inscriptions sont envoyés à la Dette inscrite [7].

Le préfet tient aussi un registre dont il adresse mensuellement des copies à la même Direction [:].

A l'aide de ces talons, classés par ordre numérique, la Dette inscrite peut certifier l'existence des rentes départementales dont le transfert est requis à Paris [8].

Les conversions et échanges ci-dessus ont lieu sans frais, et les rentiers qui n'habitent pas le chef-lieu du département peuvent

1. Ord. 14 avril 1819, art. 3 et 4 ; Gorges et de Bray, v° *Débit*, p. 155.
2. *Sup.*, p. 168.
3. Gorges et de Bray, v° *Livres auxiliaires*, p. 236.
4. Ord. 14 avril 1819, art. 10. V. aussi, Décr. 18 déc. 1869, sect. III, art. 26.
5. L. 14 avril 1819, art. 3.
6. Même L., art. 3 ; Ord. 14 avril 1819, art. 3.
7. Même ord., art. 3.
8. Gorges et de Bray, v° *Livres auxiliaires*, p. 236.

avoir recours à l'intermédiaire des receveurs particuliers et des percepteurs.

Lorsque la conversion d'une inscription départementale est requise à Paris, le titre doit être soumis au visa du Bureau central, Section du contrôle des livres auxiliaires[1], afin d'en constater l'existence par le rapprochement du talon correspondant et de s'assurer qu'elle n'est pas frappée d'empêchement administratif[2].

Cette règle s'applique aussi aux transferts des mêmes rentes à Paris.

§ 13. — Mutations.

Ainsi que nous l'avons indiqué[3], les opérations effectuées sur les rentes sur l'État se divisent en deux catégories : les TRANSFERTS (*réels*), qui sont le résultat d'une négociation ou d'une aliénation avec le ministère d'un agent de change, et les MUTATIONS ou *Transferts d'ordre*.

Les *Mutations* sont elles-mêmes de deux catégories :

Celles qui ne comportent pas de transmission de propriété; telles sont, par exemple, en principe du moins, les réunions, divisions, changements de qualités, etc., dont nous nous sommes occupés précédemment;

Et celles qui, au contraire, comportent une transmission de propriété, transmission s'opérant, bien entendu, sans ministère d'agent de change.

Ce sont ces dernières dont il nous reste à nous occuper.

On peut dire, d'une façon générale, qu'elles comprennent les mutations qui ont lieu à la requête des *ayants droit* des titulaires.

Et comme la propriété s'acquiert et se transmet par succession, donations entre-vifs ou testamentaires et par l'effet des obligations[4], cette catégorie de mutations se trouve embrasser tous les moyens d'acquisition et de transmission, sauf la vente qui constitue, nous l'avons dit, un transfert réel ; elle comprend aussi les transmissions provenant de revendications en justice, des cessions partielles ne pouvant avoir lieu en Bourse, telles que les ventes d'usufruit ou de nue propriété.

1. Gorges et de Bray, v° *Visa*, p. 367.
2. *Sup.*, p. 213.
3. *Sup.*, p. 232.
4. C. c., art. 711.

En principe, le droit de propriété ne peut se démontrer que par la production des pièces établissant la transmission ou l'acquisition : inventaire, notoriété, partage, donation, testament, contrat, jugement, etc.

Quoi qu'il en soit, le Trésor est admis à procéder à ces opérations de mutation sur la production d'une seule pièce, et il n'en accepte pas d'autre, un *Certificat de propriété*[1].

Les mutations se font aussi quelquefois par voie de *Transfert* (réel); c'est ce qui a lieu quand une partie de la rente doit être vendue soit pour l'acquit du passif de la succession, soit pour un autre motif[2]; mais, dans ce cas, le mode de justification prescrit par l'art. 6 de la loi du 28 floréal an VII n'en reçoit pas moins son application.

Il est admis, en effet, que le Trésor n'a pas à interpréter lui-même les actes desquels résultent les changements survenus dans la propriété des rentes.

Cette interprétation est confiée aux fonctionnaires ou officiers publics chargés, par la loi, de délivrer les certificats de propriété, qui servent alors d'intermédiaires entre le Trésor et ses créanciers, et jouent, dans la circonstance, un rôle analogue à celui qui incombe aux agents de change en matière de transferts.

Pour tout ce qui concerne les *Certificats de propriété*, nous ne pouvons que renvoyer le lecteur à la PREMIÈRE PARTIE de cet ouvrage, où nous avons traité ce sujet avec tous les développements qu'il comporte.

Pour les *rentes amortissables*, les demandes de remboursement doivent être déposées au Trésor, à Paris, ou à la caisse des trésoriers généraux et receveurs particuliers.

Les trésoriers sont tenus de les faire parvenir à la Caisse centrale 15 jours avant l'échéance.

Ces demandes doivent être appuyées des justifications ordinairement exigées pour les transferts et mutations, certificats de propriété, etc)[3].

1. L. 28 floréal an VII, art. 6.
2. *Sup.*, 1re PARTIE, n° 123 et s., p. 27.
3. De Marcillac, n° 880, p. 236.
Rappelons a cet égard, que les titres amortis jouissent de l'insaisissabilité comme ceux restés en circulation. Circ. compt. publ., 1er avril 1879 et note du 18 février 1886 ; Content., note du 15 février 1886 ; de Marcillac, n° 880, p. 236. — *Sup.*, p. 221.

Si le titre dans lequel figure une série amortie comprend d'autres séries, il est déposé à la Direction de la Dette inscrite, qui remet en échange, avec le nouveau titre déduit de la portion sortie au tirage, un titre spécial destiné au remboursement de cette dernière rente [1].

Si le titulaire d'une inscription collective est décédé, la mutation doit tout d'abord en être demandée par les ayants droit à la Dette inscrite qui, après avoir constaté au Grand-Livre le changement de propriété, délivre l'extrait de la nouvelle inscription réduite, le titre spécial destiné au remboursement de la rente amortie et un certificat de dépôt, contenant copie conforme des pièces produites à l'appui de la mutation. Le Caissier central, après examen de ces copies de pièces, procède au remboursement.

Il est également autorisé à accepter les copies de pièces d'hérédité délivrées par l'agent-comptable des transferts : 1° dans le cas où des héritiers auraient à vendre des rentes appartenant à des séries amorties, non remboursables, en même temps qu'ils auraient à toucher le capital d'une rente amortie ; 2° dans le cas où ils demanderaient la mutation de rentes perpétuelles au nom d'un héritier décédé qui possédait, en même temps, une rente amortissable sortie au tirage [2].

§ 14. — Nantissement.

Les rentes nominatives sur l'État peuvent être données en nantissement, qu'elles soient possédées en pleine propriété, en nue propriété ou usufruit [3].

L'insaisissabilité dont elles jouissent ne s'y oppose pas [4]. Si, en effet, elle s'oppose à une exécution forcée de la part des créanciers, elle n'empêche pas le débiteur d'abandonner tout ou partie de ses droits sur un titre de rente, et cet abandon une fois consenti, il ne saurait être admis à en demander la nullité, au mépris du droit définitivement acquis par celui avec qui il a librement contracté [5].

1. De Marcillac, n° 883, p. 237.
2. Idem, n° 884, p. 237.
3. Gorges et de Bray, v° Nantissement, l, p. 124 ; Deloison, n° 130, p. 109 ; Encycl. not., v° Rente sur l'État, n°s 65 et suiv. ; de Bray, n° 264, p. 186.
4. Paris, 13 janv. 1854, 17 janv. 1868, 21 mars 1889 ; Deloison, ub. sup. ; Buchère, n° 217, p. 180 ; Bavelier, Des rentes sur l'État, n° 48, p. 99.
5. Considérant de l'arrêt précité du 21 mars 1889. — Comp. Encycl. not., v° Rentes sur l'État, n° 66.

On concevrait d'ailleurs difficilement qu'il en fût autrement.

Aucune loi d'ordre général, aucun règlement particulier n'excepte ces valeurs du droit commun résultant des articles 2071, 2072 et 2073 du Code civil, d'après lesquels les meubles incorporels tels que les créances mobilières peuvent être remis en gage. Le titulaire, maître de ses droits, qui peut aliéner ses rentes, peut, à plus forte raison, les donner en gage. Alors que, sous l'ancien droit, elles étaient immeubles, les rentes sur l'État pouvaient être hypothéquées (*sup.*, p. 169), aujourd'hui qu'elles sont des meubles d'après la loi, (C. civ. 529), elles doivent pouvoir être constituées en gage comme les autres meubles.

Il est d'ailleurs rationnel que l'insaisissabilité ayant été créée pour protéger le rentier, celui-ci puisse y renoncer.

Du reste, ce nantissement est autorisé par plusieurs textes législatifs, soit implicitement[1], soit explicitement[2].

Mais les inscriptions données en nantissement à un créancier conservent leur caractère d'insaisissabilité à l'égard des autres[3].

Il a été jugé, notamment, à ce sujet[4], que les créanciers du propriétaire d'un titre qui l'a donné en nantissement d'un prêt, ne peuvent contester la validité de ce nantissement et que, même en lui consignant une somme équivalente au montant de sa créance, on ne pourrait contraindre le créancier gagiste à se dessaisir du titre qui lui a été remis en garantie.

Tant que le créancier n'est pas remboursé en principal, intérêts et frais de la dette pour laquelle un titre de rente lui a été remis en gage, il peut conserver ce titre ; il a le droit d'en toucher les arrérages pour les appliquer au paiement des intérêts et, s'il y a lieu, du capital de sa créance[5].

Le gage conférant au créancier le droit de se faire payer sur la chose qui en est l'objet, par privilège et préférence aux autres créanciers[6], lorsque des inscriptions de rente ont été affectées en gage,

---

1. L. 8 sept. 1830.
2. L. 17 mai 1834, art. 3; Ord. 15 juin 1834 ; L. 19 juin 1857 ; Décr. 17 août 1869; L. 25 juin 1891.
3. Paris, 25 juin 1832; Grenoble, 27 juill. 1867; Aubry et Rau, § 777, texte et note 8 ; Deloison, n° 130, p. 109.
4. Seine, 13 janv. 1894.
5. C. c., 2081 et 2082; Seine, 13 janv. 1894.
6. C. c., 2073.

le créancier est autorisé à les faire vendre à la Bourse pour l'exécution des obligations qu'elles sont destinées à garantir[1].

Le nantissement ainsi consenti porte en soi le consentement librement et volontairement donné par le débiteur à son créancier de poursuivre le transfert et la vente des titres reçus en gage, en cas de non paiement, et l'on peut dire que, ces éventualités se réalisant, elles se produisent avec le concours et l'approbation du titulaire[2].

Et la jurisprudence s'est prononcée à différentes reprises dans le sens de la validité des nantissements en rentes sur l'État[3].

Il est d'ailleurs admis par la Dette inscrite que le créancier qui a reçu une rente en nantissement peut se faire autoriser par justice, en l'absence du débiteur, à vendre et à transférer la rente affectée à la garantie de l'obligation contractée à son profit[4].

Le nantissement en rentes nominatives doit être conféré par acte public ou sous seing privé, conformément aux articles 2074 et 2075 du Code civil; en effet, l'article 91 du Code de commerce, modifié par la loi du 23 mai 1863, qui ne parle pas des rentes sur l'État, n'est pas applicable à cette sorte de valeur[5].

Il en est ainsi, même lorsque le titre donné en gage est d'une valeur inférieure à 150 francs. La disposition du second alinéa de l'article 2074 du Code civil ne nous paraît pas applicable en pareil cas[6].

Mais toutes les fois que le créancier ne justifie pas d'un écrit de nantissement, le principe de l'insaisissabilité reprend son empire[7].

La Cour de cassation a bien jugé, le 13 juillet 1824, que l'inobservation des formalités prescrites par l'article 2074 du Code civil, ne peut être opposée pour l'exercice du droit du créancier nanti que par les créanciers et non par le débiteur; qu'à l'égard de ce der-

---

1. Aubry et Rau, § 777, texte et note 7 ; Revue not., n° 5699 ; Dumesnil et Pallain, n° 120, p. 126 et s.

2. Encycl. not., eod. verb., n° 68.

3. Paris, 13 janv. 1854 ; 17 janv. 1868 ; 21 mars 1889.

4. Avis Direct. Cont., 4 juin 1877 ; Gorges et de Bray, v^{is} *Autoris. de justice*. p. 91, et *Nantis.* V. p. 245 ; Deloison, n° 130, p. 109.

5. Deloison, n° 130, p. 110 ; Bavelier, n° 48, p. 100 ; Encycl. not., eod. verb., n° 67.

6. Encycl. not., v° *Rente sur l'État*, n° 67, in fine.

7. Encycl. not., ub. suprà.

nier, il suffit que le créancier saisi du gage en établisse la détention à titre de gage par un acte quelconque, lorsque cette détention est de bonne foi ; mais cette théorie n'a jamais été admise par le Trésor, qui s'est toujours refusé à exécuter le transfert forcé des rentes affectées en gage dans ces conditions.

C'est dans cet ordre d'idées que le Conseil d'État a jugé, le 2 août 1878, qu'un créancier est sans droit pour demander le transfert des titres de rente sur l'État appartenant à son débiteur, lorsque ce créancier ne produit ni procuration, ni consentement de son débiteur, et se borne à présenter des décisions judiciaires déclarant, en l'absence d'acte de gage, que les titres de rente lui avaient été remis en nantissement par le débiteur et l'autorisant à en poursuivre la vente[1].

Il est, en effet, de principe que le transfert des inscriptions de rentes sur l'État ne peut avoir lieu sans le consentement du titulaire[2].

Au vu de l'acte d'affectation, le notaire qui en est détenteur, dresse un certificat de propriété qui est transmis au Trésor avec le titre, pour que la mention du nantissement conféré soit insérée dans le libellé.

Ce mode de procéder est, d'ailleurs, conforme aux règles relatives aux mutations de rentes, résultant de la loi du 28 floréal an VII.

Il est aussi plus régulier que celui, autrefois usité, consistant à faire procéder au transfert de la rente donnée en gage au nom du créancier nanti, avec contre-lettre par laquelle ce dernier prend l'engagement de rétrocéder la rente au prêteur après remboursement[3].

La Banque de France procède cependant autrement. Les rentes nominatives sur lesquelles elle prête, sont immédiatement transférées à son nom[4] et portées à son compte courant en rente. *Sup.*, p. 179. — Cela lui permet de les réaliser sans difficulté, quand il y

1. Dumesnil et Pallain, n° 120, p. 126 et s.
2. L. 28 flor. an VII, art. 3, arg.
3. La Cour de Paris a, du reste, décidé, le 29 janv. 1894, que pour les nantissements garantissant des prêts consentis par des particuliers ou des sociétés autres que la Banque de France et le Crédit Foncier, il n'y a pas lieu de faire opérer le transfert des titres au nom du prêteur ; que l'absence de cette formalité, — spéciale à certains établissements (Ord. 15 juin 1834, L. 19 juin 1857), — ne peut faire obstacle à la réalisation du gage conféré à des particuliers.
4. Ord. 15 juin 1834, art. 3.

a lieu. Puis, après son remboursement, elle restitue ces rentes pour quelles soient retrotransférées au nom du titulaire primitif[1].

Si, pour une raison quelconque, le titre ne pouvait être déposé au Trésor avec le certificat, la rente serait frappée d'office, par le Trésor, d'un *empêchement administratif, sup.*, p. 213, et il y aurait lieu de procéder, comme nous le dirons ci-après, en cas de refus par l'usufruitier de communiquer le titre.

Cette mesure d'ordre a pour but, dans la circonstance, d'éviter que l'opération ne soit perdue de vue, et qu'un nantissement ultérieur ne soit mentionné au préjudice du premier.

L'inscription donnée en nantissement doit être remise entre les mains du créancier ou d'un tiers convenu entre les parties[2].

M. Deloison[3], se fondant sur ce que le véritable titre n'est pas l'extrait remis au rentier, mais bien l'inscription au Grand-Livre[4], émet, sur ce point, un doute qui ne nous semble pas fondé : en effet, la rente sur l'État est une créance dont le Grand-Livre est la *minute* du titre unique et fondamental de tous les créanciers[4], et l'*extrait* délivré à chacun d'eux[5], la seule pièce justificative que celui-ci puisse avoir de ses droits.

Lorsque le nantissement est conféré par le nu propriétaire, le titre devant rester entre les mains de l'usufruitier, c'est généralement ce dernier qui est constitué tiers dépositaire ; il est alors nécessaire, pour la validité du gage, que l'usufruitier soit prévenu qu'il détient le titre pour le créancier nanti ; il ne suffit pas de l'indication, dans l'acte, que l'inscription restera sa possession[6]. Mais une acceptation expresse n'est pas indispensable de sa part ; il suffit qu'il accepte tacitement[7], et il n'est pas nécessaire qu'il intervienne à l'acte de nantissement[8].

1. Aucun paiement ne peut être fait sur les inscriptions qui sont revêtues de l'estampille : *titre à rétrotransférer;* le titulaire doit les déposer au Bureau du Grand-Livre qui expédie, s'il y a lieu, avec le nouveau titre, une *quittance visée* du montant des trimestres échus. De Marcillac, n° 91, p. 41.
2. C. c., art. 2076.
3. N° 130, p. 110.
4. L. 24 août 1793, art. 6.
5. Décr. du 31 mai 1862, art. 198.
6. Seine, 25 fév. 1892 ; C. Besançon, 18 déc. 1895. — Cpr. Aubry et Rau. § 432, texte et note 24.
7. Paris, 7 nov. 1894.
8. Rouen, 14 juin 1847 ; Aubry et Rau, § 432-23. — Un arrêt de la C. de

Quand l'usufruitier n'intervient pas à l'acte, on le lui fait signifier par acte extra-judiciaire.

On peut même, jusqu'à un certain point, prétendre qu'en matière de gage la mise en possession prévue par l'article 2076 du Code civil peut être opérée autrement que par la *remise matérielle* du gage, et qu'elle résulte suffisamment de la mention insérée au Grand-Livre. Cette doctrine se trouve appuyée implicitement par un arrêt de la Cour de cassation, du 29 décembre 1873, décidant que la loi n'ayant pas défini la notoriété de la mise en possession, celle-ci dépend, par la nature des choses, des circonstances variables et complexes dont l'appréciation appartient souverainement aux juges du fond [1].

Il suffirait donc, dans cette hypothèse, que le nantissement soit mentionné, sans qu'il y ait de tiers constitué dépositaire.

Quoi qu'il en soit, nous pensons qu'il serait imprudent d'appliquer cette doctrine et qu'il est préférable de procéder comme nous l'avons indiqué ci-dessus.

Quand c'est la nue propriété qui est remise en gage, il est bon de stipuler dans l'acte et de faire mentionner sur le titre que le droit du créancier s'étendra à la pleine propriété après l'extinction de l'usufruit ; car on pourrait le lui contester, en prétendant que le contrat doit être interprété strictement d'après ses termes, et qu'on ne peut appliquer au gage l'article 2133 du Code civil, relatif à l'hypothèque.

Il n'est pas douteux, bien entendu, que si l'usufruit avait seul été gagé et que la nue propriété vint à se réunir à l'usufruit dans les mains de l'usufruitier, le droit du créancier ne s'étendrait pas à la pleine propriété.

Les titres nominatifs de rente étant des meubles incorporels, dans le sens de l'article 2075 du Code civil : 1° l'acte de nantisse-

cass. (civ.) du 3 août 1896, confirmant un arrêt de la C. de Paris, du 26 janv. 1894, a cependant décidé que la notification, faite au tiers détenteur des titres, du contrat de nantissement le choisissant comme dépositaire, dans le sens de l'article 2076 du C. c., est insuffisante pour la validité du nantissement, si ce tiers n'accepte pas la mission qui lui est confiée.

1. De Bray, n° 215, p. 209. — Il a été jugé aussi que, dans le cas où les titres donnés en gage sont, au moment du contrat de gage, entre les mains d'un tiers, la remise du récépissé émanant du dépositaire est suffisante pour la mise en possession du créancier gagiste, dans le sens de l'art. 2076 du C. c. — Paris, 21 juin 1893.

ment ne doit-il pas être signifié au Trésor? 2° cette signification est-elle même suffisante, et n'est-il pas nécessaire que mention du nantissement soit, en outre, faite sur les titres?

A notre avis, l'acte de nantissement doit être signifié au Trésor[1] par acte extrajudiciaire, entre les mains du Conservateur des oppositions[2], qui doit en donner connaissance au Directeur de la Dette inscrite[3], et cette signification est suffisante, sans qu'il soit besoin d'avoir recours à un transfert en garantie[4].

Toutefois, le tribunal de la Seine ayant décidé deux fois de suite[5] qu'il est nécessaire que mention du nantissement soit faite sur le titre, nous croyons qu'il est au moins prudent de se conformer à cette jurisprudence.

En tout cas, ces mesures ont certains avantages : la signification au Trésor, en attendant la constatation du nantissement, assure au créancier nanti une situation privilégiée par rapport aux tiers qui pourraient acquérir des droits sur la rente, et la mention sur le titre, en avertissant les tiers, empêche que les débiteurs de mauvaise foi ne consentent un nouveau nantissement, nonobstant l'existence du premier.

Le Trésor, du reste, ne peut se refuser à recevoir, en pareil cas, la signification qui lui est faite, en prétextant que, d'après la loi du 28 floréal an VII, la marche à suivre est la mention du nantissement sur le vu d'un certificat de propriété ; car cette signification est licite d'après l'article 2075 du Code civil, et la validité en a été reconnue par la jurisprudence[6].

On fait aussi observer, à l'appui de la nécessité de la mention du nantissement, qu'aux termes de la loi du 28 floréal an VII, la propriété des rentes sur l'État n'étant transmise que par l'effet du transfert opéré sur le Grand-Livre, le nantissement ne peut résulter seulement de l'accomplissement des formalités prescrites par

1. C. c., art. 2076 ; Deloison, n° 130, p. 110 ; Encycl. not., v° *Rente sur l'État*, n° 70. — M. de Bray estime, au contraire, que la signification au Trésor n'est pas nécessaire. Par cela même, dit-il, n° 212, p. 192, que cet acte doit se traduire par un transfert ou une mutation de la rente et que des règles spéciales ont été tracées pour ces opérations, il suffit de se conformer à ces règles.

2. LL. 24 août 1793, art. 187, 188 ; 9 juill. 1836, art. 13 ; Arr. min. 28 août 1836, art. 1er ; Gorges et de Bray, v° *Nantissement*, VI, p. 245 ; Bavelier, n° 50, p. 101.

3. Arr. min., 28 août 1836, art. 2.

4. Seine, 25 nov. 1892. Comp. Paris, 26 janv. 1894.

5. Seine, 30 nov. et 23 déc. 1892. V. aussi : Paris, 4 déc. 1886 ; Seine, 29 juin 1893.

6. Paris, 13 janv. 1854 ; 7 juin 1851. — V. aussi Paris, 4 déc. 1886.

le Code civil relativement au contrat de gage, et que les créanciers au profit desquels il n'a pas été fait de mention du nantissement qui leur a été consenti, ne sont pas saisis de ce nantissement au regard des tiers et ne peuvent se prévaloir du privilège de créanciers gagistes[1].

C'est du reste généralement ainsi qu'on procède dans la pratique.

Le notaire détenteur de l'acte constitutif de nantissement délivre un certificat de propriété ou mieux un *certificat d'affectation*, qui est déposé à la Dette inscrite. Le Trésor considère la remise de ce certificat, accompagné du titre, comme une signification de l'acte de nantissement, et mentionne, sans difficulté, sur le titre, son affectation en gage.

Il a même été décidé par la Cour de Paris, le 21 mars 1889 (arrêt précité), que le créancier gagiste a le droit de demander que mention de son gage soit faite sur les titres et que si le débiteur, après avoir conféré le gage et que les formalités prescrites par les articles 2074, 2075 et 2076 du C. c. ont été observées, s'oppose au transfert en garantie, les tribunaux peuvent ordonner ce transfert.

On sait, du reste, que ce genre d'opération a lieu fréquemment dans la pratique. Aussi n'est-ce pas sans un certain étonnement que nous lisons le passage suivant dans le *Traité théorique et pratique des opérations de Bourse* de M. Buchère[2] : « ... nous n'ignorons pas que le Trésor refuse, en l'absence d'une décision judiciaire, de faire mention des nantissements constatés par acte régulier et authentique. Ce refus est regrettable... »

La vérité est, au contraire, comme nous l'avons dit, — tous les praticiens le savent, — que la Dette inscrite mentionne sans difficulté les nantissements sur les inscriptions de rentes nominatives, quand il lui est produit, à l'appui, un certificat d'affectation basé sur des actes réguliers, et ce qui est regrettable, c'est assurément qu'un enseignement aussi en contradiction avec les errements en usage ait pu se glisser dans un ouvrage qui a acquis la notoriété de celui auquel nous empruntons cette citation.

Mais, ainsi que nous l'avons dit, les rentes sur l'État ne peuvent être aliénées sans le consentement du titulaire[3], elles ne peuvent

---

1. De Bray, n° 214 *bis*, p. 195.
2. 2e édition, 1892, n° 217, p. 181.
3. L. 28 flor. an VII, art. 3, arg.

faire l'objet d'un transfert basé *seulement* sur une décision judiciaire [1] ; et, bien que la mention de nantissement ne constitue pas un transfert proprement dit [2], le Trésor serait en droit de se refuser à l'inscrire sur le titre, sur le vu d'une décision de cette nature, en l'absence d'un acte régulier de nantissement.

Le nantissement, avons-nous dit, peut être conféré même par acte sous seing privé enregistré [3] ; mais il est préférable, quand on veut le faire mentionner sur le titre, d'avoir recours à un acte authentique, car la Dette inscrite n'admet le visa des actes sous seing privé dans les certificats de propriété, qu'autant qu'ils ont acquis l'authenticité par leur dépôt pour minute à un notaire avec reconnaissance d'écriture et de signatures [4].

L'usufruit et la nue propriété, comme la toute propriété, peuvent être donnés en nantissement.

Lorsque le nantissement est conféré par le nu propriétaire, il peut arriver que l'usufruitier se refuse à remettre le titre pour la constatation du gage.

Voici alors comment il y a lieu de procéder :

A défaut du titre, on a recours, pour dresser l'acte d'affectation, si l'on n'a pas les renseignements nécessaires, à un certificat délivré par le Directeur de la Dette inscrite conformément au décret du 14 ventôse an III [5].

Le notaire détenteur de l'acte d'affectation dresse le certificat nécessaire sur le vu du certificat du Directeur de la Dette inscrite et le transmet à l'Administration ; en attendant que l'opération puisse être régularisée, la rente est frappée d'un *empêchement administratif* [6], et lorsque le porteur du titre se présente pour recevoir les arrérages, le comptable l'invite à le laisser contre un récépissé.

S'il y consent, il lui est remis par le payeur une lettre qui lui tient lieu de reçu du titre pendant le temps nécessaire à la muta-

---

1. C. d'État, 6 août 1878 (*précité*).
2. Pilette, Dissert. prat., *Gazette du not.*, 1893, 35 et 43.
3. C. c., art. 2074.
4. *Sup.*, 2e PARTIE, n° 15, p. 7.
5. *Sup.*, 2e PARTIE, p. 172. — A la rigueur, il n'est même pas nécessaire de viser le certificat en question. V. *inf.* les *Formules* relatives au *Nantissement* et les notes qui les accompagnent.
6. V. *sup.*, p. 213.

tion ; l'opération suit son cours, puis celle-ci terminée, le nouveau titre est échangé comme la lettre remise [1] ; dans le cas contraire, l'Administration n'a pas qualité pour contraindre l'usufruitier à se dessaisir de son titre, mais le nu propriétaire est en droit d'avoir recours aux voies judiciaires pour l'y obliger. Par le seul fait qu'il a conféré le nantissement, il est même tenu envers le créancier à lui procurer le moyen de régulariser l'immatricule du titre [2].

En principe, l'existence d'un précédent gage ne met pas obstacle à ce que le titre qui en fait l'objet soit de nouveau donné en gage.

Toutefois, lorsqu'un ou plusieurs nantissements figurent déjà sur une inscription de rente, les créanciers bénéficiaires participent, dans une certaine mesure, par le fait de la mention de leur droit sur l'inscription, à la propriété du titre, et le Trésor exige le visa, dans le certificat d'affectation délivré au profit d'un créancier subséquent, d'un acte régulier constatant leur consentement, pour mentionner le nouveau gage [3].

Mais le consentement du premier créancier gagiste ne serait pas nécessaire si son gage ne portait que sur une partie déterminée du titre et s'il s'agissait de gager la partie restée libre.

Quant à la subrogation qui est du fait d'un créancier déjà inscrit, elle est admise par la Dette inscrite comme s'opérant de plein droit, dans le sens de l'article 1250 du C. c. [4].

Bien que deux ou plusieurs nantissements aient été conférés à des dates différentes, s'ils sont mentionnés en même temps sur le titre, c'est-à-dire le même jour, les créanciers gagistes viennent en concurrence pour l'exercice de leurs droits, si, d'ailleurs, aucun droit

1. De Marcillac, n° 90, p. 41. — Quand un titre grevé d'usufruit doit être retiré de la circulation, le chef des paiements fait extraire du casier et conserve par devers lui le bulletin-matrice, que le payeur remplace par une fiche signalétique relatant le motif du retrait. Cpr. *sup.*, p. 186.

Puis, au moment de la présentation du titre au guichet, le payeur réclame au chef des paiements le bulletin-matrice, ainsi que la lettre de la Dette inscrite, qu'il fait remettre à la partie par l'agent du comptoir au lieu et place du titre. En fin de séance, celui-ci est envoyé à la Dette inscrite. De Marcillac, n° 2309, p. 531.

V. aussi *infrà* les formules relatives au *Nantissement* et les notes qui les accompagnent.

2. Cpr. C. Rouen, 30 mars 1885.

3. Gorges et de Bray, v° *Nantissement*, IV, p. 245 ; de Bray, n° 221, p. 205 ; Deloison, n° 130, p. 111.

4. C. c., art. 1250 ; Gorges et de Bray, *ub. sup.*

de préférence n'a été stipulé ; la règle d'après laquelle le droit de préférence entre deux créanciers gagistes se détermine par la date de la signification au débiteur n'est pas applicable en matière de nantissement en rente française nominative [1].

Lorsque, dans un premier emprunt, le débiteur se réserve d'en contracter d'autres, pour une somme déterminée, avec la même garantie, cette éventualité se réalisant, les différents prêteurs viennent en concurrence pour l'exercice de leur privilège de gagistes.

Mais, après avoir conféré un nantissement complet, le propriétaire du gage ne pourrait attribuer à d'autres créanciers un droit de gage par ordre successif, pour en jouir après le remboursement du créancier détenteur du gage [2].

Le nantissement, s'il ne constitue par une aliénation directe, peut avoir cette aliénation pour conséquence ; il faut donc, en principe, pour constituer un nantissement, être capable d'aliéner la chose qui en fait l'objet.

Ainsi, il a été décidé par un arrêt de la Cour de Lyon, le 15 novembre 1894, confirmant un jugement du tribunal de la même ville du 3 juin 1893, que les biens soumis à l'usufruit légal étant spécialement affectés à certaines charges, notamment à celle de nourrir, entretenir et élever les enfants, ils ne peuvent être détournés de cette destination, et que, par conséquent, le nantissement consenti par l'usufruitier légal à son créancier personnel, sur des valeurs appartenant aux mineurs, est nul, si les revenus de ces valeurs sont nécessaires aux mineurs.

Le titulaire doit aussi avoir la libre disposition des inscriptions données en gage ; ainsi le Trésor ne mentionne pas de nantissements sur les *rentes indivises*, ni sur celles *grevées de substitutions* [3], *affectées*

1. Cpr. Seine, 23 déc. 1892 (*précité*).
2. Paris, 12 janv. 1846 ; 15 nov. 1850.
3. On a conseillé, pour les rentes grevées de *substitution*, et afin de permettre au grevé de donner son droit d'usufruit en gage, de demander la division de l'usufruit d'avec la nue propriété, en produisant, à cet effet, un certificat de propriété délivré par le notaire détenteur de l'acte contenant la substitution. Lécolle, *Insaiss. des Rentes*, p. 109. — Mais ce moyen ne nous semble ni pratique, ni réalisable, d'abord parce que l'immatriculation dans ces termes et le certificat de propriété qui lui servirait de base seraient inexacts, et ensuite parce que le Trésor n'accepterait pas ce mode d'immatricule. Gorges et de Bray, vᵒ *Subst.-Restit.*, v. p. 326. — Nous savons qu'en cas de *substitution permise*, on fait quelquefois inscrire les rentes au nom du grevé pour l'usufruit et à celui

à des *cautionnements*, ou possédées à titre d'*envoi en possession provisoire*, et en général sur les rentes *indisponibles* ; il en est de même pour les *rentes mixtes*[1].

Le tribunal de la Seine a cependant jugé[2] que *l'incessibilité* d'une rente ne faisait pas obstacle à ce qu'elle fût l'objet d'un nantissement. Mais il s'agissait de la remise matérielle du titre, dans le but de permettre au créancier de toucher les arrérages, ce dernier ne ne pouvant demander la réalisation du gage et étant seulement autorisé à le retenir.

Quand la rente ne peut être aliénée par le titulaire qu'à un âge déterminé, il lui est légalement impossible de la constituer en gage avant cette époque[3].

Lorsque le nantissement a pris fin, s'il a été seulement signifié au Trésor et n'a pas été mentionné sur les titres, il suffit, pour permettre le transfert, d'en produire la mainlevée ; dans le cas contraire, un certificat de propriété, basé sur la minute de l'acte de désistement, est nécessaire pour faire disparaître la mention[4].

Les significations de nantissement sont-elles passibles de la prescription quinquennale édictée par l'article 14 de la loi du 9 juillet 1836 ?

Nous ne le croyons pas, car il ne s'agit pas, dans la circonstance, de sommes à payer[5].

Toutefois, le doute qui peut exister sur ce point est une nouvelle raison militant en faveur de la mention du gage sur le titre.

Voir en ce qui concerne la réalisation du gage ce que nous disons *infrà* au chap. III, *Capacité civile à l'égard des transferts*, v° *Créancier gagiste*. — V. aussi *sup.*, 1ʳᵉ PARTIE, n°ˢ 746 et suiv.

de ses enfants nés et à naître pour la nue propriété, mais ce mode de procéder est irrégulier, et un notaire ne saurait s'y prêter sans engager sa responsabilité. *Sup.*, 1ʳᵉ PARTIE, n° 431, p. 78.

1. Gorges et de Bray, v° *Nantissement*, III, p. 245.
.2. 1ᵉʳ avril 1887.
3. Paris, 20 janv. 1894.
4. Deloison, n° 130, p. 110 ; Gorges et de Bray, v° *Nantissement*, II, p. 244.
5. Cpr. Dumesnil et Pallain, n° 73, p. 73 et s. — V. aussi *sup.*, 2ᵉ PARTIE, p. 211, note 2.

RENTES AU PORTEUR

L'Administration de la Dette publique n'ayant pas à intervenir dans le cas de nantissement conféré en rentes au porteur, nous n'aurons pas à nous occuper de cette opération sous l'article 2 ci-après. Nous croyons donc utile d'en traiter ici, comme complément de ce que nous avons dit relativement au nantissement en rentes nominatives.

Comme les rentes nominatives, les rentes au porteur peuvent être données en nantissement (C. Dijon, 16 déc. 1855, Deloison, 130, p. 109 et s.; Bavelier, n° 48, p. 100); cela ne saurait faire de doute.

Dans ce cas, à quelles formalités le gage est-il soumis pour sa validité ?

Il importe de faire une distinction, suivant que le gage est *commercial* ou *civil*.

Si le gage est *commercial*, il suffit de la *tradition*, c'est-à-dire que le titre soit remis et laissé en la possession du créancier ou d'un tiers convenu entre les parties (C. comm., art. 92), et tous les modes de preuve admis par l'article 109 du Code de commerce sont suffisants pour constater le gage d'une façon régulière, non seulement entre les parties contractantes, ce qui va de soi, mais encore à l'égard des tiers. C. com., art. 91 et s.; Deloison, n° 287, p. 342 ; Encyc. not., v° *Rente sur l'État*, n° 73. — V. cep. Bavelier, *ub sup.*

L'article 91 du C. de com. (L. du 23 mai 1863), § 1er, par la généralité de ses termes, s'applique, en effet, aux rentes sur l'État au porteur. comme aux autres valeurs de cette nature. C. com., art. 91, arg.

Le gage est réputé commercial, lorsqu'il est constitué par un commerçant ou par un individu non commerçant pour un acte de commerce. Comp. : Deloison, n° 130, p. 109 et s.; Encyc. not., *ub. sup.* — V. cep. Bavelier, *ub. sup.*

Si, au contraire, le gage est purement *civil*, il est soumis, pour sa validité à l'égard des tiers, aux formalités exigées par les articles 2074 et s. du C. c. : *tradition* des titres, *acte* authentique ou sous seing privé *enregistré*. Deloison, n° 294, p. 349 et s. (Cf. cass., 30 nov. 1864). Cette dernière formalité (l'enregistrement) n'est toutefois nécessaire qu'à l'égard des tiers, car, entre les parties, le contrat de nantissement et la remise du titre sont suffisants. Idem. *ub. sup.*

Mais il n'y a pas lieu à la signification de l'acte au Trésor. De Bray, n° 208 *in fine*, p. 190.

En effet, en outre que cette mesure, contraire au principe de la libre transmissibilité des rentes au porteur par la simple remise du titre, en dehors de tout concours du Trésor et sans justification de propriété (Bavelier, n° 25), ne serait pas admise par le Trésor, elle est inutile ; car le titre au porteur est en quelque sorte un objet mobilier corporel et par cela même assimilable à tous autres, sous le rapport de là transmission

20

et de la possession, et le créancier gagiste, ayant la détention, se trouve dans les conditions voulues pour que le débiteur soit tenu de payer entre ses mains et ne puisse payer qu'entre celles-ci. Alb. Wahl, t. II, 1141, p. 121 et s.

Il a été jugé, en ce qui concerne le gage en titres au porteur :

Que la remise au créancier, par son débiteur, du récépissé délivré au Syndicat des agents de change, par la Banque de France, constatant le dépôt de titres dans ses caisses, constitue un nantissement valable en matière commerciale, ce récépissé, qui est la représentation des valeurs déposées, ne formant pas un titre distinct de celles-ci et étant susceptible de la même tradition. Seine, 16 mai 1893 ;

Que le nantissement consenti par le dépositaire, à l'insu du propriétaire, est valable, le créancier gagiste, s'il est de bonne foi, pouvant invoquer la règle de l'article 2279 du Code civil ; et que le propriétaire, s'il veut rentrer en possession de ses titres, doit désintéresser le créancier gagiste, qui n'a qu'un recours personnel contre le dépositaire infidèle. (Seine, 4 janv. 1894). — Voir, cependant, un jugement du tribunal civil de Mantes, du 16 novembre 1895, décidant que la règle de l'article 2279 reçoit exception quand le revendiquant prouve que les titres ont été perdus par lui ou lui ont été frauduleusement soustraits.

Quant à l'exécution du gage, il y a lieu de faire la même distinction que ci-dessus.

Lorsque le gage est *commercial*, le créancier peut, à défaut de paiement et huit jours après une signification au débiteur, faire procéder à la vente en Bourse, par le ministère d'un agent de change, des rentes données en gage. C. com. art. 93; Deloison, n° 299, p. 354; Cass. 5 janv. 1872; 28 mars 1892.

Lorsque le gage est *civil*, le créancier est obligé de suivre la procédure tracée par le Code civil : il doit obtenir l'autorisation de faire vendre les titres en Bourse, par un agent de change, comme nous l'avons dit pour les rentes nominatives. (Deloison, n° 299, p. 354.) Il pourrait aussi se les faire attribuer judiciairement en paiement jusqu'à due concurrence.

Mais, bien entendu, le Trésor n'a pas à intervenir pour sanctionner l'opération, la simple tradition étant suffisante pour la transmission des titres au porteur.

Nous laissons ici de côté la Banque de France, le Crédit Foncier et le Mont-de-Piété de Paris, qui sont régis par des règles spéciales. — Ord. 15 juin 1834; L. 19 juin 1857; L. 25 juillet 1891.

Aʀt. 2.

Opérations sur les rentes au porteur.

DISPOSITIONS GÉNÉRALES

Dépôt des titres. — Le dépôt des titres au porteur, pour les opérations auxquelles ils donnent lieu, sauf celles d'achat et de vente, se fait :

A *Paris*, au Ministère des finances, Bureau des reconversions et renouvellements, au Palais du Louvre ;

Et dans les *départements*, aux caisses des Trésoriers-payeurs généraux et des Receveurs des finances.

Quant aux *percepteurs*, il leur est interdit expressément de prêter leur concours pour la transmission des titres au porteur[1].

Pour les opérations d'*achat* ou de *vente*, les parties doivent s'adresser directement aux agents de change, à qui les titres sont remis.

Elles peuvent aussi s'adresser[2] :

A *Paris*, au Caissier-payeur central du Trésor ;

Et dans les *départements*, aux Trésoriers-payeurs généraux et aux receveurs des finances.

Les titres au porteur déposés aux Trésoriers et Receveurs, pour les autres opérations que les ventes, sont transmis à l'Agent-comptable des reconversions et des renouvellements, au Ministère des finances.

La manipulation des titres au porteur, comme celle des titres mixtes, est centralisée à l'Administration des finances, à Paris ; les Trésoriers-généraux n'ont pas qualité pour émettre des titres au porteur. *Sup.*, p. 167.

Récépissé. — Le dépôt des titres, quand il est fait aux préposés du Trésor, donne lieu à un récépissé au porteur, en échange duquel les nouveaux titres sont remis.

Les récépissés délivrés par les Trésoriers et Receveurs, sont extraits d'un registre à souche et signés d'eux ou de leurs fondés de pouvoirs.

1. Circ. Dir. gén. Comp. publ., 10 févr. 1883. — V. *sup.*, p. 230 et s.
2. *Inf.*, p 313 et 314.

A Paris, ce récépissé doit être signé par l'Agent-comptable des reconversions et renouvellements ou par son délégué; il est visé au Contrôle, conformément à la loi du 24 avril 1833[1]; il doit, en outre, être revêtu du timbre sec de la Dette inscrite[2].

La remise des nouvelles inscriptions est faite au porteur, sur la présentation du bulletin de dépôt, dont la restitution opère la décharge de l'Agent-comptable[3].

Pour les autres opérations que celles de vente et d'achat, les inscriptions provenant des départements sont adressées directement à la Dette inscrite, Service de l'Agent-comptable des reconversions et renouvellements[4].

Un récépissé-comptable des valeurs adressées est délivré aux Trésoriers-payeurs généraux, par les soins de l'Agent comptable des reconversions et renouvellements[5].

En cas de perte du récépissé délivré au *déposant*, que les titres à retirer soient nominatifs ou au porteur, il y a lieu de produire l'expédition d'une décharge par acte notarié, portant déclaration de perte du récépissé[6].

En effet, ce récépissé ne constitue pas un titre négociable. Sa détention entre les mains d'un tiers peut valoir comme procuration pour recevoir les inscriptions de rente, au lieu et place du signataire du bordereau de dépôt; mais celui-ci n'en reste pas moins propriétaire des valeurs déposées, et il a le droit d'en consentir décharge par acte spécial, lorsqu'il déclare que son récépissé a été perdu[7].

L'intéressé peut aussi, en attendant la régularisation de sa situation, faire opposition à la remise des titres par exploit d'huissier[8].

Nouveaux titres. — Le Trésor ne peut mettre en circulation que des titres neufs. Lorsqu'une inscription au porteur lui est rapportée pour la faire réunir, diviser, renouveler, ou reconvertir en une inscription nominative, elle est annulée, et le numéro qu'elle avait

---

1. Arr. min. 12 mars 1877 (app. p. décr. dud. jour), art. 3.
2. Foyot, n° 127, p. 73.
3. Arr. préc., art. 3.
4. Arr. préc., art. 4.
5. Même arr., art. 6.
6. *Suprà* p. 231 (*Récépissé*).
7. Av. Cont. Fin., 5 janv. 1857; Circ. Dette inscr., 1ᵉʳ oct. 1883, n° 76.
8. Déc. min., 31 janv. 1870.

dans la série à laquelle elle appartenait reste vacant et n'est jamais repris[1].

Les nouveaux titres sont délivrés avec *jouissance courante*, c'est-à-dire que le premier coupon à détacher est celui du prochain trimestre à échoir.

Coupons. — Les titres déposés doivent être munis de tous leurs coupons non encore échus. — V. cep. *supr.*, p. 191 (*Détachement du coupon*).

Coupons manquants[2]. — Lorsque des coupons non échus manquent, les requérants doivent verser, à titre de garantie, une somme égale au montant des coupons faisant défaut et non productive d'intérêts.

Ce nantissement peut aussi être réalisé en une inscription de rente nominative, s'il s'agit d'une somme suffisante pour l'achat du minimum inscriptible de rente, soit 3 francs en 3 0/0 ou 2 francs en 3 1/2. — *Supr.* p. 174.

Il est délivré au rentier une copie du titre, dite *Bordereau d'annuel*, pour le paiement des arrérages, et sur laquelle le payeur appose ses estampilles. — *Supr.*, p. 209 et s.

La justification du nantissement en numéraire ou en rente est produite à l'appui de l'opération.

La durée du gage est de 5 ans à compter de l'échéance de chaque coupon manquant[3].

Bordereau. — Tout dépôt de titre doit être accompagné d'un bordereau de dépôt, indiquant les numéros des titres et sommes de rente, et s'il s'agit de rentes amortissables, les numéros des séries.

Le classement doit être fait par ordre croissant de séries, de la plus petite coupure à la plus grande.

Dans un tableau placé en bas de chaque bordereau, les parties indiquent les coupures de rentes qu'elles désirent obtenir en échange et, quand il s'agit de conversion de titres au porteur en titres nominatifs ou mixtes, l'immatricule exacte des nouveaux

---

1. De Bray, n° 303, p. 288.
2. Foyot, n⁰ˢ 126 et s., p. 72; Gorges et de Bray, vⁱˢ *Cautionnement*, III, p. 94, *Coupon*, II, p. 148; Bavelier, n° 57, p. 110.
3. Circ. Dette inscr., 19 juill. 1875, § 1ᵉʳ.

titres. Chaque bordereau doit contenir l'adresse du déposant et sa signature *lisible* [1].

Cote-Paraphe. — Le propre du titre au porteur étant d'être transmissible par tradition, sans justification, ce titre, pour être livrable, ne doit porter aucune mention quelconque écrite ou imprimée ; ce qui s'applique à la cote et au paraphe des notaires [2].

On admet généralement que les valeurs au porteur sont exemptes de la double formalité prescrite par l'art. 943 du C. de proc. [3], et les notaires sont dispensés de les coter et parapher [4].

Dans le cas où un titre de rente au porteur a été coté et paraphé, le Trésor autorise le notaire détenteur de l'inventaire à annuler la cote au moyen d'une *mention spéciale* [5].

On peut aussi avoir recours, pour l'annulation des cote et paraphe, à un certificat délivré par le notaire détenteur de l'inventaire, en la forme des certificats de propriété [6].

1 Arr. min., 12 mars 1877, art. 2.

2. Wahl, t. II, n° 982, p. 41.

3. V. cep. Wahl, t. II, p. 42, n° 984.

4. Circ. Min. just., 2 oct. 1874, 31 août 1877 ; *Sup.*, 1re PARTIE, n°s 158 et s., p. 31.

5. Cpr., 1re PARTIE, *ub. sup.*

Quoi qu'il en soit, les notaires doivent se montrer très circonspects dans l'application de cette mesure, surtout si la cote émane de leur prédécesseur, si parmi les intéressés il y a des incapables et si l'annulation de la cote ne doit pas avoir pour objet l'immatriculation immédiate du titre au nom de tous les ayants droit. — Voici, à ce sujet, ce que dit M. Bavelier (n° 26, p. 75) : « Si les parties intéressées sont d'accord, présentes et majeures, elles peuvent comparaître devant le notaire qui a dressé l'inventaire et déclarer qu'elles entendent annuler la cote, comme ayant été apposée par suite d'une mesure qu'elles ne croyaient pas nuisible à la circulation du titre. Si toutes les parties ne sont pas d'accord, ou présentes, ou majeures, celles d'entre elles qui ont intérêt à l'annulation de la cote peuvent assigner les autres, pour voir ordonner que le notaire sera autorisé à annuler la mention sur le titre... »

La question de savoir si, *en droit strict*, les titres au porteur, trouvés lors d'un inventaire, échappent à la formalité de la cote et du paraphe, est d'ailleurs controversable, et dans certains cas, les circulaires ministérielles dispensant les notaires de cette double formalité, seraient insuffisantes pour couvrir la responsabilité qu'ils pourraient encourir en s'abstenant de coter et parapher les titres au porteur. Berthaut, Diss., *Journ. du not.*, 1896, p. 641, 662.

6. Galland, p. 15 ; Bavelier, *ub sup.*

OPÉRATIONS AUXQUELLES DONNENT LIEU LES RENTES AU PORTEUR

Ces opérations sont les suivantes :

1° Achat ;

2° Vente ;

3° Renouvellement ;

4° Réunion ou division ;

5° Remplacement d'inscriptions détériorées ;

6° Remplacement d'inscriptions perdues, détruites, ou volées ;

7° Reconversion ou conversion de rentes au porteur en rentes nominatives ou mixtes ;

8° Rétablissement de rentes au porteur inscrites au Compte des portions non réclamées [1].

Chacune de ces opérations fera l'objet de l'un des paragraphes suivants.

§ 1er. — Achat de rentes au porteur.

Ce que nous avons dit (*sup.*, p. 246) relativement à l'achat des rentes nominatives ou mixtes s'applique à l'achat des rentes au porteur. Il suffit donc de s'y reporter.

Toutefois, les formalités sont, dans ce cas, tout à fait simplifiées, et le Trésor n'intervient qu'indirectement dans l'opération qui s'effectue par le ministère des agents de change, chargés par la loi d'être, sous leur responsabilité, les intermédiaires entre les parties ; son rôle se borne à la délivrance des titres qu'il émet.

Il semble superflu de dire qu'il ne saurait être question d'immatricule.

Bien que la négociation des rentes au porteur ait généralement lieu par le ministère des agents de change qui sont, d'après la loi [2], chargés d'être les intermédiaires entre les parties, vendeurs et acheteurs, ces valeurs étant essentiellement transmissibles par simple tradition manuelle, sans justification de propriété, comme des billets de la Banque de France, les intéressés peuvent traiter

---

1. Quant au *Nantissement* en rentes au porteur, V. *sup.*, p. 305.
2. C. com., art. 76.

entre eux directement, sans le concours d'agents de change et sans l'intervention du Trésor[1].

Cette intervention est d'ailleurs purement matérielle. Chargé de la confection des titres, le Trésor les délivre aux agents de change sur la représentation des anciennes inscriptions.

Les rentes sur l'État rentrant incontestablement dans la catégorie des *effets publics*, on s'est demandé si, en présence de l'article 76 du Code de commerce, la vente des rentes au porteur, faite sans l'intermédiaire d'un agent de change, n'était pas entachée de nullité. La négative nous paraît certaine. Le privilège des agents de change ne s'applique qu'aux *négociations* des valeurs, en Bourse; s'il y a vente de gré à gré, il n'y a pas, à proprement parler, *négociation* et, par suite, pas contravention à l'article 76[2].

La jurisprudence est, du reste, dans ce sens[3].

Le ministère des agents de change n'est obligatoire que pour les opérations à terme (L. 28 mars 1885), et afin de rendre les marchés exécutoires[4]; en effet, les opérations faites en dehors des intermédiaires ayant qualité sont nulles et ne peuvent donner lieu à une action en justice[5].

Même pour les marchés au comptant, l'acquisition à la Bourse présente un avantage : en cas de revendication de la part du propriétaire qui arguerait de perte ou de vol, l'acquéreur pourrait obtenir le remboursement du prix payé par lui[6].

Elle a, de plus, l'avantage de permettre à l'acheteur d'invoquer utilement la règle (qui est applicable aux valeurs au porteur[7]) posée par l'article 2279 du Code civil : en fait de meubles possession vaut titre; car, d'une part, pour se prévaloir de cet article, il faut être possesseur de bonne foi, et d'autre part, les juges du fond apprécient souverainement, en pareil cas, le caractère clandestin et

---

1. Bavelier, n° 25, p. 74; Buchère, *Op. de Bourse*, n° 173, p. 146; Dumesnil et Pallain, n° 114, p. 117.

2. Buchère, *Op. de Bourse*, n° 146, p. 120.

3. Paris, 3 janv. 1882, 20 août 1883; Amiens, 12 janv. 1883; Bordeaux, 3 mars 1885.

4. Bavelier, n° 25, p. 74.

5. Arr. du Cons., 26 nov. 1781 (rapp. dans Dalloz, Rép., v° *B. de Comm.*; n° 14, note 1), art. 13; L. 28 vent. an IX, art. 7; Arr., 27 prair. an X, art. 4 et 7; Buchère, *Op. de B.*, n°s 126 et 128, p. 102 et s.; Crépon, n°s 13 et s.; p. 22 et s., Cass. 28 févr. 1881.

6. C. c., art. 2280, arg.; Bavelier, n° 25, p. 74.

7. Cass., 15 avril 1863.

précaire de la possession du détenteur [1]. Or, le titre par excellence, en matière d'acquisition de rente au porteur sur l'État, c'est le bordereau de l'agent de change [2].

Le tribunal de la Seine a, en outre, jugé que la restitution des titres au porteur peut être poursuivie contre le détenteur, s'il ne justifie pas les avoir acquis par l'intermédiaire d'un agent de change, à la Bourse [3].

L'achat des rentes au porteur, par l'intermédiaire des agents de de change, donne lieu au même droit de *courtage*, 1/8 0/0, et de *timbre* que celui des rentes nominatives ou mixtes. *Sup.*, p. 248.

A Paris, l'achat, comme la vente, peut avoir lieu par l'intermédiaire du Caissier payeur central du Trésor [4].

Un guichet spécial est ouvert à la Caisse centrale du Trésor, (Bureau du Portefeuille), pour recevoir les ordres d'achat et de vente des particuliers; l'entremise de ce comptable est gratuite, comme celle des Trésoriers-payeurs et Receveurs particuliers [5].

Lorsque les opérations ont lieu par l'intermédiaire du Caissier-payeur central du Trésor, des Trésoriers-payeurs généraux ou de leurs représentants, les Receveurs particuliers des finances, elles sont effectuées par la Chambre syndicale; les parties ne peuvent désigner leur agent de change [6].

La Chambre syndicale exécute les ordres et remet ensuite au Trésor, à la charge de les faire parvenir au comptable intéressé, soit les fonds provenant de l'aliénation, soit les nouveaux titres au porteur.

Le règlement des opérations faites par ladite chambre s'opère par l'intermédiaire du Trésor, à l'aide du compte courant du comptable lui ayant transmis l'ordre.

Ainsi que nous l'avons déjà fait remarquer, les opérations d'achat, comme celles de vente, faites par l'intermédiaire des Receveurs généraux et particuliers ne donnent lieu à aucun recours contre le Trésor [7].

1. Cass., 15 avril 1890.
2. De Bray, n° 147, p. 131.
3. 8 janv. et 29 avril 1858.
4. Décr. 6 juin 1883.
5. Foyot, n° 128, p. 74.
6. *Sup.*, p. 234.
7. L. 24 avril 1833, art. 3; *Sup.*, p. 239.

§ 2. — Vente de rentes au porteur.

La vente des rentes au porteur a lieu avec la même simplicité que leur achat.

Dans ce cas, pas de *déclaration* ni de *certificat de transfert*[1], pas de procuration, pas de justifications.

Le Trésor, comme pour l'achat, n'a pas à intervenir directement dans l'opération qui est faite en dehors de lui.

Le rentier remet son titre à l'agent de change de son choix, ou le dépose soit à la trésorerie générale, soit à la recette des finances, où il lui en est donné récépissé ; puis il signe le bordereau de vente indiquant le jour et le cours fixés pour la négociation.

Quand la vente a lieu par l'intermédiaire du Caissier-payeur central, des trésoriers-payeurs généraux ou des receveurs des finances, c'est la Chambre syndicale des agents de change de Paris qui exécute l'ordre ; les parties ne peuvent choisir leur agent de change.

Aussitôt la vente opérée, l'agent de change, le trésorier ou le receveur en remet le montant au vendeur qui en donne quittance, déduction faite des frais de *courtage* et de *timbre*, qui sont les mêmes que pour les achats.

Le règlement des opérations se fait avec la Chambre syndicale, à l'aide du compte courant du comptable intermédiaire, comme en matière d'achat.

V., pour le surplus, ce que nous avons dit *sup.* p. 251 et 311, relativement à la *Vente des rentes nominatives ou mixtes* et à l'*Achat des rentes au porteur*.

§ 3. — Renouvellement des inscriptions de rentes au porteur.

Précédemment, les rentes au porteur étaient munies, lors de leur délivrance, de coupons d'arrérages pour une durée de 5 ans.

Depuis le décret du 28 juillet 1896 et au fur et à mesure de sa mise à exécution, les titres au porteur seront pourvus de coupons pour une période de 10 ans[2].

---

1. *Sup.*, p. 251 et s.
2. *Sup.*, p. 173.

Lorsque les coupons des titres sont épuisés, au bout de 5 ou 10 ans, suivant que les titres sont antérieurs ou postérieurs au décret de 1896, il doit être délivré de nouveaux titres, munis de coupons pour 10 ans, sur la représentation des anciens [1] et la demande qui en est faite.

Cette opération se nomme *réexpédition*; le mot *renouvellement* s'applique plus spécialement à l'échange des titres nominatifs dont les cases destinées aux estampilles sont remplies [2].

Le rentier dresse et signe, en relatant son domicile, un bordereau indiquant les numéros de ses titres, la somme de rente et la quotité des coupures qu'il désire obtenir en échange [3].

Les nouvelles inscriptions sont délivrées au moyen d'un transfert de forme, sous un numéro différent de l'ancien [4].

Quand les parties ont laissé s'écouler un certain temps depuis l'époque où leurs titres sont démunis de coupons, il leur est dû plusieurs trimestres d'arrérages [5]; le Trésor délivre alors, en même temps que les nouvelles inscriptions, pour le paiement des termes arriérés, des coupons spéciaux dits *Coupons de rappel* ou *Coupons visés*, portant le numéro de l'ancienne inscription.

Ces coupons, visés au Contrôle et détachés d'un carnet à souche, sont remis aux rentiers contre une quittance indiquant leur nombre et la somme qu'ils représentent [6].

Les réclamations relatives aux coupons arriérés que les parties croiraient leur être dus sont reçues, de 2 à 3 heures, tous les jours, au Ministère des finances, Bureau des reconversions et renouvellements [7].

Le mode de procéder pour le renouvellement des inscriptions au porteur a été réglé, lors de la réexpédition des premiers titres au porteur, datant de 1831, par une décision ministérielle du 2 juin 1836.

1. Ord., 10 mai 1831, art. 5.
2. Duvert, n° 480, p. 236.
3. Foyot, n° 130, p. 75. — V. aussi le même, p. 343.
4. *Sup.*, p. 308, *Nouv. titres*.
5. Il faut, autant que possible, éviter de retarder de faire la demande de renouvellement des titres, car les trimestres arriérés donnent lieu à de nombreuses écritures, qui peuvent devenir la source d'erreurs difficiles et longues à retrouver, et par suite être la cause de complications dans l'opération. Foyot, n° 131, p. 75.
6. Idem, n° 131, p. 75.
7. Foyot, n° 132, p. 76.

§ 4. — **Réunion ou division d'inscriptions de rentes au porteur.**

Les propriétaires de titres de rentes au porteur ont la faculté d'en demander la *réunion* ou la *division* à leur convenance.

Il leur suffit, pour cela, de déposer leurs titres avec un bordereau signé d'eux, indiquant leur adresse, les numéros de ces titres, leur somme de rentes et les coupures qu'ils désirent avoir en échange [1].

Bien entendu, dans ces demandes, il convient de tenir compte des coupures admises [2].

De plus, lorsqu'il s'agit de rente *amortissable*, les opérations de division ou de réunion ne peuvent s'opérer que sur des valeurs de la *même série* [3]; ainsi l'exige la nature spéciale de ce fonds d'État, divisé en 175 séries remboursables en 75 ans [4].

Il faut donc un bordereau de demande spécial par série.

Il n'en est pas de même pour les inscriptions nominatives de cette rente, attendu que les numéros des différentes séries peuvent être rappelés sur les nouveaux titres [5].

Les comptables chargés de transmettre au Trésor les titres au porteur dont la réunion est demandée, ne doivent pas comprendre dans un même bordereau plus de 75 parties, représentant à la fois le poids postal réglementaire et le nombre d'extraits d'inscriptions pouvant être soumis en bloc à l'action du perforateur mécanique destiné à en opérer l'annulation préalable.

Il n'est fait exception à cette règle qu'en cas de nécessité constatée [6].

§ 5. — **Remplacement d'inscriptions de rentes au porteur détériorées.**

Il peut arriver que des titres de rentes au porteur se trouvent détériorés par suite d'accident et que les propriétaires désirent en obtenir le remplacement par d'autres.

1. Arr. Min. fin., 3 nov. 1834, art. 5.
2. *Sup.*, p. 175.
3. Décr., 16 juill. 1878, art. 4.
4. *Sup.*, p. 166.
5. Foyot, n° 131 et la note, p. 74 et s.; Bavelier, n° 28, p. 79.
6. Circ. Dette inscr., 20 mars 1877.

Ce remplacement a lieu sur la demande, sur timbre à 0 fr. 60, déposée ou adressée en franchise au Ministre des finances, Direction de la Dette inscrite (Bureau central), et relatant les causes de la détérioration et les numéros des titres, dont les morceaux et débris, pouvant en faciliter la reconnaissance, doivent être joints.

Si les titres n'ont subi qu'une légère détérioration laissant subsister les éléments essentiels de ces valeurs : numéros, signatures, et que toute idée de fraude doive être écartée, le remplacement a lieu à bref délai, sans difficulté et sans garantie.

Dans le cas contraire, les titres sont assimilés aux titres détruits et l'opération du remplacement est soumise aux règles qui vont être indiquées sous le paragraphe suivant.

§ 6. — Remplacement d'inscriptions de rentes au porteur perdues, détruites ou volées.

Les dispositions du décret du 3 messidor an XII, concernant le remplacement des inscriptions nominatives, ne sauraient être applicables aux rentes au porteur, créées par l'ordonnance du 29 avril 1831, qui sont, au regard du Trésor, exclusives de toute justification de propriété.

Ces rentes étant essentiellement transmissibles de la main à la main et, par suite, non susceptibles d'opposition, le Trésor se refusa pendant longtemps à remplacer celles adirées, par cette raison qu'il ne doit qu'au titre [1].

Ce n'est qu'en 1850 qu'il se décida à consentir au remplacement des titres perdus, détruits ou volés.

À cette époque, il fut admis que le propriétaire d'une rente au porteur disparue pourrait en obtenir le remplacement, moyennant le dépôt préalable d'un cautionnement en rente nominative égal à la valeur de l'inscription disparue, augmentée d'une somme suffisante pour répondre des coupons perdus, qui viendraient à être présentés au paiement, et des années d'arrérages dont l'acquit pourrait être réclamé lors de la représentation du titre [2].

La loi du 15 juin 1872, en stipulant, par son article 16, que

---

1. Avis C. d'État, 23 août 1839, transf. en déc. min. du 7 sept. 1839. — Un pourvoi fut formé contre cet arrêté, mais il fut rejeté par un arrêt du C. d'État du 27 août 1840.

2. Déc. min. 4 déc. 1850, conf. à un avis du Com. des fin. du 15 fév. préc.; Décr. 18 déc. 1869, sect. IV, art. 42 et 43; Foyot, nos 137 et s., p. 79.

les rentes et autres titres au porteur émis par l'État continueraient à être régis par les lois, décrets et règlements en vigueur, confirme implicitement ces règles.

Lorsqu'il est procédé ainsi, ce n'est qu'après la régularisation de ce cautionnement que la Dette inscrite délivre de nouveaux titres au porteur de même quotité que ceux à remplacer et dont le rentier peut alors disposer librement.

Des *coupons spéciaux* sont remis, en même temps, aux parties pour le recouvrement des trimestres qui pourraient être dus depuis la perte des titres.

Toutefois, cette jurisprudence, qui obligeait l'intéressé à fournir un cautionnement en une rente distincte, a subi, récemment, une modification heureuse.

Maintenant, le rentier dont l'inscription au porteur est perdue, détruite ou volée n'a plus obligatoirement à fournir de cautionnement pour le capital de la rente; il *peut* demander la conversion de son titre en une inscription nominative, sous la condition de laisser celle-ci pendant 20 ans [1] en dépôt au Trésor à titre de cautionnement [2].

La demande est faite et instruite dans les termes de l'arrêté de 1841, relatif aux rentes nominatives; elle est l'objet d'un rapport spécial au Ministre qui statue [3].

En faisant sa demande de remplacement, sur timbre, au Directeur de la Dette inscrite, le rentier doit donc faire connaître exactement les noms et prénoms qui devront former l'immatricule du titre à délivrer et donner la désignation des valeurs disparues : numéros, sommes de rente, nature du fonds et, autant que possible, la date du paiement des derniers coupons des titres perdus

Ce rentier doit, en outre, fournir en nantissement une inscription nominative, en rente directe, représentant la valeur de 5 années d'arrérages, en sus du montant des coupons restés attachés au titre perdu [4].

S'il s'agit seulement de coupons perdus, il y a lieu aussi, pour en obtenir le paiement, de fournir un cautionnement, en rente

---

1. L. 27 juin 1872, art. 16.
2. Déc. Min., 8 juill. 1890; Circ. Dir. Dette insc., 27 sept. 1890; Gorges et de Bray, v° *Remplacement*, III, p. 301.
3. *Sup.*, p. 283 et s.
4. Déc. Min., 8 juill. 1890; Circ. Dette inscr., 27 sept. 1890.

nominative directe ; mais il ne dure que 5 ans [1], puisqu'à l'expiration de ce délai le Trésor est couvert par la prescription [2].

De cette façon, le titulaire ne perd pas les intérêts des sommes touchées.

Les parties peuvent aussi se contenter de faire les démarches nécessaires pour interrompre la prescription, sans fournir de cautionnement, sauf à ne toucher leurs coupons que 5 ans après, si le paiement n'en a pas été réclamé pendant ce temps [3].

La lettre par laquelle le rentier formule sa réclamation interrompt la prescription à son égard ; mais il faut que sa demande de réordonnancement parvienne ensuite au Ministère au cours de la sixième année à compter de l'échéance des coupons [4].

Pour le paiement des arrérages des titres restés en nantissement au Trésor, le Service du contentieux délivre, comme on l'a dit *supra*, p. 210, un *Bordereau d'annuel*.

Les inscriptions affectées sont déposées à Paris, au Ministère des finances, à la Direction du Contentieux ; le jour du dépôt, la partie est prévenue du jour où elle devra se présenter pour signer l'acte d'affectation, qui est arrêté, sur timbre à 1 fr. 80, en autant d'originaux qu'il y a d'intéressés [5].

En principe, il doit s'écouler un intervalle de 3 mois entre la réclamation du postulant et l'autorisation de constituer le cautionnement [6].

La valeur des rentes fournies à titre de cautionnement est calculée d'après le cours moyen du jour de la décision ou de l'arrêté qui autorise le cautionnement [7].

Les rentes données en nantissement peuvent appartenir à des tiers, mais il faut que ceux-ci en aient la libre disposition et en justifient, s'il y a lieu, par la production des pièces nécessaires : contrat de mariage, etc.

Le cautionnement est signé par le propriétaire de la rente affectée ou son fondé de pouvoir spécial, par acte authentique ou sous seing privé [8].

1. Décr., 16 déc. 1869, art. 38.
2. C. c., art. 2277.
3. Foyot, n° 144, p. 84.
4. Cpr. *sup.*, p. 189.
5. Gorges et de Bray, v° *Cautionnement en rentes*, III, p. 96.
6. Déc. min., 8 juill. 1890.
7. Décr., 31 janv. 1872, art. 1er.
8. Foyot, n° 140, p. 81.

Les rentes déposées en nantissement sont restituées après le laps de temps pour lequel la garantie avait été fournie, sur la simple demande des intéressés et la production du *Bordereau d'annuel* et, autant que possible, du double de l'acte d'affectation.

Mais comme ces rentes sont revêtues d'annotations spéciales en rendant la négociation impossible, elles sont l'objet d'un transfert d'ordre, et c'est le titre, résultant de ce transfert, qui est remis, environ un mois après la demande, aux intéressés.

A moins d'avoir reçu un mandat spécial à cet effet, le fondé de pouvoir, signataire de l'acte d'affectation ou dépositaire de la rente, n'a pas qualité pour retirer les nouvelles rentes au porteur ; elles sont transmises à la personne même [1].

Si le titulaire est décédé, il y a lieu de faire opérer la mutation au nom des nouveaux ayants droit.

Lorsque, pendant la durée du cautionnement, les titres au porteur sont représentés par une personne, le Trésor appréhende la rente qui lui a été remise en garantie, et renvoie les parties devant les tribunaux civils pour le règlement de la question de propriété du titre [2].

Quand, au contraire, les titres déclarés perdus sont représentés par le propriétaire qui en a obtenu le remplacement, l'annulation des nouveaux titres est opérée et le cautionnement est restitué [3].

Observons, enfin, que le Trésor n'a pas à signaler à ses comptables chargés du paiement des arrérages, les inscriptions au porteur perdues, ni à prendre aucune mesure pour suspendre le paiement des arrérages et la négociation.

L'Administration, cependant, prend note officieusement des déclarations qui lui sont faites et avise les intéressés des opérations dont elle a connaissance ; mais c'est aux parties, munies de ces renseignements, à procéder, de concert avec l'autorité judiciaire, aux investigations nécessaires pour découvrir les détenteurs successifs des titres volés, et intenter ensuite devant les tribunaux compétents telles actions que de droit [4].

1. Foyot, n° 141, p. 82.
2. De Bray, n° 419, p. 350 ; de Lacroix, p. 339.
3. De Lacroix, p. 339.
4. Foyot, n° 139, p. 80.

§ 7. — Reconversion ou conversion de rentes au porteur en rentes nominatives ou mixtes.

La conversion des rentes au porteur en rentes nominatives ou mixtes a lieu sur le simple dépôt des titres, accompagné d'un bordereau signé du déposant et indiquant les noms et prénoms auxquels les nouvelles inscriptions doivent être immatriculées [1].

Les titres à reconvertir sont classés par ordre numérique de coupures, en commençant par les plus faibles.

Ils doivent être munis de tous les coupons à échoir [2].

Cette opération prend le nom de *reconversion;* en voici la raison.

A l'origine, toutes les rentes sur l'État étaient nominatives [3]. Aujourd'hui encore, les rentes naissent nominatives. Elles sont inscrites, au moment de leur création, au nom du Trésor public.

C'est donc par le fait d'une *conversion* [4] que les rentes deviennent au porteur, et d'une *reconversion* qu'elles redeviennent nominatives.

Si des coupons manquaient, ils pourraient être remplacés par une déclaration de versement au Trésor, en garantie, d'une somme égale au montant de ces coupons ou par un cautionnement en rente [5].

Rappelons encore ici, à propos de la conversion des rentes au porteur en rentes mixtes, que ces dernières ne peuvent être délivrées qu'aux personnes ayant la pleine et entière disposition de leurs inscriptions [6].

§ 8. — Rétablissement de rentes dont les arrérages ont été atteints par la prescription quinquennale.

Nous nous sommes expliqués *suprà*, p. 180 et 278, relativement à l'inscription des rentes au *Compte des portions non réclamées.*

Les inscriptions de rentes au porteur se trouvant dans ces con-

---

1. Ord. 29 avril 1831, art. 7; Décr. 18 juin 1864, art. 1er.
2. Ord. 10 mai 1831, art. 4.
3. L. 24 août 1793.
4. Ord. 29 avril 1831, art. 1er.
5. *Sup.*, p. 309.
6. Décr. 18 juin 1864, art. 1er.

ditions sont remises en paiement, en vertu d'une décision ministérielle spéciale[1], avec rappel des arrérages non prescrits, sur la
demande du détenteur de ces inscriptions et la production de
celles-ci.

Si les inscriptions étaient perdues, il y aurait lieu de remplir les
formalités voulues pour en obtenir le remplacement[2].

Cette demande doit avoir lieu sur papier timbré, être adressée
au Ministre des finances et énoncer les nom, prénoms et domicile
du postulant, dont la signature doit être légalisée par le maire de
sa résidence.

En dehors du département de la Seine, la signature du maire est
elle-même légalisée par le préfet ou le sous-préfet.

Un *certificat spécial*, représentant les arrérages arriérés non
prescrits, est annexé au nouveau titre.

1. Arr. min. 2 mai 1840, art. 2.
2. *Sup.*, § 6.

CHAPITRE III

CAPACITÉ CIVILE
FORMALITÉS ET JUSTIFICATIONS RELATIVES
AU TRANSFERT[1] DES RENTES SUR L'ÉTAT

Notions générales sur la capacité civile.

On entend par *capacité civile* l'aptitude d'une personne à faire tel ou tel acte de la vie civile.

Toute personne majeure, sans distinction de sexe, est capable, si elle n'est déclarée incapable par une disposition formelle de la loi[2].

Il n'y a pas d'incapacité sans une loi qui l'établisse, et les incapacités sont de stricte interprétation, comme toute exception ; dès

---

1.   CONVERSION.

Il ne sera question, dans le présent chapitre, que du *transfert* des rentes ; mais il est bien entendu que ce que nous dirons du transfert s'applique aussi à la *conversion* du nominatif au porteur.

En effet, le Trésor — contrairement à ce qui a lieu pour les autres valeurs mobilières — assimile complètement ces deux opérations l'une à l'autre. *Suprà*, p. 233 et 264.

Les règles relatives à la capacité civile et les justifications à fournir sont donc les mêmes dans les deux cas. Foyot, n° 57, p. 38.

                            REMBOURSEMENT.

Quant aux justifications à fournir en cas de *remboursement*, nous en avons parlé en traitant du mode d'extinction et de réduction des rentes.

Il suffit donc de se reporter à ce que nous avons dit *suprà*, p. 246 et s.

2. C. c., 488 et 1123.

qu'on ne se trouve pas dans les termes de l'exception, on rentre dans la règle, qui est la capacité[1].

La *capacité* est donc la *règle et l'incapacité l'exception*.

Tout *Français* jouit de ses droits civils, dont l'exercice est indépendant de celui des droits politiques[2].

L'*étrangère* qui épouse un Français suit la condition de son mari[3]; il en est de même de la femme française qui épouse un *étranger*, à moins que son mariage ne lui confère pas la nationalité de son mari[4].

Voir, au surplus, en ce qui concerne l'acquisition ou la perte de la nationalité, la loi du 26 juin 1889, le décret du 13 août suivant et la loi du 22 juillet 1893.

Les lois concernant l'état et la capacité des personnes régissent le Français, même résidant en pays étranger[5].

La capacité des contractants est toujours régie par leur *statut personnel*, c'est-à-dire par les lois du pays auquel ils appartiennent. Par conséquent, quand il s'agit d'un contrat synallagmatique et que les contractants sont de différents pays, il faut observer les lois de ces diverses nations[6].

En outre de la *capacité réelle*, il y a aussi la *capacité putative*, c'est-à-dire celle qui repose sur une erreur commune et qui est réputée être ce qu'elle n'est pas. Dans certains cas, elle peut tenir lieu de la capacité réelle. *Error communis facit jus.*

En principe, les *tiers* sont responsables de l'incapacité des personnes avec lesquelles ils traitent; c'est là une conséquence de la règle: *nemo debet esse ignarus conditionis ejus cumquo contrahit;* ils doivent donc s'assurer de leur capacité.

Mais nous estimons qu'ils ne doivent encourir aucune responsabilité spéciale en traitant avec ceux que la loi ne frappe pas d'incapacité, mais que leur état physique ou leur ignorance rend mal habiles à apprécier eux-mêmes le texte ou la nature des conventions qu'ils font, tels que les malades, les illettrés, pourvu, bien

---

1. Laurent, t. II, n° 105.
2. C. c., 7 et 8 (L. 26 juin 1889).
3. C. c., 12 (même loi).
4. C. c., 19 (même loi).
5. C. c., 3.
6. Amiaud, TR.-FORM., v° *Capacité*, 6; Aubry et Rau, § 31, texte et notes 23 et 24. — Le *statut personnel* régit la *personne* et les *biens meubles*, le *statut réel* les *immeubles*.

entendu, que la bonne foi de ces tiers ne puisse être mise en doute[1].

Si, *en fait*, lorsque les tiers et notamment les agents de change agissent en vertu d'actes notariés, ils peuvent considérer leur responsabilité comme couverte, dans la plupart des cas, par la production de ces actes, en raison de la prudence que les notaires apportent dans l'accomplissement de leur ministère, on peut soutenir qu'il n'en est pas ainsi *en droit strict ;* car l'obligation pour ces fonctionnaires de s'assurer du nom, de l'état ou de la demeure des parties[2] ne comprend pas celle de garantir les qualités prises par elles et leur capacité[3].

Les tiers doivent donc, dans tous les cas, agir avec la plus grande circonspection.

Abandon de biens.

Tout héritier bénéficiaire, qu'il soit seul ou qu'il y en ait plusieurs, peut se décharger du paiement des dettes dont il n'est d'ailleurs tenu que jusqu'à concurrence de la valeur des biens, en abandonnant la totalité des biens de la succession à tous les créanciers et les légataires indistinctement[4].

Cet abandon est généralement fait par acte au greffe, sur le registre des renonciations ; mais il peut avoir lieu par acte notarié. Il ne [confère pas la propriété des biens aux créanciers et légataires ; mais il leur donne le droit de les réaliser, pour faire entre les ayants droit la distribution du prix, sans le concours de l'héritier.

Si les intéressés ne s'entendent pas pour nommer un *administrateur* chargé de cette réalisation, un *curateur* est nommé par le tribunal civil du domicile du défunt, en chambre du conseil, à la requête des créanciers ou légataires ou du plus diligent d'eux[5].

La succession restant bénéficiaire, la vente des biens abandonnés a lieu à la requête de l'administrateur choisi ou du curateur nommé, avec l'accomplissement des formalités prescrites à l'héritier bénéficiaire[6].

---

1. Cpr. Duvert, nᵒˢ 13 et 14, p. 46.
2. L. 25 vent. an XI, art. 11.
3. Cpr. Amiaud, TR.-FORM., vᵒ *Capacité*, nᵒ 7.
4. C. c., 802 ; Aubry et Rau, § 618-14 et 15.
5. Bertin, nᵒ 1234 et s., t. II, p. 279.
6. Arg. C. proc., 904 ; Aubry et Rau, § 618-18.— V. *inf.*, vᵒ *Bénéf. d'inventaire*

Cette vente a lieu à la requête de l'administrateur ou du curateur; mais comme l'héritier qui a fait l'abandon reste, quand même, héritier (*Semel hæres semper hæres*), et que c'est à lui que reviendrait le boni, s'il y en avait, la liquidation terminée, il est toujours prudent d'exiger son concours pour l'aliénation des valeurs[1].

A défaut, on devrait lui faire signifier la décision autorisant la vente.

Les rentes sur l'État étant insaisissables, l'héritier bénéficiaire pourrait se refuser à comprendre dans l'abandon celles dépendant de la succession; mais il perdrait alors sa qualité d'héritier bénéficiaire[2].

Comparer aussi ce que nous disons *infrà*, v° *Cession de biens*.

Absent.

Il ne faut pas confondre l'*absent* avec le *non présent*. Celui-ci est celui dont la résidence actuelle est inconnue, sans qu'il règne aucun doute fondé sur son existence ; celui-là est la personne qui, non seulement a disparu de son domicile ou de sa résidence, mais encore dont l'existence est devenue incertaine.

Que l'absent soit représenté par un administrateur provisoire[3], par ses héritiers présomptifs envoyés en possession provisoire[4], ou, s'il est en état de contumace, par l'Administration des Domaines, comme séquestre légal[5], ses biens ne peuvent être aliénés sans une autorisation judiciaire[6].

La demande est formée par requête s'il n'y a qu'une partie, ou si, étant plusieurs, elles sont d'accord et la décision est rendue en Chambre du Conseil.

---

1. Amiaud, TR.-FORM., v° *Abandon de biens*, n° 9.
2. *Sup.*, p. 196. — La proposition énoncée au texte est cependant contestée par certains auteurs, qui prétendent que l'héritier bénéficiaire peut conserver les rentes qu'il trouve dans la succession sans perdre sa qualité. *Sic.* De Lacroix, p. 252 et s. — Quoi qu'il en soit, nous persistons dans l'opinion que nous avons émise qui est plus généralement adoptée.
3. C. c., 112 et 124.
4. C. c., 120 et s.
5. C. inst. crim., 471 : Aubry et Rau, § 84, t. I, p. 345.
6. C. c., 126 ; inst. 1er mai 1819, t. III, 1re partie, art. 14 ; Ord. 29 avril 1831, art. 9, arg.

En cas de dissidence, les parties doivent se pourvoir par assignation donnée devant la juridiction ordinaire [1].

Mais, bien entendu, après l'envoi en possession définitive, les bénéficiaires peuvent aliéner librement les biens de l'absent [2].

Il y a lieu, alors, pour le transfert, comme pour la mutation, de justifier du jugement d'envoi en possession.

Bien que les jugements en matière d'absence soient rendus contradictoirement avec le procureur de la République [3], et soient susceptibles d'appel de la part de ce magistrat, dans la pratique on n'exige pas de justification à ce sujet [4].

Quand le mari est sans domicile ni résidence connus, la femme peut obtenir du tribunal un jugement la nommant administratrice de la communauté, et lui donnant même le pouvoir de vendre et transférer les rentes inscrites au nom des époux et dépendant de la communauté et celles à elle propres [5].

Quant au *non présent*, sa situation n'entraîne, en général, aucun effet juridique.

Ses biens ne peuvent, en principe, être aliénés qu'à titre de mesure spéciale et en vertu d'une décision de justice [6].

Administrateur provisoire.

L'administrateur provisoire ne peut transférer les valeurs soumises à son administration qu'autant que ce pouvoir lui a été formellement conféré par l'ordonnance ou le jugement le nommant [7].

C'est généralement lorsqu'il y a des actes urgents à faire et que les parties sont encore dans le délai pour prendre qualité qu'on a recours à la nomination d'un administrateur provisoire.

Cependant, on peut avoir recours à cette mesure dans d'autres circonstances ; la jurisprudence admet notamment que, dans le cas

1. Bertin, n° 393, t. I, p. 270, et n° 402 *in fine*, p. 274.
2. C. c., 132 arg.; Buchère, n° 211, p. 176 ; Aubry et Rau, § 157, t. 1, p. 623.
3. C. proc., 859 et 860, arg.
4. Rép. gén. du droit franç., v° *Cert. prop.*, n° 345. — *Contrà*, Buchère, n° 211, p. 177.
5. Gorges et de Bray, v° *Absence*, VI, p. 62.
6. Duvert, n° 85, p. 75 ; Cpr., Aubry et Rau, § 147, texte et notes 5 et 4.
7. Duvert, n° 316, p. 170.

de bénéfice d'inventaire et, par suite, malgré la prise de qualité, les tribunaux peuvent nommer pour administrer la succession soit l'un des héritiers, soit un tiers[1].

D'une façon générale, il y a lieu à la nomination d'un administrateur quand les intéressés ne peuvent eux-mêmes, ou par leurs mandataires, pourvoir à l'administration, mais seulement dans ce cas.

En cas d'*urgence*, la nomination peut avoir lieu en référé[2]; mais, le plus souvent, on a recours à un jugement sur requête rendu en Chambre du Conseil[3].

On justifie généralement que cette décision est passée en force de chose jugée, lorsque l'exécution provisoire n'a pas été ordonnée.

Nous pensons cependant que cette justification n'est pas nécessaire, attendu qu'il s'agit d'une décision rendue *erga omnes* et que, par conséquent, toute personne, même n'ayant pas figuré dans la procédure, peut attaquer en appel, sans qu'aucune signification puisse épuiser cette voie de recours[4].

En tout cas, elle serait inutile si le jugement avait été déclaré exécutoire par provision, conformément à l'article 135, § 6, du C. de proc., car cette disposition opère à l'égard des tiers.

Quant aux ordonnances de référé, elles sont toujours exécutoires par provision.

Les pouvoirs de l'administrateur sont déterminés par la décision le nommant; en principe, ils ne comprennent que celui d'administrer.

La mission de l'administrateur prend fin avec l'accomplissement de son mandat, et en général, quand il s'agit d'une succession, avec la liquidation, s'il n'en est autrement ordonné[5].

On a aussi souvent recours à la nomination d'un administrateur

1. Cass., 5 août 1846 ; Douai, 13 août 1855 ; Caen, 22 févr. 1879 ; Seine, 16 mai 1882 ; Paris, 5 juin 1891, 9 févr. 1892.

2. C. proc. 944 ; *Sup.* 1re PARTIE, nos 353 et s. — La voie du référé ne doit cependant pas être admise en matière de succession vacante. Cpr. Circ. proc. Répub. Seine, 14 juin 1865 ; Boulanger, *Traité des radiat.*, n° 264.

3. Isaure Toulouse, *Tr.-form. procéd.*, p. 927.

La voie de la requête n'est possible que quand il n'y a qu'un héritier sans contradicteur, ou quand tous les héritiers sont d'accord. Dans le cas contraire, il faut procéder par voie de référé sur placet ou sur la minute du procès-verbal d'inventaire, ou de levée de scellés. On peut encore avoir recours à la procédure ordinaire et obtenir, soit contradictoirement, soit par défaut, un jugement qui doit alors avoir acquis l'autorité de la chose jugée, à moins qu'il ne soit déclaré exécutoire par provision.

4. Cpr. Boulanger, *op. cit.*, n° 204, t. 1er, p. 346.

5. Isaure Toulouse, *ub. sup.*

provisoire, non seulement quand les héritiers n'ont pas encore pris qualité et pour éviter cette prise de qualité, mais aussi lorsqu'il s'agit de vendre des rentes pour faire face aux nécessités d'une succession, quand, parmi les héritiers, il y en a dont la capacité civile est soumise à certaines restrictions, ou lorsque les valeurs dépendant de la succession sont grevées de charges de nature à restreindre, pour les ayants droit, la faculté d'aliéner.

Il en est ainsi, par exemple, quand au nombre des héritiers il y a une femme soumise à remploi, quand le défunt a grevé ses héritiers de charge de restitution, etc.

Dans ces différents cas et les autres analogues, il serait difficile de justifier au Trésor ou mieux à l'agent de change que le produit de la vente a été régulièrement employé, surtout lorsqu'il doit servir à désintéresser des créanciers chirographaires.

Pour éviter ces difficultés, on fait nommer un administrateur provisoire qui, spécialement autorisé à cet effet, vend les rentes et touche le produit de la négociation, non comme mandataire des parties, mais comme représentant la succession.

L'acquit du passif et l'emploi des fonds ont lieu sous la surveillance de cet administrateur, qui en est seul responsable, et avec lequel il est plus facile de s'entendre sur les justifications à fournir qu'avec le Trésor, la Chambre syndicale ou l'agent de change[1].

Lorsque l'un des héritiers est éloigné et n'a pas laissé de procuration et qu'il y a lieu de faire nommer un administrateur, cela peut occasionner des retards; en effet, d'une part, on ne peut procéder par voie de requête, et d'autre part, les délais d'ajournement et d'appel peuvent être assez longs[2].

On peut éviter cet inconvénient, en faisant représenter, à l'inventaire, l'héritier éloigné, par un notaire nommé par le président du tribunal[3].

Pendant le cours de l'inventaire, les parties requièrent, conformément à l'art. 944 du Code de procédure, la nomination d'un administrateur, et le référé qui intervient sur cette demande est définitif, même à l'égard de l'héritier éloigné, qui se trouve dûment représenté par le notaire[4].

1. Cpr. Pradier, R.-N., n° 511-126.
2. C. proc., 73.
3. Cpr. Pradier, R.-N., n° 511-127.
4. C. proc., 942.

Aliéné.

ALIÉNÉ NON INTERDIT. — La vente des rentes sur l'État appartenant aux aliénés non interdits ne peut avoir lieu qu'en observant les formalités d'autorisation prescrites par la loi du 27 février 1880 [1].

Les dispositions de cette loi sont applicables aux aliénés placés sous la tutelle des administrations hospitalières ou de l'Assistance publique et à ceux pourvus d'administrateurs provisoires [2].

Lorsque l'aliéné se trouve placé dans un *établissement public*, l'autorisation est donnée par la Commission administrative de cet établissement, remplissant, à cet effet, les fonctions attribuées au conseil de famille [3].

Il en est de même quand l'aliéné est *entretenu par l'Administration* dans un établissement privé [4].

Au contraire, c'est le conseil de famille qui a qualité pour autoriser l'aliénation, quand l'aliéné est placé dans un *établissement privé*, ou quand, bien que placé dans un établissement public, il lui a été nommé un *administrateur provisoire*, cette nomination ayant pour effet de décharger complètement la commission administrative [5].

L'aliéné est représenté par l'administrateur nommé par la commission [6] ou par le tribunal [7] et dûment autorisé.

Depuis la constitution d'une commission spéciale de surveillance pour les asiles de la Seine, dont la gestion est confiée au préfet et non plus à l'Assistance publique (Décr. 16 août 1874), c'est un membre de cette commission qui exerce la fonction d'administrateur provisoire, même à l'égard des aliénés internés dans les quartiers de Bicêtre et de la Salpêtrière [8].

Les délibérations des commissions administratives sont, comme celles des conseils de famille, assujetties à l'article 883 du C. de

1. L. 27 fév. 1880, art. 8.
2. Même art. — Lettre Min. just. 20 mai 1880.
3. L. 27 fév. 1880, art. 8 ; Duvert, n° 17, p. 50.
4. Duvert, n° 24, p. 53.
5. Duvert, n° 24, p. 58 ; Encycl. du not., v° *Aliéné*, n° 11.
6. L. 30 juin 1838, art. 31.
7. Même loi, art. 32. — La loi de 1838 n'est pas applicable à *l'aliéné de nationalité étrangère*.
8. Bertin, n° 731, p. 501.

proc., qui prescrit de mentionner l'avis des membres, lorsqu'il n'y a pas unanimité [1].

La majorité absolue des suffrages est nécessaire pour la validité de la délibération.

Il ne faut pas confondre l'*administrateur provisoire* [2] avec le *curateur* [3] ; ce dernier s'occupe spécialement de la personne de l'aliéné et non de l'administration de ses biens.

Les fonctions de l'administrateur provisoire nommé par le tribunal expirent au bout de 3 ans [4] ; mais cette disposition ne s'applique pas aux administrateurs donnés aux personnes entretenues *par l'Administration* dans un établissement privé [5], dont les fonctions durent autant que l'internement.

L'administrateur provisoire est nommé en Chambre du Conseil, sur requête et sur les conclusions du Procureur de la République. Cette décision n'est pas sujette à appel [6].

Pour les autres formalités concernant l'aliénation, V. *infrà*, vº *Mineur*.

Ce qui précède ne s'applique pas aux aliénés non interdits *restés dans leurs familles*, qui, bien qu'incapables, ne sont pas légalement représentés [7].

Pour vendre les valeurs d'un aliéné, sorti guéri de l'établissement dans lequel il était interné, l'agent de change doit exiger la production d'un certificat émanant de l'administration de cet établissement, attestant qu'il a recouvré sa capacité civile [8].

ALIÉNÉ INTERDIT. — Quant aux aliénés interdits, V. *infrà*, vº *Interdit*.

---

1. Grisolle, *L'Aliéné non interdit*, p. 40.
2. L. 30 juin 1838, art. 32.
3. Même loi, art. 33.
4. Les trois ans expirés, le renouvellement des pouvoirs a lieu sur la présentation d'une requête, sans qu'il soit besoin de consulter à nouveau [le conseil de famille. Duvert, nº 25, p. 53. — La question est cependant controversée, et on soutient avec quelque raison que le renouvellement n'est pas la continuation de la fonction et, par suite, que l'avis du conseil de famille est nécessaire. Grisolle, *op. cit.*, p. 65.
5. L. 30 juin 1838, art. 37.
6. L. 30 juin 1838, art. 32.
7. Duvert, p. 50, à la note.
8. Duvert, nº 26, p. 53 ; Bavelier, nº 13-IV, p. 39.

Alsace-Lorraine.

Pour vendre et transférer les rentes sur l'État appartenant aux communes d'Alsace-Lorraine, il faut produire :

1° Une ampliation de la délibération du conseil municipal autorisant l'aliénation et contenant la désignation des titres (sommes, numéros et séries) et de la personne chargée de la procuration nécessaire ;

2° Une ampliation de l'arrêté du Gouverneur approuvant la délibération ;

3° Et une procuration donnée par la personne désignée dans la délibération.

L'ampliation de la délibération et celle de l'arrêté sont exemptes de timbre et d'enregistrement en France. L'ampliation de la délibération doit être légalisée par le Gouverneur, mais la signature de celui-ci est exempte de légalisation.

La procuration est assujettie aux règles ordinaires ; elle peut être notariée ou sous seing privé et doit être déposée, s'il y a lieu[1] ; elle doit être soumise, en France, au timbre de dimension et à l'enregistrement au droit de 3 fr. 75, décimes compris.

Elle est légalisée en Alsace-Lorraine : si elle est notariée, par le président du tribunal ou le juge de paix, si elle est sous seing privé, par le maire et ensuite par le juge de paix.

Aucune autre légalisation n'est nécessaire en France[2].

D'après un certificat de coutume de l'ambassade d'Allemagne à Paris, du 11 novembre 1878, le Président supérieur de l'Alsace-Lorraine, peut déléguer un fonctionnaire de son choix pour la signature des ampliations des arrêtés et décisions produits à l'appui des transferts de rentes sur l'Etat.

Bénéfice d'inventaire.

L'héritier ou le légataire sous bénéfice d'inventaire n'étant, en réalité, que l'administrateur de la succession qu'il possède à ce titre, ne peut aliéner les rentes sur l'État dépendant de cette succession

---

1. Cpr. *inf.*, chap. IV, *Procuration.*
2. Déc. min. 2 juill. 1872 ; Conv. diplom. 14 juin 1872.

sans autorisation de justice, ces rentes fussent-elles même inférieures à 50 francs [1].

L'héritier ou le légataire doit donc produire, à l'appui du transfert, soit une renonciation au bénéfice d'inventaire, soit un jugement rendu sur requête, en la Chambre du conseil, l'autorisant à aliéner en conservant sa qualité [2].

Ce jugement constitue un acte de juridiction gracieuse; il n'est pas susceptible d'opposition et bien que, rigoureusement, il soit de nature à être signifié au ministère public, on n'a pas recours, dans la pratique, à cette formalité [3].

La Cour de cassation, par arrêt du 13 août 1883 (ch. c.), a décidé que cette obligation ne concernait que les héritiers bénéficiaires *majeurs* et par conséquent *volontaires*.

C'est le système auquel s'est rangé le Trésor à la suite de cet arrêt, après avis conforme de la Chancellerie [4].

Quant aux *mineurs* ou *interdits*, qui ne peuvent être héritiers ou légataires que sous bénéfice d'inventaire [5], ils restent en dehors de cette législation, et leur situation légale, au point de vue qui nous occupe, demeure fixée par les lois qui leur sont propres [6].

Cette règle s'applique aux *mineurs sous l'administration légale* de leur père [7] et aussi aux *mineurs émancipés par le mariage* [8].

Par conséquent, pour l'aliénation d'un titre de rente appartenant *indivisément* à des majeurs, héritiers purs et simples, et à des mineurs (ou interdits), héritiers sous bénéfice d'inventaire, il suffit de se conformer aux règles formulées ci-après aux mots *Interdit* et *Mineur*, abstraction faite de leur qualité d'héritiers bénéficiaires.

Aussi, depuis l'arrêt précité de 1883, le Trésor n'exige plus la renonciation au bénéfice d'inventaire ou un jugement que pour ceux des héritiers qui sont majeurs.

Cette jurisprudence, admise par le Trésor, est très contestée [9] et

---

1. Av. C. d'État, 11 janv. 1808; Circ. Dir. Dette insc., 10 mars 1880, VI; Cass., 4 avril 1881.
2. Duvert, nᵒ 338, p. 177 et s.
3. Duvert, nᵒˢ 413 et 414, p. 213 et s.
4. De Bray, nᵒ 292, p. 278.
5. C. c. 461 et 509.
6. Cass., 13 août 1883.
7. Déc. Min. just. 27 mars 1884.
8. C'est précisément ce cas qu'a résolu l'arr. de Cass. du 13 août 1885.
9. Buchère, nᵒˢ 209 et s., p. 173; de Bray, nᵒˢ 291 et s., p. 278.

très contestable d'ailleurs; il n'y aurait donc rien d'étonnant qu'elle subît un revirement[1].

La renonciation au bénéfice d'inventaire peut avoir lieu soit par acte devant notaire, soit par une déclaration faite au greffe du tribunal[2].

Lorsqu'un incapable est seul représentant d'une succession ou de l'une de ses lignes, il y a lieu de s'assurer que l'acceptation sous bénéfice d'inventaire a été faite au greffe du tribunal, ou tout au moins qu'elle a été régulièrement autorisée, et l'agent de change, aussi bien que le notaire, doit, le cas échéant, en exiger la justification, car l'incapable pourrait ultérieurement renoncer à la succession, et, dans ce cas, l'opération se trouverait avoir été faite pour une personne sans qualité[3].

Il n'en serait pas de même si l'incapable avait dans la même ligne un cohéritier majeur à qui accroîtrait la part du renonçant[4].

L'héritier bénéficiaire, par contre, n'a besoin d'aucune autorisation pour recevoir les remboursements des rentes lui revenant par suite de *conversion* ou *d'amortissement*[5].

Cependant si la rente à rembourser était inscrite au Grand-Livre avec une condition d'incessibilité ou d'inaliénabilité, l'autorisation de justice serait nécessaire pour assurer l'exécution de cette condition[6].

Caisse nationale des retraites pour la vieillesse[7].

La Caisse nationale des retraites pour la vieillesse a été créée par la loi du 18 juin 1850; elle est maintenant régie par les lois des 30 janvier 1884, 20 juillet 1886 et 31 décembre 1895.

1. On peut consulter aussi, quant à la capacité des héritiers sous bénéfice d'inventaire au point de vue du tranfert des rentes sur l'État, notre dissertation pratique dans le *Journal du Notariat* du 26 janvier 1893, p. 49 et s.
2. Gorges et de Bray, v° *Bénéf. d'invent.*, III, p. 92.
3. V. *sup.* 1re PARTIE, n°s 342, 355 et s., p. 65 et. s.
4. Duvert, n° 341, p. 179.
5. *Sup.*, 2e PARTIE, p. 216 et s. — Lors de la conversion de 1852 (Décr. du 14 mars), des héritiers bénéficiaires n'ayant pas opté pour la conversion, avaient demandé le remboursement des rentes atteintes par cette mesure; le Trésor l'ordonnança, mais à la charge de justifier d'une autorisation de justice. La Chambre du Conseil de la Seine décida, le 16 avril 1852, que cette exigence n'était pas fondée et refusa l'autorisation, attendu qu'il s'agissait, à défaut d'option, d'un remboursement forcé. Bertin, n° 1211, p. 265.
6. Bertin, *ub. sup.*
7. Cpr. *sup.*, 1re PARTIE, n°s 218 et s., p. 42.

Le maximum inscriptible sur la même tête avait été fixé primitivement à 600 francs[1] ; il a été successivement porté à 750 francs, 1,000 francs et 1,500 francs[2] ; mais la loi du 20 juillet 1886, par son art. 6, l'a réduit à 1,200 francs.

Les versements peuvent être faits soit à capital aliéné, soit à capital réservé[3].

Les rentes viagères constituées par la Caisse nationale des retraites sont incessibles et insaisissables jusqu'à concurrence de 360 francs[4].

Ce chiffre a été adopté, parce qu'il représente le chiffre alimentaire de 1 franc par jour[5].

D'autre part, les rentes provenant des versements qui peuvent être faits par des tiers donateurs[6], peuvent être stipulés incessibles et insaisissables jusqu'à concurrence de la totalité[7].

Cautionnements.

Les rentes remises en cautionnement à l'État ne peuvent être aliénées tant que dure le cautionnement, si ce n'est pour les causes que le cautionnement a pour objet de garantir.

C'est à l'Agent judiciaire du Trésor qu'il appartient de poursuivre la réalisation des inscriptions de rentes affectées à des cautionnements, même quand ces cautionnements n'ont pas été reçus par lui.

La vente a lieu en vertu d'une décision du Ministre des finances : cette réalisation est une conséquence forcée de l'affectation de la rente au cautionnement et constitue une dérogation à l'art. 2078 du C. c.

Quand le cautionnement a été fourni en garantie de la responsabilité dont le fonctionnaire peut être tenu envers les tiers, ce qui est le cas, par exemple, des conservateurs des hypothèques, une décision judiciaire doit d'abord intervenir. Sur la notification de cette décision et des certificats prescrits par l'art. 548 du C. proc.,

---

1. L. 18 juin 1850.
2. LL. 7 juill. 1856, 12 juin 1861, 4 mai 1864.
3. L. 20 juill. 1886, art. 4.
4. L. 20 juill. 1886, art. 8.
5. Rapp. de M. Tirard au Sénat.
6. L. 20 juill. 1886, art. 13, arg.
7. De Lacroix, p. 295.

faite à la requête de la partie intéressée, l'Agent judiciaire, également autorisé par décision ministérielle, procède à la vente de l'inscription formant l'objet du cautionnement [1].

La décision autorise le syndic des agents de change, faisant fonctions d'agent de change du Trésor, à vendre la somme de rente nécessaire pour couvrir le débet ou le déficit, en vertu du pouvoir irrévocable résultant de l'acte d'affectation [2].

Cession de biens.

La cession de biens que les non-commerçants, hors d'état de payer leurs dettes, sont autorisés à faire (C. c., art. 1265 et s.) présente beaucoup d'analogie avec l'abandon de biens [3] permis à l'héritier bénéficiaire. C. c., art. 802 [4].

Lorsque la cession est *volontaire*, ses effets sont déterminés par les stipulations du contrat intervenu entre le débiteur et ses créanciers, aux termes duquel un *administrateur* chargé de réaliser l'actif est généralement désigné.

Ses pouvoirs sont fixés par le contrat le nommant.

Même quand la cession est *judiciaire*, elle ne confère pas aux créanciers la propriété des biens; elle leur donne seulement le droit de les faire vendre à leur profit [5].

Il y a lieu aussi à la nomination d'un *administrateur* ou *curateur*, qui est désigné par le Tribunal, soit par le jugement admettant le débiteur au bénéfice de la cession, soit par un jugement postérieur, rendu en la Chambre du conseil, à la requête des créanciers ou du plus diligent [6].

Les pouvoirs du curateur sont alors déterminés par le jugement, et la vente a lieu dans les formes prescrites pour l'héritier bénéficiaire, c'est-à-dire après autorisation de justice [7].

Les rentes sur l'Etat étant insaisissables, le débiteur ne

---

1. *Sup.*, p. 211.
2. De Lacroix, p. 287.
3. V. *Sup.*, ce mot.
4. Depuis la loi du 22 juillet 1867, abolissant la contrainte par corps, la cession de biens n'a plus guère de raison d'être et est rarement pratiquée. Cpr. C. c., art. 1268.
5. C. c., 1269.
6. Cpr. Bertin, n° 1285, p. 302.
7. V. *sup.*, v° *Bénéf. d'inventaire*.

peut être contraint de céder à ses créanciers celles qu'il possède [1].

Le Trésor et l'agent de change négociateur sont donc fondés, le cas échéant, à exiger la justification du consentement du débiteur à sa dépossession, soit par son concours au transfert, soit par un certificat de propriété établissant que les rentes ont été volontairement comprises dans la cession.

Colonies.

Les colonies sont soumises, en règle générale, aux lois de la métropole, déclarées exécutoires lors de leur confection ou par ordonnances ou décrets ultérieurs du Chef de l'Etat; il n'existe de différence qu'en ce qui concerne le timbre et l'enregistrement.

Les pièces venant des colonies doivent, avant d'être produites au Trésor, être enregistrées et timbrées, s'il y a lieu.

Contumax.

Les biens des condamnés par contumace sont sous le séquestre légal de l'Administration des Domaines [2].

Il importe de remarquer que ce condamné n'est pas interdit légalement [3].

L'Administration des Domaines, en sa qualité de séquestre, ne peut que gérer et administrer au profit de l'Etat les biens du contumax jusqu'à l'envoi en possession des héritiers, conformément aux art. 120 et suiv. du C. c. [4]. Elle ne pourrait aliéner les rentes sur l'Etat lui appartenant, sans un jugement du tribunal de première instance [5], le contumax étant assimilé à l'absent [6].

Quoique le contumax soit assimilé à l'absent quant à ses biens, ses héritiers présomptifs ne peuvent se faire envoyer en possession, avant l'expiration du délai accordé pour purger la contumace [7].

V. aussi *sup.*, 1re PARTIE, p. 127.

1. Cpr. Aubry et Rau, § 781, t. VIII, p. 499.
2. C. inst. Crim., 465 et s ; Aubry et Rau, § 84-12.
3. C. pén., 29 et 30 ; C. inst. crim., 471 ; Deloison, n° 92, p. 71.
4. Av. C. d'État, 20 sept. 1809.
5. Deloison, n° 92, p. 72.
6. C. inst. crim., 471
7. Aubry et Rau, § 84-17.

Copropriétaires.

Il faut distinguer si les copropriétaires sont *divis* ou *indivis;* quant à *l'usufruitier* et au *nu propriétaire*, il n'y a aucune indivision entre eux ; leurs droits sont distincts et ils peuvent en disposer chacun séparément [1].

Copropriétaires indivis. — Lorsque les copropriétaires sont inscrits *divisément*, chacun pour une somme déterminée de rente, chacun d'eux peut disposer librement seul de sa part.

Il en est de même si les droits des copropriétaires sont exprimés en fractions par lesquelles le chiffre total de rente du titre est divisible. C'est le cas d'un titre de 40 francs de rente, immatriculé aux noms de A pour 20 francs, et de B pour même somme, ou de A et B, chacun pour 1/2.

Mais il en est rarement ainsi, car on préfère alors, au moment de l'immatriculation, requérir, pour chacun, un titre distinct.

Si, au contraire, les droits des copropriétaires sont exprimés en fractions par lesquelles la somme totale de rente du titre n'est pas divisible, la situation, sans présenter de difficultés, donne lieu cependant à quelques complications.

Soit un titre de 80 francs de rente, inscrit aux noms de A, B et C, chacun pour 1/3. Le Trésor ne délivrant pas de titre de 26,66 2/3, et n'admettant le transfert que de sommes rondes en francs, voici comment il y a lieu, pour les titulaires, de procéder, pour arriver à disposer chacun de sa part.

D'abord, ils peuvent faire acheter en Bourse un titre de 4 francs de rente, *immatriculé de la même manière* que le premier, pour le réunir à celui-ci et former un titre de 84 francs, chiffre divisible par 3.

Ils peuvent ainsi, en en demandant la division, suivant leurs droits, obtenir chacun un titre de 28 francs.

Mais cette façon de procéder nécessite une entente, et, comme telle, n'est pas toujours possible ; elle n'est, d'ailleurs, pas obligatoire et sans y recourir chacun peut disposer de sa part.

---

1. Bien entendu, l'usufruit et la nue propriété peuvent chacun être indivis, comme la pleine propriété.

Ainsi, le titre étant de 80 francs 80

A pourra vendre son tiers, soit, en chiffre rond 26

En laissant les 0 fr. 66 2/3 à ses cotitulaires :

Ceux-ci resteront avoir, chacun pour moitié 54

B, pourra faire ensuite, lui-même, semblable opération et vendre sa moitié, soit 27

Et il restera pour C, qui pourra en disposer à son gré, un titre de 27

Si, au contraire, A et B ne veulent pas faire l'abandon de leurs fractions non inscriptibles, il arrivera ceci :

A pourra vendre sur sa part, son tiers, soit, en chiffre rond, 26 fr. de rente, qui seront inscrits au nom de son acquéreur, et il restera à son nom 0 fr. 66 2/3 . . . . 0 fr. 66 2/3

B pourra, lui-même, vendre 26 francs de rente, qui passeront à son acquéreur, et il demeurera aussi en son nom . . 0 fr. 66 2/3

Enfin, C pourra faire la même opération, et il restera à son nom même fraction. 0 fr. 66 2/3

Remarquons que ces cessions de fractions peuvent avoir lieu sans formalité et sans acte et que, en présence d'incapables, c'est toujours au profit de ceux-ci que les cessions doivent être faites ; ces détails se règlent entre les parties et sans même qu'il soit nécessaire que les procurations contiennent des pouvoirs à cet effet [1].

Copropriétaires indivis. — Lorsqu'un titre de rente est inscrit au nom de plusieurs titulaires, *conjointement et indivisément*, sans distinction de part, l'aliénation de ce titre ne peut, en principe, avoir lieu en totalité ou en partie qu'avec le concours de tous les copropriétaires.

Si l'un d'eux voulait disposer de sa part ou en jouir divisément, il y aurait lieu d'avoir recours à un partage régulier, et de produire un certificat de propriété basé sur cet acte.

On ne pourrait prétendre que, jusqu'à preuve contraire, les titres immatriculés au nom de plusieurs conjointement et indivisément sont réputés appartenir à chacun par portions égales, soit par 1/2 s'ils sont 2, par 1/3, s'ils sont 3, etc. Rien n'est moins exact : car, si

1. *Sup.*, 1ʳᵉ PARTIE, p. 24, nᵒˢ 103 et s., et *inf.*, chap. IV, *Procuration.*

un titre dépend, par exemple, de la succession d'une personne, dévolue pour moitié à son fils et pour l'autre moitié ou chacun un quart à ses deux petits-enfants, venant par représentation de leur auteur, le Trésor, à défaut de partage, s'il y a des incapables, exigera l'immatriculation conjointe et indivise. Or, à s'en tenir à la division par parts égales, le titre serait présumé appartenir aux titulaires chacun pour un tiers, tandis qu'en réalité il appartient à l'un pour moitié et aux deux autres pour chacun un quart.

Quand, parmi les copropriétaires, il y a des mineurs, il y a lieu de procéder comme nous le disons *inf.*, v° *Mineurs (Copropriétaires indivis)*.

Créancier gagiste.

Lorsqu'un titre de rente sur l'État a été régulièrement constitué en gage au profit d'un créancier, celui-ci peut, en cas de non-paiement de sa créance à l'échéance et de refus par le propriétaire du titre de concourir au tranfert, se faire autoriser en justice, selon les règles du droit commun, à faire vendre et transférer le titre faisant l'objet du gage, jusqu'à concurrence d'une somme de rente suffisante pour faire face à la créance garantie, ou en totalité, s'il y a lieu, afin d'exercer sur le produit de cette négociation, le droit de privilège qui lui est conféré par l'article 2073 du Code civil[1].

On admet même que le créancier pourrait se faire attribuer judiciairement en paiement jusqu'à due concurrence, les titres remis en gage, sans expertise, au cours de la Bourse, puisqu'il s'agit de valeurs dont le cours est attesté par un acte public et officiel[2].

Il a été jugé que la cote officielle remplace, pour les inscriptions de rente, l'estimation d'experts exigée par l'art. 2078 du Code civ.[3]

Le jugement faisant droit à la demande du créancier doit avoir acquis l'autorité de la chose jugée[4].

Lorsque le débiteur a disparu, le commandement et l'assignation peuvent lui être signifiés à domicile élu.

Quand le titre est entre les mains d'un tiers dépositaire, il faut appeler ce dernier en cause.

---

1. C. c., 2078; Avis Direct. Cont., 4 juin 1877; Buchère, *Val. mob.*, n° 451, p. 220; Gorges et de Bray, v° *Nantissement*, V, p. 245; de Bray, n° 217, p. 201.
2. C. c., 2078; Buchère, *ub sup.*; Paris, 29 janv. 1894.
3. Paris, 1er juil. 1856; Cass., 4 avril 1866.
4. Note Direct. Cont. 5 janv. 1877.

Avant de solliciter de la justice l'autorisation de réaliser le gage ou de le conserver en paiement, il est nécessaire de mettre le débiteur en demeure de s'acquitter.

Lorsque l'opération porte sur la pleine propriété, la vente a lieu à la Bourse, qui est le lieu du marché public et officiel des rentes, par le ministère d'un agent de change[1], sans qu'il soit nécessaire d'avoir recours à des affiches et publications[2].

Le transfert est opéré sur la certification de l'agent de change négociateur et la production d'un certificat de propriété délivré par le notaire détenteur de la minute de l'acte d'affectation, de la grosse du jugement, des certificats de non-opposition ni appel et des autres pièces nécessaires, s'il y a lieu[3].

Lorsqu'il s'agit d'une nue propriété ou d'un usufruit, la vente a lieu aux enchères publiques, par-devant notaire[4].

La mutation est alors opérée au nom de l'adjudicataire, sur la production du certificat de propriété délivré par le notaire détenteur de la minute du procès-verbal d'adjudication et des autres pièces établissant la régularité de l'opération[5].

Si le nantissement n'absorbe pas la totalité du titre, il y a lieu à un *Reste de compte*[6]; le Trésor délivre au débiteur une nouvelle inscription pour l'excédent, sur le vu du certificat de propriété servant de base à l'opération.

Le jugement peut aussi donner mission à l'agent de change ou au notaire, de remettre l'excédent au débiteur, ou de le verser à la Caisse des consignations, après le créancier désintéressé.

1. De Bray, nº 217, p. 201.
2. Aubry et Rau, § 435-12. — Quant aux formalités prescrites par l'art. 70 du décret du 7 oct. 1890 et l'art. 69 du règlement, du 3 déc. 1891, des ag. de ch. de Paris, elles ne s'appliquent pas aux rentes sur l'État, que ne vise pas la loi du 23 mai 1863. *Sup.*, 2º PARTIE, chap. II, art. 1er, § 14, *Nantissement.* — *Contrà*, Buchère, *Op. de B.*, nº 389, p. 242.
3. Gorges et de Bray, *ub sup.*
4. Il a été jugé que le notaire, chargé par justice de vendre la nue propriété d'un titre de rente, n'encourt pas de responsabilité pour avoir stipulé, dans le cahier des charges, que le prix serait payé comptant, et n'avoir pas averti l'adjudicataire du danger qu'il courait en se dessaisissant du prix avant la régularisation du transfert, alors surtout qu'il était représenté par un mandataire habitué à ces sortes d'affaires; que ce notaire n'avait pas non plus commis de faute, en ne se faisant pas représenter, avant l'adjudication, le titre se trouvant entre les mains de l'usufruitier, qui était en droit de ne pas le communiquer. Compiègne, 31 juill. 1893.
5. De Bray, *ub sup.*
6. *Sup.*, p. 256.

Dation en paiement.

Si, en principe, la pleine propriété des rentes sur l'État ne peut faire l'objet d'une vente par acte notarié, il n'en est pas ainsi quand cette vente est le complément ou l'accessoire de conventions ou obligations précédentes ou concomitantes[1].

Ainsi, ces rentes peuvent être cédées et tranférées pour leur valeur au cours de la Bourse par acte authentique ou sous seings privés[2], à titre de dation en paiement, pour se libérer d'un prix de vente, d'un reliquat de compte de tutelle, d'une dot, de reprises, d'une créance hypothécaire, d'une constitution de rente viagère, d'une cession de fraction non inscriptible, etc., pourvu que cette opération ait le caractère d'un *paiement* et non celui d'une *rente directe*[3].

La mutation est opérée sur le Grand-Livre, au nom de l'acquéreur, sur la production d'un certificat de propriété délivré en la forme ordinaire par le notaire détenteur de l'acte de dation en paiement, du contrat de mariage mis au rang de ses minutes, s'il n'y est pas déjà et s'il s'agit d'une femme, et des autres pièces constatant que la propriété est acquise à l'acquéreur d'une façon incommutable, par exemple, les pièces de transcription et de purge, s'il s'agit de la vente d'un immeuble.

Si l'opération porte sur un immeuble, qu'il s'agisse d'une vente ou d'un remboursement de créance hypothécaire, sa valeur réelle étant l'un des éléments les plus importants de l'opération, les tiers intéressés et notamment l'agent de change peuvent demander le visa d'un jugement nommant un ou plusieurs experts et celui du rapport contenant l'estimation de cet immeuble[4].

La dation en paiement, lorsqu'elle émane d'une femme mariée, ne peut avoir lieu que dans la limite de disposer permise par son contrat de mariage.

Lorsqu'il s'agit de vendre et transférer la rente donnée en paiement, il faut, bien entendu, produire à l'agent de change la pro-

---

1. *Sup.*, 1re PARTIE, n° 39, p. 11 et n° 724, p. 118.
2. V. cep. *sup.*, 1re PARTIE, n° 15, p. 7.
3. *Adde* : Duvert, n°s 243 et 244, p. 147; Gorges et de Bray, v° *Dat. en paiem.*, I, p. 152; de Bray, n° 268, p. 246 et s.
4. Duvert, *ub sup.*

curation de l'attributaire, si celui-ci ne concourt pas en personne à l'opération et si la mutation est déjà opérée en son nom.

En raison des fraudes auxquelles ont souvent donné lieu les dations en paiement pour prix d'immeubles, surtout en matière de régime dotal, les agents de change doivent apporter le plus grand soin à l'examen des certificats de propriété et se montrer très circonspects dans l'admission des justifications produites.

Ils pourraient même, et le Trésor en aurait aussi le droit, exiger la production de pièces qui, bien que non visées, seraient susceptibles de couvrir leur responsabilité, ou tout au moins de les éclairer [1].

Autrefois, le Trésor opérait sans difficulté la mutation au nom des attributaires de rentes à titre de dation en paiement, quel que soit le régime auquel la femme titulaire était soumise.

Aujourd'hui, il n'en est plus ainsi. Il n'admet pas qu'une rente dotale soumise à remploi fasse l'objet d'une dation en paiement, et craindrait de s'associer à une manœuvre ayant pour but d'éluder l'obligation de remploi [2].

Le Trésor se refuse à opérer la mutation au nom de l'attributaire et exige que la rente soit vendue et transférée directement par le titulaire, par le ministère d'un agent de change, dont la responsabilité couvre la sienne [3].

Décisions judiciaires.

Les décisions judiciaires qui établissent les droits des nouveaux propriétaires et celles qui ordonnent la vente et le transfert d'inscriptions de rente, ne sont exécutoires, en principe, que sur la justification des certificats prescrits par l'art. 548 du Code de procédure civile, constatant la signification à domicile et la preuve qu'il n'est survenu ni opposition ni appel [4].

Il n'en est ainsi, cependant, qu'autant qu'il s'agit de décisions susceptibles d'acquérir l'autorité de la chose jugée ; pour celles de juridiction gracieuse, il n'y a pas lieu d'avoir recours à ces certificats.

---

1. Duvert, *ub. sup.*
2. De Bray, p. 247, note 1.
3. Defrénois, R. G. 1887, art. 3623.
4. Inst. 1er mai 1819, titre III, 2e partie, art. 40 ; Foyot, no 218, p. 163.

En traitant les principaux cas qui peuvent se présenter, nous avons indiqué les formalités à remplir et les justifications à fournir ; il suffira donc, pour chaque espèce, de se reporter à ce que nous avons dit.

Lorsque le changement d'immatricule, la mutation ou le transfert d'une rente, au lieu de résulter d'un acte authentique ou sous seings privés, a lieu en vertu d'une décision judiciaire, il ne suffit pas de produire au Trésor, la grosse, l'expédition ou l'extrait du jugement ou de l'arrêt ; comme dans tous les autres cas, il faut produire un certificat de propriété [1].

Toutefois, s'il s'agit d'une décision judiciaire ayant seulement pour objet d'*autoriser* l'aliénation, elle peut aussi être produite à l'appui du transfert.

C'est ce qui a lieu notamment pour les délibérations de conseil de famille et les jugements d'homologation concernant la vente des rentes des mineurs.

Nous avons dit *sup.* (p. 11, n° 40 et p. 14, n°s 49 et s.) à qui des greffiers ou des notaires, il appartient de délivrer les certificats de propriété.

Rappelons seulement ici que c'est presque toujours ces derniers qui ont qualité.

Le greffier n'est compétent que quand les droits des nouveaux propriétaires résultent *uniquement* des dispositions de la décision.

Et, même dans cette hypothèse, le notaire des parties est encore compétent, en remplissant au préalable la formalité du dépôt au rang de ses minutes [2].

Les agents de change appelés à certifier des transferts de rente en exécution de décisions judiciaires les commettant à cet effet, ne doivent pas considérer leur responsabilité comme complètement couverte par ces actes judiciaires, ni même par le concours donné par le Trésor à l'opération ; car il peut exister pour eux des risques qui ne soient pas partagés par ce dernier, par exemple ceux résultant du paiement.

Ils ont qualité pour examiner le bien fondé des décisions, qui ne sont obligatoires pour eux que s'ils ont été mis en cause et si ces décisions, quand elles en sont susceptibles, ont acquis l'autorité de la chose jugée.

1. Foyot, *ub. sup.*
2. Foyot, n° 218, p. 164.

Les ventes faites par les agents de change commis judiciairement, sont assujetties à une publicité spéciale [1].

Mais, on considère que ces prescriptions ne s'appliquent pas aux rentes sur l'État [2].

Droit de retour.

Le droit de *retour légal* ou *successoral* ne se mentionne pas sur les titres ; il n'emporte, en effet, aucune restriction à la faculté de disposer des biens qui peuvent en faire l'objet [3].

Il n'en est pas de même du droit de *retour conventionnel*, qui constitue une condition résolutoire et doit se mentionner [4].

La vente et le transfert des inscriptions grevées de ce droit de retour ne peuvent avoir lieu qu'avec la signature du donataire grevé et du donateur ou de leurs mandants [5], ou en justifiant, par un certificat de propriété, de la renonciation à ce droit ou de son extinction [6].

On considère que la stipulation du droit de retour énoncée en termes généraux dans un contrat de mariage ne prive pas le donataire du droit de disposer des valeurs mobilières apportées en dot, si rien, d'ailleurs, dans les termes employés ne le fait supposer [7].

Au contraire, si ce droit frappe spécialement certaines valeurs, la règle formulée ci-dessus reçoit son exécution ; il y a lieu d'exiger le concours du donataire ou sa renonciation.

Il peut encore être nécessaire, dans ce cas, d'exiger la justification de la capacité civile et du régime matrimonial de l'auteur de la donation, par exemple si c'est une femme ayant constitué une dot à son enfant. Le remploi serait alors obligatoire, si le contrat de cette dernière le prescrivait, et elle ne pourrait renoncer à son droit qu'autant que son régime le lui permettrait.

Quand le droit de retour frappe sur une dot en argent, on considère que le donataire peut aliéner librement les titres pouvant en

---

1. Décr. 7 oct. 1890, art. 70 ; Règl. des ag. de ch. de Paris, 3 déc. 1891, art. 69.
2. Duvert, n° 409, p. 212 ; *Sup.* p. 341.
3. *Sup.*, 1ʳᵉ PARTIE, n° 336, p. 64.
4. *Sup.*, 1ʳᵉ PARTIE, n° 494, p. 87 et s. ; *Inf.*, *Libellés d'immat.*, v° *Droit de retour.*
5. Gorges et de Bray, v° *Droit de retour*, III, p. 179.
6. *Sup.*, 1ʳᵉ PARTIE, n°ˢ 497 et s., p. 87.
7. Duvert, n° 198, p. 126.

provenir, pourvu, bien entendu, que ces titres ne portent aucune mention d'origine, ni de droit de retour [1].

Comme il a été jugé que le donateur avec réserve du droit de retour, qui concourt à la vente, n'est pas censé renoncer à son droit sur le prix, son concours ayant seulement pour objet de valider l'aliénation [2], l'agent de change ne doit se dessaisir des fonds que sur la décharge de tous les vendeurs.

Emplois et remplois.

Les emplois et remplois sont *volontaires* ou *obligatoires*.

L'obligation d'emploi ou de remploi peut concerner les *parties* seules, ou intéresser les *tiers* en engageant leur responsabilité.

C'est à ce dernier point de vue que nous en parlerons ici.

Cette obligation ne frappe jamais les propres du mari, ni les biens d'une communauté ou d'une société d'acquêts.

Cette restriction au droit d'aliéner résulte généralement des contrats de mariage; mais elle peut résulter aussi de donations, testaments, décisions judiciaires, délibérations de conseils de famille, etc...

Elle doit être mentionnée sur les titres [3].

Les rentes sur l'État soumises à remploi ne peuvent être aliénées qu'en se conformant à cette obligation, à moins de dispense résultant d'une décision judiciaire.

Cette dispense résulte généralement d'un jugement sur requête, rendu en Chambre du Conseil, qui constitue un acte de juridiction gracieuse [4].

Ces actes n'ont alors pas de force exécutoire à l'égard des tiers;

---

1. *Adde* Duvert, n° 199, p. 126.
2. Riom, 14 août 1852. — V. cep. Aubry et Rau, § 700, t. VII, p. 373.
3. L. 2 juill. 1862, art. 46. — V. *inf.* chap. vi, *Libellés d'immatric.*, v° *Empl. et rempl.*
4. Suivant M. Bertin (n° 1083, t. II, p. 170 . la Chambre du Conseil ne peut connaître des demandes d'autorisation relatives aux remplois à effectuer en vertu des dispositions du contrat de mariage ; si les termes de la stipulation inspirent des craintes aux tiers, si ces termes peuvent soulever des difficultés dans leur interprétation, c'est à la juridiction ordinaire seule, procédant suivant les voies ordinaires, qu'il appartient de statuer. — Cette Chambre, au contraire, est compétente quand il s'agit d'une aliénation à faire, par suite des circonstances exceptionnelles énumérées aux articles 1556, 1558 et 1559 du C. c

ils ne sont pas susceptibles d'opposition, mais ils peuvent être frappés d'appel; habituellement on ne les signifie pas.

Il n'y aurait lieu d'agir autrement que si quelqu'un, une partie non appelée ou le ministère public, avait intérêt à en contester l'exécution.

Lorsqu'il existe une décision judiciaire autorisant l'aliénation sans remploi, il convient — surtout en matière de dotalité, — d'examiner si elle a été rendue à bon droit, c'est-à-dire dans les limites permises. Si le tribunal avait excédé ses droits, il faudrait exiger un jugement contradictoire [1] et les certificats prescrits par l'art. 548 du C. de proc.

Il arrive assez souvent que le notaire des parties est commis par le tribunal pour surveiller le remploi ou l'emploi du prix des rentes à aliéner.

Il doit alors donner procuration pour concourir à la vente.

Si un certificat de propriété est nécessaire, il est délivré par un confrère substituant [2].

Le Trésor se considère comme n'étant jamais astreint à suivre ni à surveiller les emplois et remplois prescrits; il entend demeurer étranger aux stipulations du contrat et, même pour les rentes dotales soumises à remploi, il n'exige, pour le transfert, que le concours, en personne ou par mandataire, du mari et de la femme; c'est aux agents de change qu'il appartient, sous leur responsabilité, d'en assurer l'exécution [3].

L'agent de change négociateur, qui reçoit les fonds et en surveille le remploi, est seul juge des garanties qu'il croit devoir exiger pour sauvegarder sa responsabilité. C'est sur la demande des agents de change et pour leur décharge que sont, parfois, insérées dans les décisions judiciaires produites à l'appui des transferts, les clauses tendant à couvrir leur responsabilité et même celle du Trésor [4].

Lorsque l'opération (vente et remploi) se consomme à Paris ou dans les environs, les parties et les intermédiaires étant à proximité les uns des autres, la remise des fonds et le remploi peuvent avoir lieu simultanément.

Mais il n'en est pas de même quand le remploi doit être fait en

1. Cpr. A. Berthaut, *Dissert.*, Rép., gén. not., 1887, art. 3705.
2. Gorges et de Bray, v° *Emplois et Remplois*, III, p. 186.
3. Gorges et de Bray, v° *Empl. et Rempl.*, II, p. 185; Foyot, n° 215, p. 161.
4. V. *inf.*, v° *Femme mariée (régime dotal,*

province et la vente des titres à Paris, ce qui arrive souvent.

L'agent de change négociateur et détenteur des fonds ne pouvant être tenu de faire le paiement hors de sa résidence[1] et ne pouvant, non plus, remettre les fonds à un intermédiaire sans qualité, il y a lieu d'avoir recours à la nomination d'un séquestre, chargé de recevoir les fonds des mains de l'agent de change et de suivre les formalités prescrites.

Ce séquestre est ordinairement nommé par jugement sur requête, en Chambre du conseil du tribunal de première instance dans le ressort duquel se trouve le domicile des parties.

Les agents négociateurs exigent généralement que le jugement mentionne que la signature du transfert libère le Trésor, que le paiement fait au séquestre par l'agent de change libère ce dernier, et que tous — Trésor, agent de change et séquestre — seront déchargés de toute responsabilité en exécutant les prescriptions de la décision intervenue, ou encore que le Trésor et l'agent de change seront déchargés de toute responsabilité par la remise des fonds au séquestre.

On peut aussi, pour les rentes sur l'État et quand le Trésor accepte ce moyen de procéder, éviter la nomination d'un séquestre en procédant par voie de *dation en paiement*. V. *sup.* ce mot.

Si au lieu d'un transfert, il s'agissait du *remboursement* d'un titre de rente amortissable sujet à remploi et sorti au tirage, le Trésor aurait alors le droit et même le devoir d'exiger la justification du remploi ou une décision judiciaire en dispensant[2].

V. aussi ce que nous disons *infrà*, au mot *Régime dotal* et *suprà*, au mot *Administrateur provisoire*.

En raison de l'importance dans la pratique des questions relatives aux emplois et remplois, à cause de la responsabilité qu'elles engendrent pour les agents de change et les notaires, nous rapportons ci-après, en la complétant sur certains points et en la modifiant sur d'autres, une étude que nous avons publiée à ce sujet dans le *Journal du Notariat*, des 10, 17 et 24 mai 1894.

---

1. C. c., 1247.
2. Cpr. *Sup.*, p. 219 et 221 ; de Marcillac, n° 882, p. 237. — En cas de décision judiciaire, sa production pourrait, croyons-nous, être suppléée par celle d'un certificat de propriété délivré par un notaire, sur le visa de la grosse ou d'un extrait, et établissant la décharge du Trésor. De Marcillac, *ub. sup.*

DES EMPLOIS ET REMPLOIS
AU POINT DE VUE DE L'ALIÉNATION DES VALEURS MOBILIÈRES

L'emploi est l'usage que l'on fait d'une somme en l'employant en placement ou en acquisition, dans les conditions déterminées par la loi ou par une convention.

Lorsque l'emploi est fait en remplacement d'une somme provenant d'une aliénation, il constitue le *remploi.*

Dans la pratique, on emploie quelquefois ces deux mots indistinctement; quoi qu'il en soit, le remploi désigne plus spécialement le remplacement des biens personnels aux époux aliénés pendant le mariage.

Les emplois ou remplois sont *volontaires* ou *obligatoires*; l'obligation de les effectuer peut, en outre, concerner les *parties* seules ou intéresser les *tiers*, en engageant leur responsabilité.

C'est à ce dernier point de vue que nous nous placerons ici.

Biens soumis à remploi. — La restriction qui nous occupe au droit de disposer ou d'aliéner résulte généralement de contrats de mariage, donations, testaments, décisions judiciaires, ou délibérations de conseils de famille.

L'obligation d'emploi ou de remploi ne saurait frapper les biens propres du mari, ni ceux de la communauté ou société d'acquêts; mais, au contraire, l'obligation d'emploi des capitaux de la femme et de remploi du prix de l'aliénation de ses propres se rencontre fréquemment dans les contrats de mariage.

Sous le régime de la communauté, la stipulation dans le contrat que le remploi du prix des biens propres aliénés se fera conformément à la loi, n'engage pas la responsabilité des tiers.

Si le contrat, sans apporter de restriction au droit d'aliéner, spécifie un mode particulier de remploi, les tiers peuvent se considérer, jusqu'à un certain point, comme autorisés à exiger que ce remploi soit effectué, quand il n'est pas dit qu'ils sont dispensés de le surveiller, à moins qu'il ne résulte de la clause que le mari seul est tenu d'effectuer ce remploi.

Dans ce cas, pour couvrir leur responsabilité, les agents de change exigent souvent des époux une décharge notariée, constatant que le contrat a été représenté au notaire, et qu'il ne contient aucune clause imposant une surveillance aux tiers[1].

L'obligation d'emploi ou de remploi peut s'appliquer aussi bien à *l'usufruit* et à la *nue propriété* qu'à la *pleine propriété.*

Toutefois, dans ce dernier cas, elle ne peut préjudicier aux droits de l'usufruitier dispensé de fournir caution et de faire emploi. Aussi a-t-il été décidé que, pour le remboursement d'une action sortie au tirage, qui doit être remplacée par une action de jouissance, la compagnie, en

---

1. Duvert, n° 173, p. 116.

exigeant non seulement la signature de l'usufruitier, mais encore le concours de la nue propriétaire soumise à remploi et de son mari, n'a pas à suivre le remploi du remboursement[1].

Mais il faut, pour qu'il en soit ainsi, qu'il y ait une dispense expresse, car, en principe, l'obligation de remploi s'applique à la nue propriété comme à la pleine propriété[2].

En général, les titres qui ne sont aliénables que moyennant remploi portent une mention le faisant connaître, et ceux dont l'immatricule au nom du propriétaire n'est suivie d'aucune mention restrictive doivent être considérés comme pouvant être aliénés librement, sans qu'il y ait lieu de rechercher leur origine, mais sans préjudice, bien entendu, pour les femmes mariées, des restrictions contenues en leur contrat de mariage, dont la production doit toujours être exigée.

L'obligation d'emploi ou de remploi ne peut s'appliquer qu'à un *capital ;* il n'en serait autrement que s'il s'agissait de *revenus capitalisés* par anatocisme pendant un temps déterminé. De même, les revenus des biens recueillis par une femme dans une succession et courus au jour du décès forment des capitaux et sont sujets à emploi et remploi.

Il y a lieu, quand l'opération porte sur des valeurs de Bourse, de tenir compte du *prorata de revenu* compris dans le cours du jour de la vente ou de l'achat.

Généralement, dans la pratique, on prend pour point de départ du calcul du prorata la date de l'échéance du coupon ; mais nous pensons qu'il est plus exact de choisir pour base celle du détachement du coupon à la cote officielle ; car, en réalité, c'est à partir de ce jour que la valeur s'accroît peu à peu d'une portion de revenu[3].

Pour les rentes sur l'État, le coupon se détache fictivement quinze jours avant l'échéance ; si la date tombe un jour férié, cette opération est reportée au lendemain.

Les *frais* occasionnés par l'emploi ou le remploi, sont à la charge de celui à qui cette opération profite[4] ; sauf stipulation contraire, ils doivent être pris sur le capital[5].

Lorsqu'il dépend d'une succession, à laquelle est appelée une femme soumise à remploi, des valeurs de différentes natures et qu'il y ait lieu d'en aliéner pour faire face au passif ou aux charges, on doit vendre, de préférence, celles qui ne seraient pas admises en remploi, afin de respecter, autant que possible, les termes du contrat[6].

---

1. Bordeaux, 9 avril 1865 ; Bailliot, *Supp. au Guide des opérat. de transfert*, p. 35.
2. Cpr. Bailliot, *Supp.*, p. 37.
3. Duvert, n° 222, p. 136. — Après nouvel examen, nous croyons devoir revenir sur l'opinion contraire que nous avons émise, *Gazette du Not.*, 1884, p. 218.
4. **Art. 1593 C. civ.**, *arg.*
5. Duvert, n° 222, p. 137.
6. V. aussi ce que nous disons *sup.*, v° *Administrateur provisoire.*

Si parmi les titulaires d'une valeur indivise, il se trouve une partie soumise à remploi, les tiers doivent se faire justifier, par un partage, de la portion soumise à remploi; sinon, le titre acquis en remploi doit être immatriculé indivisément comme celui dont il tient lieu[1], avec mention que la portion qui sera attribuée à la personne soumise à remploi ne pourra être aliénée qu'en se conformant à cette prescription.

Biens à acquérir en remploi. — D'une façon générale, on peut dire que les emplois et remplois doivent, pour avoir lieu valablement, être faits en se conformant strictement aux dispositions de l'acte qui les prescrivent.

Il faut que le bien acquis en remploi soit en rapport avec le bien aliéné; ainsi, en général, des immeubles doivent être remplacés par des immeubles et des valeurs mobilières, par d'autres valeurs de même nature[2].

Si le remploi était prescrit en *immeubles*, sans indication de la nature des biens, il ne pourrait, croyons-nous, avoir lieu qu'en immeubles de produit, en *actions immobilisées de la Banque de France*[3] ou en *rentes sur l'État* français perpétuelles ou amortissables, mais purement nominatives[4]; encore faudrait-il éliminer des immeubles ceux qui sont susceptibles de dépréciation par une exploitation anormale, comme les bois et les forêts[5].

Si, en principe, le remploi prescrit en immeubles peut être effectué en rentes sur l'État, il en est autrement lorsque le contrat, par ses termes, s'y oppose *expressément*.

Ainsi, il a été décidé que le remploi ne peut être effectué qu'en immeubles, lorsque le contrat prescrit le remploi en immeubles réels[6], en immeubles ruraux[7]; mais que, par contre, il peut être fait en rentes sur l'État, lorsqu'il est prescrit en biens de même nature[8].

S'il y avait doute sur la valeur des immeubles, les tiers responsables seraient fondés à exiger une évaluation faite par deux experts nommés sur requête par le tribunal, avec entérinement de leur rapport[9].

Il y a d'autant plus de raison de se montrer circonspect à cet égard que nous avons vu, à différentes reprises, les tribunaux, en cas de vente annulée pour majoration frauduleuse du prix, déclarer les vendeurs et les intermédiaires, agents de change, notaires et autres, solidairement responsables de la nullité du remploi[10].

---

1. Duvert, n° 213 *bis*, p. 232.
2. Deloison, n° 188, p. 180.
3. Décr. 16 janv. 1808, art. 7.
4. L. L. 2 juill. 1862, art. 46; 16 sept. 1871, art. 29; 11 juin 1878, art. 3; 27 avril 1883, art. 3; 17 janv. 1894, art. 3.
5. Duvert, n° 205, p. 129.
6. Caen, 26 janv. 1872.
7. Rouen, 18 janv. 1870.
8. Caen, 8 janv. 1872; Rouen, 30 mai 1877.
9. Duvert, n° 230, p. 140.
10. Seine, 23 janv. 1891, 25 fév. 1892, 15 mai 1893; Villefranche, 4 août 1892; C. Toulouse, 18 janv. 1893; art. 1382 C. civ. — Ce dernier arrêt de Toulouse a été confirmé par un arrêt de Cass. civ. du 20 mars 1894.

L'emploi de fonds dotaux en placement sur les *biens du mari* ne peut être accepté que s'il est formellement autorisé.

On rencontre quelquefois dans les contrats de mariage une clause stipulant qu'en cas d'aliénation des biens dotaux le mari pourra toucher les fonds, à la condition de les *assurer* et de les *reconnaître* sur des biens immeubles à lui suffisants.

Il faut alors faire une distinction. S'il résulte des termes du contrat que les tiers n'ont pas à s'assurer de la valeur des biens du mari et qu'il suffit, pour couvrir leur responsabilité, d'un acte notarié contenant reconnaissance par le mari et acceptation par la femme, ils peuvent se contenter de la production de cet acte, à la condition qu'il contienne la désignation des immeubles du mari, afin de prouver qu'il en possède, sans s'occuper de leur suffisance. Dans le cas contraire, les tiers ne peuvent se libérer qu'après que le mari a fait une reconnaissance du prix au profit de la femme, avec acceptation de celle-ci, sur des immeubles spécialement désignés, d'une valeur suffisante, sur lesquels inscription doit être prise. Et rigoureusement, il faudrait, comme pour un emploi à faire en immeubles, exiger la nomination d'un séquestre chargé de l'accomplissement des formalités nécessaires à la reconnaissance du mari, ou, tout au moins, exiger qu'il soit justifié de la valeur de la garantie par un rapport d'experts et la production d'états hypothécaires ; mais il n'est pas nécessaire que la valeur du remploi soit appréciée par le tribunal lui-même [1].

Lorsque le remploi est prescrit en *placement sur hypothèque*, on doit entendre par là des placements hypothécaires directs sur des immeubles de France ; des obligations dans une société, fussent-elles garanties par une hypothèque, comme celles du Crédit foncier, ne rempliraient pas ces conditions [2].

S'il est prescrit en *première hypothèque*, peut-on admettre un prêt fait en premier rang, mais en *concurrence?* M. Duvert [3] avec raison, selon nous, enseigne la négative.

Quand le remploi doit être assuré par un *privilège*, un privilège de second ordre ne pourrait être accepté qu'autant qu'il serait expressément autorisé.

On ne doit pas admettre comme remploi les placements dont les annuités représentent à la fois le revenu et une partie du capital, par exemple des *actions de jouissance*, une *rente viagère*.

Les versements à faire en *appel de fonds* sur de bonnes valeurs, admises en remploi, doivent être considérés comme des impenses, des augmentations, et être acceptés comme valable remploi.

Mais on ne devrait admettre qu'avec une certaine réserve un place-

1. Houpin, *J. du Not.*, 1895, p. 145. — *Contrà*, Narbonne, 5 mars 1895.

2. Duvert, n° 208, p. 130; Deloison, n° 188, p. 181. — V. cependant Amiaud, THAITÉ-FORMULAIRE, v° *Remploi*, n° 52; Dijon, 16 août 1861; Limoges, 17 et 22 mai 1865.

3. Duvert, n° 208, p. 136.

ment fait par voie de *paiement partiel* avec subrogation sur le prix d'un immeuble, si ce n'est pour *solde*, à moins d'une stipulation de préférence accompagnant le paiement[1]; car l'immeuble formant le remploi ou lui servant de garantie doit être exempt de tout péril d'éviction.

On ne devrait pas, non plus, admettre une acquisition immobilière dont le prix ne serait payé qu'en partie, car le vendeur conserve son privilège pour ce qui lui reste dû et, nonobstant la dotalité, aurait le droit de poursuivre la saisie immobilière[2]; et si les époux avaient établi entre eux une société d'acquêts, la partie non payée avec des deniers dotaux en dépendrait et l'immeuble entier pourrait être saisi, même par un créancier du mari[3].

Lorsque l'emploi ou le remploi peut avoir lieu valablement *en valeurs étrangères*, on ne doit, en principe, admettre que les titres figurant à la cote officielle de la Bourse de Paris et comportant la forme nominative avec mention du remploi[4].

Si le remploi était spécialement autorisé en *valeurs* exclusivement *au porteur* ou ne remplissant pas ces conditions, on pourrait avoir recours au dépôt des titres à la Caisse des dépôts et consignations, avec stipulation qu'ils ne devraient être retirés qu'à charge de remploi[5].

Dans le cas où le remploi est prescrit en *valeurs garanties par l'État*, il faut entendre l'État Français quand l'acte a été passé en France, surtout si les contractants sont français. On ne saurait alors admettre la garantie d'un État étranger, mais on peut accepter une valeur étrangère garantie par la France, telle que l'obligation tunisienne[6].

Comme le fait observer M. Duvert[7], il peut arriver que le revenu d'un capital dotal soit pour ainsi dire paraphernal, c'est-à-dire laissé à la disposition de la femme; en cas d'aliénation et de remploi, les tiers doivent veiller à ce que le bien acquis en remploi présente les mêmes garanties et les mêmes avantages, si le revenu a un caractère alimentaire ou est incessible et insaisissable.

Lorsque les termes de la disposition prescrivant le remploi sont douteux, il y a lieu d'avoir recours à l'interprétation de la justice. Toutefois, il ne faut pas perdre de vue que cette interprétation n'a que la valeur d'une consultation judiciaire qui n'est pas obligatoire pour les tiers[8]; pour qu'il en fût autrement il faudrait que le jugement intervenu eût été rendu contradictoirement avec ces derniers et eût acquis l'autorité de la chose jugée.

Formalités. — Le remploi, pour être valable, doit être formellement

1. C. civ., art. 1252; Duvert, n° 226, p. 138.
2. T. Grenoble, 7 mars 1895; C. Rennes, 24 mai 1895.
3. Seine, 16 févr. 1893.
4. Bailliot, *Supp.*, p. 38; Duvert, n° 219, p. 134.
5. Décr. 15 déc. 1875.
6. Duvert, n° 217, p. 133.
7. Duvert, n° 214, p. 132.
8. Deloison, n° 188, p. 181.

accepté par la femme[1]; cette acceptation peut avoir lieu par acte sous signatures privées, mais on doit préférer la forme authentique, qui est de plein droit opposable aux tiers[2].

Il n'y a pas de *délai* obligatoire pour effectuer le remploi; il peut être fait et accepté par la femme jusqu'à la dissolution du mariage; mais il est admis que, si le remploi n'a pas été consommé avant cet événement, il ne peut plus avoir lieu valablement et que la femme peut faire révoquer la vente[3].

Les débiteurs peuvent, à défaut de justification d'emploi ou remploi régulier, déposer leurs fonds à la Caisse des dépôts et consignations, et arrêter ainsi le cours des intérêts; mais cette consignation ne les décharge pas de surveiller l'emploi ou le remploi[4].

Lorsque le remploi a lieu en immeubles ou en placement sur privilège ou hypothèque, il y a lieu d'examiner avec soin et d'établir régulièrement l'origine de propriété des biens, de faire remplir les formalités de transcription et de purge, s'il s'agit d'une acquisition, et, en un mot, de s'assurer que les immeubles sur lesquels repose le remploi sont exempts de toute cause d'éviction.

Quand le remploi a lieu en valeurs de Bourse, et notamment en rentes sur l'État, les valeurs acquises doivent être nominatives et porter mention de l'origine des fonds, de l'obligation de remploi et du régime, s'il s'agit d'une femme mariée.

On doit justifier du remploi aux tiers par la remise d'une expédition d'un acte authentique de compte rendu signé des parties; le bordereau de l'agent de change constatant la vente ou l'achat doit être annexé à cet acte.

Responsabilité des tiers[5]. — En principe, les *débiteurs* et les *détenteurs* de deniers dotaux soumis à remploi sont responsables de ces remplois. Ils doivent donc, non seulement les surveiller, mais les effectuer eux-mêmes. Et l'on considère que les *agents de change* chargés de la négociation des titres, qui, aux termes de l'article 13 de l'arrêté du 27 prairial an X, sont responsables du paiement, le sont aussi des remplois et sont soumis aux mêmes obligations de surveillance que les tiers; d'où il suit qu'ils sont tenus, à défaut de stipulation contraire, de surveiller les remplois tant au point de vue de la *matérialité* que de la *validité*.

Quant aux *notaires*, ils sont aussi responsables des remplois résultant

---

1. C. civ., 1435.

2. Duvert, n° 220, p. 135; Bailliot, *Suppl.*, p. 39; Amiaud, *Tr.-Form.*, v° *Remploi*, n° 22.

3. Deloison, n° 187, p. 177; Cass., 9 juin 1841 et 7 nov. 1854; Grenoble, 8 juill. 1863.

4. Aubry et Rau, § 537-96; Bordeaux, 4 fév. 1830; Nîmes, 11 juin 1856; Cass., 12 mai 1857; Caen, 26 janv. 1872.

5. On consultera utilement à ce sujet l'ouvrage de M. Ch. Robert : *De l'Emploi et du Remploi sous le régime dotal.*

des actes pour lesquels ils sont appelés à prêter leur ministère, et par suite desquels ils se trouvent momentanément détenteurs de deniers soumis à remploi.

Dans le but de diminuer les inconvénients résultant de ces conséquences et de faciliter la réalisation des remplois dans la pratique, depuis que les valeurs mobilières ont pris une grande importance dans la fortune publique, on désigne généralement des intermédiaires pour faire les remplois.

C'est ainsi que l'on stipule que les fonds seront remis, en cas de remploi en valeurs mobilières, à l'agent de change chargé de l'achat, et, en cas de remploi en immeubles ou en placement, au notaire chargé de recevoir les actes. C'est alors à l'officier ministériel désigné qu'incombe la responsabilité, et qu'il appartient de prendre les précautions nécessaires pour sa sécurité.

Lorsque le remploi doit avoir lieu en valeurs mobilières, l'agent de change, officier public, se trouve, d'ailleurs, être l'intermédiaire obligé, et l'on admet que les fonds peuvent lui être remis. Les compagnies, en pareil cas, n'exigent, pour délivrer les titres à ces agents, que leur engagement ou une décharge, suivant que l'opération de remploi est faite ou à faire, sauf, bien entendu, ce qui peut être dit au contrat[1].

Mais pour que les débiteurs soient déchargés de suivre l'emploi, il faut que le contrat stipule que la remise ainsi faite les exonérera de toute surveillance, car la décharge donnée aux tiers par les époux serait inefficace[2].

Le tribunal de la Seine a jugé, le 10 avril 1894, que l'agent de change qui vend des valeurs sujettes à remploi appartenant à une femme dotale et remet le produit de la vente au notaire, rédacteur des actes de remploi, sur la justification de ces actes, n'est pas responsable de l'inefficacité du remploi, alors que le contrat de mariage porte que les tiers n'auront pas à s'inquiéter du remploi ni à se constituer juges de son utilité.

Il faut aussi distinguer si les tiers ou l'officier ministériel désigné sont responsables seulement de la *réalité* de l'emploi ou du remploi, ou de sa *suffisance* et de sa *validité*; dans ce dernier cas, on conçoit que la responsabilité encourue est beaucoup plus grande.

Dans cet esprit, le tribunal de la Seine a déclaré, le 2 février 1894, que

1. Bailliot, *Suppl.*, p. 39; Deloison, n° 190, p. 184.
2. Duvert, n° 230, p. 141; C. Lyon, 3 avril 1878. — Si le contrat autorisait les tiers, à défaut de justification du remploi, à déposer les fonds à la Caisse des dépôts et consignations, ce qui les libérerait de la charge d'emploi, la Caisse des dépôts et consignations serait en droit de se refuser à remettre les fonds qui lui auraient été déposés, tant qu'il ne lui serait pas justifié d'un emploi, sans qu'on puisse lui opposer la clause du contrat de mariage portant que les établissements publics n'auraient point à s'immiscer dans les remplois auxquels ils demeureraient complètement étrangers. Seine, 27 févr. 1894.

l'agent de change, par l'intermédiaire duquel une rente dotale sur l'État est aliénée, n'est pas responsable de l'emploi frauduleux qui est fait du produit de la négociation de cette rente, alors qu'il s'est conformé aux clauses du contrat de mariage prescrivant le remploi, en ne se dessaisissant des fonds que sur la justification de l'existence d'un acte authentique de remploi accepté par la femme dotale, et que, n'étant garant ni de la suffisance ni de la validité du remploi, il se trouve couvert par l'affirmation du notaire qui a reçu l'acte de remploi.

En principe, et à moins de stipulation contraire, les tiers sont responsables, non seulement de la *matérialité* du remploi, mais encore de sa *validité*, de son *utilité* et de sa *suffisance*[1].

Ainsi, dans une espèce où on avait produit comme justification de remploi un acte sous seings privés, contenant vente à la femme d'un immeuble dont la situation ni le prix n'étaient indiqués et alors que le vendeur ne possédait pas d'immeuble, la Cour de cassation a décidé, le 20 mars 1894, que l'agent de change qui avait vendu des valeurs dotales soumises à remploi, était responsable de la perte de la dot résultant d'un remploi frauduleux, alors que, étant chargé par le contrat de surveiller le remploi, il ne s'était pas fait représenter un acte de remploi régulier.

En tout cas, lorsque le remploi a lieu en immeubles, le notaire qui n'a pas été le mandataire ni le *negotiorum gestor* des parties et n'a fait que constater leurs conventions, ne saurait être responsable de l'exagération du prix de vente d'un immeuble acquis en remploi par une femme dotale, si le contrat de mariage permettait à celle-ci d'aliéner ses immeubles sur la seule autorisation de son mari et à charge d'un remploi à son choix.

Et pour établir, s'il y avait lieu, la responsabilité du notaire, il faudrait rechercher l'importance de l'immeuble au moment de l'acquisition et tenir compte de la dépréciation survenue[2].

Lorsqu'un agent de change a vendu des valeurs dotales sujettes à remploi sans que ce remploi ait été effectué et qu'il a remis le produit au mari ou même aux époux, il peut être déclaré responsable, vis-à-vis de la femme dotale; mais il a le droit de réclamer le bénéfice de la subrogation dans l'hypothèque légale de la femme contre son mari[3].

---

1. Il nous semble intéressant de signaler un jugement du tribunal de la Seine du 12 mai 1893, déclarant que l'agent de change, par l'intermédiaire duquel une rente sur l'État, appartenant à une femme dotale assujettie à remploi, a été vendue, pour le produit être employé en un placement hypothécaire, n'est pas responsable envers elle de la perte résultant de l'inefficacité du gage, ni de manœuvres pratiquées en vue de cet emploi, auxquelles l'un de ses employés a pris part, quand, personnellement, il en a ignoré l'existence, alors que le contrat de mariage porte que l'agent de change n'est pas responsable de l'utilité du remploi.

2. C. Rouen, 30 janv. 1895.

3. Cass., 3 déc. 1888.

Quant au *Trésor*, — ainsi que nous le dirons plus loin, — il se prétend exempt de toute responsabilité en matière d'emploi ou de remploi; il considère qu'il est entièrement couvert par l'intervention du notaire ou de l'agent de change certificateur, en vertu de l'article 7 de la loi du 28 floréal an VII et de l'article 16 de l'arrêté du 27 prairial an X.

Moyens de réalisation du remploi. — On voit de suite les difficultés pratiques qui existent lorsqu'il s'agit de faire, en province, le remploi du prix de valeurs négociées par un agent de change de Paris, et que le contrat n'autorise pas expressément ce dernier à se libérer entre les mains du notaire chargé de l'opération.

D'une part, l'agent de change est tenu de surveiller le remploi dont il est responsable, et cependant on ne peut exiger de lui qu'il se déplace pour suivre les formalités du remploi, d'autant plus que la somme dont il est détenteur est quérable et non portable [1].

D'autre part, les parties ne consentent pas facilement à se déplacer pour venir toucher les fonds et effectuer le remploi par acte dressé devant un notaire de la résidence de l'agent de change.

Pour sortir de cette situation, on a recours à l'un des trois moyens suivants [2] :

1° Paiement à la caisse de l'agent de change, sur la production des pièces constatant que le remploi est consommé et accepté;

2° Dation en paiement de valeurs dont le vendeur ou l'emprunteur devient propriétaire et qu'il peut aliéner librement;

3° Nomination en justice d'un séquestre chargé de recevoir les fonds de l'agent de change et de surveiller et d'effectuer le remploi, conformément aux prescriptions du contrat.

Mais, de ces trois moyens, le dernier est le plus souvent employé.

En effet, le premier, s'il est régulier, le remploi anticipé étant valable [3], est le plus souvent d'une réalisation difficile, attendu qu'il nécessite l'avance, soit par le mari, soit par une tierce personne, d'une somme égale au prix des titres vendus [4].

Quant au second, par suite des emplois frauduleux réalisés au moyen de ventes d'immeubles sans valeur, moyennant des prix majorés, il n'est plus accepté par la plupart des sociétés, et, notamment, par les grandes compagnies. Le Trésor lui-même, revenant sur ses précédents errements [5], se refuse à accepter la dation en payement, lorsqu'elle est faite par une femme dotale soumise à remploi.

A) *Remploi anticipé.* — Dans ce cas, les valeurs sont aliénées sur la production de la procuration des époux et la justification du contrat constatant l'acquisition faite en remploi, le paiement du prix avec des fonds soit

---

1. C. civ., 1247.
2. Amiaud, *Tr.-Form.*, v° *Remploi*, n° 58. — Cpr. Bailliot, *Supp.*, p. 37.
3. Aubry et Rau, § 507-64.
4. Amiaud, *eod. verb.*, n° 58; Duvert, n° 230, p. 141.
5. Duvert, n° 243.

du mari, soit de la communauté ou de la société d'acquêts, soit d'un tiers et mentionnant que le produit à provenir de la négociation des titres, qui sont désignés, est destiné à rembourser l'avance ; ledit contrat accompagné des pièces constatant l'accomplissement, sans charge existante, des formalités de transcription et de purge, s'il y a lieu ; puis, lorsque la vente des titres a eu lieu, les fonds sont remis à qui de droit, sur la production, à l'agent de change, d'un acte authentique ultérieur relatant le remboursement de l'avance, l'origine des fonds, l'acceptation formelle du remploi et la décharge donnée à l'agent de change et au mandataire, si ce dernier est une personne distincte.

La question étant controversée de savoir si, dans le cas d'acquisition à titre de remploi anticipé, la femme devient propriétaire par le seul fait de l'acte d'acquisition, ou seulement par l'acte de réitération d'acceptation, une fois le remploi consommé, certains agents de change prétendent exiger, en outre, la production des pièces de transcription et de purge sur ce dernier acte [1].

Mais cette exigence ne nous semble pas fondée, et l'opinion contraire résulte formellement d'un arrêt de la Cour de cassation (req.), du 8 novembre 1886, décidant qu'il suffit, pour la validité du remploi anticipé d'un propre de la femme, que celle-ci ait déclaré accepter le remploi dans le contrat d'acquisition ; et qu'il n'est pas nécessaire qu'en outre la quittance du prix contienne une déclaration de provenance des fonds.

Quand une femme a acquis un immeuble en remploi de titres non spécialement désignés qu'elle se propose d'aliéner, la Chambre syndicale, se basant sur un arrêt de la Cour de Caen, du 24 novembre 1873, cité plus loin, exige pour la vente des valeurs à affecter à ce remploi, un acte authentique transcrit, contenant la réitération par la femme, autorisée de son mari, de son acceptation du remploi et l'énonciation détaillée des titres qu'elle entend affecter au paiement.

B) *Dation en paiement.* — Dans le cas où ce mode de libération est admis, les tiers, s'ils sont responsables de la valeur du remploi, peuvent exiger que la valeur des immeubles sur lesquels porte le remploi résulte d'un rapport fait par un ou plusieurs experts nommés par jugement et entériné.

Il ne faut, en outre, pas perdre de vue que la dation en paiement ne doit être admise comme telle, en ce qui concerne les rentes sur l'Etat, qu'autant qu'elle constitue non une disposition principale, mais un mode de payement formant le complément ou l'accessoire d'autres conventions.

Si une femme dotale voulait affecter au paiement d'une dette exigible valablement contractée certaines valeurs soumises à remploi, elle devrait préalablement obtenir l'autorisation de justice.

C'est ce qui a été décidé par la Cour de Caen le 24 novembre 1873, dans l'espèce suivante. Des époux avaient constitué solidairement en dot à leur fils une somme de 20,000 francs payable à terme ; le terme arrivé,

---

1. Duvert, n° 246, p. 149. — Cpr. Amiaud, *Traité-Formulaire*, v° *Remploi*, n°s 26 et suiv.

la femme, mariée sous le régime dotal, demanda au tribunal l'autorisation de vendre diverses valeurs immatriculées à son nom et soumises à remploi (des obligations de l'Ouest), pour en employer le montant à se libérer de la dot promise.

Le tribunal saisi de la demande l'ayant rejetée, sous le prétexte que l'autorisation n'était pas nécessaire, puisqu'il s'agissait d'une donation que les constituants avaient pu valablement faire en vertu de l'article 1556 du Code civil, l'affaire fut portée devant la Cour, qui décida qu'il y avait lieu de faire droit à la demande et que l'autorisation était nécessaire [1].

C) *Nomination de séquestre.* — Ce mode de procéder n'est prescrit par aucun texte, mais il est admis dans la pratique et consacré par des décisions judiciaires. Au surplus, ce genre de séquestre est conforme, sinon au texte, du moins à l'esprit de l'article 1956 du Code civil.

La nomination du séquestre chargé de recevoir les fonds et d'en surveiller le remploi peut avoir lieu de différentes manières, savoir :

Soit par un *jugement sur requête*, rendu en la Chambre du conseil du tribunal du domicile des époux, le ministère public entendu ;

Soit par une *ordonnance de référé*, rendue par le président du tribunal civil du domicile de l'agent de change, contradictoirement entre ce dernier, les époux et l'établissement débiteur ;

Soit enfin, — ce qui est plus rare, — par *jugement contradictoire*, rendu entre tous les intéressés [2].

Chacun de ces modes de nomination a ses avantages et ses inconvénients. Le dernier est celui qui donne le plus de garantie [3], mais par contre, il est le plus coûteux. Il y a lieu, dans ce cas, de justifier du jugement et des certificats prescrits par l'article 548 du Code de procédure.

La nomination par ordonnance de référé a l'avantage de constituer une décision contradictoire dont l'exécution est obligatoire, mais elle n'a rien de définitif [4], et on peut, jusqu'à un certain point, discuter la compétence du juge des référés, lorsqu'on ne se trouve pas dans les cas prévus

---

1. Cet arrêt est basé, entre autres considérants, sur les suivants : « Que l'article invoqué (1556 C. c.) se réfère à une donation proprement dite, portant sur des objets spécifiés dont le donateur se dessaisit immédiatement et irrévocablement; qu'il ne peut s'appliquer ni s'étendre au cas où les époux se sont simplement engagés à fournir une dot en argent, sans la réaliser par le même acte; qu'il ne résulte de cet engagement qu'une créance; que si. pour y faire face, il devient nécessaire de prendre des fonds à même le fond dotal, les époux se trouvent en présence de tiers, dont l'intérêt et le devoir sont de surveiller l'emploi et de ne se dessaisir que dans les conditions du contrat; que leur sécurité n'est garantie que par une décision de justice; que seule, elle peut dispenser les époux de fournir remploi ou dire que les versements à faire en tiendront lieu.

2. Amiaud, *Tr.-Form.*, v° *Remploi*, n° 58; Duvert, n°s 236. 238 et 240, p. 143 et suiv.

3. Duvert, n° 240, p. 246.

4. C. proc., 809.

par l'article 806 du Code de procédure, et faire observer que la décision ne présente pas les garanties voulues par l'article 83 du même Code.

Quant à la nomination par jugement sur requête, c'est généralement celle qui est préférée, bien que constituant un acte de juridiction gracieuse, sans force exécutoire vis-à-vis des tiers, parce qu'elle n'offre pas les inconvénients que nous venons de signaler pour l'ordonnance de référé.

Au surplus, il y a, comme le fait remarquer M. Duvert[1], un autre avantage pour les parties à faire nommer le séquestre par jugement de la Chambre du conseil du tribunal de leur domicile ou de la situation de l'immeuble acquis en remploi : c'est que ce tribunal peut nommer comme séquestre un officier ministériel de la localité, alors qu'à Paris le juge des référés ne peut confier cette mission qu'à une personne connue de lui, un greffier, par exemple, ce qui n'est pas sans occasionner des frais de déplacement importants.

Lorsque la décision nommant le séquestre porte que celui-ci sera déchargé de toute responsabilité, les agents de change se refusent à l'exécuter, à moins qu'il ne soit formellement dit qu'ils seront exonérés de toute surveillance par la remise des fonds au séquestre.

Que la nomination ait lieu par ordonnance ou par jugement sur requête, la décision n'est pas sujette à opposition, mais elle est susceptible d'appel[2]. Habituellement, on n'a pas recours à cette signification. Cependant, si les conclusions du procureur de la République n'étaient pas favorables à la demande, il y aurait lieu d'exiger la signification du jugement au parquet et la justification d'un certificat de non-appel.

Malgré la nomination d'un séquestre, les parties doivent agir personnellement ou constituer un mandataire.

Lorsque le séquestre n'intervient pas à la procuration, si cet acte ne contient pas une autorisation de lui verser les fonds, l'agent de change exige, pour leur remise, la production d'une décharge authentique signée du séquestre et des parties.

Les tiers doivent veiller à ce que le séquestre nommé présente les garanties suffisantes de solvabilité, surtout lorsqu'il est nommé soit par une ordonnance de référé, soit par jugement sur requête, car une décision de cette nature, qui n'est pas susceptible d'acquérir l'autorité de la chose jugée, nous semble impuissante à les dégager complètement de toute responsabilité. Si le séquestre ne réunissait pas les qualités voulues, il faudrait exiger un jugement contradictoire devenu définitif.

Remarques pratiques. — Les formalités que nous avons indiquées ci-dessus sont celles qu'il faut remplir pour sauvegarder la responsabilité des intéressés ; mais il arrive souvent, surtout lorsqu'il s'agit d'opérations peu importantes, que l'on passe outre et que les fonds sont remis par l'agent de change au notaire, — et réciproquement, — sans avoir recours à la nomination d'un séquestre judiciaire.

1. Duvert, nº 239, p. 145.
2. Cpr. Boulanger, *Radiat.*, nº 265, p. 347.

Dans tous les cas où les emplois ou remplois sont obligatoires et, comme tels, susceptibles d'intéresser les tiers en engageant leur responsabilité, il est bon de s'entendre avec l'agent de change et l'établissement émissionnaire sur la marche à suivre, afin d'éviter une procédure inutile.

En effet, certains établissements, tels que la Banque de France, les principales Compagnies de chemins de fer et les sociétés industrielles et financières, n'acceptent l'intermédiaire du séquestre que lorsqu'il est nommé contradictoirement en référé, tandis que d'autres refusent toute intervention de ce mandataire judiciaire, ainsi d'ailleurs que toute dation en paiement, et exigent la justification du remploi anticipé [1].

Quant au Trésor, se prétendant indemne de tout recours, considérant qu'il n'intervient dans les transferts que pour consacrer le résultat des opérations auxquelles il demeure étranger, et que sa responsabilité est entièrement couverte par l'intervention de l'agent de change, il entend rester étranger à la nomination du séquestre, et les parties seules doivent donner pouvoir pour vendre et transférer et pour autoriser la remise des fonds aux mains du séquestre.

Enfin, lorsqu'une aliénation est autorisée à charge de remploi, soit par une délibération, soit par un jugement, il est bon de faire décider que les Compagnies et l'agent de change intermédiaire seront dispensés de suivre le remploi des fonds à provenir de l'opération et seront déchargés de toute responsabilité à cet égard.

Terminons par une observation qui a son importance au point de vue pratique.

Nous avons dit que le Trésor rejette toute responsabilité en matière de transfert; il entend, notamment, en ce qui concerne les contrats de mariage, demeurer étranger aux stipulations qu'ils renferment; c'est donc, suivant lui, à l'agent de change qui reçoit les fonds à surveiller l'emploi et à prendre les mesures qu'il juge à propos pour sauvegarder sa responsabilité.

Cette doctrine, disons-le, est vivement contestée par certains auteurs [2]. Néanmoins, c'est celle qui est suivie dans la pratique; elle a, d'ailleurs, été sanctionnée par la jurisprudence [3], et, depuis 1851, le Trésor n'exige plus de justifications relativement aux conditions modificatives du droit de propriété des parties [4].

Il en résulte que les agents de change, tout en protestant contre la prétention du Trésor, ne s'en croient pas moins obligés de montrer une exigence plus grande relativement aux justifications destinées à couvrir leur responsabilité.

Lorsque l'opération est confiée à un agent de change choisi par le notaire ou les parties, il est possible à cet intermédiaire d'apporter

1. Duvert, n° 5, p. 40.
2. V. not. Duvert, n°s 4 et s., p. 30 et s.
3. Cass., 11 juill. 1876.
4. L. Min. fin. au Synd. ag. de change Paris, du 25 sept. 1851.

certains tempéraments à la rigueur des principes. Par exemple, la nomination d'un séquestre judiciaire n'est pas toujours exigée à défaut de justification d'un remploi anticipé.

Mais il n'en est plus de même lorsque la vente et le transfert ont lieu par l'intermédiaire de la Chambre syndicale, et l'on sait que c'est ce qui se passe pour toutes les opérations pour lesquelles on s'adresse aux Trésoreries et aux Recettes des finances, dont cette Chambre est l'intermédiaire obligé.

On doit donc, autant que possible, s'adresser directement aux agents de change.

Enfant conçu.

L'enfant conçu jouit d'une capacité juridique provisoire subordonnée, quant à ses effets définitifs, à sa naissance en vie et avec viabilité [1]; il peut succéder et recevoir par acte entre vifs ou testamentaire [2].

Si la femme, enceinte d'un enfant donataire ou légataire, n'est pas veuve, l'article 393 du Code civil n'est pas applicable; c'est le mari qui, comme administrateur légal, représente l'enfant, et pour l'aliénation des titres appartenant à celui-ci, il y a lieu de s'en référer à ce que nous dirons *infra*, v° *Mineur sous l'administration légale de son père*.

Si le mari de la femme enceinte est décédé, un curateur au ventre doit être nommé par le conseil de famille [3]. Dans ce cas, l'aliénation des valeurs dépendant de la succession ou de la communauté devrait être autorisée par le conseil de famille, comme nous le disons *infrà* pour les *Mineurs sous tutelle*.

Dans tous les cas, l'agent de change négociateur doit agir avec la plus grande prudence, surtout si l'enfant conçu n'a pas de cohéritier, à cause de la situation qui pourrait résulter de ce qu'il y aurait eu erreur sur l'état de grossesse, ou de ce que l'enfant naîtrait sans vie ou non viable, ou serait désavoué [4].

Lorsque cela est possible, le meilleur moyen est d'avoir recours à un administrateur provisoire, avec pouvoir d'aliéner, qui surveille l'opération et en assume la responsabilité.

1. Aubry et Rau, § 53. *in princ.*
2. C. c., 393, 725 et 906.
3. C. c., 393. — V. aussi *infrà*, v° *Mineurs*, p. 395.
4. C. c., 315 et 725.

Envoyés en possession.

Les envoyés en possession provisoire des biens d'un absent ne peuvent, en principe, que faire des actes d'administration [1].

Ils ne peuvent donc vendre et transférer les rentes, même inférieures à 50 francs, appartenant à l'absent, sans une autorisation de justice [2].

Lorsqu'il n'y a pas contraduction, cette autorisation a lieu par jugement sur requête, rendu en la forme ordinaire, en Chambre du conseil [3].

Lorsque l'usufruitier d'un titre de rente est absent, on admet que le nu propriétaire peut se faire nommer administrateur provisoire ou envoyer en possession [4].

Tant qu'il n'a obtenu que l'envoi en possession provisoire, il ne peut aliéner l'inscription grevée d'usufruit sans autorisation de justice; mais quand il a été envoyé en possession définitive, il peut en disposer librement [5].

En effet, après l'envoi en possession définitive, les bénéficiaires sont de véritables propriétaires, et peuvent librement disposer des biens de l'absent, sauf à lui rendre ce qui resterait, si celui-ci venait à reparaître [6].

Contrairement à ce qu'enseigne M. Buchère [7], le Trésor n'exige pas la production de certificats de non-opposition ni appel à l'appui des jugements d'envoi en possession même définitive [8].

Quant au conjoint survivant envoyé en possession, en vertu de l'article 767 du Code civil, on admet qu'il ne peut disposer des

---

1. C. c., 125.
2. Inst. 1er mai 1819, t. III, 1re part., art. 14; Ord. 29 avril 1831, art. 9, arg.; *Suprà*, v° *Absent*.
3. Bertin, n° 400, t. I, p. 272.
4. Buchère, *Op. de B.*, n° 211, p. 176; Gorges et de Bray, v° *Usuf.*, XVI, p. 360. — *Sup.*, p. 25.
5. Buchère, *ub. sup.*
6. C. c., 129 et 132; *Sup.*, v° *Absent*. — V. aussi *sup.*, 1re PARTIE, n° 783, p. 126.
7. *Ub. sup.*
8. Gorges et de Bray, v° *Absence*, X (*Formule*). — On peut, du reste, dire que si les art. 859 et 860 du C. proc. prescrivent que les jugements, en matière d'absence, soient rendus, le *ministère public entendu*, ils n'exigent pas qu'ils soient prononcés *contradictoirement* et que, par suite, il n'y a pas lieu de justifier que ces décisions ont été signifiées et qu'elles sont devenues définitives. — Cpr. Boulanger, n° 53, t. I, p. 79.

rentes lui revenant à ce titre, qu'après un délai de 3 ans ou en vertu d'une autorisation judiciaire[1].

Lorsque la rente dépend de la communauté, le Trésor admet que cette restriction temporaire au droit d'aliéner ne porte que sur la moitié afférente au conjoint décédé[2].

Voir aussi ce que nous avons dit *suprà*, 1re PARTIE, nos 372 et s., et 773 et s., p. 69 et 125.

Rappelons enfin que toutes les fois qu'il y a lieu de produire au Trésor un certificat de propriété basé sur un envoi en possession, les extraits, expéditions ou grosses des jugements doivent être déposés pour minute et visés comme tels; car le Trésor n'en admet pas la production à l'appui desdits certificats[3].

Établissements publics et d'utilité publique.

Les *établissements publics* sont, au point de vue de l'aliénation des rentes qui leur appartiennent, considérés comme des *mineurs*, et quels que soient le montant et l'origine de ces rentes, ils doivent produire des autorisations dont la nature varie avec celle de l'établissement.

Les *établissements d'utilité publique* sont aussi soumis à la tutelle et à la surveillance administratives. Toutefois, il y a lieu, en principe, de faire une distinction à leur égard : Pour les associations, sociétés ou établissements, autres que les établissements publics proprement dits, l'autorisation administrative n'est nécessaire, pour aliéner leurs valeurs mobilières, que si cette condition résulte, soit des statuts sociaux, soit de lois ou décrets spéciaux.

D'un autre côté, pour les établissements reconnus d'utilité publique, il faut distinguer entre leurs *statuts*, qui ne peuvent être modifiés sans une autorisation du Conseil d'État, et leurs *règlements*, dont ils restent maîtres[4].

Départements. — Les rentes appartenant aux départements peuvent être vendues en vertu d'une délibération du Conseil général[5] qui devient exécutoire si, dans le délai de 20 jours de la clô-

---

1. C. c., 771. — V. *inf.*, vo *Success. irrég.*
2. Gorges et de Bray, vo *Succ. irrég.*, V (*Form.*), p. 340.
3. Gorges et de Bray, vo *Env. en possess.*, p. 187.
4. Duvert, no 149, p. 105.
5. L. 10 août 1871, art. 46-1o.

ture de la session, le préfet n'en a pas demandé l'annulation pour excès de pouvoir ou pour violation d'une disposition de la loi ou d'un règlement d'administration [1].

Aucun maximum n'a été fixé pour la somme de rente à aliéner.

Ces rentes sont toujours inscrites au livre auxiliaire du département. *Sup.*, p. 168.

Le préfet, chargé de l'exécution des délibérations du Conseil général, signe le transfert, après avis de la Commission départementale [2].

Villes, communes, hospices, bureaux de bienfaisance, etc. — Les ventes de rentes appartenant aux villes, communes, hospices, bureaux de bienfaisance ou autres établissements publics ou d'utilité publique, doivent être autorisées par délibération des conseils municipaux ou commissions administratives de ces établissements, approuvées par arrêtés préfectoraux, rendus en conseil de préfecture [3].

Les délibérations doivent être motivées et faire ressortir l'utilité de l'aliénation; car, en principe, les établissements publics ne peuvent aliéner leurs rentes qu'en cas d'urgence ou d'avantage évident [4].

En cas de refus d'approbation par le préfet, ou faute de faire con-

1. L. 10 août 1871, art. 47; Foyot, n° 168, p. 96 et suiv.; Bavelier, n° 13-VIII, p. 41.

2. Même loi, art. 54 ; Circ. Min. int. 23 sept. 1871.

3. Décr. 24 mars 1852, 13 avril 1861; L. 5 avril 1884, art. 68 et 69; Foyot, n° 162, p. 97; Bavelier, n° 13-IX, p. 41 ; Verdalle, n° 109, p. 141. — V. aussi l'Instr. gén. s. la Compt., du 20 juin 1859 (art. 972), d'après laquelle les rentes possédées par les communes sont considérées comme immeubles.

4. De Croissy, *Dict. municipal.* v° *Rentes*, t. II, p. 1305.

« Lorsqu'une commune, dit cet auteur, se trouve dans la nécessité de vendre tout ou partie de ses inscriptions de rente, le conseil municipal en fait la demande, par une délibération motivée. Cette délibération est adressée au sous-préfet, qui prescrit une enquête *de commodo et incommodo*. Les pièces à fournir pour l'instruction de la demande sont : 1° la délibération du conseil municipal portant vote de l'aliénation ; 2° le procès-verbal d'enquête ; 3° une copie du titre d'inscription de rente, certifiée par le receveur municipal, et visée par le maire ; 4° l'état de situation de la caisse municipale ; 5° la délibération du conseil municipal sur le résultat de l'enquête. Il est nécessaire de produire, en outre, les pièces justificatives de la dépense à laquelle il y a lieu de pourvoir. L'aliénation est ensuite autorisée, par un arrêté du préfet. (Décr. 25 mars 1852, art. 1er et tableau A, n° 41. — L. 5 avril 1884, art. 68). »

« Sur la représentation des arrêtés qui accordent les autorisations de vente, les Trésoriers-payeurs généraux vendent les inscriptions de rente et en ver-

naître sa décision dans le délai d'un mois, les conseils municipaux peuvent se pourvoir devant le Ministre de l'Intérieur [1].

Pour les hospices, hôpitaux et autres établissements de charité et de bienfaisance, les conseils municipaux doivent émettre leur avis [2].

La ville, la commune ou l'établissement est représenté par le maire en cette qualité ou comme président de la commission [3].

Si tous les membres de la commission administrative de l'établissement ne signent pas la procuration et si le maire agit seul, il est nécessaire que la délibération lui donne mandat suffisant à cet égard [4].

Lorsque l'opération est réalisée au moyen d'une procuration, il nous semble nécessaire d'y faire concourir le Receveur de la municipalité ou de l'établissement, chargé d'encaisser le produit de la négociation.

La procuration consentie par le Receveur seul ne serait acceptée que si l'ampliation de l'arrêté préfectoral contenait une délégation spéciale en sa faveur [5].

Bien que les délibérations soient visées dans les arrêtés préfectoraux, il est nécessaire d'en produire aussi les expéditions [6].

Quand il s'agit d'exécuter une transaction intervenue entre une commune et des héritiers réclamant une rente donnée par leur auteur, en invoquant l'inexécution des clauses de la donation ou du testament, on exige encore le visa, dans un certificat de propriété, d'un arrêté préfectoral d'approbation, pris en conseil de préfecture [7].

Le Conseil d'État, sections réunies de l'intérieur et des finances, se basant sur l'article 110 de la loi du 5 avril 1884, a décidé que les

seut le produit aux receveurs des communes. Le montant de l'aliénation devant faire partie des ressources prévues au budget, il en est fait recette, comme des autres produits municipaux. »

« Les dispositions rappelées ci-dessus, sont applicables aux établissements de bienfaisance. »

1. L. 5 avril 1884, art. 69.
2. L. 5 avril 1884, art. 70.
3. Foyot, n° 162, p. 97.
4. Note Bur. des transf. 26 juin 1876; Amiaud, Tr.-Form., v° Procuration, n° 41.
5. Foyot, ub. sup.; Verdalle, n° 109, p. 141.
6. Gorges et de Bray, v° Procuration, XIII, p. 283. — Foyot, n° 149, p. 87, enseigne, au contraire, que cette production est superflue.
7. De Bray, n° 298, p. 286.

rentes appartenant à une commune pouvaient être aliénées d'office, malgré l'opposition du conseil municipal, en vertu d'un décret du Président de la République, pour faire face à une dépense obligatoire et le Trésor s'est prêté à la réalisation de l'opération [1].

Monts-de-piété, etc. — Pour tous les autres établissements publics, tels que les *monts-de-piété*, les *chambres de commerce*, etc..., on exige également un arrêté du préfet, mais il n'a pas besoin d'être pris en conseil de préfecture [2].

Caisses d'épargne [3]. — Les rentes appartenant à ces établissements et faisant partie de leur fortune personnelle sont transférables en vertu d'un décret proposé par le Ministre du Commerce et visant une délibération du conseil des directeurs. S'il s'agissait d'un simple arbitrage, l'agent comptable des transferts n'exigerait que la délibération du conseil, une décision approbative du Ministre du commerce et la procuration du mandataire désigné pour vendre [4].

Sociétés de secours mutuels [5]. — Le transfert des rentes inscrites au nom de ces sociétés doit être autorisé par des délibérations prises en assemblée générale.

---

1. Avis du 24 janv. 1894.
2. De Bray, n° 298, p. 286.
3. La question de savoir si les caisses d'épargne sont ou non des établissements publics est très controversée. La négative, cependant, semble l'emporter. *Sic* : Paris, 17 mars 1854; C. Caen, 18 mai 1854; Cass., 5 mars 1856, 8 juill. 1856; C. Orléans, 26 nov. 1873. — V. cep. *contrà* Cass., 3 avril 1854.
Néanmoins, nous donnons ici les règles qui les concernent, l'Administration semblant vouloir les considérer comme des établissements publics, témoin l'instruction générale de la Caisse des dépôts et consignations du 15 janv. 1878, art. 34, où il est dit : Les inscriptions demandées au nom d'un établissement public, tel qu'une Caisse d'épargne, etc.
Au surplus, l'art. 1er de la loi du 5 juin 1835 dit que toute caisse d'épargne doit être autorisée par ordonnance rendue dans la forme des règlements d'administration publique.
4. De Bray, n° 299, p. 286.
5. Les principales sociétés de secours mutuels sont celles reconnues par le gouvernement comme établissements d'utilité publique, conformément à la loi du 15 juillet 1850, complétée par le décret réglementaire du 14 juin 1851.
Il existe, en outre, deux autres catégories de sociétés de secours mutuels :
1° Les *Sociétés libres* ou simplement *autorisées* en vertu de l'art. 291 du C. pénal et de la loi du 10 avril 1834, qui sont régies par les lois relatives aux associations en général ;
2° Les *sociétés approuvées* en vertu du décret organique du 26 mars 1852.

On produit une ampliation de ces délibérations, si la rente est inférieure ou égale à 50 francs.

Au-dessus de cette somme, le Bureau des transferts exige le dépôt de la délibération chez un notaire, qui en délivre une expédition[1].

Ces délibérations sont exemptes des droits de timbre et d'enregistrement[2].

Compagnies de notaires. — Les compagnies de notaires sont considérées comme des établissements publics ; néanmoins elles peuvent vendre, sans autorisation supérieure, les rentes sur l'État et autres valeurs mobilières ou immobilières leur appartenant, l'art. 39 de l'ordonnance du 4 janvier 1843 étant inapplicable en pareil cas[3].

L'aliénation doit être autorisée par l'Assemblée générale ; elle est réalisée par la Chambre de discipline, chargée de l'administration du patrimoine de la compagnie[4], en vertu de l'autorisation contenue dans la délibération de l'Assemblée générale.

La procuration donnée à cet effet doit être consentie par la Chambre de discipline valablement constituée[5]; pour que le Président ou le Trésorier pût agir seul, il faudrait une délibération lui donnant mandat suffisant.

Lorsque c'est le président qui est délégué, il est bon que le Trésorier chargé de recevoir concoure à la procuration.

Il y a lieu de produire, à l'appui de la procuration, une expédition légalisée de la délibération.

1. De Bray, nᵒ 300, p. 286; Foyot, nᵒ 232, p. 173.

2. Décr. 26 mars 1852, art. 11. — Cette disposition doit s'entendre dans ce sens que ces actes doivent être *visés pour timbre* et *enregistrés gratis.* Dict. Enreg., Rédact., vᵒ *Timbre et Compt.*, nᵒ 176; Inst., 1932. Elle doit être étendue aux sociétés du même genre, reconnues d'utilité publique, tels que les *sociétés de secours* et *caisses de retraites.* Les bordereaux d'agent de change les concernant n'ont pas besoin d'être sur timbre. Conf. Duvert, nᵒ 151, p. 105.

3. Delacourtie et Robert, nᵒ 3, p. 2; Legrand, nᵒ 83, p. 83.

4. Ord. 4 janv. 1843, art. 2, 7ᵒ alin.; Delacourtie et Robert, nᵒ 69, p. 54 Legrand, nᵒ 366, p. 242.

5. Cpr. Ordon. 4 janv. 1843, art. 3.

Établissements religieux.

Fabrique d'église, etc. — L'aliénation des rentes sur l'État appartenant à ces établissements ne peut avoir lieu qu'en vertu d'un décret du Chef de l'État[1].

Pour les fabriques et autres administrations préposées aux cultes, dont les ministres sont salariés par l'État, le conseil municipal doit être appelé à donner son avis[2].

S'il s'agit d'une fabrique d'église, le Président du conseil et le Trésorier doivent agir tous deux pour les actes relatifs à l'aliénation[3].

Étranger.

Les étrangers pouvant acquérir et posséder en France, peuvent être propriétaires de rentes sur l'État[4].

Par suite, ils ont le droit d'en opérer le transfert[5].

Mais, bien entendu, les étrangers restent soumis, quant à la faculté d'aliéner ces valeurs, aux conditions résultant des lois de leur pays pour tout ce qui concerne leur état et leur capacité[6], même lorsqu'ils ont été autorisés à établir leur domicile en France.

Ainsi, s'il s'agit d'un mineur, il ne devient majeur qu'à l'âge où les lois de son pays le déclarent tel; s'il s'agit d'une femme mariée, elle n'est habile à contracter que suivant les règles de son statut personnel.

On doit examiner avec soin la capacité civile des étrangers, et il est prudent, en tout cas, d'exiger la production d'un *Certificat de coutume*[7].

En matière de régime matrimonial notamment, il est toujours prudent, sinon nécessaire, d'avoir recours à ce mode de justification, lors même que le contrat ne contient, en apparence, aucune clause

---

1. L. 2 janv. 1817, art. 3; L. 24 mai 1825, art. 4; Ord. 14 janv. 1831, art. 1er. — V. aussi décr. de décent. des 25 mars 1852 et 13 avril 1861; Duvert, n° 146, p. 103; Foyot, n° 168, p. 101; Bavelier, n° 13-x, p. 42.

2. L. 5 avril 1884, art. 70.

3. Duvert, n° 150, p. 105.

4. C. c. 3, 14 et 15, arg. Cpr. L. 14 juill. 1819, art. 1er.

5. Cpr. Inst. Dette insc., 1er mai 1819, t. III, 1re part., art. 41; Circ. min. 30 juin 1884.

6. V., en ce qui concerne la capacité des étrangers, Duvert, p. 81, 198 et 208.

7. Bavelier, n° 7, p. 21 et s.

restrictive de la capacité de la femme, afin de s'assurer qu'il ne renferme pas de dispositions contraires aux lois du pays.

Les actes concernant les étrangers passés en pays étranger, sont régis, quant au fond, par le statut personnel des signataires, et quant à la forme, par la loi du lieu où l'acte est passé : *locus regit actum*.

Les consuls français et leurs chanceliers ont qualité pour remplir les fonctions des notaires français pour leurs nationaux habitant le pays où ils exercent.

Ils peuvent aussi, pour les étrangers, recevoir les procurations et délivrer les certificats de vie [1].

Quant aux consuls étrangers en France, ils peuvent instrumenter pour leurs nationaux dans les limites assignées par les conventions diplomatiques.

En cas de concours entre étrangers et français, dans une succession, ceux-ci pourraient réclamer le prélèvement de leur part sur les titres de rente [2].

CERTIFICAT DE COUTUME

En raison du rôle important que jouent les certificats de coutume dans les transferts et mutations concernant les étrangers, nous donnons ici les principales règles les concernant.

Ce certificat est une attestation donnée par un tribunal, un magistrat ou des jurisconsultes sur un point de législation ou de jurisprudence [3].

Comme il est impossible de connaître la législation de tous les pays, on a souvent recours, en France, à une attestation pour le règlement des successions étrangères et la justification de la capacité civile des contractants.

En principe, ces certificats n'ont que la valeur d'un renseignement et ils peuvent être contredits par tous ceux qui y ont intérêt. En cas de contradiction, il y aurait lieu d'exiger une décision judiciaire passée en force de chose jugée et exécutoire en France.

1. *Inf.* chap. IV, *Procuration*, et chap. V, *Certif. de vie.*
2. L. 14 juill. 1819, art. 2; Bavelier, n° 7, p. 22. Cpr. Cass., 27 août 1850, 29 juin 1863.
3. Aux termes de l'instruction du 1er mai 1819, titre III, 2e partie, art. 43, relative à la loi du 14 avril 1819, « le certificat de coutume doit être délivré par le président du tribunal ou par deux jurisconsultes du pays habité par le signataire du certificat de propriété ».

Pour que les certificats de coutume acquièrent, en France, l'authenticité, il faut qu'ils soient légalisés par les agents consulaires et diplomatiques résidant en France, qui doivent, en outre, certifier que ceux dont ils émanent avaient qualité pour les délivrer et que *foi est due* à leur attestation.

Généralement ces certificats sont délivrés à Paris, par des jurisconsultes étrangers ou français, attachés ou non aux consulats. Mais, comme le fait observer M. Duvert (n° 401, p. 204), le meilleur certificat de coutume est celui qui est délivré soit par l'autorité locale, lorsqu'on peut l'obtenir, soit par un avocat attaché au consulat de France, avec attestation du consul que foi est due.

Pour donner les garanties voulues, le certificat doit être spécial au cas visé; rédigé dans des termes généraux, il serait insuffisant. Il doit viser les pièces produites, constater qu'elles sont suffisantes pour établir les droits des parties, que telles et telles personnes ont droit à la propriété de tels et tels titres, qu'elles peuvent en disposer de la manière prévue, seules et librement, sans formalités judiciaires ou autres; par exemple : les convertir au porteur, les transférer, les aliéner, recevoir le produit de leur vente sans remploi..., etc.

Lorsque ces certificats sont délivrés au profit d'incapables, ils doivent indiquer les personnes dont le concours est nécesaire et suffisant pour l'opération requise.

Il est, du reste, prudent, pour les opérations présentant quelques complications, de s'entendre avec la Chambre syndicale ou l'agent de change sur le libellé de ce certificat, afin d'éviter des rebuts et des frais inutiles.

Si les certificats de coutume sont écrits en langue étrangère, ils doivent être traduits par un traducteur juré, assermenté près la Cour de Paris, dont la signature doit être légalisée par le président de la Cour ou un conseiller délégué à cet effet.

Les originaux des pièces étrangères doivent être légalisés par l'agent français accrédité auprès du gouvernement étranger, et la signature de cet agent certifiée par notre ministre des affaires étrangères; le traducteur vise et paraphe *ne varietur* les originaux.

Les certificats de coutume délivrés à l'étranger et demandés de France, s'obtiennent, en général, par l'entremise des ambassadeurs, consuls ou autres agents résidant à l'étranger.

Exécuteur testamentaire.

L'exécuteur testamentaire peut, à défaut de deniers suffisants pour acquitter les legs, provoquer la vente du mobilier [1]; mais, même en cas de saisine, il ne peut, en principe, vendre le mobilier

1. C. c., 1031.

qu'avec le consentement des héritiers ou légataires universels, qui en conservent la propriété et la possession, ou en vertu d'une sentence du juge l'ordonnant, sur leur refus d'y concourir [1].

On admet généralement que le testateur peut, quand il ne laisse pas d'héritiers à réserve, conférer à l'exécuteur testamentaire le pouvoir de vendre ses immeubles sans l'accomplissement de formalités judiciaires [2], et à fortiori son mobilier, et ce alors même que les héritiers et légataires offriraient de payer toutes les charges et démontreraient l'inutilité de la vente, pourvu que la volonté du testateur soit exprimée d'une façon claire et précise [3].

Toutefois, comme cette théorie n'est pas à l'abri de toute controverse, les exécuteurs testamentaires ayant la saisine ne sont admis à vendre et transférer seuls les rentes sur l'État dépendant de la succession du de cujus, à défaut de décision judiciaire les y autorisant, qu'autant qu'ils ont été investis de ce droit par le testament et qu'il n'existe pas d'héritiers réservataires, ni de mineurs ou autres incapables parmi les appelés à recueillir l'hérédité [4].

Réciproquement, les héritiers et légataires, quand il y a un exécuteur testamentaire, ne peuvent agir sans celui-ci [5].

A défaut d'entente entre l'exécuteur testamentaire, au sujet de la vente des rentes sur l'État, dépendant de la succession, il y aurait lieu d'avoir recours à une décision judiciaire contradictoire rendue en la forme ordinaire, et ayant acquis l'autorité de la chose jugée.

Failli.

La question de savoir si, malgré leur caractère d'insaisissabilité [6], les rentes sur l'État appartenant aux faillis sont comprises dans le dessaisissement prononcé par l'article 443 du Code de commerce

1. Aubry et Rau, § 711, 34 et 35. — V. sup., 1re PARTIE, nos 454 et s.
2. Demolombe, t. XXII, nos 90 et s.; Aubry et Rau, § 711, t. VII, p. 450; Cass., 8 août 1848, 16 avril 1861, 4 août 1875; C. Douai, 3 janv. 1893. V. aussi J. du Not., 1893, p. 561. — Contrà, Amiens, 4 déc. 1886.
3. C. Douai, 27 janv. 1864. — V. cep. contrà, Aubry et Rau, § 711-16, qui prétendent que le pouvoir n'est valable qu'autant qu'il se justifie par la nécessité de réaliser des deniers pour l'acquittement des legs.
4. Gorges et de Bray, vo Test., II, p. 342; Duvert, nos 310 et s., p. 169.
5. Duvert, no 311, p. 163.
6. A ajouter aux décisions citées sup., p. 195 et s., proclamant l'insaisissabilité absolue : Paris, 7 août 1896; Seine, 11 nov. 1896 — mais contrà : Seine, 27 nov. 1896.

est controversée ; cependant l'affirmative semble l'emporter[1]. Au surplus, cette opinion est admise par le Trésor, qui ne fait pas de difficulté pour opérer le transfert[2].

En cas de difficultés, il considère que la question de la propriété se trouve valablement tranchée par les tribunaux et que sa responsabilité est couverte par le certificat de propriété dressé sur le vu des jugements rendus.

En conséquence, les rentes appartenant au failli peuvent être vendues par les syndics provisoires ou définitifs, en vertu d'une ordonnance rendue par le juge-commissaire[3].

Lorsque la rente excède 50 francs, l'original de l'ordonnance doit être déposé pour minute chez un notaire, qui en délivre expédition[4].

Toutefois, l'Agent comptable, dans le but de dégager d'autant sa responsabilité, exige la signature du failli, quand il est possible de l'obtenir[5].

Si la faillite entraîne pour le failli le dessaisissement de ses biens, il n'en conserve pas moins l'exercice des actions attachées exclusivement à sa personne. Ainsi, il conserve l'administration ou la tutelle des biens de ses enfants, et la gestion de la fortune de sa femme, qu'il reste habile à assister et autoriser[6].

Lorsque le failli est condamné comme *banqueroutier frauduleux* à une peine criminelle, il est *interdit* légalement pendant la durée de sa peine[7]. Le syndic reste en fonctions et le tuteur à l'interdiction représente le failli dans les actes où il doit figurer en personne[8]. Mais le droit d'autoriser la femme, étant exclusivement personnel,

---

1. Pour l'*affirmative* : Cass., 8 mars 1859 : Seine, 26 fév. 1885; Paris, 19 janv. 1886. — Pour la *négative* : Cass., 8 mai 1854 ; Seine, 8 juill. 1880. — V. au surplus, ce que nous avons dit à ce sujet, *sup.*, p. 205 et s.

2. Inst. 1er mai 1819, titre III, 1re partie, art. 17 et suiv.

3. C. com., 486; Inst. 1er mai 1819, titre III, 1re partie, art. 17 à 20; Duvert, no 60, p. 66; Gorges et de Bray, vo *Faillite*, III. p. 191. — La Chambre du Conseil n'aurait pas qualité pour autoriser cette aliénation. Seine (Ch. du C.), 30 mars 1852 ; Bertin, no 1311, t. II, p. 332.

4. Arg. ord. 5 mars 1823; Circ. mouv. fonds, 21 déc. 1877.

5. De Bray, no 197, p. 178. — Si l'on admet que le concours du failli soit utile, il faut, lorsqu'il est contumax, demander l'intervention du receveur des domaines, représentant le séquestre légal. Duvert, p. 48, note 4.

6. Bertin, no 883, t. II, p. 39.

7. C. pén., 29.

8. Duvert, no 64, p. 67.

ne pourrait être exercé par le tuteur, et il y aurait lieu d'avoir recours au tribunal [1].

Femme divorcée.

La femme divorcée a la libre et entière disposition de ses biens, comme si elle était veuve, le divorce ayant pour effet de rompre complètement les liens du mariage.

Elle peut donc disposer librement de ses rentes, si d'ailleurs le libellé des titres ne relate aucune clause d'inaliénabilité ou d'indisponibilité étrangère à sa qualité de femme mariée, par exemple un droit de retour.

Cependant, si les rentes sont inscrites à son nom comme femme mariée, elle ne peut en disposer qu'en produisant un certificat de propriété [2].

Il n'en est autrement que quand les titres font mention d'une séparation *judiciaire* antérieure de biens ou de corps; il suffit alors qu'elle justifie de son divorce [3].

Le divorce entraînant la dissolution complète du mariage a pour effet, contrairement à la séparation judiciaire, même de corps, qui les laisse subsister, de faire cesser les obligations d'emploi ou de remploi. Il n'y a donc plus lieu de s'occuper des stipulations existant à ce sujet, en tant que *femme mariée*, dans le contrat qui a régi l'union d'une femme divorcée, peu importe qu'elle soit précédemment séparée ou qu'il s'agisse d'une conversion de séparation de corps en divorce [4].

Femme mariée.

Dispositions générales. — Il y a lieu, au point de vue qui nous occupe, de distinguer les différents régimes sous lesquels la femme mariée peut se trouver.

Elle peut être soumise au régime :

1° De la communauté légale ;

2° De la communauté conventionnelle ;

3° De la non-communauté ;

---

1. *Inf.*, v° *Femme mariée, Autoris. judiciaire.*
2. *Sup.*, 1ʳᵉ PARTIE, n° 644, p. 109.
3. *Sup.*, 1ʳᵉ PARTIE, n° 663, p. 108.
4. Cpr. Duvert, n° 256, p. 153.

4° De la séparation contractuelle ;

5° Dotal ;

6° De la séparation judiciaire de biens ;

7° Et de la séparation de corps, entraînant la séparation de biens [1].

En effet, depuis la loi du 6 février 1893, le régime de la séparation de corps et celui de la séparation judiciaire de biens constituent deux régimes très distincts [2].

Nous examinerons successivement ces différents régimes.

Mais, quel que soit le régime auquel une femme mariée est soumise, — à moins qu'elle ne soit séparée de biens contractuellement ou judiciairement, — quelles que soient les clauses de son contrat de mariage, elle ne peut aliéner, sans le consentement de son mari, les valeurs mobilières lui appartenant [3].

En ce qui concerne la femme *séparée de biens*, la question est même controversée, et quelques auteurs lui refusent le droit d'aliéner ses valeurs mobilières sans le consentement de son mari [4].

Certains auteurs prétendent aussi faire une distinction entre la femme séparée *contractuellement* et celle séparée *judiciairement*, la première ne pouvant jamais, d'après eux, aliéner son mobilier sans l'autorisation de son mari ou de la justice [5].

Disons cependant que cette difficulté est sans intérêt quant au Trésor, attendu qu'il admet que la femme séparée soit contractuellement, soit judiciairement, a qualité pour vendre et transférer seule les rentes sur l'État lui appartenant [6] ; il considère que sa responsabilité est couverte par l'intervention de l'agent de change.

En tout cas, depuis la loi du 6 février 1893, bien que la séparation de corps emporte toujours séparation de biens [7], il y a lieu de faire une distinction entre la femme séparée de corps et celle séparée seulement de biens.

---

1. C. c., 311.

2. Bonnet, *J. du not.*, 16 fév. 1893, p. 99.

3. C. c., art. 217. — V. cep. C. c., art. 1449

4. *Sic* Duvert, nos 120 et 125, p. 90 et suiv.

5. Rodière et Pont, III, 2088, p. 591. — Cpr. Aubry et Rau, § 532-2.

6. Inst. 1er mai 1819, titre III, 1re PARTIE, art. 3 et 6 ; Déc. min. 2 fév. 1816, 23 oct. 1831 ; Gorges et de Bray, v° *Sép. de biens*, IV, p. 321 ; Foyot, n° 79, p. 48 ; Deloison, n° 120, p. 90 ; de Bray, n° 294, p. 280.

7. C. c., 311 (L. 5 févr. 1893, art. 3).

La nouvelle loi n'ayant apporté aucune modification à la situation de cette dernière, sa capacité civile reste soumise au droit antérieur que nous avons résumé ci-dessus.

Quant à la femme *séparée de corps*, son droit d'aliéner seule les valeurs mobilières lui appartenant ne saurait plus être contesté en présence des termes de l'art. 311 du C. c. (L. 6 février 1893, art. 3), d'après lequel la séparation de corps a pour effet de rendre à la femme le plein exercice de sa capacité civile, sans qu'elle ait à recourir à l'autorisation de son mari ou de justice.

L'autorisation par le mari à la femme d'aliéner doit être spéciale ; elle ne peut être générale, même donnée par contrat de mariage [1].

Le mari peut donner à un tiers le mandat d'autoriser sa femme, mais le pouvoir doit être spécial et exprès [2].

Lorsque le mari *refuse* d'autoriser sa femme, celle-ci peut se faire autoriser par jugement [3].

L'autorisation donnée judiciairement doit, comme celle donnée amiablement, être spéciale et désigner les titres qui en font l'objet.

Il y a lieu alors de justifier de ce jugement et des certificats constatant qu'il a acquis l'autorité de la chose jugée, lorsqu'il en est susceptible [4].

Strictement, le jugement sur requête, rendu en la Chambre du conseil ou en audience publique, pour autoriser la femme à aliéner des valeurs mobilières à elles propres n'est valable, que si celle-ci a préalablement été autorisée à ester en justice. La demande d'autorisation doit être formée avec le concours du mari. A défaut, la femme doit citer son mari devant la Chambre du conseil, qui l'autorise, s'il y a lieu, à procéder devant cette juridiction [5].

Toutefois, dans la pratique, on passe souvent outre ; mais le jugement doit toujours être signifié au mari [6].

Les jugements d'autorisation en matière de régime dotal, doivent être rendus en audience publique [7].

---

1. C. c., 223 et 1388.
2. A. Berthaut, Dissert., Rép. gén. not., 1885, art. 2564.
3. C. c., 219.
4. V. *inf.*, *Autorisation judiciaire*, p. 378.
5. Bertin, n° 1143, t. I, p. 210.
6. Duvert, n° 444, p. 221.
7. C. proc., 997, arg. ; Bertin, n°s 1142 et s., t. II, p. 210 et s.

Si le mari est *incapable* (mineur, interdit, aliéné, etc.), la femme doit être autorisée en justice, un incapable ne pouvant habiliter un autre incapable [1].

Il ne suffirait pas, en cas de minorité du mari, de faire nommer à la femme un curateur *ad hoc;* mais dans ce cas, le mari doit concourir à l'opération.

Le mari pourvu d'un *conseil judiciaire* doit être assimilé à l'interdit quant à l'autorisation maritale [2]; les valeurs propres à la femme ne peuvent être aliénées qu'en vertu d'un jugement [3].

Nonobstant le jugement d'autorisation et sauf dispositions contraires résultant de celui-ci, le Trésor considère que le transfert ne peut être réalisé qu'avec le concours du mari, assisté de son conseil judiciaire [4].

Si le mari est *absent* ou *contumax*, l'autorisation judiciaire est aussi nécessaire [5].

L'autorisation est alors donnée par jugement rendu en la Chambre du conseil, sur requête. Il n'y a pas lieu alors de justifier de certificats de non-opposition ni appel.·

Si l'interdiction résulte d'une condamnation même par contumace emportant peine afflictive ou infamante, il n'y a pas lieu, non plus, de produire ces certificats [6].

Si c'était la femme elle-même qui fût pourvue d'un *conseil judiciaire* [7], il suffirait qu'elle fût assistée de celui-ci et de son mari.

V. en ce qui concerne la *femme mineure, inf.*, v° *Mineurs*.

Quelquefois le tribunal commet un *tiers* pour assister la femme dont le mari est capable. L'assistance du tiers commis suffit alors, à elle seule, à la femme mariée sous le régime de la communauté,

---

1. C. c., 222 ; C. proc., 864 ; Gorges et de Bray, v° *Autorisation de justice*, p. 90 ; de Bray, n° 293, p. 279.

2. Aubry et Rau, § 472-45 ; Seine, 22 juin 1882 ; Paris, 16 mars 1893. — D'après M. Bertin, l'autorisation devrait être demandée tant au mari qu'au conseil judiciaire. N° 872, t. II, p. 35.

3. De Bray, *ub. sup.*; Deloison, p. 98, p. 76. — Mais c'est par erreur, croyons-nous, que ce dernier auteur enseigne que les valeurs dépendant de la communauté ne peuvent être vendues qu'en vertu d'un jugement. Le mari, assisté de son conseil judiciaire, a qualité pour consentir cette aliénation.

4. Gorges et de Bray, v° *Cons. judic.*, V, p. 139 ; Duvert, n° 94, p. 76.

5. V. *Sup.*, p. 327, v° *Absent*.

6. C. c., 221, arg. ; Gorges et de Bray, v° *Autorisation de justice*, p. 90.

7. Quel que soit son régime matrimonial, la femme peut être pourvue d'un conseil judiciaire. C. c., 513 ; Aubry et Rau, § 138-10 ; C. Lyon (Ch. réunies), 9 juill. 1885.

séparée de corps ou de biens et autorisée par la Chambre du conseil à aliéner, sous la surveillance d'un tiers, pour habiliter cette dernière à transférer ses titres [1].

Autorisation judiciaire. — Au point de vue de la procédure à suivre quant à l'autorisation maritale, il y a lieu de faire une distinction, entre le cas où le mari est *absent, interdit* ou *incapable*, et celui où, n'étant ni absent, ni interdit, ni incapable, il *refuse* son autorisation.

1° Dans la *première hypothèse*, c'est la procédure générale devant la Chambre du conseil qu'il y a lieu de suivre.

Il n'y a pas lieu à sommation.

Requête, adressée au président et aux juges de la Chambre du conseil, est présentée au président, accompagnée de pièces à l'appui ; un juge rapporteur est désigné, et la requête est communiquée au ministère public, C. proc., 863 et s. ; ce dernier donne ses conclusions en ces termes : *le ministère public ne s'oppose* ou *s'oppose.* Lorsque les conclusions sont favorables, la requête est renvoyée, par les soins du rapporteur, et la décision est rendue en Chambre du conseil après le rapport de ce magistrat, à moins qu'il ne s'agisse de l'aliénation de biens dotaux [2].

Le jugement n'est pas levé comme les autres : il n'y a pas de qualité à rédiger par l'avoué, la requête en tenant lieu ; de plus, il est rarement signifié, attendu que c'est, en général, une autorisation donnée sans contraediton.

La demanderesse, en cas de refus, peut former appel à la Cour, en présentant requête à son président [3] ; l'arrêt est alors rendu en audience publique, après plaidoirie.

2° Dans la *seconde hypothèse*, c'est une procédure spéciale qu'il faut appliquer.

Après sommation restée sans effet d'accorder dans un délai imparti [4] l'autorisation demandée, C. proc., 861, requête est présentée au nom de la femme, par son avoué, au président, afin d'assigner le mari devant la Chambre du conseil, aux jour et heure à fixer,

---

1. Seine, 14 fév. 1883 ; Duvert, n° 129, p. 94 et note 2, p. 95.
2. Bertin, n° 862, t. II, p. 31. — Cpr. C. proc., 997.
3. Bertin, n° 863, t. II, p. 31.
4. La sommation doit impartir un délai au mari ; la loi n'a pas fixé de délai. Bertin, n° 848, t. II, p. 22. Dans la pratique, on indique généralement 3 jours. Isaure Toulouse, p. 251.

pour y déduire les motifs de son refus, et à comparaître ensuite, en l'audience publique, pour voir statuer sur la demande.

Ordonnance commettant un huissier pour la signification est mise au bas de la requête. L'assignation est rédigée en placet et communiquée au ministère public.

Au jour indiqué, les époux comparaissent d'abord en la Chambre du conseil, et si le mari persiste dans son refus, le tribunal statue ensuite en audience publique, à la reprise de l'audience ou à la huitaine suivante. Les époux sont entendus dans leurs explications en Chambre du conseil, mais le jugement qui statue sur la demande doit être prononcé en audience publique, et non en Chambre du conseil[1].

A cet égard, les art. 861 et 862 du Code civil ne dérogent pas à la règle d'après laquelle les jugements doivent être rendus publiquement.

Si le mari ne comparaît pas, la Chambre du conseil statue par défaut; le défaillant peut alors former opposition.

Le jugement est levé et signifié en la forme ordinaire; il est susceptible d'appel par voie d'assignation devant la Cour[2].

Il est admis que, lorsque le mari est présumé absent, la femme n'est pas obligée de faire précéder sa requête d'une sommation au mari[3]. — Mais il en est autrement si le mari n'est que momentanément éloigné de son domicile.

En principe, c'est le tribunal du domicile commun qui est compétent, C. civ., 219; cependant on admet que, pour la femme séparée de corps, c'est le tribunal de son domicile qui est compétent et non celui du domicile du mari[4].

Justification de la capacité civile des femmes. — Les règles concernant cette justification sont résumées dans une note de la Chambre syndicale des agents de change de Paris ainsi conçue :

« Quand une femme mariée a des droits dans des rentes sur l'État dont la vente et le transfert ou la conversion au porteur sont demandés, il est indispensable, pour éviter tout retard dans l'exécu-

---

1. Cass. : req., 1er mars 1858 ; civ., 4 mai 1863 ; Aubry et Rau, § 472-38 ; Bertin, n° 856, t. II, p. 28 et s.
2. Bertin, n° 260, t. II, p. 30.
3. C. Bordeaux, 13 janv. 1869.
4. Paris, 28 mai 1864, 19 déc. 1865; Rouen, 31 mai 1870.

tion de l'ordre ou la remise des fonds, de justifier de la capacité civile de la femme.

« A cet effet :

« L'expédition du contrat de mariage doit être envoyée en communication ; il est utile, en envoyant le dossier, d'indiquer le mode de remploi que les parties entendent adopter afin que, de son côté, la Chambre syndicale puisse faire connaître les justifications qui doivent lui être fournies.

« S'il n'a pas été fait de contrat, il y a lieu de produire : soit une copie régulière de l'acte de mariage, s'il est postérieur au 1er janvier 1851 et s'il contient la déclaration relative à l'absence du contrat prescrite par la loi du 18 juillet 1850 ; soit, au contraire, un acte de notoriété, dressé sur la *déclaration* des époux et *l'attestation* de deux témoins, constatant qu'ils se trouvent soumis au régime de la communauté légale de biens, pour n'avoir fait précéder d'aucun contrat leur union, célébrée à la mairie de... le...

« Il est nécessaire, dans ce cas, d'annexer à l'acte de notoriété une copie régulière de l'acte de mariage, ou, tout au moins, d'énoncer que la représentation en a été faite au notaire rédacteur.

« On pourra se dispenser de produire le contrat de mariage, l'acte de célébration civile du mariage ou la notoriété, toutes les fois que le dossier comprendra : un certificat de propriété, une procuration ou tout autre acte notarié contenant, sous le contrôle et la responsabilité du notaire, savoir :

« Dans le cas d'existence de contrat de mariage :

« L'énonciation du contrat, l'indication du régime adopté, la constatation formelle qu'il ne contient aucune clause prohibitive d'aliéner, transférer ou convertir les rentes sur l'État, ni aucune obligation d'emploi ou de remploi de leur produit.

« Et s'il n'a pas été fait de contrat :

« La déclaration relative à l'absence de contrat de mariage.

« Cependant, il est bien entendu que la Chambre syndicale a toujours le droit de demander, lorsqu'elle le juge convenable, la communication des pièces elles-mêmes, nonobstant les énonciations contenues dans un acte notarié. »

Ces règles sont celles suivies par la Chambre syndicale de Paris, quand la vente a lieu par son intermédiaire [1].

---

1. V. *sup.*, p. 247 et 254 et s.

Lorsque l'opération est réalisée par le ministère d'un agent de change choisi par le vendeur, cet officier ministériel est libre de ne pas accepter cette façon de procéder et d'exiger, dans tous les cas, la production en communication de toutes les pièces de nature à sauvegarder sa responsabilité.

Ajoutons encore :

Que le mode de justification du régime par la simple énonciation du contrat ou la déclaration qu'il n'en existe pas, n'est généralement suivi que pour les rentes n'excédant pas 50 francs ; pour les rentes d'un chiffre supérieur, on exige la production du contrat ou de l'acte de mariage ;

Que l'absence du contrat se justifie encore par la déclaration des époux et l'attestation des témoins, quand, bien que le mariage soit postérieur à 1850, l'acte le constatant a été détruit par les incendies de la Commune et rétabli sans indication relative à ce sujet (*sup.*, 1ʳᵉ PARTIE, p. 93, n° 555 et note 5), à la condition d'annexer à l'acte contenant cette déclaration une copie de l'acte rétabli.

S'il existe un contrat, il suffit que l'acte produit constate qu'il est au rang des minutes du notaire ou que l'expédition lui a été présentée, et s'il n'en existe pas, qu'il constate que les époux sont mariés sous le régime de la communauté légale à défaut de contrat, ainsi qu'il en a été justifié au notaire. — V. *infrà* les *formules*.

Quant au Trésor, se fondant sur la loi du 28 floréal an VII, art. 6, l'arrêté du 27 prairial an X, art. 15 et 16, et un arrêt du Conseil d'État du 6 avril 1852, il considère sa responsabilité comme couverte, en matière de transferts et mutations, par l'intervention des agents de change, notaires et autres officiers ou fonctionnaires préposés aux transferts et à la délivrance des certificats de propriété.

En cas de transfert, il n'exige jamais la production du contrat de mariage ; il s'abstient même de l'examiner, et si cet acte lui est produit, il le rend, séance tenante, à l'agent de change que concerne seul cette justification. — V. aussi, *sup.*, p. 258 et suiv.

Il entend rester étranger à l'examen des contrats qui incombe, d'après lui, à l'agent de change négociateur et dont, depuis 1851, il ne réclame plus la production.

COMMUNAUTÉ LÉGALE. — Sous ce régime, les rentes inscrites au nom de la femme, même celles lui restant propres comme lui ayant été données sous cette condition (C. c., 1401-1°), comme provenant de remploi de prix d'immeubles ou autrement, peuvent être vendues librement par elle, avec le consentement de son mari [1].

Celles inscrites à son nom, mais tombées dans la communauté, peuvent être aliénées par le mari seul, en justifiant de ce droit au moyen d'un certificat de propriété [2].

COMMUNAUTÉ CONVENTIONNELLE. — La communauté conventionnelle ne constitue pas un régime proprement dit; elle embrasse toutes les modalités dont est susceptible le régime de la communauté et qui ont celui-ci pour base.

En principe, sous le régime de la communauté conventionnelle, la femme peut aliéner librement, avec le concours de son mari, les rentes lui appartenant.

Au cas où le contrat contiendrait une restriction à la faculté d'aliéner, ou une stipulation d'emploi ou de remploi, voir *suprà*, v^{is} *Emplois* et *Remplois*.

Sous ce régime, comme sous celui de la communauté légale, le mari peut aliéner seul les rentes inscrites au nom de la femme, si la communauté en est devenue propriétaire par suite d'une stipulation du contrat, en justifiant de ce droit par un certificat de propriété [3].

RÉGIME EXCLUSIF DE COMMUNAUTÉ. — Sous le régime de la non-communauté, comme sous celui de la communauté légale, le mari a l'administration des biens de la femme, mais celle-ci conserve la propriété de ses valeurs mobilières. C. c., art. 1530 et suiv.

Les rentes appartenant à la femme ne peuvent être vendues et transférées qu'avec le consentement du mari.

SÉPARATION DE BIENS. — Ainsi que nous l'avons dit, *suprà*, p. 375, le *Trésor* admet que la femme séparée de biens, soit contractuellement, soit judiciairement, peut vendre et transférer, seule et sans le concours de son mari, les rentes lui appartenant.

Si le Trésor admet que la femme séparée contractuellement de biens peut transférer les rentes lui appartenant sans le concours

1. En ce qui concerne les clauses d'*emploi* ou *remploi* dont les rentes appartenant à la femme pourraient être frappées, v. *sup.*, v^{is} *Emplois* et *Remplois*.

2. *Sup.*, 1re PARTIE, n° 548, p. 94; Inst. 1er mai 1819, titre III, 1re partie, art. 7 et 8.

3. *Sup.*, 1re PARTIE, n° 559 et suiv., p. 96; Inst. 1er mai 1819, *ubi sup.*

de son mari, il n'en est pas de même de la Chambre syndicale des agents de change de Paris.

Celle-ci, quand elle est chargée de l'opération, exige, en cas d'aliénation de rentes appartenant à une femme mariée sous le régime de la séparation de biens, l'autorisation du mari ou de la justice[1].

Il y a donc intérêt, en pareil cas, à s'adresser directement à un agent de change qui, étant juge de sa responsabilité, l'est aussi de la capacité de la contractante.

Il importe toutefois de remarquer que la séparation judiciaire n'a pas pour effet de modifier les conventions matrimoniales auxquelles la femme était soumise avant sa séparation.

Ainsi, si son contrat l'obligeait à faire emploi de ses valeurs mobilières, elle demeure soumise à cette obligation, même après sa séparation judiciairement prononcée[2].

La séparation judiciaire de biens n'est valable que si elle a été exécutée, conformément à l'article 1444 du Code civil.

Les pièces à produire par l'agent de change varient suivant la nature de la séparation ; ce sont, en cas de séparation contractuelle, le contrat de mariage, et, en cas de séparation juduciaire, en outre du contrat, le jugement de séparation et les pièces constatant que cette séparation est devenue définitive.

Si les titres n'étaient pas déjà immatriculés au nom de la femme séparée, en cette qualité, celle-ci devrait, en outre, justifier qu'elle en est propriétaire, par un certificat de propriété.

Il arrive quelquefois que, sous le régime de la séparation, le contrat contient un pouvoir, par le mari à la femme, de vendre, transférer et convertir les valeurs appartenant à celle-ci. Ce pouvoir, s'il est donné d'une manière générale et sans spécialiser les valeurs, ne doit pas être considéré comme augmentant les droits de la femme. En effet, le mari, même par contrat, ne peut donner à la femme des pouvoirs excédant ceux d'administration[3].

Dans la pratique, les agents de change admettent la femme séparée à vendre les rentes lui appartenant, même sans l'autorisation de son mari, quand elle justifie d'un *remploi* sérieux, qui se fait alors sous leur surveillance[4].

1. Foyot, n° 80, p. 49.
2. Duvert, n° 195, p. 123. — V. aussi *sup.*, v^is *Emplois* et *Remplois*.
3. C. c., 223, 1388.
4. Duvert, n° 127, p. 94.

Il en est de même pour les titres de peu d'importance, si d'ailleurs il est évident qu'ils ont été acquis depuis la séparation.

Rétablissement. — En cas de rétablissement de la communauté après séparation de biens, la capacité civile de la femme devient la même qu'avant la séparation[1].

Séparation de corps. — La femme séparée de corps a, maintenant, le plein exercice de sa capacité civile[2].

Par suite, elle peut vendre et transférer librement, seule, sans avoir besoin de recourir à l'autorisation de son mari ou de justice, les rentes sur l'État, comme les autres biens lui appartenant[3].

Mais l'indépendance que lui confère la nouvelle loi, a-t-elle pour résultat de la soustraire aux conventions matrimoniales auxquelles elle est soumise par un contrat?

Nous ne le pensons pas; car ce serait attribuer à l'art. 311 du C. c. (nouveau texte) un effet qui n'appartient qu'au divorce, parce qu'il rompt complètement les effets du mariage[4].

Ainsi, elle demeure soumise, après comme avant la séparation de corps, au régime adopté et aux obligations d'emploi et de remploi à elle imposées; mais elle est affranchie entièrement de l'autorisation maritale[5].

Autrefois, le Trésor exigeait que la femme *mineure et séparée de corps et de biens*, pour aliéner ses rentes, fût autorisée en justice et assistée d'un curateur *ad hoc* nommé par le tribunal et qu'il fût justifié de la signification du jugement et de l'absence d'opposition[6].

Depuis la loi de 1893, il nous semble suffisant que la femme soit

---

1. C. c., art. 1451.
2. C. c., art. 311 (L. 6 fév. 1893, art. 3).
3. *Sup.*, p. 375.
4. *Sup.*, p. 374.
5. Bonnet, *J. du Not.*, 20 avril 1893, p. 241 et s.; A. Berthaut, *Chroniq. judic.*, 20 mai 1893.
Lors de la discussion de la loi de 1893, un amendement avait été proposé tendant à rendre à la femme séparée de corps le plein exercice de sa capacité civile à l'égard de ses biens, *nonobstant les clauses restrictives du contrat de mariage*, mais il n'a pas été adopté. *Journ. des Not.*, art. 25045. — C'est donc à tort, croyons-nous, que certains auteurs disent que les droits de la femme séparée de corps sont ceux qui appartiennent à la femme *majeure et non mariée*, ou à la *femme mariée après divorce*. Gréyin. *Tr. du Divorce*, n° 390, p. 343. — V. aussi Defrénois, Comm. L. 1893, n° 31.
6. Gorges et de Bray, v° *Aut. de just.*, p. 90.

assistée d'un curateur *ad hoc* qui peut être nommé par le conseil de famille[1].

Réconciliation. — Depuis la loi du 6 février 1893, la cessation de séparation peut avoir lieu de deux manières[2] :

1° Par acte constatant simplement la reprise de la vie commune, soumis à la publicité prescrite par l'art. 311 du C. c.[3] ;

2° Ou par acte constatant, avec la cessation de la séparation de corps, le retour volontaire au régime matrimonial, acte devant être publié conformément à l'art. 1445 du C. c.

Dans le premier cas, la capacité de la femme redevient soumise à la législation antérieure et est régie par l'art. 1449 du C. c.[4].

Tandis que, dans le second, c'est le contrat de mariage qui reprend son effet.

RÉGIME DOTAL. — Sous ce régime, les biens de la femme sont *dotaux* ou *paraphernaux*[5].

Biens dotaux. — En principe, le mari a l'administration et la jouissance des biens dotaux pendant le mariage[6], mais la femme conserve la propriété de ces biens, même mobiliers[7].

Bien que le mari ne puisse être considéré comme propriétaire de la dot, il a, en qualité d'administrateur des biens dotaux, des pouvoirs beaucoup plus étendus que sous le régime de la communauté, sur les biens propres de la femme.

Ainsi, il peut librement aliéner, sans le concours de celle-ci, la dot mobilière. La jurisprudence, qui avait été longtemps incertaine, est maintenant définitivement fixée en ce sens[8].

Il a été décidé par la Cour des comptes[9], consultée sur ce point par le Ministre des Finances, que lorsque la déclaration de transfert énonce que la femme au nom de laquelle la rente est inscrite,

---

1. Cpr. Michel, *Vade mecum des juges de paix*, v° *Emanc. p. mar.*, p. 186. — Suivant M. Bertin, la nomination doit avoir lieu par le tribunal, en Chambre du conseil. N° 868, t. II, p. 33.
2. L. 6 fév. 1893, art. 3.
3. L. 6 fév. 1893, art. 3.
4. Bonnet, *J. du Not.*, 15 févr. 1893, p. 101 ; Grévin, *Tr. du Divorce*, n° 391, p. 343.
5. C. c., 1541 et 1574.
6. C. c., 1549.
7. C. c., 1549, arg. *a contr.*
8. Cass., 1er déc. 1851, 13 janv. 1874. — V. aussi Buchère, n° 202, et les autorités citées.
9. Déc. 15 juin 1877.

est mariée sous le régime dotal, sans mentionner de clause prohibitive du droit d'aliéner, la présomption fondée sur le régime dotal et la jurisprudence est que cette rente est aliénable, soit par le mari seul, soit par les deux époux conjointement, sous la seule réserve des garanties hypothécaires et des recours ultérieurs que la loi accorde à la femme pour la conservation de sa dot, et que le Contrôle judiciaire du Trésor n'a, en pareil cas, à réclamer la production ni du contrat, ni d'autres justifications de la disponibilité du titre, à l'appui du transfert opéré par l'Agent comptable des transferts et mutations, sous la responsabilité de l'agent de change.

Les rentes inscrites au nom de la femme dotale, sans mention de clause prohibitive du droit d'aliéner, peuvent donc être transférées soit par le mari seul, soit par les deux époux conjointement.

La jurisprudence de la Dette inscrite ne nous paraît pas avoir varié sur ce point et est restée la même.

Quoi qu'il en soit, dans la pratique, on demande toujours le concours de la femme, ne fût-ce que pour prouver que le mariage existe toujours et qu'il n'y a pas eu séparation.

Ainsi : 1° Lorsqu'il n'existe aucune mention d'inaliénabilité sur les inscriptions frappées de dotalité et que le contrat ne contient pas de stipulation à cet égard, il est procédé au transfert par le Trésor, sans se préoccuper des clauses de remploi qui peuvent exister ; l'agent de change ou le notaire de la partie sont seuls chargés de suivre l'emploi des fonds provenant de la vente [1] ;

2° Si le libellé de l'inscription relate soit une clause du contrat, soit une origine de fonds de laquelle résulte une inaliénabilité, autre que celle résultant du régime dotal, par exemple un droit de retour, le Trésor, ou mieux l'agent de change négociateur, exige alors, suivant le cas, soit un jugement autorisant le transfert et déterminant les conséquences de la dotalité, soit la justification de la cessation de l'indisponibilité [2] ;

3° Lorsque, par la stipulation de son contrat, la femme a le droit d'aliéner ses inscriptions de rente à la charge de remploi, le Trésor procède encore au transfert sans difficulté, en laissant les officiers

1. Foyot, n° 81, p. 50.
2. Foyot, ub. sup.; de Bray, n° 297, p. 284. V. aussi sup., vis *Emplois et Remplois*.

ministériels seuls responsables du remploi des fonds qui doit être opéré[1].

En ce qui concerne le Trésor, la dotalité d'une rente n'est donc pas un obstacle à son aliénation ; il laisse vendre sans difficultés, les rentes dotales par la femme assistée de son mari, qu'elles soient inscrites avec charge de remploi ou que la dotalité soit mentionnée, sans indiquer de condition d'inaliénabilité, attendu qu'il estime ne pas avoir à se préoccuper du remploi, et que c'est aux agents de change négociateurs de surveiller les conditions auxquelles est soumise l'aliénation des rentes appartenant à des femmes mariées sous ce régime[2].

« La stipulation du régime dotal pur et simple, aussi bien que celle du régime soumis, quant à l'aliénation, à certaines conditions, et toutes les énonciations relatives au remploi qui pourraient exister, soit sur les titres de rente, soit dans les procurations ou autres pièces produites à l'appui des transferts, doivent être considérées comme étrangères au Trésor, qu'elles ne sauraient intéresser. Les agents de change qui ont procédé aux transferts étant seuls et exclusivement tenus de surveiller le remploi, auquel peuvent être soumises les femmes mariées, le Trésor, quel que soit le régime adopté par les parties, paraît complètement déchargé par la signature des époux ou de leur mandataire, conformément à la loi du 28 floréal en VII[3]. »

Mais il ne faut pas perdre de vue que, quant à la femme elle-même, la dot mobilière reste inaliénable, en ce sens qu'elle ne peut compromettre par aucun acte le droit d'en réclamer la restitution[4].

L'aliénation de la rente dotale, même sujette à remploi, peut aussi être autorisée par justice, dans les cas prévus par les art. 1555 et 1558 C. c.

La mutation ou le transfert est alors opéré sur la production ou la justification du jugement et des certificats prescrits par l'article 548 C. proc. civ.

Généralement, les tribunaux n'autorisent l'aliénation qu'à la

1. Foyot, n° 82, p. 51.
2. De Bray, n° 296, p. 283.
3. L. Min. fin. au Prem. Prés. C. des compt., 22 juin 1876. — C'est cette lettre qui a donné lieu à la décision précitée de la Cour des comptes du 15 juin 1877.
4. Aubry et Rau, § 537 *bis*, t. V, p. 599.

charge d'employer les fonds à l'acquit de dettes ou obligations *déterminées*. Le Trésor rejette toute responsabilité à ce sujet, et les agents de change chargés de la négociation demandent presque toujours que le jugement énonce que le Trésor et eux seront dispensés de toute surveillance [1].

Le Bureau des transferts exige, en outre, que le dispositif du jugement relate l'immatricule du titre à aliéner, ou désigne ce titre d'une manière assez complète pour qu'il ne puisse y avoir aucun doute [2].

Lorsque le transfert ou la mutation a lieu en vertu d'une décision judiciaire, il faut examiner si elle a été rendue à bon droit [3].

Voir aussi ce que nous avons dit *suprà* [4] relativement aux *Emplois* et *Remplois*.

Biens paraphernaux. — Quant à ces biens, ils sont aliénables par la femme, avec l'autorisation du mari, sans justification de remploi ou autre, sauf stipulation contraire [5].

Incessibilité. — Inaliénabilité.

L'*incessibilité* désigne ce qui ne peut être cédé, ce qui est absolument personnel; l'*inaliénabilité*, ce qui ne peut être aliéné, ce à quoi on ne peut renoncer, ce dont on ne peut se priver volontairement [6].

En général, tous les biens sont aliénables, et les rentes sur l'État en particulier, par leur nature, sont essentiellememt aliénables [7].

Nous avons indiqué *suprà* (p. 171) les différents cas dans lesquels les rentes sur l'État, nominatives ou mixtes, se trouvent être frappées d'inaliénabilité temporaire, en vertu de dispositions législatives.

Ces rentes peuvent aussi être atteintes d'inaliénabilité provisoire

1. *Sup.*, p. 348.
2. Buchère, n° 203, p. 108 et s.
3. Cpr. A. Berthaut, Dissert. *Rép. gén. not.*, 1887, art. 3705.
4. P. 346 et s.
5. Duvert, n° 176, p. 118.
6. André, *Dict. de droit*, v^is *Inaliénab., Incess.*
7. *Sup.*, p. 170.

par la volonté des parties, en vertu de conventions purement civiles ou de décisions de justice.

Ainsi, l'inaliénabilité peut résulter de constitutions dotales, lorsqu'il est stipulé dans le contrat qu'une rente ne pourra être aliénée pendant le mariage; elle peut être imposée comme condition d'une donation ou d'un testament, quand le disposant appose à sa libéralité la condition que la rente, objet de cet avantage, ne sera pas aliénée avant une époque déterminée, ou jusqu'à l'accomplissement d'un certain événement; enfin, elle peut résulter d'une convention ou être imposée par un jugement, pour la sauvegarde des droits d'un tiers. *Suprà*, p. 170.

Les indisponibilités temporaires sont généralement mentionnées dans les immatricules des titres de rente, en vertu d'un certificat de propriété, et les intéressés sont fondés, en pareil cas, à exiger qu'il en soit ainsi.

Il peut arriver que les restrictions apportées au droit d'aliéner soient frappées de nullité, en vertu des articles 900 et 1131 et s. du C. c.

Mais comme il s'agit, alors, d'une question d'interprétation soumise à l'appréciation des tribunaux, les tiers doivent respecter les conditions d'indisponibilité qui leur sont révélées, et dans ces différents cas, la vente des titres ne peut avoir lieu qu'en vertu d'une décision judiciaire, passée en force de chose jugée, et le Trésor, lui-même, en présence d'une mention insérée dans l'immatricule ou dans le certificat de propriété qui lui serait présenté pour le transfert, lui faisant connaître l'indisponibilité, ne passerait pas outre [1].

Il en est de même, quand les inscriptions se trouvent frappées d'indisponibilité temporaire, en raison de la manière dont elles sont possédées, par exemple en cas de : *substitution, droit de retour, envoi en possession provisoire, usufruits successifs*, etc.

Les rentes sur l'État sont quelquefois frappées d'*incessibilité*.

Cette condition ne saurait être imposée d'une manière absolue; dans la pratique, elle s'applique généralement aux usufruits ou aux rentes tenant lieu de pension alimentaire. Elle ne peut résulter que d'une disposition entre vifs ou testamentaire ou encore d'une décision judiciaire.

1. Duvert, n° 50, p. 34.

La rente constituée à titre de pension alimentaire ou l'usufruit qui en tient lieu est, de plein droit, incessible et insaisissable; le bénéficiaire ne pourrait même y renoncer [1].

Tant que l'indisponibilité dure, l'aliénation des rentes ne peut, en principe, avoir lieu qu'en vertu d'une décision judiciaire passée en force de chose jugée.

Exceptionnellement cependant et si cette indisponibilité n'intéresse que les parties, celles-ci peuvent s'entendre pour la lever et disposer librement des rentes qui en sont affectées; mais il faut, pour cela, que la restriction au droit d'aliéner ne soit pas susceptible d'intéresser les tiers.

Lorsque l'indisponibilité a cessé par suite de l'accomplissement de la condition prévue ou par l'expiration du temps fixé, les rentes qui en étaient affectées redeviennent libres entre les mains du titulaire et il peut faire rayer les mentions d'indisponibilité et faire inscrire les titres à son nom purement et simplement ou les transférer, si d'ailleurs il n'existe aucune autre raison qui en empêche.

Pour cela, il suffit, s'il s'agit d'une question d'âge ou de décès, et si l'immatricule le permet, de produire les copies des actes de l'état civil.

Dans le cas contraire, un certificat de propriété, visant les actes et pièces nécessaires, doit être produit [2].

Interdit.

Il y a deux sortes d'interdiction : l'*interdiction judiciaire* et l'*interdiction légale* [3].

L'interdit judiciairement est assimilé au mineur sous tutelle pour sa personne et pour ses biens [4]; il y a donc lieu de s'en référer à ce qui sera dit *infrà* au sujet des *Mineurs*.

Quant à l'interdit légalement, il est privé de ses droits civils. En se servant du mot interdiction, pour qualifier sa position, le législateur l'a, par cela même, assimilé à l'interdit pour cause de démence. Il est donc privé, sinon de la jouissance, du moins de

1. *Sup.*, 1re PARTIE, p. 120.
2. Gorges et de Bray, vⁱˢ *Inalién.*, *Incessib.*. VI, p. 211.
3. *Sup.*, 1re PARTIE, n° 650, p. 111.
4. C. c., 509.

l'exercice de ses droits civils et il ne peut valablement contracter, s'obliger ou aliéner [1].

Cette interdiction, qui commence à partir du jour où la condamnation est devenue irrévocable, est subordonnée, quant à sa durée, à celle de la peine. Elle cesse de plein droit du moment où le condamné se trouve légalement dégagé de sa peine, soit par son accomplissement, soit par la remise ou la grâce, soit par la prescription [2].

Spécialement, il résulte d'une lettre du Garde des Sceaux au Ministre des finances, du 27 décembre 1878, que la grâce accordée au condamné lui restitue le plein exercice de ses droits civils; la dégradation civique seule subsiste.

L'interdit légalement, dont la peine a cessé, peut donc aliéner librement les rentes sur l'État lui appartenant, à la condition de justifier, comme nous l'avons indiqué *sup.*, p. 111, que son état d'incapacité a pris fin [3].

Pour l'aliénation des rentes appartenant à l'interdit pendant son incapacité, il y aurait lieu de recourir aux formalités prescrites pour les mineurs sous tutelle.

Liquidation judiciaire.

Les rentes sur l'État inscrites au nom d'une personne ayant obtenu le bénéfice de la liquidation judiciaire ne peuvent être vendues qu'avec le concours du liquidé et du liquidateur et en vertu d'une ordonnance du juge-commissaire [4].

Cette ordonnance doit être déposée pour minute, si les titres à aliéner excèdent 50 francs de rente [5].

Le produit de l'aliénation ou le montant du remboursement, le cas échéant, ne doit être remis que sur la quittance du liquidé et du liquidateur; mais le concours des contrôleurs n'est pas nécessaire.

Si l'opération avait le caractère d'un désistement, d'une renon-

1. Aubry et Rau, § 85.
2. Idem, texte et notes 2 et 3.
3. Duvert, n° 57, p. 65.
4. L. 4 mars 1889, art. 6; Duvert, n° 72, p. 71 et Appendice, n° 16, p. 276. —
V. aussi L. 4 avril 1890.
5. Cpr. *sup.*, v° *Failli*.

ciation, d'un acquiescement ou d'une transaction, les conditions de l'article 7 de la loi du 4 mars 1889 devraient être observées.

Il importe de remarquer que la liquidation judiciaire n'emportant pas, comme la faillite, le dessaisissement des biens du liquidé, on ne pourrait prétendre vendre, malgré celui-ci, les rentes sur l'État lui appartenant.

Majorats.

Par le fait de leur affectation à un majorat, les rentes sur l'État se trouvant immobilisées, elles ne peuvent être remobilisées que lorsque le titulaire leur substitue une propriété territoriale, ou lorsque la dissolution du majorat est prononcée[1].

Une fois remobilisées, le titulaire peut les aliéner librement.

L'article 5 de la loi du 7 mai 1849, statuant sur les dispositions qui limitent les majorats à deux générations au plus et qui les soumettent à la révocation du fondateur, porte que, dans les cas prévus par les articles 1, 2 et 3 de cette loi, le Ministre statuera sur la demande en radiation soit de la transcription hypothécaire, soit de l'annotation spéciale des rentes sur l'État ou des actions de la Banque de France, et que, sur son refus, les parties intéressées pourront se pourvoir devant les tribunaux ordinaires, qui statueront définitivement.

Pour que les rentes affectées à un majorat puissent être transférées, il faut donc que la liberté de ces rentes, créée par les articles 1, 2 et 4 de la loi du 7 mai 1849, soit constatée par une décision du Ministre de la justice ou par un jugement autorisant le transfert.

Sans une de ces deux pièces, une rente affectée à un majorat ne peut être transférée.

Les tribunaux ordinaires statuant définitivement, dans le cas où un jugement intervient, il est exécutoire de suite ; il n'y a pas lieu à appel[2].

Mandataire.

Les propriétaires d'inscriptions de rentes sur l'État nominatives ou mixtes peuvent donner mandat à un tiers à l'effet de les représenter pour le transfert de ces valeurs.

1. *Sup.*, 1re PARTIE, n° 808, p. 129.
2. *Sic* De Lacroix, p. 288 et s.

C'est même le plus souvent en vertu d'une procuration que le transfert des rentes est opéré.

En raison de l'importance spéciale de ces procurations dans la pratique, nous leur consacrons un chapitre particulier [1].

Mari.

Sous quelque régime qu'il soit marié, le mari a toujours la libre disposition de ses biens; aucune clause restrictive ne saurait l'atteindre en cette qualité. Comme chef de la communauté, il peut naturellement disposer librement des rentes en dépendant, sans le concours de la femme [2].

Nous avons déjà indiqué précédemment les conditions dans lesquelles le mari, sous le régime de la communauté légale ou conventionnelle, peut vendre, dans certains cas, les rentes inscrites au nom de sa femme [3].

Disons seulement ici que ce droit, pour le mari, de vendre les rentes de sa femme, sous la réserve de fournir à l'agent de change négociateur les justifications voulues, ne pourrait être suspendu par une instance en divorce, même intentée par la femme.

Jusqu'à la dissolution de la communauté, le mari conserve tous ses droits. Et il a été jugé que la femme n'est pas fondée, en principe, à demander la nomination d'un séquestre chargé d'administrer, aux lieu et place de son mari, ses biens propres ou ceux de la communauté [4].

Toutefois, comme la nomination d'un séquestre pourrait être obtenue, soit pour les biens propres de la femme [5], soit pour ceux de communauté en cas de craintes justifiées [6], si cette mesure avait été prise, le droit du mari se trouverait suspendu.

Ce que nous disons pour le divorce est applicable, par analogie, en cas d'instance en séparation de biens ou de corps.

Qu'il s'agisse de rentes propres à la femme ou de communauté, il est toujours prudent pour l'agent de change, à moins que l'opération ne soit appuyée d'un certificat de propriété récemment délivré,

1. V. *inf.*, chap. IV.
2. C. c., 1421.
3. *Sup.*, 1re PARTIE, p. 94 et 96.
4. Cass., 26 mars 1889 (conf. Paris, 17 janv. 1889) ; Paris, 30 oct. 1894, 13 fév. 1896.
5. C. Dijon, 11 juin 1887 ; C. Rouen, 19 mars 1891.
6. C. Lyon, 3 juin 1891.

d'exiger le concours de la femme, quand c'est possible; car une séparation définitive ou le décès de la femme pourrait être survenu et le mari n'aurait plus qualité pour agir seul[1].

Mineurs.

Différentes distinctions sont à faire en ce qui concerne les mineurs[2].

MINEUR SOUS TUTELLE. — Les rentes appartenant à un mineur placé *sous une tutelle de quelque nature que ce soit*, légale ou dative[3], ne peuvent être aliénées sans autorisation préalable du conseil de famille[4].

S'il n'y avait pas unanimité d'avis des membres du conseil de famille, il faudrait mentionner l'avis de chacun d'eux[5].

La majorité absolue des suffrages est nécessaire et suffit pour former la délibération, et les délibérations sont exécutoires par elles-mêmes, à moins qu'elles ne soient sujettes à homologation[6].

Les dispositions de la loi du 27 février 1880 sont applicables aux inscriptions de rentes appartenant aux *mineurs* et *aliénés* sous *l'administration de l'Assistance publique* ou des *Administrations hospita-*

1. *Adde* Duvert, n° 122, p. 90.
2. On peut consulter aussi, en ce qui concerne l'application de la loi du 27 février 1880, la Circulaire du Garde des Sceaux aux proc. gén., du 20 mai 1880.
3. La question de savoir si les pères et mères des *enfants naturels* ont la *tutelle légale* de leurs enfants reconnus est très controversée.
Voir, pour l'*affirmative* : Aubry et Rau, § 571-12; Laurent, IV, 414; Cass., 22 juin 1813, 31 août 1815, 29 avril 1830; Douai, 22 juill. 1856; Poitiers, 5 mai 1858, 1er août 1870; Caen, 22 mars 1860; Alger, 17 mars 1875; Clermont, 23 févr. 1883; Bourganeuf, 24 janv. 1884; Les Andelys, 1er déc. 1891; — pour la *négative* : Marcadé, s. l'art. 390, n° 2; Demolombe, VIII, 382 à 385; Paris, 9 août 1811; Amiens, 23 juill. 1814; Grenoble, 5 avril 1809; Agen, 19 fév. 1830; Lyon, 11 juin 1856, 8 mars 1859; Rennes, 6 janv. 1867; Toulouse, 14 mai 1868; Confolens, 16 mai 1868; Paris, 19 mai 1882; Nimes, 15 févr. 1877; Paris, 28 juillet 1892.
Quand il s'agit d'un paiement, le Trésor exige que le père (ou la mère) justifie de sa nomination de tuteur, sauf le cas de remplois en une valeur identique. De Marcillac, n° 1086, p. 295.
Dans l'opinion affirmative, on considère qu'en cas de reconnaissance par le père et la mère, la tutelle appartient au père, et que celle de la mère ne commence qu'au décès du père. Aubry et Rau, § 571-13 et 14.
4. L. 27 fév. 1880, art. 1er.
5. C. proc. 883.
6. Aubry et Rau, §§ 94-14 et 95-10.

lières. Dans ce cas, le conseil de surveillance de l'Assistance publique ou les commissions administratives remplissent les fonctions attribuées au conseil de famille [1].

Leurs délibérations sont assujetties, comme celles des conseils de famille, à l'article 883 du C. de proc.

Si l'*aliéné* avait été pourvu précédemment d'un conseil de famille, ce dernier se trouverait dessaisi de ses fonctions [2].

Cette autorisation est nécessaire même pour les rentes au-dessous de 50 francs [3].

Si, d'après l'appréciation du conseil de famille, la rente à aliéner doit produire une somme supérieure à 1,500 francs, la délibération doit être soumise à l'homologation du tribunal, statuant en Chambre du conseil, le ministère public entendu et en dernier ressort [4].

Il n'y a pas lieu de se préoccuper des différences que peuvent entraîner les fluctuations des cours entre la délibération et le transfert : la responsabilité des agents de l'Administration est couverte par l'appréciation du conseil de famille [5].

On doit faire insérer dans les délibérations et jugements que le Trésor et l'agent de change sont dispensés de surveiller l'emploi des fonds.

Si la mère agit comme maintenue dans la tutelle après s'être remariée, elle doit être assistée du co-tuteur.

Lorsque la mère, tutrice légale, agit au nom de l'enfant dont elle déclare être enceinte, le concours du *curateur au ventre* est nécessaire [6].

Si un *conseil de tutelle* a été nommé à la mère survivante, il doit concourir à l'opération [7].

MINEUR SOUS L'ADMINISTRATION LÉGALE DE SON PÈRE. — Il résulte des discussions auxquelles a donné lieu le vote de la loi du 27 février 1880, sur l'aliénation des valeurs mobilières appartenant aux incapables, que cette loi n'est pas applicable au père administrateur légal [8].

---

1. L. 27 fév. 1880, art. 8.
2. Bavelier, 13, IV, p. 39.
3. L. 27 fév. 1880, art. 12, abrogeant la loi du 24 mars 1806.
4. L. 27 fév. 1880, art. 2.
5. Circ. Direct. Dette insc., 10 mars 1880.
6. Cpr. *Sup.*, v° *Enfant conçu.*
7. C. c., 391.
8. Rapp. de M. Denormandie au Sénat.

Cette loi, qui a été faite *contre les tuteurs*, n'est applicable, en principe, que *quand il y a tutelle*[1].

Pour savoir quels sont les droits du père administrateur légal, relativement à l'aliénation des valeurs mobilières appartenant à ses enfants mineurs, il faut, par conséquent, faire abstraction de cette loi et rechercher quels étaient ces mêmes droits avant sa promulgation.

La loi du 24 mars 1806 et le décret du 25 septembre 1813, qui concernent les tuteurs et eux seulement, ne s'appliquent pas aux administrateurs légaux et n'ont pas modifié le droit commun à leur égard[2].

Le Code n'ayant pas déterminé les pouvoirs du père administrateur légal, la question de capacité de celui-ci, au point de vue qui nous occupe, a donné lieu à différents systèmes.

D'après les uns, le père n'étant, aux termes de l'article 389 du Code civil, qu'un simple *administrateur*, ne peut, en vertu des principes généraux du droit, faire seul et sans surveillance d'aucune sorte, que des *actes de pure administration*, ce qui ne comprend évidemment pas l'aliénation du mobilier incorporel appartenant à ses enfants[3].

Suivant les autres, au contraire, le père administrateur légal a le même droit que le tuteur autorisé par le conseil de famille[4]; par suite, il peut aliéner, seul, de gré à gré et sans formalités spéciales, le mobilier incorporel de ses enfants[5]

C'est cette dernière opinion qui prévaut aujourd'hui et c'est, du reste, la seule exacte, croyons-nous.

Les partisans de la nécessité de l'autorisation préalable sont, d'ailleurs, eux-mêmes divisés sur la question de savoir de qui doit émaner cette autorisation, quand il y a lieu.

Les uns veulent qu'elle soit donnée directement par le tribunal, par jugement rendu en la Chambre du conseil[6]; les autres, assimilant l'administrateur au tuteur, soutiennent qu'elle doit être

---

1. Circ. Dir. Dette insc. 10 mars 1880, IV; Circ. Min. Just. aux proc. gén. 20 mai 1880.
2. Deloison, n° 229, p. 253.
3. Cpr. Duvert, n° 34, p. 55.
4. Marcadé, t. II, n° 150, p. 162.
5. Cpr. Aubry et Rau, § 113, texte et notes 67 et s.; § 123, texte et notes 29 et 30.
6. Marcadé, t. II, n° 150, p. 162; Laurent, t. IV, p. 314; Bertin, t. I, n° 613, *in fine*, p. 409.

donnée par un conseil de famille, réuni conformément aux dispotions du Code sur la tutelle [1].

C'est le premier de ces systèmes qui tend à prévaloir aujourd'hui et c'est celui qui est suivi par le tribunal civil de la Seine [2]. Il n'y a pas lieu d'en référer à un conseil de famille, parce qu'il n'en existe pas. Il n'y a de conseil de famille que quand il y a tutelle [3], et il n'y a tutelle qu'après la dissolution du mariage [4].

Avant la loi du 27 février 1880, le Trésor assimilait le père administrateur légal des biens de son enfant au tuteur. Se fondant sur la loi du 24 mars 1806, il admettait le père administrateur à transférer seul les rentes appartenant à son enfant, quand elles étaient inférieures à 50 francs ; à partir de ce chiffre, le père devait justifier de l'autorisation du conseil de famille [5]. Mais depuis la loi du 27 février 1880, cette pratique a été abandonnée, et il est aujourd'hui admis par le Trésor que le père administrateur légal peut transférer seul les rentes appartenant à son enfant mineur sans autorisation, quelle qu'en soit la quotité [6].

La qualité d'administrateur est suffisamment constatée soit par l'énonciation faite dans une procuration ou dans un certificat de propriété, soit même par l'indication portée sur le titre de rente, en cas de transfert simple, sans que le Trésor ait à rechercher s'il est survenu des changements depuis [7].

Toutefois, si le Trésor admet que le père administrateur peut vendre seul et sans autorisation les rentes appartenant à son enfant, il ne faut pas croire que cette opération se réalise sans difficulté dans la pratique.

Voici, en effet, ce qui se produit, du moins quand l'opération a lieu par l'entremise de la Chambre syndicale, ce qui est forcément

1. Demolombe, t. VI, n° 446 ; Aubry et Rau, § 123, texte et note 31 ; Marseille, 12 déc. 1864 ; Villefranche, 12 mai 1887. — Cpr. aussi Lille (Ch. du c.), 9 juill. 1893.

2. Seine, 17 fév. 1848, 19 janv. 1851, 29 mai 1852 et 18 juin 1852. — V. aussi Seine, 27 avril 1882.

3. C. c., 405 et s., *arg.*

4. C. c., 390, 405 et s., *arg.*

5. Cette exigence était vivement critiquée et condamnée par les tribunaux. Cpr. Seine, 17 déc. 1876.

6. Circ. Dir. Dette inscr. 10 mars 1880, IV. — V. Rapp. au Sénat, par M. Denormandie, séances des 3 et 26 mai 1878.

7. Circ. Direct. Dette inscr. 10 mars 1880, IV.

le cas de toutes les négociations pour lesquelles on s'adresse aux trésoreries générales et aux recettes des finances [1].

La Chambre syndicale, considérant que l'aliénation des titres comporte deux opérations distinctes : 1° la vente, qui est effectuée par l'agent de change ; 2° et le transfert ou l'opération ayant pour résultat de faire disparaître du Grand-Livre le nom du titulaire, qui est opérée par les agents du Trésor, en tire cette conséquence, qu'en cette matière, il existe deux responsabilités bien distinctes : celle de l'agent de change pour la négociation et la remise de fonds, et celle du Trésor pour le transfert proprement dit.

Par suite, dit-elle, le Trésor est libre de prendre, en ce qui concerne les transferts, telle décision que bon lui semble, mais les instructions du Ministre des finances ne sauraient engager l'agent de change négociateur, qui reste seul juge des justifications qu'il croit devoir demander pour couvrir sa responsabilité.

Aussi, la Chambre syndicale a-t-elle décidé de suivre la règle ci-après :

Elle continue à vendre, comme elle le faisait avant la loi de 1880, sans aucune formalité, les rentes de 50 francs et au-dessous, rangeant cette opération au nombre des actes d'administration que le père administrateur peut faire sans autorisation judiciaire.

Mais, pour les rentes supérieures à ce chiffre, elle considère que la vente ne peut avoir lieu sans un jugement de la Chambre du conseil.

Cependant, cette formalité n'est pas exigée quand il doit être justifié d'un remploi régulier du produit de la vente ; mais alors la Chambre syndicale exige qu'on lui fasse connaître, à l'avance, le mode de remploi adopté, anfin que, de son côté, elle puisse se prononcer sur les justifications à fournir.

Ce mode de procéder conduit à des conséquences anormales.

En effet, — à Paris, du moins, — la Chambre du conseil se refuse catégoriquement à autoriser le père administrateur légal à aliéner les rentes appartenant à son enfant mineur, même quand le chiffre dépasse 50 francs, et dit qu'il n'y a pas lieu d'autoriser [2] ; et la Chambre syndicale, considérant alors sa responsabilité comme couverte par le jugement, consent à exécuter l'opération.

La question a été portée plusieurs fois devant les tribunaux qui

1. *Sup.*, p. 254.
2. Conf. Bertin, n° 617, t. 1, p. 412.

l'ont tranchée en sens divers. Citons notamment : un jugement du tribunal de la Seine du 27 avril 1882, statuant dans le sens de la pratique du Trésor et, un autre, du 4 août 1894, approuvant la théorie de la Chambre syndicale des agents de change.

La règle que nous venons de rappeler est celle adoptée par la Chambre syndicale ; quant aux agents de change en particulier, juges de leur responsabilité, ils peuvent se départir de cette rigueur et ils le font souvent.

Il s'agit pour eux d'une question d'appréciation et tout dépend alors des espèces.

Lorsqu'il s'agit de la vente par un père, administrateur légal des biens de son enfant mineur, de valeurs appartenant à ce dernier, et en particulier de rentes sur l'État, il est donc préférable de ne pas s'adresser, autant que possible, aux Recettes générales et particulières des finances, c'est-à-dire à la Chambre syndicale des agents de change, qui est l'intermédiaire obligé de ces établissements, mais directement à un agent de change.

Il est alors bon, avant d'envoyer le dossier, de s'entendre avec cet agent.

Il faut indiquer : 1° l'importance de la valeur à aliéner ; 2° l'âge du mineur, afin d'établir si celui-ci a plus ou moins de dix-huit ans et, par conséquent, si le père a ou n'a pas la jouissance légale ; 3° l'origine des titres, afin que, s'ils proviennent d'un don où d'un legs, l'agent de change puisse savoir s'ils ont été donnés avant la loi du 27 février 1880, c'est-à-dire à une époque où il était admis généralement que l'administrateur légal n'avait pas le droit d'aliéner et si le donateur a pu compter sur cette inaliénabilité ; 4° s'il sera fait emploi du produit de la négociation et, dans ce cas, le mode de remploi adopté, etc.

Bien entendu, il est toujours nécessaire d'indiquer que l'administration légale n'a pas cessé par la dissolution du mariage soit par le décès de la mère, soit par la prononciation du divorce [1]. Cette justification a lieu, comme nous l'avons dit déjà, au moyen des énonciations contenues dans les pièces produites ou d'un certificat de vie.

Le Ministre de la justice, consulté par le Ministre des finances sur la question de savoir si le père administrateur légal peut aussi

1. C. c., 227 et 389.

aliéner, sans autorisation préalable du conseil de famille ou de justice, les rentes que ses enfants mineurs possèdent à titre d'héritiers bénéficiaires, s'est prononcé dans le sens de l'affirmative [1].

Cette décision est une conséquence de l'arrêt de Cassation du 13 août 1883, que nous avons signalé *sup.*, v° *Bénéfice d'inventaire*.

Bien qu'il puisse être admis que, dans le cas où la garde des enfants est confiée à la mère [2], la jouissance légale des biens de ceux-ci lui appartient et, comme conséquence, l'administration de ces biens [3], le Trésor admet que le père a le droit de vendre seul les rentes de ses enfants mineurs après la dissolution du mariage par le divorce [4], attendu que la puissance paternelle continue de subsister malgré le divorce, avec tous les droits qui en découlent, tels que le droit de surveillance et d'administration des biens, même relativement aux enfants confiés au soin de la mère [5], sauf, bien entendu, les atteintes qui peuvent être portées à ce droit en vertu des articles 302 et 444 du Code civil [6].

Mais cette théorie est contestée notamment par les agents de change, et à moins que le jugement de divorce ne contienne des dispositions spéciales, ils ne prêtent leurs concours à l'opération qu'autant qu'elle a été autorisée par le tribunal, quelle que soit la somme de rente à aliéner [7].

En cas de *disparition du mari*, la puissance paternelle et le droit d'administration légale des biens des enfants appartiennent à la mère [8].

Lorsque le père est *déchu de l'administration légale* des biens de ses enfants, la mère n'a pas, de plein droit cette administration ; mais elle peut lui être conférée par la justice [9].

Mineur émancipé. — Les mineurs *émancipés au cours de la tutelle*, même assistés de leurs curateurs, ne peuvent aliéner les rentes leur appartenant qu'en se conformant aux prescriptions des ar-

1. Déc. 27 mars 1884.
2. C. c., 302.
3. Seine, 5 nov. 1894 ; 4 mai 1896.
4. Décis. Content., 19 juin 1889.
5. C. Angers, 6 mai 1841 ; Cass., 28 fév. 1842. — Cpr. Poitiers, 3 mars 1830.
6. C. Lyon, 10 nov. 1894.
7. Duvert, n°s 40 et s., p. 58, et p. 48, note 1.
8. C. c., 141 ; Seine, 4 mai 1896. .
9. Aubry et Rau, § 123-14.

ticles 1 et 2 de la loi du 27 février 1880 : délibération du conseil de famille, et, s'il y a lieu, homologation du tribunal[1].

Mais ces formalités ne sont pas nécessaires pour les mineurs *émancipés par le mariage*[2], et pour ceux *émancipés pendant le mariage* par leur père et mère[3].

Il suffit donc que les mineurs émancipés agissent avec l'assistance de leur curateur.

Le mineur émancipé par le mariage et *devenu veuf*, celui qui a été émancipé par son père et sa mère et est *devenu orphelin* ne sont pas, à raison de ces événements postérieurs à l'émancipation, tenus d'observer les formalités prescrites par la loi de 1880[4]; ils conservent la capacité acquise.

On considère généralement que la *femme mariée mineure* a pour *curateur* de droit son mari, bien que la loi ne se prononce pas sur ce point, comme elle le fait en matière d'interdiction[5]. La jurisprudence est fixée dans ce sens[6].

Dans ce cas, le Trésor exige que, dans la procuration donnée en vue du transfert, le mari agisse comme *curateur de droit* de sa femme.

Le *mari mineur* ou *pourvu d'un conseil judiciaire*, ne pouvant agir comme curateur de droit de sa femme, il y a lieu de faire nommer à celle-ci, pour l'assister, un *curateur ad hoc*[7]; mais le mari doit, néanmoins, concourir à l'opération.

Le père n'est pas de plein droit le curateur de son enfant mineur, qu'il a émancipé durant le mariage ou après sa dissolution[8], et

---

1. L. 27 fév. 1880, art. 4. — Un arrêt de la C. de Besançon, du 20 mars 1883, a décidé que les formalités prescrites pour l'aliénation des biens du mineur émancipé au cours de la tutelle sont substantielles et que leur inobservation frappant de nullité absolue les ventes mobilières faites sans s'y conformer, le mineur est fondé à demander la restitution des valeurs irrégulièrement aliénées (dans l'espèce, notamment un titre de rente), si d'ailleurs il n'avait commis aucun délit ou quasi-délit pour arriver à cette aliénation.

2. Même loi, art. 4.

3. Circ. Direct. Dette insc., 10 mars 1880, V.

4. L. Min. just. 20 mai 1880.

5. C. c., 506.

6. Cass., 4 fév. 1868.

7. D'après les principes généraux du droit, ce curateur doit être nommé par le conseil de famille. Michel, *Cons. de fam.*, v° *Émanc. par le mariage*, p. 185. — V. cep. C. c., 2208.

8. Aubry et Rau, § 131-5; Douai, 22 déc. 1863. — V. cep. Marcadé, sur l'art. 480, II; Besançon, 8 avril 1884.

il y a lieu d'exiger la nomination par le conseil de famille d'un curateur [1].

Lorsque la *femme*, encore *mineure*, est *devenue veuve*, il doit lui être nommé un *curateur*.

Quant au *mineur émancipé pour faire le commerce*, il n'est pas assimilé au mineur émancipé durant le mariage, et il doit se conformer aux prescriptions des articles 1 et 2 de la loi du 27 février 1880 [2].

Cependant, dans le cas où l'aliénation constituerait un des actes rentrant dans les opérations de commerce que le mineur est autorisé à faire, les dispositions de l'article 487 du Code civil le dispenseraient de toute formalité [3].

Il est prudent, en ce cas, pour l'agent négociateur, de s'assurer qu'il y a réellement un établissement commercial, et que les formalités prescrites par l'article 2 du Code de commerce ont été remplies.

Il faut, en outre, exiger l'assistance du curateur, l'agent de change ne pouvant apprécier si l'opération est relative au commerce [4].

MINEURS COPROPRIÉTAIRES INDIVIS. — Lorsqu'il s'agit d'une rente indivise entre plusieurs titulaires, dont quelques-uns sont sous tutelle, la jurisprudence du Trésor se résume ainsi :

Si l'inscription à négocier représente, dans son entier, un capital inférieur à 1,500 francs, il suffit de produire une délibération du conseil de famille autorisant le transfert de la portion indivise afférente aux incapables.

Si ce capital est supérieur à 1,500 francs, la délibération doit être appuyée d'un jugement d'homologation [5].

La Cour de cassation, par arrêt du 15 juillet 1890, s'est prononcée dans le sens de la validité de cette pratique [6] en décidant, contrairement à ce qu'avaient fait plusieurs jugements antérieurs [7], que

1. *Adde* Duvert, p. 58, note 1.
2. L. Min. just. au Min. fin., 23 fév. 1884.
3. L. Min. just. précitée.
4. Duvert, n° 49, p. 61.
5. Circ. Direct. Dette insc. 28 mars 1881, § IX.
6. V. dans le même sens : Saint-Pol, 12 avril 1884 ; Bernay, 2 juin 1885.
7. Seine, 23 juin 1880, 9 mars 1882, 5 juill. 1882, 7 déc. 1883 ; Lyon, 3 juin 1884 ; Rouen, 2 fév. 1885. — V. aussi Buchère, *Op. de B.*, n° 208, p. 170.

s'il est interdit au conseil de famille d'opérer indirectement un partage, lorsqu'il est appelé à autoriser l'aliénation de valeurs mobilières appartenant indivisément à des mineurs, la loi du 27 février 1880 n'a cependant pas exigé la formalité d'un partage judiciaire préalable pour que l'aliénation de ces valeurs mobilières pût être autorisée.

En conséquence, lorsqu'un conseil de famille a autorisé un tuteur à aliéner des valeurs mobilières immatriculées indivisément au nom des mineurs et de leur père, en prescrivant le remploi du prix de vente en d'autres valeurs qui doivent rester indivises, le tribunal ne peut se refuser à l'homologation, sous prétexte que le partage n'a pas encore eu lieu.

Mais si la valeur du titre indivis excédait 1,500 francs, la délibération ne pourrait déclarer valablement que la part du mineur est inférieure à cette somme. Une semblable déclaration équivaudrait à un partage ; elle ne peut être insérée dans une délibération du conseil de famille que si elle se borne à consacrer les résultats d'un partage antérieur et régulier [1].

L'emploi en d'autres valeurs n'est pas le seul motif qui puisse être invoqué ; il peut être utile et même urgent de vendre les valeurs indivises pour toute autre cause, par exemple acquitter le passif.

La délibération doit être motivée et faire ressortir l'opportunité de l'aliénation [2].

Il faut, en tout cas, se garder de laisser apparaître que l'aliénation est un moyen détourné d'éviter un partage ; elle serait contraire à la loi et à la jurisprudence.

Les délibérations et jugements doivent, pour éviter toutes difficultés, stipuler que le Trésor et les agents de change sont dispensés de surveiller l'emploi des fonds.

Bien entendu, le titre indivis doit être vendu et transféré en totalité conjointement avec les majeurs ; on ne pourrait vendre la part seule des mineurs, car il faudrait la déterminer exactement et cela équivaudrait à un partage.

Avant de procéder à la négociation de valeurs appartenant à des

---

1. L. Min. just. aux proc. génér., 20 mai 1880.
2. La loi de 1880 ne disant pas, comme le fait l'art. 457, relatif aux immeubles, que l'aliénation ne pourra être faite que pour cause de nécessité absolue ou d'avantage évident, il suffit que l'aliénation puisse paraître utile, pour que le conseil puisse l'autoriser. Bertin, n° 520, t. I, p. 352.

mineurs ou à des interdits, les agents de change doivent s'assurer que la négociation a été autorisée conformément à la loi du 7 février 1880[1].

Nu propriétaire.

Voir *infrà* le mot *Usufruitier*.

Pourvu de conseil judiciaire.

Le pourvu de conseil judiciaire peut vendre et transférer les rentes sur l'État lui appartenant avec l'assistance de son conseil judiciaire[2], mais il ne peut consentir aucune aliénation, si minime qu'elle soit, sans cette assistance.

Le refus du conseil judiciaire d'assister le prodigue pour aliéner ses valeurs ne peut être suppléé par une autorisation de justice[3].

Le prodigue ne peut que provoquer la révocation du conseil ou la nomination d'un conseil *ad hoc*[4]. Dans ce cas, sa demande ne peut être portée devant le tribunal en Chambre du conseil; elle doit être introduite, par voie d'assignation principale, dans la forme ordinaire[5].

Si l'on se trouvait en présence d'une personne dont la faiblesse d'esprit ou la prodigalité fût apparente, l'agent de change devrait, pour couvrir sa responsabilité, se faire attester la capacité civile du contractant; car si, en principe, la dation d'un conseil judiciaire n'a pas d'effet rétroactif[6], les opérations faites par un prodigue, au cours de l'instance, pourraient être annulées, s'il n'y avait pas eu bonne foi de la part des tiers[7].

Bien que la loi ne limite pas l'incapacité du prodigue au ressort du tribunal où la dation du conseil a eu lieu, nous pensons, avec

---

1. Décr. 7 oct. 1890, art. 72.
2. C. c., 513, arg. *a cont.*; Bavelier, n° 13-v, p. 40.
3. Nancy, 31 mars 1879; Duvert, n° 90, p. 76; Deloison, n° 98, p. 76.
4. Duvert et Deloison, *ubi sup.*; Bailliot, *Supp.*, p. 14; Nancy, 31 mars 1879. — V. aussi Orléans, 15 mai 1845; Besançon, 11 janv. 1851.
5. Cependant, si le prodigue et son conseil concouraient à la demande, il semble que la Chambre du Conseil serait compétente. Bertin, n° 792, t. I, p. 553.
6. C. c., 502, *arg.*
7. Duvert, n° 89, p. 75. — V. aussi Laurent, t. V, n° 375; Demolombe, t. VIII, n° 772.

M. Duvert[1], que les tiers seraient autorisés à invoquer, dans une certaine mesure, leur bonne foi et l'ignorance du jugement rendu par un tribunal autre que celui de leur ressort et, ajouterons-nous, de celui du prodigue.

Notons cependant un arrêt de la Cour de Paris, du 21 mai 1883, décidant que la dation d'un conseil judiciaire, par un tribunal étranger, doit produire ses effets en France, indépendamment de toute publicité spéciale et de tout *exequatur* émanant d'un tribunal français.

Séquestre [2].

L'insaisissabilité des rentes sur l'État ne s'oppose pas à ce que leur mise sous séquestre soit ordonnée, quand cette mesure est demandée par celui qui s'en prétend propriétaire, comme une mesure conservatoire destinée à empêcher qu'il ne soit disposé des titres à son préjudice.

La Cour de cassation l'a décidé ainsi, et le Trésor admet dans ce cas que mention soit faite sur les titres de la nomination du séquestre[3].

Le séquestre étant, par la nature même de ses fonctions, chargé de conserver la chose qui lui est confiée, n'a jamais le droit d'aliéner[4].

Il importe de ne pas confondre les fonctions du séquestre avec celles de l'administrateur, qui est investi de pouvoirs déterminés.

---

1. No 97, p. 78.
2. *Adde* : C. c.. 1955 et s.; C. inst. crim., 471 ; Déc. min. 20 avril et 10 août 1810 (Régie des domaines); L. L. 28 avril 1816 et 28 juillet 1875 (C. des dép. et cons.).
3. Cass., 28 nov. 1838 (confirm. arrêt, Paris. 7 juill. 1836); *Sup.*, 1re PARTIE, nos 713 et s. — La C. de Poitiers a cependant jugé, le 16 juill. 1876, que la séquestration ayant pour effet d'admettre indirectement l'opposition sur les rentes, cette mesure ne pouvait-être ordonnée à la demande d'un tiers en revendiquant la propriété. Mais cette décision nous semble avoir fait une fausse application du principe de l'insaisissabilité. En effet, si la mise sous séquestre demandée par un *créancier* ne saurait être accordée, il n'en est pas de même quand elle est demandée par celui qui se prétend *propriétaire*, comme mesure conservatoire pour arriver à exercer utilement son droit de revendication.
4. Deloison, no 114, p. 81.

Sociétés.

Les aliénations de titres de rentes appartenant aux sociétés ne sont admises qu'en vertu de pièces dont la nature varie en raison de la teneur des statuts et de la nature de la société [1].

Lorsqu'un titre est inscrit au nom d'une raison sociale, il y a lieu de produire l'acte de société, pour prouver que l'associé qui agit a qualité pour le faire [2].

Cette justification concerne l'agent de change.

Quant au Trésor, une décision du Conseil du contentieux, approuvée par le Ministre, le 1er juillet 1813, autorise le transfert des inscriptions collectives appartenant aux maisons de banque et de commerce sur la signature de la raison sociale, certifiée par l'agent de change, conformément aux dispositions de l'art. 15 de l'arrêté du Gouvernement du 27 prairial an X (16 juin 1802) [3].

Pour les sociétés qui sont administrées soit par un conseil, soit par un directeur ou administrateur délégué, et dont les intéressés se réunissent en assemblée générale, il y a lieu de justifier d'une délibération spéciale de cette assemblée, si les pouvoirs statutaires donnés au représentant de la société ne contiennent pas le pouvoir de vendre et transférer [4].

Spécialement, les rentes appartenant aux sociétés de secours mutuels sont transférées sur la production de délibérations prises en assemblées générales et autorisant l'opération [5].

Quand la rente à aliéner est supérieure à 50 francs, la délibération doit être déposée chez un notaire qui en délivre expédition.

Si la société est en liquidation, il faut justifier des pouvoirs donnés aux liquidateurs par les associés, ou obtenir le concours de ces derniers [6].

1. Gorges et de Bray, vo *Sociétés industrielles*, etc., II, p. 324; de Bray, no 300, p. 287.
2. Duvert, no 154, p. 106.
3. Inst. 1er mai 1819, titre III, 1re partie, art. 16.
4. Duvert, no 153, p. 106.
5. Gorges et de Bray, *eod. verb.*, I, p. 323; de Bray, *ub. sup.*
6. Bavelier, no 13-xiii, p. 42.

Substitution. — Restitution.

Les substitutions, c'est-à-dire les libéralités à la charge de conserver et de rendre les biens qui en font l'objet, sont permises dans certains cas. C. c., 1048 et s.

Jusqu'à l'ouverture de la substitution au profit des appelés, le grevé est considéré comme seul propriétaire des biens substitués, mais les aliénations qu'il pourrait consentir seraient frappées de résolution, en cas d'ouverture de la substitution.

Les rentes grevées d'un droit de restitution ne peuvent, en principe, être aliénées qu'en vertu d'une autorisation de justice [1].

Et comme il est de règle que les biens grevés de restitution doivent être conservés en nature, l'aliénation ne peut être autorisée qu'en cas de nécessité absolue ou d'avantage évident [2].

C'est la Chambre du conseil qui est compétente pour autoriser l'aliénation des biens grevés de restitution [3].

Lorsqu'il y a lieu de recourir à l'autorité de la Chambre du conseil, l'intervention du conseil de famille n'est nécessaire qu'autant que le grevé est mineur ou interdit [4].

Par le fait que le grevé est, pendant son existence, seul propriétaire des biens à restituer et que les appelés n'ont jusqu'à l'ouverture de la substitution aucun droit sur les biens, ces derniers sont sans droit pour habiliter celui-ci à aliéner. On ne peut, du reste, connaître exactement les appelés qu'au décès du grevé, car, quels que soient son âge et son sexe, la survenance d'enfants ne peut légalement être présumée impossible.

L'acte contenant la substitution peut cependant renfermer des clauses modifiant les conditions légales, par exemple la faculté d'aliéner partiellement dans des cas déterminés. Il faut, alors, se conformer strictement à ces stipulations, comme s'il s'agissait d'un remploi dotal.

Quelquefois l'obligation de capitaliser les arrérages est imposée ; elle doit alors être mentionnée dans les immatricules.

1. Gorges et de Bray, v^{is} *Subst.-Restit.*, VI, p. 326. — Duvert, n°s 102 et 315, p. 79 et 170.

2. Bertin, n° 1294, t. II, p. 309.

3. Idem, n° 1293, t. II, p. 309.

4. Seine (Ch. cons.), 22 déc. 1852, 8 avril 1853, 27 mai 1854 ; Bertin, n° 1302, t. II, p. 312.

Le jugement d'autorisation doit être rendu contradictoirement avec le tuteur à la restitution, sur les conclusions du ministère public [1] et avoir acquis l'autorité de la chose jugée.

C'est le tuteur qui, comme chargé de surveiller l'exécution des dispositions [2], représente les appelés.

L'autorisation n'est donnée habituellement qu'à la condition que le produit de la vente sera employé en autres valeurs ou créances ou en immeubles.

Ces emplois doivent avoir lieu sous la surveillance du tuteur.

Lorsqu'il s'agit de recevoir le remboursement des rentes amorties, aucune autorisation ne nous semble nécessaire au grevé pour toucher; mais les fonds doivent être remployés [3].

Successeurs irréguliers.

Les successeurs irréguliers ne peuvent disposer sans autorisation de justice des biens recueillis par eux, avant un délai de trois ans du jour de leur envoi en possession [4].

De plus, bien que l'envoi en possession ne soit pas prescrit d'une manière explicite pour les successions des enfants naturels recueillies par leurs père et mère ou par leurs frères et sœurs, cette formalité est exigée à l'appui des transferts et mutations des rentes dépendant de ces successions [5]. Leur situation n'est pas modifiée par la loi du 25 mars 1896; ils restent des successeurs irréguliers et n'ont pas la saisine.

Avant la loi du 25 mars 1896, l'enfant naturel recueillant la totalité de la succession de ses père et mère, seulement à défaut de parents au degré successible (C. c., 758, ancien texte), devait se faire envoyer en possession (C. c., 770, 773, ancien texte), et les titres qui lui étaient délivrés portaient mention qu'ils ne pouvaient être aliénés qu'après trois ans de la date de l'envoi en possession.

1. C. c., 1055 et s.; Aubry et Rau, § 696-66. — Cpr. Boulanger, *Radiat.*, n° 457.
2. C. c., 1055 et s.
3. V. cep. Bertin, n° 1298, t. II, p. 311. — Cet auteur enseigne qu'au cas de remboursement d'une rente sur l'État, l'auteur de la disposition n'ayant pas dû prévoir que ces fonds tomberaient dans la main du grevé, la Chambre du Conseil doit intervenir pour le placement.
4. C. c., art. 771; Gorges et de Bray, v° *Succ. irrég.*, I, p. 337; Duvert, n° 265, p. 159.
5. Gorges et de Bray, v° *Succ. irrég.*, II, p. 337.
6. C. c., 724, arg. *a contrario.*

Il n'en est plus ainsi depuis la nouvelle loi : l'enfant naturel a droit à la totalité des biens de ses père et mère à défaut seulement de descendants de ceux-ci (C. c., 760, nouveau texte); il est saisi de plein droit (C. c., 724) et n'a pas à demander l'envoi en possession.

Quoi qu'il en soit, nous pensons que l'enfant naturel dont le droit s'est ouvert sous l'ancienne législation ne peut, en invoquant la loi de 1896, prétendre aliéner les rentes par lui recueillies avant l'expiration du délai de trois ans; car cette restriction est la conséquence de la possibilité de la revendication d'héritiers du défunt venant à se présenter, et comme la succession ouverte sous l'ancienne législation continue à être régie par celle-ci, cette éventualité subsiste sous la nouvelle loi.

Successions en déshérence.

Les rentes nominatives, mixtes ou au porteur dépendant des successions en déshérence, recueillies par le Domaine de l'État, ne doivent pas, en général, être aliénées[1].

Lorsque l'État en est devenu propriétaire définitif, elles sont portées au *Compte de réduction*[2]; il appartient aux Directeurs de prendre les mesures nécessaires à cet effet[3].

Les receveurs de l'enregistrement sont autorisés à conserver dans leurs caisses les titres nominatifs ou mixtes[4].

Lorsqu'il y a lieu, en raison de circonstances exceptionnelles dont il doit être rendu compte à l'Administration centrale, les rentes sur l'État dépendant de ces successions ne peuvent être aliénées qu'en vertu d'un jugement d'autorisation.

Successions vacantes.

Le curateur à une succession vacante ne peut aliéner les rentes, même inférieures à 50 francs, en dépendant, sans autorisation de justice[5].

Cela résulte de ce que l'article 12 de la loi du 27 février 1880 a

---

1. Inst. Enreg. 10 oct. 1878, n° 2602, art. 69.
2. *Sup.*, 2ᵉ PARTIE, p. 221, *Extinctions.*
3. Même inst., art. 69.
4. Même inst., art. 34.
5. Circ. Direct. Dette inscr. 10 mars 1880, VI.

expressément abrogé la loi du 24 mars 1806 et que, par suite, on doit considérer comme implicitement rapporté l'avis du Conseil d'État du 17 novembre 1807, qui déclarait les dispositions de cette loi applicables aux curateurs aux successions vacantes.

Il résulte d'un arrêt du Conseil d'État déjà cité [1], du 19 décembre 1839, que les créanciers d'une succession vacante ne sauraient obtenir contre le curateur un jugement leur attribuant en paiement la propriété des rentes sur l'État en dépendant.

Mais, par contre, nous estimons que le curateur à une succession vacante est tenu de réaliser les rentes en dépendant pour faire face au passif comme devrait le faire un héritier bénéficiaire [2].

A défaut de pouvoir exercer une mainmise directe sur les rentes dépendant de la succession, nous pensons que les créanciers seraient fondés à obtenir contre le curateur un jugement ordonnant la vente des rentes à sa requête.

Usufruitier. — Nu propriétaire.

Les inscriptions de rente, au nom d'une personne pour l'usufruit et d'une autre pour la nue propriété, ne peuvent être transférées par le nu propriétaire, sans le concours de l'usufruitier, qu'en justifiant de l'extinction des droits de ce dernier. La production de l'acte de décès suffit pour obtenir le transfert [3].

De son coté l'usufruitier, même dispensé de caution et d'emploi, ne peut disposer seul des inscriptions soumises à son usufruit, à moins que ce droit ne lui ait été expressément conféré.

Mais chacun d'eux peut céder séparément ses droits. Les droits partiels sur une inscription de rente n'étant pas cotés en Bourse, la vente doit avoir lieu par acte authentique ou sous seing privé [4].

Dans ce cas, pour faire substituer le nom de l'acquéreur à celui du nu propriétaire ou de l'usufruitier vendeur, il faut produire au Trésor un certificat de propriété du notaire détenteur de l'acte de cession [5].

Cependant, quand un nu propriétaire de tout ou partie d'un titre

---

1. *Sup.*, p. 195, note 4.
2. *Sup.*, p. 196, texte et note 6.
3. Décr. 14 vent. an III, art. 55 ; Bavelier, n° 18, p. 50 ; Buchère, n° 221, p. 184.
4. V. cep. *sup.*, 1re PARTIE, n° 15, p. 7.
5. *Sup.*, 1re PARTIE, n° 723, p. 118.

de rente vend son droit à un tiers, on peut aussi réaliser l'opération au moyen d'un transfert par un agent de change [1].

En cas de décès de l'usufruitier, il y a lieu, avant la vente du
titre, de toucher le trimestre d'arrérages en cours [2].

1. Gorges et de Bray, v⁰ *Nu-prop.*, 1, p. 255.
2. V. *Sup.*, 1ʳᵉ PARTIE, n⁰ 128 et s. et 2ᵉ PARTIE. p. 183. note 7.

CHAPITRE IV

PROCURATIONS

Les propriétaires d'inscriptions de rentes sur l'État nominatives ou mixtes peuvent donner mandat à un tiers à l'effet de les représenter pour la vente et le transfert de ces valeurs [1].

La procuration pour vendre et transférer les rentes sur l'État peut être donnée en la forme *authentique* (en *brevet* ou en *minute*) ou *sous-seing privé*, suivant les distinctions que nous allons établir.

PROCURATION AUTHENTIQUE. — La procuration doit être authentique, c'est-à-dire reçue par un notaire, lorsque la somme de rente à transférer est *supérieure* à 50 francs [2].

Quand elle est passée devant notaire, la procuration est assujettie aux formes ordinaires des actes notariés.

Les *chanceliers* des postes diplomatiques et consulaires, les *vice-consuls* rétribués et les *agents consulaires*, exceptionnellement autorisés à faire les actes attribués aux chanceliers en qualité de notaires, peuvent maintenant, sous le contrôle spécifié dans l'instruction du 30 novembre 1833 et dans la circulaire du 9 décembre suivant, dresser les procurations que les *étrangers* ont à produire au Bureau des transferts [3].

Quant aux procurations dressées aux armées ou dans le cours

1. Quant aux procurations pour recevoir le remboursement de *rentes amorties*, voir ce que nous avons dit *suprà*, p. 220, *Remboursement*.

2. Ord. 5 mars 1823; Circ. Mouv. fonds 24 déc. 1877.

3. Circ. Min. aff. étrang. 30 juin 1884, rapp. décis. contr. du 24 sept. 1834. — V. aussi Décr. 19 janv. 1881.

d'un voyage maritime, la forme en est réglée par la loi du 8 juin
1893 [1].

PROCURATION SOUS SEING PRIVÉ. — Pour les rentes ou fractions de
rente de 50 francs et *au-dessous*, le mandat peut être sous seing
privé [2].

Pendant un certain temps, cette faculté avait été accordée pour
tous les transferts, quelle que soit la somme [3], mais, à la suite d'un
arrêt de Cassation du 11 juillet 1876, déclarant la Chambre syndicale des agents de change responsable d'un transfert opéré en
vertu d'une procuration sous seing privé entachée de faux, on
est revenu à l'observation de l'ordonnance de 1823 [4].

Quand l'opération a lieu par l'intermédiaire des trésoriers-
payeurs généraux, il faut que la procuration sous seing privé soit
acceptée par eux en cette forme [5].

---

1. En temps de guerre, les procurations données par les militaires, les
marins de l'État ou les personnes employées à la suite de l'armée ou embar-
quées à bord des bâtiments de l'État, peuvent être dressées par les fonctionnaires de l'intendance ou les officiers du commissariat. (L. 8 juin 1893, art. 1er.)
A défaut de fonctionnaires de l'intendance ou d'officiers du commissariat,
les actes peuvent être dressés : 1º dans les détachements isolés, par l'officier
commandant, pour toutes les personnes soumises à son commandement ;
2º dans les formations ou établissements sanitaires dépendant des armées,
par les officiers d'administration gestionnaires, pour les personnes soignées ou
employées dans ces formations ou établissements ; 3º à bord des bâtiments qui
ne comportent pas d'officiers d'administration, par le commandant ou celui
qui en remplit les fonctions ; 4º dans les hôpitaux maritimes et coloniaux,
sédentaires ou ambulants, par le médecin-directeur ou son suppléant, pour les
personnes soignées ou employées dans les hôpitaux (art. 1er).
Au cours d'un voyage maritime, soit en route, soit pendant un arrêt, les
procurations concernant les personnes présentes à bord peuvent être dressées :
sur les bâtiments de l'État, par l'officier d'administration ou, à son défaut,
par le commandant ou celui qui en remplit les fonctions, et sur les autres
bâtiments, par le capitaine, maître ou patron assisté par le second du bord,
ou, à leur défaut, par ceux qui les remplacent (art. 2). Elles peuvent, de
même, être dressées, dans les hôpitaux maritimes ou coloniaux, sédentaires
ou ambulants, par le médecin directeur ou son suppléant, pour les personnes
employées ou soignées dans ces hôpitaux (art. 2).
Hors de France, la compétence des fonctionnaires et officiers désignés ci-dessus est absolue (art. 3).
En France, elle est limitée au cas où les intéressés ne peuvent s'adresser à
un notaire. Mention de cette impossibilité doit être consignée dans l'acte (art. 3).
2. Ord. 5 mars 1823 ; Circ. mouv. fonds, 24 déc. 1877.
3. Décr. 6 fév. 1862 ; Déc. min. fin. 7 même mois.
4. Circ. mouv. fonds, 2 août 1876 et 24 déc. 1877.
5. Note de la Chamb. synd.

Il en est de même quand l'opération a lieu par un agent de change particulier.

Si, en effet, le Trésor, dans le but de faciliter la transmission des petites coupures de rente et de diminuer les frais qu'elle occasionne [1], accepte les procurations sous seing privé, les agents négociateurs qui, par le fait de la certification du transfert, assument la responsabilité de la vérité des pièces produites [2], ne sauraient être astreints à se contenter de pouvoirs donnés en cette forme, fussent-ils dûment légalisés.

La Chambre syndicale des agents de change de Paris a, en effet, ainsi qu'on vient de le dire, été déclarée responsable d'un transfert opéré en vertu d'une procuration sous seings privés, revêtue de fausses signatures [3].

Par contre, il a été reconnu que l'agent de change ne pouvait être actionné en responsabilité, relativement à un transfert opéré en vertu d'une procuration notariée falsifiée, mais ayant toutes les apparences d'un acte authentique [4].

En principe, les procurations sous seing privé ne sont acceptées qu'autant qu'elles émanent de personnes majeures et ayant pleine et entière capacité ; celle donnée par une femme mineure, par exemple, serait refusée.

Les trésoriers-payeurs généraux et les receveurs particuliers tiennent à la disposition du public des formules imprimées de ces procurations.

Le Trésor n'accepte la procuration sous seing privé, faite à l'*étranger* ou dans les *colonies*, que jusqu'à concurrence de 10 francs de rente [5].

MINUTE-BREVET. — Les procurations authentiques pour transférer les rentes sur l'Etat doivent, en principe, être en *minute;* toutefois, pour les rentes ou fractions de rente de 50 francs et au-dessous, le Trésor accepte les procurations en *brevet* [6], lorsqu'elles sont reçues en France.

Celles provenant de l'*étranger* ou des *colonies* ne sont accep-

---

1. Consid. de l'ord. de 1823.
2. Arr. 27 prairial an X, art. 16.
3. Cass., 11 juillet 1876.
4. Paris, 23 janv. 1834.
5. Foyot, n° 227, p. 170; Galland, p. 66, note 1.
6. Ord. 5 mars 1823; Circ. Mouv. fonds, 24 déc. 1877.

tées en brevet que pour les rentes de 10 francs et au-dessous [1].

C'est la *somme de rente à transférer* qui détermine si la procuration doit être en minute ou en brevet.

Ainsi, la procuration reçue en France et donnée par plusieurs co-intéressés doit être en minute pour transférer ensemble, par exemple, deux titres, l'un de 20 francs et l'autre de 45 francs, bien que la part de chacun puisse être inférieure à 50 francs.

Il en est de même si chacun de plusieurs copropriétaires de titres de plus de 50 francs de rente ensemble, mais dont la part individuelle est inférieure à 50 francs, donne seul une procuration pour transférer ces titres conjointement.

Par contre, il suffit que la procuration soit en brevet pour transférer, par exemple, 30 francs de rente sur un titre de 120 francs.

Dépôt pour minute. — Toute procuration pour transférer une somme de rente supérieure à 50 francs, qui n'aurait pas été dressée en minute, devrait être déposée chez un notaire pour qu'il en délivre une expédition destinée à être produite au Trésor [2].

Même dépôt pour minute est obligatoire pour les brevets ou expéditions de procurations provenant de l'*étranger* ou des *colonies*, lorsque le chiffre de rente est supérieur à 10 francs [3].

Cette règle paraît devoir s'appliquer aux procurations dressées aux armées ou dans le cours d'un voyage maritime qui sont délivrées en brevet [4].

Mais ce dépôt n'est pas exigé pour les procurations reçues dans les *consulats français* à l'étranger ou passées en *Alsace-Lorraine*, lorsque les rentes à transférer ne dépassent pas 50 francs.

Durée. — Le Trésor n'admet pas les procurations qui ont plus de 10 ans de date [5].

Référence. — En principe, il doit être produit, quand il y a lieu, une procuration à l'appui de chaque opération. Ce n'est qu'excep-

1. Galland, p. 66, note 1 ; Gorges et de Bray, v⁰ *Procur.*, IV, p. 280.
2. Gorges et de Bray, v⁰ *Procur.*, III, p. 280. — Il s'agit d'un dépôt pur et simple, qui peut être fait par un *tiers*, sans reconnaissance d'écriture et de signature.
3. Gorges et de Bray, *eod. verb.*, IV, p. 280.
4. L. 8 juin 1893, art. 4.
5. Ord. 1er mai 1816, art. 4 ; Inst. 1er mai 1819, t. III, 1re partie, art. 24 et 25.

tionnellement qu'on peut se référer aux pièces précédemment produites [1].

POUVOIRS. — Les procurations pour aliéner les rentes sur l'État doivent contenir explicitement les pouvoirs nécessaires et, en particulier, ceux de *vendre et transférer;* elles doivent indiquer exactement les noms et prénoms des personnes et les numéros, séries et sommes de rente des titres.

Beaucoup de procurations, consenties pour recueillir des successions, sont rejetées quand elles sont produites à l'appui de transferts, faute de pouvoirs suffisants [2].

Toutefois, quand on n'a pas les renseignements voulus, on peut se contenter de donner le pouvoir de vendre et transférer toutes les inscriptions de rentes sur l'État possédées par le mandant ou dépendant de la succession de M..., et le Trésor accepte le mandat dans ces termes.

Quand la procuration est donnée dans les départements pour vendre par l'intermédiaire des trésoriers-payeurs généraux, le mandat doit être au nom de : *M. le Syndic des agents de change de Paris ou son Adjoint en exercice* [3].

Il doit, en outre, contenir le pouvoir de verser le produit du transfert à la Caisse du Trésor public, au crédit du trésorier-payeur général du département et de retirer le récépissé de ce dépôt, qui vaudra décharge au mandataire.

En général les procurations ne fixent pas le cours de la vente et ne parlent pas des emplois ou remplois.

Lorsque l'opération doit donner lieu à une cession de fraction de franc non inscriptible, il n'est pas nécessaire que la procuration contienne des pouvoirs spéciaux à ce sujet.

SUBSTITUTION. — Les substitutions ne sont admises, en principe, par le Trésor qu'autant que les procurations contiennent le pouvoir de substituer [4].

Exceptionnellement cependant, il admettrait la substitution, à défaut de pouvoir spécial, au profit d'un agent de change, parce que sa solvabilité est réputée notoire et indiscutable, et, au surplus,

---

1. V. *Sup.*, p. 231, *Références.*
2. Gorges et de Bray, v° *Procur.*, XVI, p. 285.
3. Note Chamb. synd.
4. Inst. 1er mai 1819, t. III, 1re part., art. 26 ; Déc. min. 24 fév. 1815.

attendu que son ministère est obligatoire pour le transfert des rentes [1].

Le Trésor accepte aussi les substitutions générales dans les pouvoirs à venir et par conséquent antérieurs aux procurations [2].

LÉGALISATION. — Les procurations produites à l'appui des transferts doivent être légalisées, excepté celles qui émanent des notaires du département de la Seine.

La signature des notaires est légalisée soit par le président du tribunal civil de l'arrondissement [3], soit, pour les notaires de cantons où ne siège pas un tribunal civil, par le juge de paix du canton de leur résidence [4].

La signature des parties sur la procuration sous seing privé doit aussi être légalisée [5].

Cette légalisation est faite par le maire de la résidence du signataire [6], dont la signature est elle-même légalisée par le sous-préfet ou le préfet de l'arrondissement [7].

Il est bon alors que la mention de légalisation porte les nom et prénoms du signataire, tels qu'ils figurent dans le pouvoir.

Les procurations dressées aux *armées* ou dans le cours d'un *voyage maritime*, en exécution de la loi du 8 juin 1893, sont légalisées : par le commissaire aux armements, si elles ont été dressées à bord d'un bâtiment de l'État ; par l'officier du commissariat chargé de l'inscription maritime, si elles ont été dressées sur un bâtiment de commerce ; par un fonctionnaire de l'intendance ou par un officier du commissariat, si elles ont été dressées dans un corps de troupe ; et par le médecin-chef, si elles ont été dressées dans un hôpital ou une formation sanitaire militaire [8].

Les procurations données en pays de *protectorat* et aux *colonies* sont légalisées par les résidents supérieurs ou par les gouverneurs, dont les signatures sont seules légalisées par le ministre compétent.

Les procurations venant de l'*étranger* doivent être légalisées

1. Duvert, n° 467, p. 229.
2. Duvert, *ub. sup.*
3. L. 25 vent. an XI, art. 28.
4. L. 2 mai 1861, art. 1er.
5. Ord. 5 mars 1823 ; Circ. Mouv. fonds. 24 déc. 1877.
6. L. 27 mars 1791, art. 11 ; Av. C. d'État, 26 nov. 1819, 22 avril 1831.
7. Gorges et de Bray, v° *Légalisation*, V, p. 230 ; Circ. Mouv. fonds, 24 déc. 1877.
8. Même loi, art. 4.

dans le pays par l'Ambassadeur ou le Consul de France qui y réside. (Si la France n'a pas de représentant, la légalisation a lieu à Paris, par le Représentant de la nation étrangère[1].) Puis les actes sont visés au Ministère des affaires étrangères[2].

Rigoureusement, les actes provenant de pays étrangers où il y a des consuls français ne font foi en France qu'autant qu'ils ont été légalisés par eux[3]. Cependant, il est admis que ces actes (excepté ceux venant de l'*Angleterre* et de ses possessions et de la *République de l'Uruguay*) peuvent être considérés comme valables, bien que traduits et légalisés par les agents consulaires étrangers en France, au lieu de l'être par les agents consulaires français à l'étranger[4], sous le bénéfice de la légalisation au Ministère des affaires étrangères, à Paris.

Les signatures des *consuls italiens* en France sont acceptées par le Trésor, lorsqu'elles sont légalisées par le Président du tribunal de leur ressort, et les agents consulaires français en Italie jouissent des facilités établies pour les agents italiens en France[5].

Les actes provenant de l'*Alsace-Lorraine* sont admis, lorsqu'ils sont légalisés soit par le Président du tribunal, soit par un juge de paix ou son suppléant[6].

Il en est de même pour les actes venant d'*Algérie*.

Outre les légalisations ordinaires, les pièces venant des *colonies*, l'Algérie exceptée, doivent être légalisées par le Gouverneur et par le Ministre de la Marine[7].

Les actes provenant des pays de *protectorat* sont légalisés par les Résidents ou Sous-Résidents et par le Ministre de la Marine[8].

Lorsqu'un magistrat chargé, en principe, d'une légalisation est remplacé par un *suppléant*, celui-ci doit indiquer sa qualité et

1. Colmar, 1er avril 1862.
2. Ord. 25 octobre 1833, art. 6 et 9.
3. Ord. août 1681 s. la Marine, livre Ier, tit. IX, art. 23.
4. Circ. Compt. pub., 10 oct. 1876.
5. Circ. Compt. pub., 20 août 1877.
6. Conv. du 14 juin 1872, appr. et rendue exécut. par décr. du 5 juill. 1872. Cette convention s'applique à tous les actes dont la production est nécessaire dans les relations entre les deux nations et notamment aux certificats de vie et autres pièces à produire habituellement aux comptables du Trésor. — Déc. min. 2 juill. 1872 ; Circ. Compt. publ. 12 fév. 1873, § 4.
7. Ord. 21 août 1825, 9 fév. 1827, 27 août 1828.
8. Amiaud, Traité-form., v° *Légalisation*, 19.

mentionner l'empêchement justifiant son intervention, sous peine d'entacher de nullité l'acte visé[1].

Timbre et enregistrement. — Les procurations données en vue des transferts de rentes sur l'État par acte authentique ou sous seing privé sont assujetties au timbre de dimension[2] et, en principe, à l'enregistrement, au droit fixe de 3 francs[3].

Lorsque le pouvoir est donné à deux personnes ou mieux à l'une ou à l'autre, pour agir l'une à l'exclusion de l'autre, une seule pouvant faire usage du mandat, il n'est dû qu'un droit. car, en réalité, il n'y a qu'un mandataire. [5]

Quand la procuration est donnée par le nu propriétaire et l'usufrutier conjointement, à l'effet de vendre un titre immatriculé à leurs noms, suivant leurs droits, il n'est dû qu'un droit, car ils agissent alors comme unis d'intérêts. [6]

Il arrive souvent que les procurations stipulent que le mandataire sera déchargé en remettant à un tiers désigné le montant du produit de la vente. Cette clause ne donne lieu à aucun droit particulier, car elle ne constitue qu'une simple indication de l'emploi que doit faire des deniers le mandataire, emploi qui termine le mandat. La décharge est, en réalité, donnée par le tiers destinataire.

Lorsque la procuration contient une notoriété rectificative, cette dernière disposition occasionne un droit fixe spécial, comme constituant une disposition indépendante[4].

---

1. Circ. Min. just. 23 juill. 1887. — A cette circulaire se trouvent joints différents modèles de légalisation.
2. L. 13 brum. an VII, art. 12.
3. LL. 22 frim. an VII, art. 68, § 1-36 ; 28 avril 1816, art. 43-17 ; 28 févr. 1872, art. 4. — V. aussi Ord. 5 mars 1823 ; L. 8 juin 1893.
4. Dict. d'Enreg., Rédact., vº *Mandat*, nº 60 ; Solut. 12 janv. 1863. — Si nous sommes bien informé, le Trésor tient même la main à la perception de ce second droit, et quand il n'a pas été acquitté, il enjoint au receveur de le percevoir en lui faisant parvenir le brevet de l'acte.
Inutile d'ajouter que ce fonctionnaire, juge des droits à percevoir, ne saurait être lié par l'injonction du Trésor.

5. *Solut. 22 nov. 1888 (J dúnioc. 1897, p. 428)*

6. *L. 22 juin an VII, art. 11 ; solut. 9 nov. 1898. (R.3. 10577.)*

CHAPITRE V

CERTIFICATS DE VIE

Les certificats de vie délivrés aux rentiers de l'État sont assujettis aux règles suivantes.

FORME. — Les certificats de vie nécessaires pour le *renouvellement des titres* nominatifs ou mixtes [1] peuvent être délivrés par les notaires ou par les maires; ils peuvent aussi, exceptionnellement, résulter d'un procès-verbal d'huissier.

Lorsqu'ils sont délivrés par les notaires, ils peuvent être dressés en la forme sous seing privé ou par actes authentiques.

Ce dernier mode de procéder est surtout employé, par exemple, quand il s'agit de constater une qualité civile et de suppléer, en tant qu'il se peut, à la production d'actes de l'état civil qu'il est impossible de se procurer [2].

Lorsque la personne dont il y a lieu de justifier de l'existence refuse de se prêter à cette formalité, il est suppléé à la production du certificat de vie ordinaire par celle du procès-verbal extrajudi-

---

1. *Sup.*, p. 265 et s. — V. en ce qui concerne le renouvellement des titres des *rentes viagères* et des *pensions, sup.*, p. 45 et 50 et le paiement des arrérages des rentes, *sup.*, p. 181 et s.

Un certificat de vie notarié est aussi nécessaire pour le paiement des arrérages des rentes affectées à des *majorats* (Régl. Compt. fin., 26 déc. 1866), et pour celles dont la nue propriété appartient à l'État et l'usufruit à des particuliers (Inst. de janv. 1806 et nomenclature du 8 nov. 1826; Rég. préc. 1866). De Marcillac. nos 80 et 85, p. 38 et s.

Quelquefois enfin, les opérations de *Changement de qualités* nécessitent la production de certificats de vie. V. à ce sujet la note de bas de page placée au commencement des *formules* de Certificats de vie.

2. Gorges et de Bray, vo *Certificat de vie*, II, p. 110.

ciaire, dressé par un notaire ou un huissier, qui se transporte au domicile de cette personne et constate son existence et son identité. L'huissier doit alors être assisté de deux témoins [1].

Le Trésor n'exige pas que les certificats de vie pour les renouvellements soient signés des rentiers, mais les notaires ou les maires peuvent exiger cette formalité; c'est d'ailleurs ce qui a lieu généralement dans la pratique.

Les certificats de vie pour le service de la *Caisse des retraites pour la vieillesse* ne sont soumis à aucune formalité particulière.

Lorsqu'ils émanent des maires, ils sont délivrés sur l'attestation de deux témoins [2], sur un modèle spécial et obligatoire fourni gratuitement par les trésoreries.

Pour une *femme*, on doit mentionner qu'elle est *femme de* ou *veuve de*; pour une *fille*, on ajoute *célibataire*.

Le rentier doit signer le certificat ou déclarer la cause qui l'en empêche.

Un seul certificat suffit pour tous les trimestres échus.

Compétence. — Les *notaires* sont compétents dans tous les cas pour la délivrance des certificats de vie.

Mais les *maires* ne peuvent certifier valablement l'existence que des personnes qui habitent leur commune.

Le domicile des *mineurs* étant chez leurs tuteurs ou administrateurs, ce sont les maires des domiciles de ces derniers qui ont qualité pour délivrer les certificats de vie.

Il en est de même pour les autres personnes en tutelle.

Quant aux *huissiers*, ils ne sont compétents que dans les cas ci-dessus prévus.

Enfin les certificats de vie des *rentiers français résidant hors du territoire* sont délivrés indifféremment soit par les Ambassadeurs, Envoyés ou Consuls dans les pays qu'ils habitent, soit par les Magistrats du lieu, soit même par les notaires ou autres officiers publics ayant qualité à cet effet, quelle que soit la distance du lieu qu'ils habitent à celui de la résidence des agents français [3].

---

1. Déc. Min. fin. 13 août 1807; Rosse, *Droit et dev. profess. des huissiers*, n° 75, p. 52.

2. Cette attestation, ainsi que la représentation de l'acte de naissance, ne sont cependant obligatoires qu'autant que le maire ou le notaire les juge nécessaires.

3. Ord. 20 mai 1818.

Quant aux *étrangers*, les certificats de vie les concernant et n'impliquant qu'une simple constatation d'existence et d'identité peuvent être dressés par les consuls français et leurs chanceliers[1].

En France, un *étranger* ne serait pas admis à produire un certificat de vie délivré par un représentant de son pays[2]; il doit s'adresser aux autorités françaises.

ÉNONCIATIONS. — JUSTIFICATIONS. — Les certificats de vie doivent constater l'existence et l'identité des rentiers.

Ils doivent donc désigner les titulaires par leurs *noms, prénoms, qualités civiles* et *domiciles*, et les *titres* qui en font l'objet.

Mais il n'est pas nécessaire, — sauf ceux destinés au service de la Caisse des retraites pour la vieillesse, — qu'ils indiquent le *lieu et la date de la naissance* du rentier.

Ceux des *mineurs* indiquent sous la tutelle ou l'administration de qui ils sont placés.

Lorsque le titre appartient à un *mineur sous l'administration légale* de son père, le certificat de vie, pour son renouvellement, doit constater l'existence des deux époux et le maintien de la situation. Il importe qu'il ne puisse y avoir d'erreur, puisque l'administrateur a le droit (refusé au tuteur) d'aliéner seul les valeurs ainsi immatriculées[3]. V. *sup.*, chap. III, v° *Mineurs*, p. 394 et s.

En cas de *décès des tuteurs ou administrateurs*, il y a lieu de joindre aux certificats les expéditions ou extraits des délibérations du conseil de famille ou autres pièces modifiant la situation.

Dans les cas prévus par les articles 141, 396, 402, 403, 404, 476 et suivants du Code civil, le certificat de vie doit faire connaître quelle est la situation actuelle du titulaire et être appuyé des pièces justificatives suivant l'espèce[4].

Les certificats de vie d'*interdits* ou d'*aliénés* doivent indiquer la tutelle ou l'administration sous laquelle se trouvent ceux-ci[5].

Lorsque le certificat de vie contient des énonciations de noms et prénoms ne concordant pas avec celles des titres, il y a lieu

1. Circ. Min. aff. étrang. aux consuls, etc., 30 juin 1884, rapportant une décision contraire du 24 sept. 1834.
2. Deloison, n° 67, p. 56.
3. L. 27 fév. 1880, art. 1er, arg. *a contrario*; Circ. Dir. Dette insc., 10 mars 1880, IV.
4. Gorges et de Bray, v° *Certificat de vie*, VIII, p. 111.
5. Gorges et de Bray, v° *Certificat de vie*, IX, p. 111.

d'avoir recours à une notoriété rectificative appuyée, si l'erreur a quelque gravité, des actes de naissance ou de mariage [1].

Les *erreurs* existant dans l'immatricule du titre peuvent être rectifiées au moyen d'une notoriété contenue dans le certificat de vie délivré en la forme authentique et en brevet.

LÉGALISATION. — Les certificats de vie doivent être légalisés lorsqu'ils sont délivrés en dehors du département de la Seine [2].

Cependant, cette légalisation n'est pas nécessaire quand les certificats de vie sont destinés à être produits au comptable lui-même du département dans lequel réside le notaire qui les a délivrés [3].

Il y a lieu de s'en référer, en ce qui concerne cette formalité, à ce que nous avons dit *sup.* [4], en matière de procuration.

TIMBRE ET ENREGISTREMENT. — Les certificats de vie sont, en principe, soumis au *timbre de dimension* [5]. Toutefois, ceux des rentiers de la *Caisse nationale des retraites pour la vieillesse* sont exempts de timbre, comme aussi d'enregistrement [6].

En ce qui concerne l'*enregistrement*, les certificats de vie sont assujettis au droit commun.

Il n'est pas nécessaire qu'ils soient enregistrés tant qu'il n'en est pas fait usage par acte public, en justice, ou devant une autorité constituée [7], s'ils émanent d'un notaire, en la forme sous seing privé, ou d'un maire ; et leur production au Trésor n'est pas considérée comme un usage de cette pièce devant une autorité constituée dans le sens prévu par la loi.

Mais lorsque ces certificats sont dressés en forme authentique ou extrajudiciaire, ils rentrent dans la catégorie des actes de cette nature et sont assujettis à l'enregistrement dans les délais ordinaires.

Ils sont sujets au droit fixe de 1 fr. 50 par chaque individu [8].

1. De Bray, n° 383, p. 332.
2. Décr. 29 déc. 1885 ; Circ. Compt. publ. 20 janv. 1886.
3. Circ. Compt. publ., 20 janv. 1886, § 1. — V. aussi Règl. Compt., Min. fin. 26 déc. 1866.
4. *Sup.* p. 417. — V. aussi Décr. 29 déc. 1885, art. 1er.
5. L. 13 brum. an VII, art. 12.
6. L. 20 juill. 1886, art. 24. — Les certificats de vie délivrés aux titulaires de rentes affectées à des *majorats*, sont assujettis au timbre. Déc. min. 20 sept. 1862. — La quittance est assujettie au timbre de 10 centimes. De Bray, n° 158, p. 140.
7. L. 22 frim. an VII, art. 23.
8. LL. 22 frim. an VII, art. 68, § 1-17 ; 18 mai 1850, art. 8 ; 28 fév. 1872, art. 4.

Un certificat peut comprendre, sans contravention, l'attestation de l'existence de plusieurs individus [1] ; mais on ne pourrait écrire, sans encourir d'amende, plusieurs certificats de vie à la suite les uns des autres sur la même feuille [2].

Les certificats de vie délivrés à l'*étranger* doivent être soumis au timbre extraordinaire avant qu'il en soit fait usage en France, dans e cas où ils auraient dû être rédigés sur papier timbré en France ; ils bénéficient aussi de l'exemption de l'enregistrement, lorsqu'ils y auraient droit, étant rédigés en France.

1. L. 22 frim. an VII, art. 68, § 1er-17 *arg.*
2. L. 13 brum. an VII, art. 23 ; Déc. Min. fin. 22 nov. 1822.

CHAPITRE VI

LIBELLÉS D'IMMATRICULES DE RENTES

Dans la pratique, on désigne sous le nom de *libellé* le texte de l'immatricule des inscriptions de rente; c'est la partie où se trouvent relatés non seulement les noms, prénoms et qualités civiles des titulaires, mais encore les stipulations et conditions sous lesquelles les rentes sont possédées [1].

Que l'immatriculation soit le résultat d'un transfert ou d'une mutation, presque toujours les libellés sont fournis par les notaires.

Il importe de veiller avec la plus grande attention à la rédaction des immatricules tant au point de vue de l'énonciation des noms et prénoms des parties que des autres mentions qui doivent figurer dans les libellés, car les erreurs qui pourraient s'y glisser seraient susceptibles d'apporter des entraves au moment du transfert ou de la mutation des rentes.

Il n'existe pas et ne saurait exister de termes sacramentels pour la rédaction des libellés, qui varient à l'infini; cependant il est des règles admises à la Dette inscrite et auxquelles il faut savoir se conformer.

Nous allons donner des modèles de libellés s'appliquant aux cas qui se présentent le plus fréquemment dans la pratique, en les accompagnant, lorsqu'il y aura lieu, d'explications destinées à mieux préciser les règles qui régissent cette matière.

---

1. Le nom patronymique est toujours inscrit le premier; il est suivi des prénoms. Viennent ensuite les énonciations relatives à la qualité civile ou modificatives du droit de disposer.

Pour les hommes, la qualité civile n'est pas ajoutée, si ce n'est quand il en doit résulter une restriction au droit de disposer.

On pourra consulter aussi avec fruit les libellés d'immatricules compris dans les formules qui terminent cet ouvrage.

Les libellés sont *simples* ou *contentieux*.

Ils sont *simples*, quand ils concernent des personnes disposant librement de leurs biens, en raison de leur majorité ou de leur qualité civile.

Ils sont *contentieux*, quand ils s'appliquent à des personnes ne disposant pas librement de leurs biens, comme les femmes mariées, les mineurs, les interdits, les incapables généralement quelconques ou ceux qui ne peuvent aliéner que sous certaines conditions déterminées ou résultant de la manière dont ils possèdent.

Aucune pièce justificative n'est demandée par le Trésor, quand l'immatriculation a lieu en vertu d'un certificat de propriété; il en est de même, en principe, quand elle résulte d'un achat [1].

Mais quand l'opération a lieu par l'entremise de la Chambre syndicale, celle-ci se réserve le droit de demander la communication des pièces dont l'énonciation est requise dans l'immatricule. Le même droit appartient incontestablement aux agents de change.

Lorsqu'il y a lieu de produire des pièces, elles doivent être sur timbre de dimension.

Toutefois, les ampliations des décrets, arrêtés et décisions ministérielles sont exemptes de timbre, lorsqu'elles émanent directement, de l'autorité administrative.

Les pièces à produire — excepté celles du département de la Seine — doivent aussi être légalisées.

MODÈLES DE LIBELLÉS

Absence.

Présomption d'absence :

ARNAUD (LUCIEN), présumé absent, ayant pour administrateur provisoire de ses biens M. Honoré Bernard, nommé à cette fonction suivant jugement du tribunal civil de première instance de..., en date du... [2].

---

1. Cette règle reçoit notamment exception en ce qui concerne les *établissements publics* ou *religieux* et les *sociétés.* V. *infrà* ces mots.

2. Dans le cas où le présumé absent est usufruitier, v. *infrà*, v° *Usufruit.*

Envoi en possession provisoire :

ARNAUD (CAMILLE PIERRE) et LUDOVIC ARNAUD, chacun pour moitié, comme envoyés en possession provisoire de la succession de Lucien Arnaud, leur père, déclaré absent par jugement du tribunal civil de première instance de..., en date du...

ou :

MAULARD (EUGÈNE CHARLES), comme héritier de Frédéric Eugène Thiébault, envoyé en possession provisoire suivant jugement du tribunal civil de..., du..., des biens de Emmanuel Thiébault, son frère, déclaré absent par ledit jugement.

V. aussi *infrà*, v° *Séquestre.*

Après *l'envoi en possession définitive*, les rentes sont immatriculées purement et simplement au nom des envoyés en possession, sans mentionner le titre auquel ils possèdent; il en est de même au profit de *l'absent reparu* : les titres sont inscrits à son nom purement et simplement [1].

Administrateur provisoire.

V. *infrà* les libellés concernant les aliénés non interdits, les successions gérées par un administrateur et les usufruitiers présumés absents, vⁱˢ *Aliéné, Succession, Usufruit, Nue propriété, Séquestre.*

Aliéné *(non interdit).*

Pour les *aliénés non interdits*, il faut mentionner l'administration légale ou dative sous laquelle ils se trouvent et les autres énonciations qui peuvent être utiles suivant les circonstances.

ALLARD (HENRI), aliéné non interdit, placé sous l'administration provisoire de M. Gustave Larose, suivant jugement rendu par le tribunal civil de première instance de..., le...

ou :

ALLARD, etc..., sous l'administration provisoire de la commission de surveillance de l'établissement d'aliénés de...

ou :

ALLARD, etc..., sous l'administration provisoire de la commission de surveillance de l'asile d'aliénés de...

1. V. *sup.* 1ʳᵉ PARTIE, nᵒˢ 776 et 783 et *inf.* les formules relatives à l'*Absence.*

ou :

ALLARD, etc..., sous l'administration provisoire de la commission de surveillance des Établissements publics d'aliénés du département de la Seine.

BARON (JULES), aliéné non interdit, sous l'administration provisoire de sa femme, Louise Fleuriau, nommée par jugement du tribunal civil de..., du...

La présente rente formant remploi des fonds touchés suivant quittance devant Mᵉ..., notaire à..., du..., ne sera aliénable que conformément aux prescriptions de ce jugement.

Banques, etc.

Pour les banques, compagnies d'assurances et autres établissements ayant un *compte courant*, les libellés doivent être établis dans les termes où le compte a été ouvert au Grand-Livre [1].

Bénéfice d'inventaire.

Lorsqu'il existe une acceptation bénéficiaire à laquelle il n'a pas été renoncé, elle doit être mentionnée dans les immatricules, afin que les titulaires ne puissent disposer des rentes qu'en se conformant aux formalités voulues en pareil cas.

BOURREAU (LÉON MAXIME), héritier sous bénéfice d'inventaire de Jean Bourreau.

ou :

BOURREAU (LÉON MAXIME), légataire universel sous bénéfice d'inventaire de René Quantin.

AURIOL (MAXIMILIEN), mineur, sous la tutelle légale de Louise Paumier, sa mère, veuve de Félix Auriol. Ledit mineur héritier sous bénéfice d'inventaire dudit Auriol, son père.

Chambre syndicale.

PARIS (la Chambre syndicale de la Compagnie des agents de change de), avec pouvoir de transférer par deux membres de ladite Chambre.

1. *Sup.*, p. 179, *Comptes courants.*

Charges *ou* conditions.

Lorsque les rentes sont possédées sous certaines charges ou conditions comportant restriction au droit d'en disposer, celles-ci doivent être mentionnées dans les immatricules [1].

V. *infrà*, notamment les libellés concernant le *Droit de retour*, — les *Etablissements publics et religieux*, — les *Femmes mariées*, — l'*Incessibilité*, l'*Inaliénabilité* et l'*Insaisissabilité* — et les *Substitutions*.

Conseil judiciaire.

Dutemple (Gaston), ayant pour conseil judiciaire Armand Picard, nommé à cette fonction par jugement du tribunal civil de…, en date du…

Copropriétaires.

Les rentes appartenant en commun à divers particuliers sont inscrites en un seul et même article, sous le nom de l'un d'eux, avec indication des copropriétaires [2].

Lallemand (Paul), et Eugène André Flumas conjointement et indivisément.

ou :

Lallemand (Paul) et Eugène André Flumas, chacun pour moitié.

Bien que le Trésor n'inscrive que des sommes rondes, cela ne fait pas obstacle à ce que le titre mentionne des fractions par lesquelles la somme de rente n'est pas divisible. Ainsi, un titre de 100 francs de rente peut être immatriculé aux noms de 3 personnes, par tiers.

Lorsque la part de chaque copropriétaire est déterminée en fraction, 1/2, 1/3, 1/4, etc…, il est préférable, quand c'est possible, d'obtenir un titre distinct pour chacun, sauf à avoir recours à une cession de fraction de franc ou à un achat complémentaire, si la somme de rente n'est pas divisible [3].

En présence de mineurs ou d'autres incapables, la division par suite de mutation ne peut être exprimée dans le libellé, même par

---

1. Cpr. Inst. Dette insc., janv. 1873.
2. L. 24 août 1793, art. 32.
3. *Sup.*, 1re partie, p. 24 et 2e partie, p. 271 et 338.

fractions correspondantes à leurs quotités héréditaires, que s'il y a un partage régulier. Sinon l'attribution doit avoir lieu conjointement et indivisément [1].

Dans aucun cas le libellé ne doit laisser en doute le mode de possession ni exprimer à la fois la division et l'indivision par des termes contradictoires tels que *indivisément ou chacun pour 1/2*, ou *conjointement ou chacun pour 1/3* [2].

Décédé *(ayant droit)*.

Le Trésor n'inscrit pas de rentes au nom de personnes décédées, à moins qu'il n'y ait un administrateur nommé par jugement, avec pouvoir de toucher les arrérages.

Cette règle reçoit cependant exception pour ceux qui n'ont sur les rentes que des droits en *nue propriété* [3].

Domicile inconnu.

La règle et l'exception sont les mêmes que pour les *personnes décédées* : Le Trésor n'immatricule pas de rentes au nom de personnes qui lui sont présentées comme étant *sans domicile ni résidence connus*, à moins qu'il n'y ait un administrateur nommé ou qu'il ne s'agisse d'un nu propriétaire [4].

Droit de retour.

Durand (Jean). La présente rente grevée de droit de retour au profit de M. Anatole Durand, en cas de prédécès du titulaire sans postérité, aux termes d'un acte de donation reçu par Me..., notaire à..., le...

ou :

Bertillon (Amélie), femme de Gaston Mullard, avec lequel elle est mariée sous le régime de la communauté réduite aux acquêts, avec obligation de remploi, suivant contrat devant Me..., notaire à..., du... La présente rente, faisant partie de la dot constituée à Mme Mullard, ne pouvant être aliénée qu'aux conditions de remploi prescrites audit contrat et frappée d'un droit de retour au profit de M. Amédée Mullard, donateur, aux termes de ce contrat.

1. Circ. Garde des Sceaux 20 mai 1880. Cpr. *sup.*, 1re PARTIE, n° 389.
2. Inst. Dette insc. janv. 1893. Cpr. *sup.*, 1re PARTIE, n° 95.
3. *Sup.*, 1re PARTIE, n° 119. p. 26 et *inf.*, v° *Succession*.
4. V. *Sup.*, v° *Décédé* et la note.

Le droit de retour conventionnel doit être mentionné sur les rentes qui en sont frappées, et dans les certificats de propriété qui sont délivrés au donataire [1].

Le droit d'exiger que cette mention soit inscrite sur les titres appartient au donateur, sans même qu'il ait été stipulé à son profit, et le donataire ne pourrait s'y refuser, sous le prétexte que cette adjonction au libellé aggraverait sa situation en restreignant sa faculté de disposer.

La stipulation du droit de retour ne confère pas seulement au donateur un droit de créance, elle lui donne celui d'exiger la restitution en nature du bien donné, lorsque ce bien est un corps certain [2]; et les difficultés apportées à la libre disposition de la chose donnée ne sont que la conséquence juste et naturelle du droit réservé.

Et comme le donataire, qui n'a la faculté de disposer que sous la réserve de l'exercice du droit en question, ne peut conférer aux tiers des droits plus étendus que les siens, il importe, pour éviter toute surprise, que ceux avec qui il pourrait traiter soient avertis ou du moins puissent l'être en consultant les titres [3].

C'est du reste en ce sens que s'est prononcée la cour de Lyon par un arrêt du 8 juillet 1892 [4].

Si, de convention expresse, le droit de retour conventionnel ne faisait pas obstacle à l'aliénation, il faudrait le mentionner dans le libellé [5].

Emploi. — Remploi.

V. à ce sujet les formules et les explications que nous donnons *infrà* aux mots *Femme mariée* et *Mineurs*.

Envoyé en possession.

Le Domaine de l'Etat comme envoyé en possession des biens du sieur Bertin, décédé à..., le..., suivant jugement du tribunal civil de..., en date du...

1. Inst. Dette insc., janv. 1873, VI.
2. Cpr. Aubry et Rau § 700, texte et note 18.
3. Baudry-Lacantinerie, *Préc. de droit civil*, t. II, n° 498.
4. V. aussi *J. des not.*, 1892, art. 24974.
5. V. *inf.*, v° *Mineur* (*Tutelle administrative*).

Lorsque l'action en pétition des héritiers légitimes qui pourraient exister est prescrite, les rentes sont annulées comme éteintes par confusion au profit de l'Etat et portées au *Compte de réduction* [1].

V. aussi *suprà*, v° *Absence*, les formules concernant l'*Envoi en possession provisoire*.

Établissements publics et religieux.

Les rentes appartenant aux *établissements publics et religieux* s'inscrivent au nom du lieu de la situation de l'établissement, en autant d'articles qu'il y a d'établissements différents [2].

Département :

Loir-et-Cher (le département de).

Commune :

Courbouzon (la commune de).

Avaray (la commune d'). Legs Bineau, aux charges et conditions énoncées dans l'arrêté préfectoral du...

Ville :

Tours (la ville de).

Bienvenu (Alfred), pour l'usufruit; la nue propriété à la ville d'Orléans, à la charge par elle, lors de l'extinction de l'usufruit, de faire entretenir la tombe dudit Bienvenu. Arrêté préfectoral du...

Bureau de bienfaisance :

Vendome (le bureau de bienfaisance de). Donation de M. Noël Vitu, suivant acte devant Me..., notaire à..., du..., pour les arrérages être employés à soulager les pauvres malades. Arrêté préfectoral du...

Suèvres (le bureau de bienfaisance de). Donation Vitry. Pour les arrérages être affectés au soulagement des pauvres, deux tiers à distribuer par le bureau de bienfaisance. Arrêté préfectoral du...

Hôpital-Hospice :

Versailles (l'hôpital civil de la ville de).

Séez (l'hospice de la ville de). Legs Bernard, pour les arrérages être affectés au secours des enfants malades de cet établissement. Décret du...

1. Sup., p. 221, *Extinctions*.
2. L. 24 août 1793, art. 23.

Société de secours mutuels :

JOINVILLE-LE-PONT (la société de secours mutuels de).

Compagnie de notaires :

BLOIS (la compagnie des notaires de l'arrondissement de).

Fabrique :

CORBEIL (la fabrique de l'église Saint...). Legs Proust, pour les arrérages être employés savoir : ... francs en services religieux, et ... francs aux dépenses ordinaires de cette fabrique. Décret du...

LESTIOU (la fabrique de l'église succursale de). Donation Moreau, suivant acte reçu par M°..., notaire à..., le... Arrêté préfectoral du...

Communauté religieuse :

La congrégation des PETITES-SŒURS des pauvres, dont le siège est à Saint-Pern. Legs Picard. Décret du...

Les communes, hospices et autres *établissements publics* n'ont besoin d'aucune autorisation préfectorale ou ministérielle pour placer en rentes sur l'Etat les *capitaux* libres qui leur appartiennent et faire inscrire ces rentes à leur nom [1].

Dans ce cas, l'immatricule doit énoncer simplement le nom de la commune ou de l'établissement.

Ils peuvent même employer de cette manière les sommes dont le placement ou le remploi en immeubles est prescrit ou autorisé par la loi, un jugement ou une disposition à titre gratuit, entre vifs ou testamentaire [2].

Cependant, quand il s'agit de rentes à acheter avec des *capitaux provenant de dons et legs* faits à une commune, il est nécessaire de produire l'arrêté préfectoral, pris en conseil de préfecture, autorisant la commune à accepter le don ou le legs et prescrivant l'emploi en rentes. Cet arrêté doit mentionner l'origine des fonds et, s'il y a lieu, la destination des arrérages.

Aux termes de la loi du 18 juillet 1837, le préfet ne pouvait autoriser les acceptations que si le capital donné ou légué n'excédait pas 3,000 francs; au-dessus, il fallait un décret. Mais, depuis le décret du 25 mars 1852 (tableau A, n° 49), l'autorisation préfecto-

1. Ord. 2 avril 1817, art. 6 ; Circ. Min. int. 8 juill. 1836.
2. LL. fin. 2 juill. 1862, art. 46 ; 16 sept. 1871, art. 29.

rale suffit quel que soit le capital, si la libéralité ne donne pas lieu à réclamation, cas auquel un décret rendu en Conseil d'Etat est nécessaire [1].

Ces dispositions sont applicables aux autres établissements publics, départements, villes, hospices, bureaux de bienfaisance, collèges, etc... [2].

Quant aux *établissements religieux*, ils doivent, s'il s'agit de rentes ou de fonds provenant de *dons* ou *legs*, produire, suivant le cas, une ampliation du décret ou de l'arrêté d'autorisation [3]; s'il s'agit de capitaux provenant d'une *autre origine*, par exemple, de remboursement de capitaux, d'économies ou d'excédents de recettes, un arrêté préfectoral suffit, sans qu'il y ait lieu de distinguer si la somme à employer est ou non inférieure à 1,000 francs [4].

De même, lorsqu'un décret a autorisé l'acceptation de dons ou legs, en disposant qu'il serait statué ultérieurement sur l'emploi, le droit de prendre une décision n'est pas réservé d'une manière absolue au Gouvernement. Le préfet a qualité pour autoriser l'emploi [5].

L'acceptation des libéralités faites aux *fabriques* est autorisée par les préfets, sur l'avis préalable des évêques, lorsque ces libéralités n'excèdent pas 1,000 francs, ne donnent lieu à aucune réclamation et ne sont grevées d'autres charges que de l'acquit de fondations pieuses dans les églises paroissiales et de dispositions au profit des communes, des hospices, des pauvres ou des bureaux de bienfaisance. L'autorisation n'est accordée qu'après approbation provisoire de l'évêque diocésain, s'il y a charges de services religieux [6].

Cette règle s'applique exclusivement aux fabriques; pour les *autres établissements ecclésiastiques et religieux*, les préfets ont le droit de statuer sur les libéralités en argent ou en objets mobiliers qui leur sont faites, lorsque la valeur de ces libéralités n'excède pas 300 francs [7].

---

1. L. 5 avril 1884, art. 68 et 111. — V. aussi Décr. 13 avril 1861, tabl. A, n° 49; L. 24 juill. 1867, art. 1er (abrogée par la loi du 5 avril 1884); Foyot, n° 158, p. 95; de Bray, n° 278, p. 253.
2. Foyot, n° 159, p. 95; de Bray, *ub. sup.*
3. Ord. 14 janv. 1831, art. 1er. — V. aussi ord. 2 avril 1817, 15 février 1862.
4. Décr. 13 avril 1861, art. 4; Cir. Min. cult. 2 déc. 1861; Foyot, n° 165, p. 99.
5. Lettre Garde des sceaux, 4 nov. 1868; Foyot, n° 167, p. 100.
6. Décr. 15 fév. 1862, art. 1 et 2.
7. Circ. Min. cult. 10 avril 1862.

Les legs qui sont l'objet de réclamations doivent toujours, quelque minime que soit leur valeur, être soumis à l'appréciation et à la décision du Gouvernement[1].

Quand une même disposition comprend des dons ou legs inférieurs à 1,000 francs, au profit de fabriques, et des dispositions au profit d'autres établissements ecclésiastiques ou religieux, à l'égard desquels la compétence du préfet n'est pas étendue, un décret est nécessaire si ces dernières libéralités excèdent la valeur de 300 francs ou consistent en immeubles, même d'une valeur inférieure[2].

Pour les dons et legs faits à des établissements pourvus d'une existence légale, mais frappés d'une incapacité relative (tels que les *fabriques*, les *consistoires*, les *cures*, les *succursales*, les *évêchés*), sous la condition qu'ils seront affectés au soulagement des pauvres (ces derniers étant les vrais bénéficiaires des libéralités), l'immatricule des titres doit mentionner et le nom de l'établissement institué et celui du bureau de bienfaisance ou du maire représentant les pauvres[3].

S'il s'agit de libéralités faites non pour le soulagement des pauvres, mais pour la *fondation* ou l'*entretien d'écoles*, il y a lieu de faire une distinction entre, d'une part, les établissements dont les attributions ne comprennent pas la fondation et la direction des écoles (comme les *fabriques*, *consistoires*, *cures*, *succursales* et *évêchés*), et, d'autre part, les communautés ou congrégations enseignantes.

Dans le premier cas, l'immatriculation doit être conjointe.

Dans le second, il y a lieu de distinguer en outre, s'il s'agit d'une libéralité destinée à une congrégation enseignante, si cette libéralité a en vue une école *communale* ou *publique*, et s'il s'agit, au contraire, d'une libéralité faite à une congrégation enseignante pour une école *libre* ou *privée*.

Dans la première hypothèse, l'immatriculation doit être conjointe ; dans la seconde, il suffit de l'acceptation simultanée par la communauté et la commune ; mais il n'y a pas lieu à immatricula-

1. Même circ.
2. Circ. 14 sept. 1839 ; Av. Cons. d'État 27 déc. 1855 ; Circ. Min. int. 25 janv. 1856 ; Décr. 15 fév. 1862 ; Circ. Min. cult. 10 avril 1862.
3. Avis. C. d'État 14 janv. 1863 ; de Bray, n° 281, p. 258.

tion conjointe, la commune n'ayant qu'un droit de surveillance pour l'exécution de la fondation[1].

Les *congrégations hospitalières* ont aussi capacité pour recevoir des libéralités au profit des *asiles privés*, qu'elles fondent et qu'elles dirigent en vertu de leur autorisation, et l'immatriculation a lieu exclusivement à leur nom[2].

Les rentes appartenant aux établissements publics et religieux des départements s'inscrivent aux *livres auxiliaires* du département où ils sont situés.

On mentionne, quand il y a lieu, dans les libellés les charges dont sont grevées les rentes et les décrets ou arrêtés préfectoraux d'autorisation, qu'il y a lieu de produire.

Femme divorcée.

Les qualités des titulaires de rentes devant toujours être constatées sur leurs inscriptions, il y a lieu de mentionner celle de la *femme divorcée*, mais sans autre indication.

DUVAL (MARIE ALBERTINE), femme divorcée.

Ou :

GALLOIS (MARIE-LOUISE)[3], femme divorcée; néanmoins la présente rente formant remploi de fonds dotaux touchés suivant quittance devant Me..., notaire à..., du..., n'est aliénable qu'aux conditions du contrat de mariage de ladite dame, reçu par Me..., notaire à..., le...

On ne doit pas rappeler le nom du mari[4].

On ne mentionne pas non plus le jugement de divorce.

Il n'y a pas lieu d'énoncer dans les immatricules les clauses de dotalité, d'emploi ou de remploi se rattachant *uniquement* à la qualité de *femme mariée* de la titulaire, le divorce ayant pour effet de rompre complètement les liens du mariage.

1. Avis C. d'État 10 juin 1863; Lett. Garde des Sceaux au Min. fin. 30 mars 1865: de Bray, n° 281 *bis*. p. 258. — On ne saurait prétendre que les *congrégations enseignantes* n'ont pas capacité pour recevoir ces libéralités, puisqu'elles sont autorisées en vue d'utilité publique, précisément dans le but de fonder et diriger des écoles. Lettre précitée.
2. Av. C. d'État 29 juin 1864.
3. Il n'y a lieu de réunir les noms et prénoms des titulaires par un trait d'union qu'autant qu'ils sont inscrits ainsi à l'état civil et forment un même nom ou prénom comme : Marie-Thérèse, Casimir-Perier.
4. L. 6 fév. 1893, art. 2. (C. c., 299); Circ. Dette inscr. 18 avril 1885.

Par contre, il est utile de rappeler dans les immatricules les causes d'inaliénabilité, d'indisponibilité d'emploi ou de remploi ou autres étrangères à sa qualité proprement dite de femme mariée et pouvant résulter soit du contrat, soit de l'origine des deniers dont provient la rente.

Femme mariée.

Pour les femmes mariées, c'est toujours leur nom patronymique qui est inscrit le premier, et c'est à ce nom que les rentes leur appartenant sont portées au Grand-Livre [1].

Communauté légale ou conventionnelle :

CARRÉ (JULIE ROSE), femme de PAUL BERTON.

Emploi de prix d'immeubles :

CHARON (LOUISE), femme de JEAN BILTOUT, avec lequel elle est mariée sous le régime de la communauté légale; la présente rente provenant du prix d'immeubles vendus par Mᵐᵉ Biltout, suivant contrat devant Mᵉ..., notaire à..., du..., et touché comptant aux termes dudit acte [2].

Le régime de la communauté légale ou conventionnelle ne se mentionne pas, si ce n'est, quand les rentes sont astreintes à emploi ou remploi ou frappées d'une indisponibilité quelconque, résultant d'un titre régulier ou du contrat [3].

S'il s'agissait d'une rente donnée à la femme avec la condition qu'elle en toucherait seule les arrérages, v. *infrà*, vº *Incessibilité*.

Rente exclue de la communauté :

CAVARD (BLANCHE), femme de HONORÉ ROSSI; la présente rente exclue de la communauté, en vertu d'un acte de donation passé devant Mᵉ..., notaire à..., le...

Femme mineure :

PAPILLON (EUGÉNIE), femme mineure de ARMAND FAVARD.

Condition de remploi :

DUBOIS (MARIE), femme de NARCISSE HENRI GUITTON, avec lequel elle est mariée sous le régime de la communauté réduite aux acquêts, suivant

1. L. 24 août 1793, art. 20.
2. Cette immatriculation a pour but et pour résultat de soustraire la rente à la libre disposition du mari; c'est à ce titre que la mention de constatation d'emploi est admise. — Cpr. *infrà*, vº *Femme mariée, in fine.*
3. Gorges et de Bray, vº *Comm. convent.*, I, p. 127, et *Comm. légale*, V, p. 132.

contrat reçu par M^e..., notaire à..., le...; néanmoins la présente rente ne pouvant être aliénée qu'aux conditions de remploi stipulées audit contrat de mariage.

Clause de dotalité :

BAULT (LOUISE), femme de LÉON DUVAL, avec lequel elle est mariée sous le régime de la communauté avec clause de dotalité partielle, suivant contrat passé devant M^e..., notaire à..., le...; la présente rente, faisant partie de la constitution de dot faite à Mme Duval, ne sera aliénable qu'aux conditions d'emploi stipulées audit contrat.

Exclusion de communauté :

BERGER (CLAIRE), femme de VICTOR ROUSSEAU, avec lequel elle est mariée sans communauté, aux termes de son contrat passé devant M^e..., notaire à..., le...

Séparation contractuelle :

LOISEAU (ADÈLE), femme de JUSTIN LENOIR, avec lequel elle est mariée sous le régime de la séparation de biens, aux termes de son contrat de mariage, reçu par M^e..., notaire à..., le...

Ou, s'il y a lieu :

SAVARD (ADRIENNE), femme de ARMAND LUBINEAU, avec lequel elle est mariée sous le régime de la séparation de biens, suivant contrat passé devant M^e..., notaire à..., le... La présente rente ne pouvant être aliénée qu'à charge de remploi, conformément audit contrat.

Ou encore :

PATUREAU (MARGUERITE), femme de JULES RIVERAIN, avec lequel elle est mariée sous le régime de la séparation de biens, aux termes de son contrat, reçu par M^e..., notaire à..., le...; néanmoins la présente rente ne sera aliénable que conformément aux prescriptions dudit contrat.

Séparation judiciaire :

De biens :

LETOURNEUR (ANDRÉE), femme séparée de biens de JOSEPH GASTELLIN, suivant jugement rendu par le tribunal civil de première instance de..., en date du...

De corps et de biens :

POULIN (BERTHE), femme séparée de corps et de biens de ULYSSE BONNARD, suivant jugement du tribunal de..., du...

Ou :

MAULARD (LOUISE), femme séparée de corps et de biens, suivant jugement du tribunal de..., en date du...[1].

[1]. V. C. c., 299 (L. 6 fév. 1893, art. 2).

De corps et conseil judiciaire :

RABIER (LOUISE), femme de NICOLAS RATTON, mariée sous le régime dotal, suivant contrat devant Mᵉ..., notaire à..., du..., et séparée de corps et de biens par jugement du tribunal civil de..., du..., ayant pour conseil judiciaire M. Numa Bernard.

La présente rente, acquise en exécution de ce jugement, ne sera aliénable qu'en se conformant aux prescriptions du contrat de mariage de ladite dame et avec l'autorisation de son conseil judiciaire.

Régime dotal :

Constatation du régime :

MARTIN (HONORINE), femme de PAUL DAUDIN, avec lequel elle est mariée sous le régime dotal, suivant contrat reçu par Mᵒ..., notaire à..., le...

Obligation d'emploi :

DUMONT (VICTORINE), femme de URBAIN CAILLARD, mariée sous le régime dotal, suivant contrat passé devant Mᵉ..., notaire à..., le...; la présente rente ne pouvant être aliénée qu'aux conditions d'emploi prescrites audit contrat.

Constatation d'emploi :

Veuve remariée :

CHARTIER (HÉLÈNE JEANNE), veuve en premières noces de VICTOR GRANDIN et épouse en secondes noces de VICTOR NORMAND, mariée sous le régime dotal, suivant contrat passé devant Mᵉ..., notaire à..., le...; la présente rente, provenant des fonds touchés suivant quittance reçue par Mᵉ..., notaire à..., le..., ne sera aliénable qu'aux conditions de remploi stipulées audit contrat de mariage.

Femme mineure :

PAREAU (JEANNE), femme mineure de LOUIS BERGERON, mariée sous le régime dotal, aux termes de son contrat de mariage, reçu par Mᵉ..., notaire à..., le...

La présente rente, formant emploi de fonds compris dans l'apport en mariage de ladite dame, ne sera aliénable qu'aux conditions de remploi stipulées audit contrat.

Emploi constaté :

MAUDUIT (BERTHE), épouse de HONORÉ CAMUS, avec lequel elle est mariée sous le régime dotal, suivant contrat devant Mᵉ..., notaire à..., du...

La présente rente, formant emploi de fonds dotaux constaté par acte devant ledit Mᵉ..., du..., ne sera aliénable qu'à la charge de remploi, conformément à ce contrat.

Si parmi les titulaires d'une valeur indivise il se trouve une partie soumise à remploi, les tiers doivent se faire justifier, par un partage, de la portion soumise à remploi ; sinon le titre acquis en remploi doit être immatriculé indivisément comme celui dont il tient lieu, avec mention que la portion qui sera attribuée à la personne soumise à remploi ne pourra être aliénée qu'en se conformant à cette prescription [1].

Rente affranchie de dotalité :

TABARE (JULIETTE), femme de GABRIEL BERGERON, mariée sous le régime dotal, aux termes de son contrat, reçu par Mᵉ..., notaire à..., le... La présente rente, comprise dans la dot constituée à Mᵐᵉ Bergeron mais affranchie de la dotalité, est aliénable sans obligation d'emploi.

Séparation de biens sous le régime dotal :

ALLORGE (ROSE), femme LUDOVIC MEURVILLE, mariée sous le régime dotal, aux termes d'un contrat passé devant Mᵉ..., notaire à..., le..., et séparée de biens, suivant jugement rendu par le tribunal civil de première instance de..., le... La présente rente ne pouvant être aliénée qu'aux conditions de remploi stipulées audit contrat et en vertu de l'autorisation du mari ou de justice [2].

Rente paraphernale :

TRUBERT (VALENTINE), femme de GEORGES BIGNON, mariée sous le régime dotal, suivant contrat passé devant Mᵉ..., notaire à..., du... ; la présente rente paraphernale.

Lorsqu'il y a lieu d'énoncer le *contrat de mariage*, on relate sa date, le nom du notaire qui l'a reçu, sa résidence et le régime adopté.

En cas de *séparation judiciaire*, on indique les dates des jugements ou arrêts et les résidences des tribunaux ou cours.

Quant à l'*origine des rentes*, il importe de remarquer qu'en principe sa constatation n'est admise aux libellés qu'autant qu'il existe une restriction au droit d'aliéner, et encore à la condition d'énoncer le titre d'où résulte cette restriction.

Si un emploi a été fait en exécution d'un jugement ou d'un acte — n'emportant d'ailleurs pas restriction au droit d'aliéner — la mention de ces acte ou jugement n'est pas admise dans le libellé,

1. V. *sup.*, chap. III, vⁱˢ *Emplois et Remplois*, p. 351.
2. Depuis la loi du 6 fév. 1893, portant que la séparation de corps a pour effet de rendre à la femme le plein exercice de sa capacité civile, il n'y a plus lieu d'ajouter ces derniers mots : *et en vertu de l'autorisation*, etc... *Sup.*, p. 375 et 384.

attendu que les inscriptions ne sont pas destinées à faire la preuve des emplois ou remplois [1].

C'est aux notaires de constater ces opérations par actes de leur ministère, en y annexant les bordereaux d'acquisition.

Lorsqu'il y a lieu, l'origine se constate en énonçant les actes aux termes desquels les fonds ont été touchés.

Pour les *actes authentiques*, on indique la date, le nom du notaire et sa résidence.

Pour les *sous seings privés*, on relate leur date, le lieu et la date de leur enregistrement, le folio, la case et les droits perçus.

Si c'est un *paiement administratif*, on mentionne le lieu, la date et le numéro du mandat.

Pour les *femmes séparées*, la mention de l'*origine* est admise, qu'il y ait ou non restriction au droit d'aliéner, mais à la condition d'être suivie de cette autre : « *La présente rente ne sera aliénable pendant le mariage qu'avec autorisation du mari ou de justice.* »

Toutefois, depuis la loi du 6 février 1893, cette dernière mention n'a plus lieu d'être ajoutée pour les femmes séparées de corps, cette loi leur accordant le plein exercice de leur capacité civile [2].

En ce qui concerne les femmes mariées sous le *régime dotal,* on peut indiquer soit le contrat seulement, soit l'origine avec ou sans prohibition ; de même, on peut mentionner la prohibition sans indiquer l'origine de deniers.

En présence d'un *usufruit* et d'une *nue propriété*, on doit spécifier si les *prohibitions* ou *restrictions* s'appliquent à l'un ou à l'autre ou à tous deux.

Fille majeure.

Duverdier (Clémence), fille majeure.

Les immatricules de rente au nom de *filles majeures* doivent relater cette qualité.

Hypothèque légale.

Duneau (André). La présente rente, formant emploi de fonds touchés suivant quittance devant Me..., notaire à..., du..., affectée éventuellement, d'abord aux causes de l'hypothèque légale de Rose Duneau, mineure

1. Cpr. *sup.*, p. 437, note 2.
2. *Sup.*, p. 375 et 394.

sous la tutelle dudit sieur Duneau, son père, et ensuite aux causes de l'hypothèque légale de Blanche Canné, femme du sieur Duneau susnommé, dans les termes d'un arrêt de la cour de..., du...

Incessibilité. — Inaliénabilité. — Insaisissabilité.

Bouquillard (Gaston). La présente rente ne pouvant être aliénée avant la trentième année révolue du titulaire, conformément à un acte de donation reçu par Me..., notaire à..., le...

Ou :

Bouquillard (Marie), mineure, sous la tutelle de Julien Bouquillard, son père. La présente rente ne pouvant être aliénée avant la vingt-cinquième année de la titulaire ou son mariage, s'il a lieu avant cet âge, conformément à un testament reçu par Me..., notaire à..., le...

Grugier (Adrien) et Georgette Marie Camus, sa femme, pour l'usufruit réversible en totalité au profit et sur la tête du survivant d'eux, conformément à un acte de donation reçu par Me..., notaire à..., le...; la nue propriété à Victor Rabier. La présente rente, tant pour l'usufruit que pour la nue propriété, ne pourra être aliénée pendant la vie de M. et Mme Grugier, que dans les termes et conditions résultant de l'acte de donation susénoncé.

Cornu (Amélie), femme de Jean Sureau, avec lequel elle est mariée sous le régime dotal, suivant contrat de Me..., notaire à..., du...
La présente rente, inaliénable pendant le mariage, ne deviendra transférable et disponible, même après la dissolution du mariage, que conformément aux stipulations de ce contrat et à la charge, s'il y a lieu, de produire un certificat de propriété.

Vaugon (Jeanne), femme d'Auguste Miard. La présente rente, à titre alimentaire, inaliénable, incessible et insaisissable pendant la vie et jusqu'au décès de Mme Miard, aux termes de la donation qui lui en a été faite, suivant acte reçu par Me..., notaire à..., le...
Ladite dame ayant seule droit de toucher les arrérages de la présente rente directement et sur ses simples quittances, sans le concours ni l'autorisation de son mari, conformément à la donation susénoncée.

On admet qu'en faisant une disposition à titre gratuit au profit d'une femme, on peut stipuler que celle-ci touchera seule les revenus sur ses simples quittances, sans le concours de son mari. Une telle stipulation n'est pas une dérogation au principe de la puissance maritale [1].

Maulard (Louise), femme de Louis Biéla. La présente rente incessible

1. Seine, 18 juill. 1879; Encyc. not., vo Donat., no 456, t. VIII, p. 74.

et insaisissable pendant la vie de la titulaire et conformément au testament du sieur Boivin, reçu par Mᵉ..., notaire à..., le...

V. aussi les formules d'immatricules de rentes appartenant aux *femmes mariées*.

L'inaliénabilité étant une dérogation au droit commun, n'est constatée dans les immatricules qu'autant que les actes, donations, testaments, etc., dont elle résulte sont énoncés.

V., en ce qui concerne les *usufruits* et les *nues propriétés*, *infrà*, vⁱˢ *Usufruit, Nue propriété*[1].

Interdits.

MASSARD (ADOLPHE), en état d'interdiction légale, sous la tutelle de Jules Boitel.

Ou :

BARBEREAU (PROSPER), en état d'interdiction légale, sous la tutelle de Maxime Vernon, nommé à cette fonction par délibération du conseil de famille dudit Barbereau, en date du...

Ou bien :

VÉRON (DOMINIQUE), interdit suivant jugement rendu par le tribunal civil de première instance de..., le..., sous la tutelle de Octave Beigneux, nommé à cette fonction par une délibération de son conseil de famille, devant M. le juge de paix de..., du...

Ou encore :

COLLARD (RENÉE), femme de BENJAMIN POPLIN, interdite suivant jugement du tribunal civil de première instance de..., en date du..., sous la tutelle légale de son mari.

Pour les interdits, il suffit d'énoncer la tutelle sans indiquer la date du jugement[2].

Cependant, il nous paraît préférable de relater la date des jugements et arrêts et la résidence des tribunaux et cours qui les ont rendus[3].

Quant aux énonciations relatives à la tutelle, voir *infrà*, vᵒ *Mineurs*.

1. V. not. *inf.*, vᵒ *Mineurs* (*tutelle administ.*).
2. Foyot, nᵒ 32-7ᵒ, p. 23.
3. Note Chamb. synd. sur les *Libellés*.

Intérêts à capitaliser.

Avias (Louis Victor), mineur, sous la tutelle de Claude Avias, son père. La présente rente inaliénable jusqu'à ce que le titulaire ait atteint l'âge de 22 ans, conformément au testament de Mme Nortier, reçu par M^e..., notaire à..., le...

Les arrérages de la présente rente devant être capitalisés jusqu'à la même époque, en vertu du même testament, sous la surveillance de M. Louis Bruno, exécuteur testamentaire.

Majeurs.

Brisson (Paul Ernest) :

Pour les hommes *majeurs*, cette qualité ne se constate pas dans l'immatricule, contrairement à ce qui a lieu pour les filles majeures. V. *Sup.*, v° *Fille majeure.*

Mineurs.

Administration légale :

Dupont (Victor), mineur sous l'administration légale de Eugène Dupont, son père.

Ou :

Robineau (Louis), mineur, sous l'administration légale de sa mère Rose Fortin, épouse divorcée de Pierre Robineau et femme en secondes noces de Jean Barbier.

Administration spéciale :

Charon (Joseph Louis), mineur sous la tutelle de Jules Droz, et sous l'administration spéciale, quant à la présente rente, de Victor Cotelle.

Tutelle légale :

Arnoud (Célestin), mineur, sous la tutelle légale de Benjamin Arnoud, son père.

Ou :

Bertrand (Octavie Anne), mineure, sous la tutelle légale de Berthe Mangin, sa mère, veuve de Maximilien Bertrand.

Mère remariée. Cotuteur :

Masson (Henriette), mineure, sous la tutelle légale de Françoise Baron, sa mère, veuve en premières noces de Ludovic Masson, et épouse en secondes noces de Marin Dutray, cotuteur.

Conseil de tutelle :

Passard (Louise) et Juliette Passard, toutes deux mineures, sous la tutelle légale de Marie Vannel, leur mère, veuve de Henri Passard, ayant pour conseil de tutelle M. Armand Gasselin, nommé à cette fonction suivant testament dudit Henri Passard, reçu par M⁰..., notaire à,.., le...

Exclusion de jouissance légale :

FORTIER (BENJAMIN), mineur, sous l'administration légale de Julien Fortier, son père.

La présente rente provenant d'un legs fait par M. Rodière, suivant testament devant M⁰..., notaire à..., du..., exclue de la jouissance légale de M. et Mme Fortier père et mère, conformément audit testament.

Tutelle dative :

GARAUD (JULIEN), mineur, sous la tutelle dative de Ernest Montaud, nommé à cette fonction par délibération du conseil de famille dudit mineur, prise devant M. le juge de paix, de..., le...

Tutelle administrative :

LAURIÈRE (MARIE), fille majeure, pour l'usufruit jusqu'au 6 mai 1906[1] ou jusqu'à son décès, s'il survient avant cette date; la nue propriété à Louise Botereau, mineure, sous la tutelle de la commission administrative des hospices de...; la présente inscription de rente, formant emploi de fonds touchés suivant acte reçu par M⁰..., notaire à..., le..., et grevée du droit de retour à Mlle Laurière, sans que ce droit puisse faire obstacle à l'aliénation de lad. rente, ne sera aliénable qu'à la majorité de lad. mineure, aux termes d'un acte reçu par M⁰... notaire à..., le...[2].

Tutelle testamentaire :

BARON (HERMINIE), mineure, née à..., le..., sous la tutelle testamentaire de M. Auguste Nodier, nommé à cette fonction, aux termes d'un testament olographe déposé à M⁰..., notaire à..., le...

Emancipation :

VIVIER (JEANNE), LOUISE VIVIER et MARIE THÉRÈSE VIVIER, toutes trois mineures, émancipées par délibération de leur conseil de famille, prise devant M. le juge de paix du canton de..., le..., ayant pour curateur M. Achille Raymond.

Tutelle légitime. Rente provenant d'emploi :

ROBERT (GASTON), mineur, sous la tutelle légitime[3] de Félicien Robert, son bisaïeul. La présente rente, acquise en exécution d'un jugement du tribu-

1. Date de la majorité du propriétaire.
2. Cette immatriculation provient d'un emploi de fonds, objet d'une donation au profit d'un mineur par son tuteur officieux. C. c., 361 et s.
3. La tutelle des aïeux bien que dévolue par la loi, est quelquefois qualifiée de *légitime*, par opposition à la tutelle *légale* des père et mère, Macadé, t. II, p. 205 ; il en est ainsi parce que, dans certains cas, le conseil de famille est appelée à formuler un choix, C. c., 404, contrairement à ce qui a lieu pour la tutelle des père et mère, C. c., 390.

nal civil de..., en date du..., et formant emploi de prix d'immeubles touchés suivant quittance reçue par M⁰..., notaire à..., le..., ne pouvant être aliénée avant la majorité du titulaire, conformément audit jugement.

Pour les mineurs, il suffit d'indiquer cet état et la tutelle sous laquelle ils sont placés.

Cependant, en cas de *tutelle dative*, la Chambre syndicale prescrit d'énoncer les dates des délibérations et les résidences des juges de paix qui les ont reçues.

La date de la naissance des mineurs ne peut être insérée dans les libellés qu'autant qu'il est produit une copie régulière de l'acte de naissance, si l'immatriculation n'est pas le résultat d'une mutation basée sur un certificat de propriété.

Quant aux *mentions d'origine* et *d'inaliénabilité*, voir *suprà*, v^ls *Femme mariée*, *Inaliénabilité* et *Mineurs*.

Nantissement.

HÉBERT (PIERRE). La présente rente affectée à titre de nantissement au profit de M. Vincent Charpentier, en garantie de l'exécution d'un bail reçu par M⁰..., notaire à..., le...

ou :

BOUVIER (JULES ERNEST), pour l'usufruit; la nue propriété à Charles Humblot. Cette nue propriété et même la pleine propriété, lors de l'extinction de l'usufruit, affectées à titre de gage et nantissement au profit de M. Prosper Mangin, pour sûreté d'une somme principale de 1,000 francs et de tous intérêts et accessoires, en vertu d'une obligation reçue par M⁰..., notaire à..., le...

CAMUS (ANTOINE). La présente rente affectée à la garantie du service d'une rente viagère de 500 francs, due par le titulaire à M. Louis Bordier, le tout en vertu d'un acte reçu par M⁰..., notaire à..., le...

La mention relative audit nantissement sera rayée après le décès de M. Bordier, sur la production de son acte de décès.

Pour les autres libellés relatifs au nantissement, voir les formules de certificats de propriété délivrés par suite de nantissement.

Origine (Mention d').

Voir à ce sujet les explications que nous avons données *suprà* à la suite du mot *Femme mariée* et les formules qui s'y rapportent.

Réméré.

BOMPARD (THOMAS), pour ne disposer de la présente rente et n'en être propriétaire qu'aux époques et conditions énoncées dans un acte reçu par Me..., notaire à..., le...

On a quelquefois recours à une vente à réméré en cas de prêt ; c'est souvent ainsi que procèdent les compagnies d'assurances-vie avec les rentiers qui-leur empruntent.

Cette opération est valable en principe, quand, d'ailleurs, le prix ne représente pas autre chose qu'un prix de réméré, sans intérêts usuraires[1].

Restitution (Charge de).

V. ci-après, vis Substitution, Restitution.

Séquestre.

BAIZARD (RAYMOND), comme envoyé en possession provisoire des biens de Jean Baizard, déclaré absent par jugement du tribunal civil de..., en date du...

La présente rente placée sous l'administration spéciale de M..., autorisé à toucher les arrérages.

Le nom du séquestre, qui n'a aucun droit de propriété, ne figure jamais en première ligne sur les immatricules ; il n'est mentionné dans le libellé que comme administrateur ou comme gardien chargé de toucher les arrérages.

Quand il s'agit des biens d'un *absent*, ce n'est pas non plus le nom du séquestre qui est inscrit en première ligne, mais celui de l'héritier présomptif.

Société.

TABARE et MARTIN (La société en nom collectif).

Les achats de rente au nom des sociétés se font sur la production des statuts, dont un exemplaire est déposé au Bureau des transferts.

L'immatricule est basée sur la raison sociale.

1. Seine, 13 mai 1895.

Substitution. — Restitution.

Adam (Jules), grevé de restitution en faveur de ses enfants nés et à naître, en vertu d'un testament reçu par Me..., notaire à..., le...; M. Jules Lelong, tuteur à la restitution.

Bourreau (Louis), à la charge de conserver et de rendre à ses enfants nés et à naître, conformément à un acte de donation passé devant Me..., notaire à..., le...; M. Octave Rapin, tuteur à la restitution. La présente rente formant emploi de prix d'immeubles vendus suivant contrat devant Me..., notaire à..., du..., touchés aux termes d'une quittance devant le même notaire, du...

Lorsque les rentes sont possédées à charge de *restitution*, en vertu de *substitutions* permises, il y a lieu de le mentionner sur les titres [1].

Il y a lieu de tenir compte, pour l'immatriculation des rentes sujettes à restitution, des indications que nous avons données, *suprà*, 1re PARTIE, n° 431, p. 78.

Si l'immatriculation a lieu par voie d'achat, par le ministère d'un agent de change, comme emploi de fonds grevés de restitution, il suffit d'énoncer l'acte de libéralité (sans le produire) et le nom du tuteur.

Succession (*Administration provisoire*).

Bénard (Claude) (la succession de), ayant pour administrateur provisoire Maurice Liotard, avec droit de vendre et transférer et de toucher le prix, suivant jugement rendu par le tribunal de..., le...

ou :

Bénard (Claude) (la succession de), ayant pour administrateur provisoire Maurice Liotard, avec droit de toucher les arrérages, suivant jugement du tribunal de..., en date du...

Usufruit. — Nue propriété.

Les rentes grevées d'usufruit sont inscrites au nom de l'usufruitier, avec indication du nom du propriétaire; jusqu'à la justification de la cessation de l'usufruit, l'usufruitier est seul porté sur les états de paiement [2].

1. Inst. Dette insc. janv. 1873, VI; *sup.*, 1re PARTIE, n° 153, p. 31.
2. L. 24 août 1793, art. 21.

Situation simple :

BARBAULT (ALBERT), pour l'usufruit; la nue propriété à Ismaël Grandin.

Usufruit à temps[1] :

ROUSSEAU (LUCIE), fille majeure, pour l'usufruit jusqu'au...; la nue propriété à François Gatineau.

Nue propriété divise à plusieurs :

SAUVÉ (ANTOINE), pour l'usufruit; la nue propriété à Léon Barillet pour... francs, et à Raymond Lory pour... francs.

Nue propriété indivise :

SAUVÉ (ANTOINE), pour l'usufruit; la nue propriété à Léon Barillet et Léon Léomy, conjointement et indivisément.

Usufruit à titre de pension alimentaire :

DOIREAU (PASCAL), pour l'usufruit incessible et insaisissable à titre de pension alimentaire, conformément à un acte de donation reçu par Me..., notaire à..., le...; la nue propriété à Francisque Sauvage.

Usufruit cessant en cas de convol :

BOURDEL (ÉLÉONORE), veuve de Gérôme Lantier, pour l'usufruit jusqu'à son décès ou jusqu'à son convol en secondes noces; la nue propriété à Octave Marot.

Usufruit réductible :

COLLARD (MAXIMILIENNE), veuve de Jean Bonnin, pour l'usufruit, après elle Jeanne Moreau aussi pour l'usufruit, mais seulement pour un quart; la nue propriété à Victor Drumont.

Usufruit conjoint et réversible :

Pour faire inscrire un titre de rente pour l'usufruit aux noms de deux *époux conjointement, avec réversion* au profit du survivant de tout ou partie, il faut énoncer dans l'immatricule l'acte en vertu duquel le droit existe.

CHAUVIN (CAMILLE) et BATHILDE MIRAULT, sa femme, pour l'usufruit, conjointement et indivisément, avec réversion dudit usufruit au profit et sur la tête du survivant d'eux, conformément à un acte passé devant Me..., notaire à..., le...; la nue propriété à Romain Blot.

Usufruits successifs :

Les usufruits successifs sur plusieurs têtes entre personnes

1. V. aussi *Sup.*, v° *Mineurs* (Tut. administ.), p. 445.

29

autres que des conjoints, s'inscrivent sans énonciation d'actes, et l'immatricule indique le mode de réversion.

NAUDIN (GEORGES), femme CHARLOTTE CHÉMIÈRE, pour l'usufruit; après lui Pierre Naudin aussi pour l'usufruit; la nue propriété à François Giraud.

Usufruit successif réduit :

TÉTARD (BLAISE), pour l'usufruit, après lui Tétard Célestin, aussi pour l'usufruit, mais jusqu'à concurrence du tiers seulement; la nue propriété à Henri Robineau.

Tiers jouissant sur la tête d'un usufruitier :

LAMBALLE (ANDRÉ), jouissant sur la tête et pendant la vie de Maurice de Grandcourt, usufruitier; la nue propriété à Martial Urbain.

Usufruitier présumé absent :

POITIER (AMÉDÉE), présumé absent, pour l'usufruit, ayant pour administrateur provisoire de ses biens M. Jules Dubois, nommé suivant jugement du tribunal civil de..., en date du...; la nue propriété à Anatole Pelletier.

Usufruitier absent :

PELLETIER (ANATOLE), comme envoyé en possession provisoire des biens de M. Amédée Poitier, suivant jugement du tribunal civil de..., en date du...; la nue propriété audit M. Pelletier.

Nue propriété à mineur :

BOURSIER (JEAN), pour l'usufruit; la nue propriété à Esther Boursier, mineure, sous l'administration légale de son père, Hector Boursier.

Usufruit, la nue propriété à un établissement religieux :

BORDIER (FRANCISQUE), pour l'usufruit; la nue propriété à l'évêché de Blois, à la charge d'employer les arrérages à l'entretien d'une école congréganiste de filles à..., en exécution du testament de M. Leloir, reçu par Me..., notaire à..., le...

En cas d'*usufruit* et de *nue propriété*, le nom de l'usufruitier est toujours inscrit le premier[1].

Pour les *usufruits* et les *nues propriétés*, il faut avoir soin, dans les mentions d'origine les concernant, d'indiquer si les prohibitions ou restrictions s'appliquent à l'usufruit ou à la nue propriété, ou à tous deux.

1. Cpr. L. 24 août 1793, art. 21

La vente de la pleine propriété des rentes ainsi possédées ne pouvant avoir lieu, en principe, qu'avec le concours de l'usufruitier et du nu propriétaire, il n'y a pas lieu, en général, de mentionner dans les immatricules l'*obligation* ou la *dispense de fournir caution*.

La *jouissance légale* des père et mère ne se mentionne pas; il en est de même du *droit d'administration du mari* sur les biens de la femme.

Veuve.

AUBRY (ROSALIE), veuve de Claudin Bernard.

ou :

GUÉRIN (URSULE), veuve en premières noces de François Barreau et épouse en secondes noces de Martin Leroy.

Pour les veuves, on doit indiquer, en première ligne, les noms patronymiques de celles-ci, puis leurs prénoms et les noms et prénoms des maris.

APPENDICE

Depuis le tirage des deux premières parties de cet ouvrage, il a été apporté à la législation de la Dette inscrite et du Trésor public diverses modifications.

I

Loi (de finances) du 24 décembre 1896 [1]

Suppression des livres auxiliaires.

Art. 10. — A partir du 1er janvier 1897, il ne sera plus inscrit aucune rente nouvelle aux livres auxiliaires des trésoreries générales.

Ces livres seront fermés, dans chaque département, au fur et à mesure que toutes les inscriptions y figurant actuellement auront été reportées au Grand-Livre de la Dette publique, tenu à Paris.

Les dispositions contraires de la loi du 14 avril 1819 sont et demeurent abrogées [2].

Abrogation de la loi du 24 avril 1833.

Art. 11. — La loi du 24 avril 1833, relative aux formes et au contrôle des récépissés et autres titres qui engagent le Trésor public, est abrogée et remplacée par les dispositions suivantes :

§ 1er. — Tout versement en numéraire ou autres valeurs fait aux caisses du Caissier-payeur central du Trésor public à Paris et à celles des trésoriers-payeurs généraux et des receveurs particuliers des finances, pour un service public, donnera lieu à la délivrance immédiate d'un récépissé.

Ce récépissé, pour être libératoire et former titre contre le Trésor, devra être détaché d'une formule à talon [3].

---

1. *Journal officiel* du 25 décembre 1896.

2. Les *livres auxiliaires* avaient été créés par la loi du 14 avril 1819; la tenue en était réglée par l'instruction du 1er mai 1819. V. *sup.*, p. 167, 181, 229, 257 et 289.

Nous avons annoncé comme imminente leur suppression que vient de prononcer la loi susrapportée. *Sup.*, p. 165, note 1, 167, note 4, 229 et 257.

3. Ce paragraphe correspond à l'art. 1er de la loi du 24 avril 1833, qui était ainsi conçu :

« Tout versement en numéraire ou autres valeurs fait aux caisses du Caissier central du Trésor public à Paris et à celles des receveurs généraux et particu-

§ 2. — Les bons du Trésor, traites, mandats, récépissés et valeurs de toute nature, émis par le Caissier-payeur central, n'engageront le Trésor qu'autant qu'ils seront délivrés sur des formules à talon et revêtus du visa du Contrôle.

Les acceptations par le Caissier-payeur central des effets et traites émis sur sa caisse n'obligeront également le Trésor qu'autant qu'elles seront revêtues du visa du Contrôle[1].

§ 3. — Tout extrait d'inscription de rente immatriculée sur le Grand-Livre de la Dette publique à Paris, qui sera délivré à partir de la promulgation de la présente loi, devra, pour former titre valable contre le Trésor, être revêtu du visa du Contrôle[2].

§ 4. — Les certificats d'inscription délivrés pour la concession d'une

liers des finances, pour un service public, donnera lieu à la délivrance immédiate d'un récépissé à talon. — Ce récépissé sera libératoire et formera titre envers le Trésor public, à la charge toutefois par la partie versante, de le faire viser et séparer de son talon, à Paris immédiatement, et dans les départements dans les vingt-quatre heures de sa date, par les fonctionnaires et agents administratifs chargés de ce contrôle. »

La nouvelle loi n'assujettit plus les récépissés de cette nature au visa du Contrôle, mais ils doivent toujours être détachés d'une formule à talon.

1. L'art. 2 de la loi abrogée, auquel correspond la disposition ci-dessus rapportée, était ainsi libellé :

« Les bons royaux, traites et valeurs de toute nature, émis par le Caissier central, n'engageront le Trésor qu'autant qu'ils seront délivrés sur des formules à talon et revêtus du visa du Contrôle. Cette disposition est applicable aux mandats délivrés par le payeur des dépenses à Paris. — Les acceptations, par le Caissier central des effets et traites émis sur sa caisse n'obligeront également le Trésor qu'autant qu'elles seront revêtues du visa du contrôle. »

L'art. 3 de la loi de 1833, qui n'a pas de disposition correspondante dans la nouvelle loi, portait : « Ne seront pas soumis aux formalités prescrites par les articles précédents, les versements faits chez les receveurs généraux et particuliers des finances, pour cause d'*achat* et de *vente de rentes*, ces sortes de versements ne donnant lieu à *aucun recours en garantie contre le Trésor*. »

Bien que l'art. 2 de la loi de 1896 abroge expressément la loi de 1833 et que les dispositions susrappelées ne se trouvent pas reproduites dans la nouvelle loi, on n'en doit pas conclure que, contrairement à ce qui avait lieu précédemment, les opérations d'achat et de vente de rentes sur l'État, faites par l'intermédiaire des Trésoriers et Receveurs donnent lieu, dorénavant, à un recours contre l'État et ont lieu sous sa garantie. La loi du 24 décembre 1896 ne vise que les récépissés et autres titres qui engagent le Trésor, et les opérations d'achat et de vente de rentes, qui sont toujours considérées comme facultatives, continuent à ne donner aucun recours en garantie contre le Trésor.

Depuis le 1er janvier 1897, comme avant, on délivre aux parties un reçu détaché d'un registre à souche (*sup.*, p. 247), mais non sujet aux formalités prescrites par la loi de 1896.

2. Ce paragraphe est la reproduction littérale du premier alinéa de l'art. 4 de la loi de 1833.

Le deuxième et dernier alinéa de cet article concernait les extraits d'inscriptions départementales.

pension à quelque titre que ce soit, ceux d'inscription de cautionnement et de privilège de second ordre à délivrer aux bailleurs de fonds devront, pour former titre valable contre le Trésor public, être également revêtus du visa de Contrôle [1].

§ 5. — Les dispositions du paragraphe 2 du présent article sont applicables aux opérations effectuées à Paris par la Caisse des dépôts et consignations [2].

§ 6. — Le présent article de loi sera constamment affiché dans les bureaux et caisses où il devra recevoir son exécution. Il en sera de même des modèles réglementaires de récépissés adoptés par l'Administration.

Les formules de chacun des titres y énoncés contiendront le texte du paragraphe spécialement applicable à ce titre [3].

Art. 12. — Les dispositions de l'article précédent ne sont applicables ni aux consignations de valeurs mobilières, ni aux opérations de la Caisse nationale des retraites pour la vieillesse, qui continueront à être soumises aux dispositions insérées dans les décrets du 15 décembre 1875 et du 28 décembre 1886 [4].

II

DÉCRET DU 24 DÉCEMBRE 1896 [5].

Extension de la compétence des agents de change départementaux [6].

Art. 1er. — A partir du 1er janvier 1897, les agents de change près les bourses départementales pourvues de parquets pourront certifier les transferts des inscriptions nominatives et mixtes lorsque ces transferts auront pour objet la délivrance d'inscriptions nominatives.

Art. 2. — L'agent de change établira une déclaration et un certificat

1. Ce paragraphe est la reproduction textuelle de l'art. 5 de la loi abrogée.
L'art. 6 de la loi de 1833 n'a pas de disposition correspondante dans la nouvelle loi. Il était ainsi conçu : « Les obligations et la responsabilité des comptables et agents du Trésor continueront à être réglées par les ordonnances. »

2. Ce texte correspond à l'art. 7 de la loi de 1833 ainsi conçu : « Les dispositions de l'art. 1er de la présente loi sont applicables à la Caisse des dépôts et consignations. »

3. Ce paragraphe reproduit l'art. 8 de la loi abrogée ; la seule disposition nouvelle qu'il renferme est celle relative aux modèles de récépissés.

Les détails de service résultant de la nouvelle loi sont réglés par une circulaire du 26 décembre 1896, n° 1695 de la Direction générale, et n° 839 du Bureau des Trésoriers généraux, à laquelle sont annexés les modèles des nouveaux récépissés.

4. Cet article constitue une disposition nouvelle.

5. *Journal officiel* du 25 décembre 1896.

6. Les agents de change exerçant près les bourses départementales pourvues d'un parquet étaient déjà autorisés à certifier le transfert des rentes nominatives de tous les fonds d'État français, pourvu qu'il s'agisse d'*inscriptions départementales* 3 p. 100 (*Sup.*, p. 167 et 256) ou d'*inscriptions directes* assignées payables à la trésorerie générale de leur résidence (*Sup.*, p. 167 et 255).

Ces officiers ministériels demandaient depuis longtemps, par leurs Chambres

de transfert, qui seront revêtus de la signature du vendeur ou de son fondé de pouvoirs spécial. Cette signature sera certifiée par l'agent de change [1].

Art. 3. — Les transferts seront signés, après vérification, par le trésorier général, agissant en qualité d'agent comptable des transferts [2].

Le comptable justifiera, à ce titre, de sa gestion à la Cour des comptes.

Art. 4. — Les opérations que motiveront ces transferts seront effectuées par les soins de l'agent comptable du Grand-Livre, à Paris, au vu des certificats de transfert et des anciens titres [3].

Art. 5. — Les inscriptions résultant des transferts prévus à l'article 1er seront certifiées par le trésorier général et visées par l'agent comptable du Grand-Livre et par le Contrôle central [3].

Art. 6. — Les dispositions contraires au présent décret sont et demeurent abrogées.

Art. 7. — Le ministre des finances est chargé de l'exécution du présent décret, etc...

_____

Voici le texte de la circulaire (n° 153) adressée par le Bureau central de la Direction de la Dette inscrite aux trésoriers-payeurs généraux, pour l'exécution de l'article 10 de la loi du 24 décembre 1896.

INSTRUCTIONS AUX TRÉSORIERS-PAYEURS GÉNÉRAUX

Paris, le 26 décembre 1896.

Monsieur le Trésorier général,

I. *Suppression, par voie d'extinction des inscriptions départementales.* — L'article 10 de la loi de finances du 24 décembre 1896 porte qu'il sera procédé, par voie d'extinction, à la suppression des inscriptions de rente

syndicales, une extension de leur compétence et le droit de certifier le transfert de *toutes les rentes nominatives,* sans distinction, et quel que soit le département sur lequel les arrérages étaient ordonnancés.

Cette réforme, qui ne peut être qu'avantageuse aux rentiers, vient de faire l'objet du décret que nous rapportons.

Elle s'imposait d'autant plus que les inscriptions départementales sur lesquelles portaient surtout les opérations des parquets de province sont appelées à disparaître successivement en exécution des dispositions de l'art. 10 de la loi du 24 décembre 1896.

Afin d'éviter que cette dernière mesure n'apportât une entrave à l'action des agents de change de province, on leur a concédé le droit de transférer toutes les *rentes nominatives,* sans distinction du fonds ni du lieu d'assignation pour le payement des arrérages, et cette faculté a été étendue aux *rentes mixtes.*

(Ext. du rapp. de M. G. Cochery, ministre des fin. au Président de la République.)

Les bourses départementales de commerce ouvertes à la négociation des effets publics dont celles de Marseille, Toulouse, Bordeaux, Nantes, Lille et Lyon. *Sup.,* p. 255, note 6.

1. Cpr. *sup.,* p. 254 et s.
2. Cpr. *sup.,* p. 255 et s.
3. Cpr. *sup.,* p. 256.

départementales, dont la création remontait à la loi du 14 avril 1819 et qui n'existent plus actuellement que dans le fonds 3 p. 100.

La fermeture des livres auxiliaires sera la conséquence de cette mesure; mais comme l'indique le deuxième alinéa de l'article de loi précité, elle ne se fera pas immédiatement, ni à la même date dans toutes les Trésoreries générales. Elle n'aura lieu que successivement et au fur et à mesure que toutes les rentes inscrites actuellement au livre auxiliaire de chaque département auront été reportées au Grand-Livre, tenu à Paris. Cette transformation se produira par le seul effet des renouvellements et autres opérations courantes et comme la durée maxima des titres nominatifs est de dix ans, la fermeture définitive des livres auxiliaires sera obtenue au plus tard en 1906.

Dans ces conditions, toutes les inscriptions départementales en circulation continueront à subsister jusqu'à ce que des transferts, des mutations ou des opérations d'ordre en aient nécessité l'annulation.

Il importe, dans un intérêt budgétaire, que la conversion des inscriptions départementales en inscriptions directes soit échelonnée sur plusieurs années. Vous iriez donc à l'encontre des intentions de l'Administration en provoquant, sans utilité, cette conversion; je me verrais obligé de rejeter toute demande d'échange pur et simple qui ne serait pas justifiée.

II. *Interdiction d'émettre des inscriptions départementales postérieurement au 31 décembre 1896.* — A partir du 1er janvier 1897, votre livre auxiliaire ne pourra plus recevoir aucun accroissement et le solde des inscriptions existantes, arrêté à la date du 31 décembre 1896, ne sera plus modifié que par des lettres de débit, transmises par la Direction de la Dette inscrite. Ces décroissements successifs seront constatés, comme par le passé, dans vos balances trimestrielles et dans la situation arrêtée pour solde au 31 décembre de chaque année.

Toutes les inscriptions départementales que vous pouvez avoir à émettre par suite d'opérations en cours devront être expédiées et visées à la Préfecture au plus tard le 31 décembre 1896.

Dans ce but, la direction de la Dette inscrite fera en sorte de ne vous envoyer aucune lettre de crédit après le 28 décembre courant. Si par suite de circonstances imprévues, vous receviez encore quelque avis de crédit, daté du 30 ou du 31 décembre, il conviendrait en émettant l'inscription de lui donner cette dernière date et de vous entendre avec la Préfecture pour que l'inscription soit comprise au registre contrôle dans les opérations du mois de décembre.

Toutes les formules de titres départementaux encore en votre possession et que vous n'aurez pas utilisées avant le 1er janvier 1897 devront m'être immédiatement renvoyées, munies de leurs souches et de leurs talons.

La lettre accompagnant cet envoi me fera connaître quel aura été le numéro de la dernière formule de titre employée.

Vous porterez également cette indication sur la souche et sur le talon de la dernière inscription émise.

III. *Envoi à la Direction de la Dette inscrite des dossiers de mutations renouvellements, etc., concernant les inscriptions départementales.* — Les opérations demandées sur les inscriptions départementales devant être désormais réalisées à Paris, par les soins de l'agent comptable du Grand-Livre, qui peut seul émettre des inscriptions directes, vous devrez désormais me transmettre toutes les demandes introduites dans vos bureaux à partir du 1er janvier 1897, et ayant pour objet des mutations, renouvellements, réunions, divisions, rectifications, remplacements et conversions d'inscriptions départementales en inscriptions directes.

Pour la composition des dossiers, la forme et les dates de ces envois, vous vous conformerez au mode de procéder actuellement en usage pour les inscriptions directes. Je vous rappelle à cet égard les dispositions contenues dans la circulaire de la Dette inscrite du 26 décembre 1895 (n° 136). Ces envois seront adressés au Bureau central de ma direction, à moins que l'affaire ne comprenne à la fois des inscriptions purement nominatives et des inscriptions mixtes ou au porteur. Dans ce dernier cas, le dossier devrait être transmis au service des reconversions et renouvellements de rentes au porteur.

IV. *Envoi des avis de débit aux Trésoreries générales et aux Préfectures.* — Les nouveaux titres résultant des opérations dont il vient d'être parlé, vous seront adressés par la Direction de la Dette inscrite dans les délais et les conditions ordinaires. Ainsi que cela se pratique aujourd'hui, vous recevrez, en outre, pour toutes les inscriptions départementales transformées, des avis de débit qui vous permettront de radier à votre Grand-Livre auxiliaire les comptes annulés. Le Préfet recevra, de son côté, une lettre conçue dans la forme usitée, l'informant de la réduction survenue dans le montant du compte collectif ouvert à la Trésorerie générale, et l'invitant à annuler sur son registre contrôle les rentes détaillées dans cette lettre.

V. *Tenue des écritures et des registres.* — Le compte collectif de la Trésorerie générale ne devant pas être clos avant plusieurs années, mais étant susceptible de modifications par suite de la notification d'avis de débit, tous les registres et documents destinés à constater, en fin de trimestre et en fin d'année, la concordance de vos écritures avec celles de la Direction de la Dette inscrite et avec le registre-contrôle de la Préfecture, devront continuer à être servis. Il en sera de même des états d'arrérages spéciaux aux inscriptions départementales. Il n'est possible de supprimer dès à présent que les comptes de gestion qui devaient être produits à la Cour des comptes aux termes de l'article 20 de l'ordonnance du 14 avril 1819, et qui n'auraient plus leur raison d'être puisque les Trésoriers généraux ne feront plus directement aucune opération, sur les inscriptions départementales. En conséquence le dernier compte à fournir sera celui de 1896.

Il n'y aura d'exception à cet égard que pour les six départements, où il existe une bourse de commerce ouverte à la négociation des effets publics (Bouches-du-Rhône, Haute-Garonne, Gironde, Loire-Inférieure, Nord, Rhône).

Les six comptables intéressés recevront des instructions spéciales[1], en ce qui concerne les transferts certifiés dans leur département, par les agents de change locaux et vérifiés par eux en qualité d'agents-comptables des transferts.

VI. *Rentes affectées à des cautionnements.* — Les cautionnements qui sont actuellement constitués en inscriptions départementales, seront maintenus dans la même forme jusqu'à ce qu'une opération portant sur la rente affectée, entraîne la conversion du titre en inscription directe.

A ce moment, si les cautionnements ont pris fin, vous exigerez comme par le passé les pièces nécessaires pour constater la libération du comptable, et vous m'enverrez la mainlevée de l'opposition précédemment mise à la requête de la Trésorerie générale. Le nouveau titre direct, émis par les soins de la Dette inscrite, sera libre de toute affectation.

Si au contraire le cautionnement doit être maintenu et que l'inscription directe à provenir de l'opération doive être réaffectée, il y aura lieu de vous entendre au préalable avec la Direction de la Dette inscrite. Les instructions varieront suivant la nature du cautionnement.

Il est bien entendu que de nouveaux cautionnements pourraient être constitués avec des inscriptions départementales actuellement existantes, pourvu que ces titres réunissent toutes les conditions voulues pour être acceptées, et que notamment ils appartiennent au livre auxiliaire du département dans lequel le cautionnement doit être réalisé.

Le Directeur de la Dette Inscrite.

Signé : A. CHAPERON.

1. En raison de l'intérêt restreint de ces instructions, qui concernent surtout le service intérieur des Trésoreries générales, nous n'en donnons pas ici la teneur.

TROISIÈME PARTIE

FORMULES DIVERSES

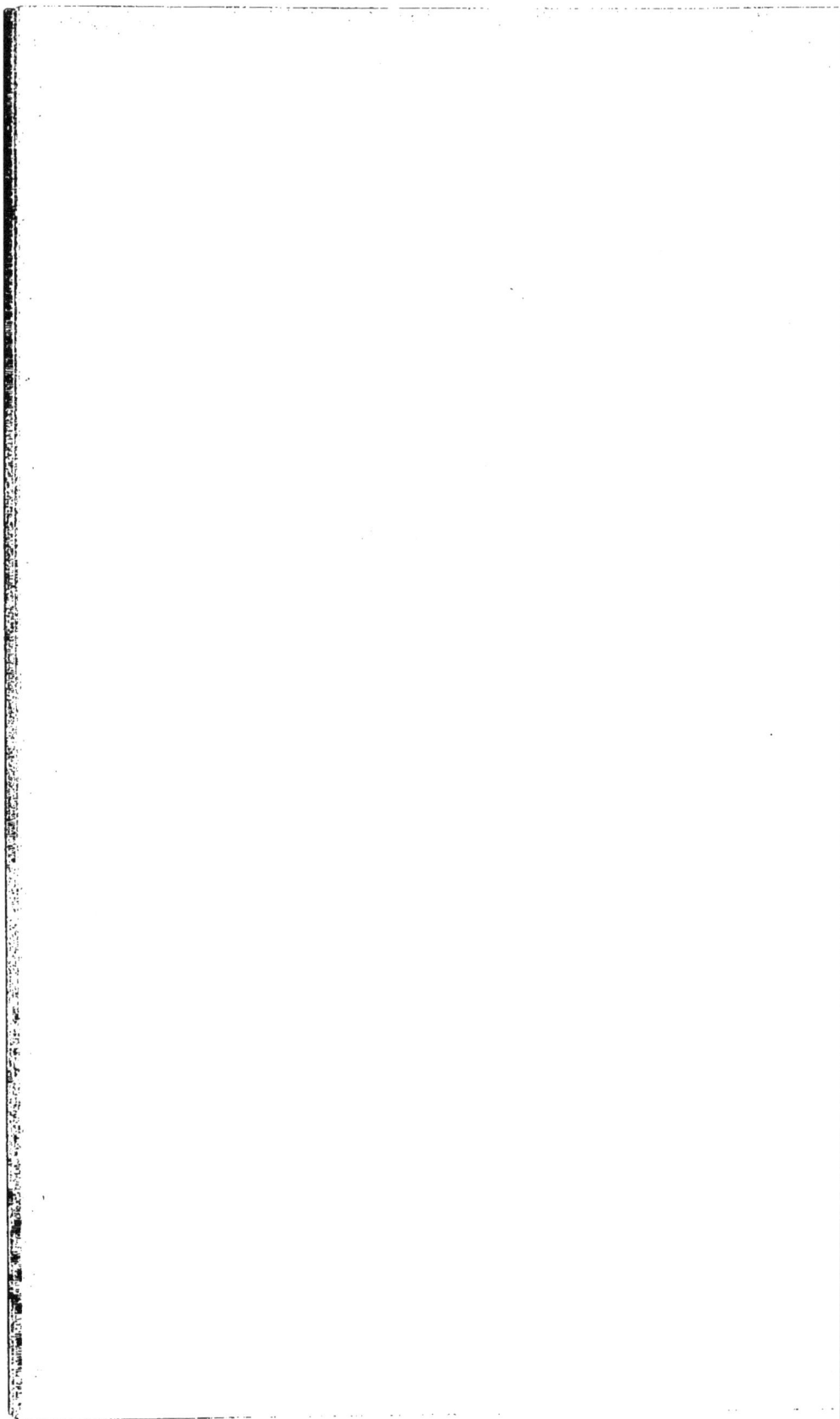

TROISIÈME PARTIE

FORMULES DIVERSES

INDEX ALPHABÉTIQUE[1]

1. Cet index est spécial aux *formules* et aux *notes* qui les accompagnent. Les numéros indiqués correspondent à ceux des formules.

30

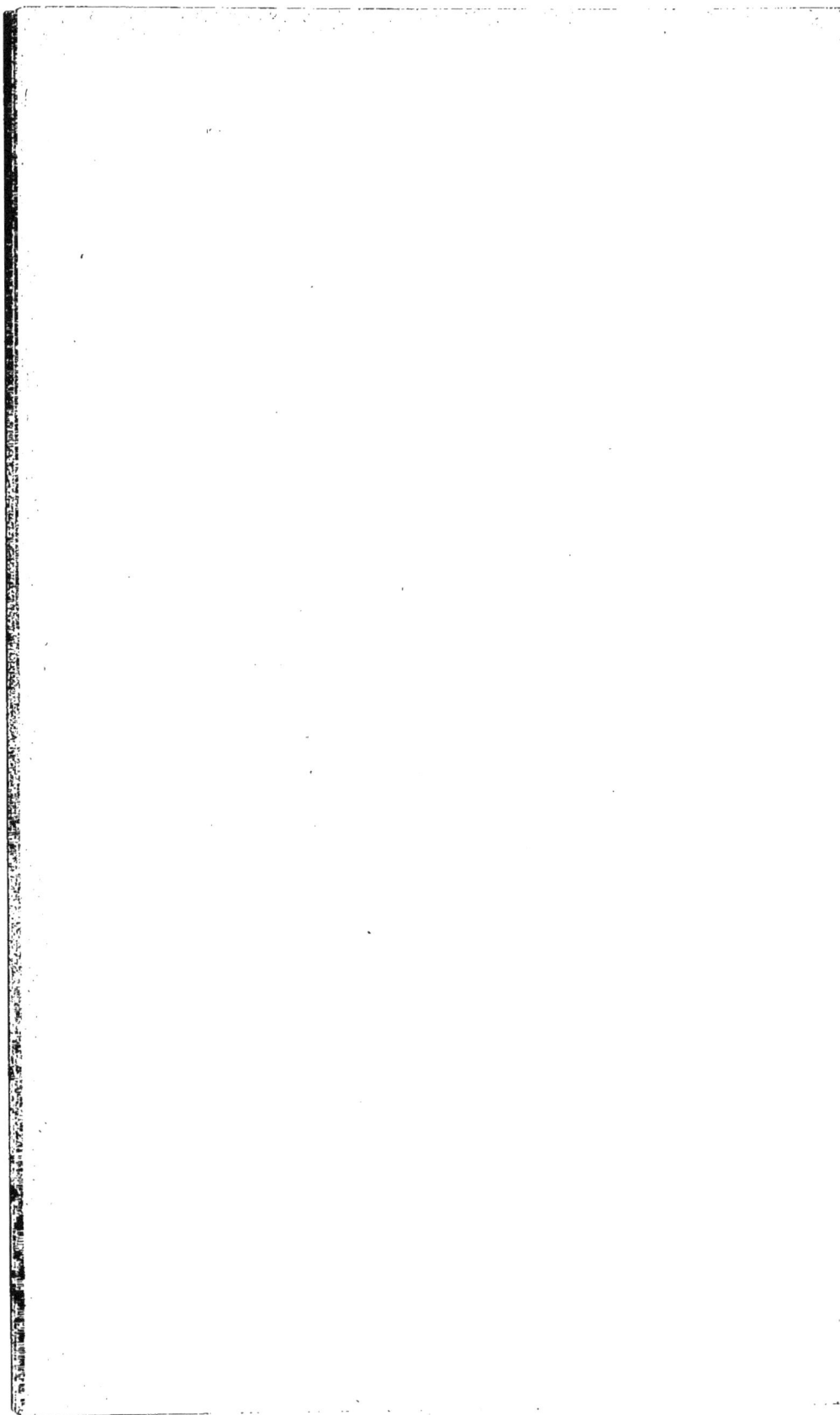

CERTIFICATS DE PROPRIÉTÉ

SUCCESSIONS AB INTESTAT[1]

Form. 1. — Succession directe. — Un seul héritier majeur. — Notoriété. — Réquisition dans le certificat.

DETTE PUBLIQUE

Trois pour cent.

Extrait d'inscription au Grand-Livre.

N°.... Série.... Rente : 100 francs.

Au nom de : Morin (Louis Victor).

Je soussigné..., notaire à...,

Attendu le décès arrivé, en son domicile, le..., de M. Louis Victor Morin. en son vivant rentier, demeurant à..., ainsi que le constate son acte de décès, inscrit aux registres des actes de l'état civil de..., le..., et dont une copie est annexée à l'acte de notoriété ci-après visé ;

Et vu :

I. — L'extrait d'inscription de rente susrelaté ;

II. — La copie susénoncée de l'acte de décès de M. Louis Victor Morin ;

III. — Et la minute d'un acte de notoriété dressé par moi, à défaut

---

Droit de commission.

Le ministère des agents de change n'est pas nécessaire pour les opérations de mutation ou de transfert d'ordre. *Sup.*, p. 233. Cependant on a souvent recours à eux comme intermédiaires correspondants.

Dans ce cas, il ne saurait être question d'appliquer le *droit de courtage* exigible sur les transferts. *Sup.*, p. 248.

Mais il est alors d'usage que les agents de change perçoivent, à titre de commission, le droit de 1/8 p. 100, ou 0,125 par 100 francs de la valeur des titres, au cours, comme en matière de transfert simple.

Toutefois, dans la pratique, ils apportent une modération sensible à ce tarif, surtout lorsqu'il s'agit d'opérations importantes émanant de correspondants habituels.

d'inventaire, le..., constatant que M. Morin susnommé est décédé *intestat* au lieu et à l'époque susindiqués, veuf en premières noces de Mme Octavie Rocher, elle-même décédée à..., le... [2], et non remarié ;

Et qu'il a laissé pour son seul héritier, pour la totalité [3], son fils, issu de son union avec ladite dame Octavie Rocher, M. Alfred Morin, employé de commerce, demeurant à... ;

Certifie que l'inscription de 100 francs de rente française 3 p. 100 dont le libellé précède appartient en toute propriété, ainsi que tous arrérages échus et à échoir [4], à M. Alfred Morin susnommé, en qualité de seul héritier de son père.

En conséquence, je requiers M. le Directeur de la Dette inscrite de me délivrer, en remplacement du titre de rente dont s'agit, un autre titre de mêmes somme et nature de rente, au nom de :

MORIN (ALFRED).

En foi de quoi j'ai délivré le présent certificat, à la réquisition dudit M. Alfred Morin, à ce présent [5].

A..., le...

Et après lecture faite, M. Morin a signé avec moi.

---

1. V., en ce qui concerne les certificats de propriété à délivrer, dans les successions *ab intestat*, *sup.* 1re PARTIE, chap. v, § 1er, n°s 308 et s.

2. L'énonciation de ce décès n'est pas *nécessaire*; mais elle est *utile* pour faire voir, s'il y a lieu, que l'inscription de rente, délivrée postérieurement à ce décès, ne dépend pas de la communauté qui a pu exister entre le *de cujus* et son conjoint.

3. Avant la loi du 25 mars 1896, un fils pouvait être seul *héritier* de son père et n'avoir pas droit à la *totalité* de la succession, par exemple, s'il existait un enfant naturel reconnu, les enfants naturels n'étant alors pas des *héritiers*, mais de simples *ayants droit*.

4. *Sup.*, 1re PARTIE, n°s 128 et s.

Ainsi que nous l'avons dit, les arrérages doivent être touchés avant la mutation, à moins d'empêchement.

S'ils n'ont pu être perçus (et à moins qu'il ne soit délivré un certificat d'arrérages), il est fait, sur les nouveaux titres, une *mention de rappel*, le Trésor ne délivrant de titres et ne portant d'inscriptions au Grand-Livre qu'avec la jouissance du trimestre courant. V. cep. *sup.*, p. 191, *Détachem. du coup.*

La mention de rappel est ainsi conçue :

A droit à compter du... aux arrérages de l'inscription n°..., série..., de francs...

Quand l'inscription ancienne est divisée entre plusieurs ayants droit, la mention mise sur chaque nouveau titre est ainsi libellée :

A droit sur le pied de..., etc.

Avant d'acquitter ces arrérages, le payeur doit s'assurer que la quittance porte bien le numéro de l'ancienne inscription et il appose, au recto du titre, à gauche de la mention de rappel, une seule estampille, quel que soit le nombre des termes payés. S'il s'agit d'un paiement partiel, il en fait mention sur la quittance, sur la feuille d'enregistrement et sur le bulletin-matrice. Cpr. *sup.*, p. 186. — V. aussi de Marcillac, n° 84, p. 39.

5. Cpr. *sup.*, 1re PARTIE, chap. III, art. 2, n°s 267 et s.

Form. 2. — **Succession directe.** — **Plusieurs héritiers majeurs.** — **Inventaire.** — **Communauté.** — **Rente propre.** — **Absence de partage.**

DETTE PUBLIQUE

Trois et demi pour cent.

Extrait d'inscription au Grand-Livre.

N°..., Série..., Rente : 500 francs.

Au nom de : Bertal (Camille), *épouse de* André Lantier [1].

Je soussigné..., notaire à...,

Vu :

I. — L'extrait d'inscription susénoncé ;

II. — Une expédition du contrat de mariage de M. André Lantier et Mme Camille Bertal susnommés, reçu par M° ..., notaire à..., le..., aux termes duquel :

Les futurs époux ont déclaré adopter pour base de leur union le régime de la communauté de biens réduite aux acquêts ;

Et Mme Lantier a apporté en mariage et s'est réservé propre une inscription de 500 francs de rente française 3 1/2 p. 100, au porteur, n°..., laquelle a été convertie depuis en l'inscription nominative susvisée [2] ;

Expédition qui est en ma possession comme annexée à la minute de l'inventaire ci-après visé, *ou...* d'un acte de dépôt que j'en ai dressé le... ;

III. — La minute de l'inventaire dressé par moi, le..., après le décès de Mme Lantier et constatant :

Que ladite dame est décédée *intestat* en son domicile, à..., le..., et qu'elle a laissé :

Premièrement. — Son mari survivant, M. André Lantier, négociant, demeurant à..., comme commun en biens d'acquêts, aux termes du contrat de mariage susvisé [3] ;

Deuxièmement. — Et pour ses seuls héritiers, conjointement pour le tout ou chacun pour moitié, ses deux enfants majeurs, issus de son union avec ledit M. Lantier :

1° M. Édouard Lantier, négociant, demeurant à... ;

2° Et Mme Marie Lantier, épouse de M. Victor Gagnard, artiste peintre, avec lequel elle demeure à... ;

Certifie, conformément à la loi du 28 floréal an VII, que les 500 francs de rente 3 1/2 p. 100 faisant l'objet de l'inscription dont le libellé précède dépendent exclusivement de la succession de Mme Lantier née Bertal, comme lui provenant de son apport en mariage, et appartiennent en pleine propriété conjointement et indivisément, ainsi que tous arrérages échus et à échoir, à M. Edouard Lantier et à Mme Marie Lantier, épouse de M. Victor Gagnard susnommés, en leur qualité de seuls héritiers de eur mère, et doivent être immatriculés ainsi :

LANTIER (VICTOR) *et* MARIE LANTIER *femme de* VICTOR GAGNARD, *conjointement et indivisément.*

En foi de quoi, j'ai délivré le présent certificat.

A..., le...

1. Les certificats de propriété doivent contenir en tête, l'énonciation littérale des titres qu'ils concernent, mais dans leurs parties essentielles seulement. Il n'est donc pas nécessaire de reproduire *in extenso*, comme le font certains praticiens, le libellé des titres. Cpr. *sup.*, 1re PARTIE, n° 92, p. 22.

2. Le visa des actes et pièces constatant l'origine des rentes n'est rigoureusement nécessaire pour constater qu'elles appartiennent en propre à l'époux au nom de qui elles sont inscrites que quand il n'existe pas de contrat de mariage. Dans les autres cas, le visa du contrat est seul obligatoire et le notaire certificateur reste juge des justifications complémentaires qu'il croit devoir exiger. *Sup.*, 1re PARTIE, nos 613 et s.

3. Nous supposons, bien entendu, dans ce cas, le décès antérieur à la promulgation de la loi du 9 mars 1891, modifiant l'art. 767 C. c.

FORM. 3. — **Succession directe. — Notoriété. — Communauté légale. — Absence de partage. — Acte de réquisition en tenant lieu. — Attribution divise.**

DETTE PUBLIQUE

Trois pour cent.

Extrait d'inscription au Grand-Livre.

N°..., Série..., Rente : 100 francs.

Au nom de : BERNARD (EUGÉNIE), *femme* HUBERT VINCENT.

Je soussigné..., notaire à...,

Attendu le décès arrivé en son domicile, le..., de M. Hubert Vincent, en son vivant propriétaire, demeurant à..., ainsi que le constate son acte de décès, inscrit aux registres des actes de l'acte civil de..., à la date du..., et dont une copie est annexée à l'acte de notoriété ci-après visé ;

Et vu :

I. — L'extrait d'inscription de rente susrelaté ;

II. — La copie susénoncée de l'acte de décès de M. Hubert Vincent ;

III. — Une copie de l'acte de mariage de M. Hubert Vincent et de Mme Eugénie Bernard, dressé à la mairie de..., le..., et constatant que cette union n'a été précédée d'aucun contrat de mariage ;

Laquelle copie est annexée à la minute de l'acte de notoriété ci-après visé ;

IV. — La minute d'un acte de notoriété dressé par moi, à défaut d'inventaire, après le décès de M. Vincent susnommé, le..., constatant que ce dernier est mort *intestat*[1] au lieu et à l'époque susindiqués et qu'il a laissé :

1° Sa veuve, née Eugénie Bernard susnommée, sans profession, demeurant à...,

Comme commune légalement en biens, à défaut de contrat de mariage [1];

2º Et son fils, né de son union avec ladite dame, M. Albert Vincent, artiste musicien, majeur, demeurant à...,

Pour seul héritier pour la totalité ;

V. — Et la minute d'un acte reçu par moi, le..., aux termes duquel Mme veuve Vincent et M. Albert Vincent, son fils, ont reconnu que l'extrait d'inscription dont il s'agit leur appartenait à chacun pour moitié, ainsi qu'il va être dit et m'ont requis de délivrer le présent certificat pour obtenir la délivrance d'un titre distinct à chacun [3];

Certifie, conformément à la loi du 28 floréal an VII, que le titre de rente dont le libellé est transcrit en tête du présent appartient en pleine propriété, ainsi que tous les arrérages échus et à échoir :

Pour moitié ou 50 francs de rente, à Mme Eugénie Bernard, veuve de M. Hubert Vincent, non remariée, comme ayant été en communauté légale de biens avec son mari ;

Et pour l'autre moitié ou même somme de rente, à M. Albert Vincent, en qualité de seul héritier de son père.

En conséquence, je requiers M. le Directeur de la Dette inscrite de délivrer, en remplacement du titre de 100 francs de rente 3 p. 100 dont s'agit, deux autres titres de 50 francs de rente de même nature chacun, immatriculés ainsi :

Le premier : BERNARD (EUGÉNIE), *veuve de* HUBERT VINCENT,

Et le second : VINCENT (ALBERT).

Fait à..., le...

---

1. On décède *intestat* quand on meurt sans avoir fait de testament, et on est héritier *ab intestat*, quand on est appelé à la succession, en vertu de la loi, sans le secours d'un testament.

2. Nous supposons le décès antérieur à la loi du 9 mars 1891.

3. *Adde sup.*, 1re PARTIE, chap. III, art. 2. n°s 267 et s.

FORM. 4. — **Succession directe. — Plusieurs héritiers mineurs. — Epoux commun et usufruitier en vertu de l'art. 767 C. c. — Inventaire. — Acceptation bénéficiaire. — Rente commune. — Absence de partage.**

DETTE PUBLIQUE

Trois pour cent.

Extrait d'inscription au Grand-Livre.

Nº..., Série..., Rente : 220 francs.

Au nom de : DUVAL (EMILE).

Je soussigné..., notaire à...,

Attendu le décès, arrivé en son domicile à..., le..., de Mme Louise Guillaume, en son vivant épouse de M. Emile Duval, commissaire-priseur, demeurant à..., ainsi que le constate l'intitulé de l'inventaire ci-après visé ;

Et vu :

I. — L'extrait d'inscription de rente susénoncé [1] ;

II. — La minute du contrat de mariage de M. Emile Duval et Mme Louise Guillaume susnommés, reçu par moi le..., contenant adoption du régime de la communauté de biens réduite aux acquêts ;

III. — La minute de l'inventaire dressé par moi, après le décès de Mme Duval, suivant procès-verbal en date au commencement du..., duquel il résulte :

Que Mme Duval est décédée *intestat* au lieu et à l'époque susindiqués ;

Et qu'elle a laissé :

Premièrement. — Son mari survivant, M. Emile Duval susqualifié et domicilié,

1° Comme commun en biens d'acquêts, aux termes du contrat susvisé ;

2° Et comme ayant droit, en sa qualité d'époux survivant non divorcé ni séparé de corps, à l'usufruit du quart de sa succession, en vertu de l'article 767 du Code civil [2] ;

Deuxièmement. — Et pour ses seuls héritiers, conjointement pour le tout ou chacun pour moitié, ses deux enfants, issus de son union avec ledit M. Emile Duval :

1° Georges Duval, né à..., le... ;

2° Et Charlotte Duval, née à..., le... ;

Mineurs, sous la tutelle légale de M. Emile Duval, leur père ;

Laquelle qualité d'héritiers n'a été acceptée au nom de ces enfants mineurs par leur père, dûment autorisé à cet effet, que sous bénéfice d'inventaire, suivant déclaration faite au greffe du tribunal de première instance de..., le... ;

Certifie, conformément à la loi du 28 floréal an VII, que les 220 francs de rente française 3 p. 100, faisant l'objet de l'inscription dont le libellé est ci-dessus transcrit, qui dépendent de la communauté ayant existé entre les époux Duval-Guillaume, appartiennent en pleine propriété, conjointement et indivisément, ainsi que tous arrérages échus et à échoir, à M. Emile Duval père, tant à cause de la communauté ayant existé entre lui et son épouse qu'en raison des droits d'usufruit résultant à son profit de l'article 767 du Code civil, et aux mineurs Georges Duval et Charlotte Duval, sous la tutelle légale dudit M. Emile Duval, leur père, comme seuls héritiers de leur mère, sous bénéfice d'inventaire.

En conséquence, je requiers M. le Directeur de la Dette inscrite de délivrer, en remplacement de ladite inscription de rente, une autre inscription de mêmes somme et nature de rente, ainsi immatriculée [3] :

Duval (Emile); Georges Duval et Charlotte Duval; *ces deux derniers mineurs, sous la tutelle légale dudit M. Emile Duval, leur père, héritiers sous bénéfice d'inventaire de Mᵐᵉ Louise Guillaume, leur mère, décédée épouse dudit Emile Duval ; tous conjointement et indivisément.*

En foi de quoi j'ai délivré le présent certificat.

A..., le...

1. Généralement on vise, en première ligne, le titre objet de la mutation ou du transfert, qui est la pièce principale.

Cependant ce visa n'est pas rigoureusement obligatoire ; il n'est, d'ailleurs, prescrit expressément par aucun texte.

Il arrive même, quand l'opération porte sur une nue propriété et que l'usufruitier, détenteur de l'inscription, refuse de s'en dessaisir, qu'on ne peut viser le titre. V. *inf.* les formules relatives aux *Cessions* et aux *Nantissements.*

2. Bien que l'époux survivant appelé à exercer les droits que lui confère l'art. 767 du C. c. (L. du 9 mars 1891) soit un *successeur irrégulier* et, comme tel, n'ait pas la *saisine*, le Trésor n'exige pas, — même en présence d'incapables, — qu'il s'agisse d'un *transfert* ou d'une *mutation*, le visa dans le certificat de propriété d'une délivrance amiable ou judiciaire. *Sup.*, 1ʳᵉ PARTIE, nᵒˢ 379 et s.

En cas de *renonciation* à son droit d'usufruit par le conjoint survivant, la renonciation peut avoir lieu par acte notarié. *Non obstat* C. c. 784. *Sup.*, 1ʳᵉ PARTIE, nᵒ 381.

3. V., quant aux réquisitions d'immatricule à insérer dans les certificats de propriétés, *sup.*, 1ʳᵉ PARTIE, nᵒˢ 140 et s.

FORM. 5. — **Succession directe. — Inventaire. — Communauté légale. — Absence de contrat. — Veuve usufruitière en vertu de l'art. 767 du C. c. (L. 9 mars 1891). — Réquisition non visée.**

DETTE PUBLIQUE

Trois pour cent.

Extrait d'inscription au Grand-Livre.

Nᵒ..., Série..., Rente : 100 francs.

Au nom de : VINCENT (HUBERT).

Je soussigné..., notaire à...,

Attendu le décès arrivé, en son domicile, le..., de M. Hubert Vincent, en son vivant propriétaire, demeurant à..., ainsi que le constate l'intitulé de l'inventaire ci-après visé ;

Et vu :

I. — L'extrait d'inscription de rente dont le libellé précède ;

II. — La minute de l'inventaire dressé par moi, le..., après le décès de M. Hubert Vincent et constatant :

Que ce dernier est décédé *intestat*, aux lieu et époque susindiqués ;

Et qu'il a laissé :

Premièrement. — Sa veuve survivante, Mᵐᵉ Eugénie Bernard, sans profession, demeurant à...,

1ᵒ Comme légalement commune en biens, à défaut de contrat ayant précédé leur union, célébrée à la mairie de..., le... ;

2° Et comme ayant droit, en vertu de l'art. 767 du Code civil, à cause de l'existence de l'enfant ci-après nommé, à l'usufruit du quart des biens dépendant de sa succession;

Deuxièmement. — Et son fils, issu de son union avec ladite dame, M. Albert Vincent, artiste musicien, demeurant à..., pour son seul héritier pour la totalité;

Certifie, conformément à la loi du 28 floréal an VII, que le titre de rente dont le libellé figure en tête du présent appartient conjointement et indivisément, en toute propriété, ainsi que tous arrérages échus et à échoir, à : 1° Mme Eugénie Bernard, veuve de M. Hubert Vincent, non remariée, tant à cause de la communauté légale de biens ayant existé entre elle et son mari qu'en raison de ses droits d'usufruit sur la succession de ce dernier; et 2° M. Albert Vincent, comme seul héritier de son père [1].

En foi de quoi j'ai délivré le présent certificat, conformément à la réquisition qui m'en a été faite, suivant acte en minute reçu par moi, le... [3].

A..., le...

1. L'absence de contrat se justifie, quand on croit devoir en exiger la preuve, soit par l'acte de célébration du mariage, soit par un acte de notoriété, suivant les circonstances; il y a lieu, alors, de viser ces pièces. *Sup.*, 1re PARTIE, n°s 552 et s.

2. Lorsque les titres faisant l'objet du certificat de propriété doivent être immédiatement vendus, il est inutile de terminer ce certificat par une réquisition d'immatricule.

3. On peut se contenter d'*énoncer* ainsi l'acte de réquisition, sans le *viser*, quand il a seulement pour objet de couvrir la responsabilité du notaire et ne contient pas de dispositions influant sur la propriété des titres : partage. cession, etc.

FORM. 6. — **Succession directe.** — **Plusieurs héritiers majeurs.** — **Rente propre.** — **Conjoint usufruitier en vertu de l'art. 767 C. c.** — **Absence de partage.** — **Attribution par portions viriles.**

DETTE PUBLIQUE

Trois pour cent.

Extrait d'inscription au Grand-Livre.

N°..., Série..., Rente : 200 francs.

Au nom de : GIRAULT (CLÉMENCE), *femme* GEORGES NAUDIN.

Je soussigné..., notaire à...,

Attendu le décès, arrivé en son domicile à..., le..., de Mme Clémence Girault, en son vivant épouse de M. Georges Naudin, cultivateur, avec lequel elle demeurait à..., ainsi que le constate l'intitulé de l'inventaire ci-après visé;

Et vu :

I. — L'extrait d'inscription dont le libellé précède;

II. — Une copie de l'acte de mariage de M. et Mme Naudin susnommés, inscrit aux registres des actes de l'état civil de la commune de..., à la date du..., de laquelle il résulte que leur union n'a été précédée d'aucun contrat; par suite de quoi ils se sont trouvés soumis au régime de la communauté légale [1] ;

Laquelle copie est en ma possession comme annexée à la minute de l'inventaire ci-après visé ;

III. — Une expédition, étant au rang de mes minutes comme annexée à celle d'un acte de dépôt que j'en ai dressé à la date du..., d'un acte reçu par Me..., notaire à..., le..., aux termes duquel M. Gabriel Renard, propriétaire, demeurant à..., a fait donation entre vifs à Mme Naudin, née Girault susnommée, sa nièce, qui a accepté par le même acte avec l'autorisation de son mari, de la pleine propriété d'une inscription de 200 fr. de rente française 3 p. 100, portée au Grand-Livre de la Dette publique sous le no... de la série..., au nom du donateur, sous la condition formellement exprimée que cette rente ne tomberait pas dans la communauté existant alors entre les époux Naudin-Girault et resterait propre à la donataire ;

IV. — L'original d'un certificat d'origine [2] délivré, le..., par M. le Directeur de la Dette inscrite et constatant que l'inscription de rente dont l'extrait est susvisé provient de la mutation au profit de Mme Naudin du titre de même somme de rente, no..., série..., objet de la donation précitée du... ;

V. — La minute de l'inventaire dressé par moi, le..., après le décès de Mme Naudin, duquel il résulte :

Que cette dame est décédée *intestat*, au lieu et à l'époque susindiqués ;

Et qu'elle a laissé :

Premièrement. — Son mari survivant, M. Georges Naudin, cultivateur, demeurant à...,

    1° Comme commun légalement en biens, à défaut de contrat de mariage ;

    2° Et comme ayant droit, en sa qualité d'époux survivant non divorcé ni séparé de corps, en vertu de l'article 767 du Code civil, à l'usufruit du quart de sa succession [3].

Deuxièmement. — Et pour ses seuls héritiers, conjointement pour le tout ou chacun pour 1/3, ses trois enfants, issus de son union avec ledit M. Georges Naudin :

    1° M. Pierre Naudin, armurier, demeurant à... ;

    2° M. Auguste Naudin, bijoutier, demeurant à... ;

    3° Et Mme Fernande Naudin, épouse de M. Camille Dumont, mécanicien, avec lequel elle demeure à... ;

On peut ajouter :

« Au cours duquel inventaire ledit extrait d'inscription de rente a été « analysé comme pièce... (unique...), de la cote..., à titre de propre de la « succession de Mme Naudin né Girault; »

Certifie, conformément à la loi du 28 floréal VII, que les 200 francs de rente 3 p. 100, objet de l'extrait d'inscription susvisé, dépendent exclusivement de la succession de Mme Naudin titulaire, et comme tels appartiennent en pleine propriété, ainsi que tous arrérages échus et à échoir :

A M. Georges Naudin, pour un quart en usufruit, en qualité d'usufruitier de cette quotité de la succession de sa femme ;

A MM. Pierre et Auguste Naudin et à Mme Fernande Naudin, épouse de M. Camille Drumont, pour la nue propriété du même quart et la pleine propriété des trois autres quarts, chacun pour un tiers, en leur qualité de seuls héritiers pour cette quotité de la titulaire, leur mère.

En conséquence, je requiers M. le Directeur de la Dette inscrite de me délivrer, en remplacement de ladite inscription, une autre inscription de mêmes somme et nature de rente ainsi immatriculée :

Naudin (Georges), *pour l'usufruit du quart, dont la nue propriété et la pleine propriété des trois autres quarts à* Pierre Naudin, Auguste Naudin *et* Fernande Naudin, *épouse de* Camille Dumont, *chacun pour un tiers* [4].

En foi de quoi j'ai délivré le présent certificat.

---

1. On peut énoncer et viser dans les actes notariés, les actes de l'état civil sans les faire enregistrer, attendu qu'ils sont expressément exempts de cette formalité. L. 22 frim. an VII, art. 70, § 3, n° 8 ; Dict. du not., v° *Acte notarié*, n° 637.

V. cependant, en ce qui concerne le *divorce*, *sup.* 1re partie, n° 643, p. 108, note 2.

Quant aux *reconnaissances d'enfants naturels* faites devant l'officier de l'état civil, elles sont sujettes à l'enregistrement sur la première expédition délivrée. LL. 22 frim. an VII, art. 7, § 5 ; 28 avril 1816, art. 43.

2. Il n'y a pas lieu de déposer les certificats d'origine pour les viser. *Sup.*, 1re partie, n° 26.

3. V. la note 2, formule 4.

4. On pourrait aussi, dans l'espèce, tous les ayants droit étant majeurs et maîtres de leurs droits et la somme de rente étant divisible par les quotités héréditaires, obtenir des titres distincts. *Supr.*, 1re partie, n°s 99 et s.

Pour cela, il suffirait de faire ressortir dans le *certifié* (*sup.*, n° 83) que le quart représente 25 francs de rente, et de libeller la réquisition d'immatricule dans ces termes :

En conséquence, je requiers de M. le Directeur de la Dette inscrite la délivrance, en remplacement de l'extrait d'inscription susvisé, de quatre autres extraits d'inscriptions, de chacun 25 francs de rente de même nature, immatriculés :

Le premier, au nom de :

Naudin (Georges), *pour l'usufruitier ; la nue propriété à* Pierre Naudin, Auguste Naudin *et* Fernande Naudin, *femme de* Camille Drumont, *chacun pour un tiers.*

Le second, au nom de :

Naudin (Pierre) ;

Le troisième, au nom de :

Naudin (Auguste) ;

Et le quatrième, au nom de :

Naudin (Fernande), *épouse de* Camille Drumont.

FORM. 7. — Succession directe. — **Veuve commune et donataire.** — **Absence de contrat.** — **Expédition déposée (ou annexée) d'acte reçu par un autre notaire.** — **Absence de partage.** — **Attribution indivise.** — **Mineurs.** — **Héritiers bénéficiaires**

DETTE PUBLIQUE

Trois pour cent.

Extrait d'inscription au Grand-Livre.

N°..., Série..., Rente : 500 francs.

Ainsi immatriculé : CHABOT (PAUL).

Je soussigné..., notaire à...,

Attendu le décès arrivé, en son domicile, le..., de M. Paul Chabot, en son vivant rentier, demeurant à..., ainsi que le constate l'intitulé de l'inventaire ci-après visé ;

Et vu :

I. — L'extrait d'inscription susrelaté ;

II. — Une expédition, délivrée par M°..., notaire à..., le..., d'un acte reçu par M°..., notaire à la même résidence, son prédécesseur immédiat, le..., contenant donation par M. Paul Chabot susnommé à Mme Célestine Poulin, son épouse, demeurant avec lui, si elle survivait à son mari, de l'usufruit de tous les biens qui composeraient la succession de celui-ci, avec stipulation qu'au cas (arrivé) d'existence à son décès d'enfant de son mariage, cette donation serait réduite à moitié en usufruit des mêmes biens ;

Laquelle expédition est en ma possession, comme annexée à la minute d'un acte en constatant le dépôt, reçu par moi, le... ;

Ou bien : comme annexée à la minute de l'inventaire ci-après visé ;

III. — La minute d'un acte dressé par moi, le..., sur la déclaration de Mme veuve Chabot et l'attestation de deux témoins, constatant que son mari et elle se sont mariés à la mairie de..., le..., sans avoir fait précéder leur union d'un contrat en réglant les bases, et, en conséquence, se sont trouvés soumis au régime de la communauté légale ;

A l'appui de quoi, il m'a été représenté, — ainsi que le constate cette notoriété, — une copie régulière de l'acte du mariage civil des époux Chabot [1] ;

IV. — Et la minute de l'inventaire dressé par moi, le..., après le décès dud. M. Chabot, constatant :

Que ce dernier est décédé comme il est dit plus haut et *intestat ;*

Et qu'il a laissé :

Premièrement. — Pour donataire de la moitié en usufruit des biens dépendant de sa succession, en vertu de la donation ci-dessus visée, Mme Célestine Poulin, rentière, demeurant à..., sa veuve, avec laquelle il était marié sous le régime de la communauté légale, ainsi qu'il est dit plus haut [2] ;

Deuxièmement. — Et pour ses seuls héritiers, chacun pour moitié,

M. Arthur Chabot et Mlle Marie Chabot, ses deux enfants mineurs, issus de son union avec lad. dame, sous la tutelle légale de leur mère susnommée;

Laquelle succession a été acceptée sous bénéfice d'inventaire seulement par Mme veuve Chabot au nom de ses enfants mineurs, suivant déclaration faite au greffe du tribunal civil de..., le...;

Certifie, conformément à la loi du 28 floréal an VII, que les 500 francs de rente française 3 p. 100 faisant l'objet de l'extrait d'inscription susvisé appartiennent, avec tous arrérages échus et à échoir, conjointement et indivisément: à Mme Célestine Poulin, veuve de M. Paul Chabot et non remariée, tant à cause de la communauté légale ayant existé entre elle et son mari que comme donataire en usufruit de ce dernier, et aux mineurs Arthur et Marie Chabot, sous la tutelle légale de leur mère, comme héritiers, sous bénéfice d'inventaire seulement, de leur père.

En conséquence, je requiers M. le Directeur de la Dette inscrite de délivrer, en échange de l'extrait d'inscription dont le libellé précède, un autre extrait d'inscription de mêmes somme et nature de rente ainsi immatriculé:

POULIN (CÉLESTINE), *veuve de* PAUL CHABOT, ARTHUR CHABOT *et* MARIE CHABOT; *ces deux derniers mineurs, sous la tutelle légale de lad. dame veuve Chabot, leur mère, et héritiers sous bénéfice d'inventaire de M. Paul Chabot, leur père, tous conjointement et indivisément.*

En foi de quoi j'ai délivré le présent certificat de propriété[3].

A..., le...

1. *Sup.*, 1re PARTIE, n° 554.

2. En cas d'usufruit légal résultant de l'article 757 du C. c., v. *sup.*, la formule 4, note 1 et *infr.* la formule 65, note 2.

3. Il n'est pas indispensable que le certificat de propriété soit précédé ou accompagné d'une réquisition expresse. *Sup.*, 1re PARTIE, n° 267 et s.

FORM. 8. — **Succession directe. — Rente inscrite par portions viriles avant la loi de 1880. — Majeurs et mineurs. — Usufruit éteint. — Division du titre.**

DETTE PUBLIQUE.

Trois pour cent.

Extrait d'inscription au Grand-Livre.

N°..., Série..., Rente : 816 francs.

Ainsi immatriculé : RABIER (PAULINE) *veuve de* LOUIS BOUGRIER, *pour 1/2 en pleine propriété et 1/4 en usufruit, dont la nue propriété, ainsi que la toute propriété du 1/4 restant, à* ALFRED BOUGRIER *et* LOUISE BOUGRIER, *chacun par égale portion; cette dernière mineure, sous la tutelle légale de ladite veuve Bougrier, sa mère*[1].

Je soussigné...., notaire à...,

Attendu le décès, arrivé en son domicile, le..., de Mme Pauline Rabier, en son vivant propriétaire, veuve de M. Louis Bougrier et non remariée, demeurant à..., ainsi que le constate l'intitulé de l'inventaire ci-après visé ;

Et vu :

I. — L'extrait d'inscription de rente susénoncé ;

II. — La minute de l'inventaire dressé par moi, après le décès de Mme Bougrier, suivant procès-verbal en date au commencement du... ; de l'intitulé duquel il résulte :

Que Mme Bougrier est décédée *intestat*, au lieu et à l'époque susindiqués ;

Et qu'elle a laissé pour seuls héritiers :

M. Alfred Bougrier, épicier, demeurant à... ;

Et Mlle Louise Bougrier, mineure, maintenant sous la tutelle dative de M. Henri Rabier, pharmacien, demeurant à..., son oncle, nommé à cette fonction par délibération du conseil de famille de cette mineure, prise sous la présidence de M. le juge de paix du canton de..., le... ;

Ses deux enfants, issus de son union avec son défunt mari ;

Certifie, conformément à la loi du 28 floréal an VII, que, par suite du décès de ladite dame Bougrier, l'inscription dont le libellé précède appartient en toute propriété, ainsi que tous arrérages échus et à échoir, savoir :

423 francs, formant la 1/2 qui était inscrite en toute propriété au nom de ladite Mme Bougrier, à M. Bougrier et à la mineure Bougrier, conjointement et indivisément, comme seuls héritiers de leur mère [2] ;

Et les 423 francs, dont la moitié était soumise à l'usufruit de Mme veuve Bougrier, audit sieur Alfred Bougrier et à la mineure Bougrier, chacun pour moitié ou 211 fr. 50, par suite du décès de l'usufruitière [3] ;

Et qu'au moyen de la cession de 50 centimes de rente, consentie par M. Bougrier en faveur de sa sœur [4], je requiers M. le directeur de la Dette inscrite de délivrer, en remplacement du titre de 846 francs susvisé, trois nouveaux titres de même nature de rente :

Le premier, de 423 francs de rente, aux noms de :

Bougrier (Alfred) *et* Louise Bougrier, *mineure, sous la tutelle dative de Henri Rabier, son oncle, conjointement et indivisément ;*

Le second, de 211 francs de rente, au nom de :

Bougrier (Alfred) ;

Et le troisième, de 212 francs de rente, au nom de :

Bougrier (Louise), *mineure, sous la tutelle dative de Henri Rabier, son oncle* [5] ;

En foi de quoi, j'ai délivré le présent certificat.

A..., le...

1. Nous supposons l'immatriculation de ce titre antérieure à la loi du 27 février 1880, comme provenant de la mutation d'une rente dépendant de la communauté d'entre le père et la mère, celle-ci donataire de 1/2 en usufruit de

son mari; car. depuis cette loi, le Trésor n'admet plus l'immatriculation avec quotités divises correspondantes aux droits héréditaires, quand il y a des incapables. *Sup.*, 1ʳᵉ PARTIE, nᵒˢ 100 et s.

2. Pour cette partie de rente, on ne peut conclure qu'à la propriété *conjointe* et *indivise*, en présence d'un incapable. — V. la note ci-dessus.

3. L'expression : *chacun par égale portion*, insérée dans l'immatricule, équivaut à celle de : *chacun pour* 1/2, et exprime la *division* ; par suite, après l'extinction de l'usufruit, on obtient des titres distincts ; du vivant de l'usufruitier, il faudrait justifier de son consentement.

4. V. au sujet des cessions de fractions de francs, *sup.*, 1ʳᵉ PARTIE, nᵒˢ 103 et s.

5. L'énonciation de la parenté du tuteur avec son pupille, n'est pas nécessaire quand elle existe, en cas de tutelle dative ; il n'est pas, non plus, nécessaire d'énoncer la délibération nommant le tuteur, ni les dates et les lieux des naissances des mineurs, bien que ce soit préférable. V. *sup.*, *Libellés d'immat.*, vᵒ *Mineurs.*

FORM. 9. — **Succession directe. — Contrat de mariage. — Veuve commune et donataire. — Notoriété. — Partage amiable. — Erreur. — Rectification.**

DETTE PUBLIQUE

Trois pour cent.

Extrait d'inscription au Grand-Livre.

Nᵒ..., Série..., Rente : 800 francs.

Au nom de : RAINARD (JULIEN).

Je soussigné..., notaire à...,

Attendu le décès, arrivé en son domicile, à..., le..., de M. Jules Renard, en son vivant propriétaire, ainsi que le constate son acte de décès, inscrit aux registres des actes de l'état civil de..., le même jour, et dont une copie est annexée à l'acte de notoriété ci-après visé ;

Et vu :

I. — L'extrait d'inscription de rente susrelaté ;

II. — La copie aussi susrelatée de l'acte de décès de M. Renard ;

III. — Une expédition, délivrée par Mᵉ..., notaire à..., du contrat de mariage de M. Jules Renard avec Mᵐᵉ Julie Berger, reçu par lui, le..., contenant adoption du régime de la communauté réduite aux acquêts et donation réciproque, au profit du survivant des époux, du quart en pleine propriété des biens qui composeraient la succession de l'époux prédécédé ;

Laquelle expédition est en ma possession comme annexée à la minute de l'acte de... ci-après visé, *ou :* d'un acte en constatant le dépôt, reçu par moi, le... ;

IV. — La minute d'un acte de notoriété dressé par moi, le..., constatant :

Premièrement. — Que M. Renard est décédé *intestat*, au lieu et à l'époque susindiqués ;

Deuxièmement. — Qu'après son décès il n'a pas été fait d'inventaire ;

Troisièmement. — Qu'il a laissé :

1° Sa veuve non remariée, Mme Julie Berger, rentière, demeurant à..., comme commune en biens d'acquêts et donataire d'un quart en pleine propriété, aux termes du contrat de mariage susvisé [1] ;

2° Et pour ses seuls héritiers, chacun pour un tiers, ses trois enfants issus de son mariage :

M. Léon Renard, négociant, demeurant à... ;

M. Victor Renard, avocat, demeurant à... ;

Et M. Ernest Renard, docteur en médecine, demeurant à... ;

Quatrièmement. — Que M. Renard Jules était propriétaire de l'inscription de 800 francs de rente énoncée en tête du présent ;

Que c'est à tort et par erreur que dans ladite inscription M. Renard, *de cujus*, a été nommé et prénommé Rainard (Julien), au lieu de Jules Renard, qui sont ses véritables prénom et nom et la manière de les écrire ;

Qu'il y a identité de personne entre M. Jules Renard, *de cujus*, et la personne dénommée Julien Rainard dans cette inscription de rente ;

A l'appui de laquelle rectification il m'a été représenté et il est demeuré annexé à ladite notoriété une copie, délivrée par l'adjoint au maire de..., de l'acte de mariage de M. et Mme Renard, inscrit aux registres des actes de l'état civil de cette commune, à la date du..., *ou bien* : une copie délivrée... de l'acte de naissance de M. Renard, inscrit... [2] ;

V. — Et la minute d'un acte reçu par moi, le..., contenant partage entre Mme veuve Renard et ses trois enfants des biens dépendant de la communauté ayant existé entre elle et son mari et de la succession de ce dernier,

Aux termes duquel les 800 francs de rente, objet de l'inscription dont s'agit, ont été attribués, savoir :

A Mme Renard, pour 500 francs de rente . . . . 500 »

Et à chacun de MM. Renard fils, pour 100 francs de rente, soit ensemble 300 francs de rente . . . . 300 »

Total égal : huit cents francs de rente . . . 800 »

Avec jouissance divise à compter du... ;

Certifie, conformément à la loi du 28 floréal an VII, que les 800 francs de rente 3 p. 100 dont il s'agit appartiennent en pleine propriété, avec tous arrérages échus et à échoir :

A Mme Julie Berger, veuve non remariée de M. Jules Renard, pour 500 francs de rente ;

Et à chacun de MM. Léon, Victor et Ernest Renard, pour 100 francs de rente.

En conséquence, je requiers M. le Directeur de la Dette inscrite de délivrer, en remplacement du titre de 800 francs de rente susvisé, quatre nouveaux titres de même rente :

Le premier, de 500 francs de rente, au nom de : BERGER (JULIE), *veuve de* JULES RENARD ;

Le second, de 100 francs de rente, au nom de : RENARD (LÉON) ;

Le troisième, de même somme de rente, au nom de : RENARD (VICTOR) ;

Et le quatrième, de 100 francs de rente, au nom de : RENARD (ERNEST).

En foi de quoi j'ai délivré le présent certificat, conformément à la réquisition qui m'en a été faite dans l'acte de partage susvisé.

A..., le...

1. Nous supposons, dans ce cas, que la veuve survivante n'a pas droit à l'usufruit résultant de l'art. 767 du C. c., le décès du mari étant antérieur à la loi du 9 mars 1891. Dans le cas contraire, il faudrait énoncer ce droit. — V. *sup.*, les formules 6 et 7.

2. Cpr. *sup.*, 1re PARTIE, nos 74 et s.

FORM. 10. — **Succession directe. — Enfants légitimes. —
Enfant naturel. — Conjoint survivant commun et usufruitier.**

DETTE PUBLIQUE

Trois pour cent.

1° *Extrait d'inscription au Grand-Livre.*

N°..., Série..., Rente : 50 francs.

2° *Extrait d'inscription au Grand-Livre.*

N°..., Série..., Rente : 200 francs.

Le tout au nom de : BARBERON (HONORÉ).

Je soussigné..., notaire à...,

Attendu le décès arrivé à..., le..., en son domicile, de M. Honoré Barberon, en son vivant manufacturier, ainsi que le constate l'intitulé de l'inventaire ci-après visé ;

Et vu :

I. — Les extraits d'inscriptions de rente susénoncés ;

II. — L'expédition, — étant en ma possession comme annexée à la minute de l'inventaire ci-après visé, — du contrat de mariage de M. Honoré Barberon et Mme Amélie Tulard, reçu par Me..., notaire à..., le..., aux termes duquel :

Les futurs époux ont déclaré adopter pour base de leur union, — célébrée depuis à la mairie de..., le..., — le régime de la communauté de biens réduite aux acquêts ;

Et se sont fait réciproquement donation entre vifs, par le prémourant au profit du survivant, de l'usufruit, avec dispense de caution et d'emploi mais à la charge de faire faire inventaire, de tous les biens meubles et immeubles qui composeraient la succession du prédécédé, sans exception ni réserve, mais avec stipulation que dans le cas (arrivé) d'existence de descendants de ce dernier, à son décès, cette donation serait réduite à moitié des mêmes biens, avec les mêmes dispenses et charges ;

III. — La minute de l'inventaire dressé par moi le..., après le décès de M. Honoré Barberon, constatant :

Que ce dernier est décédé *intestat*, au lieu et à l'époque susindiqués ;

Et qu'il a laissé :

Premièrement. — Sa veuve survivante, née Amélie Tulard, non remariée, sans profession, demeurant à..., avec laquelle il était marié en premières noces :

1° Comme commune en biens d'acquêts, aux termes du contrat susvisé ;

2° Comme donataire en usufruit de moitié, pour le cas arrivé d'existence d'enfants, des biens meubles et immeubles dépendant de sa succession, avec dispense de caution et d'emploi, mais à la charge d'inventaire, aux termes du même contrat ;

3° Comme ayant droit, en qualité d'épouse survivante non divorcée ni séparée de corps, à l'usufruit du 1/4 de sa succession, aux termes de l'art. 767 du C. civ. ;

> Droit se confondant, jusqu'à due concurrence, avec l'usufruit résultant de la donation susénoncée [1] ;

Deuxièmement. — Et pour ses seuls héritiers, conjointement pour le tout, dans les proportions ci-après indiquées :

1° M. Pierre Barberon, négociant, demeurant à... ;

2° M. Auguste Barberon, horticulteur, demeurant à... ;

> Frères germains, seuls enfants issus de l'union de M. Honoré Barberon, *de cujus*, avec Mme Amélie Tulard, restée sa veuve ;
>
> Et, en cette qualité, ses héritiers, en raison de l'existence d'un enfant naturel, conjointement pour 10/12, ou chacun pour 5/12 ;

3° Et Rémy Barberon, traiteur, demeurant à... ;

> Enfant naturel de M. Barberon, *de cujus*, reconnu par lui, avant son mariage [2], aux termes de l'acte ci-après visé ;
>
> Et, en cette qualité, héritier [3] pour 2/12 de M. Barberon, *de cujus*, son père ;

IV. — Et l'expédition d'un acte reçu par M^c..., notaire à..., le..., en présence réelle de témoins, aux termes duquel, M. Honoré Barberon a déclaré reconnaître pour son enfant naturel, Rémy Lambert, né à..., le... [4], inscrit sur les registres de l'état civil de..., à la date du..., comme étant né de Mlle... et de père inconnu ; consentant qu'à l'avenir il portât son nom [5].

> Ladite expédition étant en ma possession comme annexée à la minute... de l'inventaire susvisé, *ou* : d'un acte de dépôt que j'en ai dressé à la date du... ;

Certifié, conformément à la loi du 28 floréal an VII, que les 250 francs de rente 3 0/0, faisant l'objet des titres susvisés, appartiennent conjointement et indivisément, ainsi que tous arrérages échus et à échoir, aux personnes ci-après dénommées, et doivent être immatriculées comme suit [6] :

TULARD (AMÉLIE), *veuve de* HONORÉ BARBERON ; PIERRE BARBERON, AUGUSTE BARBERON *et* REMY BARBERON, *tous conjointement et indivisément.*

En foi de quoi, etc...

1. Depuis la loi du 9 mars 1891, l'époux survivant peut se trouver appelé à exercer concurremment, sur la succession de son conjoint, un droit résultant d'une libéralité et le droit d'usufruit légal résultant de l'article 767.

Plusieurs hypothèses peuvent se présenter suivant que les libéralités faites par le défunt sont : 1° inférieures ; 2° égales ou supérieures à l'usufruit légal.

Dans le premier cas, le conjoint survivant peut recevoir le complément de son usufruit et seulement ce complément, lors même que les libéralités à lui faites l'ont été par préciput (Seine, 26 juin 1896). Il y a lieu, alors, si aucun partage n'est intervenu pour remplir le conjoint de ses droits, d'énoncer ses deux qualités de donataire (ou de légataire) et d'usufruitier légal.

Dans le second, le conjoint survivant ne peut rien réclamer comme successeur, car il ne peut cumuler l'avantage qu'il tient d'une libéralité de son conjoint, lui eût-elle été faite avec dispense de rapport, et son droit successoral. Thomas, *Droit du conj. surviv.*, p. 142 et s.; Seine, 26 juin 1896. — Il doit opter (V. *infrà*, form. 57).

S'il accepte la libéralité, l'énonciation du droit d'usufruit légal devient surabondante. Si, à cause de son énonciation dans l'inventaire ou la notoriété, on la rappelle, il faut indiquer qu'elle se confond jusqu'à due concurrence avec la libéralité.

2. C. c., 337.

3. Depuis la loi du 25 mars 1896, les enfants naturels ont la qualité d'*héritiers.*

4. Sur l'utilité de viser la reconnaissance d'enfant naturel, V. *sup.*, 1re PARTIE, n° 338 *bis.*

5. Quand la reconnaissance a lieu par acte notarié, l'acte est enregistré (au droit de 7 fr. 50, LL. 28 avril 1816, art. 47 ; 28 février 1872, art. 4) d'après la règle ordinaire ; quand elle a lieu par acte devant l'officier de l'état civil, l'enregistrement a lieu sur la première expédition. *Sup.*, formule 6, note 1.

6. Cpr. *sup.*, 1re PARTIE, n° 117, p. 26.

FORM. 11. — **Succession directe.** — **Communauté.** — **Héritiers majeurs et mineurs.** — **Tuteur autorisé à vendre.**

DETTE PUBLIQUE

Trois et demi pour cent.

Extrait d'inscription au Grand-Livre.

N°..., Série..., Rente : 300 francs.

Au nom de : DUMOULIN (JACQUES).

Je soussigné..., notaire à...,

Attendu le décès de M. Jacques Dumoulin, en son vivant pharmacien, demeurant à..., arrivé en son domicile, le..., ainsi que le constate l'intitulé de l'inventaire ci-après visé ;

Et vu :

I. — L'extrait d'inscription de rente dont le libellé précède ;

II. — La minute, étant en ma possession comme l'un des successeurs médiats de Mᵉ..., notaire à..., du contrat de mariage de M. Jacques Dumoulin susnommé et Mˡˡᵉ Lucie Caillard, reçu par ledit Mᵉ..., notaire, le..., aux termes duquel les futurs époux ont adopté pour base de leur union, célébrée depuis à la mairie de..., le... ¹, le régime de la communauté universelle ;

III. — La minute de l'inventaire dressé par moi, le..., après le décès de M. Jacques Dumoulin susnommé, et constatant :

Que ce dernier est décédé *intestat*, en son domicile susindiqué, le... ;

Qu'il a laissé :

Premièrement. — Sa veuve survivante, non remariée, Mᵐᵉ Lucie Caillard, demeurant à...,

1° Comme commune en biens, aux termes de leur contrat de mariage susvisé ;

2° Et comme ayant droit, en qualité d'épouse survivante non divorcée ni séparée de corps, en vertu de l'art. 767 du Code civ., à l'usufruit du 1/4 de la succession du *de cujus;*

Deuxièmement. — Et pour ses seuls héritiers, conjointement pour le tout ou chacun pour 1/2 :

1° M. Marcel Dumoulin, chef de gare, demeurant à...,

Son fils, issu de son union avec sa veuve survivante ;

2° Et le mineur Claude Dumoulin, né à..., le...,

Son petit-fils, sous la tutelle naturelle et légale de Mᵐᵉ Célestine Barbier, sans profession, demeurant à..., veuve en premières noces de M. Benjamin Dumoulin et non remariée ;

Par représentation de M. Benjamin Dumoulin, son père, lui-même décédé à..., le... ² ;

IV. — Une expédition d'une délibération du conseil de famille ³ du mineur Dumoulin, reçue et présidée par M. le juge de paix du canton de..., le..., aux termes de laquelle Mᵐᵉ veuve Dumoulin, née Barbier, en sa qualité susexprimée de tutrice légale de son fils mineur, a été autorisée à vendre et transférer les part et portion indivises revenant audit mineur dans le titre de 300 francs de rente susénoncé ⁴ ;

V. — Et la grosse d'un jugement rendu par le tribunal civil de première instance de..., le..., homologuant purement et simplement la délibération de conseil de famille susvisée ⁵ ;

Ces deux dernières pièces étant en ma possession comme annexées à la minute d'un acte de dépôt que j'en ai dressé le... ;

Certifie et atteste, conformément à la loi du 28 floréal an VII :

Que le titre de 300 francs de rente susvisé, qui dépendait de la communauté universelle ayant existé entre M. et Mᵐᵉ Dumoulin-Caillard, appartient aujourd'hui en pleine propriété, ainsi que tous arrérages échus et à échoir, conjointement et indivisément à :

1° Mᵐᵉ Lucie Caillard, veuve en premières noces de M. Jacques Dumoulin et non remariée, tant à cause de la communauté qui a existé entre elle et son mari que comme usufruitière de partie de la succession de celui-ci;

2° M. Marcel Dumoulin;

3° Et le mineur Claude Dumoulin;

Ces deux derniers comme seuls héritiers de leur père;

Et que Mme veuve Dumoulin, née Barbier, en sa qualité de tutrice naturelle et légale dudit mineur, a tous pouvoirs et autorisations nécessaires pour vendre et transférer les part et portion indivises appartenant au mineur Dumoulin, son fils, dans le titre de rente susvisé.

En foi de quoi j'ai délivré le présent certificat,

A..., le...

1. *Sup.*, 1re PARTIE, n° 553.

2. Il n'est pas nécessaire, au regard du Trésor, même en présence de mineurs, de justifier de l'acceptation de la succession. *Sup.*, 1re PARTIE, n°s 355 et s. — V. aussi *infrà* formule 14, note 1.

3. Quand un transfert intéressant un mineur se complique d'une mutation ou en est la suite, comme dans le cas de la formule, on procède quelquefois ainsi, en visant la délibération du conseil de famille et, quand il y a lieu, le jugement d'homologation; mais on peut aussi se contenter de produire la délibération et le jugement sans les viser. V. *inf.* form. 164, le modèle de délibération de conseil de famille à prendre.

4. *Ou* : aux termes de laquelle Mme..., en sa qualité de tutrice, a été autorisée à vendre et transférer conjointement avec tous les autres copropriétaires le titre de rente susvisé.

5. Ce jugement n'étant pas susceptible d'appel, — L. 27 fév. 1880, art. 2, — il n'y a pas à viser de certificats de non-opposition ni appel.

FORM. 12. — **Succession collatérale. — Inventaire. — Notoriété rectificative. — Réquisition par acte séparé. — Attribution indivise.**

DETTE PUBLIQUE
Trois pour cent.

Extrait d'inscription au Grand-Livre.

N°..., Série..., Rente : 200 francs.

Au nom de : CHÉRIÈRE (HENRI).
Trois et demi pour cent.

Extrait d'inscription au Grand-Livre.

N°..., Série..., Rente : 60 francs.

Au nom de : CHÉRIÈRE (MARIE HENRI).

Je soussigné..., notaire à...,

Attendu le décès, arrivé en son domicile, le..., de M. Marie Henri Chérière, en son vivant pharmacien, demeurant à..., ainsi qu'il est constaté par l'intitulé de l'inventaire ci-après visé;

Et vu :

1. — Les extraits d'inscriptions de rentes dont les libellés précèdent;

II. — La minute de l'inventaire dressé par moi, après le décès dudit M. Marie Henri Chérière, suivant procès-verbal en date au commencement du..., et constatant :

Que ce dernier est décédé *intestat* et célibataire, au lieu et à l'époque susindiqués ;

Et qu'il a laissé pour ses seuls héritiers, conjointement pour la totalité ou chacun pour moitié :

1° M. Robert Chérière, son frère germain, avocat, demeurant à... ;

2° Mme Jeanne Chérière, sa sœur germaine, épouse de M. Louis Carré, docteur médecin, avec lequel elle demeure à... ;

III. — La minute d'un acte de notoriété dressé par moi, le..., constatant que c'est à tort et par erreur que, dans le certificat d'inscription de 200 francs de rente française 3 0/0 énoncé en tête du présent, M. Chérière, titulaire, a été prénommé seulement : Henri, au lieu de : Marie Henri, qui sont ses véritables prénoms, et qu'il y a identité de personne entre M. Marie Henri Chérière, *de cujus*, et la personne prénommée et nommée Chérière (Henri) dans ladite inscription de rente [1] ;

IV. — Et la minute d'un acte passé devant moi, le..., aux termes duquel M. Robert Chérière et Mme Carré, cette dernière assistée et autorisée de son mari, m'ont requis de leur délivrer le présent certificat [2] ;

Certifie, conformément à la loi du 28 floréal an VII [3], que les deux inscriptions dont les libellés précèdent, la première de 200 francs de rente 3 p. 100 et la seconde de 60 francs de rente 3 1/2 p. 100, appartiennent aujourd'hui conjointement et indivisément, ainsi que tous arrérages échus et à échoir, aux ci-après nommés :

1° M. Robert Chérière,

2° Et Mme Jeanne Chérière, épouse de M. Louis Carré,

En leur qualité susexprimée de seuls héritiers de M. Marie Henri Chérière, leur frère germain.

En conséquence, je requiers de M. le Directeur de la Dette inscrite la délivrance, en échange de ces extraits d'inscriptions, de deux autres de mêmes natures et sommes de rentes ainsi immatriculés :

CHÉRIÈRE (ROBERT) et JEANNE CHÉRIÈRE, *femme de* LOUIS CARRÉ, *conjointement et indivisément* [4].

Fait à..., le...

1. Cpr. *sup.*, 1re PARTIE, n°s 74 et s.

2. V. eu ce qui concerne la réquisition, *sup.*, 1re PARTIE, n°s 267 et s., et les formules 1, 3, 5 et 7 ci-dessus

3. Les certificats de propriété étant délivrés en vertu de la loi du 28 floréal an VII, on mentionne généralement cette loi au *certifié*, mais cela n'est pas obligatoire.

4. Nous terminons la plupart de nos formules par une *réquisition d'immatricule*, parce que les exigences du Trésor tendent à ce que les notaires déterminent eux-mêmes le libellé des titres à délivrer.

Néanmoins, cette formalité n'est rigoureusement exigée que lorsque les nouveaux titres doivent contenir d'autres énonciations que les noms et prénoms des titulaires. Cpr. *sup.*, 1re PARTIE, n°s 140 et s., p. 29.

Form. 13. — **Succession collatérale.** — **Inventaire.** — **Renonciation.**
— **Notoriété rectificative de qualités.** — **Conseil judiciaire.** —
Cession de centimes.

DETTE PUBLIQUE

Trois pour cent.

Extrait d'inscription au Grand-Livre.

N°..., Série..., Rente : 41 francs.

Au nom de : BELUET (VICTOR).

Je, soussigné..., notaire à...,

Vu [1] :

I. — L'extrait d'inscription susénoncé ;

II. — La minute de l'inventaire dressé par moi, le..., après le décès,
arrivé en son domicile le..., de M. Victor Beluet, en son vivant principal
clerc de notaire, demeurant à..., et constatant :

Que ledit M. Victor Beluet est décédé célibataire, *intestat*, au lieu et à
l'époque susindiqués ;

Et qu'il a laissé pour seuls habiles à se porter ses héritiers, chacun pour
un tiers et conjointement pour le tout, ses trois frères germains ci-après
nommés :

1° M. Octave Beluet, agent d'assurances, demeurant à... ;

2° M. Alfred Beluet, représentant de commerce, demeurant à... ;

Pourvu d'un conseil judiciaire en la (personne de M. Jean-Baptiste
Rousseau, avocat, demeurant à..., nommé suivant jugement du tribunal
civil de..., en date du... ;

3° Et M. Maurice Beluet, rentier, demeurant à... ;

III. — Une expédition, délivrée par le greffier du tribunal civil de
première instance de... (et étant en ma possession comme annexée à la
minute d'un acte de dépôt reçu par moi, le...), de la renonciation faite
par M. Maurice Beluet au greffe dudit tribunal, le..., à la succession de
son frère, M. Victor Beluet, *de cujus;*

IV. — Et la minute d'un acte de notoriété rectificative, dressé par moi,
le..., constatant :

Que ledit M. Victor Beluet a bien laissé pour seuls habiles à se porter
ses héritiers, comme il vient d'être dit, chacun pour un tiers, ses trois
frères germains susnommés, MM. Octave, Alfred et Maurice Beluet ;

Mais que ce dernier ayant renoncé purement et simplement à la succession de son frère, M. Victor Beluet, ladite succession se trouve
dévolue exclusivement et appartient en totalité à MM. Octave et Alfred
Beluet, ses deux autres frères germains, chacun pour moitié [2] ;

Certifie, conformément à la loi du 28 floréal an VII, que les 41 francs de
rente formant l'objet de l'extrait d'inscription dont le libellé précède, appar-

tiennent en pleine propriété ainsi que tous arrérages échus et à échoir :

A M. Octave Beluet, pour 20 fr. 50 de rente ou moitié. 20 50

Et à M. Alfred Beluet, pour même somme de rente ou moitié aussi 20 50

En leur qualité susexprimée de seuls héritiers de leur frère.

Total égal. . . 41 »

Aux présentes sont intervenus :

M. Octave Beluet,

Et M. Alfred Beluet,

Ce dernier assisté de M. Rousseau, son conseil judiciaire,

Tous ci-dessus nommés, qualifiés et domiciliés ;

Lesquels, attendu que le Trésor n'inscrit pas de fraction de franc, sont convenus que ladite inscription de 41 francs de rente appartiendra à M. Octave Beluet pour 20 francs et à M. Alfred Beluet pour 21 francs de rente, le premier faisant cession au second, qui accepte, avec l'assistance de M. Rousseau, des 50 centimes de rente appartenant à M. Octave Beluet dans lesdits 21 francs de rente ; cession qui a lieu moyennant une somme de..., que M. Octave Beluet reconnaît avoir reçue de son frère[3].

En conséquence, je requiers M. le Directeur de la Dette inscrite de délivrer, en remplacement de ladite inscription de 41 francs de rente, deux nouveaux titres :

Le premier, de 20 francs de rente, au nom de : BELUET (OCTAVE) ;

Et le second, de 21 francs de rente, ainsi immatriculé :

BELUET (ALFRED), *ayant pour conseil judiciaire M. Jean-Baptiste*[4] *Rousseau, nommé suivant jugement du tribunal civil de..., du...*

En foi de quoi j'ai délivré le présent certificat, que j'ai signé avec MM. Octave et Alfred Beluet et M. Rousseau, après lecture faite.

A... le...

---

1. Il n'y a pas de termes sacramentels pour la rédaction des certificats de propriété ; il n'est pas nécessaire de dire, comme nous l'avons fait dans la plupart des précédentes formules : Attendu le décès... L'essentiel est de justifier du décès conformément aux règles adoptées par le Trésor. *Sup.*, 1re PARTIE, nos 310 et s., p. 60.

2. Cpr. *sup.*, 1re PARTIE, n° 326.

3. *Sup.*, 1re PARTIE, nos 103 et s.

4. On rappelle ici qu'il ne faut réunir par un trait d'union les noms et prénoms qu'autant qu'ils sont ainsi inscrits aux registres de l'état civil. *Sup.*, p. 436, note 3.

FORM. 14. — **Succession collatérale.** — **Majeur.** — **Mineur.** — **Bénéfice d'inventaire.** — **Partage judiciaire.** — **Affectation à l'acquit du passif.**

DETTE PUBLIQUE

Trois pour cent.

Extraits d'inscriptions au Grand-Livre.

Nº ..., Série ..., Rente :   200 francs.
Nº ..., Série ..., Rente :   150 francs.
Nº ..., Série ..., Rente : 1,000 francs.
Nº ..., Série ..., Rente : 1,500 francs.

Total. . . 2,850 francs.

Au nom de : VINCENT (EDMOND).

Je soussigné..., notaire à...,

Attendu le décès arrivé en sa demeure, à..., le..., de M. Edmond Vincent, en son vivant facteur de pianos, ainsi que le constate l'intitulé de l'inventaire ci-après visé ;

Et vu :

I. — Les extraits d'inscriptions de rente dont l'énoncé précède ;

II. — La minute de l'inventaire dressé par moi après ce décès, suivant procès-verbal en date au commencement du... et constatant :

Que M. Vincent est décédé célibataire, *intestat*, au lieu et à l'époque susindiqués ;

Et qu'il a laissé pour ses seuls héritiers, chacun pour moitié :

1º M. Jules Vincent, propriétaire, demeurant à..., son frère germain ;

2º Et M. Arthur Bernard, son neveu, mineur, né à Paris (4ᵉ arrondissement), le..., par représentation ¹ de Mᵐᵉ Marie Vincent, sa mère, décédée épouse de M. Victor Bernard, propriétaire, demeurant à... ; ledit mineur ayant pour tuteur légal son père susnommé, qui a accepté, mais seulement sous bénéfice d'inventaire, au nom de son enfant, la succession de M. Edmond Vincent, suivant déclaration faite au greffe du tribunal civil de..., le... ;

III. — L'état liquidatif de la succession de M. Edmond Vincent, dressé par moi, le... (en exécution d'un jugement rendu par ledit tribunal de..., le... ²), et annexé à la minute du procès-verbal ci-après visé ;

Aux termes duquel état les 2,850 francs de rente, montant des quatre titres dont les libellés figurent en tête du présent, ont fait l'objet des propositions d'attribution et d'affectation suivantes :

1,000 francs de rente ont été attribués en pleine propriété à M. Jules Vincent ; ci . . . . 1,000 »

Pareille somme de rente a été attribuée, aussi en toute propriété, au mineur Arthur Bernard ; ci . . . . 1,000 »

Quand aux 850 francs de rente de surplus, ils ont été affectés à l'acquit du passif, avec pouvoir conféré à M. Jules Vincent susnommé à l'effet de les vendre et transférer, d'en toucher le prix et d'en donner quittance ; ci . . . . 850 »

Égalité . . . . . . 2,850 »

L'entrée en jouissance a été fixée au...;

IV. — La minute d'un procès-verbal dressé par moi, le...[3], en vertu duquel M. Jules Vincent et M. Bernard, ce dernier au nom de son fils mineur et comme tuteur de celui-ci, ont déclaré approuver purement et simplement cet état liquidatif;

V. — Et les trois pièces suivantes, étant en ma possession comme annexées à la minute d'un acte reçu par moi, le..., en constatant le dépôt, savoir :

1° La grosse d'un jugement contradictoire, rendu par le tribunal civil de première instance de..., le..., entre M. Jules Vincent, demandeur, et M. Bernard ès qualité, défendeur, homologuant purement et simplement ledit état liquidatif;

2° Un certificat délivré par Me..., avoué près ledit tribunal et celui de M. Vincent, demandeur, constatant que ce jugement a été signifié à avoué par acte de palais en date du..., et à M. Bernard ès qualité et à M. ..., subrogé tuteur du mineur Bernard, suivant exploit de..., huissier à..., en date du...;

3° Et un certificat délivré le..., par le greffier du même tribunal de..., constatant que ce jugement n'a été frappé ni d'opposition ni d'appel;

Certifie, conformément à la loi du 28 floréal an VII, que sur les 2,830 francs de rente française 3 p. 100 faisant l'objet des extraits d'inscriptions dont les libellés précèdent, 2,000 francs de rente appartiennent en toute propriété, ainsi que tous arrérages échus et à échoir, savoir :

1,000 francs de rente à M. Jules Vincent,

1,000 francs de rente au mineur Arthur Bernard,

En leurs qualités susexprimées et en vertu de l'état liquidatif ci-dessus, homologué comme il vient d'être dit;

Et qu'il y a lieu de leur délivrer deux titres distincts immatriculés de la manière suivante :

Le premier, de 1,000 francs de rente, au nom de :

VINCENT (JULES);

Et le second, aussi de 1,000 francs de rente, au nom de :

BERNARD (ARTHUR), *mineur, sous la tutelle légale de Victor Bernard, son père, et héritier sous bénéfice d'inventaire de M. Edmond Vincent, son oncle.*

Quant aux 850 francs de rente de surplus, affectés ainsi que tous arrérages échus et à échoir à l'acquit du passif de la succession de M. Edmond Vincent, je certifie que M. Jules Vincent a tous les pouvoirs nécessaires pour les vendre et transférer, en toucher le prix et en donner quittance[4].

En foi de quoi j'ai délivré le présent certificat.

A..., le...

---

1. La représentation ne donne lieu à aucune justification spéciale, et la qualité héréditaire du représentant est suffisamment justifiée par la notoriét ou l'inventaire dressé après le décès du *de cujus*.

2. Le visa de la grosse de ce jugement n'est pas nécessaire.

3. Quand le notaire est commis judiciairement il peut procéder seul, même

pour les procès-verbaux d'ouverture, de dires et d'approbation. C. proc. 977. — Mais, quand les parties, majeurs et capables, approuvent l'état liquidatif et renoncent à en poursuivre l'homologation, le procès-verbal qui constate cette approbation devient un acte notarié ordinaire, nécessitant l'assistance d'un second notaire ou de témoins. L 25 vent. an XI, art. 9, arg.

4. V. sur la manière d'opérer ce transfert, *sup.* 1re PARTIE, nos 123 et s.

FORM. 15. — **Succession collatérale.** — **Mutations successives.** — **Plusieurs héritiers mineurs.** — **Rente propre.** — **Conjoint usufruitier en vertu de l'art. 767 C. c.** — **Absence de partage.** **Attribution indivise.**

DETTE PUBLIQUE

Trois et demi pour cent.

No ..., Série ..., Rente : 60 francs.

Au nom de : AUNEAU (JEAN MARIE).

Je soussigné..., notaire à...,

Attendu le décès, arrivé en son domicile à..., le..., de Mme Berthe Auneau, en son vivant épouse de M. Raoul Raymond, négociant, demeurant à..., ainsi que le constate l'intitulé de l'inventaire ci-après visé ;

Et vu :

I. — L'extrait d'inscription susénoncé ;

II. — La minute du contrat de mariage de M. et Mme Raymond, reçu par moi le..., aux termes duquel :

1o Les futurs époux ont adopté, pour base de leur union, le régime de la communauté réduite aux acquêts ;

2o Et M. Jean Marie Auneau, rentier, demeurant à..., — depuis décédé, — père de Mme Raymond, a constitué en dot à cette dernière, en avancement d'hoirie, entre autres biens et valeurs, la pleine propriété du titre de 60 francs de rente 3 1/2 p. 100 susvisé, avec droit aux arrérages à compter du... ;

Étant expliqué que le mariage des époux Raymond-Auneau a été célébré à la mairie de..., le... [1] ;

IV. — Et la minute de l'inventaire dressé par moi, le..., après le décès de Mme Raymond, constatant :

Que cette dame est décédée *intestat*, au lieu et à l'époque susindiqués et qu'elle a laissé :

Premièrement. — Son mari survivant, M. Raoul Raymond, susqualifié et domicilié :

1o Comme commun en biens d'acquêts, aux termes de leur contrat de mariage susvisé ;

2o Et comme ayant droit, en sa qualité d'époux survivant non divorcé ni séparé de corps, en vertu de l'art. 767 du Code civil, à l'usufruit de moitié de sa succession [2] ;

Deuxièmement. — Et pour ses seuls héritiers, conjointement pour le tout ou chacun pour 1/2, ses deux frères germains :

1° M. Jacques Auneau, voyageur de commerce, demeurant à...;

2° Et le mineur Gabriel Auneau, né à..., le..., sous la tutelle dudit M. Jacques Auneau, son frère, nommé à cette fonction suivant délibération du conseil de famille de ce mineur, reçue et présidée par M. le juge de paix du canton de..., le...;

Certifie, conformément à la loi du 28 floréal an VII, que les 60 francs de rente 3 1/2 p. 100, montant de l'extrait d'inscription susvisé, dépendent exclusivement de la succession de Mme Raymond, au moyen de la donation qui en a été faite à cette dame par son contrat de mariage précité, et comme tels appartiennent, ainsi que tous arrérages échus et à échoir :

Pour l'usufruit *de partie* à M. Raoul Raymond, en vertu de l'article 767 du Code civil, comme époux survivant non divorcé ni séparé de corps ;

Et pour la nue propriété de cette même *partie* et la pleine propriété du *surplus* à M. Jacques Auneau et au mineur Gabriel Auneau susnommés, en qualité de seuls héritiers de Mme Raymond, leur sœur [3] ;

Le tout conjointement et indivisément ;

Et que l'extrait d'inscription à délivrer en remplacement de celui susvisé doit être immatriculé ainsi :

RAYMOND (RAOUL), *pour l'usufruit de* partie, *dont la nue propriété et la pleine propriété du* surplus à JACQUES AUNEAU *et* GABRIEL AUNEAU, *ce dernier mineur sous la tutelle dative dudit M. Jacques Auneau, son frère, conjointement et indivisément.*

En foi de quoi j'ai délivré le présent certificat.

A..., le...

1. V. *sup.*, 1re PARTIE, n° 553.
2. V. la note 2, au bas de la formule 4.
3. Même en présence d'incapables, le Trésor n'exige pas la justification de l'acceptation de la succession. *Sup.*, 1ro PARTIE, n°s 335 et s. — On considère que le père administrateur légal peut accepter ou répudier, sans autorisation, une succession échue à son enfant. Marcadé, t. II. p. 162 ; Nancy, 25 mars 1881. *Contrà*, Aubry et Rau, § 123-31. De même, la mère quand elle exerce la puissance paternelle. C. c., 141 ; Seine, 12 juill. 1882.

FORM. 16. — **Succession directe (ascendants).** — **Conjoint usufruitier en vertu de l'article 767 du Code civil.** — **Renonciation.** — **Parts viriles.**

DETTE PUBLIQUE

Trois pour cent.

Extrait d'inscription au Grand-Livre.

N°..., Série..., Rente : 85 francs.

Au nom de : GUILLAUME (PIERRE).

Je soussigné..., notaire à...,

Attendu le décès, arrivé en son domicile, le..., de M. Pierre Guillaume, en son vivant clerc de notaire, demeurant à..., ainsi que le constate l'intitulé de l'inventaire ci-après visé ;

Et vu :

I. — L'extrait d'inscription dont l'énoncé précède ;

II. — La minute du contrat de mariage de M. Pierre Guillaume susnommé, avec Mme Rose Jamin, reçu par moi, le..., duquel il résulte :

Que les futurs époux ont adopté pour base de leur union (célébrée depuis à la mairie de..., le...), le régime de la communauté réduite aux acquêts ;

Que M. Guillaume a apporté en mariage, entre autres valeurs, le titre de rente susvisé qu'il s'est réservé propre ;

III. — La minute de l'inventaire dressé par moi, après le décès de M. Pierre Guillaume, suivant procès-verbal en date au commencement du..., constatant :

Que ce dernier est décédé *intestat*, au lieu et à l'époque susindiqués ;

Qu'il a laissé :

Premièrement. — Sa veuve susnommée, née Rose Jamin, sans profession, demeurant à... ;

Comme commune en biens d'acquêts, en vertu du contrat de mariage susvisé ;

Et comme ayant droit, en vertu de l'article 767 du Code civ., à l'usufruit de la moitié des biens dépendant de sa succession ;

Deuxièmement. — Et pour ses seuls héritiers, à défaut de postérité, de frère ou sœur, ou de descendants d'eux, chacun pour moitié, ses père et mère :

M. René Guillaume, cultivateur-propriétaire, et Mme Lucienne Martin, son épouse, demeurant ensemble à... ;

IV. — Une expédition, délivrée par le greffier du tribunal civil de première instance de..., de la renonciation faite par Mme veuve Guillaume, au greffe de ce tribunal, le..., au droit d'usufruit résultant en sa faveur de l'article 767 du Code civ. sur les biens de la succession de son mari [1] ;

Laquelle expédition est annexée à la minute d'un acte de dépôt reçu par moi, le... ;

V. — Et la minute d'un acte reçu par moi, le..., aux termes duquel M. René Guillaume et sa femme m'ont requis de leur délivrer le présent certificat de propriété ;

Certifie, conformément à la loi du 28 floréal an VII, que l'inscription de 85 francs de rente 3 p. 100 dont l'extrait est susvisé appartient en pleine propriété, ainsi que tous les arrérages échus et à échoir, à M. René Guillaume et à Mme Lucienne Martin, son épouse, susnommés, chacun pour moitié, en leur qualité susexprimée de seuls héritiers de M. Pierre Guillaume, leur fils, et par suite de la renonciation à son droit d'usufruit faite par Mme veuve Guillaume.

En conséquence, je requiers de M. le Directeur de la Dette inscrite la délivrance, en échange du titre de 85 francs de rente dont s'agit, d'un autre titre de mêmes somme et nature de rente, ainsi immatriculé :

GUILLAUME (RENÉ) *et* LUCIENNE MARTIN, *son épouse, chacun pour moitié* [2].

En foi de quoi j'ai délivré le présent certificat.

A..., le...

1. La renonciation au droit d'usufruit légal, étant une renonciation à succession, doit, en principe, être faite au greffe du tribunal de l'ouverture de la succession (Code civ., 784); cependant le Trésor se contente du visa d'une renonciation par acte notarié. *Sup.*, 1re PARTIE, no 381; Formule 4, note 2.

2. Bien que le Trésor n'inscrive pas les fractions de franc, une rente peut être inscrite avec la mention de la part virile revenant à chacun, 1/2, 1/3, etc., encore que cette division doive donner des centimes, comme dans l'exemple de la formule ci-dessus.

Toutefois, à défaut de partage régulier, quand il y a des mineurs ou autres incapables, les titres de rente doivent être attribués conjointement et indivisément, sans distinction de part.

Remarquons encore que l'attribution par sommes de rente est préférable à celle par quotités ou fractions héréditaires, sauf à avoir recours à une cession de centimes ou l'achat d'une somme de rente nécessaire dans les mêmes termes, pour parfaire un chiffre divisible.

V. *sup.*, 1re PARTIE, nos 101, 103 et s. 387 et s.

FORM. 17. — **Succession dévolue au seul héritier dont l'existence soit reconnue. — Application de l'article 136 du Code civil.**

DETTE PUBLIQUE

Trois et demi pour cent.

Extrait d'inscription au Grand-Livre.

No..., Série..., Rente : 400 francs.

Au nom de : MERLIN (DAVID).

Je soussigné..., notaire à...,

Attendu le décès arrivé, en son domicile, le..., de M. David Merlin, en son vivant artiste peintre, demeurant à..., ainsi que le constate l'intitulé de l'inventaire ci-après visé;

Et vu :

I. — L'extrait d'inscription dont le libellé précède;

II. — Et la minute de l'inventaire dressé par moi, le..., après le décès de M. David Merlin susnommé, constatant :

Que ce dernier est décédé *intestat* au lieu et à l'époque susindiqués, veuf en premières noces de Mme Marie Simon et non remarié;

Qu'il a laissé pour son seul héritier, son fils, M. Albert Merlin, élève à l'école des Beaux-Arts, majeur, demeurant à..., et ce, par application de l'article 136 du Code civ., M. Gabriel Merlin, autre fils du défunt, étant disparu depuis longtemps sans laisser d'enfant [1] et son existence n'étant par conséquent pas reconnue [2];

Certifie, conformément à la loi du 28 floréal an VII, que les 400 francs de rente 3 1/2 p. 100 dont le libellé précède appartiennent en pleine propriété, ainsi que tous arrérages échus et à échoir, à M. Albert Merlin susnommé, en sa qualité de seul héritier de son père, M. David Merlin titulaire de cette rente.

En conséquence, je requiers de M. le Directeur de la Dette inscrite la délivrance, en remplacement du titre de rente susvisé, d'un autre titre de mêmes somme et nature de rente au nom de :

MERLIN (ALBERT).

En foi de quoi j'ai délivré le présent certificat.

A..., le...

1. Si celui dont l'existence n'est pas reconnue avait des enfants, ceux-ci exerceraient ses droits par représentation. Aubry et Rau, § 158-3.

2. Bien que le Trésor accepte, dans ce cas, les certificats de propriété basés sur un simple acte de notoriété, sans exiger d'autres justifications, les notaires ne doivent se prêter à ce mode de procéder qu'avec une grande circonspection; en effet, si l'application de l'art. 136 du Code civ., quand elle est possible, simplifie beaucoup les choses, elle n'est pas sans entraîner une certaine responsabilité pour le notaire.

Il est préférable d'avoir recours à un jugement autorisant les héritiers présents à passer outre l'existence de leur cohéritier absent. *Sup.*, 1re PARTIE, nos 328 et s.

Dans ce cas ce jugement est visé en ces termes :

« Vu : ... La grosse, étant en ma possession comme annexée à la minute de l'acte de dépôt que j'en ai dressé, le..., d'un jugement rendu le..., par le tribunal de première instance de..., en chambre du conseil, à la requête de M. Albert Merlin susnommé, déclarant ce dernier fondé à méconnaître l'existence de son frère aussi susnommé, Gabriel Merlin, dont l'existence n'est pas reconnue. »

Ce jugement constituant un acte de juridiction gracieuse, il n'y a pas lieu de viser de certificats de non opposition ni appel.

FORM. 18. — **Succession particulière.** — **Retour successoral.** — **Frère légitime recueillant les biens reçus de leur père par son frère naturel.** — **Certificat d'origine.**

DETTE PUBLIQUE

Trois pour cent.

Extrait d'inscription au Grand-Livre.

No..., Série..., Rente : 50 francs.

Au nom de : RENAUD (LÉON).

Je soussigné..., notaire à...,

Attendu le décès arrivé en son domicile, le..., de M. Léon Renaud, en son vivant peintre, demeurant à...,

Ainsi qu'il résulte de l'intitulé de l'inventaire ci-après visé ;

Et vu :

I. — L'extrait d'inscription dont le libellé précède ;

II. — La minute de l'inventaire dressé par moi, le..., après le décès de M. Léon Renaud, constatant :

Premièrement. — Que ce dernier est décédé célibataire et *intestat*, au lieu et à l'époque susindiqués, sans postérité ;

Deuxièmement. — Qu'il a laissé pour ses seuls héritiers, savoir :

1° M. Maxime Renaud, ébéniste, demeurant à..., son frère légitime, issu du mariage de M. Jules Renaud, père du *de cujus*, et Mme Marie Quantin, tous deux décédés ;

Pour la totalité des biens reçus par M. Léon Renaud de son père, M. Jules Renaud, en conformité de l'article 766 du Code civ.[1] ;

2° Et Mlle Claire Renaud, modiste, célibataire majeure, demeurant à..., sa sœur naturelle, comme ayant été reconnue aussi par son père, M. Jules Renaud, suivant son acte de naissance inscrit aux registres des actes de l'état civil de..., à la date du... ;

Pour la totalité des autres biens dépendant de la succession du *de cujus*, conformément au même article du Code civ. ;

III. — Un extrait d'un acte reçu par M^e..., notaire à..., le..., aux termes duquel il a été procédé entre le *de cujus*, M. Maxime Renaud et Mlle Claire Renaud, à la liquidation et au partage de la succession de M. Jules Renaud, en son vivant corroyeur, demeurant à..., décédé en son domicile, le... ;

Par lequel acte il a été attribué à M. Léon Renaud, *de cujus*, pour le remplir d'autant de ses droits dans la succession de M. Jules Renaud, son père naturel, une inscription de 50 francs de rente 3 p. 100, n°..., série..., au nom de ce dernier ;

Lequel extrait est annexé à la minute d'un acte de dépôt que j'en ai dressé, le... ;

IV. — Et l'original d'un certificat d'origine, délivré le..., par M. le Directeur de la Dette inscrite ;

Lequel certificat constate que l'inscription de rente dont l'extrait est susvisé provient de la mutation, au profit de M. Léon Renaud, du titre de 50 francs de rente 3 p. 100, n°..., série..., au nom de son père, à lui attribué par l'acte de partage susvisé ;

Certifie, conformément à la loi du 28 floréal an VII, que les 50 francs de rente dont l'immatricule précède appartiennent en pleine propriété, avec tous arrérages échus et à échoir, à M. Maxime Renaud susnommé, en sa qualité héréditaire exprimée ci-dessus ;

Et qu'il y a lieu de délivrer, en remplacement de ce titre, un autre titre de mêmes somme et nature de rente au nom de :

RENAUD (MAXIME).

En foi de quoi j'ai délivré le présent certificat.

A..., le...

---

1. Cet article n'a pas été modifié par la loi du 25 mars 1896.

Form. 19. — **Succession irréguulière**[1]. — **Hospice recueillant la succession d'un enfant assisté.**

DETTE PUBLIQUE

Trois pour cent.

Extrait d'inscription au Grand-Livre.

N°..., Série..., Rente : 5 francs.

Ainsi immatriculé : PHILOMÈNE, *mineure, sous l'administration de la Commission de surveillance de l'Hospice de...*

Je soussigné..., notaire à...,

Attendu le décès, arrivé à l'hospice de Blois, le..., de la mineure Philomène, ainsi qu'il résulte de l'acte de notoriété ci-après visé ;

Et vu :

I. — L'extrait d'inscription de rente susénoncé ;

II. — La minute d'un acte de notoriété dressé par moi, le..., à défaut d'inventaire, et constatant :

Que la mineure Philomène, sans autre dénomination, enfant trouvée recueillie depuis sa naissance par l'hospice de Blois, est décédée *intestat*[2] dans cet hospice, ainsi qu'il résulte de son acte de décès, inscrit à la mairie de Blois, le..., et dont une copie est annexée à cet acte de notoriété ;

Qu'elle n'a laissé aucun héritier susceptible de recueillir sa succession ;

Et qu'en conséquence ses biens appartiennent en pleine propriété à l'hospice de Blois, en vertu de l'art. 8 de la loi du 15 pluviôse an XIII ;

III. — Et la grosse d'un jugement rendu par le tribunal civil de première instance de Blois, le..., aux termes duquel l'hospice de cette ville a été envoyé en possession de la succession de ladite mineure Philomène ;

Laquelle grosse est en ma possession comme annexée à un acte de dépôt que j'en ai dressé, le... ;

Certifie, conformément à la loi du 28 floréal an VII, que les cinq francs de rente, montant de l'inscription dont le libellé figure en tête du présent certificat appartiennent en pleine propriété, avec tous arrérages échus et à échoir, à l'hospice de Blois et doivent être immatriculés ainsi :

BLOIS (*l'hospice de*).

En foi de quoi j'ai délivré le présent certificat.

A...., le.... [3].

---

1. Cpr. *sup.*, 1re PARTIE, nos 338 et s.

2. Lorsqu'on se trouve en présence d'un mineur de plus de 16 ans, il faut constater, s'il y a lieu, qu'il est décédé *intestat*, puisqu'à partir de cet âge les mineurs peuvent tester. C. c., 904.

3. Il n'y a pas lieu, dans ce cas, de produire de certificat de paiement des droits de mutation, cette dévolution ne donnant pas lieu au paiement de ces droits. Déc. Min. fin., 23 juin 1868. — *Sup.*, 1re PARTIE, n° 848, Lettre *h*.

Form. 20. — **Succession directe.** — **Enfants naturels héritiers pour la totalité.**

DETTE PUBLIQUE

Trois et demi pour cent.

Extrait d'inscription au Grand-Livre.

N°..., Série..., Rente : 100 francs.

Au nom de : DUCLOS (ÉTIENNE).

Je soussigné..., notaire à...,

Attendu le décès, arrivé en son domicile, à..., le..., de M. Étienne Duclos, en son vivant corroyeur, demeurant à..., ainsi que le constate son acte de décès, inscrit aux registres des actes de l'état civil de..., à la date du..., dont une copie est annexée à la minute de l'acte de notoriété ci-après visé;

Et vu :

I. — L'extrait d'inscription de rente susénoncé;

II. — La copie susénoncée de l'acte de décès de M. Étienne Duclos;

III. — Et la minute d'un acte de notoriété dressé par moi, à défaut d'inventaire, le..., constatant :

Que M. Étienne Duclos, titulaire de ladite inscription, est décédé *intestat* au lieu, les jour, mois et an susindiqués, célibataire[1];

Qu'à défaut de descendants légitimes, d'ascendants, de frères et de sœurs ou de descendants d'eux, il a laissé pour ses seuls héritiers naturels[2], pour le tout, conformément à l'art. 760 du Code civ.[3], ses deux enfants naturels ci-après nommés :

1° M. Maurice Duclos, étudiant en médecine, demeurant à...;

2° Et M. Abel Duclos, percepteur surnuméraire, demeurant à...;

Reconnus par lui, suivant acte passé, en présence réelle de témoins, devant Me..., notaire à..., le....[4];

Certifie et atteste, conformément à la loi[5], que l'extrait d'inscription de 100 francs de rente 3 1/2 p. 100 susvisé, appartient en pleine propriété, ainsi que tous arrérages échus et à échoir, conjointement et indivisément à MM. Maurice Duclos et Abel Duclos, susprénommés, qualifiés et domiciliés, en qualité de seuls héritiers pour le tout de leur père, M. Étienne Duclos[6].

En foi de quoi, j'ai délivré le présent certificat.

A..., le...

1. Cpr. *sup.*, 1re PARTIE, n° 323.

2. Avant la loi du 25 mars 1896, les enfants naturels n'étaient pas *héritiers* de leurs père et mère; la loi ne leur accordait que *des droits* sur les biens de ceux-ci. C. c., art. 756, anc. texte. — La nouvelle loi confère expressément aux enfants naturels reconnus la qualité d'*héritiers*.

Cette modification a pour effet de les assimiler aux enfants légitimes au point de vue successoral, sauf la quotité.

Il n'y a donc pas lieu, dans l'espèce, d'avoir recours à un jugement d'envoi en possession; ils sont saisis de plein droit. C. c. 724.

3. Depuis la loi du 25 mars 1896, les enfants naturels reconnus, qui se trouvent en concours avec des collatéraux autres que des frères et sœurs ou des descendants d'eux, ont droit à la totalité de la succession. C'est là une des modifications les plus importantes de cette loi.

4. En ce qui concerne la justification de la reconnaissance, v. *Sup.*, 1ʳᵉ PARTIE, n° 338 *bis*.

5. Cpr. *sup.*, formule 12, note 3.

6. Quand le titre, objet de la mutation, doit être vendu de suite, il n'y a pas lieu de requérir de nouveaux titres et de terminer le certificat par une réquisition d'immatricule.

FORM. 21. — **Succession directe. — Enfant naturel héritant pour la totalité. — Envoi en possession. — Rente mixte.**

DETTE PUBLIQUE

Trois pour cent.

RENTE MIXTE

Extrait d'inscription au Grand-Livre.

N°..., série..., Rente : 300 francs.

Au nom de : GAROT (PHILOMÈNE), *fille majeure.*

Je soussigné..., notaire à...,

Attendu le décès arrivé en son domicile, le..., de Mˡˡᵉ Philomène Garot, célibataire majeure, sans profession, demeurant à...;

Et vu :

I. — L'extrait d'inscription de rente dont le libellé précède;

II. — Une copie, étant en ma possession comme annexée à l'acte de notoriété ci-après visé, de l'acte de décès de Mˡˡᵉ Philomène Garot, inscrit aux registres des actes de l'état civil de..., à la date du...;

III. — La minute d'un acte de notoriété dressé par moi, le..., constatant :

Que Mˡˡᵉ Garot est décédée *intestat*, au lieu et à l'époque susindiqués;

Qu'après ce décès il n'a pas été fait d'inventaire;

Et qu'elle a laissé comme seul habile à recueillir sa succession, à défaut d'héritier au degré successible, conformément à l'art. 758 (ancien texte), du Code civ. [1], M. Garot, son fils naturel, majeur, menuisier, demeurant à..., par elle reconnu suivant acte inscrit aux registres de l'état civil de..., à la date du... [2];

IV. — Et la grosse d'un jugement rendu sur requête par le tribunal civil de première instance de..., le..., aux termes duquel M. Garot a été envoyé en possession de la succession de sa mère naturelle, Mˡˡᵉ Philomène Garot [3];

Laquelle grosse m'a été déposée pour minute suivant acte reçu par moi, le...;

Certifie, conformément à la loi du 28 floréal an VII, que les 300 francs de rente 3 p. 100, dont le titre est ci-dessus visé, appartiennent en pleine propriété, ainsi que tous arrérages échus et à échoir, à M. Paul Garot, en sa qualité susexprimée de seul héritier de Mlle Philomène Garot;

En conséquence, je requiers de M. le Directeur de la Dette inscrite la délivrance, en remplacement dudit titre de 300 francs de rente mixte 3 p. 100, d'un autre titre de même somme de rente purement nominative [4], 3 p. 100, immatriculé ainsi :

GAROT (PAUL). *La présente rente, possédée par le titulaire comme envoyé en possession de la succession de Philomène Garot, sa mère naturelle, suivant jugement du tribunal civil de première instance de..., en date du..., n'est aliénable qu'après un délai de trois ans à compter de la date de ce jugement* [5].

Fait à..., le...

---

1. Cette formule est applicable à la législation en vigueur avant la loi du 25 mars 1896.

L'enfant naturel n'avait droit alors à la totalité des biens de ses père et mère qu'à défaut de parents au degré successible.

2. V. la form. précéd., note 4.

3. Depuis la loi du 25 mars 1896, l'enfant naturel héritant en vertu de l'art. 760 du C. c. étant saisi de plein droit, C. c., 724, n'a pas à se faire envoyer en possession. V. la form. précéd., note 2. — Cpr. aussi *inf.* la note 2 sous la formule 30.

4. Les inscriptions de rente *mixte* ne peuvent être délivrées qu'aux rentiers qui ont la pleine et entière disposition de leurs rentes. Décr. 18 juin 1864, art. 1er.

5. Cette immatriculation tenait lieu de l'*emploi* prescrit par les art. 771 et 773 du C. civ. (anc. texte), et il n'y avait pas de *caution* à fournir.

Depuis la loi du 25 mars 1896, il n'y a pas lieu, pour l'enfant naturel héritant en vertu de l'art. 760 C. c. (nouv. texte), d'ajouter cette mention restrictive. Les titres doivent être immatriculés à son nom purement et simplement et les enfants naturels, devenus des *héritiers*, n'ont pas à fournir caution ni à faire emploi.

FORM. 22. — **Succession irrégulière.** — **Mère naturelle héritant de son enfant.**

DETTE PUBLIQUE

Trois et demi pour cent.

Extrait d'inscription au Grand-Livre.

N°..., Série..., Rente : 50 francs.

Au nom de : MERCIER (LÉON).

Je soussigné..., notaire à...,

Vu :

I. — L'extrait d'inscription dont le libellé précède;

II. — Une copie (étant en ma possession comme annexée à la minute de la notoriété ci-après visée) de l'acte de décès de M. Léon Mercier, en son vivant maréchal-ferrant, demeurant à..., inscrit aux registres des actes de l'état civil de..., à la date du..., et constatant que celui-ci est décédé au lieu et à l'époque susindiqués;

III. — La minute d'un acte de notoriété dressé par moi, à défaut d'inventaire, le..., duquel il résulte :

Que M. Léon Mercier est décédé *intestat*, célibataire, comme il est dit ci-dessus;

Qu'il a laissé pour seule habile à recueillir sa succession en totalité, en vertu de l'art. 765 du Code civ., à défaut de postérité, sa mère naturelle, Mlle Marie Mercier, majeure, cuisinière, demeurant à... ;

Par laquelle il avait été reconnu suivant acte reçu, en présence réelle de témoins, par M^e..., notaire à..., le... ;

IV. — La grosse d'un jugement rendu sur requête par le tribunal civil de première instance de..., le..., en chambre du conseil, par lequel ladite demoiselle Mercier a été envoyée en possession de la succession de M. Mercier, son fils naturel[1] ;

Laquelle grosse m'a été déposée pour minute, suivant acte reçu par moi, le... ;

Certifie, conformément à la loi du 28 floréal an VII, que l'inscription de 50 francs de rente 3 1/2 p. 100 susvisée appartient en toute propriété, ainsi que tous arrérages échus et à échoir, à Mlle Marie Mercier, en sa qualité susexprimée de seule héritière de son fils, qu'elle en a la libre disposition[2] et qu'il y a lieu de lui délivrer un nouveau titre immatriculé :

MERCIER (MARIE), *fille majeure.*

En foi de quoi j'ai délivré le présent certificat.

A..., le...

---

1. Bien que l'envoi en possession ne soit pas prescrit d'une manière explicite pour les successions des enfants naturels recueillies par leurs pères et mères ou leurs frères et sœurs, le Trésor, avant la loi du 25 mars 1896, exigeait le visa des jugements d'envoi en possession.

Nous pensons qu'il en doit être de même encore depuis cette loi.

Cependant, la question est controversée pour les pères et mères des enfants naturels. On prétend que, n'étant plus compris dans le chapitre des *successeurs irréguliers*, ils sont devenus, *ipso facto*, des *héritiers* et que, comme tels, ils jouissent de la saisine et n'ont pas à se faire envoyer en possession. *Sup.,* 1re PARTIE, n° 367 et la note.

Cette opinion nous semble contestable.

En tout cas, il ne saurait y avoir de doute que pour les pères et mères naturels : les frères et sœurs, qui sont restés des *successeurs irréguliers*, n'ont pas la saisine et doivent se faire envoyer en possession. Gorges et de Bray, v° *Succ. irrég.*, p. 337.

2. On constate, quand il y a lieu, que les ayants droit ont la libre disposition des rentes, sans être astreints au délai de trois ans fixé par l'article 771 du C. c. Gorges et de Bray, v° *Succ. irrég.*, p. 337.

FORM. 23. — **Succession irrégulière.** — **Conjoint survivant recueillant la totalité de la succession.** — **Rente amortissable.**

DETTE PUBLIQUE

Trois pour cent amortissable [1].

Extrait d'inscription au Grand-Livre.

Série..., N°..., Vol..., Rente : 30 francs.

Au nom de : PELLETIER (JEAN).

Je soussigné..., notaire à...,

Attendu le décès arrivé en son domicile, le..., de M. Jean Pelletier, en son vivant négociant, demeurant à..., ainsi qu'il résulte de l'intitulé de l'inventaire ci-après visé ;

Et vu :

I. — L'extrait d'inscription dont l'énoncé précède ;

II. — L'inventaire dressé par moi, le..., après le décès de M. Jean Pelletier, constatant :

Que M. Pelletier est décédé au lieu et à l'époque susindiqués ;

Qu'il n'a laissé aucun parent au degré successible, ni aucun ayant droit à sa succession autre que Mᵐᵉ Amélie Leblanc, son épouse survivante, sans profession demeurant à... ;

Qu'il était marié avec celle-ci sous le régime de la communauté légale, à défaut de contrat ayant précédé leur union, célébrée à la mairie de..., le..., et n'était ni divorcé, ni séparé de corps avec elle ;

Et qu'en conséquence ladite dame veuve Pelletier, née Leblanc, se trouve seule habile à recueillir sa succession en totalité, en vertu de l'article 767 du C. c.;

III. — Et la grosse d'un jugement sur requête, rendu par le tribunal civil de première instance de..., en chambre du conseil [2], le..., aux termes duquel Mᵐᵉ veuve Pelletier susnommée a été envoyée en possession de la succession de son mari ;

Laquelle grosse m'a été déposée pour minute, suivant acte reçu par moi, le...;

Certifie, conformément à la loi du 28 floréal an VII, que les 30 francs de rente dont l'extrait d'inscription est ci-dessus visé appartiennent en toute propriété, avec tous arrérages échus ou à échoir, à madite dame Amélie Leblanc, veuve non remariée, de M. Jean Pelletier savoir :

Moitié, à cause de la communauté légale ayant existé entre elle et feu son mari ;

Et l'autre moitié, en qualité de seule habile à recueillir la succession de ce dernier, à défaut d'héritiers au degré successible et d'autres ayants droit à sa succession ;

Et qu'en conséquence il y a lieu de délivrer, en remplacement de l'extrait d'inscription dont s'agit, deux nouveaux titres de 15 francs de rente immatriculés comme suit :

Le premier, au nom de :

LEBLANC (AMÉLIE), *veuve de* JEAN PELLETIER ;

Et le second, au nom de :

LEBLANC (AMÉLIE), *veuve de* JEAN PELLETIER. *La présente rente, possédée par la titulaire comme envoyée en possession de la succession de son défunt mari, à défaut d'héritier au degré successible, suivant jugement du tribunal civil de première instance de..., en date du..., n'est aliénable qu'après un délai de trois ans à compter du jour dud. jugement.*

En foi de quoi j'ai délivré le présent certificat, à la réquisition de Mᵐᵉ veuve Pelletier, ci-dessus prénommée, qualifiée et domiciliée, à ce présente.

Et après lecture faite, j'ai seul signé, ladite dame, de ce requise par moi, ayant déclaré savoir signer, mais ne le pouvoir à cause de la paralysie dont sa main droite est atteinte [3].

A..., le...

1. L'ouverture d'un livre spécial à ce fonds a été prescrite par la loi du 11 juin 1878. Cette rente n'est susceptible que d'inscriptions de 15 francs ou de multiples de cette somme. Décr. 16 juill. 1878, art. 3.

2. C'est la Chambre du Conseil qui est compétente pour prononcer l'envoi en possession. Bertin, t. II, nᵒˢ 1169 et s., p. 235.

3. Cpr. *sup.*, 1ʳᵉ PARTIE, nᵒ 283.

FORM. 24. — **Succession d'un usufruitier.** — **Nu propriétaire sans domicile ni résidence connus.** — **Prorata d'arrérages laissé en suspens** [4].

DETTE PUBLIQUE

Trois pour cent.

Extrait d'inscription au Grand-Livre.

N..., Série..., Rente : 900 francs.

Ainsi immatriculé : LAROSE (GEORGES) *pour l'usufruit; la nue propriété à* FERDINAND LAROSE *pour* 400 *francs,* CAMILLE LAROSE *pour* 400 *francs, et* ALBERT LAROSE *pour* 100 *francs.*

Je soussigné..., notaire à...,

Attendu le décès, arrivé en son domicile le 1ᵉʳ février 1896, de M. Georges Larose, en son vivant rentier, demeurant à..., ainsi que le constate son acte de décès dont une copie est ci-après visée;

Et vu :

I. — Le titre de rente susénoncé dont la dernière estampille constate le paiement du trimestre d'arrérages au 1ᵉʳ janvier 1896;

II. — La copie susénoncée de l'acte de décès de M. Georges Larose, inscrit aux registres des actes de l'état civil de..., à la date du 2 février 1896,

Laquelle copie est annexée à un acte de dépôt pour minute reçu par moi, le...;

III. — La minute de l'inventaire dressé par moi après le décès dudit

M. Georges Larose, suivant procès-verbal en date du..., constatant que ce dernier est décédé *intestat*, célibataire, au lieu et à l'époque susindiqués et qu'il a laissé pour ses seuls héritiers, chacun pour un tiers, ses trois frères germains :

1° M. Ferdinand Larose, bijoutier, demeurant à...,

2° M. Camille Larose, ébéniste, demeurant à...,

3° Et M. Albert Larose, sans domicile ni résidence connus ;

IV. — Et la minute d'un acte reçu par moi, le..., aux termes duquel MM. Ferdinand et Camille Larose m'ont requis de leur délivrer le certificat nécessaire pour obtenir, au nom de chacun d'eux, un nouveau titre des 400 francs de rente qui lui reviennent en pleine propriété dans ladite rente de 900 francs, par suite de l'extinction de l'usufruit de M. Georges Larose décédé, avec jouissance des arrérages à compter du 1er février 1896, sauf à laisser au *Compte du Trésor* le prorata couru depuis le 1er janvier de la même année, revenant à la succession de l'usufruitier, attendu l'impossibilité de régler avec qui de droit, M. Albert Larose étant sans domicile ni résidence connus, et sauf encore à porter au *Compte des portions non réclamées* les 100 francs de rente revenant audit sieur Albert Larose ;

Certifie, conformément à la loi du 28 floréal an VII, que, par suite du décès de M. Georges Larose, M. Ferdinand Larose et M. Camille Larose ont droit à la pleine propriété des 400 francs de rente qui sont inscrits au nom de chacun d'eux pour la nue propriété dans le titre de 900 francs de rente susvisé ;

Et qu'il y a lieu :

Premièrement. — De leur délivrer deux nouveaux titres, de chacun 400 francs de rente 3 p. 100, immatriculés :

Le premier, au nom de : LAROSE (FERDINAND),

Le second, au nom de : LAROSE (CAMILLE) ;

Deuxièmement. — Et de porter au *Compte des portions non réclamées* [2] les 100 francs de rente de surplus au nom de :

LAROSE (ALBERT), *sans domicile ni résidence connus.*

Le tout avec jouissance des arrérages du 1er février 1896, ceux courus jusqu'à cette date depuis le 1er janvier précédent devant rester en suspens au *Compte du Trésor.*

En foi de quoi j'ai délivré le présent certificat.

A... le...

---

1. Lorsque c'est l'usufruitier qui est sans domicile ni résidence connus, il est d'usage que le nu propriétaire, qui se trouve avoir sur les biens de celui-ci les droits subordonnés à son décès (C. c. 123), se fasse envoyer en possession après sommation préalable, s'il y a lieu, aux héritiers présomptifs de l'usufruitier, ou nommer administrateur provisoire.

La mutation est opérée sur la production d'un certificat de propriété délivré par le notaire détenteur de la grosse du jugement, dans la forme usitée en cas d'absence déclarée ou de présomption d'absence.

L'immatricule se libelle ainsi :

« X..., *présumé absent pour l'usufruit, ayant pour administrateur provisoire de ses biens B..., suivant jugement rendu par le tribunal civil de..., le...; la nue propriété audit B... »*

Ou bien :

« *B..., possédant comme envoyé en possession provisoire, suivant jugement du tribunal civil de première instance de..., en date du..., des biens de X..., usufruitier absent; la nue propriété audit B... »*

2. Cpr. *sup.*, 2e PARTIE, p. 180.

FORM. 25. — **Succession d'un usufruitier.** — **Prorata d'arrérages attribué à son héritier** [1].

DETTE PUBLIQUE

Trois pour cent.

Extrait d'inscription au Grand-Livre.

N°..., Série..., Rente : 3,000 francs.

Au nom de : TAVERNIER (JUSTIN), *pour l'usufruit; la nue propriété* à CLÉMENT LE RASLE.

Je soussigné..., notaire à...,

Attendu le décès arrivé en son domicile, le 3 mars 1897, de M. Justin Tavernier, en son vivant rentier, demeurant à..., ainsi qu'il résulte de son acte de décès dont une copie est ci-après visée ;

Et vu :

I. — L'extrait d'inscription dont le libellé précède et dont la dernière estampille constate le paiement du trimestre échu le 1er octobre 1896 ;

II. — La copie susénoncée de l'acte de décès de M. Justin Tavernier susnommé, inscrit aux registres des actes de décès de..., à la date du... ;

Ladite copie annexée à la minute de l'acte de notoriété ci-après visé ;

III. — La minute d'un acte de notoriété dressé par moi, à défaut d'inventaire, après le décès dudit M. Justin Tavernier, le..., et constatant que ce dernier est décédé *intestat*, célibataire, au lieu et à l'époque susindiqués et qu'il a laissé pour son seul héritier, pour la totalité, son cousin germain, M. René Léotard, huissier, demeurant à... ;

Certifie que tous les arrérages courus jusqu'au décès de M. Justin Tavernier depuis le jour où ils sont dus sur l'inscription de rente ci-dessus visée appartiennent à M. René Léotard, huissier, demeurant à..., en qualité de seul héritier dudit M. Justin Tavernier, usufruitier [2].

En foi de quoi j'ai délivré le présent certificat.

A..., le...

---

1. Le prorata d'arrérages dû au décès d'un usufruitier se calcule, au Trésor, comme si les mois étaient uniformément de 30 jours. On paie des 360es. *Sup.*, 2e PARTIE, chap. Ier, § 5, *Paiement des arrérages*, p. 190.

2. Lorsqu'un rentier (ou pensionnaire) est illettré ou hors d'état de donner quittance, le payeur, quelle que soit la somme, appose, à la place de la signature, un timbre contenant les mots : *A déclaré ne savoir signer*, puis il signe cette mention et la fait signer par le contrôleur qui dessert son bureau. De Marcillac, n° 1096, p. 297.

Form. 26. — **Succession d'un usufruitier.** — **Titre côté.** — **Prorata d'arrérages attribué au nu propriétaire**[1].

DETTE PUBLIQUE

Trois pour cent.

Extrait d'inscription au Grand-Livre.

N°..., Série..., Rente : 300 francs.

Ainsi immatriculé : Barberon (Anatole) *pour l'usufruit incessible et insaisissable à titre de pension alimentaire, conformément à un acte reçu par* M°..., *notaire à..., le...; la nue propriété à* Joseph Paillard.

Je, soussigné..., notaire à...,

Attendu le décès arrivé en son domicile, le..., de M. Anatole Barberon, en son vivant sans profession, demeurant à..., ainsi que le constate son acte de décès dont une copie est ci-après visée ;

Et vu :

I. — L'extrait d'inscription dont le libellé précède ;

II. — La copie susénoncée de l'acte de décès de M. Anatole Barberon susnommé, inscrit aux registres des actes de l'état civil de..., à la date du...;

Laquelle copie est annexée à la minute de l'acte de cession ci-après visé ;

III. — La minute de l'inventaire dressé par moi, le..., après le décès dudit M. Barberon, constatant que ce dernier est décédé *intestat* au lieu et à l'époque susindiqués, veuf en premières noces de Mme Rose Bureau, décédée à..., le..., et non remarié[2], et qu'il a laissé pour son seul héritier, son fils, M. Ludovic Barberon, régisseur, demeurant à...; inventaire au cours duquel le titre de rente dont s'agit a été coté et paraphé par moi, comme dépendant pour l'usufruit seulement de la succession du défunt ;

IV. — Et la minute d'un acte reçu aussi par moi, le..., contenant cession par M. Ludovic Barberon, comme seul héritier de son père, à M. Joseph Paillard, propriétaire, demeurant à...; du prorata des arrérages du titre de rente susvisé, depuis le jour où ils sont dus (...) jusqu'à celui du décès de M. Anatole Barberon, moyennant une somme de... quittancée audit acte[3];

Certifie, conformément à la loi du 28 floréal an VII, que la cote d'inventaire existant sur l'inscription de rente susvisée n'a été mise que par suite du décès de l'usufruitier; que les arrérages courus depuis le..., jour où ils sont dus[4], appartiennent et reviennent à M. Joseph Paillard nu propriétaire, tant au moyen de la cession ci-dessus que comme ayant réuni, par suite du décès de M. Barberon, l'usufruit dudit titre à la nue propriété; et qu'il y a lieu de délivrer à ce dernier *un nouveau titre en toute propriété, avec droit à tous arrérages échus et à échoir*, ainsi immatriculé :

Paillard (Joseph).

En foi de quoi j'ai délivré le présent certificat.

A..., le...

1. Au décès de l'usufruitier, la rente est inscrite pour la pleine propriété au nom du nu propriétaire, sur la production de l'acte de décès accompagné, s'il y a lieu, du certificat de vie du nu propriétaire. *Sup.*, 2ᵉ PARTIE, Chap. 2, § 8, p. 27 et s.

S'il y a plusieurs nus propriétaires ayant des parts déterminées, il est délivré des titres distincts.

Quand les titres ont été cotés et paraphés, un certificat de propriété est exigé (cas de la formule ci-dessus). Exceptionnellement alors, le Trésor se contente de la production de l'acte de décès si la mention de cote, signée du notaire, constate formellement que l'inventaire a été fait après le décès de l'usufruitier par Mᶜ..., notaire à..., le...

V. aussi la note 1 sous la *formule* 24.

En principe, les arrérages échus doivent être encaissés, autant que possible, avant la mutation ; mais, quand il existe une cote d'inventaire, elle fait obstacle au paiement des arrérages. *Sup.*, 1ʳᵉ PARTIE, p. 28 et 2ᵉ PARTIE, p. 183, note 7.

Cependant, lorsque le Bureau des transferts estime que les arrérages, dus au décès d'un rentier, doivent être encaissés avant la mutation, se compliquant d'un transfert total ou partiel, il appose sur le titre coté la mention : *Bon pour paiement d'arrérages*, et le payeur procède au paiement. De Marcillac, n° 1123, p. 305.

En cas de mutation, lorsque les arrérages échus n'appartiennent pas aux nouveaux titulaires, il peut être délivré un *Certificat d'arrérages*. Inst. gén. Dette pub., 1ᵉʳ janv. 1811, art. 40.

2. Cpr. *sup.* la note 1, sous la formule 1, et 1ʳᵉ PARTIE, n° 323.

3. Le nu propriétaire peut encore, à défaut d'entente avec les héritiers de l'usufrutier, obtenir un nouveau titre avec droit à tous les arrérages échus et à échoir, en versant à la Caisse des dépôts et consignations le prorata acquis à la succession de l'usufruitier et en déposant, avec l'acte de décès de celui-ci, le récépissé du versement ; mais, dans ce cas, il est bon de s'entendre préalablement avec la Dette inscrite. *Sup.*, 1ʳᵉ PARTIE, n° 131.

4. Sur la manière de calculer le prorata, v. la note 1, sous la formule 25 ci-dessus.

FORM. 27. — **Succession d'un nu propriétaire.**
Vente par adjudication à la requête d'un administrateur.

DETTE PUBLIQUE

Trois et demi pour cent.

Extrait d'inscription au Grand-Livre.

N°..., Série..., Rente : 240 francs.

Au nom de : JANVIER (LOUIS), *pour l'usufruit ;*
la nue propriété à ALPHONSE JALLON.

Je soussigné..., notaire à...,

Vu¹ :

1. — La minute de l'inventaire dressé par moi, le..., après le décès, arrivé en son domicile le..., de M. Alphonse Jallon, en son vivant propriétaire, demeurant à..., constatant :

Que ce dernier est décédé *intestat*, au lieu et à l'époque susindiqués ;
Et qu'il a laissé :

Son épouse en premières noces survivante, restée sa veuve, Mme Louise Moog, sans profession, demeurant à...,

Comme commune en biens, à défaut de contrat préalable à leur union, célébrée à la maire de..., le... ;

Et comme ayant droit, conformément à l'article 767 du code civil, en qualité d'épouse survivante non divorcée ni séparée de corps, à l'usufruit du quart de sa succession ;

Et pour ses seuls héritiers :

1° Henri Jallon, mineur, né à..., le... ;

2° Georges Jallon, mineur, né à..., le... ;

Ses deux enfants, issus de son union, sous la tutelle légale de leur mère ;

3° Et l'enfant dont Mme Jallon a déclaré être enceinte des œuvres de son mari et dont elle doit être la tutrice légale, s'il naît viable ;

Les mineurs Jallon et l'enfant dont Mme Jallon est enceinte, s'il naît viable, seuls héritiers conjointement pour le tout ou chacun pour un tiers de leur père, M. Alphonse Jallon ;

Laquelle succession a été acceptée sous bénéfice d'inventaire seulement par Mme veuve Jallon, au nom de ses enfants nés et à naître, suivant déclaration faite au greffe du tribunal civil de..., le... ; ladite dame autorisée à cet effet, aux termes d'une délibération du conseil de famille de ces mineurs, tenue et présidée par M. le juge de paix du canton de..., le... ² ;

II. — La grosse, étant en ma possession comme annexée à la minute du procès-verbal d'adjudication ci-après visé, d'un jugement rendu sur requête, en Chambre du Conseil, par le tribunal civil de première instance de..., le..., aux termes duquel M. Alfred Duval, avocat, demeurant à..., a été nommé administrateur judiciaire de la succession de M. Jallon, *de cujus*, et des biens de la communauté ayant existé entre lui et son épouse survivante, avec pouvoir de réaliser toutes les valeurs desdites communauté et succession, et notamment de vendre et transférer la nue propriété de la rente de 240 francs 3 1/2 p. 100 dont le titre est ci-dessus transcrit ³ ;

III. — Et la minute d'un procès-verbal d'adjudication dressé par moi, le..., après l'accomplissement des formalités voulues par la loi, sous les conditions d'un cahier de charges rédigé aussi par moi, le..., aux termes duquel la nue propriété de ladite rente de 240 francs, dépendant de la communauté ayant existé entre les époux Jallon-Moog, a été adjugée à M. Alfred Vallois, rentier, demeurant à..., moyennant un prix principal de..., qu'il a payé comptant par le procès-verbal qui en contient quittance ;

Certifie et atteste, conformément à la loi du 28 floréal an VII, que la nue propriété du titre de 240 francs de rente 3 1/2 p. 100 susvisé, inscrite au nom de M. Alphonse Jallon, appartient maintenant à M. Alfred Vallois susnommé et qu'il y a lieu de délivrer un nouveau titre ainsi immatriculé :

Janvier (Louis), *pour l'usufruit; la nue propriété à* Alfred Vallois [4].

En foi de quoi j'ai délivré le présent certificat,

A..., le...

1. Lorsqu'on opère sur une nue propriété et que l'usufruitier refuse de communiquer le titre, on ne peut viser l'extrait d'inscription. — On passe alors outre cette formalité et l'on procède comme nous le disons en matière de *nantissement* portant sur une *nue propriété.* V. les *formules.*

Toutes les fois qu'un changement dans la nue propriété d'une rente grevée d'usufruit, dont le titre se trouve encore en circulation, est demandé à la Dette inscrite, il est remis par le payeur à l'usufruitier une lettre destinée à lui tenir lieu de reçu du titre pendant le temps nécessaire à la mutation ; cette lettre est échangée, après l'opération, contre le nouveau titre.

Si l'usufruitier ne consent pas à se dessaisir de son titre, le Trésor n'a pas qualité pour l'y contraindre. Il procède, néanmoins, au paiement des arrérages ; mais avis du refus est immédiatement donné à la Dette inscrite, qui suspend l'expédition de la nouvelle inscription. De Marcillac, n° 90, p. 41.

2. L'énonciation de la délibération autorisant l'acceptation bénéficiaire n'est pas nécessaire.

L'enfant simplement conçu est capable de succéder, C. c. 725; il doit être considéré comme étant né toutes les fois que son intérêt l'exige, et il jouit d'une capacité juridique provisoire, subordonnée, quant à ses effets définitifs, à sa naissance en vie avec viabilité. Aubry et Rau, §§ 53-1 et 592-1. — Par conséquent, l'acceptation sous bénéfice d'inventaire de la succession peut être faite en son nom par sa mère dûment autorisée. — Cpr. *sup.*, p. 362 (*Enfant conçu*).

3. Quand le jugement de nomination est rendu sur requête, il n'y a pas lieu de justifier qu'il a acquis l'autorité de la chose jugée ; si, au contraire, la nomination avait lieu par décision contentieuse contradictoire, il faudrait viser les certificats prescrits par l'article 548 du C. de proc.

4. Si l'usufruitier refuse de prêter son concours à l'opération, on peut le constater dans le certificat et requérir que l'inscription soit frappée d'empêchement administratif. V. *inf.* formule 105 et les notes.

Form. 28. — **Succession gérée par un administrateur provisoire.**

DETTE PUBLIQUE

Trois pour cent.

Extrait d'inscription au Grand-Livre [1].

N°..., Série..., Rente : 40 francs.

Au nom de : Daubigné (Martial).

Je soussigné..., notaire à...,

Attendu le décès arrivé le..., à..., où il se trouvait momentanément, de M. Martial Daubigné, en son vivant colonel du 4e régiment de dragons, officier de la Légion d'honneur, demeurant et domicilié à..., ainsi que le constate son acte de décès, inscrit aux registres de l'état civil de..., à la date du même jour et dont une copie est annexée à l'inventaire ci-après visé ;

Et vu :

I. — L'extrait d'inscription dont le libellé précède ;

II. — La minute de l'inventaire dressé par moi, après le décès de M. Martial Daubigné susnommé, le..., constatant que ce dernier est décédé célibataire, *intestat*, au lieu et à l'époque susindiqués ; led. inventaire dressé :

A la requête de M. Raoul Daubigné, docteur-médecin, demeurant à... ;

En présence de Mᵉ..., notaire à..., commis à l'effet de représenter aud. inventaire M. Joseph Daubigné, prêtre-missionnaire, demeurant à Yedo, île de Niphon (Japon) ;

MM. Raoul et Joseph Daubigné, frères germains, habiles à se porter seuls héritiers, chacun pour moitié, de M. Martial Daubigné, leur frère, *de cujus* ;

III. — La minute d'un acte reçu par moi, le..., aux termes duquel M. Raoul Daubigné a déclaré accepter purement et simplement la succession de M. Martial Daubigné et m'a requis de délivrer le présent certificat ;

IV. — Et la grosse d'une ordonnance, rendue par M. le Président du tribunal civil de première instance de..., en date du..., par laquelle M. Marie Naudin, principal clerc de notaire, demeurant à..., a été nommé administrateur provisoire de la succession de M. Martial Daubigné, avec pouvoir de vendre au cours de la Bourse et de transférer par le ministère de M..., agent de change à..., commis à cet effet, l'inscription de 40 francs de rente susvisée, signer tous transferts, toucher le prix et en donner quittance et décharge, donner tous pouvoirs et généralement faire le nécessaire ; ladite ordonnance déclarée exécutoire par provision, rendue sur le référé introduit par M. le Juge de paix du canton de..., lors des opérations de levée des scellés et d'inventaire, sur la demande de M. Raoul Daubigné et avec l'assentiment de Mᵉ..., notaire[2] ;

Lad. grosse étant en ma possession comme annexée à la minute d'un acte de dépôt reçu par moi, le... ;

Certifie, conformément à la loi du 28 floréal an VII, que lad. inscription de 40 francs de rente 3 p. 100, dépend pour la pleine propriété de la succession de M. Martial Daubigné, ainsi que tous les arrérages échus et à échoir ;

Et que M. Marie Naudin, principal clerc de notaire, demeurant à..., a le droit, en vertu de l'ordonnance susvisée, de vendre et transférer cette inscription de rente, de signer tous transferts, d'en toucher le prix, d'en donner décharge, de constituer tous mandataires à ces effets et de leur donner tous pouvoirs nécessaires.

En foi de quoi j'ai délivré le présent certificat.

A..., le...

---

1. Quand il s'agit de recevoir une somme due par l'Etat, par exemple un prorata de pension, le Trésor admet que l'administrateur provisoire a qualité pour toucher, sur la production d'un extrait de la décision le nommant, sans avoir à fournir de certificat de propriété. De Marcillac, nᵒ 1193, p. 318.

2. V. *sup.*, 2ᵉ PARTIE, chap. III, vᵒ *Administrateur provisoire*, p. 327 et s.

Form. 29. — **Succession en déshérence gérée par l'Administration des Domaines[1].**

DETTE PUBLIQUE
Trois pour cent.

Extrait d'inscription au Grand-Livre.

N°..., Série..., Rente : 20 francs.

Au nom de : Duval (Émile).

Je soussigné..., notaire à...,

Attendu le décès *intestat,* arrivé en son domicile, le..., de M. Emile Duval, célibataire, sans profession, demeurant à..., ainsi que le constate l'intitulé de l'inventaire ci-après visé ;

Et vu :

I. — L'extrait d'inscription dont le libellé précède ;

II. — La grosse d'un jugement rendu en chambre du conseil[2] par le tribunal civil de première instance de..., le..., aux termes duquel le Domaine de l'Etat a été autorisé à gérer et administrer la succession de M. Emile Duval susnommé[3] ;

Laquelle grosse est annexée à l'inventaire ci-après visé ;

III. — Et la minute de l'inventaire dressé par moi, le..., après le décès de M. Emile Duval, des biens et valeurs dépendant de sa succession, à la requête de M. Claude Rémery, receveur des Domaines, demeurant à..., ayant agi au nom de l'Administration générale de l'Enregistrement, des Domaines et du Timbre, en vertu d'une lettre de service, annexée audit inventaire ;

Certifie, conformément à la loi du 28 floréal an VII, que les 20 francs de rente 3 p. 100, montant de l'extrait d'inscription susvisé, dépendent de la succession en déshérence de M. Emile Duval, et doivent être immatriculés de la manière suivante :

Duval (Emile) (*La succession en déshérence de*), *décédé le..., gérée et administrée provisoirement par le Domaine de l'Etat, suivant jugement du tribunal de..., en date du...*

Fait à..., le...

---

1. V. *sup.*, 1re partie, nos 382 et s.

2. C'est la Chambre du Conseil qui est compétente. Cpr. Bertin, t. II, nos 1169 et s., p. 234.

3. La procédure, en matière de succession en déshérence, comporte deux jugements : l'un, qui autorise l'Administration à procéder aux publications et qui lui confère l'administration provisoire ; l'autre, qui lui accorde, après les publications et affiches, l'envoi en possession. Dans la pratique, le premier est appelé jugement d'envoi en *possession provisoire*, et le second, jugement d'envoi en *possession définitive.* Boulanger, n° 546, 2°, t. I, p. 116.

Form. 30. — **Succession dévolue à l'État**[1].

DETTE PUBLIQUE
Trois pour cent.
Extrait d'inscription au Grand-Livre.
N°..., Série..., Rente : 20 francs.

Ainsi immatriculé : Duval (Emile) (*La succession en déshérence de*), *décédé le..., gérée et administrée provisoirement par le Domaine de l'État, suivant jugement du Tribunal civil de.... en date du...*

Je soussigné..., notaire à...,

Vu :

I. — L'extrait d'inscription dont l'immatricule est rapportée en tête du présent ;

II. — La minute de l'inventaire, dressé par moi, le..., après le décès *intestat* arrivé en son domicile à..., le..., de M. Emile Duval, célibataire en son vivant, sans profession, des biens et valeurs dépendant de sa succession, administrée par le Domaine de l'État, en vertu d'un jugement rendu par le tribunal civil de première instance de..., en date du... ;

III. — Et la grosse d'un jugement rendu en Chambre du conseil, par le même tribunal, le..., et prononçant, au profit du Domaine de l'État, l'envoi en possession de la succession dudit sieur Emile Duval ;

Laquelle grosse est annexée à la minute d'un acte en constatant le dépôt, dressé par moi, le...[2] ;

Certifie, conformément à la loi du 28 floréal an VII, que les 20 francs de rente, montant de l'inscription dont le libellé est ci-dessus transcrit, appartiennent en pleine propriété, avec tous arrérages échus et à échoir, au Domaine de l'État et doivent être immatriculés ainsi :

Domaine de l'État (*le*), *comme envoyé en possession de la succession en déshérence de M. Emile Duval, décédé le..., suivant jugement du tribunal civil de première instance de..., en date du...*

Fait à..., le...

---

1. V. *Sup.*, 1re PARTIE, n°s 371 et s., p. 69 et s. — V. aussi 2e PARTIE, *sup.*, p. 222.

Le droit de déshérence exercé par le Domaine de l'État, en ce qui concerne les biens d'un *étranger*, ne s'applique pas seulement aux immeubles, mais aussi aux objets mobiliers qu'il possédait en France : rentes sur l'État et autres valeurs incorporelles dont la réalisation ne peut être poursuivie que dans notre territoire et sous la protection de nos lois. Cpr. *sup.*, p. 222. — V. aussi Gorges et de Bray, v° *Success. en déshérence*, II, p. 330.

2. Bien que la question de savoir si les jugements d'envoi en possession provisoire ou définitive sont susceptibles de recours soit controversée, l'Administration de la Dette inscrite n'exige pas la production de certificats de non-opposition ni appel, même en matière de succession en déshérence. *Sup.*, p. 363, v° *Envoyés en possession*. Cpr. Boulanger, n° 546, 3, t. II, p. 116 ; Gorges et de Bray, *eod. verb.*, IV, p. 332.

FORM. 31. — **Succession vacante** [1].

DETTE PUBLIQUE
Trois pour cent.

Extrait d'inscription au Grand-Livre [2].

N°.... Série..., Rente : 200 francs.

Au nom de : ROSIER (MARIE), *fille majeure.*

Je soussigné..., notaire à...,

Attendu le décès arrivé en son domicile, le..., de Mlle Marie Rosier, en son vivant célibataire majeure, sans profession, demeurant à.... ainsi qu'il résulte de l'intitulé de l'inventaire ci-après visé ;

Et vu :

I. — L'extrait d'inscription de rente ci-dessus relaté ;

II. — La grosse d'un jugement rendu sur requête par le tribunal civil de première instance de..., en Chambre du conseil, le..., déclarant vacante la succession de Mlle Rosier susnommée et nommant M. Jules Ferrand, avocat, demeurant à..., curateur de ladite succession [3] ;

Laquelle grosse est annexée à la minute de l'inventaire ci-après visé ;

III. — Et la minute de l'inventaire dressé par moi, le..., des biens et valeurs dépendant de la succession de Mlle Rosier, déclarée vacante par le jugement précité, à la requête de M. Ferrand ès qualité ;

Lequel inventaire comprend, comme pièce unique de la cote cinquième, le titre de rente susvisé comme dépendant de ladite succession ;

Certifie, conformément à la loi du 28 floréal an VII, que les 200 francs de rente dont il s'agit appartiennent en toute propriété à la succession vacante de Mlle Marie Rosier, ainsi que tous arrérages échus et à échoir, et doivent être immatriculés ainsi :

ROSIER (MARIE), *fille majeure (la succession vacante de), ayant pour curateur M. Jules Ferrand, suivant jugement du tribunal civil de première instance de..., en date du...*

En foi de quoi j'ai délivré le présent certificat.

A..., le...

---

1. V. en ce qui concerne les *successions vacantes. sup.*, 1re PARTIE, chap. V, § 1er, 2°, p. 72.

2. Si, au lieu d'une rente, il s'agissait de toucher une somme due par l'État, par exemple le prorata d'une pension dépendant d'une succession déclarée vacante, il suffirait, sans avoir recours à un certificat de propriété, de produire un extrait du jugement déclarant la vacance. Le paiement aurait lieu alors sur l'acquit du receveur des Domaines qui fournirait, en outre de cet acquit, une quittance à souche timbrée à 0,25. Circ. Compt. pub. 15 mai 1858 ; De Marcillac, n° 1194, p. 319.

Pour une succession déclarée vacante en Algérie, il ne serait pas nécessaire non plus de produire un certificat de propriété. Le curateur, aux termes de l'ordonnance du 26 décembre 1842, produirait, au lieu de l'extrait du jugement, une copie de l'arrêté le nommant curateur aux successions vacantes pour le canton où la succession se serait ouverte. De Marcillac, n° 1195, p. 319.

V. quant aux livrets des caisses d'épargne, *Sup.*, 1ʳᵉ ᴘᴀʀᴛɪᴇ, p. 36, note 4.

3. La vacance est déclarée et le curateur est nommé sur la demande des intéressés ou sur la réquisition du procureur de la République, par la Chambre du Conseil du tribunal de première instance de l'arrondissement dans lequel la succession s'est ouverte. C. c.. 812: C. proc., 998.

SUCCESSIONS TESTAMENTAIRES [1].

Fᴏʀᴍ. 32. — **Testament authentique. — Légataire universel. — Notaire commis pour gérer l'étude d'un confrère décédé.**

DETTE PUBLIQUE

Trois et demi pour cent.

Extrait d'inscription au Grand-Livre.

N°..., Série..., Rente : 100 francs.

Au nom de : Pɪᴄᴀʀᴅ (Lᴜᴄɪᴇɴ).

Je soussigné..., notaire à...,

Commis suivant ordonnance rendue le..., par M. le Président du tribunal de première instance de..., pour gérer l'étude pour Mᵉ.... notaire à..., décédé [2];

Attendu le décès arrivé en son domicile, le..., de M. Lucien Picard, en son vivant propriétaire, demeurant à..., ainsi que le constate son acte de décès, inscrit aux registres des actes de l'état civil de..., à la date du même jour, et dont une copie est annexée à l'acte de notoriété ci-après visé ;

Et vu :

I. — L'extrait d'inscription dont le libellé précède ;

II. — La copie susénoncée de l'acte de décès de M. Lucien Picard ;

III. — La minute, étant en ma possession en madite qualité de gérant de l'étude de feu Mᵉ..., du testament dudit M. Lucien Picard, dicté à Mᵉ..., en présence de quatre témoins, le..., et aux termes duquel le testateur a institué pour son légataire universel en pleine propriété M. Gaston Savignard, expert-géomètre, demeurant à...;

IV. — Et la minute, aussi en ma possession en la même qualité, d'un acte de notoriété dressé par moi, comme commis pour la gérance de l'étude de Mᵉ..., le..., après le décès de Lucien Picard et constatant :

Que ce dernier est décédé célibataire au lieu et à l'époque sus indiqués ;

Qu'après son décès il n'a pas été fait d'inventaire ;

Qu'il n'a laissé aucun héritier ou autre ayant droit à une réserve légale dans sa succession [3];

Et qu'en conséquence le legs universel fait à M. Gaston Savignard peut recevoir son exécution ;

Certifie, conformément à la loi du 28 floréal an VII, que l'inscription de 100 francs de rente susvisée appartient en pleine propriété, ainsi que tous arrérages échus et à échoir, à M. Gaston Savignard susnommé, en qualité de légataire universel de M. Lucien Picard;

En conséquence, je requiers de M. le Directeur de la Dette inscrite la délivrance, en échange dudit extrait d'inscription, d'un autre de mêmes somme et nature de rente, au nom de :

SAVIGNARD (GASTON).

En foi de quoi...

A..., le...

1. V. au sujet des *successions testamentaires*, *sup.*, 1re PARTIE, chap. v, § 2, nos 403 et s.

2. On admet que le notaire commis peut se faire substituer en cas d'empêchement, même lorsque l'ordonnance ne l'a pas prévu.

3. Lorsqu'on veut constater que le *de cujus* n'a laissé aucun réservataire, il n'est pas suffisant de dire qu'il n'a laissé aucun ascendant ni descendant, ni aucun héritier réservataire, mais aucun *ayant droit* à une réserve.

En effet, l'adopté a droit à une réserve dans la succession de l'adoptant (C. c. 350 et 913 comb.), et ce droit s'étend à ses descendants légitimes. (Cass. 10 nov. 1869. Or aucun lien de parenté n'existant entre l'adoptant et l'adopté, ce dernier n'est pas, à proprement parler, un descendant. D'autre part, avant la loi du 25 mars 1896, les enfants naturels reconnus n'étaient pas héritiers, et cependant ils avaient droit à une réserve. Berthaut, *Gaz. du not.*, 24 juillet 1887 (formule annotée).

Cpr. *sup.*, 1re PARTIE, no 459 et la note 1, p. 79.

FORM. 33. — **Testament authentique.** — **Enfant naturel reconnu légataire universel.** — **Plusieurs notaires.**

DETTE PUBLIQUE

Trois pour cent.

Extrait d'inscription au Grand-Livre.

No..., Série..., Rente : 600 francs.

Au nom de : BOULANGER (ROBERT).

Nous soussignés [1],

Victor Tabare, notaire à...,

Et Ernest Martin, notaire à...,

Attendu le décès de M. Robert Boulanger, en son vivant artiste peintre, demeurant à..., arrivé en son domicile, le..., ainsi que le constate l'intitulé de l'inventaire ci-après visé ;

Et vu :

I. — L'extrait d'inscription de rente dont le libellé précède ;

II. — La minute du testament dudit M. Robert Boulanger, reçu par Me Tabare, l'un de nous, en présence réelle de quatre témoins, le..., enregistré à..., le... ², aux termes duquel le testateur a institué pour son légataire universel son fils naturel, M. Maxime Boulanger, droguiste. demeurant à..., par lui reconnu suivant acte reçu, en présence réelle de témoins, par Mᵉ..., notaire à..., le... ³, lui léguant l'universalité des biens meubles et immeubles, que composeraient sa succession, sans exception ni réserve ⁴.

III. — La minute de l'inventaire dressé par M. Martin l'un de nous, après le décès de M. Robert Boulanger, suivant procès-verbal en date au commencement du...; de l'intitulé duquel il résulte :

Que le *de cujus* est décédé célibataire, au lieu et à l'époque susindiqués ;

Qu'il n'a laissé ascendant ni descendant autre que M. Maxime Boulanger et par conséquent aucun ayant droit à une réserve légale dans sa succession, si ce n'est son fils naturel, institué par lui pour son légataire universel ⁵.

Certifions et attestons ⁶, conformément à la loi du 28 floréal an VII, que le titre de 600 francs de rente 3 p. 100 faisant l'objet de l'extrait d'inscription susvisé, dépendant de la succession du titulaire, dont M. Maxime Boulanger se trouve saisi de plein droit en vertu de l'article 1006 du C. c., appartient en pleine propriété, ainsi que tous arrérages échus et à échoir audit M. Maxime Boulanger, comme légataire universel de M. Robert Boulanger, son père naturel, en vertu du testament susvisé, et qu'il y a lieu de délivrer, en remplacement de cette inscription, une autre inscription de mêmes somme et nature de rente au nom de ce dernier.

En foi de quoi, j'ai délivré le présent certificat.

A... le...

1. Les certificats de propriété peuvent être dressés par plusieurs notaires sans limitation de nombre, pourvu qu'ils soient *tous* du *même ressort*. Sup. 1ʳᵉ PARTIE, nᵒ 17. — Il ne suffirait pas qu'ils eussent tous le droit d'instrumenter dans le lieu d'où le certificat est daté.

2. Beaucoup de notaires, quand ils énoncent dans les actes qu'ils reçoivent un acte précédent de leur ministère ou de celui d'un confrère, croient devoir mentionner que cet acte est *enregistré*. Cette énonciation est inutile et surabondante, l'enregistrement, qui n'est qu'un mode de perception d'impôt, ne donnant aucune valeur aux actes authentiques ; elle se justifie tout au plus, sans pourtant être nécessaire, dans le cas de la formule ci-dessus, où il s'agit d'un acte dont l'enregistrement est subordonné, en principe, à un événement ultérieur à sa confection. LL. 22 frimaire an VII, art. 21 ; — Cass. 20 juill. 1836 ; 22 janv. 1838 ; Décis. minist. 26 mars 1838. Il suffit donc que le notaire ait la certitude que l'acte relaté est enregistré.

Si l'on admet, comme nous l'avons fait, que les certificats ne sont pas assujettis à la formalité de l'enregistrement dans le délai fixé pour les actes notariés ordinaires (*sup.* 1ʳᵉ PARTIE, nᵒˢ 992 et s.), il n'est même pas nécessaire, quand on y dénonce un acte non encore enregistré, reçu par le notaire certificateur, de dire qu'il sera présenté à l'enregistrement en même temps que le certificat le relatant. Comp. L. 28 avril 1816, art. 56.

3. L'énonciation de cette reconnaissance et, à plus forte raison, son visa,

ne sont pas nécessaires dans la circonstance, puisque cet acte ne donne aucun droit au légataire.

4. Depuis la loi du 25 mars 1896, les père et mère des enfants naturels peuvent léguer la totalité de leurs biens à ces derniers, quand il n'existe pas de réservataires ; c'est une des principales innovations de la nouvelle loi. C. c. 908 (nouv. texte). — Sous l'ancienne législation, les enfants naturels ne pouvaient rien recevoir par donation ou testament au delà de ce qui leur était accordé par la loi. C. c. 908 (anc. texte).

5. Dans certains cas, un intitulé d'inventaire est insuffisant pour prouver qu'il n'existe pas de réservataire pouvant faire obstacle à l'exécution d'un legs universel ; il en est ainsi, notamment, quand il ne constate pas expressément la non existence d'ascendants. *Sup.*, 1re PARTIE, n° 439 et la note.

6. Quand le certificat de propriété émane de plusieurs notaires, l'attestation doit être collective. *Sup.*, 1re PARTIE, n° 17.

FORM. 34. — **Légataires universels**. — **Testament authentique**. — Partage.

DETTE PUBLIQUE

Trois pour cent.

Extrait d'inscription au Grand-Livre.

N°..., Série..., Rente : 115 francs.

Au nom de : BOURDON (CLAUDE).

Je soussigné..., notaire à...,

Vu :

I. — L'extrait d'inscription susénoncé ;

II. — Une copie de l'acte de décès de M. Claude Bourdon, en son vivant rentier, demeurant à..., inscrit aux registres de l'état civil de la ville de..., à la date du..., constatant que ce dernier est décédé en son domicile, le... ;

Laquelle copie est annexée à la minute de l'acte de notoriété ci-après visé ;

III. — La minute du testament de Claude Bourdon susnommé, à moi dicté, en présence de quatre témoins, le..., aux termes duquel il a institué pour ses légataires universels conjointement ses neveu et nièce :

M. Maxime Bourdon, entrepreneur de travaux publics, demeurant à... ;

Et Mme Henriette Bourdon, épouse de M. Paul Martin, orfèvre, avec lequel elle demeure à... ;

IV. — La minute d'un acte de notoriété dressé par moi, à défaut d'inventaire[1], après le décès de M. Claude Bourdon, le..., constatant que ce dernier est décédé célibataire au lieu et à l'époque susindiqués, sans laisser aucun ayant droit à une réserve légale dans sa succession, et que, par conséquent, le testament susvisé peut recevoir son exécution[2] ;

V. — Et la minute d'un acte reçu par moi, le..., contenant partage entre M. Maxime Bourdon et Mme Martin, avec l'autorisation de son mari, des biens et valeurs de la succession de M. Claude Bourdon, aux termes duquel le titre de 115 francs de rente susvisé a été attribué en pleine propriété ainsi que tous les arrérages échus et à échoir à Mme Martin ;

Certifie, conformément à la loi du 28 floréal an VII, que les 115 francs de rente formant le montant de l'inscription dont le libellé précède appartiennent en pleine propriété, ainsi que tous les arrérages échus et à échoir, à Mme Henriette Bourdon, épouse de M. Paul Martin, en vertu du partage susvisé.

En conséquence, je requiers de M. le Directeur de la Dette inscrite la délivrance, en remplacement de l'inscription susvisée, d'une autre de mêmes somme et nature de rente ainsi immatriculée :

BOURDON (HENRIETTE), *femme de* PAUL MARTIN.

A..., le...

1. L'acte de notoriété n'étant admissible qu'à défaut d'inventaire, doit énoncer qu'il n'en a pas été fait. Cpr. *Sup.*, 1re PARTIE, n° 439 et la note.

2. V. *sup.* la note 3 sous la formule 32.

FORM. 35. — **Testament olographe. — Légataire universel. Renonciation au bénéfice d'inventaire.**

DETTE PUBLIQUE

Trois pour cent.

Extrait d'inscription au Grand-Livre.

N°..., Série..., Rente : 150 francs.

AU NOM DE : GODARD (VICTOR).

Je soussigné..., notaire à...,

Attendu le décès arrivé en son domicile, le..., de M. Victor Godard, en son vivant menuisier, demeurant à..., ainsi qu'il résulte de l'intitulé de l'inventaire, ci-après visé ;

Et vu :

I. — L'extrait d'inscription dont le libellé précède ;

II. — L'original du testament olographe de M. Victor Godard, susnommé, en date, à..., du..., lequel a été déposé au rang de mes minutes à la date du..., suivant acte dressé par moi ledit jour [1], en exécution de l'ordonnance de M. le Président du tribunal civil de première instance de..., contenue en son procès-verbal d'ouverture et de description de ce testament, en date du... ;

Aux termes duquel testament M. Victor Godard a institué pour son légataire universel, en toute propriété, son cousin, M. André Pasquier, ouvrier ébéniste, demeurant à... ;

Laquelle qualité de légataire universel n'a été acceptée par ce dernier que sous bénéfice d'inventaire, suivant déclaration faite au greffe dudit tribunal de..., le... ;

III. — La minute de l'inventaire dressé par moi après le décès de M. Victor Godard, suivant procès-verbal en date au commencement du..., à la requête de M. André Pasquier, en sa qualité susexprimée de légataire universel du *de cujus*, et duquel il résulte que ce dernier est décédé au lieu [et à l'époque susindiqués célibataire majeur, et n'a laissé aucun ayant droit à une réserve dans sa succession;

IV. — La grosse de l'ordonnance rendue sur requête par M. le Président dudit tribunal de..., le..., aux termes duquel M. André Pasquier a été envoyé en possession du legs universel à lui fait, par M. Victor Godard;

Laquelle grosse est annexée à la minute d'un acte de dépôt dressé par moi, le...[2];

V. — Et la minute d'un acte reçu par moi, le..., aux termes duquel M. André Pasquier a déclaré renoncer au bénéfice d'inventaire et accepter purement et simplement la succession de M. Victor Pasquier[3];

Certifie, conformément à la loi du 28 floréal an VII, que les 150 francs de rente 3 p. 100, montant de l'extrait d'inscription susvisé, appartiennent en pleine propriété ainsi que tous arrérages échus et à échoir à M. André Pasquier, en sa qualité susexprimée de légataire universel de M. Victor Godard, et qu'il en a la libre et entière disposition.

En foi de quoi, j'ai délivré le présent certificat.

A..., le...

1. Cet acte n'est pas nécessaire. Dans beaucoup d'études, à Paris notamment, on répertorie le dépôt à sa date, sans en dresser acte. On supprime alors de l'énonciation portée en la formule les mots : *suivant acte dressé par moi, le*. V. *inf.*, formules 36, 37 et 43.

2. Bien que l'ordonnance d'envoi en possession puisse être susceptible de recours, on n'exige pas de justification à cet égard. Cpr. *sup.*, 1re PARTIE, n° 462 et la note.

3. Cpr. *sup.*, 1re PARTIE, n° 361, et 2e PARTIE, p. 334.

FORM. 36. — **Testament mystique**. — **Ascendant légataire universel**. — **Envoi en possession**.

DETTE PUBLIQUE

Trois pour cent.

Extrait d'inscription au Grand-Livre.

N°..., Série..., Rente : 200 francs.

Au nom de : BAUX (ROBERT).

Je soussigné..., notaire à...,

Attendu le décès arrivé en son domicile, le..., de M. Robert Baux, en son vivant huissier, demeurant à..., ainsi que le constate son acte de décès inscrit aux registres des actes de l'état civil de..., à la date du..., et dont une copie est annexée à la minute de l'acte de notoriété ci-après visé;

Et vu :

I. — L'extrait d'inscription de rente dont l'immatricule est rapportée en tête du présent;

II. — La copie susénoncée de l'acte de décès de M. Robert Baux;

III. — L'original du testament dudit M. Robert Baux, fait en la forme mystique, en date à..., du..., et dont l'acte de suscription a été reçu par moi en présence de six témoins, le...; ledit original déposé au rang de mes minutes à la date du..., en exécution de l'ordonnance de M. le Président du tribunal de première instance de..., contenue en son procès-verbal d'ouverture et de description de ce testament en date du...;

Aux termes duquel M. Robert Baux a déclaré léguer à Mme Charlotte Proust, rentière, demeurant à..., sa mère, veuve de M. Marius Baux, tous les biens meubles et immeubles qu'il pourrait posséder lors de son décès, sans exception ni réserve;

IV. — La minute d'un acte de notoriété dressé par moi, à défaut d'inventaire, le..., après le décès de M. Robert Baux, constatant:

Que ce dernier est décédé célibataire, au lieu et à l'époque susindiqués;

Qu'il n'a laissé aucun ayant droit à une réserve légale dans sa succession, autre que Mme veuve Baux, sa mère;

Et qu'en conséquence, le legs universel fait par lui à cette dernière peut recevoir son exécution;

V. — Et la grosse d'une ordonnance rendue sur requête par M. le Président dudit tribunal de..., le..., aux termes de laquelle Mme veuve Baux a été envoyée en possession du legs universel qui lui a été fait par M. Robert Baux [1].

Laquelle grosse m'a été déposée pour minute, suivant acte dressé par moi, le... [2];

Certifie, conformément à la loi du 28 floréal an VII, que les 200 francs de rente 3 p. 100, objet de l'extrait d'inscription susvisé, appartiennent en toute propriété, ainsi que tous arrérages échus et à échoir, à Mme Charlotte Proust, veuve de M. Marius Baux, non remariée, tant comme héritière que comme légataire universelle de M. Robert Baux, son fils.

En conséquence, je requiers M. le Directeur de la Dette inscrite de me délivrer, en remplacement du titre de rente dont s'agit, un autre titre de mêmes somme et nature de rente, ainsi immatriculé :

PROUST (CHARLOTTE), *veuve de* MARIUS BAUX.

En foi de quoi j'ai délivré le présent certificat.

A..., le...

---

1. Cpr. *sup.*, 1re PARTIE, n° 460.
2. V. *sup.* la note 2 sous la formule 35.

Form. 37. — **Légataires universel et particulier. — Usufruit. — Nue propriété. — Testament olographe. — Envoi en possession. — Délivrance de legs. — Erreur de prénoms. — Notoriété rectificative.**

DETTE PUBLIQUE

Trois pour cent.

Extrait d'inscription au Grand-Livre.

N°..., Série..., Rente : 1.200 francs.

Au nom de : Renault (Anatole).

Je soussigné..., notaire à...,

Vu :

I. — L'extrait d'inscription ci-dessus transcrit;

II. — L'original du testament olographe de M. Marie Anatole Renault, en son vivant rentier, demeurant à..., en date à..., du..., aux termes duquel ce dernier :

1° A légué à M. Victor Dupuis, son neveu, employé de commerce, demeurant à..., une somme de 200 francs de rente en pleine propriété, à prendre dans le titre de 1,200 francs de rente susvisé;

2° A légué à M. André Renault, son frère germain, négociant, demeurant à..., la jouissance sa vie durant, à compter du décès du testateur, de l'usufruit de tous les biens meubles et immeubles qui dépendraient de sa succession, sans autre exception ni réserve que celle des 200 francs de rente légués à M. Victor Dupuis[1];

3° Et a institué pour son légataire universel M. Romain Allard, propriétaire, demeurant à...;

L'original duquel testament est en ma possession comme ayant été déposé au rang de mes minutes à la date du..., en exécution de l'ordonnance de M. le Président du tribunal civil de première instance de..., contenue en son procès-verbal d'ouverture et de description dudit testament en date du...[2].

III. — La minute d'un acte de notoriété, dressé par moi le..., après le décès de M. Marie Anatole Renault, constatant :

Que ce dernier est décédé célibataire, au lieu et à l'époque susindiqués;

Qu'après son décès il n'a pas été fait d'inventaire;

Qu'il n'a laissé aucun ayant droit à une réserve légale dans sa succession, par suite de quoi son testament susvisé peut recevoir son exécution;

Que c'est à tort et par erreur si dans tous actes, titres et pièces et notamment dans l'inscription susvisée, M. Renault, titulaire, a été prénommé seulement Anatole, au lieu de Marie Anatole, qui sont ses véritables prénoms, et qu'il y a identité de personne entre M. Marie Anatole Renault, *de cujus*, et la personne dénommée Renault (Anatole), dans ladite inscription de rente[3];

IV. — La grosse, étant en ma possession comme annexée à la minute d'un acte de dépôt que j'en ai dressé le..., d'une ordonnance rendue par M. le Président du tribunal de première instance de..., le..., aux termes de laquelle M. Allard susnommé a été envoyé en possession du legs universel fait à son profit par M. Renault suivant le testament susvisé ;

V. — Et la minute d'un acte reçu par moi le..., contenant délivrance par ledit M. Allard au profit de chacun de MM. Victor Dupuis et André Renault, qui ont accepté, du legs à lui fait par M. Renault, *de cujus*, aux termes du même testament et réquisition de délivrance du présent certificat de propriété ;

Certifie, conformément à la loi du 28 floréal an VII, que les 1,200 francs de rente, montant de l'inscription susvisée, appartiennent :

Pour 200 francs de rente en toute propriété, ainsi que tous arrérages échus et à échoir, à M. Victor Dupuis ;

Et pour le surplus ou 1,000 francs de rente, ainsi que tous les arrérages échus et à échoir, savoir : l'usufruit à M. André Renault et la nue propriété, pour y réunir l'usufruit lors de l'extinction du droit d'usufruit de M. André Renault, à M. Romain Allard ;

En leurs qualités sus exprimées de légataires de M. Marie Anatole Renault.

En conséquence, je requiers de M. le Directeur de la Dette inscrite la délivrance, en remplacement de l'inscription susvisée, de deux autres inscriptions de même nature de rente :

Le premier, de 200 francs de rente, au nom de :

Dupuis (Victor) ;

Et le second, de 1,000 francs de rente, ainsi immatriculé :

Renault (André), *pour l'usufruit ; la nue propriété à* Romain Allard.

En foi de quoi j'ai délivré le présent certificat de propriété.

A..., le...

1. Les legs d'usufruit, même d'une quote-part ou de l'universalité des biens du testateur, ne sont que des legs à titre particulier. Aubry et Rau, § 714-19.

2. On sait qu'il n'est pas nécessaire de dresser un acte de ce dépôt, *Sup.*, formule 35, note 1.

3. Cpr. *sup.*, 1re PARTIE, nos 74 et s.

Form. 38. — **Legs à des établissements publics [1]. — Testament authentique. — Légataire universel.**

DETTE PUBLIQUE

Trois pour cent.

Extrait d'inscription au Grand-Livre.

No..., Série..., Rente : 5,000 francs.

Au nom de : Rattier (Léon).

Je soussigné..., notaire à...,

Attendu le décès arrivé en son domicile, le..., de M. Léon Rattier, en son vivant rentier, demeurant à..., ainsi qu'il résulte de son acte de décès, inscrit aux registres de l'état civil de... à la date du..., et dont une copie est annexée à l'acte de notoriété ci-après visé;

Et vu :

I. — L'extrait d'inscription de rente susénoncé;

II. — La copie susénoncée de l'acte de décès de M. Rattier;

III. — La minute, étant en ma possession comme successeur immédiat de M^e..., aussi notaire à..., du testament de M. Léon Rattier susnommé, dicté en présence de quatre témoins audit M^e..., le..., et aux termes duquel le testateur, après avoir institué pour son légataire universel M. Gustave Denis, juge au tribunal civil de..., demeurant en ladite ville, rue..., a fait les dépositions suivantes :

« Je lègue :

« 1° Au bureau de bienfaisance de la ville de Blois, mille francs de rente 3 p. 100;

« 2° A l'hospice civil de la ville de Mer (Loir-et-Cher), cinq cents francs « de rente 3 p. 100;

« 3° Au lycée de Vendôme, quatre cents francs de rente à 3 p. 100;

« Le tout en pleine propriété, à prendre sur les titres de rente fran-« çaise 3 p. 100 que je pourrai posséder à mon décès. »

IV. — La minute en ma possession d'un acte de notoriété dressé, à défaut d'inventaire, par M^e..., notaire à..., le..., me substituant pour cause d'absence momentanée, et constatant que M. Léon Rattier est décédé célibataire au lieu et à l'époque susindiqués et qu'il n'a laissé aucun ayant droit à une réserve légale dans sa succession, en sorte que les dispositions faites par lui aux termes du testament susvisé peuvent recevoir leur exécution;

V. — La minute d'un acte reçu par moi, le..., par lequel M. Gustave Denis, en qualité de légataire universel de M. Léon Rattier, a consenti au profit des établissements publics susdésignés [la délivrance des legs à eux faits suivant le testament susvisé, délivrance qui a été régulièrement acceptée au nom de ces établissements, en vertu de l'autorisation ci-après énoncée;

VI. — Et une ampliation d'un décret rendu, après l'accomplissement des formalités voulues par la loi, par M. le Président de la République française, en date à..., du..., aux termes duquel les établissements dont s'agit ont été autorisés à accepter purement et simplement les legs faits en leur faveur par M. Léon Rattier suivant son testament susénoncé;

Laquelle ampliation est demeurée annexée à la minute de l'acte de délivrance de legs susvisé;

Certifie, conformément à la loi du 28 floréal an VII :

Que les cinq mille francs de rente 3 p. 100, montant de l'extrait d'inscription susvisé, appartiennent en toute propriété, ainsi que tous arrérages échus et à échoir, en leur qualité susexprimée de légataires de feu M. Léon Rattier, savoir :

A M. Gustave Denis, pour trois mille cent francs de rente . . 3,100 »
Au bureau de bienfaisance de la ville de Blois, pour mille
francs de rente ; . . . . 1,000 »
A l'hospice de la ville de Mer, pour cinq cents francs de rente.   500 »
Et au lycée de Vendôme, pour quatre cents francs de rente.   400 »

Égalité. . . . 5,000 »

Et que ces cinq mille francs de rente doivent être immatriculés ainsi :

1° Denis (Gustave). . . . . 3,100 »
2° Blois (*le bureau de bienfaisance de la ville de*) . . . . . 1,000 »
3° Mer (*l'hospice civil de la ville de*). . . . .   500 »
4° Vendome (*le lycée de*)[2] . . . .   400 »

Égalité. . . . . 5,000 »

En foi de quoi j'ai délivré le présent certificat.

A..., le...

1. V. *sup.*, 1re PARTIE, nos 443 et s., et 469 ; 2e PARTIE, *Libellés d'immat.*. vo Etabliss. pub. et relig., p. 432 et s.

2. Avant le 1er janvier 1897, les rentes appartenant aux *établissements publics* et *religieux* des départements s'inscrivaient au *livre auxiliaire* du département où étaient situés ces établissements. *Sup.*, 1re PARTIE, no 122, et 2e PARTIE, p. 167, 181 et 436.

Mais l'art. 10 de la loi de finances du 24 décembre 1896 a supprimé pour l'avenir, par voie d'extinction, les *livres auxiliaires*. Par conséquent, depuis le 1er janvier 1897, il n'est plus inscrit de rentes qu'au Grand-Livre tenu à Paris.

Cette modification, survenue au cours de l'impression de cet ouvrage, a été indiquée, *sup.*, p. 452 et s. (*Appendice*).

V. aussi, en ce qui concerne l'immatriculation des rentes au nom de ces établissements, *suprà*, Chap. VI, *Libellés d'immatricules*, vis Établissements publics et religieux, p. 432 et s.

Form. 39. — **Legs universel à charge de restitution**[1].

DETTE PUBLIQUE
Trois pour cent

Extrait d'inscription au Grand-Livre
N°..., Série..., Rente : 5,000 francs.

Au nom de : Adam (Prosper).

Je soussigné..., notaire à...,

Attendu le décès arrivé en son domicile, le..., de M. Prosper Adam, en son vivant négociant, demeurant à..., ainsi qu'il résulte de l'intitulé de l'inventaire ci-après visé ;

Et vu :

I. — L'extrait d'inscription ci-dessus relaté ;

II. — La minute du testament authentique de M. Prosper Adam susnommé, reçu par moi, en présence de quatre témoins, le..., aux termes duquel ledit M. Adam a institué pour légataire universel M. Jules Adam, son frère, docteur en médecine, demeurant à..., à la charge par lui de conserver et de rendre à ses enfants nés et à naître tout ce qu'il recueillerait dans cette succession, et a nommé M. Jules Lelong, propriétaire, demeurant à..., comme tuteur à la substitution;

III. — La minute de l'inventaire dressé par moi, le..., après le décès de M. Prosper Adam et constatant :

Que ce dernier est décédé célibataire, majeur, au lieu et à l'époque susindiqués;

Qu'il n'a laissé aucun ayant droit à une réserve légale dans sa succession;

En sorte que le legs universel à charge de restitution fait par lui à M. Jules Adam par le testament susvisé peut recevoir une entière exécution;

Certifie, conformément à la loi du 28 floréal an VII, que les 5,000 francs de rente 3 p. 100, montant de l'inscription dont le libellé est transcrit en tête du présent, appartiennent en pleine propriété, avec tous les arrérages échus et à échoir, à M. Jules Adam, en sa qualité susexprimée de légataire universel de M. Prosper Adam, avec charge de conserver et de rendre aux enfants nés et à naître dudit M. Jules Adam, conformément au testament susvisé.

En conséquence, je requiers M. le Directeur de la Dette inscrite de délivrer, en remplacement dudit titre, un autre titre de mêmes somme et nature de rente ainsi immatriculé :

Adam (Jules), *grevé de restitution en faveur de ses enfants nés et à naître, en vertu d'un testament reçu par M^c..., notaire à..., le...; M. Jules Lelong, tuteur à ladite restitution.*

En foi de quoi j'ai délivré le présent certificat.

A..., le...

1. V. *sup.*, 1re PARTIE, n°s 417 et s.

FORM. 40. — **Mutation après le décès du grevé laissant des enfants** [1].

DETTE PUBLIQUE

Trois pour cent.

Extrait d'inscription au Grand-Livre.

N°..., Série..., Rente : 1,000 francs.

Ainsi immatriculé : Adam (Jules), *grevé de restitution en faveur de ses enfants nés et à naître, en vertu d'un testament reçu par M^c..., notaire à..., le...; M. Jules Lelong, tuteur à ladite restitution.*

Je soussigné..., notaire, à....

Attendu le décès arrivé en son domicile, le..., de M. Jules Adam, en son vivant docteur en médecine, demeurant à..., ainsi qu'il résulte de l'intitulé de l'inventaire ci-après visé;

Et vu :

I. — L'extrait d'inscription ci-dessus relaté ;

II. — La minute du testament reçu par moi, en présence de quatre témoins, le..., de M. Prosper Adam, en son vivant négociant, demeurant à..., décédé en son domicile le..., aux termes duquel ce dernier a institué pour son légataire universel M. Jules Adam, son frère susnommé, à la charge de conserver et de rendre à ses enfants nés et à naître tout ce qu'il recueillerait dans sa succession ; disposition qui a reçu son exécution lors du décès de M. Prosper Adam et en vertu de laquelle la rente dont le libellé est ci-dessus transcrit a été ainsi immatriculée ;

III. — La minute de l'inventaire dressé par moi, le..., après le décès de M. Jules Adam susnommé, constatant que ce dernier est décédé au lieu et à l'époque susindiqués, et qu'il a laissé pour ses seuls enfants, issus de son mariage avec Madame Joséphine Raymond, sa veuve survivante, et par suite, comme seuls habiles à profiter de la substitution créée par le testament susvisé chacun pour moitié :

1° M. Victor Adam, négociant, demeurant à... ;

2° Et M. Ernest Adam, aussi négociant, demeurant à... ;

Certifie, conformément à la loi du 28 floréal an VII, que les 1,000 francs de rente 3 p. 100 faisant l'objet de l'extrait d'inscription dont s'agit, appartiennent en pleine propriété, ainsi que tous arrérages échus et à échoir, à MM. Victor et Ernest Adam susnommés, chacun pour moitié, en leur qualité de seuls enfants de M. Jules Adam et doivent être immatriculés en deux titres distincts de 500 francs de rente 3 p. 100 chacun [2] :

Le premier, au nom de : Adam (Victor) ;

Le second, au nom de : Adam (Ernest).

En foi de quoi j'ai délivré le présent certificat, conformément à la réquisition qui m'en a été faite par MM. Victor et Ernest Adam, aux termes d'un acte reçu par moi, le...

A..., le...

1. V. sup., 1re partie. nos 122 et s.
2. V. sup., 1re partie, n° 101, et la note 4 sous la formule 6.

Form. 41. — **Mutation après le décès du grevé sans postérité** [1].

DETTE PUBLIQUE
Trois pour cent.

Extrait d'inscription au Grand-Livre.

N°.... Série..., Rente : 1,000 francs.

Ainsi immatriculé : Adam (Jules) *grevé de restitution en faveur de ses enfants nés et à naître, en vertu d'un testament reçu par M°..., notaire à..., le... ; M. Jules Lelong, tuteur à ladite restitution.*

Je soussigné..., notaire à...,

Attendu le décès arrivé en son domicile, le..., de M. Jules Adam, en son vivant docteur en médecine, demeurant à..., ainsi qu'il résulte de l'intitulé de l'inventaire ci-après visé ;

Et vu :

I. — L'extrait d'inscription ci-dessus relaté ;

II. — La minute du testament reçu par moi le..., en présence de quatre témoins, de M. Prosper Adam, en son vivant négociant, demeurant à..., décédé en son domicile le..., aux termes duquel ce dernier a institué pour son légataire universel M. Jules Adam, son frère susnommé, à la charge de conserver et de rendre à ses enfants nés et à naître, tout ce qu'il recueillerait dans sa succession ; disposition qui a reçu son exécution lors du décès du testateur et en vertu de laquelle la rente dont le libellé précède a été ainsi immatriculée ;

III. — La minute de l'inventaire dressé par moi, le..., après le décès de M. Jules Adam susnommé et constatant :

Que ce dernier est décédé au lieu et à l'époque susindiqués, *intestat*, veuf en premières noces de Mme Joséphine Raymond et non remarié[2] ;

Qu'il n'a laissé aucun descendant, par suite de quoi la charge de conserver et de rendre à ses enfants nés et à naître, à lui imposée par le testament susvisé, se trouve sans effet ;

Mais qu'il a laissé pour son seul héritier pour la totalité, M. Joseph Adam, rentier, demeurant à..., son frère germain ;

Certifie, conformément à la loi du 28 floréal an VII, que les 1,000 francs de rente 3 p. 100, montant de l'extrait d'inscription susvisé, appartiennent en pleine propriété ainsi que tous arrérages échus et à échoir à M. Joseph Adam, en sa qualité de seul héritier de M. Jules Adam, à défaut de descendant de celui-ci et qu'il en a la libre et entière disposition.

En foi de quoi j'ai délivré le présent certificat.

A..., le...

1. V. *sup.*, 1re PARTIE, n° 424.

2. Si le *de cujus* laissait une veuve, il serait prudent d'attendre, après le décès, un certain temps pour délivrer le certificat de propriété, afin de s'assurer qu'il n'existe pas d'enfant conçu.

FORM. 42. — **Testament authentique. — Légataire à titre universel. — Délivrance de legs amiable.**

DETTE PUBLIQUE

Trois pour cent.

Extrait d'inscription au Grand-Livre.

N°..., Série..., Rente : 512 francs.

Au nom de : TABARE (HENRI).

Je soussigné..., notaire à...,

Attendu le décès, arrivé en son domicile le.... de M. Henri Tabare, en son vivant marchand de nouveautés, demeurant à..., ainsi que le constate l'intitulé de l'inventaire ci-après visé ;

Et vu :

I. — L'extrait d'inscription dont le libellé précède ;

II. — La minute du testament de M. Henri Tabare susnommé, à moi dicté, en présence de quatre témoins, le..., aux termes duquel ce dernier a légué à M. Léon Martin, son cousin, caissier, demeurant à..., la moitié des biens mobiliers et immobiliers qu'il posséderait lors de son décès, l'instituant à cet effet pour légataire à titre universel pour ladite quotité ;

III. — La minute de l'inventaire dressé par moi le..., après le décès dudit M. Henri Tabare, constatant que ce dernier est décédé au lieu et à l'époque susindiqués, célibataire ; ledit inventaire dressé à la requête de :

M. Émile Tabare, corroyeur, demeurant à... ;

Ayant agi en qualité d'habile à se porter seul héritier pour la totalité de M. Henri Tabare, *de cujus*, son frère germain ;

Et M. Léon Martin susnommé ;

Ayant agi en qualité d'habile à se porter légataire à titre universel, pour moitié, dudit M. Henri Tabare, son cousin, en vertu du testament susvisé ;

IV. — Et la minute d'un acte reçu par moi le..., aux termes duquel M. Émile Tabare a consenti la délivrance pure et simple au profit de M. Léon Martin, du legs à lui fait par le testateur, et tous deux m'ont requis de leur délivrer le présent certificat, afin d'obtenir, en remplacement de l'extrait d'inscription susvisé, deux autres extraits de 256 francs de rente chaque, au nom de chacun d'eux [1] ;

Certifie, conformément à la loi du 28 floréal an VII, que les 512 francs de rente 3 p. 100, montant du titre dont le libellé précède, appartiennent en toute propriété, ainsi que tous arrérages échus et à échoir, aux ci-après nommés, en leurs qualités d'héritier et de légataire de M. Henri Tabare, et doivent être immatriculés :

Pour moitié, ou 256 francs de rente, au nom de :

Tabare (Émile) ;

Et pour l'autre moitié, ou même somme de rente, au nom de :

Martin (Léon).

En foi de quoi j'ai délivré le présent certificat.

A..., le...

---

1. La délivrance d'un legs peut avoir lieu tacitement et résulter d'actes ou de faits dont elle est la conséquence forcée. (C. Limoges, 23 nov. 1840 ; Bordeaux, 23 avril 1844 ; Seine, 14 nov. 1892.) Mais le Trésor exige le visa dans le certificat de propriété d'une délivrance expresse en minute ; insérée dans le certificat de propriété, même signé des parties, elle serait insuffisante. *Journ. des clercs de not.*, 1894, p. 136 et 160. V. aussi *sup.*, 1re partie, n° 285. — La raison en est que pour attribuer l'effet d'une délivrance tacite aux actes visés, il y aurait lieu de se livrer à une interprétation qu'il n'appartient de faire ni au notaire ni au Trésor.

FORM. 43. — **Légataire à titre universel. — Légataire particulier. — Délivrance de legs judiciaire et amiable. — Attribution de prorata d'arrérages moyennant paiement.**

DETTE PUBLIQUE

Trois pour cent.

Extrait d'inscription au Grand-Livre.

N°.... Série..., Rente : 1,200 francs.

Au nom de : BÉRARD (MAXIMILIEN).

Trois et demi pour cent.

Extrait d'inscription au Grand-Livre.

N°...., Série..., Rente : 400 francs.

Au nom de : BÉRARD (MAXIMILIEN)[1].

Je soussigné..., notaire à...,

Attendu le décès arrivé en son domicile le..., de M. Maximilien Bérard, en son vivant armateur, demeurant à..., ainsi que le constate son acte de décès inscrit aux registres de l'état civil de..., à la date du..., et dont une copie est annexée à l'acte de notoriété ci-après visé;

Et vu :

I. — Les extraits d'inscriptions de rentes susénoncés, dont celui de 400 francs porte jouissance du..., ainsi que le constatent les estampilles mises au dos;

II. — La copie susénoncée de l'acte de décès de M. Maximilien Bérard;

III. — L'original du testament olographe, en date à... du..., dudit M. Bérard, lequel a été déposé au rang de mes minutes à la date du..., en exécution de l'ordonnance de M. le Président du tribunal civil de première intance de..., contenue en son procès-verbal d'ouverture et de description de ce testament en date du...;

Lequel testament est ainsi conçu :

« Je lègue à mon ami Florentin Joulin, capitaine au long cours,
« demeurant à..., tous les biens et droits mobiliers qui m'appartien-
« dront lors de mon décès sans autre exception que la suivante[2] :

« Je lègue à mon domestique, Baptiste Roussel, demeurant chez moi,
« à la condition qu'il sera encore à mon service lors de mon décès, mon
« titre de 400 francs de rente 3 1/2 sur l'État français, n°..., pour qu'il en
« ait la jouissance à compter du jour de ma mort.

« Le surplus de ma fortune reviendra à mes héritiers suivant la loi.

« Telles sont mes dernières volontés.

« Fait à..., le... »

IV. — La minute d'un acte de notoriété dressé par moi le..., après le décès de M. Maximilien Bérard, constatant :

Que ce dernier est décédé célibataire, au lieu et à l'époque susindiqués;

Que jusqu'alors il n'avait pas été fait d'inventaire après son décès;

Et qu'il a laissé pour ses seuls héritiers, chacun pour moitié, ses frères germains :

1° M. Paul Bérard, capitaine au 20ᵉ régiment d'infanterie de ligne, en détachement à..., domicilié à... ;

2° Et M. Ferdinand Bérard, négociant, demeurant à... ;

Ledit acte de notoriété constatant, en outre, que lors du décès du *de cujus*, le sieur Baptiste Roussel susnommé était encore au service du testateur ;

V. — Les pièces suivantes étant en ma possession au moyen du dépôt pour minute qui m'en a été fait, suivant acte reçu par moi, le... :

1° La grosse d'un jugement contradictoire rendu par le tribunal de..., le..., entre M. Florentin Joulin, demandeur, et MM. Paul Bérard et Ferdinand Bérard, défendeurs, tous susnommés, aux termes duquel il a été ordonné que, dans les deux mois de la signification de ce jugement, ces derniers seraient tenus de consentir, au profit de M. Joulin, la délivrance du legs à titre universel résultant à son profit du testament susvisé et dit que, faute de ce faire dans le délai imparti, ce jugement tiendrait lieu de ladite délivrance de legs [3] ;

2° Un certificat délivré par Mᵉ..., avoué près le tribunal précité de..., le..., constatant que le jugement susvisé a été signifié à Mᵉ..., avoué des défenseurs, suivant acte de palais du ministère de..., en date du... ; à M. Paul Bérard, suivant exploit de..., huissier à..., du..., et à M. Ferdinand Bérard, suivant exploit de..., huissier à..., du... ;

3° Et un certificat délivré par le greffier du même tribunal, le..., constatant que ledit jugement n'a été frappé ni d'opposition, ni d'appel ;

VI. — La minute d'un acte reçu aussi par moi le..., aux termes duquel MM. Paul et Ferdinand Bérard, comme seuls héritiers du *de cujus*, ont déclaré consentir purement et simplement au profit de M. Baptiste Roussel, qui a accepté, à la délivrance du legs du titre de 400 francs de rente 3 1/2 p. 100 susvisé [4] ;

VII. — La minute d'un acte reçu aussi par moi..., le..., aux termes duquel M. Florentin Joulin, en sa qualité susexprimée de légataire, a reconnu avoir reçu de M. Baptiste Roussel, la somme de..., montant des arrérages dudit titre de 400 francs de rente depuis l'époque où ils sont dus d'après la dernière estampille, jusqu'au décès de M. Maximilien Bérard, époque de l'entrée en jouissance de M. Roussel ; au moyen de quoi ce dernier se trouve avoir droit à tous les arrérages courus et à courir dudit titre ;

Certifie, conformément à la loi du 28 floréal an VII, que les extraits d'inscriptions de rentes dont les immatricules sont rapportées en tête du présent certificat appartiennent en pleine propriété, ainsi que tous arrérages échus et à échoir y afférents, savoir :

Celui de 1,200 francs de rente 3 p. 100, à M. Florentin Joulin susnommé ;

Et celui de 400 francs de rente 3 1/2 p. 100, à M. Baptiste Roussel aussi susnommé ;

Chacun en sa qualité de légataire susexprimée.

En conséquence, je requiers de M. le Directeur de la Dette inscrite la délivrance, en remplacement des titres de rente susvisés, de deux autres titres :

Le premier, de 1,200 francs de rente 3 p. 100, au nom de :

JOULIN (FLORENTIN);

Et le second, de 400 francs de rente 3 1/2 p. 100, au nom de :

ROUSSEL (BAPTISTE).

En foi de quoi j'ai délivré le présent certificat.

A..., le...

___

1. Un seul certificat de propriété suffit pour tous les titres dépendant d'une même succession ou appartenant à la même personne, fussent-ils de natures différentes. *Sup.*, 1re PARTIE, n° 93.

Lorsque les immatricules sont *identiques*, il suffit d'en donner le libellé une seule fois, après avoir énoncé les divers titres, en disant : *Le tout au nom de :* ... ou : *Le tout ainsi immatriculé...* V. *sup.*, formule 10.

2. Cette disposition constitue un legs à titre universel. C. c., 1010.

3. C. c., 1011.

4. C. c., 1014.

___

FORM. 44. — Legs particulier à une fabrique d'église avec charges de services religieux [1]. — Testament authentique.

DETTE PUBLIQUE

Trois pour cent.

Extrait d'inscription au Grand-Livre.

N°..., Série..., Rente : 300 francs.

Au nom de : LEGENDRE (RENÉ).

Je soussigné..., notaire à...,

Attendu le décès arrivé en son domicile, le..., de M. l'abbé René Legendre, en son vivant prêtre desservant de la paroisse d'Avaray, demeurant à Avaray, ainsi que le constate son acte de décès, inscrit aux registres de l'état civil de ladite commune d'Avaray à la date du..., et dont une copie est annexée à l'acte de notoriété ci-après visé;

Et vu :

I. — L'extrait d'inscription de rente dont le libellé précède;

II. — La copie susénoncée de l'acte de décès de M. l'abbé Legendre;

III. — La minute du testament de ce dernier, à moi dicté en présence de quatre témoins, le..., aux termes duquel il a institué pour son légataire universel M. Abel Rousseau, propriétaire, demeurant à..., et a légué à la fabrique de l'église d'Avaray (Loir-et-Cher), le titre de

300 francs de rente 3 p. 100 susvisé, à la charge de divers services religieux pour le repos de son âme;

IV. — La minute d'un acte de notoriété dressé par moi, le..., à défaut d'inventaire, constatant que M. l'abbé Legendre est décédé au lieu et à l'époque susindiqués, célibataire; qu'il n'a laissé aucun ayant droit à une réserve légale dans sa succession, et qu'en conséquence ses dispositions testamentaires susénoncées peuvent recevoir leur exécution;

V. — Une ampliation, en ma possession comme annexée à la minute de l'acte ci-après visé, d'un décret rendu par M. le Président de la République française, en date à..., du..., autorisant M. le Trésorier de la fabrique de la paroisse d'Avaray à accepter le legs particulier susénoncé fait à cette fabrique par M. l'abbé Legendre, aux termes de son testament susvisé, aux charges des services religieux imposés par le testateur;

VI. — Et la minute d'un acte reçu par moi, le..., aux termes duquel M. Abel Rousseau, légataire universel du *de cujus*, a fait la délivrance au profit de la fabrique de l'église d'Avaray dudit legs de 300 francs de rente 3 p. 100, et M. le trésorier de cette fabrique, autorisé par le décret susénoncé, a accepté ce legs;

Certifie, conformément à la loi du 28 floréal an VII, que les 300 francs de rente 3 p. 100, objet de l'extrait d'inscription susénoncé, appartiennent en pleine propriété, avec tous ses arrérages échus et à échoir à la fabrique de l'église d'Avaray, en sa qualité susexprimée de légataire à titre particulier de M. René Legendre, et doivent être immatriculés ainsi :

Avaray (*la fabrique de l'église d'*) *à la charge de services religieux* (*Décret du...*[2])

En foi de quoi j'ai délivré le présent certificat.

A..., le...

---

1. V. *sup.*, 1re partie, nos 121, 443 et s. — V. aussi *sup.*, chap. vi, *Libellés d'immatricules*, vis *Etabliss. pub. et relig.*, p. 432 et s.

2. Avant le 1er janv. 1897 et la fermeture des livres auxiliaires, on aurait libellé la réquisition ainsi :

Loir-et-Cher (*Trésorerie générale*) pour :

Avaray (*la fabrique de l'église d'*), *à la charge*, etc.

Mais depuis que la loi du 24 déc. 1896 a fermé, pour l'avenir, les livres auxiliaires d'inscription de rentes, même pour les établissements publics et religieux, qu'au Grand-Livre tenu à Paris. *Sup.*, Appendice, p. 452 et s.

A titre de renseignement, nous donnons le libellé complet d'un titre de rente au nom d'une fabrique d'église, provenant d'une inscription à un livre auxiliaire départemental, sous le régime de la loi du 14 avril 1819. (*Voir page suivante.*)

<table>
<tr><td>

TRÉSORERIE GÉNÉRALE
DU DÉPARTEMENT
DE LOIR-ET-CHER
(L. du 14 avril 1819.)

</td><td>

DETTE PUBLIQUE
Rente trois pour cent.
Inscription départementale
faisant partie de la rente portée au Grand-Livre des 3 0/0
Au nom de la *Trésorerie générale.*
N°..... Somme de rente : 61 francs.

LESTIOU (*la fabrique de l'église succursale de*).
Legs du sieur Eugène Marie Piérard.

*Les arrérages serviront à payer les dépenses
ordinaires de ladite fabrique* (*Décret du...* 1891).

A droit à la somme de 61 francs de rente à
prendre dans l'inscription collective ci-dessus
désignée, avec jouissance des arrérages à
compter du ... 1891.

A Blois, le ... 1891.

</td></tr>
</table>

(Cachet de la préfecture.)
Vu et enregistré.....
      A la préfecture.
Blois, le..... 1891.
      LE PRÉFET,

L. de crédit du... 1891
Transferts...., Journal.....

Le Trésorier-payeur général.
Par procuration de M. .....
(*Signature du fondé de pouvoirs.*)

FORM. 45. — **Partage testamentaire**. — **Testament authentique.**

DETTE PUBLIQUE

Trois pour cent.

Extrait d'inscription au Grand-Livre.

N°..., Série..., Rente : 40 francs.

Au nom de LOMBARD (Joseph).

Je soussigné..., notaire à...,

Attendu le décès arrivé en son domicile, le..., de M. Joseph Lombard,
en son vivant propriétaire, demeurant à..., ainsi qu'il résulte de l'intitulé de l'inventaire ci-après visé ;

Et vu :

I. — L'extrait d'inscription de rente dont le libellé précède ;

II. La minute du testament de M. Joseph Lombard susnommé, reçu
par moi en présence de quatre témoins, le..., aux termes duquel ce
dernier a fait entre ses deux enfants ci-après nommés le partage des
biens lui appartenant et attribué à M. Léon Lombard, son fils aîné,
les 600 francs de rente montant de l'inscription dont le libellé est ci-dessus transcrit ;

III. — La minute d'un acte de notoriété dressé par moi, le..., après le
décès de M. Joseph Lombard et duquel il résulte :

Que ce dernier est décédé au lieu et à l'époque susindiqués, veuf en
premières noces de Mme Anna Leroux, elle-même décédée à..., le... ², et
non remarié ;

Qu'après son décès il n'a pas été fait d'inventaire ;

Et qu'il a laissé pour ses seuls héritiers, chacun pour moitié, ses deux enfants, issus de son union avec ladite dame Anna Leroux, savoir :

M. Léon Lombard, artiste peintre, demeurant à...;

Et M. Jules Lombard, avocat, demeurant à...;

IV. — Et la minute d'un acte reçu par moi, le..., aux termes duquel MM. Léon et Jules Lombard susnommés ont déclaré consentir à l'exécution pure et simple du partage testamentaire précité et accepter la succession du testateur [3];

Certifie, conformément à la loi du 28 floréal an VII, que les 600 francs de rente montant du titre ci-dessus visé, appartiennent en pleine propriété ainsi que tous arrérages échus et à échoir à M. Léon Lombard, en vertu de l'attribution qui lui en a été faite aux termes du partage testamentaire susvisé.

En conséquence, je requiers M. le Directeur de la Dette inscrite de me délivrer, en remplacement de l'extrait d'inscription dont s'agit, un autre de mêmes somme et nature de rente au nom de :

Lombard (Léon).

En foi de quoi j'ai délivré le présent certificat.

A..., le...

1. V. *sup.*, 1re partie, nos 486 et s.

2. V. la note 2 sous la formule 1.

3. Le partage d'ascendant par testament n'est pas un acte de libéralité proprement dite, mais une simple distribution de biens ; c'est la succession que les descendants recueillent toute partagée en qualité d'héritiers *ab intestat*.

Les bénéficiaires ne peuvent donc accepter le partage sans accepter la succession; mais cette acceptation peut avoir lieu sous bénéfice d'inventaire seulement. *Sup.*, 1re partie, nos 488 et s.

DONATIONS [1]

FORM. 46. — **Donation entre vifs avec réserve de droit de retour** [1].

DETTE PUBLIQUE

Trois pour cent.

Extrait d'inscription au Grand-Livre.

No.... Série..., Rente : 400 francs.

Au nom de : Paulin (Joseph).

Je soussigné..., notaire à...,

Vu :

I. — L'extrait d'inscription de rente ci-dessus relaté ;

II. — Et la minute d'un acte reçu par moi, en présence réelle de témoins, le..., contenant donation entre vifs par M. Joseph Paulin, propriétaire, demeurant à..., à M. Emile Paulin, son neveu, négociant, demeurant à..., présent à l'acte et qui a accepté, de l'inscription de rente ci-dessus visée, pour en jouir et disposer en pleine propriété à compter du jour dudit acte, mais sous la réserve expresse du droit de retour au profit du donateur, pour le cas où le donataire décéderait avant lui sans postérité;

Certifie, conformément à la loi du 28 floréal an VII, que les 400 francs de rente 3 p. 100, montant de l'inscription dont le libellé figure en tête du présent, appartiennent en toute propriété, avec tous arrérages échus et à échoir, à M. Émile Paulin en sa qualité susexprimée de donataire, sauf l'effet du droit de retour ci-dessus rappelé, et doivent être immatriculés de la manière suivante :

PAULIN (ÉMILE). *La présente rente grevée de droit de retour en faveur de M. Joseph Paulin, en cas de prédécès du titulaire sans postérité, suivant acte reçu par M°..., notaire à..., le...* [2].

Fait à..., le...

1. V. au sujet de certificats de propriété à délivrer par suite de *donations, sup.*, 1re PARTIE, n°s 492 et s.
2. *Sup.*, 1re PARTIE, n°s 153, et 454, et chap. VI, *Libellés d'immatricules*, v° *Droit de retour*, p. 430.

FORM. 47. — **Décès du donateur. — Exercice du droit de retour** [1].

DETTE PUBLIQUE

Trois pour cent

Extrait d'inscription au Grand-Livre.

N°..., Série..., Rente : 400 francs.

Ainsi immatriculé : PAULIN (ÉMILE). *La présente rente grevée de droit de retour en faveur de M. Joseph Paulin, en cas de prédécès du titulaire sans postérité, suivant acte reçu par M°..., notaire à..., le...*

Je soussigné..., notaire à...,

Attendu le décès arrivé en son domicile, le..., de M. Émile Paulin, en son vivant négociant, demeurant à..., ainsi que le constate son acte de décès, inscrit aux registres des actes de l'état civil de la commune de..., à la date du..., et dont une copie est annexée à l'acte de notoriété ci-après visé;

Et vu :

I. — L'extrait d'inscription de rente ci-dessus relaté;

II. — La copie susénoncée de l'acte de décès de M. Émile Paulin;

III. — La minute d'un acte reçu par moi, en présence réelle de témoins, le..., contenant donation entre vifs par M. Joseph Paulin, propriétaire, demeurant à..., à M. Émile Paulin, son neveu, négociant, demeurant à..., présent à l'acte et qui a accepté, d'une inscription de 400 francs de rente 3 p. 100, portant le n°... de la... série et représentée aujourd'hui par celle ci-dessus visée, avec réserve de droit de retour par le donateur pour le cas arrivé de prédécès du donataire sans postérité;

IV. — Et la minute d'un acte de notoriété dressé par moi, le..., à défaut d'inventaire, après le décès de M. Émile Paulin, et duquel il résulte que ce dernier est décédé en son domicile à..., le..., sans laisser aucun enfant ni descendant;

Certifie, conformément à la loi du 28 floréal an VII, que les 400 francs de rente dont le libellé figure en tête du présent et qui représentent ceux donnés par l'acte susvisé du..., reviennent et appartiennent, par suite du prédécès sans postérité de M. Emile Paulin donataire, et en vertu du droit de retour stipulé audit acte, à M. Joseph Paulin ci-dessus nommé, en toute propriété avec droit à tous arrérages échus et à échoir.

En conséquence, je requiers de M. le Directeur de la Dette inscrite la délivrance, en remplacement de l'extrait d'inscription susvisé, d'un autre ainsi immatriculé :

PAULIN (JOSEPH).

En foi de quoi j'ai délivré le présent certificat.

A..., le...

1. V. *sup.*, 1ʳᵉ PARTIE, n° 499.

FORM. 48. — **Décès du donataire. — Extinction du droit de retour** [1].

DETTE PUBLIQUE

Trois pour cent.

Extrait d'inscription au Grand-Livre.

N°..., Série..., Rente : 400 francs.

Ainsi immatriculé : PAULIN (EMILE). *La présente rente grevée de droit de retour en faveur de M. Joseph Paulin, en cas de prédécès du titulaire sans postérité, suivant acte reçu par M°..., notaire à..., le...*

Je soussigné..., notaire à...,

Attendu le décès arrivé en son domicile, le..., de M. Joseph Paulin, en son vivant, propriétaire, demeurant à..., ainsi qu'il résulte de l'inventaire ci-après visé;

Et vu :

I. — L'extrait d'inscription de rente ci-dessus relaté;

II. — La minute d'un acte reçu par moi, le..., en présence réelle de témoins, contenant donation entre vifs par M. Joseph Paulin susnommé à M. Emile Paulin, son neveu, négociant, demeurant à..., présent à l'acte et qui a accepté, d'une inscription de 400 francs de rente 3 p. 100, portant le n°... de la..° série et représentée aujourd'hui par celle ci-dessus visée, avec réserve de droit de retour par le donateur pour le cas de prédécès du donataire sans postérité;

III. — Et la minute de l'inventaire dressé par moi, le..., après le décès de M. Joseph Paulin, duquel il résulte que ce dernier est décédé en son domicile à..., le...;

Certifie, conformément à la loi du 28 floréal an VII :

Que, par suite du décès de M. Joseph Paulin, le droit de retour qu'il s'était réservé par l'acte de donation visé plus haut est aujourd'hui éteint;

Qu'il y a lieu d'en faire disparaître la mention sur le titre dont le libellé est en tête du présent;

Qu'en conséquence ce titre appartient actuellement en pleine propriété et sans réserve à M. Émile Paulin susnommé, avec tous arrérages échus et à échoir;

Et qu'il y a lieu de lui délivrer un nouvel extrait d'inscription immatriculé de la manière suivante :

PAULIN (ÉMILE) [2].

Fait à..., le...

1. V. *sup.*, 1re PARTIE, n° 498.

2. Si, comme cela a lieu le plus souvent, le donataire ne requérait la suppression de la mention du droit de retour que pour disposer immédiatement du titre, il n'y aurait pas lieu de terminer par une réquisition de délivrance d'une nouvelle inscription.

Le certifié serait alors libellé ainsi :

Et que le sieur Emile Paulin a la libre et entière disposition de cette inscription de rente.

Cpr. *sup.* formule 5, note 2, et *inf.* formule 49, note 5.

FORM. 49. — **Renonciation au droit de retour** [1].

DETTE PUBLIQUE

Trois pour cent.

Extrait d'inscription au Grand-Livre.

N°..., Série..., Rente : 400 francs.

Ainsi immatriculé : PAULIN (ÉMILE). *La présente rente grevée de droit de retour en faveur de M. Joseph Paulin, en cas de prédécès du titulaire sans postérité, suivant acte reçu par M*e..., *notaire à..., le...*

Je soussigné..., notaire à...,

Vu :

I. — L'extrait d'inscription de rente ci-dessus relaté;

II. — La minute d'un acte reçu par moi, le..., en présence réelle de témoins, contenant donation entre vifs par M. Joseph Paulin, propriétaire, demeurant à..., au profit de M. Émile Paulin, son neveu, négociant, demeurant à..., d'une inscription de 400 francs de rente 3 p. 100, n° ..., série ..e, au nom du donateur et aujourd'hui représentée par celle ci-dessus visée, avec réserve de droit de retour par le donateur pour le cas de prédécès du donataire sans postérité [2];

III. — Une expédition d'un acte reçu par Me..., notaire à..., le..., en présence réelle de témoins, aux termes duquel M. Emile Paulin susnommé a déclaré accepter expressément la donation du titre de rente dont s'agit, à lui faite par M. Joseph Paulin, son oncle, sous la réserve du droit de retour par le donateur, pour le cas de prédécès du donataire sans postérité ;

Laquelle expédition est en ma possession comme annexée à la minute de l'acte de réquisition ci-après visé ;

IV. — L'original d'un exploit du ministère de..., huissier à..., en date du..., contenant notification à la requête de M. Émile Paulin, donataire, à M. Joseph Paulin, donateur, parlant à sa personne [3], de l'acte d'acceptation expresse de donation susvisé ;

Lequel original est en ma possession comme annexé à la minute de l'acte de réquisition ci-après visé ;

Ou bien :

La minute d'un acte reçu par moi, le..., suivant lequel M. Joseph Paulin susnommé a déclaré avoir une parfaite connaissance de l'acte reçu par Me..., notaire à..., le..., aux termes duquel M. Émile Paulin aussi susnommé a accepté expressément la donation à lui faite par ledit M. Joseph Paulin en vertu de l'acte susvisé du... et a en conséquence dispensé le donataire de lui notifier cet acte d'acceptation ;

V. — La minute d'un acte reçu aussi par moi, le..., en présence réelle de témoins [4], par lequel ledit M. Joseph Paulin a renoncé purement et simplement au profit de M. Émile Paulin, présent à l'acte et qui a accepté, au droit de retour qu'il s'était réservé pour le cas où ce dernier décéderait avant lui sans postérité sur l'inscription de 400 francs de rente 3 p. 100 faisant l'objet de l'acte de donation susvisé, voulant que le donataire ait dès lors la pleine et entière disposition sans réserve de ce titre de rente ;

VI. — Et la minute d'un acte reçu par moi, le..., suivant lequel M. Émile Paulin m'a requis de lui délivrer le présent certificat ;

Certifie, conformément à la loi du 28 floréal an VII, que les 400 francs de rente, montant de l'extrait d'inscription dont l'immatricule est ci-dessus transcrite, appartiennent en pleine propriété, ainsi que tous arrérages échus et à échoir, à M. Émile Paulin susnommé et que, par suite de la renonciation susvisée par le donateur à son droit de retour, ledit M. Émile Paulin en a la libre et entière disposition [5].

En foi de quoi j'ai délivré le présent certificat.

A..., le...

---

1. *Sup.*, 1re PARTIE, nos 497 et s.

2. Le droit de retour, étant en opposition avec le principe de l'irrévocabilité des donations entre vifs, doit être maintenu dans les limites où il a été prévu. Ainsi, si ce droit a été stipulé pour le cas du prédécès du donataire, sans autre explication, l'événement de cette condition y donne ouverture, quoique le donataire laisse des enfants ; s'il a été réservé pour le cas de prédécès du donataire et de ses enfants ou descendants, il ne s'ouvre que par le décès, avant le donateur, de tous les enfants ou descendants du donataire ; enfin, s'il a été convenu, pour le cas de prédécès du donataire sans enfants, l'existence d'enfants

au décès du donataire éteint définitivement ce droit, ces enfants vinssent-ils à décéder avant le donateur. Aubry et Rau, § 700, texte et notes 4, 8 et 9.

3. La notification doit être faite *à la personne* du donateur, afin de justifier qu'elle a eu lieu du vivant de celui-ci. C. c., art. 932.

4. La renonciation au droit de retour conventionnel, constituant en quelque sorte une nouvelle libéralité, doit avoir lieu en la forme prescrite pour les donations entre vifs. *Sup.*, 1re PARTIE, n° 497.

5. Ainsi que nous l'avons déjà dit, il n'y a pas lieu à réquisition d'immatricule quand le certificat de propriété est délivré en vue d'un transfert immédiat. Cpr. Formule 5.

FORM. 50. — **Donation entre vifs. — Donataires majeur et mineur.** — **Indisponibilité temporaire.**

DETTE PUBLIQUE

Trois pour cent.

Extrait d'inscription au Grand-Livre.

N°..., Série .., Rente : 1,000 francs.

Au nom de : BOUQUILLARD (MAURICE).

Je soussigné..., notaire à...,

Vu :

I. — L'extrait d'inscription susénoncé;

II. — Et la minute d'un acte reçu par moi, le..., aux termes duquel M. Maurice Bouquillard, notaire honoraire, demeurant à..., a fait donation entre vifs à ses neveu et nièce ci-après nommés :

1° M. Gaston Bouquillard, clerc de notaire, demeurant à..., majeur, présent à l'acte et qui a accepté;

2° Et Mlle Marie Bouquillard, mineure, née à..., le..., sous la tutelle légale de M. Julien Bouquillard, son père, commissaire-priseur, demeurant à...;

Ce qui a été accepté pour elle, conformément à l'article 935 du Code civil, par ledit M. Julien Bouquillard, présent audit acte de donation;

Des mille francs de rente 3 p. 100 faisant l'objet de l'extrait d'inscription susvisé;

Pour les donataires avoir droit à la pleine propriété de ces 1,000 francs de rente à compter du jour de l'acte et à la jouissance à partir du..., le tout chacun pour moitié, mais à la condition expresse de n'en pouvoir disposer, savoir :

M. Gaston Bouquillard, avant l'âge de 30 ans révolus ou sa prestation de serment comme notaire, si elle avait lieu avant cette époque;

Et Mlle Bouquillard, avant l'âge de 25 ans révolus ou son mariage, s'il avait lieu avant cet âge;

Certifie, conformément à la loi du 28 floréal an VII, que les 1,000 francs de rente 3 p. 100, montant de l'extrait d'inscription susvisé, appartiennent en toute propriété ainsi que tous arrérages échus et à échoir, aux ci-après nommés, en leur qualité susexprimée de donataires de M. Maurice Bouquillard et doivent être immatriculés savoir [1] :

500 francs de rente ainsi :

BOUQUILLARD (GASTON). *La présente rente ne pouvant être aliénée avant la 30e année révolue du titulaire ou sa prestation de serment comme notaire, si elle a lieu avant cet âge, conformément à un acte de donation reçu par M*e..., *notaire à..., le...;*

Et 500 francs de rente ainsi :

BOUQUILLARD (MARIE), *mineure, sous la tutelle légale de M. Julien Bouquillard, son père. La présente rente ne pouvant être aliénée avant la 25e année révolue de la titulaire ou son mariage, s'il a lieu avant cet âge, conformément à un acte de donation reçu par M*e..., *notaire à..., le...*

En foi de quoi j'ai délivré le présent certificat.

A..., le...

1. V. *sup.*, 1re PARTIE, nos 116 et s.; 153 et s. et 484.

FORM. 51. — **Suppression de mention d'indisponibilité temporaire** [1].

DETTE PUBLIQUE

Trois pour cent.

Extrait d'inscription au Grand-Livre.

N°..., Série..., Rente : 500 francs.

Ainsi immatriculé : BOUQUILLARD (MARIE), *mineure, sous la tutelle légale de Julien Bouquillord, son père. La présente rente ne pouvant être aliénée avant la vingt-cinquième année révolue de la titulaire ou son mariage, conformément à un acte de donation reçu par M*e..., *notaire à..., le...*

Je soussigné..., notaire à...,

Attendu le mariage de M. Narcisse Herbelin, conseiller de préfecture, et Mlle Marie Bouquillard, demeurant ensemble à..., ainsi qu'il résulte de l'acte de l'état civil ci-après visé;

Et vu :

I. — L'extrait d'inscription dont le libellé précède;

II. — La minute d'un acte reçu par moi, le..., aux termes duquel M. Maurice Bouquillard, notaire honoraire, demeurant à..., a fait donation entre vifs à ses neveu et nièce ci-après nommés, chacun pour moitié, Mme Herbelin alors mineure, aujourd'hui majeure comme étant née à..., le..., et M. Gaston Bouquillard, clerc de notaire, demeurant à..., de la pleine propriété d'un titre de 1,000 francs de rente 3 p. 100, n°..., série 2e, aujourd'hui représenté, pour la moitié appartenant à Mme Herbelin, par l'extrait d'inscription susvisé; laquelle donation a été régulièrement acceptée par M. Gaston Bouquillard, majeur, en son nom, et pour Mme Herbelin, par son père, M. Julien Bouquillard [2], et a eu lieu sous la condition, en ce qui concerne cette dernière, de ne pouvoir disposer des 500 francs de rente à elle donnés avant l'âge de 25 ans révolus ou son mariage, s'il avait lieu avant cette époque;

III. — La minute du contrat de mariage de M. et Mᵐᵉ Herbelin susnommés, reçu par moi, le..., contenant :

Adoption du régime de la communauté de biens réduite aux acquêts, sans obligation de remploi;

Et apport en mariage, par la future épouse, entre autres valeurs, du titre de rente dont l'immatricule est ci-devant transcrite;

IV. — Et une copie de l'acte de mariage de M. et Mᵐᵉ Herbelin susnommés, inscrit aux registres des actes de l'état civil de..., à la date du...;

Laquelle copie est annexée à la minute d'un acte de dépôt reçu par moi, le...;

Certifie, conformément à la loi du 28 floréal an VII, que les 500 francs de rente 3 p. 100 dont l'immatricule précède appartiennent en propre, en pleine propriété, à Mᵐᵉ Marie Bouquillard, épouse de M. Narcisse Herbelin susnommé; que cette dame est maintenant majeure; qu'elle a la libre disposition de ce titre de rente par suite de son mariage; que la mention et la condition d'indisponibilité temporaire qui existent sur ledit titre sont désormais sans effet et qu'il y a lieu de lui délivrer une nouvelle inscription de mêmes somme et nature de rente, avec jouissance de tous les arrérages échus et à échoir, ainsi immatriculée [3] :

Bouquillard (Marie), *femme de* Narcisse Herbelin.

En foi de quoi j'ai délivré le présent certificat.

A..., le...

1. Quand il s'agit d'un simple *changement de qualité* survenu dans l'état civil du rentier, il suffit, en général, de produire les actes de l'état civil ou les autres pièces établissant ce changement; mais lorsque l'opération doit entraîner, par exemple, la suppression de mentions d'inaliénabilité, il faut produire un certificat de propriété basé sur les pièces que nécessitent les circonstances. V. *sup.*, 2ᵉ partie, chap. ii, art. 1ᵉʳ, § 8, *Changement de qualités.* — V. aussi *inf.* la formule 72.

2. C. c., 935.

3. Cpr. formule 48, note 2.

Form. 52. — **Donation d'une rente exclue de la communauté.**

DETTE PUBLIQUE

Trois pour cent.

Extrait d'inscription au Grand-Livre.

Nº..., Série..., Rente : 500 francs.

Au nom de : Renaud (Joseph).

Je soussigné..., notaire à...,

Vu :

I. — L'extrait d'inscription de rente ci-dessus relaté;

II. — Et la minute d'un acte reçu par moi, en présence réelle de témoins, le..., contenant donation entre vifs par M. Joseph Renaud, rentier, demeurant à..., à Mme Léontine Renaud, sa petite-fille, épouse de M. Ernest Aubert, docteur en médecine, avec lequel elle demeure à..., ce qui a été accepté par ladite dame avec l'autorisation de son mari, de la pleine propriété des 500 francs de rente 3 p. 100 montant de l'inscription dont le libellé est transcrit en tête des présentes, pour en jouir et disposer à compter du jour dudit acte, mais avec une stipulation expresse qu'ils seraient exclus de la communauté légale existant, à défaut de contrat, entre M. et Mme Aubert, et qu'ils resteraient propres à cette dernière [1] ;

Certifie, conformément à la loi du 28 floréal an VII, que la rente dont il s'agit appartient en pleine propriété et à titre de propre, avec tous arrérages échus et à échoir, à Mme Léontine Renaud susnommée, épouse de M. Ernest Aubert, en vertu de l'acte de donation susvisé et doit être immatriculée de la manière suivante :

Renaud (Léontine), *femme de* Ernest Aubert. *La présente rente ne devant pas tomber dans la communauté légale existant entre M. et Mme Aubert, conformément à un acte de donation reçu par M^e..., notaire à..., le...* [2].

Fait à..., le...

1. Le donateur ou le testateur peut apposer à la libéralité qu'il fait à une femme, mariée sous le régime de la communauté légale, la condition que les biens meubles donnés ou légués ne tomberont en communauté. C. c., 1401.

Cette stipulation est cependant critiquée, tout au moins pour ce qui est de la réserve, quand elle concerne un héritier réservataire. Cpr. Aubry et Rau, § 507-20 et 21 ; Guillouard, *Cont. de mar.*, n° 403, t. I, p. 402 et s.

On admet aussi que le disposant peut valablement opposer à sa libéralité la condition que la femme touchera les revenus sur ses simples quittances, sans l'autorisation de son mari. Idem, *ub. sup.* — Cpr. *inf.*, chap. VI, *Libellés d'immat.*, v° *Incessibilité*.

2. Dans ce cas, la condition apposée ayant pour effet de soustraire le titre à la libre disposition du mari, elle doit être mentionnée sur le titre à délivrer. Cpr. *sup.*, 1re PARTIE, n° 153.

Form. 53. — **Donation entre vifs.** —
Usufruit conjoint et réversif. — **Nue propriété.**

DETTE PUBLIQUE
Trois pour cent.

Extrait d'inscription au Grand-Livre.

N°..., Série..., Rente : 500 francs.

Au nom de : Léomy (André).

Je soussigné..., notaire à...,

Vu :

I. — L'extrait d'inscription dont le libellé précède ;

II. — Et la minute d'un acte reçu par moi, le..., aux termes duquel

M. André Léomy, propriétaire, demeurant à..., a fait donation entre vifs et irrévocable des 500 francs de rente 3 p. 100 faisant l'objet de l'extrait d'inscription susvisé, savoir :

A M. Albert Léomy, comptable, et Mme Rose Caron, son épouse, demeurant ensemble à..., ses frère et belle sœur, tous deux majeurs, présents à l'acte et qui ont accepté, la femme avec l'autorisation du mari ;

Pour l'usufruit, conjointement pendant leur vie et celle du survivant d'eux, avec réversion de cet usufruit au profit et sur la tête dudit survivant, sans réduction, avec droit aux arrérages à compter du... ;

Et à M. Paul Léomy, son neveu, dessinateur, demeurant à..., aussi majeur, présent à l'acte et qui a accepté ;

Pour la nue propriété et y réunir l'usufruit après l'extinction de celui concédé à M. et Mme Léomy susnommés ;

Certifie, conformément à la loi du 28 floréal an VII, que les 500 francs de rente 3 p. 100 dont le libellé précède, ainsi que tous arrérages échus et à échoir, appartiennent, en leurs qualités sus exprimées de donataires :

A M. Albert Léomy et Mme Rose Caron, son épouse, susnommés, pour l'usufruit conjointement pendant leur vie et celle du survivant d'eux, avec droit de réversion au profit et sur la tête dudit survivant, sans réduction ;

Et à M. Paul Léomy aussi susnommé, pour la nue propriété.

En conséquence, je requiers M. le Directeur de la Dette inscrite de me délivrer, en remplacement de l'extrait d'inscription dont le libellé précède, un autre extrait d'inscription de mêmes somme et nature de rente ainsi immatriculé :

Léomy (Paul) *et* Rose Caron, *sa femme, pour l'usufruit conjointement, avec réversion dudit usufruit au profit et sur la tête du survivant d'eux, conformément à un acte reçu par M^e..., notaire à..., le...; La nue propriété à* Paul Léomy [1].

En foi de quoi j'ai délivré le présent certificat.

A..., le...

_____

1. Au décès du prémourant, le droit d'usufruit du survivant s'inscrit sur la production seulement de l'acte de décès du prédécédé et du certificat de vie du nu propriétaire ; si le droit de réversion n'est pas mentionné, un certificat de propriété est nécessaire, que les époux soient inscrits pour l'usufruit conjointement ou sans distinction de part. — V. *sup.*, 2e partie., chap. ii, art. 1, § 8. *Chang. de qual.*, et chap. vi, *Libellés d'immat.*, v^{is} *Usuf.* — *Nue prop.*

Form. 54. — **Donation à un établissement public** [1].

DETTE PUBLIQUE

Trois pour cent.

Extrait d'inscription au Grand-Livre.

Nº..., Série..., Rente : 200 francs.

Au nom de : LEGROS (PIERRE).

Je soussigné.... notaire à...,

Vu :

I. — L'extrait d'inscription de rente ci-dessus relaté ;

II. — La minute d'un acte reçu par moi, en présence réelle de témoins, le..., aux termes duquel M. Pierre Legros, propriétaire, demeurant à..., a fait donation entre vifs au bureau de bienfaisance de la ville de Sées (Orne) de 200 francs de rente 3 p. 100, montant de l'inscription dont le libellé est transcrit en tête des présentes, pour en jouir et disposer à compter du... ;

III. — La minute d'un acte reçu par moi, en présence de témoins, le..., contenant acceptation de cette donation par la commission administrative dudit bureau de bienfaisance, autorisée par... [2] (arrêté ou décret), dont une ampliation est annexée audit acte, auquel M. Legros, donateur, est intervenu pour déclarer se tenir cette acceptation pour bien et dûment notifiée [3] ;

Certifie, conformément à la loi du 28 floréal an VII, que les 200 francs de rente dont il s'agit appartiennent en pleine propriété, avec tous arrérages échus et à échoir, au bureau de bienfaisance de la ville de Sées, en vertu de la donation qui lui en a été faite par M. Legros, et doivent être immatriculés de la manière suivante :

SÉES (*le bureau de bienfaisance de la ville de*) [4].

Fait à..., le...

---

1. V. *sup.*, 1re PARTIE, nº 493.

2. La nature de cette autorisation varie suivant l'importance du don, sa nature et les circonstances. *Adde* chap. VI, *Libellés d'immat.*, vº *Etablissem. pub. et religieux*, p. 432 et s.

3. Cpr. *sup.*, formule 49, note 3.

4. Avant le 1er janvier 1897, alors que la loi du 14 avril 1819 recevait encore sa pleine exécution, la réquisition d'immatricule aurait été libellée ainsi : ORNE (*Trésorerie générale*) pour : SÉES (*le bureau de bienfaisance de la ville de*). — Cpr. *sup.*, APPENDICE, p. 432 et s. et la note 2, sous la formule 44.

Form. 55. — **Donation à titre de partage anticipé [1]. — Donataires majeurs.**

DETTE PUBLIQUE

Trois pour cent.

Extrait d'inscription au Grand-Livre.

N°..., Série..., Rente : 1,000 francs.

Au nom de : Hennequin (Victor).

Je soussigné..., notaire à ..,

Vu :

I. — L'extrait d'inscription de rente ci-dessus relaté ;

II. — Et la minute d'un acte reçu par moi, le..., en présence réelle de témoins, aux termes duquel :

M. Victor Hennequin, rentier, demeurant à..., a fait donation entre vifs à titre de partage anticipé, conformément aux articles 1075 et 1076 du Code civil, à ses enfants et seuls présomptifs héritiers ci-après nommés, de l'universalité de ses biens meubles et immeubles, savoir :

1° M. Léon Hennequin, négociant, demeurant à... ;

2° M. Jules Hennequin, avocat, demeurant à... ;

3° M. Paul Hennequin, docteur en médecine, demeurant à... ;

Ce qui a été expressément accepté par les donataires, tous majeurs, aux termes dudit acte ;

Et ceux-ci ont procédé, sous la médiation du donateur, au partage desdits biens et valeurs, et attribué les 1,000 francs de rente dont le titre est ci-dessus visé à M. Léon Hennequin, pour en jouir et disposer en pleine propriété à compter du jour du même acte ;

Certifie, conformément à la loi du 28 floréal an VII, que l'inscription de rente dont il s'agit appartient en pleine propriété, avec tous arrérages échus et à échoir, à M. Léon Hennequin, à qui elle a été attribuée, et doit être immatriculée de la manière suivante :

Hennequin (Léon).

Fait à..., le...

1. V. *sup.*, 1re PARTIE, nos 511 et s.

Form. 56. — **Donation à titre de partage anticipé. — Majeur. — Mineur. — Tutrice. — Cotuteur.**

DETTE PUBLIQUE

Trois pour cent.

Extrait d'inscription au Grand-Livre.

N°..., Série..., Rente : 400 francs.

Au nom de : Moreau (Léon).

Je soussigné..., notaire à...,

Vu :

I. — L'extrait d'inscription dont le libellé précède ;

II. — Et la minute d'un acte reçu par moi, le..., aux termes duquel :

M. Léon Moreau, percepteur en retraite, demeurant à..., a fait donation entre vifs, à titre de partage anticipé conformément aux articles 1075 et 1076 du Code civil, à ses enfant et petit-enfant et seuls présomptifs héritiers ci-après nommés, chacun pour moitié, de divers meubles et immeubles lui appartenant, parmi lesquels le titre de rente susvisé, savoir :

1° M. Louis Moreau, son fils majeur, percepteur, demeurant à... ;

2° Et M. Octave Moreau, son petit-fils, mineur issu du mariage de M. Victor Moreau, décédé, fils du donateur, et de Mme Jeanne Blanchet, sa veuve, épouse en secondes noces de M. Adrien Leduc, négociant, avec lequel elle demeure à... ; ledit mineur sous la tutelle légale de sa mère, maintenue dans cette fonction, avec la cotutelle de son second mari, suivant délibération du conseil de famille de ce mineur, reçue et présidée, antérieurement à ce second mariage, par M. le Juge de paix du canton de..., le... ;

Ce qui a été accepté par M. Louis Moreau, présent à l'acte, en son nom, et pour le mineur Moreau, par sa mère[1] assistée et autorisée, en tant que besoin, de M. Leduc ;

Par lequel acte ladite inscription de 400 francs de rente 3 p. 100 a été attribuée par le donateur[1] :

Pour 175 francs, à M. Louis Moreau ;

Et pour 225 francs, au mineur Octave Moreau ;

Pour en disposer en pleine propriété et avoir droit aux arrérages échus et à échoir ;

Certifie, conformément à la loi du 28 floréal an VII, que les 400 francs de rente 3 p. 100, montant de l'extrait d'inscription susvisé, appartiennent en pleine propriété, ainsi que tous les arrérages échus et à échoir :

Pour 175 francs de rente, à M. Louis Moreau ;

Et pour les 225 francs de rente de surplus, au mineur Octave Moreau ;

En leur qualité susexprimée de donataires de M. Léon Moreau.

En conséquence, je requiers M. le Directeur de la Dette inscrite de délivrer, en remplacement dudit extrait, deux autres extraits d'inscriptions de même nature de rente :

Le premier, de 175 francs de rente, au nom de : Moreau (Louis);

Et le second, de 225 francs de rente, ainsi immatriculé :

Moreau (Octave), *mineur, sous la tutelle légale de Mme Jeanne Blanchet, sa mère, veuve en premières noces de M. Victor Moreau et épouse en deuxièmes noces de Adrien Leduc, cotuteur.*

En foi de quoi j'ai délivré le présent certificat.

A..., le...

---

1. L'acceptation par un ascendant au nom du mineur — C. c., 935 — ne peut, en principe, avoir lieu que pour les libéralités pures et simples, sans charges, ou, du moins, pour celles dont les charges ne sont pas de nature à donner à la

donation le caractère d'un *contrat onéreux* et pourvu que l'ascendant n'ait pas d'intérêts opposés à ceux du mineur. Aubry et Rau, § 652, t. VII, p. 58 et 59.

2. Il est utile, quand il y a des incapables, mineurs ou autres, parmi les donataires de faire ressortir que l'attribution des biens émane du donateur directement.

Si le certificat de propriété, en relatant le partage anticipé, mentionnait qu'il contient d'abord la donation par l'ascendant à ses présomptifs héritiers, puis le partage entre ces derniers, la Dette inscrite ne donnerait pas suite à l'opération, car il en résulterait que le partage est l'œuvre des donataires seuls, et un partage concernant des incapables ne peut être fait que judiciairement. Comp. *sup.*, 1ʳᵉ PARTIE, nᵒˢ 513 et s.

FORM. 57. — **Donation à un époux par contrat de mariage**[1]. — **Pleine propriété.**

DETTE PUBLIQUE

Trois pour cent.

Extrait d'inscription au Grand-Livre.

Nᵒ..., Série..., Rente : 2,500 francs.

Au nom de : HUMBERT (EMILE).

Je soussigné..., notaire à...,

Vu :

I. — L'extrait d'inscription de rente ci-dessus relaté ;

II. — La minute du contrat de mariage de M. Jules Laurent, négociant, demeurant à..., et Mˡˡᵉ Louise Humbert, sans profession, demeurant à..., aux termes duquel :

Les futurs époux ont adopté le régime de la communauté de biens réduite aux acquêts, sans obligation d'emploi ;

Et M. Emile Humbert, propriétaire, demeurant à..., a fait donation à la future épouse, sa nièce, de la pleine propriété des 2,500 francs de rente, montant de l'inscription ci-dessus visée, pour en jouir et disposer à partir du jour de la célébration du mariage ;

III. — Et une copie de l'acte de mariage de M. et Mᵐᵉ Laurent susnommés, dressé à la mairie de..., le... ;

Laquelle copie m'a été déposée pour minute, suivant acte reçu par moi, le... ;

Certifie, conformément à la loi du 28 floréal an VII, que les 2,500 francs de rente dont il s'agit appartiennent en pleine propriété, avec tous arrérages échus et à échoir, à Mᵐᵉ Louise Humbert, épouse de M. Jules Laurent, en vertu de la constitution de dot ci-dessus rappelée, et doivent être immatriculés de la manière suivante :

HUMBERT (LOUISE), *femme de* JULES LAURENT.

Fait à..., le...

1. V. *sup.*, 1ʳᵉ PARTIE, nᵒˢ 517 et s.

Form. 58. — **Donation à un époux par contrat de mariage. —
Réserve d'usufruit. — Séparations contractuelle et judiciaire
de biens.**

DETTE PUBLIQUE

Trois et demi pour cent.

Extrait d'inscription au Grand-Livre.

N°..., Série... Rente : 2,000 francs.

Ainsi immatriculé : BERT (GABRIELLE), *femme séparée de biens de* URBAIN
TIRARD, *suivant jugement rendu par le tribunal civil de première instance
de..., en date du...*

Je soussigné..., notaire à...,

Vu :

I. — L'extrait d'inscription de rente susénoncé ;

II. — La minute d'un contrat reçu par moi, le..., contenant :

1° Les conditions civiles du mariage alors projeté entre M. Édouard
Cailler, homme de lettres, demeurant à..., et Mlle Louise Tirard, sans
profession, demeurant chez ses parents, et adoption par les futurs époux
du régime de la séparation de biens ;

2° Et donation par Mme Gabrielle Bert, épouse assistée et autorisée de
M. Urbain Tirard, banquier, avec laquelle elle demeure à..., à Mlle Louise
Tirard, leur fille, future épouse, de la nue propriété d'une somme de
1,500 francs de rente à prendre dans les 2,000 francs de rente 3 p. 100,
montant de l'extrait d'inscription susvisé, pour la donataire disposer de
cette nue propriété à compter du jour du mariage, mais n'y réunir la
jouissance qu'à partir du jour du décès de Mme Tirard, qui s'en est réservé
l'usufruit jusqu'à cette époque ;

III. — Et une copie de l'acte civil de la célébration du mariage de
M. et Mme Cailler susnommés, dressé à la mairie de..., le... ; laquelle
copie est en ma possession comme annexée à la minute d'un acte de
dépôt que j'en ai dressé à la date du... ;

Certifie, conformément à la loi du 28 floréal an VII, que les 2,000 francs
de rente 3 1/2 p. 100 dont le libellé est ci-dessus transcrit :

Restent appartenir pour 500 francs de rente en pleine propriété, avec
tous arrérages échus et à échoir, à ladite dame Gabrielle Bert, épouse
séparée judiciairement de biens de M. Urbain Tirard, comme non compris en la donation faite par le contrat susvisé ;

Et appartiennent, pour les quinze cents francs de rente de surplus,
ainsi que tous arrérages échus et à échoir :

A madite dame Tirard, née Bert, pour l'usufruit, comme se l'étant
réservé par ledit contrat ;

Et à Mme Louise Tirard, épouse séparée contractuellement de biens de
M. Édouard Cailler, pour la nue propriété.

En conséquence, je requiers M. le Directeur de la Dette inscrite de
délivrer, en remplacement de l'extrait d'inscription susénoncé, deux
autres extraits d'inscription :

Le premier, de 500 francs de rente 3 1/2 p. 100, ainsi immatriculé :

BERT (GABRIELLE), *femme séparée de biens de* URBAIN TIRARD, *suivant jugement rendu par le tribunal civil de première instance de..., en date du...*

Et le second, de 1,500 francs de même rente, ainsi immatriculé :

BERT (GABRIELLE), *femme séparée de biens de* URBAIN TIRARD, *suivant jugement rendu par le tribunal civil de première instance de..., en date du..., pour l'usufruit ; la nue propriété à Louise Tirard, femme séparée de biens de Édouard Cailler, aux termes de leur contrat de mariage reçu par M*...*, notaire à..., le...*

En foi de quoi j'ai délivré le présent certificat.
A..., le...

FORM. 59. — **Donation à un époux par contrat de mariage. — Régime dotal. — Obligation d'emploi. — Droit de retour.**

DETTE PUBLIQUE

Trois pour cent.

Extrait d'inscription au Grand-Livre.

N°..., Série..., Rente : 500 francs.

Au nom de : MORIN (LOUIS).

Je soussigné..., notaire à...,
Vu :

I. — L'extrait d'inscription susvisé ;

II. — La minute d'un contrat passé devant moi, le..., contenant les conditions civiles du mariage de M. Casimir Roussel avec Mlle Noémie Morin, aux termes duquel :

1° Les contractants ont déclaré adopter pour base de leur union le régime dotal avec société d'acquêts ;

2° M. Louis Morin, négociant, demeurant à..., a donné et constitué en dot à sa fille, future épouse, Mlle Noémie Morin susnommée, aujourd'hui épouse de M. Casimir Roussel, entre autres valeurs, une somme de 400 francs de rente à prendre dans le titre de 500 francs de rente susvisé, avec droit aux arrérages alors échus et à échoir ;

3° Il a été stipulé que les valeurs constituées en dot à la future épouse ne pourraient être aliénées qu'à la charge de faire emploi des prix provenant de ces aliénations, conformément aux stipulations dudit contrat ;

4° Enfin M. Morin donateur, s'est réservé le droit de retour sur les sommes et valeurs par lui constituées en dot à sa fille, pour le cas où elle viendrait à décéder avant lui sans enfant et pour le cas encore où les enfants qu'elle pourrait laisser viendraient eux-mêmes à décéder avant le donateur sans postérité[1] ;

III. — Une copie, étant en ma possession comme annexée à la minute d'un acte de dépôt que j'en ai dressé le..., de l'acte de mariage de

M. Roussel avec Mlle Morin susnommés, inscrit aux registres des actes de l'état civil de..., à la date du...;

Certifie, conformément à la loi du 28 floréal an VII, que les 500 francs de rente 3 p. 100 dont s'agit appartiennent en pleine propriété, ainsi que tous arrérages échus et à échoir, savoir :

Pour 100 francs de rente à M. Louis Morin, comme non compris en la donation contenue audit contrat de mariage;

Et pour les 400 francs de rente de surplus à Mme Noémie Morin, épouse de M. Casimir Roussel, docteur-médecin, avec lequel elle demeure à..., en vertu dudit contrat de mariage, sauf l'effet du droit de retour résultant de cet acte.

En conséquence, je requiers M. le Directeur de la Dette inscrite de délivrer, en remplacement de l'extrait d'inscription susvisé, deux autres extraits d'inscriptions de rente de même nature :

Le premier de 100 francs de rente au nom de :

Morin (Louis);

Et le second, de 400 francs de rente, ainsi libellé :

Morin (Noémie), *femme de* Casimir Roussel, *mariée sous le régime dotal suivant contrat devant M^e..., notaire à..., du... La présente rente ne pouvant être aliénée qu'aux conditions d'emploi stipulées audit contrat et grevée de retour en faveur de M. Louis Morin, aux termes du même contrat* [2].

En foi de quoi j'ai délivré le présent certificat.

A..., le...

1. V. la note 2, sous la formule 49.
2. V. *sup.*, 1re PARTIE, n°s 116, 153, 494 et 582.

FORM. 60. — **Donation à un époux par contrat de mariage de partie de rente dotale. — Réserve du surplus.**

DETTE PUBLIQUE
Trois pour cent.

Extrait d'inscription au Grand-Livre.

N°..., Série..., Rente : 432 francs.

Ainsi immatriculé : Dublin (Jeanne), *femme de* Pierre Lenoir, *avec lequel elle est mariée sous le régime dotal, suivant contrat devant M^e..., notaire à..., du... La présente rente formant remploi de prix d'immeubles dotaux touchés de M. Barbier, suivant quittance reçue par M^e..., notaire à..., le..., ne sera aliénable que conformément aux prescriptions dudit contrat de mariage.*

Je soussigné..., notaire à...,

Vu :

I. — L'extrait d'inscription dont le libellé précède;

II. — La minute d'un contrat reçu par moi, le..., contenant les conditions civiles du mariage alors projeté entre Mlle Rose Lenoir, fille majeure des époux Lenoir-Dublin et M. Ernest Malard, avocat, demeurant à..., aux termes duquel Mme Jeanne Dublin, épouse autorisée de M. Pierre Lenoir, rentier, avec lequel elle demeure à..., mariée sous le régime dotal, aux termes du contrat régissant son union, reçu par M^e..., notaire à..., le... (dont une expédition m'a été représentée), et, conformément à l'art. 1556 du Code civil, fait donation entre vifs à Mlle Rose Lenoir susnommée, sa fille, qui a accepté, maintenant épouse de M. Ernest Malard aussi susnommé, en considération du mariage alors projeté et à la condition qu'il s'accomplisse, d'une somme de 200 francs de rente à prendre dans le titre de 432 francs de rente susvisé, avec droit aux arrérages à compter du... [1];

III. — Une copie, étant en ma possession comme annexée à l'acte de dépôt que j'en ai dressé le..., de l'acte de mariage de M. Ernest Malard et Mlle Rose Lenoir, célébré à la mairie de..., le..., et inscrit aux registres des actes de l'état civil de cette commune à cette date;

Certifie et atteste, conformément à la loi du 28 floréal an VII, que le titre de 432 francs de rente 3 p. 100 susvisé, appartient en toute propriété et jouissance, ainsi que tous arrérages échus et à échoir :

Pour 200 francs de rente, à Mme Rose Lenoir, épouse de M. Ernest Malard, avec lequel elle demeure à... (qui seront incessamment aliénés)[2];

Et pour le surplus, ou 232 francs de rente, à Mme Jeanne Dublin, épouse de M. Pierre Lenoir, avec lequel elle demeure à...

En conséquence, je requiers M. le Directeur de la Dette inscrite de délivrer, pour les 232 francs de rente restant appartenir à la donatrice, un nouveau titre au nom de : DUBLIN (JEANNE), *femme de* PIERRE LENOIR, immatriculé de la même manière que le titre de rente susvisé.

En foi de quoi, etc...

A..., le...

1. Si, au lieu d'avoir constitué en dot un titre de rente, la femme avait constitué une somme d'argent payable à terme et que, le terme arrivé, elle voulût aliéner des titres dotaux soumis à remplois pour faire face au paiement de la dot, elle ne le pourrait qu'avec l'autorisation de la justice. La C. de Caen s'est prononcée dans ce sens par arrêt du 24 nov. 1873, attendu notamment : « qu'il ne résulte de l'engagement qu'une créance; que si, pour y faire face, il devient nécessaire de prendre des fonds à même le fonds dotal, les époux se trouvent en présence de tiers dont l'intérêt et le devoir sont de surveiller l'emploi et de ne se dessaisir que dans les conditions du contrat de mariage; que leur sécurité n'est garantie que par une décision de justice; que, seule, elle peut dispenser les époux de fournir remploi ou dire que les versements à faire en tiendront lieu ».

Cette jurisprudence est invoquée le cas échéant, par la Chambre syndicale des agents de change de Paris qui en fait l'application dans la pratique.

2. Quand une partie de rente doit être transférée immédiatement, il n'y a pas lieu de requérir la délivrance d'un nouveau titre.

Dans le cas contraire, il faut requérir un titre et en déterminer le libellé dans la réquisition d'immatricule.

Form. 61. — **Institution contractuelle** [1].

DETTE PUBLIQUE

Trois pour cent.

Extrait d'inscription au Grand-Livre.

N°..., Série..., Rente : 400 francs.

Au nom de : TALBOT (JOSEPH).

Je soussigné..., notaire à...,

Attendu le décès arrivé en son domicile à..., le..., de M. Joseph Talbot, en son vivant propriétaire, ainsi qu'il résulte de son acte de décès, inscrit aux registres de l'état civil de la commune de..., le même jour, et dont une copie est annexée à l'acte de notoriété ci-après visé;

Et vu :

I. — L'extrait d'inscription ci-dessus relaté;

II. — La minute d'un contrat reçu par moi, le..., contenant les clauses et conditions civiles du mariage de M. Pierre Talbot, propriétaire, et Mme Emilie Leseur, son épouse, demeurant ensemble à...;

Aux termes duquel contrat, qui contient adoption du régime de la communauté de biens réduite aux acquêts, M. Joseph Talbot a fait donation à M. Pierre Talbot, son neveu, qui a accepté, de tous les biens meubles et immeubles qui composeraient sa succession, et, à cet effet, l'a institué son unique héritier;

III. — La copie de l'acte de mariage de M. et Mme Pierre Talbot, dressé à la mairie de..., le...,

Laquelle copie m'a été déposée pour minute suivant acte reçu par moi, le...;

IV. — La minute d'un acte de notoriété dressé par moi, le..., après le décès de M. Joseph Talbot et constatant :

Que celui-ci est décédé célibataire;

Qu'aucun inventaire n'a été dressé après son décès;

Et qu'il n'a pas laissé d'ayant droit à une réserve légale dans sa succession;

V. — Et la minute d'un contrat de vente reçu par moi, le..., dans lequel M. Pierre Talbot a agi comme héritier pur et simple de M. Joseph Talbot et duquel il résulte, par conséquent, qu'il a accepté la succession de ce dernier [2];

Certifie, conformément à la loi du 28 floréal an VII, que les 400 francs de rente, montant du titre ci-dessus visé, appartiennent en pleine propriété avec tous intérêts échus et à échoir, à M. Pierre Talbot, en sadite qualité de seul héritier institué de son oncle, et doivent être immatriculés de la manière suivante :

TALBOT (PIERRE).

Fait à..., le...

1. V. *sup.* 1re PARTIE, n°s 519 et s.

2. L'institué n'a pas à demander de délivrance ou à obtenir d'envoi en possession; il est saisi de plein droit par l'effet du contrat et de l'acceptation de

la succession. Mais cette acceptation (pure et simple ou sous bénéfice d'inventaire) est nécessaire, car il pourrait renoncer, l'acceptation qu'il a fait dans le contrat de la libéralité n'empêche pas cette renonciation. C. c., 1085 et arg.; Aubry et Rau, § 739-66 et 68. Cpr. *sup.*, 1re PARTIE, n° 521.

FORM. 62. — **Donation universelle en pleine propriété entre époux pendant le mariage** [1]. — **Non-réduction.**

DETTE PUBLIQUE

Trois pour cent.

Extrait d'inscription au Grand-Livre.

N°..., Série..., Rente : 200 francs.

Au nom de : ROBERT (LÉONTINE), *femme de* LOUIS PERRIN.

Je soussigné..., notaire à...,

Attendu le décès arrivé en son domicile, le..., de Mme Léontine Robert, en son vivant épouse de M. Louis Perrin, rentier, avec lequel elle demeurait à..., ainsi que le constate son acte de décès, inscrit aux registres des actes de l'état civil de la commune de..., à la date du..., et dont une copie est annexée à l'acte de notoriété ci-après visé ;

Et vu :

I. — L'extrait d'inscription de rente ci-dessus relaté ;

II. — La minute du contrat de mariage de M. Louis Perrin avec Mme Léontine Robert, reçu par moi, le..., et contenant adoption du régime de la communauté réduite aux acquêts [2] ;

III. — La minute d'un acte reçu par moi, le..., aux termes duquel Mme Perrin a fait donation à son mari, qui a accepté, pour le cas (arrivé) de survie de celui-ci, de l'universalité des biens meubles et immeubles qui composeraient sa succession, pour en disposer en toute propriété à compter du jour de son décès ;

IV. — Et la minute d'un acte de notoriété dressé par moi, le..., à défaut d'inventaire, après le décès de Mme Perrin, et constatant que cette dernière est décédée *intestat*, au lieu et à l'époque susindiqués, et qu'elle n'a laissé aucun ayant droit à une réserve légale dans sa succession ;

Certifie, conformément à la loi du 28 floréal an VII, que les 200 francs de rente, montant de l'inscription ci-dessus visée, appartiennent en pleine propriété, avec tous arrérages échus et à échoir, à M. Louis Perrin, demeurant à..., en sa qualité susexprimée de donataire de sa défunte épouse et doivent être immatriculés ainsi : PERRIN (LOUIS).

Fait à..., le...

1. V. *sup.*, 1re PARTIE, n°s 531 et s.
2. Dans l'espèce, la libéralité résultant d'une donation pendant le mariage, le visa du contrat n'est pas rigoureusement nécessaire puisque, quel que soit le régime adopté, il est sans influence sur la validité de la donation, la femme,

même soumise au régime dotal, ayant capacité pour faire au profit de son mari, pendant le mariage, une donation pour le cas de survie. Aubry et Rau, § 537-15.

Comme nous l'avons fait nous-même (*sup.*, n° 542, p. 93), Pradier (R. N. 1427-352) ne mentionne pas le contrat de mariage dans les pièces à viser en pareil cas.

Au contraire, MM. Gorges et de Bray (v° *Donat. entre époux*, II, p. 166), dans la formule qu'ils donnent, visent le contrat, même en cas de donation par le mari à la femme.

Quoi qu'il en soit, nous pensons qu'il est préférable de viser le contrat de mariage pour s'assurer de la capacité de la femme et que le Trésor pourrait l'exiger, car on conteste à la femme dotale le droit de disposer, même par donation entre époux, de ses biens dotaux présents et à venir. *Sic* : Demolombe, t. VI, n° 464; Amiaud, Tr.-Form., v° *Donat.*, n° 9.

FORM. 63. — **Donation universelle en pleine propriété entre époux pendant le mariage.** — **Réduction par suite d'existence d'enfants.**

DETTE PUBLIQUE

Trois pour cent.

Extrait d'inscription au Grand-Livre.

N°..., Série..., Rente : 1,600 francs.

Au nom de : Gauthier (Albertine), *femme de* Paul Roussel.

Je soussigné..., notaire à...,

Attendu le décès arrivé en sa demeure le..., de Mme Albertine Gauthier, épouse de M. Paul Roussel, propriétaire, avec lequel elle demeurait à..., ainsi que le constate son acte de décès inscrit aux registres des actes de l'état civil de la commune de..., à la date du..., et dont une copie est annexée à l'acte de notoriété ci-après visé;

Et vu :

I. — L'extrait d'inscription ci-dessus relaté;

II. — La copie susénoncée de l'acte de décès de Mme Roussel;

III. — Une copie de l'acte de mariage de M. Paul Roussel avec Mme Albertine Gauthier, dressé à la mairie de..., le..., et constatant qu'ils n'ont pas fait de contrat de mariage¹;

Laquelle copie est annexée à l'acte de notoriété ci-après visé;

IV. — La minute d'un acte reçu par moi, en présence de témoins instrumentaires, le..., aux termes duquel Mme Roussel susnommée a fait donation à son mari de l'universalité des biens meubles et immeubles qui composeraient sa succession, avec stipulation qu'en cas d'existence d'enfants cette donation serait réduite à un quart en pleine propriété et un quart en usufruit des mêmes biens;

V. — Et la minute d'un acte de notoriété dressé par moi, le..., à défaut d'inventaire, après le décès de Mme Roussel susnommée, et duquel il résulte :

Que ladite dame est décédée comme il a été dit plus haut et *intestat*;

Et qu'elle a laissé :

1° Son mari commun en biens et donataire, ainsi qu'on vient de le voir[1];

2° Et pour seul héritier M. Emile Roussel, son fils, avocat, demeurant à...;

Certifie, conformément à la loi du 28 floréal an VII, que les 1,600 francs de rente 3 p. 100 dont le titre est ci-dessus visé dépendent de la communauté ayant existé entre M. et Mme Roussel et appartiennent, ainsi que tous arrérages échus et à échoir :

1° A M. Paul Roussel susnommé,

En pleine propriété, pour 4/8 à cause de la communauté qui a existé entre lui et sa défunte épouse, et pour 1/8, en sa qualité de donataire de ladite dame, soit au total 5/8 ou 1,000 francs de rente;

Et en usufruit, pour 1/8 ou 200 francs de rente, comme donataire de cette quotité;

2° Et à M. Emile Roussel, comme unique héritier de sa mère,

En pleine propriété, pour 2/8 ou 400 francs de rente,

Et en nue propriété, grevée de l'usufruit de M. Roussel père, pour 1/8 ou 200 francs de rente.

En conséquence, je requiers M. le Directeur de la Dette inscrite de délivrer, en échange de l'extrait d'inscription de 1,600 francs de rente ci-dessus visé, trois nouveaux titres immatriculés ainsi :

Le premier, de 1,000 francs de rente : ROUSSEL (PAUL), ci. .   1,000 »

Le second, de 400 francs de rente : ROUSSEL (EMILE), ci. . .   400 »

Et le troisième, de 200 francs de rente : ROUSSEL (PAUL),

pour l'usufruit; la nue propriété à EMILE ROUSSEL, ci. . . . . .   200 »

Total égal : 1,600 francs de rente, ci. . . . . . 1,600 »

Le tout avec jouissance des arrérages à partir du jour depuis lequel ils sont dus[3].

En foi de quoi j'ai délivré le présent certificat.

A..., le...

1. V. la note 2, sous la formule 62.

2. Au cas où le mari aurait droit à l'usufruit résultant de l'art. 767 C. c., v. *infrà* la formule 65 et la note 2.

3. Quand toutes les parties sont majeures et capables, le Trésor admet l'attribution dans le certificat par portions viriles; toutefois les notaires doivent, dans le but de s'affranchir de toute responsabilité, exiger une réquisition de délivrance dans ces termes, car les parties pourraient être débitrices ou rapportables les unes envers les autres et il pourrait en résulter une modification de leurs droits. V. *sup.*, 1re PARTIE, n°s 100 et s. et 387 et s.

FORM. 64. — **Donation universelle en usufruit entre époux pendant le mariage. — Réservataire. — Consentement à exécution.**

DETTE PUBLIQUE

Trois pour cent.

Extrait d'inscription au Grand-Livre.

N°..., Série..., Rente : 200 francs.

Au nom de : MAILLARD (ERNEST).

Je soussigné..., notaire à...,

Attendu le décès, arrivé en son domicile à..., le..., de M. Ernest Maillard, en son vivant rentier (titulaire de la rente dont le libellé est ci-dessus transcrit), ainsi que le constate son acte de décès inscrit aux registres des actes de l'état civil de la commune de..., à la date du..., et dont une copie est annexée à l'acte de notoriété ci-après visé;

Et vu :

I. — L'extrait d'inscription de rente ci-dessus relaté ;

II. — La minute du contrat de mariage de M. Ernest Maillard susnommé avec Mme Marie Martin, reçu par moi, le..., et contenant adoption du régime de la communauté réduite aux acquêts;

III. — La minute d'un acte reçu par moi, le..., en présence de témoins, aux termes duquel M. Maillard a fait donation à son épouse, pour le cas (arrivé) de survie de celle-ci, de l'usufruit de l'universalité des biens meubles et immeubles qui composeraient sa succession ;

IV. — La minute d'un acte de notoriété dressé par moi, le..., à défaut d'inventaire, après le décès de M. Maillard et duquel il résulte :

Que ce dernier est décédé comme il vient d'être dit et *intestat ;*

Et qu'il a laissé :

Sa veuve commune en biens d'acquêts et donataire universelle en usufruit, en vertu de la donation susvisée[1];

Et pour seul héritier M. Arthur Maillard, son fils, négociant, demeurant à..., issu de son mariage avec son épouse susnommée;

V. — Et la minute d'un acte reçu par moi, le..., contenant consentement par M. Arthur Maillard à l'exécution entière de la donation universelle en usufruit faite par son père à sa mère ;

Certifie, conformément à la loi du 28 floréal an VII, que les 200 francs de rente, montant de l'extrait d'inscription ci-dessus visé, dépendent de la communauté qui a existé entre M. et Mme Maillard père et mère et appartiennent :

A Mme Marie Martin, veuve de M. Ernest Maillard et non remariée, pour moitié en pleine propriété, à cause de la communauté d'entre elle et son mari, et pour l'autre moitié en usufruit, comme donataire de ce dernier;

Et à M. Arthur Maillard pour moitié en nue propriété grevée de l'usufruit de sa mère, comme seul héritier de M. Ernest Maillard son père.

En conséquence, je requiers M. le Directeur de la Dette inscrite de délivrer, en échange du titre de 200 francs de rente dont le libellé est transcrit en tête des présentes, deux nouveaux titres immatriculés savoir :

L'un, de 100 francs de rente, au nom de : Martin (Marie), *veuve de* Ernest Maillard ;

Et l'autre, de 100 francs de rente, au nom de : Martin (Marie), *veuve de* Ernest Maillard, *pour l'usufruit ; la nue propriété à* Arthur Maillard ;

Le tout avec jouissance des arrérages à partir du jour depuis lequel ils sont dus.

Ou bien :

En conséquence, je requiers M. le Directeur de la Dette inscrite de délivrer en échange du titre de 200 francs de rente dont le libellé précède un autre titre de mêmes somme et nature de rente ainsi immatriculé :

Martin (Marie), *veuve de* Ernest Maillard *pour moitié en toute propriété et pour moitié en usufruit, dont la nue propriété à* Arthur Maillard[2].

En foi de quoi j'ai délivré le présent certificat.

A..., le...

1. V. la formule 63 et la note 2.
2. V. la note 3 sous la formule 63.

Form. 65. — **Donation universelle en usufruit entre époux par contrat de mariage**[1]. — **Condition de viduité.** — **Usufruit légal.** — **Absence de réservataire.**

DETTE PUBLIQUE

Trois pour cent.

Extrait d'inscription du Grand-Livre.

N°..., Série..., Rente : 150 francs.

Au nom de : Berger (Ferdinand).

Je soussigné..., notaire à...,

Attendu le décès arrivé en son domicile, le..., de M. Ferdinand Berger, en son vivant rentier, demeurant à..., ainsi qu'il résulte de l'intitulé de l'inventaire ci-après visé ;

Et vu :

I. — L'extrait d'inscription dont le libellé précède ;

II. — La minute du contrat de mariage de M. Ferdinand Berger susnommé avec Mme Lucie Gauthier, restée sa veuve, rentière, demeurant à..., reçu par moi le..., contenant adoption du régime de la non-communauté et donation par ledit M. Berger au profit de son épouse, pour le cas (arrivé) de survie de celle-ci, de l'usufruit, sa vie durant, de tous les biens meubles et immeubles qui lui appartiendraient lors de son décès, sans exception ni réserve, avec stipulation qu'en cas de convol à de secondes noces par le donataire, l'usufruit donné s'éteindrait de plein droit par le fait seul de ce second mariage et à partir du jour de sa célébration civile[2] ;

Étant expliqué que l'union des époux Berger a été célébrée à la mairie de..., le...;

III. — La minute de l'inventaire dressé par moi après le décès de M. Ferdinand Berger, le..., constatant que ce dernier est décédé *intestat* au lieu et à l'époque susindiqués et qu'il a laissé pour ses seuls héritiers, chacun pour moitié, ses frères germains : M. Honoré Berger, commissionnaire en vins, demeurant à..., et M. Camille Berger, limonadier, demeurant à... ;

Aux termes duquel inventaire l'extrait d'inscription dont le libellé précède a été analysé comme pièce unique de la cote... et comme appartenant au *de cujus* pour avoir été recueilli par lui dans la succession de M. Claude Berger, son père ;

Certifie, conformément à la loi du 28 floréal an VII, que les 150 francs de rente dont le libellé précède appartiennent:

Pour l'usufruit pendant sa viduité, avec droit aux arrérages échus et à échoir, à M\ème Louise Gauthier susnommée, veuve de M. Ferdinand Berger et non remariée, comme donataire de son mari aux termes de leur contrat de mariage susvisé ;

Et pour la nue propriété conjointement et indivisément à MM. Honoré et Camille Berger aussi susnommés, comme seuls héritiers de M. Ferdinand Berger.

En conséquence, je requiers M. le Directeur de la Dette inscrite de délivrer en remplacement du titre de rente susvisé, un autre titre de même somme et nature de rente, ainsi immatriculé :

GAUTHIER (LUCIE), *veuve de* FERDINAND BERGER *pour l'usufruit, pendant sa vie ou jusqu'à son convol; la nue propriété à* HONORÉ BERGER *et à* CAMILLE BERGER *conjointement et indivisément.*

En foi de quoi j'ai délivré le présent certificat.

A..., le...

---

1. V. *sup.*, 1re PARTIE, nos 529 et s.

2. Lorsque l'époux survivant se trouve appelé à bénéficier, à la fois, du droit d'usufruit que lui confère l'article 767 du Code civil et de l'usufruit résultant d'une donation de son conjoint, il conserve, tant qu'il n'a pas pris qualité, le droit d'accepter l'une ou l'autre libéralité. Cpr. C. Bourges, 3 fév. 1896. Et il est bon de le faire agir dans l'inventaire, qui n'est qu'un acte conservatoire, dans ces deux qualités, c'est-à-dire comme habile à revendiquer ces deux droits.

Mais, dès qu'il prend qualité, il doit opter pour l'un ou l'autre des avantages; car si l'usufruit conventionnel est égal ou supérieur à l'usufruit légal, celui-ci cesse d'exister, à moins que le bénéficiaire ne renonce à l'usufruit conventionnel pour accepter l'usufruit légal. C. c., 767, arg.; Bonnet, *Droits de l'ép. surviv.*, no 30, p. 43: *J. du Not.*, 1896, p. 506.

Cette option a une très grande importance lorsque la donation en usufruit est faite *sous condition de déchéance en cas de convol.*

En effet, dans cette hypothèse, la condition stipulée ne peut frapper les droits que le survivant tient de l'art. 767 du C. c. (Les Andelys, 25 juillet 1893); Mais, après avoir opté pour l'usufruit conventionnel, il ne peut, en y renonçant, s'en tenir à l'usufruit légal, pour se soustraire à la clause pénale qu'il a encourue en se remariant. Seine, 19 juin 1896. V. aussi *J. du Not.*, 1896, *ub. sup.* — V. cep. Bourges (précité), 3 fév. 1896. Dans l'espèce de cet arrêt, le survivant avait joui de l'usufruit de tous les biens du prémourant, sans renoncer à l'usufruit légal. La cour, infirmant un jugement du tribunal du Blanc du 30 avril 1895, décida que la renonciation ne pouvait se présumer et que, par suite, le bénéficiaire, déchu par son convol de son droit d'usufruit conventionnel, conservait son droit d'usufruit légal. Mais on ne saurait se baser sur cette décision qui est contraire au texte de l'art. 767 du C. c. disant que l'époux survivant, cessera d'exercer son droit dans le cas où il aurait reçu du défunt des libéralités, dont le montant atteindrait celui des droits que lui accorde la loi nouvelle. *J. du Not.*, 1896, p. 506.

Form. 66. — **Donation universelle en usufruit entre époux par contrat de mariage.** — **Rente propre.** — **Héritiers collatéraux inconnus.**

DETTE PUBLIQUE

Trois pour cent.

Extrait d'inscription au Grand-Livre.

N°..., Série..., Rente : 300 francs.

Au nom de Quantin (Adolphine), *fille majeure.*

Je soussigné..., notaire à...,

Attendu le décès arrivé en son domicile à..., le..., de Mme Bigot ci-après nommée, ainsi qu'il résulte de l'intitulé de l'inventaire plus loin visé ;

Et vu :

I. — L'extrait d'inscription susénoncé ;

II. — La minute du contrat de mariage de M. Pierre Bigot, bijoutier, demeurant à..., et Mlle Adolphine Quantin, sans profession, demeurant à..., reçu par moi, le..., aux termes duquel :

1° Les futurs époux ont déclaré adopter pour base de leur union le régime de la communauté de biens réduite aux acquêts ;

2° Mlle Quantin, future épouse, a déclaré apporter en mariage, entre autres valeurs qu'elle s'est réservées propres, le titre de 300 francs de rente 3 p. 100 susvisé ;

3° Et les futurs époux se sont fait réciproquement donation entre vifs, par le prémourant au survivant, de l'usufruit de tous les biens meubles et immeubles qui dépendraient de la succession du prémourant sans exception ;

III. — La minute de l'inventaire dressé par moi, après le décès de Mme Bigot, suivant procès-verbal en date du..., duquel il résulte :

Que ladite dame est décédée *intestat*, au lieu et à l'époque susindiqués, à la survivance de M. Pierre Bigot, son mari ;

Qu'elle n'a laissé aucun ayant droit à une réserve légale dans sa succession ;

Et que ses seuls héritiers ne sont que des collatéraux à un degré éloigné, dont le domicile est inconnu, mais existants et représentés audit acte par M⁰..., notaire à..., commis à cet effet suivant ordonnance de M. le Président du tribunal civil de première instance de..., en date du.. [1];

Certifie, conformément à la loi du 28 floréal an VII, que les 200 francs de rente 3 p. 100 dont l'extrait d'inscription est susvisé dépendent exclusivement de la succession de Mᵐᵉ Bigot, à laquelle ils appartenaient en propre, en vertu de son contrat de mariage, et qu'ils appartiennent pour l'usufruit avec droit à tous arrérages échus et à échoir à M. Pierre Bigot, susnommé, comme donataire de sa défunte épouse en vertu du même contrat, et pour la nue propriété aux héritiers de celle-ci dont le domicile est maintenant inconnu.

En conséquence, je requiers M. le Directeur de la Dette inscrite de délivrer, en remplacement de l'inscription susvisée, une autre inscription de même somme et nature de rente ainsi immatriculée :

BIGOT (PIERRE), *pour l'usufruit ; la nue propriété aux héritiers inconnus* de ADOLPHINE QUANTIN, *décédée épouse dudit* PIERRE BIGOT.

En foi de quoi j'ai délivré le présent certificat.

A..., le...

1. Quand la rente doit être immatriculée au nom d'un usufruitier et que les droits des nus propriétaires ne peuvent être établis régulièrement, le Trésor admet que la nue propriété soit attribuée à la succession du *de cujus* ou à ses héritiers et légataires d'une manière générale. On peut alors se dispenser de faire connaître les héritiers du défunt et constater seulement qu'il est décédé à la survivance de son conjoint, si d'ailleurs il n'existe pas d'enfant d'un précédent mariage du *de cujus*.
Cpr. *sup.*, 1ʳᵉ PARTIE, nᵒˢ 119 et 603.

MARIAGE [1]

FORM. 67. — **Communauté légale** [2].

DETTE PUBLIQUE
Trois pour cent.

Extrait d'inscription au Grand-Livre.

Nᵒ..., Série..., Rente : 100 francs.

Au nom de : LEFRANC (ALPHONSINE, *femme de* ALBERT BOURGON.

Je soussigné..., notaire à...,

Attendu le mariage de M. Albert Bourgon, propriétaire, avec Mˡˡᵉ Alphonsine Lefranc, demeurant ensemble à..., ainsi que ce mariage résulte de l'acte de l'état civil ci-après visé ;

36

Et vu :

I. — L'extrait d'inscription de rente ci-dessus relaté ;

II. — Et une copie de l'acte de mariage de M. et Mme Bourgon susnommés, inscrit aux registres des actes de l'état civil de la commune de..., à la date du..., et constatant qu'ils n'ont pas fait précéder cette union d'un contrat qui en réglât les conditions, par suite de quoi ils sont soumis au régime de la communauté légale, conformément aux articles 1400 et suivants du Code civil ;

Laquelle copie m'a été déposée pour minute suivant acte reçu par moi, le... ;

Certifie, conformément à la loi du 28 floréal an VII, que les 100 francs de rente dont le libellé précède, dépendent de la communauté légale qui existe entre M. et Mme Bourgon, et qu'il y a lieu de les inscrire au nom du mari, comme chef de ladite communauté [3].

En conséquence, je requiers M. le Directeur de la Dette inscrite de délivrer en remplacement du titre dont s'agit un autre titre de mêmes somme et nature de rente, au nom de :

Bourgon (Albert).

En foi de quoi j'ai délivré le présent certificat.

A..., le...

1. V. *sup.*, 1re PARTIE, n°s 545 et s.
2. *Sup.*, n°s 547 et s.
3. Si, au lieu d'avoir pour objet l'immatriculation du titre au nom du mari, le certificat de propriété était délivré à ce dernier pour arriver à la vente du titre, il y aurait lieu de certifier que ce titre dépend de la communauté, et que le mari, comme chef de cette communauté, a le droit de céder et transférer la rente et d'en toucher le prix, seul et sans le concours de sa femme. V. *infrà* la formule 77 et la note 1. — V. aussi *sup.*, 1re PARTIE, n° 566.

Form. 68. — **Communauté réduite aux acquêts** [1]. — **Rentes restant propres.**

DETTE PUBLIQUE

Trois pour cent.

Extrait d'inscription au Grand-Livre.

N°..., Série..., Rente : 300 francs.

Au nom de : Lelong (Jeanne), *fille majeure.*

Je soussigné..., notaire à...,

Attendu le mariage de M. Émile Poncin, capitaine au... régiment d'infanterie de ligne, avec Mlle Jeanne Lelong, demeurant ensemble à..., ainsi qu'il résulte de l'acte de l'état civil ci-après visé sous le n° III ;

Et vu :

I. — L'extrait d'inscription de rente ci-dessus relaté ;

II. — La minute du contrat de mariage de M. et Mme Poncin susnommés, passé devant moi, le..., et contenant :

1° Adoption du régime de la communauté de biens réduite aux acquêts, sans obligation d'emploi ;

2° Et apport par la future épouse des 300 francs de rente dont s'agit ;

III. — Et une copie de l'acte de mariage de M. et Mme Poncin, inscrit aux registres des actes de l'état civil de la commune de..., à la date du... ;

Laquelle copie m'a été déposée pour minute suivant acte reçu par moi, le... ;

Certifie, conformément à la loi du 28 floréal an VII, que les 300 francs de rente 3 p. 100 montant de l'inscription dont il s'agit appartiennent en pleine propriété à Mme Poncin et qu'il y a lieu de lui délivrer un nouveau titre avec jouissance de tous arrérages échus et à échoir immatriculé ainsi :

Lelong (Jeanne), *femme de* Emile Poncin [2].

Fait à..., le...

1. V. *sup.*, 1re partie. n°s 557 et s.
2. Dans l'espèce, pour faire mentionner sur le titre, déjà inscrit au nom de la titulaire comme fille majeure, sa qualité de *femme mariée* seulement, un certificat de propriété peut être employé, mais n'est pas nécessaire. On peut se contenter de produire la copie de l'acte de mariage. Cpr. *sup.*, 1re partie, n°s 546 et 558 ; 2e partie, chap. II, art. 1er, § 8.

Form. 69. — **Communauté réduite aux acquêts. — Obligation de remploi.**

DETTE PUBLIQUE

Trois pour cent.

Extrait d'inscription au Grand-Livre.

N°..., Série..., Rente : 200 francs.

Au nom de : Lelong (Jeanne), *fille majeure.*

Je soussigné..., notaire à...,

Attendu le mariage de M. Emile Poncin, capitaine au... régiment de ligne, avec Mlle Jeanne Lelong, demeurant ensemble à..., ainsi qu'il résulte de l'acte de l'état civil du mariage ci-après visé ;

Et vu :

I. — L'extrait d'inscription de rente ci-dessus relaté ;

II. — La minute du contrat de mariage de M. et Mme Poncin susnommés, passé devant moi le..., et contenant :

1° Adoption du régime de la communauté de biens réduite aux acquêts, mais avec stipulation toutefois que les propres de la femme ne pourraient être aliénés que sous diverses conditions de remploi insérées audit contrat ;

2° Et apport en mariage par la future des 300 francs de rente dont le libellé précède ;

III. — Et une copie, étant en ma possession comme annexée à la minute d'un acte de dépôt que j'en ai dressé le..., de l'acte de mariage de M. et Mᵐᵉ Poncin, inscrit aux registres des actes de l'état civil de..., à la date du... ;

Certifie, conformément à la loi du 28 floréal an VII, que les 300 francs de rente 3 p. 100, montant de l'inscription dont il s'agit, appartiennent en pleine propriété ainsi que tous arrérages échus et à échoir à Mᵐᵉ Poncin susnommée et doivent être immatriculés ainsi :

LELONG (JEANNE), *femme de* EMILE PONCIN, *avec lequel elle est mariée sous le régime de la communauté réduite aux acquêts, suivant contrat passé devant Mᵉ..., notaire à..., le...; néanmoins la présente rente ne pouvant être aliénée qu'aux conditions de remploi stipulées audit contrat de mariage.*

En foi de quoi j'ai délivré le présent certificat.

A..., le...

1. Le régime de la communauté conventionnelle ne se mentionne sur les titres de la femme que quand ceux-ci sont sujets à emploi ou remploi ou frappés d'une indisponibilité quelconque. *Sup.*, 1ʳᵉ PARTIE, n° 567.

La production d'un certificat de propriété est alors nécessaire.

FORM. 70. — **Communauté réduite aux acquêts. — Rentes transmises à la communauté[1].**

DETTE PUBLIQUE

Trois pour cent.

Extrait d'inscription au Grand-Livre.

N°..., Série..., Rente : 200 francs.

Au nom de : BÉRARD (AUGUSTINE), *fille mineure, sous l'administration légale de* JEAN BÉRARD, *son père.*

Je soussigné..., notaire à...,

Attendu le mariage de M. Ernest Maire, avocat, et Mˡˡᵉ Augustine Bérard, demeurant ensemble à..., ainsi qu'il résulte de l'acte de l'état civil ci-après visé ;

Et vu :

I. — L'extrait d'inscription de rente ci-dessus relaté ;

II. — La minute du contrat de mariage de M. et Mᵐᵉ Maire susnommés, reçu par moi, le..., aux termes duquel :

1° Les futurs époux ont adopté le régime de la communauté des biens réduite aux acquêts, sans obligation d'emploi ;

2° La future épouse a déclaré apporter en mariage pour la somme de..., à laquelle ils ont évalués d'après le cours du jour de la Bourse de Paris, les 200 francs de rente 3 p. 100 dont le libellé est ci-dessus transcrit ;

3° Et il a été expressément stipulé que cette évaluation vaudrait vente du titre de rente au profit de la communauté et que, par suite, M. Maire pourrait à son gré, le mariage célébré, faire opérer la mutation de ladite rente à son nom ou la vendre et transférer et en toucher le prix, sans le concours de sa femme ;

III. — Et une copie de l'acte de mariage de M. et Mᵐᵉ Maire, inscrit aux registres de l'état civil de la commune de..., à la date du... ;

Laquelle copie m'a été déposée pour minute suivant acte reçu par moi, le... ;

Certifie, conformément à la loi du 28 floréal an VII, que l'inscription de 200 francs de rente 3 p. 100 ci-dessus visée appartient en pleine propriété à la communauté d'entre M. et Mᵐᵉ Maire, avec tous arrérages échus et à échoir, et doit être immatriculée au nom de :

MAIRE (ERNEST).

Ou bien, s'il s'agit de vendre :

Certifie, conformément à la loi du 28 floréal an VII, que l'inscription de 200 francs ci-dessus visée, dépend de la communauté d'entre M. et Mᵐᵉ Maire et que M. Ernest Maire, comme chef de cette communauté, a le droit de vendre et transférer ladite inscription de rente et d'en toucher le prix, seul et sans le concours de sa femme, en vertu du contrat.

En foi de quoi, j'ai délivré le présent certificat.

A..., le...

1. V. *Sup.*, 1ʳᵉ PARTIE, nᵒˢ 559 et s.

FORM. 71. — **Communauté réduite aux acquêts. — Rente constituée en dot. — Femme mineure. — Inaliénabilité temporaire.**

DETTE PUBLIQUE

Trois pour cent.

Extrait d'inscription au Grand-Livre.

Nᵒ..., Série.., Rente : 1,000 francs.

Au nom de : BONJEAN (NICOLAS).

Je soussigné..., notaire à...,

Attendu le mariage de M. Alfred Corbin, négociant, avec Mˡˡᵉ Albertine Bonjean, encore mineure, étant née à..., le..., demeurant ensemble à..., ainsi qu'il résulte de l'acte de l'état civil ci-après visé ;

Et vu :

I. — L'extrait d'inscription de rente ci-dessus relaté ;

II. — La minute du contrat de mariage de M. et Mᵐᵉ Corbin susnommés, reçu par moi, le..., et contenant :

1° Adoption du régime de la communauté de biens réduite aux acquêts, sans obligation d'emploi ;

2° Et constitution en dot par M. Nicolas Bonjean, propriétaire, demeurant à..., à Mme Corbin, sa fille, encore mineure, comme étant née à..., le..., du titre de 1,000 francs de rente 3 p. 100 énoncé en tête des présentes, avec droit aux arrérages du terme courant ; mais avec stipulation que ce titre ne pourrait être vendu et transféré par la donataire, même devenue majeure, avant l'âge de trente ans accomplis ;

III. — Et une copie de l'acte de mariage de M. et Mme Corbin, inscrit aux registres des actes de l'état civil de la commune de..., à la date du... ;

Laquelle copie m'a été déposée pour minute suivant acte reçu par moi le... ;

Certifie, conformément à la loi du 28 floréal an VII, que les 1,000 francs de rente 3 p. 100, montant de l'inscription dont le libellé est ci-dessus transcrit, appartiennent en toute propriété à Mme Corbin, encore mineure, en vertu de la constitution de dot qui vient d'être rappelée, avec droit aux arrérages à compter du..., mais à la condition de ne pouvoir aliéner ce titre avant l'âge de trente ans accomplis, et qu'il y a lieu de lui délivrer un nouveau titre immatriculé ainsi :

BONJEAN (ALBERTINE) *femme mineure de* ALFRED CORBIN. *La présente rente ne pouvant être aliénée avant l'âge de trente ans révolus de la titulaire, conformément à son contrat de mariage reçu par M^e..., notaire à..., le...*

En foi de quoi j'ai délivré le présent certificat.

A..., le...

FORM. 72. — **Communauté réduite aux acquêts. — Rente propre provenant d'emploi antérieur au mariage. — Retranchement de mention de minorité et d'inaliénabilité conditionnelle** [1].

DETTE PUBLIQUE

Trois pour cent.

Extrait d'inscription au Grand-Livre.

N°..., Série..., Rente : 800 francs.

Ainsi immatriculé : BELTON (YVONNE), *mineure sous la tutelle dative de* M. MOROY (DENIS), *son oncle. La présente rente formant emploi de prix d'immeubles aliénés en vertu d'un jugement du tribunal civil de..., en date du..., ne pouvant être aliénée qu'à charge d'emploi.*

Je soussigné..., notaire à...,

Attendu le mariage de M. Julien Proust, négociant, avec Mlle Yvonne Belton, actuellement majeure comme étant née à..., le..., demeurant ensemble à..., ainsi qu'il résulte de l'acte de l'état civil dont une copie est ci-après visée ;

Et vu :

I. — L'extrait d'inscription de rente dont le libellé précède ;

II. — La minute du contrat de mariage de M. et Mme Proust susnommés, reçu par moi, le..., et contenant :

Adoption du régime de la communauté réduite aux acquêts;

Et apport en mariage par Mme Proust, entre autres valeurs, dudit extrait d'inscription;

III. — La copie susénoncée de l'acte de mariage de M. et Mme Proust, inscrit aux registres de l'état civil de..., à la date du...;

Laquelle copie est annexée à la minute d'un acte de dépôt reçu par moi, le...;

IV. — La grosse d'un jugement rendu par le tribunal civil de..., le..., autorisant la vente par adjudication de différents immeubles appartenant à Mme Proust, alors célibataire mineure, à la charge pour son tuteur d'employer les fonds en provenant en achat de rente 3 p. 100 sur l'Etat français;

Laquelle grosse est annexée au procès-verbal d'adjudication ci-après visé;

V. — La minute d'un procès-verbal dressé par moi, le..., aux termes duquel il a été procédé à l'adjudication des immeubles dont il s'agit, en exécution du jugement dont la grosse est susvisée;

VI. — La minute d'un acte reçu par moi, le..., constatant que les fonds provenus de cette adjudication ont été employés à l'achat du titre de rente susvisé [2];

Certifie, conformément à la loi du 28 floréal an VII, que les 800 francs de 3 p. 100 dont le libellé précède appartiennent en propre à Mme Yvonne Belton, épouse de M. Julien Proust; que ladite dame est actuellement majeure; qu'elle a la libre disposition de ce titre de rente; que les mention et obligation d'emploi existant sur ledit titre sont désormais sans effet et qu'il doit lui être délivré une nouvelle inscription de mêmes somme et nature de rente, avec droit à tous arrérages échus et à échoir, ainsi immatriculée:

Belton (Yvonne), *femme de* Julien Proust.

En foi de quoi j'ai délivré le présent certificat.

A..., le...

---

1. V. *sup.*, la formule 51.
2. Ainsi que nous l'avons dit déjà, le visa des actes et pièces constatant l'origine des rentes n'est pas rigoureusement obligatoire pour constater qu'elles sont propres au titulaire, quand il existe un contrat de mariage. — *Sup.*, 1re PARTIE, n° 613. V. aussi form. 2, note 2.

Form. 73. — **Communauté universelle**[1].

DETTE PUBLIQUE

Trois pour cent.

Extrait d'inscription au Grand-Livre.

N°...., Série...., Rente : 300 francs.

Au nom de : Lucas (Marie), *fille majeure.*

Je, soussigné..., notaire à...,

Attendu le mariage de M. Alfred Duval, négociant, avec Mlle Marie Lucas, demeurant ensemble à..., ainsi qu'il résulte de l'acte de l'état civil ci-après visé ;

Et vu :

I. — L'extrait d'inscription de rente ci-dessus relaté ;

II. — La minute du contrat de mariage de M. et Mme Duval susnommés, reçu par moi, le..., contenant adoption du régime de la communauté universelle et apport par la future du titre de rente ci-dessus visé ;

III. — Et une copie de l'acte de mariage de M. et Mme Duval, dressé à la mairie de..., le... ;

Laquelle copie m'a été déposée pour minute, suivant acte reçu par moi, le... ;

Certifie, conformément à la loi du 28 floréal an VII, que les 300 francs de rente, montant du titre ci-dessus visé, dépendent de la communauté universelle qui existe entre M. et Mme Duval, ainsi que tous arrérages échus et à échoir, et doivent être immatriculés ainsi :

Duval (Alfred).

En foi de quoi j'ai délivré le présent certificat.

A..., le...

1. V. *sup.*, 1re PARTIE, n° 571 *bis.* — V. aussi *sup.*, n°s 559 et s.

Form. 74. — **Non communauté**[1].

DETTE PUBLIQUE

Trois pour cent.

Extrait d'inscription au Grand-Livre.

N°..., Série..., Rente : 200 francs.

Au nom de : Rigaut (Anna), *fille majeure.*

Je soussigné..., notaire à...,

Attendu le mariage de M. Ernest Breton, propriétaire, avec Mlle Anna Rigaut (titulaire du titre de rente dont le libellé est ci-dessus transcrit), demeurant ensemble à..., ainsi qu'il résulte de l'acte de l'état civil ci-après visé ;

Et vu :

I. — L'extrait d'inscription de rente ci-dessus relaté ;

II. — La minute du contrat de mariage de M. et Mme Breton sus-nommés, reçu par moi, le..., contenant adoption du régime de la non communauté et apport par la future épouse du titre de rente ci-dessus visé ;

III. — Et une copie de l'acte de mariage de M. et Mme Breton, dressé à la mairie de..., le... ;

Laquelle copie m'a été déposée pour minute, suivant acte reçu par moi, le... ;

Certifie, conformément à la loi du 28 floréal an VII, que les 200 francs de rente, montant du titre ci-dessus visé, appartiennent en propre à Mme Breton avec tous arrérages échus et à échoir et doivent être immatriculés de la manière suivante :

RIGAUT (ANNA), *femme de* ERNEST BRETON.

En foi de quoi j'ai délivré le présent certificat.

A..., le...

1. V. *sup.*, 1re PARTIE, n°s 572 et s. — V. aussi *sup.*, la note 2 sous la formule 68.

FORM. 75. — Séparation de biens [1].

DETTE PUBLIQUE

Trois pour cent.

Extrait d'inscription au Grand-Livre.

N°..., Série..., Rente : 50 francs.

Au nom de : BOIVIN (LÉONTINE), *fille majeure.*

Je soussigné..., notaire à...,

Attendu le mariage de M. Jules Ramont, rentier, avec Mlle Léontine Boivin (titulaire du titre de rente dont le libellé est transcrit en tête des présentes), demeurant ensemble à..., ainsi que le constate l'acte de l'état civil ci-après visé ;

Et vu :

I. — L'extrait d'inscription de rente ci-dessus relaté ;

II. — La minute du contrat de mariage de M. et Mme Ramont sus-nommés, reçu par moi, le..., contenant adoption du régime de la séparation de biens et apport, par la future épouse, du titre de rente susvisé ;

III. — Et une copie de l'acte de mariage de M. et Mme Ramont, dressé à la mairie de..., le... ;

Laquelle copie m'a été déposée pour minute suivant acte reçu par moi, le... ;

Certifie, conformément à la loi du 28 floréal an VII, que les 50 francs de rente, montant du titre ci-dessus visé, appartiennent en propre avec tous arrérages échus et à échoir, à Mme Ramont, comme apportés par elle en mariage et doivent être ainsi immatriculés :

Boivin (Léontine), *femme séparée de biens de* Jules Ramont, *aux termes de leur contrat de mariage, reçu par* M^e..., *notaire à*..., *le*...

En foi de quoi j'ai délivré le présent certificat.

A..., le...

1. V. *sup.*, 1re PARTIE, n°s 576 et s.

FORM. 76. — **Régime dotal** [1].

DETTE PUBLIQUE

Trois pour cent.

Extrait d'inscription au Grand-Livre.

N°..., Série..., Rente : 500 francs.

Au nom de : Leclerc (Eugénie), *fille majeure.*

Je soussigné..., notaire à...,

Attendu le mariage de M. Léon Mussot, propriétaire, avec Mlle Eugénie Leclerc (titulaire du titre de rente dont le libellé est ci-dessus transcrit), demeurant ensemble à..., ainsi que le constate l'acte de l'état civil ci-après visé ;

Et vu :

I. — L'extrait d'inscription de rente ci-dessus relaté ;

II. — La minute du contrat de mariage de M. et Mme Mussot susnommés, reçu par moi, le..., contenant adoption du régime dotal avec obligation d'emploi et apport par la future épouse du titre de 500 francs de rente ci-dessus visé ;

III. — Et une copie de l'acte de mariage de M. et Mme Mussot, dressé à la mairie de..., le...;

Laquelle copie m'a été déposée pour minute, suivant acte reçu par moi, le...;

Certifie, conformément à la loi du 28 floréal an VII, que les 500 francs de rente montant du titre ci-dessus visé appartiennent en pleine propriété à Mme Mussot, avec tous arrérages échus et à échoir, et doivent être immatriculés de la manière suivante :

Leclerc (Eugénie), *femme de* Léon Mussot, *mariée sous le régime dotal, suivant contrat passé devant* M^e..., *notaire à*..., *le...; la présente rente ne pouvant être aliénée qu'aux conditions d'emploi stipulées audit contrat.*

En foi de quoi j'ai délivré le présent certificat.

A..., le...

1. V. *sup.*, 1re PARTIE, n°s 579 et s.

Form. 77. — **Certificat de propriété au profit du mari pour vendre une rente au nom de la femme** [1].

DETTE PUBLIQUE

Trois et demi pour cent.

Extrait d'inscription au Grand-Livre.

N°..., Série..., Rente : 80 francs.

Ainsi immatriculé : Leroux (Maria Claire Julienne), *femme*
de Jean-Baptiste Faucheux.

Je soussigné..., notaire à...,

Vu :

I. — L'extrait d'inscription dont le libellé précède ;

II. — La minute, étant en ma possession comme successeur de M⁰..., notaire à..., du contrat de mariage de M. Jean-Baptiste Faucheux [2] et de Mᵐᵉ Maria Claire Julienne Leroux, nommés en l'extrait d'inscription susvisé, reçu par ledit M⁰..., le..., aux termes duquel les contractants ont déclaré adopter pour base de leur union le régime dotal, en stipulant qu'il y aurait entre eux une société d'acquêts dont les effets seraient régis par les articles 1498 et 1499 du Code civil ;

III. — Et l'original d'un certificat d'origine délivré le..., par M. le Directeur de la Dette inscrite ;

Lequel certificat constate que l'inscription de rente dont l'extrait est susvisé provient d'une acquisition effectuée le... ;

Certifie et atteste, conformément à la loi du 28 floréal an VII, que les 80 francs de rente 3 1/2 p. 100 faisant l'objet de l'extrait d'inscription ci-dessus visé dépendent, pour la pleine propriété ainsi que pour tous les arrérages échus et à échoir, en vertu du contrat de mariage susvisé, de la société d'acquêts existant entre M. Jean-Baptiste Faucheux, rentier, et Mᵐᵉ Maria Claire Julienne Leroux, son épouse, demeurant ensemble à..., comme acquisition faite au cours de leur union, et que M. Faucheux, en sa qualité de mari et de chef de ladite société d'acquêts, a la pleine et entière disposition de cette inscription de rente, qu'il peut la céder et transférer et en toucher le prix seul, sans exception ni réserve et sans le concours de sa femme [3].

En foi de quoi j'ai délivré le présent certificat.

A..., le...

1. Cette formule peut servir pour toutes les rentes au nom de la femme dans tous les cas où, par suite du régime adopté ou des stipulations du contrat, ces valeurs sont devenues la propriété du mari ou peuvent être aliénées par lui. — V. *sup.*, les form. 67 et 70 et les notes.

2. On ne doit réunir les noms ou prénoms par un trait d'union qu'autant qu'ils sont ainsi écrits à l'état civil. *Sup.*, p. 436, note 3.

3. On ne pourrait conclure dans ce certificat à l'immatriculation du titre au nom du mari, comme chef de la communauté. V. à ce sujet, les explications que nous avons données *sup.*, 1ʳᵉ PARTIE, nᵒˢ 560 et s.

DISSOLUTION DU MARIAGE [1-2]

FORM. 78. — **Reprises de la femme commune en biens par contrat.**

DETTE PUBLIQUE

Trois pour cent.

Extrait d'inscription au Grand-Livre.

N°..., Série..., Rente : 300 francs.

Au nom de : DUBOIS (LAURE), *femme de* PAUL RICHARD.

Je soussigné..., notaire à...,

Attendu le décès arrivé en son domicile à..., le..., de M. Paul Richard, rentier, époux de Mᵐᵉ Laure Dubois (titulaire de l'inscription de rente dont le libellé figure en tête du présent), ainsi qu'il résulte de son acte de décès, inscrit aux registres des actes de l'état civil de la commune de..., à la date du..., et dont une copie est ci-après visée ;

Et vu :

I. — L'extrait d'inscription de rente ci-dessus relaté ;

II. — La minute du contrat de mariage de M. et Mᵐᵉ Richard susnommés, reçu par Mᵉ..., mon prédécesseur immédiat, le..., contenant adoption du régime de la communauté de biens réduite aux acquêts et apport par la future épouse d'un titre de 300 francs de rente 3 p. 100, immatriculé à son nom, sous le n°..., de la série... ;

III. — Un certificat d'origine, délivré le..., par M. le Directeur de la Dette inscrite et constatant que le titre de rente ci-dessus visé provient de la mutation de celui apporté en mariage par Mᵐᵉ Richard [3] ;

IV. — Et la copie susénoncée de l'acte de décès de M. Paul Richard [4] ;

Laquelle copie m'a été déposée pour minute, suivant acte reçu par moi, le... ;

Certifie, conformément à la loi du 28 floréal an VII, que les 300 francs de rente 3 p. 100, montant du titre ci-dessus visé, appartiennent à titre de propre, ainsi que les arrérages échus et à échoir, à Mᵐᵉ Laure Dubois, veuve de M. Paul Richard et non remariée, et doivent être ainsi immatriculés :

DUBOIS (LAURE), *veuve de* PAUL RICHARD.

En foi de quoi j'ai délivré le présent certificat.

A..., le...

1. V. *sup.*, 1ʳᵉ PARTIE, nᵒˢ 590 et s.
2. On pourra consulter aussi utilement pour les certificats de propriété à délivrer à la suite de la dissolution du mariage, les formules 2, 3, 4, 5, 6, 7, 9, 10, 11, 15, 16, 23, 62, 63, 64, 65 et 66 et ci-après les formules relatives au *Divorce*.
3. Rappelons que le visa des actes et pièces constatant l'origine des rentes n'est pas obligatoire, à l'égard du Trésor, *quand il existe un contrat de mariage* ;

le notaire est seul juge des justifications qu'il croit devoir exiger. *Sup.*, 1re partie, nos 613 et s.

4. V. la note 2, sous la formule 79.

Form. 79. — **Reprises de la femme séparée contractuellement de biens**[1].

DETTE PUBLIQUE

Trois pour cent.

Extrait d'inscription au Grand-Livre.

No..., Série..., Rente : 600 francs.

Au nom de : Vincent (Lucie), *femme de* Léon Humbert, *séparée de biens suivant contrat passé devant* M°..., *notaire à..., le...*

Je soussigné..., notaire à...,

Attendu le décès arrivé en son domicile à..., le..., de M. Léon Humbert, en son vivant rentier, époux de Mme Lucie Vincent (titulaire de l'inscription de rente dont le libellé est ci-dessus transcrit), ainsi que le constate son acte de décès, dont une copie est annexée à l'acte de notoriété ci-après visé ;

Et vu :

I. — L'extrait d'inscription de rente ci-dessus relaté ;

II. — La minute du contrat de mariage de M. et Mme Humbert susnommés, reçu par moi, le..., et contenant adoption du régime de la séparation de biens ;

III. — Et la minute d'un acte de notoriété dressé par moi, le..., auquel est annexée une copie de l'acte de décès de M. Humbert, inscrit aux registres des actes de l'état civil de la commune de..., à la date du...; ledit acte de notoriété constatant que celui-ci est décédé à..., le..., à la survivance de sa femme, Mme Lucie Vincent susnommée, aujourd'hui sa veuve, non remariée, rentière, demeurant à...[2] ;

Certifie, conformément à la loi du 28 floréal an VII, que les 600 francs de rente 3 p. 100, montant de l'inscription dont le libellé figure en tête des présentes, appartiennent à titre de propre en pleine propriété, ainsi que tous arrérages échus et à échoir, à Mme Lucie Vincent, veuve de M. Léon Humbert, et doivent être ainsi immatriculés :

Vincent (Lucie), *veuve de* Léon Humbert.

En foi de quoi j'ai délivré le présent certificat.

A..., le...

---

1. Dans le cas de *séparation contractuelle*, la production de l'acte de décès du mari serait insuffisante pour faire inscrire le titre au nom de la femme devenue veuve, en sa nouvelle qualité. Mais il en serait autrement, si le titre portait une mention de *séparation judiciaire*. Cpr. *Sup.*, 1re partie, nos 617 et s.

2. Lorsque le certificat de propriété, délivré au profit de la femme devenue

veuve, a pour objet la reprise en nature par elle des titres lui appartenant en propre, le visa d'un acte de notoriété n'est pas obligatoire. V. form. 78. Et quand cet acte est dressé, il n'est pas nécessaire qu'il fasse connaître les héritiers du défunt; il suffit qu'il constate que celui-ci est décédé à la survivance de son conjoint. Cpr. *Sup.*, 1re PARTIE. n° 603.

FORM. 80. — **Reprises de la femme mariée sous le régime dotal**[1].

DETTE PUBLIQUE
Trois pour cent.

Extrait d'inscription au Grand-Livre.
N°..., Série..., Rente : 500 francs.

Au nom de : LAMBERT (JEANNE), *femme de* JUSTIN THIBAUT, *avec lequel elle est mariée sous le régime dotal, suivant contrat passé devant* Me..., *notaire à..., le...*

Je soussigné..., notaire à...,

Attendu le décès arrivé en sa demeure à..., le..., de M. Justin Thibaut, propriétaire, ainsi qu'il résulte d'une copie de son acte de décès annexée à l'acte de notoriété ci-après visé ;

Et vu :

I. — L'extrait d'inscription de rente ci-dessus relaté ;

II. — La minute du contrat de mariage de M. Justin Thibaut susnommé avec Mme Jeanne Lambert (titulaire dudit extrait d'inscription de rente), dressé par moi, le..., et contenant adoption du régime dotal ;

III. — Et la minute d'un acte de notoriété dressé par moi[2], le..., constatant que M. Justin Thibaut est décédé en son domicile à..., le..., à la survivance de sa femme, Mme Jeanne Lambert susnommée, restée sa veuve, demeurant à...[3] ;

Certifie, conformément à la loi du 28 floréal an VII, que les 500 francs de rente, montant de l'inscription dont le libellé figure en tête des présentes, appartiennent en pleine propriété, à titre de bien propre, ainsi que tous arrérages échus et à échoir, à Mme Jeanne Lambert susnommée, veuve de M. Justin Thibaut, et doivent être immatriculés de la manière suivante :

LAMBERT (JEANNE), *veuve de* JUSTIN THIBAUT.

En foi de quoi j'ai délivré le présent certificat.

A..., le...

1. Ce que nous disons à la note 1, sous la formule 79, est applicable même dans le cas où le titre est frappé de dotalité.

2. Dans ce cas, la notoriété ne constatant pas des qualités héréditaires, il n'est pas nécessaire qu'elle mentionne le défaut d'inventaire. Cpr. *sup.* la note 1, sous la formule 34.

3. V. la note 2, sous la formule 79.

FORM. 81. — **Convention de mariage**[1].

DETTE PUBLIQUE

Trois pour cent.

Extrait d'inscription au Grand-Livre.

Nº..., Série..., Rente : 50 francs.

Au nom de : PERRIN (EMILE).

Je soussigné..., notaire à...,

Attendu le décès arrivé en son domicile, à..., le..., de M. Émile Perrin, en son vivant propriétaire, ainsi qu'il résulte de l'intitulé de l'inventaire ci-après visé ;

Et vu :

I. — L'extrait d'inscription de rente ci-dessus relaté ;

II. — La minute du contrat de mariage de M. Émile Perrin, titulaire dudit titre de rente, avec Mᵐᵉ Ernestine Roland, aujourd'hui sa veuve, propriétaire, demeurant à..., reçu par moi, le..., et contenant adoption du régime de la communauté de biens, avec stipulation que l'époux survivant serait seul propriétaire de la totalité des biens meubles et immeubles qui composeraient l'actif de ladite communauté au jour du décès du prémourant, conformément à l'article 1525 du code civil ;

III. — La minute de l'inventaire dressé par moi, le..., après le décès dudit sieur Emile Perrin, et constatant que ce dernier est décédé comme il est dit ci-dessus, laissant comme veuve survivante Mᵐᵉ Ernestine Roland susnommée, et pour seul héritier M. Léon Perrin, son frère germain, rentier, demeurant à... ;

IV. — Et la minute d'un acte reçu par moi, le..., aux termes duquel Mᵐᵉ veuve Perrin a remis à M. Léon Perrin, son beau-frère, le montant des reprises qu'il avait à exercer contre la communauté d'entre M. et Mᵐᵉ Perrin-Roland ;

Certifie, conformément à la loi du 28 floréal an VII, que l'inscription de rente qui fait l'objet des présentes dépend de la communauté de biens ayant existé entre M. et Mᵐᵉ Perrin, et appartient en pleine propriété, ainsi que tous arrérages échus et à échoir, à Mᵐᵉ Ernestine Roland, veuve de M. Emile Perrin et non remariée, en vertu de son contrat de mariage ci-dessus visé, comme épouse survivante, et qu'elle doit être immatriculée de la manière suivante :

ROLAND (ERNESTINE), *veuve de* EMILE PERRIN.

En foi de quoi j'ai délivré le présent certificat.

A..., le...

---

1. V. *sup.*, 1ʳᵉ PARTIE, nᵒˢ 598 et s.

Form. 82. — **Communauté conventionnelle. — Titre en dépendant, au nom du mari survivant, coté et paraphé. — Renonciation à communauté** [1].

DETTE PUBLIQUE

Trois pour cent.

Extrait d'inscription au Grand-Livre.

N°.... Série..., Rente : 100 francs.

Au nom de : Martellière (André).

Je soussigné..., notaire à...,

Attendu le décès arrivé en son domicile, le..., de Mme Rose Duprez, en son vivant épouse de M. André Martellière, bijoutier, avec lequel elle demeurait à..., ainsi que le constate l'intitulé de l'inventaire ci-après visé ;

Et vu :

I. — L'extrait d'inscription dont le libellé précède ; lequel extrait porte une mention constatant qu'il a été coté et paraphé par moi, comme pièce unique de la cote sixième, lors de l'inventaire ci-après visé ;

II. — La minute du contrat de mariage de M. et Mme Martellière susnommés, reçu par moi, le..., et contenant adoption du régime de la communauté réduite aux acquêts ;

III. — La minute de l'inventaire dressé par moi, le..., après le décès de ladite dame Martellière, constatant que celle-ci est décédée *intestat* au lieu et à l'époque susindiqués ;

Et qu'elle a laissé :

Premièrement. — Son mari survivant, M. André Martellière susnommé, comme commun en biens d'acquêts, aux termes de leur contrat de mariage susvisé ;

Deuxièmement. — Et pour ses seuls héritiers, chacun pour moitié, ses deux enfants issus de son union avec M. Martellière :

1° M. Paul Martellière, voyageur de commerce, demeurant à... ;

2° Et M. Jean Martellière, employé de commerce, demeurant à... ;

IV. — Et l'expédition de la renonciation faite au greffe dudit tribunal civil de première instance de..., le..., par MM. Paul et Jean Martellière, comme seuls héritiers de leur mère, à la communauté ayant existé entre M. et Mme Martellière ; par suite de quoi tout l'actif de ladite communauté se trouve être la propriété exclusive du mari ;

Certifie, conformément à la loi du 28 floréal an VII, que les 100 francs de rente, montant de l'extrait d'inscription susvisé, qui dépendaient de la communauté ayant existé entre M. et Mme Martellière, appartiennent en pleine propriété, avec tous arrérages échus et à échoir, à M. André Martellière, à cause de ladite communauté et par suite de la renonciation à cette communauté faite par MM. Martellière fils.

En conséquence, je requiers M. le Directeur de la Dette inscrite de délivrer, en remplacement dudit titre, un autre titre de mêmes somme et nature de rente ainsi immatriculé :

MARTELLIÈRE (ANDRÉ)[2].

En foi de quoi j'ai délivré le présent certificat.

A..., le...

1. V. *sup.*, 1re PARTIE, nos 606 et s.
2. Dans l'espèce, il est nécessaire d'avoir recours à un certificat de propriété parce que le titre a été coté et paraphé. *Sup.*, 1re PARTIE, no 611.

FORM. 83. — **Communauté légale. — Rente propre à la femme. — Décès successifs. — Attribution au dernier ayant droit.**

DETTE PUBLIQUE

Trois pour cent.

Extrait d'inscription au Grand-Livre.

No..., Série..., Rente : 300 francs.

Au nom de : DUTEMS (EMMA), *femme de* CLÉMENT SAMSON.

Je soussigné..., notaire à...,

Attendu :

1o Le décès arrivé en son domicile, le..., de M. Clément Samson, en son vivant percepteur en retraite, demeurant à..., ainsi qu'il résulte de son acte de décès, inscrit aux registres de l'état civil de..., à la date du...;

2o Et le décès arrivé en son domicile à..., le..., de Mme Emma Dutems, alors veuve de M. Clément Samson, ainsi que le constate son acte de décès, inscrit aux registres de l'état civil de..., à la date du...;

Et vu :

I. — L'extrait d'inscription de rente susvisé ;

II. — Une copie de l'acte de mariage de M. Clément Samson et Mme Emma Dutems susnommés, inscrit aux registres des actes de l'état civil de..., à la date du..., et duquel il résulte que cette union n'a été précédée d'aucun contrat, par suite de quoi les époux se sont trouvés soumis au régime de la communauté légale[1] ;

Laquelle copie est annexée à la minute de l'acte de notoriété ci-après visé ;

III. — La minute d'un acte reçu par moi, le..., contenant donation entre vifs par M. Félix Rabourdin, propriétaire, demeurant à..., à Mme Samson, sa nièce, qui a accepté avec l'autorisation de son mari, d'une somme de 300 francs de rente 3 p. 100, inscrite au nom du donateur, no..., série...; laquelle donation a eu lieu sous la condition que la rente en faisant l'objet ne tomberait pas dans la communauté légale existant alors entre les époux Samson et resterait propre à la donataire[2] ;

IV. — L'original d'un certificat d'origine délivré le..., par M. le Directeur

37

de la Dette inscrite et constatant que l'extrait d'inscription susvisé provient de la mutation, au profit de Mme Samson, du titre de mêmes somme et nature de rente, n°..., série..., au nom de M. Félix Rabourdin, objet de la donation susvisée;

V. — Et la minute d'un acte de notoriété dressé par moi, à défaut d'inventaire, le..., et auquel sont annexées les copies des actes de décès susénoncés de M. et Mme Samson, constatant :

Que M. Clément Samson est décédé au lieu et à l'époque susindiqués, à la survivance de sa femme ;

Que Mme Samson, née Dutems, est elle-même décédée au lieu et à l'époque susindiqués, *intestat*, en état de viduité ;

Et qu'elle a laissé pour sa seule héritière, sa sœur germaine, Mme Rosalie Dutems, épouse en premières noces [3] de M. Jean Hardouin, limonadier, avec lequel elle demeure à... ;

Certifie, conformément à la loi du 28 floréal an VII, que les 300 francs de rente 3 p. 100, montant de l'inscription susvisée, dépendent exclusivement de la succession de Mme Samson, et appartiennent en pleine propriété, ainsi que tous arrérages échus et à échoir, à Mme Rosalie Dutems, épouse en premières noces de M. Jean Hardouin, en qualité de seule héritière de Mme Samson.

En conséquence, je requiers M. le Directeur de la Dette inscrite de délivrer, en remplacement dudit titre, un autre de mêmes somme et nature de rente au nom de :

DUTEMS (ROSALIE) *femme de* JEAN HARDOUIN.

En foi de quoi j'ai délivré le présent certificat.

A..., le...

---

1. Quand il existe un contrat de mariage, il doit toujours être visé pour attribuer, après la dissolution du mariage, les rentes, comme propres, à l'un des époux, quels que soient les actes qui constatent cette propriété et les mention d'origine inscrites sur les titres. Cpr. *sup.*, 1re PARTIE, n°s 613 et s.

2. V. la note 1, sous la formule 52. — V. aussi *sup.* 1re PARTIE, n°s 613 et 614.

3. Quand il s'est écoulé un certain temps entre la dévolution de la succession et la délivrance du certificat de propriété, il est bon de mentionner, quand il y a lieu, que les ayants droit sont mariés en premières noces, afin de faire ressortir qu'une communauté dissoute ne se trouve pas avoir de droits dans la rente, objet du certificat.

Dans l'espèce, Mme Rosalie Dutems, femme Hardouin lors de la notoriété, aurait pu être engagée dans les liens d'un autre mariage au moment de l'ouverture de la succession, et alors il faudrait justifier que la succession du conjoint décédé n'a pas de droit au titre.

SÉPARATION JUDICIAIRE [1]

Form. 84. — **Constatation de la séparation judiciaire de biens dans l'immatricule.**

DETTE PUBLIQUE

Trois pour cent.

Extrait d'inscription au Grand-Livre.

N°..., Série..., Rente : 100 francs.

Au nom de : PAULIN (ERNESTINE), *femme de* GUILLAUME SAVARD.

Je soussigné..., notaire à...,

Vu :

I. — L'extrait d'inscription de rente ci-dessus relaté ;

II. — La minute du contrat de mariage de M. Guillaume Savart, négociant, et Mme Ernestine Paulin, demeurant ensemble à..., reçu par moi, le..., et contenant adoption du régime de la communauté de biens réduite aux acquêts ;

III. — La grosse d'un jugement rendu par le tribunal civil de première instance de..., le..., en vertu duquel M. et Mme Savart ont été déclarés séparés de biens (*ou de corps et de biens*) ;

Laquelle pièce est annexée à la minute de l'acte de liquidation ci-après visé [2] ;

IV. — Et la minute d'un acte dressé par moi, le..., contenant entre M. et Mme Savart :

1° Liquidation des reprises que Mme Savart avait le droit d'exercer tant contre la communauté d'entre elle et son mari que contre celui-ci ;

2° Et reprises en nature, par ladite dame, des 100 francs de rente 3 p. 100, qui font l'objet des présentes ;

Certifie, conformément à la loi du 28 floréal an VII, que les 100 francs de rente 3 p. 100 dont il s'agit appartiennent, à titre de propre, en pleine propriété, avec tous arrérages échus et à échoir, à Mme Ernestine Paulin, épouse séparée de M. Guillaume Savart et doivent être ainsi immatriculés :

PAULIN (ERNESTINE), *femme séparée de biens (ou de corps et de biens) de* GUILLAUME SAVART, *suivant jugement du tribunal civil de..., en date du...*

En foi de quoi j'ai délivré le présent certificat.

A..., le...

1. V. *sup.*, 1re PARTIE, n°s 626 et s.

2. Il n'y a pas lieu de justifier de certificats de non-opposition ni appel, ni des formalités de publicité, l'exécution de la séparation résultant suffisamment de la liquidation, qui peut avoir lieu à l'amiable. Cpr. C. c., 1444.

DIVORCE [1]

FORM. 85. — **Régime dotal avec société d'acquêts. — Liquidation. — Rente propre à la femme. — Rente dépendant de la société d'acquêts. — Loi du 27 juillet 1884.**

DETTE PUBLIQUE

Trois pour cent.

Extrait d'inscription au Grand-Livre.

N°..., Série..., Rente : 65 francs.

Ainsi immatriculé : Duval (Marie Madeleine), *femme de* Eugène Blanchet, *mariée sous le régime dotal, suivant contrat reçu par M°..., notaire à..., le...
La présente rente formant remploi de fonds immobiliers touchés suivant quittance passée devant M°..., notaire à..., le..., ne sera aliénable qu'aux conditions stipulées audit contrat de mariage.*

Trois et demi pour cent.

Extrait d'inscription au Grand-Livre.

N°..., Série..., Rente : 60 francs.

Au nom de : Blanchet (Eugène).

Je soussigné..., notaire à...,

Attendu le divorce prononcé entre M. Eugène Blanchet, rentier, demeurant à..., et Mᵐᵉ Marie Albertine Duval, demeurant autrefois à..., et maintenant à..., aux termes d'un acte dressé par l'officier de l'état civil de..., à la date du..., en exécution d'un jugement rendu par le tribunal civil de première instance de..., le... ;

Et vu :

I. — Les extraits d'inscriptions dont les immatricules sont ci-dessus transcrites ;

II. — La minute du contrat de mariage de M. et Mᵐᵉ Blanchet-Duval, reçu par moi, le..., contenant adoption du régime dotal avec société d'acquêts ;

III. — Une copie de l'acte dressé par l'officier de l'état civil de..., le..., et prononçant le divorce entre les époux Blanchet-Duval, en exécution du jugement précité [2] ;

Laquelle copie est annexée à la minute de la liquidation ci-après visée [3] ;

IV. — Et la minute d'un acte reçu par moi, le..., aux termes duquel M. Blanchet et Mᵐᵉ Duval ont procédé entre eux à la liquidation et au partage de ladite société d'acquêts, qui, par suite de leur divorce, s'est trouvée dissoute à la date du..., jour de sa prononciation ;

Acte par lequel :

L'inscription de 65 francs de rente 3 p. 100 susvisée a été reprise en nature par Mᵐᵉ Duval, à titre de propre, comme formant le remploi du prix d'immeubles aliénés lui ayant appartenu, avec droit à tous les arrérages échus et à échoir ;

Et l'inscription ci-dessus de 60 francs 3 1/2 p. 100, dépendant de la société d'acquêts, a été attribuée, ainsi que tous arrérages échus et à échoir, pour les remplir chacun de ses droits :

A M. Blanchet, pour 10 francs de rente ;

Et à Mme Duval, pour le surplus ou 50 francs de rente ;

Certifie, conformément à la loi du 28 floréal an VII :

Que l'inscription de 65 francs 3 p. 100 susvisée appartient en pleine propriété, avec tous les arrérages échus et à échoir, à Mme Marie Albertine Duval, femme divorcée de M. Eugène Blanchet, à titre de propre, et que, par suite de son divorce, elle en a la pleine et entière disposition ;

Et que l'inscription de 60 francs de rente 3 1/2 p. 100 aussi susvisée, appartient en pleine propriété, avec tous arrérages échus et à échoir :

Jusqu'à concurrence de 50 francs de rente, à la même, et pour le surplus ou 10 francs de rente, à M. Eugène Blanchet, à cause de la société d'acquêts ayant existé entre eux et en vertu des attributions contenues au profit de chacun d'eux dans la liquidation susvisée.

En conséquence, je requiers M. le Directeur de la Dette inscrite de délivrer, en remplacement de ces inscriptions, trois autres inscriptions :

La première, de 65 francs de rente 3 p. 100, au nom de :

Duval (Marie Albertine), *femme divorcée* [4] ;

avec jouissance des arrérages à compter du... ;

La deuxième, de 50 francs de rente 3 1/2 p. 100, au nom de :

Duval (Marie Albertine), *femme divorcée ;*

Et la troisième, de 10 francs de même nature de rente, au nom de :

Blanchet (Eugène) ;

Avec jouissance des arrérages pour ces deux derniers titres, du...

En foi de quoi j'ai délivré le présent certificat, conformément à la réquisition contenue dans la liquidation susvisée.

A..., le...

---

1. V. *sup.*, 1re PARTIE, n°s 639 et s.

2. Sous le régime de la loi de 1884, le jugement ou l'arrêt autorisant le divorce renvoyait les parties devant l'officier de l'état civil compétent pour l'y faire prononcer : C. c., 264, *abrogé.*

L'acte était dressé sur la production, pour y rester annexés, de la grosse du jugement ou de l'arrêt, des certificats constatant que cette décision n'était susceptible d'aucun recours et de l'original de la sommation à l'époux défendeur, quand il ne comparaissait pas. — Circ. Proc. Rép. Seine aux maires, 29 oct. 1884.

Cet acte devait, sous peine de déchéance du bénéfice de la décision, être dressé dans un délai de deux mois, calculé conformément à l'art. 264 C. c.

3. V., quant à l'enregistrement des actes et décisions concernant le divorce, *sup.*, 1re PARTIE, n° 643, p. 108, note 2.

4. V. *sup.*, 1re PARTIE, n°s 650 et s.

Form. 86. — **Communauté d'acquêts.** — **Inventaire.** — **Liquidation judiciaire de reprises.** — **Renonciation à communauté.** — **Rente dépendant de la communauté et rentes propres au mari et à la femme.** — **Loi 18 avril 1886 [1].**

DETTE PUBLIQUE

Trois pour cent.

Extraits d'inscription au Grand-Livre.

Nᵒ ..., Série ..., Rente : 100 francs.

Nᵒ..., Même série..., Rente : 20 francs.

Au nom de : BÉNARD (LÉON).

Trois et demi pour cent.

Nᵒ ..., Série ..., Rente : 115 francs.

Au nom de : RENAUD (JEANNE BERTHE), *femme de* LÉON BÉNARD.

Je soussigné..., notaire à...,

Attendu le divorce prononcé entre M. Léon Bénard, horloger, demeurant à..., et Mᵐᵉ Jeanne Berthe Renaud, demeurant actuellement à..., aux termes d'un arrêt rendu par la Cour de..., à la date du... [2], duquel arrêt mention a été faite en marge de l'acte de mariage de M. et Mᵐᵉ Bénard dont une copie sera ci-après visée ;

Et vu :

I. — Les extraits d'inscriptions dont les libellés précèdent ;

II. — La minute du contrat de mariage de M. et Mᵐᵉ Bénard susnommés, reçu par moi le..., aux termes duquel les futurs époux ont adopté le régime de la communauté des biens réduite aux acquêts et le futur époux a apporté en mariage la rente de 100 francs 3 p. 100 dont l'immatricule est ci-dessus rappelée ;

III. — Une copie (en ma possession comme annexée à l'état liquidatif ci-après visé) : 1ᵒ de l'acte de mariage de M. et Mᵐᵉ Bénard, dressé à la mairie de..., le..., constatant qu'ils se sont mariés ledit jour, après avoir réglé les conditions civiles de leur union aux termes du contrat susénoncé ; 2ᵒ et de la mention faite en marge de cet acte, conformément à l'article 251 du Code civil, de l'arrêt précité prononçant le divorce entre lesdits époux [3] ;

IV. — La minute de l'inventaire dressé par moi, le..., à la requête de M. et Mᵐᵉ Bénard, à la suite de la demande en divorce formée par la femme contre le mari et au cours duquel les inscriptions de rente rappelées en tête du présent ont été cotées et paraphées, savoir :

Celle de 100 francs, sous la cote..., comme propre de M. Bénard, au moyen de l'apport qu'il en avait fait en mariage ;

Celle de 20 francs, sous la cote..., comme dépendant de la communauté, au moyen de l'acquisition qui en a été faite pendant le mariage ;

Celle de 115 francs, sous la cote..., à titre de propre de Mᵐᵉ Bénard, comme ayant été recueillie par elle dans la succession de son père ;

V. — Une expédition, en ma possession comme annexée à l'état liquidatif ci-après visé, de l'acte dressé au greffe du tribunal civil de..., le..., de la déclaration par Mme Renaud de sa renonciation à la communauté ayant existé entre elle et M. Bénard; au moyen de quoi tout l'actif de cette communauté s'est trouvé appartenir à ce dernier;

VI. — L'état liquidatif des reprises de Mme Renaud contre son mari, dressé par moi, le..., comme commis à cet effet aux termes d'un jugement rendu le..., par le tribunal civil de..., confirmé par l'arrêt précité qui a prononcé le divorce entre les époux Bénard-Renaud ;

Duquel état, annexé au procès-verbal ci-après visé, il résulte que Mme Renaud a le droit d'exercer la reprise en nature de l'inscription de 115 francs de rente dont l'immatricule précède, avec droit à tous les arrérages écnus et à échoir;

VII. — La minute d'un procès-verbal dressé par moi, avec l'assistance de témoins [4], le..., contenant approbation pleine et entière dudit état liquidatif par M. Bénard et Mme Renaud ;

Certifie, conformément à la loi du 28 floréal an VII, que les inscriptions de rente énoncées en tête du présent certificat appartiennent en pleine propriété aux ci-après nommés, dans les proportions suivantes, et doivent être immatriculés ainsi :

Pour 120 francs de rente 3 p. 100, au nom de :

BÉNARD (LÉON),

Tant à titre de propre qu'au moyen de la renonciation faite par Mme Bénard à communauté ;

Pour 115 francs de rente 3 1/2 p. 100, à titre de propre, au nom de :

RENAUD (JEANNE BERTHE), *femme divorcée;*

Le tout avec jouissance des arrérages à partir du jour depuis lequel ils sont dus.

En foi de quoi j'ai délivré le présent certificat, conformément à la réquisition qui m'en a été faite aux termes du procès-verbal d'approbation susvisé.

A..., le...

1. Sous le régime de la loi de 1886, la pronouciation du divorce a lieu par le jugement ou l'arrêt qui l'admet. C. c., 246 à 250 (*nouv. texte*).

V. aussi, quant à la transcription de cette décision, à la mention qui doit en être faite et à sa signification, C. c., 171, 251 et 258.

2. L'énonciation de ce jugement n'est pas nécessaire et, *a fortiori*, il n'y a pas lieu d'en viser la grosse ou un extrait.

3. Quand la copie de l'acte de mariage contient celle de la mention de divorce, on peut la viser au lieu de la copie de la transcription du jugement ou de l'arrêt.

4. Lorsque les parties, ayant capacité à cet effet, approuvent l'état liquidatif et renoncent aux formalités d'homologation, le procès-verbal devient un acte ordinaire, qui doit être reçu par deux notaires ou par un notaire assisté de deux témoins. — V. *sup.* la note 3, sous la formule 14.

FORM. 87. — **Communauté légale**. — **Rente propre à la femme.**
— **Absence de contrat et de liquidation (Loi 18 avril 1896).**

DETTE PUBLIQUE

Trois pour cent.

Extrait d'inscription au Grand-Livre.

Nᵒ..., Série..., Rente : 200 francs.

Au nom de : LOISEAU (JEANNE MARIE), *femme de* LOUIS VICTOR NAUDET. *La présente rente formant remploi de fonds immobiliers touchés suivant quittance passée devant M*ᵉ*..., notaire à..., le...*

Je soussigné..., notaire à...,

Attendu le divorce prononcé entre M. Louis Victor Naudet, négociant, demeurant à..., et Mᵐᵉ Jeanne Marie Loiseau, demeurant ci-devant au même lieu et maintenant à..., aux termes d'un jugement¹ rendu par le tribunal civil de première instance de..., le..., dont le dispositif a été transcrit sur les registres des actes de l'état civil de la ville de..., à la date du... ;

Et vu :

I. — L'extrait d'inscription dont l'immatricule précède ;

II. — Une copie de l'acte de mariage de M. et Mᵐᵉ Naudet susnommés, dressé à la mairie de..., le..., constatant qu'ils n'ont pas fait précéder leur union d'un contrat en réglant les conditions civiles ; par suite de quoi ils se sont trouvés soumis au régime de la communauté légale ;

Laquelle copie m'a été déposée pour minute, suivant acte reçu par moi, le... ;

III. — La minute d'un contrat reçu par moi, le..., aux termes duquel M. et Mᵐᵉ Naudet ont vendu à M. Auguste Berton, rentier, demeurant à..., une maison, sise à..., appartenant en propre à Mᵐᵉ Naudet, ainsi qu'il résulte de l'établissement de propriété fait au contrat, moyennant un prix principal de..., payé comptant aux termes du même contrat, qui en porte quittance ;

IV. — La minute d'un acte reçu par moi, le..., aux termes duquel Mᵐᵉ Naudet, dûment autorisée, a déclaré que le titre de rente susvisé lui provenait du prix de la vente faite à M. Berton qu'elle avait employé à son acquisition pour lui servir de remploi, et accepter formellement ce titre comme remploi dudit prix ;

V. — Et une copie de la transcription, faite sur les registres des actes de l'état civil de la ville de..., à la date du...ᵉ, du dispositif du jugement susénoncé devenu définitif, prononçant le divorce des époux Naudet-Loiseau ;

Certifie, conformément à la loi du 28 floréal an VII, que la rente de 200 francs, 3 p. 100, dont le libellé figure en tête du présent certificat appartient en pleine propriété, avec tous arrérages échus et à échoir, à titre de propre, à Mᵐᵉ Jeanne Marie Loiseau, femme divorcée de M. Louis

Victor Naudet; que par suite de son divorce elle en a la libre et entière disposition et que cette rente doit être immatriculée ainsi :

Loiseau (Jeanne Marie), *femme divorcée.*

En foi de quoi j'ai délivré le présent certificat, à la réquisition de Mme Loiseau, à ce présente.

A..., le...

Et après lecture faite, Mme Loiseau a signé avec moi.

Ou bien :

En foi de quoi j'ai délivré le présent certificat, conformément à la réquisition qui m'en a été faite par Mme Loiseau, épouse divorcée de M. Naudet, suivant acte reçu par moi, le...,

A..., le...

1. V. la note 2, sous la formule 86.

2. Le décès de l'un des époux survenu avant la transcription du jugement entraînant la nullité du divorce, il peut être prudent, dans certains cas, quand aucun acte postérieur ne révèle l'existence du défendeur, de s'assurer qu'il n'est pas décédé avant cette transcription. C. c., 244, 252.

INTERDICTION [1]

Form. 88. — **Cessation de l'interdiction légale.**

DETTE PUBLIQUE

Trois pour cent.

Extrait d'inscription au Grand-Livre.

N°..., Série..., Rente : 1,000 francs.

Au nom de : Bège (André), *en état d'interdiction légale, sous la tutelle de Dominique Ronce.*

Je soussigné..., notaire à...,

Vu :

I. — L'extrait d'inscription de rente ci-dessus relaté ;

II. — La minute d'un acte reçu par moi, le..., aux termes duquel :

1° M. Dominique Ronce, avocat, demeurant à..., a rendu compte à M. André Bège, propriétaire, demeurant à..., de l'administration qu'il a eue des biens de celui-ci pendant le temps de son interdiction légale, résultant d'un arrêt de la cour d'assises de..., en date du..., qui l'a condamné à dix années de réclusion, expirées depuis le..., ainsi qu'il résulte d'un certificat délivré par le Directeur de la maison centrale de..., en date du..., dont l'original enregistré est annexé audit acte ;

2° Et M. André Bège a été remis en possession de ses biens et en a recouvré la jouissance et l'administration ;

III. — Et la minute d'un acte reçu par moi, le..., contenant approbation dudit compte d'administration ;

Certifie, conformément à la loi du 28 floréal an VII, qu'il y a lieu de faire disparaître de l'inscription de rente ci-dessus visée la mention d'interdiction légale du titulaire et de délivrer à celui-ci un nouveau titre de 1,000 francs de rente 3 p. 100, immatriculé purement et simplement au nom de :

Bège (André).

En foi de quoi j'ai délivré le présent certificat.

A..., le...

1. *Sup.*, 1ʳᵉ partie, nᵒˢ 654 et s.

CONSEIL JUDICIAIRE

Form. 89. — **Dation**[2].

DETTE PUBLIQUE

Trois pour cent.

Extrait d'inscription au Grand-Livre.

Nᵒ..., Série..., Rente : 200 francs.

Au nom de : Thomassin (Joseph).

Je soussigné..., notaire à...,

Vu :

I. — L'extrait d'inscription de rente ci-dessus relaté ;

II. — La grosse d'un jugement contradictoire, rendu par le tribunal civil de première instance de..., le..., aux termes duquel M. Joseph Thomassin, rentier, demeurant à..., titulaire de l'inscription de 200 francs de rente 3 p. 100 dont il s'agit, a été pourvu d'un conseil judiciaire en la personne de M. Gustave Taron, avocat, demeurant à... ;

III. — Un certificat délivré par Mᵉ..., avoué près ledit tribunal, le..., constatant que ce jugement a été signifié à avoué et à partie ;

IV. — Et un certificat délivré par le greffier du même tribunal, le..., attestant que ledit jugement n'a été frappé ni d'opposition ni d'appel ;

Lesquelles pièces m'ont été déposées pour minute, suivant acte reçu par moi, le... ;

Certifie que M. Joseph Thomassin susnommé a actuellement pour conseil judiciaire M. Gustave Taron aussi susnommé ; qu'il y a lieu de délivrer, en échange de l'extrait d'inscription ci-dessus visé, un nouveau titre, de 200 francs de rente 3 p. 100, avec droit à tous arrérages échus et à échoir, immatriculé ainsi :

THOMASSIN (JOSEPH), *ayant pour conseil judiciaire* M. GUSTAVE TARON, *suivant jugement du tribunal civil de première instance de..., en date du...*

En foi de quoi j'ai délivré le présent certificat.

A..., le...

1. V. *sup.*, 1re PARTIE, nos 654 et s. et nos 676 et s.

2. En principe, la production d'un certificat de propriété n'est pas obligatoire pour faire mentionner sur les titres de rente la nomination d'un conseil judiciaire et pour la suppression de cette mention ; mais on procède, cependant, le plus souvent ainsi, car ce moyen a pour avantage d'éviter de laisser dans les archives du Trésor, les pièces justificatives. — Le Trésor pourrait d'ailleurs exiger un certificat de propriété. *Adde* Gorges et de Bray, vo *Cons. judic.*, IV, p. 139.

FORM. 90. — **Mainlevée** [1].

DETTE PUBLIQUE

Trois pour cent.

Extrait d'inscription au Grand-Livre.

No..., série..., Rente : 200 francs.

Au nom de : THOMASSIN (JOSEPH), *ayant pour conseil judiciaire M. Gustave Taron, suivant jugement du tribunal civil de première instance de..., en date du...*

Je soussigné..., notaire à....

Vu :

I. — L'extrait d'inscription de rente ci-dessus relaté ;

II. — La grosse d'un jugement contradictoire, rendu par le tribunal civil de première instance de..., le..., aux termes duquel il a été donné mainlevée du conseil judiciaire dont M. Joseph Thomassin, titulaire de l'inscription de 200 francs de rente susvisée, avait été pourvu en la personne de M. Gustave Taron, avocat, demeurant à..., par jugement du même tribunal en date du... ;

III. — Un certificat délivré par Me..., avoué près ledit tribunal, le..., constatant que ce jugement a été signifié à avoué et à partie ;

IV. — Et un certificat délivré par le greffier du même tribunal, le..., attestant que ledit jugement n'a été frappé ni d'opposition, ni d'appel ;

Lesquelles pièces m'ont été déposées pour minute, suivant acte reçu par moi, le... ;

Certifie, qu'aux termes du jugement susvisé du..., il a été fait mainlevée du conseil judiciaire dont M. Thomassin avait été pourvu par le jugement dudit tribunal de..., du... ;

Qu'en conséquence, M. Thomassin a la libre disposition de ses biens ;

Et qu'il y a lieu de faire disparaître la mention de conseil judiciaire existant sur l'inscription de rente ci-dessus relatée et de délivrer, en remplacement du titre susvisé, un nouveau titre de 200 francs de rente 3 p. 100, avec droit à tous arrérages échus et à échoir, immatriculé purement et simplement de la manière suivante :

THOMASSIN (JOSEPH).

En foi de quoi j'ai délivré le présent certificat.

A..., le...

1. V. la note 2, sous la formule précédente.

FAILLITE [1]

FORM. 91. — Immatriculation au nom de la faillite.

DETTE PUBLIQUE

Trois pour cent.

Extrait d'inscription au Grand-Livre.

N°..., Série..., Rente : 20 francs.

Au nom de : TARDIF (ALEXANDRE).

Je soussigné..., notaire à...,

Vu :

I. — L'extrait d'inscription dont le libellé précède ;

II. — Les pièces suivantes, étant en ma possession comme annexées à la minute d'un acte de dépôt que j'en ai dressé, le... :

1° L'extrait d'un jugement rendu par le tribunal de commerce de..., le..., qui a déclaré M. Alexandre Tardif, négociant, demeurant à..., en état de faillite, et a nommé M. Paul Bernard, huissier, demeurant à..., syndic provisoire de cette faillite ;

2° L'extrait d'un autre jugement rendu par le même tribunal, le..., sur le vu du procès-verbal de consultation des créanciers dudit sieur Tardif, dressé par le juge-commissaire de sa faillite, au greffe de ce tribunal, le..., aux termes duquel jugement ledit M. Bernard a été nommé syndic définitif de la faillite ;

Certifie que le titre de 20 francs de rente 3 p. 100 dont le libellé précède appartient en pleine propriété, ainsi que tous arrérages échus et à échoir, à la faillite dudit sieur Tardif (Alexandre), déclarée par le jugement susvisé et ayant pour syndic définitif M. Paul Bernard, nommé par le jugement aussi susvisé du...

En conséquence, je requiers de M. le Directeur de la Dette inscrite la délivrance, en remplacement dudit titre, d'un autre de même nature ainsi immatriculé :

TARDIF (ALEXANDRE) *(La faillite de) déclarée suivant jugement du tribunal de commerce de..., en date du..., ayant pour syndic définitif M. Paul Bernard, nommé suivant jugement dud. tribunal en date du...*

En foi de quoi j'ai délivré le présent certificat.

A..., le...

1. V. *sup.*, 1ʳᵉ PARTIE, nᵒˢ 682 et s. et 2ᵉ PARTIE, chap. III, *Capacité civile*, vᵒ *Failli*, p. 372 et s.

FORM. 92. — **Vente à forfait de nue propriété.**

DETTE PUBLIQUE

Trois et demi pour cent.

Extrait d'inscription au Grand-Livre.

Nᵒ..., Série..., Rente : 100 francs.

Ainsi immatriculé : GUINOT (JEAN), *pour l'usufruit; la nue propriété à* PIERRE GUINOT.

Je soussigné..., notaire à...,

Vu :

I. — L'extrait d'inscription susénoncé ;

II. — Les pièces suivantes, étant en ma possession comme annexées à la minute d'un acte en constatant le dépôt, reçu par moi, le..., savoir :

1ᵒ Une expédition d'un jugement du tribunal de commerce de..., en date du..., qui a déclaré M. Pierre Guinot, négociant, demeurant à..., en état de faillite, et a nommé M. Ravard, agréé près ledit tribunal, demeurant à..., syndic provisoire de cette faillite ;

2ᵒ Un extrait d'un autre jugement du même tribunal du..., aux termes duquel ledit M. Ravard a été nommé syndic définitif de cette faillite¹ ;

3ᵒ Un extrait d'un jugement rendu par le même tribunal, le..., entre M. Ravard, agréé, en qualité de syndic de l'union des créanciers du sieur Pierre Guinot, demandeur suivant exploit de..., huissier à..., du..., et ledit sieur Guinot, alors sans domicile ni résidence connus en France, défendeur défaillant, assigné conformément au paragraphe 8 de l'article 69 du Code de procédure civile; lequel jugement a homologué purement et simplement la délibération des créanciers de la faillite du sieur Pierre Guinot, prise sous la présidence de M..., juge-commissaire de cette faillite, en date du..., ayant donné un avis favorable à la vente à forfait de la nue propriété du titre de rente susvisé, appartenant au failli, et autorisé M. Ravard, en sa qualité de syndic, à céder de gré à gré, au mieux et au prix qu'il jugerait convenable², la nue propriété dont s'agit et à faire tous actes nécessaires à cet effet, notamment pour opérer tous transferts et mutations à raison de la nue propriété dudit titre ;

4ᵒ L'original d'un exploit de..., huissier à..., en date du..., visé par M. le procureur de la République à..., le même jour, constant la signification du jugement dernier énoncé du..., à M. Pierre Guinot, défendeur défaillant, conformément au paragraphe 8 de l'art. 69 du Code de procédure civile ;

III. — La minute d'un acte reçu par moi, le..., contenant vente et cession par M. Ravard, en sa qualité susexprimée et autorisé comme il est ci-dessus dit, à M. Jean Guinot, usufruitier du titre de rente dont s'agit, de la nue propriété du même titre, moyennant un prix principal de..., payable aussitôt après la mutation opérée au profit du cessionnaire de la nue propriété cédée et la remise du nouveau titre [3] ;

IV. — L'original, aussi en ma possession comme annexé à la minute de l'acte de dépôt susénoncé, d'un exploit de..., huissier à..., en date du..., constatant la signification au Ministre des finances de la grosse du jugement énoncé sous le n° 3 du chiffre II, de la signification de la grosse de ce jugement à M. Pierre Guinot, au parquet, et de l'acte de cession ci-dessus, afin qu'il n'en ignore et à telles fins que de droit, notamment pour qu'il soit opéré le transfert au nom de M. Jean Guinot de la nue propriété dudit titre de rente dont il a déjà l'usufruit ; ledit exploit visé, le..., par M. le conservateur des oppositions, sous le n°... ;

Certifie et atteste, conformément à la loi, que, par suite de la cession susvisée, le titre de 100 francs de rente 3 1/2 p. 100 dont s'agit appartient en toute propriété, ainsi que tous arrérages échus et à échoir, à M. Jean Guinot.

En conséquence, je requiers M. le Directeur de la Dette inscrite de délivrer, en remplacement dudit titre, un autre titre de mêmes somme et nature de rente au nom de :

GUINOT (JEAN) [4].

En foi de quoi...

---

1. Les certificats de propriété peuvent être délivrés aux syndics provisoires comme aux syndics définitifs. *Sup.*, 1re PARTIE, n° 696.

2. *Ou :* moyennant un prix de....., *ou :* aux enchères publiques, par le ministère de Me..., notaire à..., que le tribunal a commis à cet effet.

3. Cette cession pourrait être faite par acte sous seing privé, mais, dans ce cas, elle ne pourrait servir de base à la délivrance d'un certificat de propriété qu'après avoir été déposée pour minute avec reconnaissance d'écriture et de signatures. *Sup.*, 1re PARTIE, n° 15.

Si la cession avait lieu à un autre qu'à l'usufruitier et que celui-ci, détenteur du titre, refusât de s'en dessaisir, on procéderait comme en cas de nantissements. — V. la formule 105 et les notes.

4. Il y a toujours lieu de terminer le certificat de propriété par une réquisition d'immatricule, quand l'opération porte sur une propriété. *Sup.*, 1re PARTIE, n° 154.

Form. 93. — **Faillite après décès.** — **Acceptation bénéficiaire.**

DETTE PUBLIQUE

Trois pour cent.

Extrait d'inscription au Grand-Livre.

N°..., Série..., Rente : 450 francs.

Au nom de : FORTIN (EUSÈBE).

Je soussigné..., notaire à...,

Attendu le décès de M. Eusèbe Fortin, en son vivant négociant en grains, demeurant à..., arrivé en son domicile, le..., ainsi que le constate l'intitulé de l'inventaire ci-après visé ;

Et vu :

I. — L'extrait d'inscription susénoncé ;

II. — L'intitulé de l'inventaire dressé par moi, suivant procès-verbal en date au commencement du..., après le décès de M. Eusèbe Fortin susnommé, constatant :

Que ce dernier est décédé *intestat*, en son domicile, à l'époque sus-indiquée, veuf en premières noces de Mme Antonie Baron (elle-même décédée à..., le...) et non remarié [1] ;

Qu'il a laissé pour son seul héritier pour le tout, son fils unique, M. Camille Fortin, pharmacien militaire, attaché à l'hôpital de..., où il demeure ;

Et qu'il dépend de sa succession, comme acquis par lui durant son veuvage, le titre de rente susénoncé [2] ;

III. — L'expédition d'un acte dressé au greffe du tribunal civil de première instance de..., le..., aux termes duquel M. Camille Fortin a déclaré accepter la succession de son père sous bénéfice d'inventaire seulement ; ladite expédition étant en ma possession, comme annexée à la minute d'un acte de dépôt dressé par moi, le... [3] :

IV. — Les pièces suivantes étant en ma possession comme annexées à la minute d'un acte de dépôt reçu par moi, le..., savoir :

1° La grosse d'un jugement du tribunal civil de..., jugeant commercialement [4], le..., déclarant feu M. Eusèbe Fortin en état de faillite, et nommant M. Henri Foucard, huissier à..., syndic provisoire de la faillite ;

2° La grosse d'un autre jugement, rendu par le même tribunal, le..., sur le vu du procès-verbal de consultation des créanciers du sieur Eusèbe Fortin, dressé par le juge-commissaire de la faillite, au greffe de ce tribunal, le..., constatant que l'assemblée de ces créanciers, réunie pour délibérer sur le concordat, n'a pas été d'avis de l'accorder et que, par suite, la faillite est en état d'union ; aux termes duquel jugement M. Foucard a été maintenu dans ses fonctions de syndic définitif de ladite faillite ;

Certifie que l'inscription de 450 francs de rente 3 p. 100 dont le libellé précède, dépend de la succession de M. Eusèbe Fortin, et appartient en toute propriété, ainsi que tous arrérages échus et à échoir, à la faillite dudit sieur Fortin, ayant pour syndic définitif M. Henri Foucard, nommé par le jugement susvisé du..., et qu'il y a lieu de délivrer, en remplacement de cette inscription, une autre de même somme et nature de rente ainsi immatriculée :

FORTIN (EUSÈBE), *décédé (La faillite de), déclarée suivant jugement du tribunal de...., en date du..., ayant pour syndic définitif M. Henri Foucard nommé par un jugement du même tribunal du...* [5].

En foi de quoi, etc.

A..., le...

1. V. *sup.*, form. 1, note 2.

2. Cette énonciation n'est pas obligatoire ; mais, quand elle peut être faite, elle ne peut que rendre le certificat de propriété plus complet.

3. Le Trésor n'exige pas le dépôt pour minute et le visa des acceptations bénéficiaires, qui doivent seulement être énoncées, le cas échéant. *Sup.*, 1re PART., nos 26 et 355 et s. — Dans le cas de la formule, le notaire pourrait donc se contenter d'énoncer seulement l'acceptation bénéficiaire, en ajoutant au visa de l'inventaire : « Étant expliqué que M... a accepté sous bénéfice d'inventaire seulement la succession de M..., suivant déclaration faite au greffe du tribunal de..., le... »

4. Dans tous les arrondissements, il y a une juridiction consulaire. Mais il faut distinguer les tribunaux de commerce proprement dits des tribunaux civils jugeant commercialement. Ces derniers n'appliquent la loi commerciale qu'à défaut des premiers, qui ont le privilège de la juridiction commerciale partout où ils existent. R. Rosse, *Man. prat. et jurid. du commerçant*, no 1349, p. 404.

5. Le plus souvent, le titre de rente est vendu par le syndic en vertu d'une ordonnance d'autorisation du juge-commissaire. *Sup.*, 2e PARTIE, chap. III, *Cap. civ. à l'ég. des transf.*, vo *Failli*. Il n'y a pas lieu, alors, de requérir la délivrance d'un nouveau titre.

DÉCONFITURE [1]

FORM. 94. — **Cession de biens.**

TRÉSOR PUBLIC

*Certificat d'inscription
sur le Livre des cautionnements en numéraire* [2].
Registre IV, — Folio 142, — N° 180.

Somme capitale : 1.800 francs.

Au nom de : MARTIN (JEAN), *notaire à...,
Arrondissement de..., Département de...*

Je soussigné, notaire à...,

Vu :

I. — Le titre de cautionnement susénoncé ;

II. — La minute d'un acte reçu par moi, le..., aux termes duquel M. Jean Martin, ci-devant notaire à..., arrondissement de..., se trouvant dans l'impossibilité de faire face au paiement de ses dettes, a fait la cession ou l'abandonnement volontaire de tous ses biens et notamment de son cautionnement à ses créanciers, au nombre desquels M. Paul Roger, banquier, demeurant à..., qui a été nommé liquidateur de ladite cession de biens et chargé de la réalisation et du recouvrement de l'actif de M. Martin et m'a requis, par le même acte, de lui délivrer le certificat de propriété nécessaire pour le retrait et l'encaissement du cautionnement dont s'agit;

Certifie :

Que M. Paul Roger susnommé, en qualité de liquidateur de la cession de biens de M. Martin, a seul qualité pour recevoir le montant en principal et intérêts du cautionnement de ce dernier, sans autre obligation que celle de rendre compte aux créanciers de celui-ci;

Et qu'en payant le montant en principal et intérêts de ce cautionnement entre les mains et sur la quittance de M. Roger, liquidateur, le Trésor public et ses proposés seront valablement déchargés et libérés.

En foi de quoi, etc.

A..., en mon étude, le...

1. V. *sup.*, 1ᵉ PARTIE, nᵒˢ 707 et s. et 2ᵉ PARTIE, chap. III, *Capac. civ.*, vᵒ *Cession de biens*, p. 336.

2. Les cautionnements en *numéraire* présentent certaines différences avec les cautionnements en *rentes*. Toute poursuite est interdite sur ces derniers, aux créanciers ordinaires, tandis que la loi du 25 nivôse an XIII, qui a établi sur les cautionnements en numéraire un privilège de premier ordre, pour les faits de charge, et un privilège de second ordre pour les bailleurs de fonds, reconnaît, en troisième ordre, un droit de poursuite aux créanciers ordinaires. Cpr. G. Robin, p. 116. — V. aussi L. 6 vent. an XIII et la note 2, sous la formule 119 *infrà*.

CESSIONS [1]

FORM. 95. — **Cession amiable d'une nue propriété.**
(**Réméré** [2]).

DETTE PUBLIQUE
Trois pour cent.

Extrait d'inscription au Grand-Livre.

Nᵒ..., Série..., Rente : 5,000 francs.

Au nom de : BOIVIN (JULES ERNEST) *pour l'usufruit; la nue propriété à* CHARLES HUMBLOT.

Je soussigné..., notaire à...,

Vu :

I. — L'extrait d'inscription de rente ci-dessus relaté;

II. — Et la minute d'un acte reçu par moi, le..., par lequel M. Charles Humblot, rentier, demeurant à...., titulaire de la nue propriété du titre de

38

rente ci-dessus visé, a cédé et transféré à M. Prosper Mangin, propriétaire, demeurant à..., la nue propriété de 3,000 francs de rente à prendre dans ce titre de rente, pour y réunir l'usufruit au décès de M. Jules Ernest Boivin;

Auquel acte M. Boivin susnommé est intervenu pour consentir à la division de son titre de rente [3];

Certifie, conformément à la loi du 28 floréal an VII, que les 3,000 francs de rente faisant partie de la nue propriété de l'inscription de rente dont il s'agit appartiennent à M. Prosper Mangin, et que, par suite, il y a lieu de délivrer deux nouveaux titres immatriculés de la manière suivante, avec jouissance des arrérages échus et à échoir:

Le premier, de 2,000 francs de rente, au nom de:

BOIVIN (JULES ERNEST), *pour l'usufruit; la nue propriété à* CHARLES HUMBLOT;

Et le second, de 3,000 francs de rente, au nom de:

BOIVIN (JULES ERNEST), *pour l'usufruit; la nue propriété à* PROSPER MANGIN.

En foi de quoi j'ai délivré le présent certificat.

A..., le...

---

1. V. *sup.*, 1re PARTIE, nos 723 et s.

2. Quelquefois la vente des rentes a lieu avec faculté de *réméré*.

En effet, le Trésor accepte, en principe, les certificats de propriété basés sur les cessions affectées de cette condition et opère, sur leur production, les changements d'immatricules qui en sont la conséquence.

En fait, cette manière de procéder ne se justifie que pour les nues propriétés, et c'est seulement pour les opérations de ce genre qu'on a recours à ce mode de procéder.

Le Trésor n'accepte pas qu'il soit fait mention, sur le titre, de la faculté de réméré: mais il admet, ce qui revient au même, une immatricule ainsi conçue:

A... *pour l'usufruit; la nue propriété à* B:., *possédant aux conditions d'un contrat passé devant* Me..., *notaire à..., le...*

Ou: A..., *pour l'usufruit; la nue propriété à* B...; *ladite nue propriété ne sera aliénable qu'aux conditions d'un contrat, etc.*

V. aussi *sup.*, p. 447 (Réméré).

La vente à réméré équivaut alors à un nantissement et on considère que cette aliénation est soumise aux mêmes conditions de validité et de capacité que la constitution de gage; par conséquent, le Trésor se refuserait à mentionner la faculté de réméré, dans les termes où il le fait, sur une nue propriété dont le titulaire n'aurait pas la libre disposition. Cpr., *sup.*, 1re PARTIE, no 758, et 2e PARTIE, p. 303.

A l'expiration du délai convenu, un nouveau certificat de propriété est délivré. Si le réméré est exercé, le notaire vise l'acte de cession et l'acte de retrait et un nouveau titre est délivré, pour la nue propriété, au nom du cédant; — si le réméré n'est pas exercé, le notaire vise seulement l'acte de cession et certifie que, par suite de l'expiration du délai prévu, le cessionnaire est devenu propriétaire incommutable de la nue propriété, qui est inscrite à son nom purement et simplement sur le nouveau titre qui est délivré.

Quelquefois les compagnies d'assurances-vie, qui ont recours à ce mode de procéder pour garantir les prêts qu'elles font à des nus propriétaires, concèdent à ceux-ci la faculté de rachat seulement par acte s. s. p.; il n'en est pas fait mention dans l'acte de cession qui est pur et simple, et quand la faculté de rachat n'est pas exercée, cette cession devient définitive, sans qu'il y ait rien à faire.

Ce mode de procéder économique ne présente pas d'inconvénient quand on traite avec une compagnie sérieuse et de longue durée; mais il serait dangereux de l'employer avec un particulier, dont la solvabilité est quelquefois incertaine et l'existence toujours.

3. La Dette inscrite exige le consentement des usufruitiers pour la division des titres. *Sup.*, 2e PARTIE, chap. II, art. 1, § 5, *Division*, p. 271.

FORM. 96. — **Cession judiciaire d'une nue propriété.**

DETTE PUBLIQUE

Trois pour cent.

Extrait d'inscription au Grand-Livre.

Nº..., Série.... Rente : 1,000 francs.

Au nom de : BOIVIN (JULES ERNEST) *pour l'usufruit; la nue propriété à* CHARLES HUMBLOT.

Je soussigné..., notaire à....

Attendu le décès arrivé en son domicile à..., le..., de M. Charles Humblot, en son vivant rentier, demeurant à..., ainsi qu'il résulte de l'intitulé de l'inventaire ci-après visé;

Et vu :

I. — L'extrait d'inscription de rente ci-dessus relaté[1];

II. — La minute de l'inventaire dressé par moi, le..., et constatant que M. Charles Humblot est décédé, comme il vient d'être dit, *intestat*, laissant :

1º Mme Suzanne Lange, sa veuve, rentière, demeurant à..., avec laquelle il était marié sous le régime de la communauté légale, à défaut de contrat préalable à leur union, célébrée à la mairie de..., le...[2];

2º Et pour seuls héritiers, chacun pour moitié, ses deux enfants ci-après nommés, nés de son mariage avec ladite dame, savoir :

M. Alphonse Humblot, négociant, demeurant à...;

Et Mlle Ernestine Humblot, célibataire majeure, sans profession, aliénée non interdite, placée sous l'administration provisoire de la Commission de surveillance de la maison d'aliénés de....;

Laquelle qualité d'héritier n'a été acceptée que sous bénéfice d'inventaire, suivant déclaration faite au greffe du tribunal civil de première instance de..., le...;

III. — La grosse d'un jugement rendu par ledit tribunal de..., le..., par lequel M..., demeurant à..., a été nommé administrateur judiciaire des biens dépendant de la communauté d'entre M. et Mme Charles Humblot et de ceux composant la succession de M. Humblot, avec pouvoir de les réaliser et spécialement de vendre et transférer la nue propriété du titre de rente dont le libellé est transcrit en tête des présentes;

IV. — Un certificat délivré par M^e..., avoué près ledit tribunal, le..., et constatant que ce jugement a été signifié à avoué et à parties ;

V. — Un certificat délivré par le greffier du même tribunal, le..., et attestant que ledit jugement n'a été frappé ni d'opposition ni d'appel;

Lesquels grosse et certificats sont annexés à la minute du procès-verbal d'ajudication ci-après visé ;

VI. — Et la minute d'un procès-verbal d'adjudication dressé par moi, le..., après l'accomplissement de toutes les formalités prescrites par la loi, aux termes duquel la nue propriété des 1000 francs de rente 3 p. 100, qui font l'objet des présentes, a été adjugée à M. Joseph Paulin, propriétaire, demeurant à..., moyennant un prix dont ledit procès-verbal contient quittance [3];

Certifie, conformément à la loi du 28 floréal an VII, que la nue propriété de l'inscription de rente dont il s'agit, inscrite au nom de M. Charles Humblot, appartient actuellement à M. Joseph Paulin susnommé, et qu'il y a lieu de délivrer un nouveau titre de même somme et nature de rente immatriculé ainsi :

BOIVIN (JULES ERNEST) *pour l'usufruit; la nue propriété à* JOSEPH PAULIN,

Avec jouissance de tous arrérages échus et à échoir.

En fait de quoi j'ai délivré le présent certificat.

A..., le...

1. Si l'usufruitier se refusait à communiquer le titre qu'il détient en cette qualité, on procéderait comme en cas de nantissement conféré sur une nue propriété. — V. *infrà*, formule 105.

2. Si la veuve était donataire ou usufruitière en vertu de l'art. 767 C. c., voir *suprà* les formules visant ces cas.

3. V. *sup.*, chap. III, *Capacité civile*, etc., v^{ie} *Adm. provis.*, p. 327 et s. et *Bénéf. d'inv.*, p. 332 et s.

FORM. 97. — **Cession amiable d'un usufruit.**

DETTE PUBLIQUE

Trois pour cent.

Extrait d'inscription au Grand-Livre.

N°..., Série..., Rente : 200 francs.

Au nom de : LANGLOIS (PIERRE), *pour l'usufruit; la nue propriété à* LÉON FRANÇOIS.

Je soussigné..., notaire à...,

Vu :

I. — L'extrait d'inscription de rente ci-dessus relaté;

II. — Et la minute d'un acte reçu par moi, le..., par lequel M. Pierre Langlois, rentier, demeurant à... (titulaire de l'usufruit du titre de rente ci-dessus visé), a vendu cet usufruit à M. Adolphe Martin, propriétaire, demeurant à..., moyennant un prix payé comptant et pour jouir dudit usufruit sur la tête et pendant la vie de M. Pierre Langlois, à compter du... dernier;

Certifie, conformément à la loi du 28 floréal an VII, que l'usufruit des 200 francs de rente 3 p. 100, montant de l'inscription dont le libellé ci-dessus transcrit, appartient à M. Adolphe Martin susnommé, avec jouissance des arrérages depuis le... dernier, et qu'il y a lieu de délivrer un nouveau titre de 200 francs de rente 3 p. 100 immatriculé ainsi :

MARTIN (ADOLPHE), *jouissant sur la tête et pendant la vie de* PIERRE LANGLOIS, *usufruitier; la nue propriété à* LÉON FRANÇOIS.

En foi de quoi j'ai délivré le présent certificat.

A..., le...

FORM. 98. — **Cession de nue propriété par acte sous seings privés.**

DETTE PUBLIQUE

Trois pour cent.

Extrait d'inscription au Grand-Livre.

N°..., Série..., Rente : 400 francs.

Au nom de : BOUCHER (FRÉDÉRIC), *pour l'usufruit; la nue propriété à* AUGUSTE CASTILLON.

Je soussigné..., notaire à...,

Vu :

I. — L'extrait d'inscription dont le libellé précède [1];

II. — L'un des originaux d'un acte sous seings privés, fait double à..., le..., portant la mention suivante : *Enregistré à* ..., aux termes duquel M. Auguste Castillon, employé de commerce, demeurant à..., a vendu à M. Célestin Bruno, rentier, demeurant à..., moyennant un prix quittancé audit acte, la nue propriété lui appartenant du titre de 400 francs de rente susénoncé, dont l'usufruit appartient à M. Frédéric Boucher;

Lequel original est annexé à la minute de l'acte de dépôt ci-après visé;

III. — Et la minute d'un acte reçu par moi, le..., constatant le dépôt au rang de mes minutes à ladite date, avec reconnaissance d'écriture et de signatures de l'acte de cession sous seings privés susvisé;

Certifie, conformément à la loi du 28 floréal an VII, que les 400 francs de rente dont le titre est susénoncé appartiennent désormais pour la nue propriété à M. Célestin Bruno, rentier, demeurant à..., en vertu de la cession susvisée.

En conséquence, je requiers M. le Directeur de la Dette inscrite de délivrer, en remplacement de l'extrait d'inscription dont il s'agit, un nouveau titre de même somme et nature de rente, avec jouissance de tous arrérages échus et à échoir, ainsi immatriculé :

BOUCHER (FRÉDÉRIC) *pour l'usufruit; la nue propriété à* CÉLESTIN BRUNO.

En foi de quoi j'ai délivré le présent certificat.

A..., le...

1. L'usufruitier ayant le droit de conserver le titre entre ses mains et le

Trésor ne délivrant pas de duplicata, le nu propriétaire pourrait se trouver n'avoir aucune pièce justificative de son droit.

Pour obvier à cet inconvénient, lorsque les nus propriétaires le désirent, leur droit est constaté par une copie littérale de l'immatricule émanant du Directeur de la Dette inscrite et transmise sous forme de lettre à l'intéressé. *Sup.*, 2ᵉ PARTIE, **p. 172.**

Cette lettre suffit alors pour faire opérer la mutation; elle est visée dans le certificat de propriété au lieu de l'extrait d'inscription.

On peut aussi ne viser ni cette lettre ni le titre et procéder comme nous l'indiquons en cas de nantissement. *Infrà*, formule 105.

FORM. 99. — **Cession de droits successifs.**

DETTE PUBLIQUE

Trois et demi pour cent.

Extrait d'inscription au Grand-Livre.

Nº..., Série.... Rente : 100 francs.

Au nom de : PELLEGRIN (JULES).

Je soussigné..., notaire à...,

Attendu le décès arrivé en son domicile, le..., de M. Jules Pellegrin usnommé, rentier, demeurant à..., ainsi que le constate l'intitulé de inventaire ci-après visé;

Et vu :

I. — L'extrait d'inscription susénoncé ;

II. — La minute de l'inventaire dressé par moi, le..., après le décès dudit M. Jules Pellegrin, constatant que ce dernier est décédé *intestat*, célibataire, au lieu et à l'époque susindiqués;

Et qu'il a laissé pour ses seuls héritiers, chacun pour moitié, ses deux frères germains :

M. Alexis Pellegrin, horloger, demeurant à...;

Et M. Victor Pellegrin, employé de commerce, demeurant à...;

III. — Et la minute d'un acte reçu par moi, le..., aux termes duquel M. Victor Pellegrin a cédé à son frère et son cohéritier, M. Alexis Pellegrin, tous ses droits mobiliers dans la succession dudit M. Jules Pellegrin, moyennant un prix et aux charges exprimés à l'acte [1];

Certifie, conformément à la loi du 28 floréal an VII, que les 100 francs de rente 3 1/2 p. 100 dont l'immatricule précède appartiennent en pleine propriété, ainsi que tous arrérages échus et à échoir, à M. Alexis Pellegrin susnommé, tant comme héritier de M. Jules Pellegrin que comme cessionnaire des droits successifs mobiliers de M. Victor Pellegrin, aux termes de l'acte susvisé.

En conséquence, je requiers M. le Directeur de la Dette inscrite de délivrer, en remplacement du titre de 100 francs de rente susvisé, un autre titre de mêmes somme et nature de rente ainsi immatriculé :

PELLEGRIN (ALEXIS).

En foi de quoi j'ai délivré le présent certificat, conformément à la réquisition qui m'en a été faite par ledit M. Alexis Pellegrin, suivant acte devant moi du...

A..., le...

1. La question de savoir si l'article 1690 du C. c. est applicable aux cessions de droits successifs soulève encore des contradictions; cependant, la négative l'emporte et la C. de Cass. en a décidé ainsi, le 6 juillet 1858. — V. aussi Aubry et Rau, § 359, note 24, et Seine, 13 mars 1896.

En tout cas, il n'y a pas lieu à signification au Trésor. *Sup.*, 1re PARTIE, n° 725 *bis*.

RENONCIATION [1]

FORM. 100. — **Renonciation à usufruit.**

DETTE PUBLIQUE

Trois pour cent.

Extrait d'inscription au Grand-Livre.

N°..., Série..., Rente : 100 francs.

Au nom de : LANGLOIS (PIERRE), *pour l'usufruit; la nue propriété
à* LÉON FRANÇOIS.

Je soussigné..., notaire à...,

Vu :

I. — L'extrait d'inscription dont le libellé précède ;

II. — Et la minute d'un acte reçu par moi, le..., par lequel M. Pierre Langlois, rentier, demeurant à..., titulaire de l'usufruit de l'inscription de rente ci-dessus visée, a déclaré renoncer purement et simplement à cet usufruit, à compter du... dernier ;

Certifie, conformément à la loi du 28 floréal an VII, que, par suite de la renonciation de M. Pierre Langlois à l'usufruit qu'il avait de l'inscription de rente dont le libellé est ci-dessus transcrit, les 100 francs de rente, montant de cette inscription, appartiennent en pleine propriété à M. Léon François, avec jouissance des arrérages échus et à échoir, et qu'il y a lieu de lui délivrer un nouveau titre de rente ainsi immatriculé :

FRANÇOIS (LÉON).

En foi de quoi j'ai délivré le présent certificat.

A..., le...

1. *Sup.*, 1re PARTIE, n°s 734 et s.

DATION EN PAIEMENT [1]

FORM. 101. — **Dation en paiement d'un prix d'immeuble.**

DETTE PUBLIQUE

Trois pour cent.

Extrait d'inscription au Grand-Livre.

N°..., Série..., Rente : 500 francs.

Au nom de : RABOT (CHARLES).

Je soussigné..., notaire à...,

Vu :

I. — L'extrait d'inscription de rente ci-dessus relaté ;

II. — Et la minute d'un contrat passé devant moi, le..., aux termes duquel M. Charles Rabot, propriétaire, demeurant à... (titulaire du titre de rente ci-dessus visé), a acquis de M. Adolphe Morant, menuisier, demeurant à..., une maison située à..., moyennant le prix principal de 17,000 francs, en paiement duquel, jusqu'à due concurrence, il a cédé et transféré à M. Morant, qui a accepté, à titre de dation en paiement, les 500 francs de rente 3 p. 100 montant de l'inscription de rente dont il s'agit, avec droit aux arrérages à compter du jour où ils sont dus ;

Certifie, conformément à la loi du 28 floréal an VII, que le titre de 500 francs de rente ci-dessus visé appartient en toute propriété, avec tous arrérages échus et à échoir, à M. Adolphe Morant susnommé et qu'il y a lieu de lui délivrer, en remplacement de ce titre, un autre titre de mêmes somme et nature de rente ainsi immatriculé :

MORANT (ADOLPHE).

En foi de quoi j'ai délivré le présent certificat.

A..., le...

---

1. V. *sup.*, 1re PARTIE, nos 739 et s.

Par dérogation aux dispositions législatives qui exigent le concours d'un agent de change pour la cession et le transfert des rentes sur l'Etat, les certificats de propriété basés sur des cessions sont admis par le Trésor, quand ces cessions ne sont que le complément ou l'accessoire d'autres conventions antérieures. — 1re PARTIE, *ub sup.*, et 2e PARTIE, chap. III, *Capac. civile*, etc., v° *Dation en paiement*, p. 342 et s.

Notons cependant que le Trésor se refuse à opérer le transfert en cas de dation en paiement d'un prix d'immeuble, quand le contrat de mariage, sous le régime dotal, contient obligation d'emploi.

Il y a donc lieu, lorsque la dation en paiement émane d'une femme mariée, de viser le contrat de mariage et d'énoncer le régime.

FORM. 102. — **Dation en paiement d'un reliquat de compte de tutelle.**

DETTE PUBLIQUE
Trois pour cent.

Extrait d'inscription au Grand-Livre.

N° ..., Série ..., Rente : 1,000 francs.

Au nom de : RABOT (CHARLES).

Je soussigné..., notaire à...,

Vu :

I. — L'extrait d'inscription de rente ci-dessus relaté ;

II. — La minute d'un acte reçu par moi, le..., aux termes duquel M. Charles Rabot, propriétaire, demeurant à..., titulaire de l'inscription de rente dont l'extrait est susvisé, a présenté à M. Adolphe Morant, menuisier, demeurant à... (qui en a donné récépissé), le compte de la tutelle et de l'administration qu'il a eues de sa personne et de ses biens en qualité de tuteur datif, nommé par délibération du conseil de famille dudit sieur Morant, alors mineur, prise sous la présidence de M. le juge de paix du canton de..., le... ;

III. — Et la minute d'un acte reçu par moi, le..., contenant : 1° approbation pure et simple par M. Morant du compte de tutelle susénoncé ; 2° cession et transport, à titre de dation en paiement, par M. Rabot à M. Morant, des 1,000 francs de rente montant de l'inscription énoncée en tête des présentes, ainsi que de tous arrérages échus et à échoir, pour se libérer d'autant du reliquat dudit compte de tutelle ; 3° et réquisition par tous les deux de délivrer le certificat de propriété nécessaire pour faire opérer la mutation de ce titre au nom de M. Morant ;

Certifie, conformément à la loi du 28 floréal an VII, que les 1,000 francs de rente 3 p. 100, montant de l'inscription de rente ci-dessus visée, appartiennent en pleine propriété à M. Adolphe Morant susnommé, ainsi que tous arrérages échus et à échoir, au moyen de ladite dation en paiement, et qu'il doit lui être délivré un nouveau titre ainsi immatriculé :

MORANT (ADOLPHE).

En foi de quoi j'ai délivré le présent certificat.

A..., le...

FORM. 103. — **Dation en paiement de reprises.**

DETTE PUBLIQUE
Trois pour cent.

Extrait d'inscription au Grand-Livre.

N°..., Série..., Rente : 500 francs.

Au nom de : HENRION (PIERRE).

Je soussigné..., notaire à...,

Vu :

I. — L'extrait d'inscription de rente ci-dessus relaté ;

II. — La minute du contrat de mariage de M. Pierre Henrion, négociant, et Mᵐᵉ Eloïse Brunet, demeurant ensemble à..., reçu par moi, le..., et contenant adoption du régime de la communauté de biens réduite aux acquêts;

III. — La grosse d'un jugement rendu par le tribunal civil de première instance de..., le..., par lequel M. et Mᵐᵉ Henrion ont été déclarés séparés de biens;

Laquelle grosse est annexée à la minute de l'acte ci-après visé[1];

IV. — Et la minute d'un acte reçu par moi et mon collègue, aussi notaire à..., le..., par lequel :

Les reprises en deniers de Mᵐᵉ Henrion ont été fixées à la somme de...;

Et M. Henrion, pour se libérer d'une somme de..., à valoir sur lesdites reprises, a cédé et transféré à Mᵐᵉ Henrion, qui a accepté, à titre de dation en paiement, les 500 francs de rente 3 p. 100 dont le libellé figure en tête des présentes, avec jouissance des arrérages à compter du..., laquelle rente (y compris les arrérages) lui appartient en propre, ainsi que le constate ledit acte de liquidation;

Certifie, conformément à la loi du 28 floréal an VII, que les 500 francs de rente dont il s'agit appartiennent en pleine propriété à Mᵐᵉ Henrion ci-dessus nommée, avec tous arrérages échus et à échoir, au moyen de la dation en paiement susénoncée à elle faite par son mari, et qu'ils doivent être ainsi immatriculés :

BRUNET (ÉLOÏSE), *femme séparée de biens de* PIERRE HENRION, *suivant jugement du tribunal civil de première instance de..., en date du...*

En foi de quoi j'ai délivré le présent certificat.

A..., le...

1. V. la note 2, sous la formule 84.

NANTISSEMENT [1]

FORM. 104. — **Affectation.** — **Pleine propriété.**

DETTE PUBLIQUE

Trois pour cent.

Extrait d'inscription au Grand-Livre.

Nᵒ..., Série..., Rente : 500 francs.

Au nom de : BOUCHER (MARCEL).

Je soussigné..., notaire à...,

Vu :

I. — L'extrait d'inscription de rente susénoncé;

II. — La minute, étant en ma possession, d'un acte reçu par moi, le..., contenant reconnaissance de dette par M. Marcel Boucher, commerçant, demeurant à..., au profit de M. Pierre Janvier, négociant, demeurant à..., d'une somme de 10,000 francs pour règlement de compte, exigible dans un délai de cinq ans du jour de l'acte et productive, à partir de la même époque, d'intérêts à 5 p. 100 par an, payables annuellement, et affectation, à titre de gage et nantissement, par le débiteur au profit du créancier, à la sûreté de sa créance en principal, intérêts et autres accessoires, des 500 francs de rente formant l'objet de l'inscription dont le libellé précède ;

Certifie, conformément à la loi du 28 floréal an VII, que les 500 francs de rente 3 p. 100, formant le montant du titre susvisé, sont affectés à la garantie du paiement de la créance de M. Pierre Janvier sur M. Marcel Boucher, en vertu de l'acte de reconnaissance de dette susvisé, et qu'il y a lieu de mentionner ce nantissement sur le titre.

En conséquence, je requiers de M. le Directeur de la Dette inscrite la délivrance d'un nouveau titre de même somme et nature de rente, avec jouissance de tous arrérages échus et à échoir, ainsi libellé [2] :

Boucher (Marcel). *La présente rente affectée à titre de gage et nantissement au profit de M.* Pierre Janvier, *pour sûreté d'une somme principale de 10,000 francs et de tous intérêts et accessoires, aux termes d'un acte de reconnaissance de dette, reçu par M*e..., *notaire à..., le...*

En foi de quoi j'ai délivré le présent certificat.

A..., le...

1. V. *sup.*, 1re PARTIE, nos 746 et s. et 2e PARTIE, chap. II, art. 1, § 14, *Nantissement*.

2. En cas de déclaration de faillite postérieure à l'acte d'affectation, le nantissement pourrait, croyons-nous, être mentionné jusqu'au jour du jugement. C. com., 448, arg. : Robin, p. 107. Cpr. Laurent, t. XXVIII, n° 467.

FORM. 105. — **Affectation.** — **Nue propriété.**

DETTE PUBLIQUE

Trois pour cent.

Extrait d'inscription au Grand-Livre.

N°..., Séric.... Rente : 5,000 francs.

Au nom de : Boivin (Jules Ernest), *pour l'usufruit; la nue propriété à* Charles Humblot.

Je soussigné..., notaire à...,

Vu :

I. — L'extrait d'inscription de rente ci-dessus relaté [1] ;

II. — Et la minute d'un acte reçu par moi, le..., aux termes duquel M. Charles Humblot, rentier, demeurant à..., titulaire de la nue propriété dudit titre de rente,

S'est reconnu débiteur envers M. Prosper Mangin, propriétaire, demeurant à..., de la somme de 10,000 francs pour prêt, stipulée remboursable le..., et productive d'intérêts à 5 p. 100 par an ;

Et a effecté, à titre de gage et de nantissement, au profit de M. Mangin, pour sûreté de sa créance, la nue propriété et l'usufruit, lorsqu'il s'y réunirait, des 5,000 francs de rente 3 p. 100 dont le libellé figure en tête des présentes[2];

Certifie, conformément à la loi du 28 floréal an VII, que l'inscription de rente dont il s'agit, en ce qui concerne M. Humblot, est affectée, comme il vient d'être expliqué, au paiement de la créance de M. Mangin, en vertu de l'acte ci-dessus visé, et que, par suite, il y a lieu de mentionner ce droit sur le titre et de délivrer un nouvel extrait d'inscription immatriculé ainsi :

BOIVIN (JULES ERNEST) *pour l'usufruit; la nue propriété à* CHARLES HUMBLOT. *Cette nue propriété et même la pleine propriété, lors de l'extinction dudit usufruit, affectées à titre de gage et nantissement au profit de* PROSPER MANGIN, *pour sûreté d'une somme principale de 10,000 francs et de tous les intérêts et accessoires, en vertu d'une obligation reçue par M°..., notaire à..., le...*[3].

En foi de quoi j'ai délivré le présent certificat.

A..., le...

1. Lorsqu'on ne peut produire le titre, parce que l'usufruitier, qui en est détenteur, refuse de s'en dessaisir, on peut avoir recours au certificat constatant les droits du nu propriétaire, délivré, sur sa demande, par le Directeur de la Dette inscrite. *Sup.*, 2ᵉ PARTIE, chap. 1ᵉʳ, *Not. gén. s. les Rentes*, §3, et chap. II, § 14, *Nantissement.*

On vise alors ce certificat dans les termes suivants :

Une lettre, en date du....., portant le n°..., émanant de la Direction de la Dette inscrite, de laquelle il résulte qu'il existe au Grand-Livre des 3 p. 100, sous le n°... de la série..., une rente immatriculée comme il est dit en tête du présent.

Il n'est même pas nécessaire, à la rigueur, quand l'opération porte sur une nue propriété, de viser le certificat du Directeur de la Dette inscrite ; il suffit d'énoncer le libellé du titre en tête du certificat de propriété.

Cpr. Gorges et de Bray, p. 257 et s. *(formules).*

2. Dans le cas de la note ci-dessus, après avoir visé et analysé l'acte d'affectation, on ajoute : « Etant expliqué que le certificat d'inscription de la rente est entre les mains de M. Jules Ernest Boivin, propriétaire, demeurant à..., en qualité d'usufruitier, lequel, conformément à l'art. 2076 du C. c., en a été constitué dépositaire. »

3. Dans le même cas, après la réquisition d'immatricule on dit : « Et attendu que le certificat d'inscription de la rente dont s'agit est entre les mains de M. Boivin, usufruitier, qui en a été constitué dépositaire et refuse de s'en dessaisir, il y aura lieu d'échanger le certificat à délivrer contre le titre actuel, lorsque ce dernier sera présenté pour l'encaissement des arrérages, et en attendant la régularisation de l'opération, il est requis que la rente dont s'agit soit frappée d'*empêchement administratif.* — V. *ub. sup. Nantissement.*

FORM. 106. — **Extinction.**

DETTE PUBLIQUE
Trois pour cent.

Extrait d'inscription au Grand-Livre.

N°..., Série..., Rente : 5,000 francs.

Ainsi immatriculé : BOIVIN (JULES ERNEST) *pour l'usufruit; la nue propriété à* CHARLES HUMBLOT. *Cette nue propriété et même la pleine propriété, lors de l'extinction dudit usufruit, affectées, à titre de gage et nantissement, au profit de* PROSPER MANGIN, *pour sûreté d'une somme principale de 10,000 francs et de tous les intérêts et accessoires, en vertu d'une obligation reçue de* M°..., *notaire à..., le...*

Je soussigné..., notaire à...,

Vu :

I. — L'extrait d'inscription de rente ci-dessus relaté[1];

II. — Et la minute d'un acte reçu par moi, le..., par lequel M. Prosper Mangin, propriétaire, demeurant à...,

A reconnu avoir reçu de M. Charles Humblot, rentier, demeurant à..., le montant en principal, intérêts et accessoires de l'obligation souscrite à son profit par ce dernier, en vertu d'un acte reçu par M°..., notaire à..., le..., énoncé dans le titre de rente dont l'immatricule figure en tête des présentes ;

Et, par suite, s'est désisté du nantissement[2] qui lui avait été consenti par M. Humblot, pour sûreté de sa créance, sur la nue propriété et éventuellement sur la pleine propriété de ladite inscription de rente[3];

Certifie, conformément à la loi du 28 floréal an VII, que le nantissement mentionné au profit de M. Prosper Mangin dans le libellé de l'inscription de rente dont il s'agit a cessé d'exister; que la mention qui en existe sur ladite inscription doit être supprimée; et qu'en conséquence il y a lieu de délivrer un nouveau titre de 5,000 francs de rente 3 p. 100 ainsi immatriculé :

BOIVIN (JULES ERNEST), *pour l'usufruit; la nue propriété à* CHARLES HUMBLOT.

En foi de quoi j'ai délivré le présent certificat.

A..., le...

---

1. Si le titre était entre les mains de l'usufruitier refusant son concours à l'opération, il y aurait lieu de procéder comme il est dit *sup.*, formule 105.

2. S'il s'agissait d'un désistement non précédé ou accompagné de paiement, on dirait :

Vu : I.... II. — La minute d'un acte reçu par moi, le..., aux termes duquel M. Prosper Mangin, propriétaire, demeurant à..., s'est désisté purement et simplement de l'effet du gage ou nantissement conféré à son profit par M. Charles Humblot, rentier, demeurant à..., aux termes d'un acte d'obligation reçu par moi, le..., sur la nue propriété et même la pleine propriété, au décès de l'usufruitier, de la rente objet de l'inscription susvisée, pour sûreté du montant en principal et accessoires de ladite obligation, et a consenti que la mention d'affectation mise sur cette inscription soit retranchée.

Si le désistement émanait non du créancier gagiste lui-même, mais de ses héritiers ou représentants, il serait bon d'énoncer les qualités de ceux-ci et l'inventaire ou la notoriété les constatant, ainsi que le régime des femmes, si le désistement avait lieu sans contestation de paiement; mais il ne serait pas nécessaire de viser ces actes, le notaire certificateur aurait seul à s'assurer de leur régularité.

3. On considère que le droit de rétention autorisé par le deuxième alinéa de l'art. 2082 du C. c. n'est pas applicable en matière de nantissement en rentes sur l'État. Robin, p. 110.

<hr>

Form. 107. — **Désistement. —**
Cession de partie de la nue propriété. — Division du titre.

DETTE PUBLIQUE

Trois pour cent.

Extrait d'inscription au Grand-Livre.

N° ..., Série ..., Rente : 800 francs.

Ainsi immatriculé : Amy (Jean) *pour l'usufruit; la nue propriété à* Henri Girard. *Ladite nue propriété, ainsi que la pleine propriété, lors de l'extinction de l'usufruit, affectées à titre de gage et nantissement au profit de Jules Carrier, pour sûreté d'une somme principale de 4,000 francs et de tous intérêts des accessoires, aux termes d'une obligation, reçue par M*e..., *notaire à..., le...*

Je soussigné..., notaire à....,

Vu :

I. — L'extrait d'inscription dont le libellé précède ;

II. — La minute d'un acte reçu par moi, le..., aux termes duquel M. Henri Girard a vendu et cédé à M. Arthur Moulin, docteur médecin, demeurant à..., la nue propriété de 400 francs de rente à prendre dans les 800 francs de rente appartenant au cédant dans le titre susvisé, pour y réunir l'usufruit au décès de M. Jean Amy, moyennant un prix payé comptant et quittancé à l'acte ;

III. — La minute d'un autre acte, aussi reçu par moi, le..., contenant désistement pur et simple par M. Jules Carrier, banquier, demeurant à..., de l'effet du nantissement consenti à son profit par M. Henri Girard, sur la nue propriété dudit titre de rente et consentement que la mention de ce nantissement, inscrite sur ce titre, soit retranchée [1];

Certifie et atteste, conformément à la loi du 28 floréal an VII:

Que le nantissement mentionné au profit de M. Jules Carrier dans le libellé du titre de rente susvisé a cessé d'exister et doit être supprimé;

Que la nue propriété des 800 francs de rente faisant l'objet de ce titre appartient : à M. Arthur Moulin, pour 400 francs, en vertu de la cession susvisée, et pour le surplus, à M. Henri Girard, qui en est resté propriétaire, le tout pour y réunir l'usufruit au décès de M. Jean Amy;

Et qu'en conséquence, il y a lieu de délivrer deux nouveaux titres de même nature de rente [2] :

Le premier, de 400 francs, au nom de :

AMY (JEAN) *pour l'usufruit ; la nue propriété à* HENRI GIRARD

Et le second, de 400 francs, au nom de :

AMY (JEAN) *pour l'usufruit ; la nue propriété à* ARTHUR MOULIN ;

Et que M. AMY usufruitier a donné son consentement à la division du titre, dans l'acte susvisé de cession [3].

En foi de quoi, etc...

1. V. la *formule* 106, note 2.

2. Pour toutes les opérations portant sur une nue propriété. le certificat de propriété doit contenir la réquisition de l'immatricule des titres à délivrer. *Sup.*, 1re PARTIE, no 154.

3. Lorsqu'une inscription est soumise à l'usufruit d'une personne, le consentement de celle-ci est nécessaire pour la division du titre, même quand la nue propriété est exprimée d'une manière divise. *Sup.*, 2e PARTIE, chap. II, art. 1er, § 5, *Division*, p. 271.

FORM. 108. — **Deux créanciers successifs venant en concurrence.**

DETTE PUBLIQUE

Trois pour cent.

Extrait d'inscription au Grand-Livre.

No..., Série..., Rente : 5,000 francs.

Au nom de : BOIVIN (JULES ERNEST) *pour l'usufruit ; la nue propriété à* CHARLES HUMBLOT.

Je soussigné..., notaire à...,

Vu :

I. — L'extrait d'inscription dont le libellé précède ;

II. — La minute d'un acte reçu par moi, le..., contenant :

1o Obligation par M. Charles Humblot, rentier, demeurant à..., titulaire de la nue propriété dudit titre de rente, au profit de M. Prosper Mangin, propriétaire, demeurant à..., de la somme de 5,000 francs pour prêt, stipulée remboursable..., le..., et productive d'intérêts au taux de cinq pour cent par an ;

2o Affectation spéciale, à titre de gage et nantissement. par M. Humblot au profit de M. Mangin, pour sûreté de sa créance en principal, intérêts et autres accessoires de la nue propriété des 5,000 francs de rente dont l'immatricule précède et même de la toute propriété, lors de l'extinction de l'usufruit [1] ;

3o Réserve par M. Humblot de la faculté d'emprunter une autre somme de 5,000 francs, en conférant au prêteur le même nantissement que celui donné à M. Mangin, afin que ce dernier et le nouveau prêteur exercent les droits résultant desdits nantissements concurremment entre eux, sans priorité ni préférence [2] ;

4o Et consentement par M. Mangin à ce second nantissement dans ces termes ;

III. — Et la minute d'un acte reçu par moi, le..., contenant :

1° Obligation par ledit M. Humblot au profit de M. Maxime Latour, rentier, demeurant à..., d'une somme de 5,000 francs, pour prêt, stipulée remboursable et productive d'intérêts comme celle due à M. Mangin;

2° Affectation spéciale et remise, à titre de gage et nantissement, par M. Humblot au profit dudit M. Latour, à la garantie de sa créance en principal, intérêts et accessoires, de la nue propriété et même la pleine propriété, lors de l'extinction de l'usufruit, des 5,000 francs de rente dont le libellé précède;

3° Et stipulation par M. Humblot que M. Latour exercerait tous les droits résultant dudit nantissement concurremment avec M. Mangin;

Certifie, conformément à la loi du 28 floréal an VII, que l'inscription de 5,000 francs de rente suslibellée appartient à M. Jules Ernest Boivin pour l'usufruit et pour la nue propriété à Charles Humblot;[1]

Que cette nue propriété et même la pleine propriété, lors de l'extinction de l'usufruit, ont été affectées à titre de gage et nantissement à la garantie du remboursement : 1° de la somme de 5,000 francs, due à M. Mangin susnommé en vertu de l'obligation première visée; 2° de la somme de 5,000 francs, due à M. Latour susnommé en vertu de l'obligation seconde visée; 3° et du paiement de tous intérêts de ces sommes et autres accessoires; — Pour MM. Mangin et Latour exercer les droits résultant dudit nantissement concurremment entre eux, au même rang, sans priorité ni préférence.

En conséquence, je requiers M. le Directeur de la Dette inscrite de délivrer, en remplacement du titre susvisé, un autre de mêmes somme et nature de rente ainsi immatriculé :

BOIVIN (JULES ERNEST) *pour l'usufruit; la nue propriété à* CHARLES HUMBLOT. *Cette nue propriété et même la toute propriété, lors de l'extinction de l'usufruit, affectées à titre de gage et nantissement au profit de :* 1° *M. Prosper Mangin, pour sûreté de la somme de* 5,000 *francs, montant en principal d'une obligation souscrite par M. Humblot, suivant acte reçu par* Mᵉ..., *notaire à..., le..., et de tous intérêts et accessoires de cette somme;* 2° *M. Maxime Latour, pour sûreté de la somme de* 5,000 *francs, montant en principal d'une obligation souscrite par M. Humblot, suivant acte devant ledit* Mᵉ..., *du..., et de tous intérêts et accessoires de cette somme. Le tout concurremment entre* MM. *Mangin et Latour, sans priorité ni préférence.*

En foi de quoi, j'ai délivré le présent certificat.

A..., le...

1. Aux termes de l'art. 2073 du C. c., le gage confère au créancier le droit de se faire payer sur la chose qui en est l'objet par *privilège et préférence* aux autres créanciers. En matière de nantissement en rente sur l'État, c'est d'un droit *exclusif* que jouit le gagiste, puisqu'il ne s'établit jamais de concours entre ce dernier et les autres créanciers du rentier. Cpr. Robin, p. 103.

2. Un nouveau nantissement peut être établi avec le consentement des premiers gagistes (*Sup.*, p. 302). L'ordre entre les différents créanciers, quand il existe plusieurs gagistes, est réglé au moyen des conventions auxquelles tous doivent nécessairement intervenir. *Adde.* Robin, p. 110.

FORM. 109. — **Transport.** — **Subrogation.**

DETTE PUBLIQUE

Trois pour cent.

Extrait d'inscription au Grand-Livre.

N°..., Série..., Rente : 500 francs.

Ainsi immatriculé : BOUCHER (MARCEL). *La présente rente affectée à titre de gage et nantissement au profit de M. Pierre Janvier, pour sûreté d'une somme principale de 10,000 francs et de tous intérêts et accessoires, aux termes d'un acte de reconnaissance de dette, reçu par M⁰..., notaire à... le...*

Je soussigné..., notaire à...,

Vu :

I. — L'extrait de l'inscription de rente susénoncé ;

II. — La minute... (Comme la formule 104).

III. — Et la minute d'un acte reçu par moi, le..., contenant cession et transport par M. Janvier à M. Octave Fellère, manufacturier, demeurant à..., de la créance résultant en sa faveur de l'acte de reconnaissance de dette susvisé et subrogation, par le cédant au profit du cessionnaire, dans tous ses droits en vertu de cet acte et notamment dans le bénéfice du gage et nantissement qu'il contient[1] ;

Aux termes duquel acte de transport M. Boucher, débiteur, est intervenu et a déclaré l'accepter et se le tenir pour signifié, et ce dernier et M. Janvier ont consenti que le nom de M. Fellère fût substitué à celui de M. Janvier comme bénéficiaire du nantissement mentionné sur ledit extrait d'inscription ;

Certifie, conformément à la loi du 28 floréal an VII, que les 500 francs de rente 3 p. 100 formant l'objet du titre susvisé sont maintenant affectés, au profit de M. Fellère, à la garantie du paiement de sa créance contre M. Boucher ; qu'il y a lieu de mentionner ce nantissement sur le titre et de délivrer un nouvel extrait d'inscription ainsi immatriculé :

BOUCHER (MARCEL). *La présente rente affectée à titre de gage et nantissement au profit de M. Octave Fellère, pour sûreté d'une somme principale de 10,000 francs, et de tous intérêts et accessoires, aux termes d'un acte de reconnaissance de dette reçu par M⁰..., notaire à..., le..., et d'un acte de transport reçu par le même notaire, le...*

En foi de quoi, etc...

A..., le...

1. Lorsqu'il s'agit d'une subrogation en vertu de l'article 1250 du C. c., résultant du fait d'un créancier déjà inscrit, le Trésor l'admet comme s'opérant de plein droit. *Sup.*, 2ᵉ PARTIE, p. 302.

39

FORM. 110. — **Réalisation judiciaire du gage** '.

DETTE PUBLIQUE

Trois pour cent.

Extrait d'inscription au Grand-Livre.

N°.... Série..., Rente : 5,000 francs.

Ainsi immatriculé : BOIVIN (JULES ERNEST) *pour l'usufruit ; la nue propriété à Charles Humblot. Cette nue propriété et même la pleine propriété, lors de l'extinction de l'usufruit, affectées à titre de gage et nantissement au profit de M. Prosper Mangin, pour sûreté d'une somme principale de 5,000 francs et de tous intérêts et accessoires, en vertu d'une obligation reçue par M°..., notaire à..., le...*

Je soussigné..., notaire à...,

Vu :

I. — L'extrait d'inscription de rente dont le libellé précède ;

II. — La minute d'un acte reçu par moi, le..., contenant :

1° Obligation par M. Charles Humblot, rentier, demeurant à..., titulaire de la nue propriété dudit titre de rente, au profit de M. Prosper Mangin, propriétaire, demeurant à..., d'une somme de 5,000 francs pour prêt, stipulée exigible le..., et productive d'intérêts à 5 p. 100 par an ;

2° Affectation spéciale, à titre de gage et nantissement, par M. Humblot au profit de M. Mangin, pour sûreté de sa créance en principal, intérêts et accessoires de la nue propriété des 5,000 francs de rente dont l'immatricule précède et même de la pleine propriété, lors de l'extinction de l'usufruit ;

III. — La grosse d'un jugement rendu par le tribunal civil de première instance de..., le..., entre :

M. Mangin susnommé, demandeur,

Et M. Humblot aussi susnommé, défendeur, défaillant faute de constituer ;

Ordonnant :

Qu'il serait par moi, notaire soussigné, que le tribunal a commis *ad hoc*, procédé, à la requête du demandeur, en présence du défendeur ou lui dûment appelé, à la vente aux enchères publiques au plus offrant et dernier enchérisseur de la nue propriété appartenant à M. Humblot du titre de 5,000 francs de rente dont s'agit, laquelle nue propriété a été donnée en nantissement à M. Mangin, en garantie de sa créance, aux termes de l'acte susvisé du... ;

Laquelle grosse est annexée à un cahier de charges dressé par moi, le..., pour parvenir à la vente dont s'agit et déposé au rang de mes minutes à la date du..., suivant acte reçu par moi ledit jour ;

IV. — L'original, en date du..., de la signification dudit jugement faite à M. Humblot, suivant exploit de..., huissier à..., commis à cet effet par ce jugement, ledit exploit contenant, en outre, notification au défendeur des jour, lieu et heure de l'adjudication et sommation d'y assister si bon lui semblait ;

Lequel original est annexé à l'acte de dépôt reçu par moi, le..., ci-après énoncé ;

V. — La minute d'un procès-verbal dressé par moi, à la date du..., aux termes duquel :

Il a été procédé, sous les conditions du cahier de charges précité, à l'adjudication ordonnée par le jugement susvisé de la nue propriété du titre de 5,000 francs de rente énoncé en tête du présent ;

Et M. Léon Riverain, rentier, demeurant à..., a été déclaré adjudicataire de ladite nue propriété, moyennant un prix de..., payé comptant ;

VI. — Et les pièces suivantes, étant en ma possession comme annexées à la minute d'un acte de dépôt reçu par moi, le..., et constatant que le jugement par défaut susvisé a acquis l'autorité de chose jugée, savoir :

1° L'original d'un commandement fait à M. Humblot à la requête de M. Mangin, suivant exploit de..., huissier à..., en date du... ;

2° L'original d'un procès-verbal de carence dressé par le même huissier. à la date du... [2] ;

3° Un certificat délivré par Me..., avoué près le tribunal de..., en date du..., constatant que le jugement précité a été signifié au sieur Humblot ;

4° Et un certificat délivré par le greffier du même tribunal, le..., constatant que ledit jugement n'a été frappé ni d'opposition ni d'appel [3] ;

Certifie, conformément à la loi du 28 floréal an VII, que la nue propriété du titre de 5,000 francs de rente dont l'immatricule précède et même la pleine propriété, lors de l'extinction de l'usufruit, appartiennent à M. Léon Riverain, rentier, demeurant à..., avec droit aux arrérages à compter du jour de la réunion de l'usufruit à la nue propriété.

En conséquence, je requiers M. le Directeur de la Dette inscrite de délivrer, en remplacement du titre de 5,000 francs de rente dont le libellé est en tête du présent certificat, un autre titre de mêmes somme et nature de rente, ainsi immatriculé :

BOIVIN (JULES ERNEST) pour l'usufruit; la nue propriété à LÉON RIVERAIN.

En foi de quoi j'ai délivré le présent certificat.

A..., le...

---

1. V., en ce qui concerne la réalisation du gage, sup., 2e PARTIE, chap. II, art. 1er, § 14. Nantissem. et chap. III, Capacité civile, vo Créancier gagiste.

2. Pour les jugements par défaut faute de constituer, c'est-à-dire contre partie, il faut justifier de l'exécution, car ils sont susceptibles d'opposition jusqu'à l'exécution (C. proc.. 158), et le délai d'appel ne commence à courir que du jour où l'opposition n'est plus recevable, c'est-à-dire du jour de l'exécution. C. proc., 443.

3. C. proc., 548.

SOCIÉTÉS [1]

FORM. 111. — **Société en nom collectif. — Dissolution. — Partage.**

DETTE PUBLIQUE

Trois pour cent.

Extrait d'inscription au Grand-Livre.

Nº ..., Série ..., Rente : 1,000 francs.

Au nom de : DUBOIS ET BARBIER (*la Société en nom collectif*).

Je soussigné..., notaire à...,

Vu :

I. — La minute d'un acte reçu par moi, le..., aux termes duquel MM. Louis Dubois et Léon Barbier, tous deux négociants, demeurant à..., ont formé entre eux, pour une durée de dix ans devant expirer le..., une société en nom collectif pour le commerce et la vente de la draperie, des nouveautés et des confections, sous la raison sociale : Dubois et Barbier, ayant eu son siège à...;

II. — Les pièces suivantes étant en ma possession comme annexées à la minute d'un acte de dépôt dressé par moi, le... :

1º Un certificat délivré le..., par le greffier du tribunal de commerce de..., constatant le dépôt à cette date, au greffe dudit tribunal, d'une expédition de l'acte de société ci-dessus visé ;

2º Un certificat délivré le..., par le greffier de la justice de paix de..., constatant le dépôt à la même date, au greffe de cette justice de paix, d'une autre expédition dudit acte ;

3º Un exemplaire du journal l'*Avenir de*..., s'imprimant à..., feuille du..., contenant un extrait dudit acte de société ;

Le tout constatant que les formalités de publicité prescrites par la loi du 24 juillet 1867 ont été remplies sur la constitution de la société ;

III. — La minute d'un acte reçu par moi, le..., aux termes duquel MM. Dubois et Barbier susnommés ont déclaré dissoudre par anticipation, à compter du..., la société formée entre eux ;

IV. — Les pièces suivantes étant en ma possession comme annexées à la minute d'un acte reçu par moi, le...;

1º ⎫
2º ⎬ comme *suprà* II.
3º ⎭

Le tout constatant que les formalités de publicité prescrites par la loi du 24 juillet 1867 ont été remplies à l'égard de ladite dissolution de société ;

V. — Et la minute d'un acte reçu par moi, le..., contenant :

Liquidation amiable entre MM. Dubois et Barbier de la société ayant existé entre eux et partage des valeurs en dépendant,

Et attribution en pleine propriété, avec droit à tous arrérages échus et à échoir, du titre de 1,000 francs de rente 3 p. 100 dont l'immatricule précède aux co-partageants, pour les remplir d'autant de leurs droits, dans les proportions suivantes, savoir :

A M. Dubois, pour 550 francs de rente ;

Et à M. Barbier, pour le surplus ou 450 francs de rente ;

Certifie, conformément à la loi du 28 floréal an VII, que les 1,000 francs de rente 3 p. 100 dont l'immatricule précède appartiennent en pleine propriété, avec tous arrérages échus et à échoir :

Pour 550 francs de rente à M. Louis Dubois, et pour 450 francs de rente à M. Léon Barbier, tous deux susnommés.

En conséquence, je requiers M. le Directeur de la Dette inscrite de délivrer, en remplacement du titre de rente dont s'agit, deux autres titres de même nature :

Le premier, de 550 francs de rente, au nom de : DUBOIS (LÉON) ;

Et le second, de 450 francs de rente, au nom de : BARBIER (LOUIS).

En foi de quoi j'ai délivré le présent certificat.

A..., le...

1. V. *sup.*, 1re PARTIE, nos 764 et s., 2e PARTIE, chap. III, *Capac. civile*, etc., v° *Sociétés*, p. 406.

FORM. 112. — **Société en commandite par actions. — Dissolution. — Liquidateur chargé de vendre. — Contestations réglées par jugement.**

DETTE PUBLIQUE

Trois pour cent.

Extrait d'inscription au Grand-Livre.

N°..., Série..., Rente : 600 francs.

Au nom de : POULAIN ET Cie (*la Société en commandite par actions*).

Je soussigné..., notaire à...,

Vu :

I. — L'extrait d'inscription de rente susénoncé ;

II. — La minute d'un acte reçu par moi, le..., contenant les statuts de la société en commandite par actions ayant existé entre M. Noël Poulain, négociant, demeurant à..., comme seul gérant responsable, et les propriétaires des actions créées, comme simples commanditaires, sous la raison sociale : Poulain et Cie, pour le commerce de..., avec siège social à... ;

Aux termes desquels statuts, il a été stipulé qu'en cas de dissolution de cette société par anticipation, M. Poulain, gérant, serait chargé exclusivement de la liquidation de la société avec les pouvoirs les plus étendus pour réaliser l'actif social, en toucher le montant et le distribuer entre les intéressés ;

III. — La minute d'un acte aussi reçu par moi, le..., contenant la déclaration par M. Poulain, en sa qualité de gérant, de la souscription intégrale du capital social et du versement du quart sur chaque action souscrite ; auquel acte est demeuré annexé un état des noms, prénoms, professions et demeures des souscripteurs, du nombre des actions souscrites et du montant des versements effectués par chacun d'eux [1] ;

IV. — Les pièces suivantes, étant en ma possession comme annexées à la minute d'un acte de dépôt que j'en ai dressé, le..., constatant l'accomplissement des formalités de publicité prescrites par la loi relativement à ladite société : 1°, 2°, 3° (dépôt au greffe du tribunal de commerce et de la justice de paix, insertion dans un journal) [2] ;

V. — La minute d'un acte reçu par moi, le..., contenant délibération de l'assemblée générale des actionnaires valablement composée, votant la dissolution anticipée de ladite société, conformément à l'art. ... des statuts ;

VI. — Les pièces suivantes, étant en ma possession comme déposées au rang de mes minutes, à la date du..., constatant l'accomplissement des formalités de publicité prescrites par la loi pour ladite dissolution, savoir : 1°, 2°, 3° (comme ci-dessus, IV) [3] ;

VII. — La grosse d'un jugement rendu par le tribunal de commerce de... [4], en date du..., aux termes duquel ce tribunal a déclaré mal fondées les protestations qui avaient été faites par tous les actionnaires, lors du procès-verbal de dissolution, quant aux pouvoirs conférés par les statuts au gérant, en vue de la réalisation de l'actif ; les a déboutés de leur action et a confirmé purement et simplement les pouvoirs résultant pour le gérant des statuts susvisés ;

VIII. — Les pièces suivantes, constatant que ce jugement a acquis l'autorité de la chose jugée, savoir : 1°, 2°, etc. (v. *formule* 96) [5].

Laquelle grosse, ainsi que les pièces visées sous le chiffre VIII, sont en ma possession comme annexées à la minute d'un acte du dépôt qui m'en a été fait par M. Poulain, le..., avec réquisition de lui délivrer le présent certificat de propriété :

Certifie, conformément à la loi du 28 floréal an VII :

Que l'inscription de 600 francs de rente 3 p. 100 susvisée dépend, ainsi que tous arrérages échus et à échoir, de la société en commandite par actions Poulain et Cie, actuellement dissoute ;

Et que M. Noël Poulain, actuellement sans profession, demeurant à..., en qualité de liquidateur de ladite société et en vertu des statuts et du jugement susvisés, a qualité pour vendre et transférer seul, librement, le titre de rente dont il s'agit, en toucher le prix et en donner décharge et généralement faire le nécessaire.

En foi de quoi j'ai délivré le présent certificat, conformément à la réquisition contenue en l'acte de dépôt susvisé.

A..., le...

1. L. L. 24 juill. 1867, art. 1er; 1er août 1893. Quand la déclaration est faite devant le notaire qui a reçu l'acte de société, il est inutile d'y annexer une expédition de cet acte. L. de 1867, art. 1er.

2. L. 24 juill. 1867, art. 55 et s.

3. L. 24 juill. 1867, art. 61.

4. En principe, pour une société commerciale, c'est le tribunal de commerce du lieu où est son siège qui est compétent, C. proc. civ., 59, même pendant la période de liquidation. Houpin, *Traité gén. des Sociétés*, no 655.

5. C. proc., 548.

ABSENCE [1]

Form. 113. — **Présomption d'absence.** — **Administrateur provisoire.**

DETTE PUBLIQUE

Trois pour cent.

Extrait d'inscription au Grand-Livre.

No..., Série..., Rente : 500 francs.

Au nom de : GRANDJEAN (LOUIS EDMOND).

Je soussigné..., notaire à...,

Vu :

I. — L'extrait d'inscription de rente ci-dessus relaté ;

II. — Et la grosse d'un jugement rendu par la chambre du conseil du tribunal civil de première instance de..., le..., aux termes duquel :

M. Louis Edmond Grandjean, titulaire de l'inscription de rente dont il s'agit, ayant demeuré à..., et disparu de son domicile depuis plusieurs années, a été déclaré en état de présomption d'absence ;

Et M. Léopold Legrand, négociant, demeurant à..., a été nommé administrateur provisoire de ses biens ;

Laquelle grosse m'a été déposée pour minute, suivant acte reçu par moi, le...[2] ;

Certifie, conformément à la loi du 28 floréal an VII, qu'il y a lieu de délivrer, en échange du titre ci-dessus visé, un nouvel extrait d'inscription de 500 francs de rente 3 p. 100, avec droit à tous arrérages échus et à échoir, immatriculé au nom de :

GRANDJEAN (LOUIS EDMOND), *présumé absent, ayant pour administrateur provisoire de ses biens Léopold Legrand, nommé par jugement du tribunal de première instance de..., en date du...*

En foi de quoi j'ai délivré le présent certificat.

A..., le...

1. V. *sup.*, 1re PARTIE, nos 773 et s., et 2e PARTIE, chap. III, *Capac. civile*, vis *Absent et Envoyés en possession*, p. 326 et 363.

2. C'est la Chambre du conseil du tribunal du dernier domicile ou de la dernière résidence qui a qualité pour connaître des questions d'absence. Cpr. Bertin, nᵒˢ 299 et s.; Aubry et Rau, § 149.

Le ministère public étant chargé spécialement de veiller aux intérêts des présumés absents, il doit toujours être entendu sur les demandes qui les concernent. C. c., 114; C. proc., 859 et 860. Néanmoins on n'exige pas la justification de certificats de non-opposition ni appel.

Form. 114. — Envoi en possession provisoire.

DETTE PUBLIQUE
Trois pour cent.

Extrait d'inscription au Grand-Livre.

Nᵒ..., Série..., Rente : 500 francs.

Ainsi immatriculé : GRANDJEAN (LOUIS EDMOND), *présumé absent, ayant pour administrateur provisoire de ses biens Léopold Legrand, nommé par jugement du tribunal civil de première instance de..., en date du...*

Je soussigné..., notaire à...,

Vu :

I. — L'extrait d'inscription de rente ci-dessus relaté;

II. — La grosse d'un jugement rendu par le tribunal civil de première instance de..., le..., aux termes duquel :

M. Louis Edmond Grandjean, titulaire de l'inscription de rente dont il s'agit, a été déclaré absent,

Et ses héritiers présomptifs ci-après nommés ont été envoyés en possession provisoire de sa succession et autorisés à exercer provisoirement sur les biens de l'absent les droits subordonnés à la condition de son décès¹;

Laquelle grosse m'a été déposée pour minute, suivant acte reçu par moi, le...;

III. — Et la minute de l'inventaire dressé par moi, le..., constatant que les seuls héritiers présomptifs de M. Louis Edmond Grandjean sont :

1ᵒ M. Ernest Grandjean, propriétaire, demeurant à...;

2ᵒ M. Émile Grandjean, négociant, demeurant à...;

Ses deux frères germains, chacun pour moitié;

Certifie, conformément à la loi du 28 floréal an VII, que les 500 francs de rente 3 p. 100, dont le titre est ci-dessus visé, appartiennent en pleine propriété, avec tous arrérages échus et à échoir, à MM. Ernest Grandjean et Émile Grandjean susnommés, en leur qualité d'envoyés en possession provisoire de la succession de Louis Edmond Grandjean, leur frère germain, et doivent être ainsi immatriculés :

GRANDJEAN (ERNEST) *et* ÉMILE GRANDJEAN, *chacun pour moitié, comme envoyés en possession provisoire de la succession de* LOUIS EDMOND GRANDJEAN, *leur frère, déclaré absent par jugement du tribunal de..., en date du...*¹

En foi de quoi j'ai délivré le présent certificat.

A..., le...

1. Cette disposition, se référant aux termes de la loi, C. c., 123, et que l'on trouve dans presque tous les jugements d'envoi en possession provisoire ne saurait être considérée comme suffisante pour habiliter les héritiers présomptifs à disposer des titres sans autorisation. *Sup.*, 2ᵉ PARTIE, chap. III, *Cap. civ.*, vᵒ *Envoyés en possession*, p. 363.

2. Les envoyés en possession provisoire peuvent, sans attendre le délai prévu par l'art. 129 du C. c., provoquer le partage des biens de l'absent et ce partage peut avoir lieu sans autorisation de justice, Amiaud, TH.-FORM., vᵒ *Partage*, nᵒ 2359; mais il ne peut être qu'un partage d'administration et de jouissance. Aubry et Rau, § 153, texte et note 18.

Quoi qu'il en soit, en présence d'héritiers présomptifs *majeurs et capables*, le Trésor admet l'immatriculation des titres en leur nom, en cette qualité, conformément à leurs droits, c'est-à-dire avec indication de leurs portions viriles héréditaires : 1/2, 1/3, 1/4, etc., s'ils sont 2, 3, 4, etc., comme en matière de dévolution de succession après décès. *Sup.*, 1ʳᵉ PARTIE, nᵒˢ 101 et 387.

Il est alors prudent pour le notaire d'exiger, à défaut de partage, une réquisition de délivrance de certificat de propriété, *Sup.*, 1ʳᵉ PARTIE, nᵒ 388.

Mais, s'il y a des *incapables*, l'immatriculation doit avoir lieu *conjointement et indivisément. Sup.*, 1ʳᵉ PARTIE, nᵒˢ 100 et 389.

Aux termes de l'art. 120 du C. c., les envoyés en possession provisoire doivent fournir *caution ;* la raison en est qu'ils ne possèdent qu'à titre de dépositaires et d'administrateurs et doivent donner une garantie pour leur gestion.

Toutefois, le Trésor n'exige aucune justification à ce sujet, attendu que, ne pouvant aliéner sans autorisation judiciaire les titres dépendant de la succession, ceux-ci subsistent en nature et il n'y a pas lieu de prendre des mesures destinées à assurer la restitution de leur valeur.

Il en est de même que pour l'usufruitier, dont l'obligation ou la dispense de caution ou d'emploi ne se mentionne pas sur les titres. Cpr. *Sup.*, *Libellés d'immatricules*, vᵒ *Usufruit.-Nue propriété.*

FORM. 115 — **Communauté continuée. — Rente en dépendant. — Femme administratrice. — Autorisation de transférer.**

DETTE PUBLIQUE
Trois et demi pour cent.

Extrait d'inscription au Grand-Livre.

Nᵒ..., Série..., Rente : 100 francs.

Au nom de : CALLAULT (ONÉSIME).

Je soussigné..., notaire à...,

Vu :

I. — Le certificat d'inscription dont l'énoncé précède ;

II. — La minute du contrat de mariage de M. Onésime Callault et Mᵐᵉ Marie Lair, reçue par moi, le..., aux termes duquel les futurs époux ont adopté pour base de leur union, — célébrée depuis à la mairie de... le..., — le régime de la communauté de biens réduite aux acquêts ;

III. — La grosse d'un jugement rendu par le tribunal de première instance de..., le..., aux termes duquel M. Onésime Callault, escompteur, ayant demeuré à..., titulaire de l'inscription susvisée, a été déclaré absent [1] ;

IV. — La minute de l'inventaire dressé par moi, le..., des biens de l'absent, au cours duquel l'extrait d'inscription susvisé a été coté et paraphé et compris sous la cote..., comme dépendant de la communauté d'entre les époux Callault-Lair [2] ;

V. — L'extrait délivré par le greffier du tribunal civil de première instance de..., de la déclaration faite au greffe de ce tribunal [3] par Mme Callault, autorisée en vertu d'un jugement du même tribunal, en date du... [4] de son option pour la continuation de la communauté ;

VI. — La grosse d'un jugement rendu par le même tribunal, le..., nommant Mme Callault née Lair, sans profession, demeurant à..., administratrice de la communauté d'entre son mari et elle et lui donnant le pouvoir de vendre et tranférer l'inscription de rente susvisée, d'en toucher le prix et d'en donner décharge et généralement de faire le nécessaire ;

Les deux pièces ci-dessus visées sous les chiffres V et VI étant en ma possession comme annexées à la minute d'un acte de dépôt que j'en ai dressé le... ;

Certifie, conformément à la loi, que la rente faisant l'objet de l'extrait d'inscription susvisé dépend, ainsi que tous arrérages échus et à échoir, de la communauté d'entre les époux Callault-Lair et que Mme Callault, qui a opté pour la continuation de ladite communauté, a le droit, en vertu du jugement du... susénoncé, de vendre et transférer seule ladite inscription de rente, d'en toucher le prix et d'en donner décharge [5].

En foi de quoi j'ai délivré le présent certificat.

A..., le...

Si, au lieu d'être délivré en vue du transfert, le certificat de propriété avait pour objet seulement de faire mentionner le droit d'administration de la femme, le certificat serait ainsi libellé :

Certifie que la rente faisant l'objet de l'extrait d'inscription susvisé dépend de la communauté provisoirement continuée d'entre les époux Callault-Lair, ainsi que tous arrérages échus et à échoir, que ce titre est soumis à l'administration de Mme Callault, qui a le droit d'en toucher les arrérages en vertu du jugement susvisé du... [5]

En conséquence, je requiers de M. le Directeur de la Dette inscrite la délivrance, en remplacement du titre ci-dessus transcrit, d'un autre de mêmes somme et nature de rente ainsi immatriculé :

CALLAULT (ONÉSIME). *La présente rente dépendant de la communauté provisoirement continuée, existant entre ledit Onésime Callault, déclaré absent par jugement du tribunal civil de..., du..., et Marie Lair, sa femme, et soumise à l'administration de ladite dame, qui a le droit d'en toucher les arrérages, en vertu d'un jugement rendu par le même tribunal, le...*

En foi de quoi, etc.

1. Il faut, pour qu'il y ait lieu à option par l'époux présent, que l'absence de son conjoint soit déclarée, c'est-à-dire que l'on soit parvenu à la deuxième période de l'absence. Quand on est parvenu à la troisième période, l'art. 124 C. c. n'est plus applicable. Rodière et Pont, *Contr. de mar.*, nos 971 et s., t. II, p. 255 et s.

2. En matière d'absence, l'inventaire est obligatoire. C. c., 126.

3. La déclaration d'option doit nécessairement avoir lieu au greffe du tribunal et ne peut être faite par acte notarié. C. c., 1457, arg. — C'est à tort, croyons-nous, que l'*Encyclop. du not.* donne une formule basée sur une déclaration d'option faite en cette dernière forme. Vo *Cert. de prop.*, form. XVI.

4. V. *infrà* la note 5 *in fine*.

5. Les droits de l'époux présent, en cas d'option pour la continuation de la communauté, se résument ainsi :

Les pouvoirs du *mari* présent sur le patrimoine personnel de la femme sont ceux d'un envoyé en possession provisoire; quant aux biens communs, le mari conserve tous les pouvoirs que lui attribue sa qualité de chef de la communauté.

La *femme*, au contraire, ne jouit que des droits d'un envoyé en possession provisoire, tant sur les biens communs que sur les biens personnels du mari, et elle reprend la libre administration de son propre patrimoine, mais elle reste soumise à la nécessité de l'autorisation maritale à donner par le tribunal pour ester en justice sur toutes actions mobilières et immobilières relatives aux biens communs ou personnels au mari, comme elle y demeure soumise, quant aux actions qui concernent son propre patrimoine. Aubry et Rau, § 155, p. 616 et s.

La femme ne peut opter pour la continuation de la communauté, ni prendre l'administration sans avoir obtenu l'autorisation de la justice. Rodière et Pont, *op. cit.*, no 982.

Form. 116. — Envoi en possession définitive [1].

DETTE PUBLIQUE
Trois pour cent.

Extrait d'inscription au Grand-Livre.

No..., Série..., Rente : 500 francs.

Au nom de : GRANDJEAN (ERNEST) et EMILE GRANDJEAN, *chacun pour moitié, comme envoyés en possession provisoire de la succession de* LOUIS EDMOND GRANDJEAN, *déclaré absent par jugement du tribunal de..., en date du...*

Je soussigné..., notaire à...,

Vu :

I. — L'extrait d'inscription de rente ci-dessus relaté ;

II. — La grosse d'un jugement rendu par le tribunal civil de première instance de..., le..., aux termes duquel M. Ernest Grandjean, propriétaire, demeurant à..., et M. Emile Grandjean, négociant, demeurant à..., titulaires de l'inscription de rente dont il s'agit, comme envoyés en possession provisoire de la succession de M. Louis Edmond Grandjean, ont été envoyés en possession définitive des biens et valeurs dépendant de la succession dudit Louis Edmond Grandjean, absent, en leur qualité de seuls héritiers de ce dernier, en exécution de l'article 129 du Code civil ;

Laquelle grosse m'a été déposée pour minute, suivant acte reçu par moi le... ° ;

Certifie, conformément à la loi du 28 floréal an VII, que les 500 francs de rente 3 p. 100, dont le titre est ci-dessus visé, appartiennent en pleine propriété, avec tous arrérages échus et à échoir, aux ci-après nommés et doivent être immatriculés comme suit, en deux titres distincts °, de 250 francs de rente chacun, savoir :

L'un, au nom de : GRANDJEAN (ERNEST) . . . . 250 fr.

Et l'autre, au nom de : GRANDJEAN (ÉMILE) . . . . 250 fr.

Total égal . . . . 500 fr.

En foi de quoi j'ai délivré le présent certificat.

A..., le...

1. Un certificat de propriété n'est pas nécessaire, en principe, après l'envoi en possession définitive, pour faire immatriculer au nom des ayants droit purement et simplement les titres portant déjà mention de l'envoi en possession provisoire, quand il n'est pas survenu d'autre changement. Il suffit de produire la grosse du jugement. V. sup., 1re PARTIE, n° 776.

Mais, bien entendu, un certificat de propriété est nécessaire, s'il est survenu des décès, cessions ou autres changements.

On a quelquefois recours aussi à un certificat de propriété, même quand il n'est pas exigé, pour éviter de produire la grosse du jugement au Trésor ou encore, par exemple, quand le titre, étant immatriculé au nom des envoyés en possession provisoire indivisément, ceux-ci, étant majeurs et capables, veulent obtenir des titres distincts sans viser un partage proprement dit. Comp. Sup., 1re PARTIE, nos 385 et s.

2. Après l'envoi en possession définitive, il peut y avoir lieu à partage. C. c., 129 ; — dans ce cas, il faut viser cet acte.

3. L'immatriculation faite après l'envoi en possession provisoire exprimant la division, il n'est pas nécessaire, après l'envoi en possession définitive, de justifier d'un partage pour obtenir des titres distincts.

FORM. 117. — **Retour de l'absent.**

DETTE PUBLIQUE
Trois pour cent.

Extrait d'inscription au Grand-Livre.

N°..., Série..., Rente : . . . . 250 francs.

Au nom de : GRANDJEAN (ERNEST).

N°..., Série..., Rente : . . . . 250 francs.

Au nom de : GRANDJEAN (ÉMILE).

Total : 500 francs.

Je soussigné..., notaire à...,

Vu :

I. — Les extraits d'inscriptions ci-dessus relatés ;

II. — Et la minute d'un acte reçu par moi, le..., intervenu entre M. Louis Edmond Grandjean et MM. Ernest et Émile Grandjean ci-après nommés, et duquel il résulte ce qui suit :

M. Louis Edmond Grandjean, actuellement électricien, demeurant à..., né à..., le..., disparu de son domicile natal depuis plus de trente années, est identiquement la même personne que celle au sujet de laquelle le tribunal civil de première instance de... a rendu, aux dates des..., trois jugements prononçant : d'abord l'état de présomption d'absence de M. Louis Edmond Grandjean, puis son absence et l'envoi en possession provisoire de M. Ernest Grandjean, propriétaire, demeurant à..., et Émile Grandjean, négociant, demeurant à..., ses héritiers présomptifs, et enfin l'envoi en possession définitive de ces derniers;

Comme conséquence de ces jugements, une inscription de 500 francs 3 p. 100, qui était autrefois au nom dudit M. Louis Edmond Grandjean, sous le n°... de la série..., a été immatriculée :

D'abord provisoirement, au nom de : Grandjean (Louis Edmond), présumé absent, ayant pour administrateur provisoire de ses biens M. Léopold Legrand, nommé par jugement du tribunal civil de première instance de..., en date du...;

Ensuite, au nom de MM. Ernest Grandjean et Emile Grandjean, comme envoyés en possession provisoire;

Et enfin, à titre définitif, aux noms des mêmes, en deux titres distincts dont les extraits d'inscription sont ci-dessus relatés;

MM. Ernest et Émile Grandjean, qui étaient les seuls héritiers présomptifs de M. Louis Edmond Grandjean, leur frère germain, ont restitué à ce dernier tous les biens et valeurs qu'ils détenaient en vertu des jugements ci-dessus énoncés et spécialement les 500 francs de rente 3 p. 100 représentés par les deux titres de 250 francs de rente chacun qui font l'objet du présent certificat, avec droit à tous arrérages échus et à échoir;

Certifie, conformément à la loi du 28 floréal an VII, que les deux inscriptions ci-dessus énoncées, s'élevant ensemble à 500 francs de rente, appartiennent en pleine propriété, avec tous arrérages échus et à échoir, audit sieur Louis Edmond Grandjean, et doivent être immatriculées en un seul titre au nom de :

Grandjean (Louis Edmond).

En foi de quoi j'ai délivré le présent certificat.

A..., le...

CONTUMACE [1]

Form. 118. — **Mention du séquestre dans l'immatricule.**

DETTE PUBLIQUE
Trois pour cent.

Extrait d'inscription au Grand-Livre.

N°..., Série..., Rente : 200 francs.

Au nom de : Labrosse (Paul).

Je soussigné..., notaire à...,

Vu :

I. — L'extrait d'inscription de rente ci-dessus relaté ;

II. — Et la grosse d'un arrêt rendu par la Cour d'assises de..., le...,
qui a condamné par contumace M. Paul Labrosse, domicilié à..., titulaire
du titre de rente ci-dessus visé, à la peine de..., pour..., et a ordonné
que les biens de celui-ci seraient considérés et régis comme biens
d'absent et qu'à cet effet un extrait dudit arrêt serait transmis à M. le
Directeur des Domaines du département de..., dans le délai de... ;

Laquelle grosse m'a été déposée pour minute, suivant acte reçu par
moi, le... ;

Certifie, conformément à la loi du 28 floréal an VII, qu'il y a lieu de
délivrer, au nom du titulaire, un nouvel extrait d'inscription immatriculé de la manière suivante :

Labrosse (Paul) *contumax dont les biens sont sous le séquestre de l'Administration des Domaines, en vertu d'un arrêt de la Cour d'assises de..., en
date du...*

En foi de quoi j'ai délivré le présent certificat.

A..., le...,

1. V. *sup.,* 1re PARTIE, n°s 785 et s. et chap. III, *Capacité civile,* v° *Contumax,* p. 337.

CAUTIONNEMENT [1]

Form. 119. — **Remboursement[2].**

TRÉSOR PUBLIC

Certificat d'inscription
sur le Livre des cautionnements en numéraire.

Registre..., folio... N°...

Somme capitale : . . . . . 1,800 francs.

Intérêts annuels à 3 p. 100 : 54 francs.

Au nom de : Balan (Victor), *notaire..., Arrondissement de...,*
Département de...

Je soussigné..., notaire à...,

Attendu le décès, etc.

Et vu :

I. — Le certificat d'inscription ci-dessus relaté;

II. — (V. *les formules qui précèdent, suivant le cas*).

Certifie que la somme de 1,800 francs, versée par M. Victor Balan et formant le montant du cautionnement dont le titre est ci-dessus visé. appartient en pleine propriété, avec tous intérêts échus et à échoir, à M..., en sa qualité susexprimée de... ;

Et qu'en payant, entre les mains et sur la quittance de M..., le montant en principal et intérêts échus et à échoir dudit cautionnement le Trésor public sera bien et valablement libéré[2].

En foi de quoi j'ai délivré le présent certificat.

A..., le...

1. V. *sup.*, 1re PARTIE, nos 170 et s. et 2e PARTIE, p. 209 et s.

2. Les cautionnements sont affectés, par premier privilège, à la garantie de la gestion, par privilège de second ordre, au remboursement des sommes prêtées par des bailleurs de fonds et subsidiairement au paiement, dans l'ordre ordinaire, des créanciers particuliers.

Le titulaire peut disposer de son cautionnement par acte authentique signifié au Conservateur des oppositions. — De Marcillac, nos 864 et s., p. 225.

Mais les cessions, transports, délégations et autres mutations intervenues, pas plus que les déclarations de privilège de second ordre, ne sauraient apporter aucune dérogation au contrat légalement intervenu entre le Trésor public et les titulaires de cautionnements en numéraire.

Pour les cautionnements en numéraire des officiers publics et des comptables. c'est au Conservateur des oppositions que doivent se faire toutes les notifications, y compris celles qui ont rapport aux droits des bailleurs de fonds L. 25 niv. an XIII, art. 2; Arr. min. du 2 sept. 1823; Décr. 28 août 1808 et 14 déc. 1853.

Néanmoins, lorsqu'un cautionnement a cessé d'être crédité aux livres du Trésor public, par suite de l'émission sur la caisse d'un trésorier-payeur général d'un mandat de remboursement, ce n'est plus désormais qu'entre les mains de ce comptable qu'il peut être saisi-arrêté jusqu'au paiement définitif.

Le montant des cautionnements en numéraire dont le remboursement n'a pas été effectué à la clôture de l'exercice sur lequel ils ont été ordonnancés est déposé à la Caisse des consignations. L. 9 juill. 1836, art 16.

Le certificat qui, de la part de l'Administration, tient lieu de déclaration affirmative, est toujours délivré par le trésorier-payeur général sur la caisse duquel les sommes saisies sont ordonnancées ou mandatées. Il énonce d'abord les sommes dues, ensuite les modifications dont elles sont frappées. C. proc.. art. 569; Décr. 18 août 1807, art. 6, 7 et 8.

Mais pour les cautionnements en numéraire, dont le remboursement n'a pas encore été autorisé, la demande du certificat des sommes dues doit être adressée à la Direction de la Dette inscrite, de même que les demandes en ordonnancement ou réordonnancement.

Néanmoins, dans tous les cas où des notifications ont été faites au Conservateur des oppositions, c'est à ce préposé que l'état doit en être demandé séparément.

Ont seuls droit de réclamer les états de l'espèce : le créancier saisissant, le saisi, ses cessionnaires, délégataires et bailleurs de fonds.

La demande en doit être faite par voie de pétition, et non point par acte extrajudiciaire. Tout tiers qui la forme au nom d'un des ayants droit ci-dessus doit justifier d'un pouvoir spécial, à moins qu'il ne soit avoué constitué. Il n'y a pas de dispense, même pour les notaires détenteurs des actes signifiés, ni pour les huissiers instrumentaires.

Chaque demande doit être écrite sur papier timbré (L. 13 brum. an VII, art. 12, § 9) sous peine d'amende de 60 francs (L. 2 juill. 1862, art. 22).

Il est indispensable d'y joindre, en outre, le papier timbré nécessaire pour l'expédition de la pièce réclamée.

Note du Bureau des oppositions (Ministère des finances).

3. C. pr., *sup.*, 1re PARTIE, n° 84.

Form. 120. — **Remboursement.**

(Modèle annexé au décret du 18 septembre 1806) [1].

Je, soussigné (*noms, prénoms*), notaire à... (*résidence, arrondissement, département*), certifie, conformément aux dispositions du décret impérial du... (*la date*), que N... ou N. N... (*mettre tous les noms, prénoms, qualités, résidences, arrondissements, départements de tous les ayants droit*) a ou ont seuls droit de recevoir le capital et les intérêts du cautionnement de... (*noms, prénoms, qualité, résidence, arrondissement, et département*).

NOTA. Il faudra aussi indiquer, lorsqu'il y aura plusieurs ayants droit, la portion revenant à chacun ; à quel titre il en est propriétaire, soit comme héritier, comme donataire ou légataire, comme cessionnaire, soit enfin en vertu d'abandon fait par le partage de la succession du titulaire décédé ; il sera également nécessaire de relater les différents actes de transmission de propriété, tels qu'inventaire, partage, transport, donation et testament soit olographe, soit pardevant notaires. S'il s'agit d'un testament olographe, on énoncera que le légataire s'est fait envoyer en possession de son legs et on relatera l'ordonnance rendue par le président du tribunal à l'effet dudit envoi en possession.

Si le titulaire décédé a laissé une veuve commune ou non commune, le certificat en fera mention, ainsi que de son droit de propriété si elle est commune.

Si le titulaire est décédé célibataire, il en sera fait mention.

Si, dans le nombre des ayants droit, il y a des tuteurs soit naturels, soit judiciaires, il faudra les dénommer et énoncer leurs résidences, arrondissements et départements, ensemble les noms et titres des mineurs qu'ils représentent. Il en sera de même des interdits.

Le notaire terminera son certificat de la manière suivante [2] :

Le tout ainsi qu'il résulte des actes susénoncés, soit inventaire, soit partage, transport, donation ou testament.

Le tout étant en ma possession.

Fait à...

Ce certificat devra être légalisé par le président du tribunal.

1. Nous donnons cette formule plutôt à titre de *document* que comme *modèle*.
2. Cette note est celle qui accompagne le modèle de certificat annexé au décret de 1806.

CAISSES D'ÉPARGNE [1]

Form. 121. — **Encaissement du montant d'un livret.**

CAISSE D'ÉPARGNE ET DE PRÉVOYANCE DE...

Livret N°...

Au nom de : Bastien (Louis).

Montant en capital : . . . fr. »

Je soussigné..., notaire à...,

Attendu le décès, etc...

Et vu :

I. — Le livret ci-dessus relaté ;

II. — (V. *les formules qui précèdent, suivant le cas.*)

Certifie que le montant du livret de caisse d'épargne ci-dessus visé appartient en pleine propriété, en principal et intérêts échus et à échoir, à M..., en sa qualité de... ; qu'il a seul droit de le recevoir et d'en donner quittance ;

Et qu'en payant le montant en principal et intérêts échus et à échoir de ce livret entre les mains et sur la quittance de M..., ladite caisse d'épargne sera bien et valablement libérée [2].

En foi de quoi j'ai délivré le présent certificat.

A..., le... [3].

Pour un livret de la Caisse d'épargne postale, le libellé se rapporte ainsi :

CAISSE NATIONALE D'ÉPARGNE

Livret national.

N°s 41. — 12812 [4].

Du département de : *Loir-et-Cher.*

Au nom de : Bury (Antoine).

1. V. *sup.,* 1re part., n° 186 et s.

2. V., quant à l'utilité de cette attestation, *sup.,* 1re partie, n° 84.

3. Aux termes de la loi du 9 avril 1881, art. 20 et 21, les actes *nécessaires* pour le service des caisses d'épargne sont exempts de timbre et d'enregistrement. On considère comme tels, notamment les certificats de propriété et les notoriétés, quand ils sont dressés exclusivement pour les caisses d'épargne. Déc. min. fin., 11 juin 1888. — La loi du 20 juill. 1895 a seulement assujetti ces actes au *visa* pour timbre et à l'enregistrement *gratis. Sup.* 1re partie, n°s 974 et 983.

Mais ce ne sont que les actes *nécessaires* pour le service de ces caisses qui jouissent de ces immunités ; par conséquent les procurations, décharges de mandat, réquisitions de certificats de propriété et autres actes notariés qui peuvent être dressés pour les parties, dans leur intérêt personnel, restent soumis au droit commun, quoique destinés aux caisses d'épargne. Cpr. sup. 1re partie, n°s 292 et s., p. 54. — Cpr. Orléans, 16 juillet 1895 (*Journ. de l'Enreg.,* art. 24755).

4. Le premier numéro est celui du département et le second celui du livret.

Form. 122. — **Certificat de propriété et notoriété par le même acte.**

Livret N°...

Au nom de : RATTON (MARIE LOUISE), *mineure sous l'administration légale de Paul Victor Ratton, son père* [1].

Montant en capital du livret : ..... francs [2].

Par-devant M°..., notaire à...,

Ont comparu :

M.

Et M.

Lesquels ont, par les présentes, déclaré avoir connu Marie Louise Ratton, mineure, née à..., le..., du mariage de M. Paul Victor Ratton, cultivateur, et Mme Rose Limaire, demeurant ensemble à...;

Et ont déclaré savoir, comme étant de notoriété publique et d'ailleurs la vérité :

Que la mineure Ratton est décédée en son domicile, chez ses parents, à..., le... [3];

Qu'après son décès il n'a pas été fait d'inventaire;

Et qu'elle a laissé pour ses seuls héritiers, conjointement pour le tout ou chacun pour moitié, ses père et mère, conformément à l'art. 746 du Code civil.

Aux présentes sont intervenus :

M. et Mme Ratton ci-dessus prénommés, qualifiés et domiciliés, la femme autorisée du mari,

Lesquels ont attesté au notaire soussigné l'exactitude des déclarations et attestations qui précèdent;

Et ont requis ledit M°... de leur délivrer le certificat de propriété nécessaire pour obtenir le remboursement du livret dont le libellé précède.

Déférant à cette réquisition, M°..., notaire soussigné,

Attendu le décès susénoncé de la mineure Marie Louise Ratton, titulaire du livret de caisse d'épargne ci-dessus ;

Et vu :

1° Ledit livret de caisse d'épargne;

2° L'acte de notoriété dressé après le décès de Mlle Ratton et dont la teneur précède;

3° La copie, annexée au présent brevet, de l'acte de décès de celle-ci;

Certifie et atteste, conformément à la loi, que le montant en principal et intérêts échus et à échoir du livret susvisé de la caisse d'épargne de..., n°..., au nom de Marie Louise Ratton, dépend de la succession de cette dernière [4] et appartient actuellement en pleine propriété à M. Paul Victor Ratton et Mme Rose Limaire, sa femme, susqualifiés et domiciliés, en leur qualité de seuls héritiers de la mineure Ratton, leur fille;

Que M. Ratton, tant en son personnel que comme maître des droits mobiliers de sa femme, avec laquelle il est marié sous le régime de la communauté d'acquêts, sans obligation d'emploi ni remploi, suivant contrat reçu par moi, le... », a qualité pour toucher seul le montant dudit livret en principal et intérêts et en donner quittance;

Et que la caisse d'épargne, en payant le montant de ce livret en principal et intérêts échus et à échoir, entre les mains et sur la quittance de M. Ratton seul, sera bien et valablement libérée.

Dont acte en brevet,

Fait et passé à..., le...,

Et après lecture faite, les comparants et intervenants ont signé avec les notaires[6].

1. S'il existait une erreur dans le libellé du livret, la rectification pourrait en avoir lieu par le même acte, en l'appuyant d'une copie de l'acte de naissance, qui serait alors annexée au brevet de la notoriété. — V. *sup.*, 1re PARTIE, nos 74 et s.

2. Les certificats de propriété dressés pour les caisses d'épargne doivent mentionner le montant du livret. *Sup.*, 1re PARTIE, n° 206, p. 39.

3. Quand il s'agit d'un mineur de plus de seize ans, il est utile d'ajouter, lorsqu'il y a lieu : *intestat*. — C. c., 903 et 904.

4. Avant la loi du 20 juillet 1895, la propriété des sommes déposées dans une caisse d'épargne au nom d'une personne, par un tiers, présentait de l'incertitude même au regard de la caisse. On considérait que la propriété du dépôt restait au déposant, quand, de l'ensemble des faits, n'apparaissait pas l'intention de celui-ci de se dessaisir, et même quand l'intention de donner était manifeste, s'il n'était pas possible de considérer comme certaine l'acceptation tacite du bénéficiaire.

Par suite, dans certains cas, les caisses se croyaient fondées à faire des objections au remboursement entre les mains du titulaire et demandaient le concours du déposant.

Il en était ainsi notamment quand il s'agissait de livrets au nom de mineurs. Le père était censé avoir déposé pour son propre compte. Arrivant son décès ou celui de la mère, le montant du livret était considéré comme dépendant de la communauté d'entre les parents ou de la succession du père. On allait même jusqu'à prétendre que le père conservait, après la majorité de l'enfant, la propriété des fonds versés au nom de celui-ci, durant sa minorité.

Depuis la loi du 20 juillet 1895 (art. 16), toute somme versée à une caisse d'épargne est, *au regard de la caisse d'épargne*, la propriété du titulaire du livret, et celle-ci se libère valablement entre les mains de ce dernier ou de son représentant légal. — C. c., 1240. Instr. Min. comm. 20 déc. 1895.

Toutefois, il importe de remarquer que l'art. 16 de cette loi ne crée qu'une présomption de propriété au regard de la caisse d'épargne, permettant à celle-ci de se libérer entre les mains du titulaire, mais que cette disposition ne modifie pas les règles du droit civil sur la validité des dons manuels et les libéralités déguisées.

C'est, du moins, ce qu'a décidé le tribunal d'Angers, le 22 juin 1896.

En sorte que, nonobstant l'immatriculation du livret au nom d'un tiers, le déposant pourrait, malgré les termes de la nouvelle loi, être déclaré propriétaire des fonds versés et que la caisse devrait surseoir à l'opération en présence d'une opposition de ce dernier, jusqu'à ce qu'il ait été statué sur le litige. V. nos dissertat. *J. du Not.*, 1896, p. 561 et p. 689.

5. Cette énonciation, quand le notaire rédacteur du certificat consent à en

assumer la responsabilité, suffit souvent pour éviter la production du contrat à la caisse; mais elle n'est pas obligatoire.

6. Cette formule, que nous donnons à titre de spécimen, est susceptible de modifications.

Ainsi on pourrait, comme on le fait quelquefois, dresser l'acte en deux parties, la notoriété et le certificat de propriété.

Dans ce cas, après avoir constaté les déclarations et attestations constituant la notoriété, on termine par : DONT ACTE... *Et après lecture faite les comparants et intervenants ont signé avec les notaires.* Puis, après avoir reproduit le libellé du livret, on dresse le certificat de propriété que signe seul le notaire.

Quelle que soit la forme employée, l'acte de notoriété ainsi dressé en *brevet*, spécialement pour la caisse d'épargne et accompagné du certificat de propriété est exempt de timbre et d'enregistrement; mais il doit, depuis la loi du 20 juillet 1895, être visé pour timbre et enregistré gratis.

CAISSE NATIONALE DES RETRAITES POUR LA VIEILLESSE [1]

FORM. 123. — **Retrait du capital réservé et encaissement du prorata d'arrérages** [2].

CAISSE DES RETRAITES POUR LA VIEILLESSE

Livret N°... — Capital réservé : 2,472 francs.

CAISSE DES DÉPÔTS ET CONSIGNATIONS

RENTES VIAGÈRES POUR LA VIEILLESSE

Extrait d'inscription au Grand-Livre des rentes viagères pour la vieillesse.

N°... — Rente annuelle : 295 francs.

Le tout au nom de : ROBINEAU (JÉRÔME).

Je soussigné..., notaire à...,

Attendu le décès..., etc...,

Et vu :

I. — Les livret et certificat d'inscription ci-dessus relatés;

II. — (V. *les formules qui précèdent*).

Certifie que :

1° Les 2,472 francs versés par M. Jérôme Robineau à la Caisse nationale des retraites pour la vieillesse et réservés par lui pour ses héritiers et ayants droit,

2° Et le prorata couru du... au jour du décès de M. Robineau de la rente viagère dont ce dernier jouissait,

Appartiennent en pleine propriété, en sa qualité susexprimée de..., à M..., qui a seul droit d'en toucher le montant et d'en donner quittance [3].

En foi de quoi, j'ai délivré le présent certificat.

A..., le...

---

1. Les certificats de propriété destinés à la Caisse des retraites pour la vieillesse, — dont la gérance est confiée à la Caisse des dépôts et consignations, *sup.*, 2e PARTIE, chap. Ier, § Ier, — sont assujettis aux mêmes formes et forma-

lités que ceux nécessaires pour les rentes sur l'Etat proprement dites. *Sup.*, 1re PARTIE, nº 236, p. 44.

Faisons notamment remarquer à ce sujet, que, de même que la Dette inscrite, cette Caisse n'exige pas la justification de l'acceptation de la succession, même quand il y a des mineurs ou autres incapables parmi les intéressés. *Sup.*, 1re PARTIE, nºs 355 et s.

2. V. aussi *infrà*, formule 129.

3. On peut aussi terminer le certificat par l'attestation pour qui de droit du droit de recevoir et de donner quittance. V., à ce sujet, *sup.*, 1ro PARTIE, nº 84, et la formule nº 122 ci-dessus.

La quittance est donnée pour le capital au bas de la lettre d'avis émanant de la Direction. *Sup.*, 1ro PARTIE, nº 240, p. 44, note 1.

Voici, à titre de renseignement, la formule employée pour ces lettres d'avis

---

CAISSE DES DÉPÔTS
et
CONSIGNATIONS
—
3e DIVISION
—
Caisse nationale
des retraites
pour la vieillesse.

3e Bureau.

Nº d'entrée

Rappeler dans la réponse le numéro et les indications ci-dessus.

Remboursement après décès de capitaux réservés.

Livret nº

Mandat nº valable jusqu'au 31 mars 189., sauf réordonnancement ultérieur.

Fr. ......

Nota. — Le livret sera remis au moment du payement, *par le préposé, à qui il devra être justifié que les sommes revenant à Mme Bury ne sont pas soumises à emploi.*

Avis important.

Les parties prenantes devront être munies de pièces suffisantes pour établir leur identité ou se faire assister d'un officier ministériel chargé de la constater.

A M.

Paris, le

Monsieur, j'ai l'honneur de vous informer que je viens d'autoriser le remboursement de la somme de..... versée, au compte de M. *Robineau* (*Jérôme*).

Ce paiement aura lieu à la recette des finances de...., sur la remise de la présente lettre d'avis et sur la quittance de :

1º Mme *Julie Marie Rabier, veuve du titulaire;*
2º M. *Alexandre Jules Robineau;*
3º Mme *Valérie Robineau, avec l'assistance de* M. *François Bury, son mari;*
4º M. *Adolphe Robineau;*
5º M. *Julien Hervet, agissant comme tuteur légal de sa fille mineure :* Marie Blanche Hervet.

Les arrérages dus au décès du titulaire pourront être payés collectivement aux ayants droit dénommés ci-dessus

sur la production du titre et d'une quittance distincte et séparée de celle relative au capital.

Recevez, M.   , l'assurance de ma considération.

Pour le Directeur général :
Le chef de la 3e division,

PENSIONS ET TRAITEMENTS [1]

Form. 124. — **Paiement d'un prorata de pension militaire, de traitement de la Légion d'honneur et de la médaille militaire** [2].

PENSIONS MILITAIRES DE LA GUERRE

Certificat d'inscription N°...

Au nom de : Binot (Edme), *gendarme, né à..., le...*

Pension principale : 540 francs.
Supplément : . . 258 francs.

GRANDE CHANCELLERIE DE LA LÉGION D'HONNEUR

TRAITEMENT DE CHEVALIER DE LA LÉGION D'HONNEUR

Certificat d'inscription.

N°... Somme annuelle : 250 francs.

TRAITEMENT DE LA MÉDAILLE MILITAIRE

Certificat d'inscription.

N°... Somme annuelle : 100 francs.

Au nom de : Binot (Edme), *gendarme à..., le...* [2]

Je soussigné..., notaire à...,

Et vu :

I. — Les certificats d'inscription dont les libellés précèdent ;

II. — (V. *les formules précédentes suivant le cas.*)

Certifie que le prorata [4] couru au jour du décès de M. Edme Binot susnommé, des arrérages de la pension, du traitement de la Légion d'honneur et de la médaille militaire dont il jouissait, ainsi qu'il résulte des certificats d'inscriptions susvisés, appartient en pleine propriété à M. ... et M. ..., en leur qualité susexprimée de seuls héritiers dudit titulaire de ces pension et traitements, et qu'ils ont seuls droit d'en toucher le montant et d'en donner quittance [5].

En foi de quoi j'ai délivré le présent certificat, à la réquisition de M. ... et M. ... ci-dessus prénommés, qualifiés et domiciliés, à ce présents et intervenants ;

Lesquels m'ont déclaré que M. Edme Binot, etc... [6].

(V. *infrà la formule de déclaration de non-cumul.*)

Et après lecture faite, M... et M..., ont signé avec moi.

A..., le...

Ou bien :

En foi de quoi j'ai délivré le présent certificat, à la réquisition de M... ci-dessus prénommé, qualifié et domicilié, à ce présent et intervenant ;

Lequel, agissant tant en son nom personnel que comme se portant fort de M..., susnommé, m'a déclaré que M. Edme Binot ne recevait sur les fonds de l'Etat, etc...

(V. *la même formule de déclaration de non-cumul.*)

Et après lecture faite, M... a signé avec moi.

A..., le...

1. Contrairement à ce qui a lieu pour les rentes sur l'Etat, les certificats de propriété destinés à être produits aux agents du Trésor, pour le paiement des proratas de traitements et pensions à toucher à leurs caisses, peuvent être délivrés même par les notaires qui ne sont détenteurs de la minute d'aucun acte translatif ou attributif de propriété, sur le visa d'une expédition ou d'un extrait déposé pour minute. Comp. *Sup.*, 1re PARTIE, no 12.

Ces certificats sont, du moins, admis par les trésoriers-payeurs généraux qui, cependant, auraient qualité pour les refuser, attendu que, responsables du paiement, ils ont qualité pour apprécier les pièces qui sont destinées à leur servir de décharge.

2. On peut se dispenser de produire la copie de l'acte de décès en indiquant qu'elle existe au rang des minutes du notaire certificateur et en en donnant une expédition ou un extrait en tête du certificat. *Sup.*, 1re PARTIE, no 897.

On vise alors cette copie en ces termes : Vu... la copie susénoncée et transcrite en tête du présent de l'acte de décès de M...: ladite copie étant en ma possession comme annexée...

Mais l'acte de décès doit toujours être produit à l'appui des certificats de propriété délivrés par les juges de paix, attendu qu'ils ne sont basés que sur la déclaration de témoins. Circ. Compt. gén., 25 oct. 1830; de Marcillac, no 1132, p. 307.

3. Un seul certificat de propriété suffit. *Sup.*, 1re PARTIE, no 238 et s. — On peut même y comprendre le prorata de solde, lorsque, au moment du décès, le militaire était attaché à l'armée à un titre salarié quelconque.

4. Le décompte du prorata des *pensions* dû au décès des titulaires est établi comme celui des arrérages dus au décès d'un usufruitier. *Sup.*, p. 190. Les mois sont comptés de 30 jours et chaque jour pour 1/30. Le jour du décès est dû aux héritiers. De Marcillac, nos 221 et 272, p. 78 et 105.

Les décomptes sur les traitements de la Légion d'honneur et de la médaille militaire sont réglés à l'aide d'un barème établi par la Grande Chancellerie et ne tenant pas compte des fractions de 5 centimes. De Marcillac, no 373, p. 105.

5. Si les ayants droit avaient donné pouvoir à un tiers ou à l'un d'eux de toucher la somme due, la procuration, en minute pourrait être visée dans le certificat de propriété et il ne serait pas nécessaire d'en produire un extrait au payeur. De Marcillac, no 1232, p. 327.

6. *Sup.*, 1re PARTIE, nos 241 et s.

Suite de la FORM. 124.

A titre de renseignement, nous donnons ici quelques libellés de pensions, traitements et mandats.

PENSIONS DE VEUVES ET D'ORPHELINS DE MILITAIRES DE LA GUERRE
Certificat d'inscription N° ...

Somme annuelle : 459 francs.

Au nom de : PAULIN (MARIE PAULINE), *veuve* BRETON.

PENSIONS DE VEUVES ET D'ORPHELINS DE MILITAIRES DE LA GUERRE
Certificat d'inscription N° ...

Pension principale : . . . . . . 125 francs.
Supplément (L. du 18 août 1881) : 201 francs.
Allocation (L. du 26 janvier 1892) : 20 francs[1].

Au nom de : PINAUD (AMÉLIE),
Veuve BOUTARD,
Femme RICHARD.
Le mari : Brigadier.
Née le .....
A .....

1. Cette allocation varie chaque année; c'est celle de l'année courante qu'il y a lieu de rapporter.

PENSIONS CIVILES
(L. 9 juin 1853)
MINISTÈRE DES POSTES ET TÉLÉGRAPHES
Certificat d'inscription N° ...

Somme annuelle : 150 francs.

Au nom de : *Madame* MOREAU (MARIE DÉSIRÉE),
veuve CHARRON,
Le mari : Facteur rural.
Née le .....
A .....

INDEMNITÉS VIAGÈRES
AUX VICTIMES DU COUP D'ÉTAT DU 2 DÉCEMBRE 1851
ET DE LA LOI DE SÛRETÉ GÉNÉRALE DU 27 FÉVRIER 1858
Certificat d'inscription N° ...

Somme annuelle : 250 francs.

Au nom de : LEDRU (ANDRÉ).

MINISTÈRE DES TRAVAUX PUBLICS

PONTS ET CHAUSSÉES

Département de...

Mandat de paiement N° ...

1re section du budget ordinaire.

Chap. ...

Au nom de : PIÉRARD (JEAN).

Cantonnier ordinaire.

Somme à payer : 74 fr. 20.

MINISTÈRE DE LA JUSTICE ET DES CULTES

DÉPARTEMENT DE . . . . . .

EXERCICE 1897

Chapitre... du budget ordinaire.

ALLOCATION AUX DESSERVANTS ET VICAIRES

Mandat de paiement N° ...

Au nom de : PITOT (MAURICE), *né le...*, *à...*

Traitement de Desservant à..., pendant le ... trimestre 1897, 325 francs.

EXERCICE 1897

DIRECTION GÉNÉRALE DES POSTES ET TÉLÉGRAPHES

DÉPARTEMENT DE LOIR-ET-CHER

Dépenses publiques

Service d'exploitation

Chapitre. . . . . Art. . . . . § . . . . .

RECEVEURS DE BUREAUX COMPOSÉS ET RECEVEURS DE BUREAUX SIMPLES OU RECEVEURS DES POSTES A L'ÉTRANGER.

Mandat de paiement délivré en vertu des ordonnances de délégation de Monsieur le Ministre des finances.

Au nom des héritiers de : Mlle BRIANT, *receveuse à...*

Mois de mai 1897.

Du. . . . au. . . . inclus. . . . 53 fr. 33

Retenue. . . . . . 2 fr. 67

Reste à payer [1] . . 50 fr. 66

---

1. A cet égard, nous croyons devoir rappeler que, lorsque le mandat énonce des retenues, le certificat de propriété n'en doit pas moins être délivré pour la somme brute.

CERTIFICATS DE PROPRIÉTÉ DIVERS

Form. 125. — **Certificat de propriété délivré par un juge de paix**[1].

(Modèle annexé au décret du 18 septembre 1806.)

Je soussigné (*nom, prénoms*) juge de paix du canton de..., arrondissement de..., département de..., certifie, conformément au décret impérial du 18 septembre 1806, et sur l'attestation de (*noms, prénoms, qualités et résidences des deux témoins*), que le sieur (*nom, prénoms et qualité du titulaire*), est décédé à..., le..., *intestat*; qu'après son décès il n'a pas été fait d'inventaire et que dame..., sa veuve, demeurant à..., *ou* que tel *ou* tels (*mettre les noms, prénoms, qualités et résidences*) son seul héritier *ou* ses seuls héritiers, est propriétaire *ou* sont propriétaires du capital et des intérêts du cautionnement que ledit sieur... a fourni en sadite qualité et qu'il a *ou* qu'ils ont droit d'en recevoir le remboursement.

(Le certificat énoncera la portion afférente à chacun des ayants droit, et s'il y a des mineurs, les noms des tuteurs qui ont droit de toucher pour eux.)

Fait à...

Nota[2]. Ces sortes de certificats de propriété ne doivent et ne peuvent être délivrés par un juge de paix qu'autant qu'il n'existe aucun acte de transmission de propriété passé devant notaires. S'il en existe, ils doivent être délivrés par les notaires détenteurs des minutes desdits actes.

Ce certificat doit être légalisé.

1. V. *sup.*, 1re partie, nos 43.
2. Cette note est celle qui accompagne le modèle annexé au décret de 1806.

Form. 126. — **Certificat de propriété délivré par un juge de paix.**

DETTE PUBLIQUE

Trois pour cent.

Extrait d'inscription au Grand-Livre.

No ..., Série ..., Rente : 10 francs.

Au nom de : VIGNIER (BAPTISTE).

Je soussigné..., juge de paix du canton de.... arrondissement de...., département de...[1],

Certifie, conformément à la loi du 28 floréal an VII, et sur l'attestation de :

M...

Et M...,

Tous deux demeurant à.. ;

Que M. Baptiste Vignier, en son vivant domestique, demeurant à...., canton de..., titulaire de l'extrait d'inscription susvisé, est décédé *intestat* et célibataire, en son domicile, le... [2];

Qu'après son décès il n'a pas été fait d'inventaire;

Et qu'il a laissé pour ses seuls héritiers, chacun pour moitié, ses frère et sœur germains :

1° M. Dominique Vignier, ouvrier charpentier, demeurant à...;

2° Et Mme Marie Vignier, épouse de M. Joseph Bresson, cocher, avec lequel elle demeure à...;

Qu'en conséquence la rente de 10 francs 3 p. 100 dont le libellé est ci-dessus transcrit appartient en pleine propriété, ainsi que tous arrérages échus et à échoir : moitié à M. Dominique Vignier et moitié à Mme Marie Vignier, épouse de M. Joseph Bresson, tous susnommés, et qu'elle doit être immatriculée ainsi :

Vignier (Dominique) *et* Marie Vignier, *femme de* Joseph Bresson, *chacun pour moitié* [3].

En foi de quoi j'ai délivré le présent certificat.

A..., le...

1. Si le certificat de propriété est délivré par le premier ou le deuxième suppléant du juge de paix, l'absence ou l'empêchement soit du juge de paix, soit de son premier suppléant, suivant le cas, doit être mentionnée. De Marcillac, n° 1165, p. 314.

2. Ainsi que nous l'avons dit, *sup.*, 1re partie. n° 47, le Trésor estime que les juges de paix ont qualité pour délivrer les certificats de propriété nécessaires pour recevoir les arrérages dus au décès d'un pensionnaire de l'Etat, lorsqu'il y a lieu de viser un contrat de mariage d'après lequel la veuve est qualifiée commune en biens seulement.

Nous pensons cependant, avec M. de Marcillac (n° 1163, p. 314) que ce contrat, ne conférant aucun droit au survivant sur les biens du prédécédé, si ce n'est ceux résultant de la loi (C. c., 1400 et s.), il est préférable que le juge de paix s'abstienne d'énoncer le contrat. La mention qu'il en ferait, ne pouvant que vicier le droit de compétence de ce magistrat. Cpr. Circ. Compt. gén. 17 déc. 1834.

3. L'immatriculation peut avoir lieu ainsi. mais il est préférable, en pareil cas. de requérir deux titres distincts.

Form. 127. — **Certificat de propriété délivré par un greffier** [1].

DETTE PUBLIQUE

Trois et demi pour cent.

Extrait d'inscription au Grand-Livre.

N° ..., Série .... Rente : 300 francs.

Au nom de : Gallois (Julien) *et* Paul Gallois, *conjointement et indivisément.*

Je soussigné..., greffier du tribunal civil de première instance de...,
Vu :

I. — L'extrait d'inscription susénoncé;

II. — La minute d'un jugement rendu contradictoirement par le tribunal civil de première instance de..., à la date du..., entre les ci-après nommés, titulaires de l'inscription de rente susvisée, savoir :

M. Julien Gallois, propriétaire, demeurant à..., demandeur ;

Et M. Paul Gallois, négociant, demeurant à..., défendeur;

Statuant sur la difficulté survenue entre MM. Gallois relativement...;

(*Relater sommairement le litige.*)

Aux termes duquel jugement l'inscription de rente dont s'agit a été déclarée appartenir et a été attribuée définitivement en pleine propriété, ainsi que tous arrérages échus et à échoir y afférents :

Pour 120 francs de rente, à M. Julien Gallois;

Et pour 180 francs de rente, à M. Paul Gallois ;

III. — Un certificat délivré par Me..., avoué près ledit tribunal et celui du demandeur, le..., constatant que ce jugement a été signifié à avoué et à partie ;

IV. — Et le certificat délivré par moi, le..., constatant que ledit jugement n'a été frappé ni d'opposition, ni d'appel et, par suite, a acquis l'autorité de la chose jugée ;

Certifie, conformément à la loi du 28 floréal an VII, que le titre de 300 francs de rente 3 1/2 p. 100, dont le libellé est rapporté en tête du présent, appartient en pleine propriété, avec tous arrérages échus et à échoir, aux ci-après nommés dans les proportions suivantes et doit être immatriculé ainsi :

GALLOIS (JULIEN), pour 120 francs de rente ;

Et GALLOIS (PAUL), pour 180 francs de rente.

En foi de quoi j'ai délivré le présent certificat.

A..., le...

1. V. *sup.*, 1re PARTIE, nos 49.

FORM. 128. — **Certificat de propriété délivré par un greffier.**

(*Modèle annexé au décret du 18 septembre 1806.*)

Je soussigné... (*nom et prénoms*), greffier du tribunal de..., département de..., certifie, conformément au décret impérial du..., que par jugement dudit tribunal, en date du..., tel *ou* tels (*nom, prénoms et qualité*), a *ou* ont été déclarés propriétaires du cautionnement fourni par le sieur... (*nom, prénoms et qualité*), et que ledit... *ou* lesdits.... a *ou* ont seuls droit de recevoir le remboursement dudit cautionnement, en capital et intérêts.

Fait à...

NOTA[1]. Ce certificat énoncera la portion afférente à chacun des ayants droit; la qualité dans laquelle cette portion lui est dévolue, si c'est comme héritier, donataire, légataire ou créancier. Il contiendra les noms des tuteurs des mineurs s'il en existe, et enfin il devra être légalisé par le président.

1. Cette note est celle qui accompagne le modèle annexé au décret.

Form. 129. — **Certificat de propriété délivré par un maire** [1].

CAISSE
DES
Dépôts et Consignations

—

CERTIFICAT
à fournir
par les héritiers
pour
le remboursement
des sommes
de cinquante francs
et au-dessous.

CAISSE DE RETRAITES POUR LA VIEILLESSE
(*Instruction générale du 1er août 1877, art. 104.*)

CERTIFICAT DE PROPRIÉTÉ [2]

Je soussigné, Maire de la commune de..., arrondissement de..., département de...,

Certifie que le nommé [3],

titulaire [4] { du livret n°...,
{ d'une rente viagère n°..., de Fr...

est décédé à..., le...;

qu'il a laissé pour seul héritier... [5];

et que ledit... susnommé   seul droit de toucher toutes les sommes qui peuvent revenir et appartenir à la succession dudit...

En foi de quoi, j'ai délivré le présent certificat, pour servir et valoir au susnommé ce que de raison.

Fait à..., ce... 18...

(*Cachet de la Mairie et signature.*)

Vu pour légalisation de la signature de M. le Maire de la commune de...

A..., le... 18...

(*Cachet de la Préfecture ou de la Sous-Préfecture.*)

1. V. *sup.*, 1re PARTIE, n°s 61 et s.
Pour les prorata de *pensions* et *traitements* dus au décès des titulaires, les maires ont aussi qualité pour délivrer les certificats de propriété nécessaires, quand les sommes à recevoir n'excèdent pas 50 francs. Règl. fin. 1866, art. 10. *Sup.*, 1re PARTIE, n° 61.
Cette limite s'applique à l'ensemble de la succession ; si donc les héritiers avaient deux décomptes à recevoir inférieurs l'un et l'autre à 50 francs, mais supérieurs ensemble à cette somme, le maire n'aurait pas qualité. De Marcillac, n° 1174, p. 316.
Les certificats délivrés par les maires énoncent que les parties y dénommées ont seules droit de toucher la somme due en qualité d'héritiers. Idem, *ub. sup.*

2. Ce certificat peut être rédigé sur papier libre ; mais la signature du maire doit être légalisée par le préfet du département ou par le sous-préfet de l'arrondissement. — Il est généralement rédigé sur les imprimés fournis par l'Administration. C'est la formule de ces imprimés que nous donnons ici.

3. Énoncer les nom, prénoms et qualité du décédé.

4. Biffer, suivant le cas, l'une des indications.

5. Énoncer les noms, prénoms et qualités des héritiers et distinguer les majeurs des mineurs ; s'il y a des mineurs, indiquer le degré de parenté ainsi que la date de la délibération du conseil de famille par lequel le tuteur aura été nommé.

Rappelons, à ce sujet, que la jurisprudence tend à se fixer en ce sens que la tutelle des enfants naturels reconnus est toujours *dative*. Aux décisions citées *sup.*, p. 394, note 3, ajouter : C. Caen, 14 déc. 1896.
Dans le même sens, la Cour de cassation a décidé, le 10 nov. 1896, que le

conseil de famille, à l'effet de nommer un tuteur à l'enfant naturel, peut se réunir devant le juge de paix du domicile actuel du mineur et de sa mère, bien que ce domicile soit différent de celui de la naissance et du domicile au moment de la reconnaissance.

RÉQUISITIONS [1]

FORM. 130. — **Un seul ayant droit. — Inventaire ou notoriété.**

Par-devant M⁰..., notaire à...

A comparu :

M.

Lequel a, par les présentes, requis M⁰..., l'un des notaires soussignés, de lui délivrer le certificat de propriété nécessaire pour faire immatriculer à son nom un titre de ... francs de rente 3 p. 100, inscrit au Grand-Livre de la Dette publique, n⁰..., série..., au nom de..., son oncle, en son vivant rentier, demeurant à..., décédé *intestat*, en son domicile, le... [2], de qui il est seul héritier, ainsi qu'il est constaté par l'intitulé de l'inventaire fait, après ce décès, par M⁰... soussigné, le...

Ou, par exemple :

...de qui il est légataire universel, aux termes du testament de ce dernier, reçu en présence de quatre témoins par M⁰..., notaire soussigné, le..., legs dont le comparant s'est trouvé saisi de plein droit par la mort du testateur, celui-ci n'ayant laissé aucun ayant droit à une réserve légale, ainsi que le constate un acte de notoriété, dressé par M⁰..., notaire soussigné, le...

Consentant que mention des présentes soit faite où besoin sera.

Dont acte.

1. V. *sup.*, 1ʳᵉ PARTIE, nᵒˢ 267 et s.

2. *Ou :* pour obtenir le remboursement d'un livret de la Caisse d'épargne de..., n⁰..., au nom de.....; *ou encore :* pour obtenir le remboursement du cautionnement versé, en qualité de percepteur à ....., par M...

Cpr. *sup.* la note 3, sous la formule 121.

FORM. 131. — **Veuve commune et usufruitière. — Plusieurs héritiers. — Division des titres. — Cession de fractions.**

Par-devant M⁰..., notaire à...

Ont comparu :

1⁰ Mᵐᵉ Louise Folleville, rentière, demeurant à..., veuve en premières noces de M. Alexis Lainé et non remariée,

Ayant été en communauté de biens réduite aux acquêts avec M. Lainé, son mari,

Et en outre donataire de l'usufruit de moitié des biens meubles et immeubles dépendant de la succession de ce dernier, avec dispense de caution,

Le tout, aux termes de leur contrat de mariage, passé devant M°..., notaire à..., le...;

2° M. Claude Lainé, sans profession, demeurant à...;

3° Et M. Basile Lainé, horloger, demeurant à...:

Héritiers chacun pour moitié dudit M. Alexis Lainé, leur frère germain, en son vivant avocat, demeurant à..., décédé *intestat*, en son domicile, le...,

Ainsi que les qualités susexprimées sont constatées par l'intitulé de l'inventaire fait après ce décès, par M°... soussigné, le..

Lesquels ont dit et arrêté ce qui suit :

Il dépend de la communauté ayant existé entre les époux Lainé-Folleville un titre de 100 francs de rente française 3 1/2 pour 100, inscrit au Grand-Livre de la Dette publique sous le n°..., de la série...

D'après les qualités ci-dessus exprimées, ce titre de rente appartient à Mme veuve Lainé en pleine propriété pour moitié, comme commune en biens ; . . . . 50 fr.

A la succession de M. Lainé pour la nue propriété, et à Mme veuve Lainé en usufruit comme donataire, pour moitié de la seconde moitié, soit un quart de la totalité ; 25

Et à la succession de M. Lainé, en pleine propriété, pour l'autre moitié de la seconde moitié, soit un quart du tout. . . 25

Egalité . . . . . 100 fr.

MM. Lainé se trouvent ainsi avoir droit chacun à moitié des 25 francs de rente grevés de l'usufruit de Mme veuve Lainé et à moitié des 25 francs de rente, leur revenant en pleine propriété, soit, en nue propriété et en pleine propriété, à 12 fr. 50 de rente chacun.

Désirant obtenir des titres distincts et attendu que le Trésor n'inscrit pas les fractions de franc, les parties ont fait entre elles les cessions suivantes :

M. Basile Lainé a cédé à M. Claude Lainé, qui a accepté, 50 centimes de rente à prendre dans les 25 francs leur appartenant en nue propriété et, en outre, 50 centimes de rente à prendre dans les 25 francs leur appartenant en pleine propriété.

Cette cession a eu lieu moyennant une somme de..., que le cédant reconnaît avoir reçue du cessionnaire.

En sorte que le titre de 100 francs de rente dont il s'agit se trouve appartenir :

1° A Mme veuve Lainé, pour :

50 francs en pleine propriété ;

Et 25 francs en usufruit, dont la nue propriété pour 13 francs à M. Claude Lainé et 12 francs à M. Basile Lainé [1] ;

2° A MM. Claude et Basile Lainé, en pleine propriété, pour 13 francs au premier et 12 francs au second.

Voulant faire immatriculer le titre dont il s'agit à leurs noms dans les proportions ci-dessus déterminées, les comparants ont requis M⁰..., notaire soussigné, de leur délivrer le certificat de propriété nécessaire à cet effet.

Dont acte.

1. On pourrait aussi, avec le consentement de l'usufruitier, demander et obtenir deux titres distincts, l'un de 13 francs et l'autre de 12 francs.

FORM. 132. — **Succession d'étranger.** — **Dépôt de pièces.**

Par-devant M⁰..., notaire à...,

Ont comparu :

M. William Norter, rentier, demeurant à...,

Lequel, par les présentes, a :

1⁰ Déposé à M⁰..., l'un des notaires soussignés, et l'a requis de les mettre au rang de ses minutes, pour servir de base à la délivrance du certificat de propriété ci-après requis, l'original, en date du..., et sa traduction régulière, faite par M⁰..., traducteur assermenté près la cour d'appel de Paris, à la date du..., d'un certificat de coutume délivré par M⁰..., avocat anglais, et M⁰..., avocat conseil de l'ambassade de France à Londres, attestant que, d'après les lois et coutumes de l'Angleterre, lorsqu'un homme de nationalité anglaise décède célibataire et *intestat*, à la survivance de son père, ce dernier a droit à la totalité de la succession mobilière du *de cujus*, à l'exclusion de tous autres parents ;

Certificat en suite duquel se trouve une attestation du consul à... de Sa Majesté Britannique, que MM. ... ont qualité pour le délivrer et que foi lui est due ;

2⁰ Et requis M⁰..., l'un des notaires soussignés, de lui délivrer le certificat de propriété nécessaire pour obtenir l'immatriculation à son nom d'un titre de ... francs de rente française 3 p. 100, numéro..., série..., inscrit au Grand-Livre de la Dette publique au nom de James Norter, son fils, en son vivant courtier de commerce, demeurant à..., décédé *intestat*, célibataire et sans postérité, en son domicile, le..., ainsi que le constate un acte de notoriété dressé, à défaut d'inventaire, par M⁰..., notaire soussigné, le...

En conséquence, l'original du certificat susénoncé, ainsi que sa traduction, dûment timbrée et légalisée, sont demeurés annexés aux présentes, après avoir été contresignés par le comparant et revêtus d'une mention d'annexe, signée des notaires soussignés.

Mention des présentes a été consentie où besoin serait.

Dont acte.

1. On procède de la même manière, quand il y a lieu, pour les actes reçus aux *colonies*.

V. *sup.*, 1ʳᵉ PARTIE, nᵒˢ 13 et s.

CERTIFICATS DE VIE [1]

Form. 133. — **Certificat de vie délivré par un Maire.**

Nous soussigné..., maire de la commune de..., arrondissement de..., département de...,

Certifions que M. Louis Alfred Marie Plessis, rentier, demeurant en cette commune, titulaire d'une inscription de 360 francs de rente 3 p. 100, portée au Grand-Livre de la Dette publique, n°..., série..., est vivant pour s'être présenté devant nous.

En foi de quoi nous lui avons délivré le présent certificat qu'il a signé avec nous [2].

A..., le...

    (*Sceau de la Mairie.*)   (*Signature du Maire.*)
(*Légalisation par le Préfet ou le Sous-Préfet.*)

---

1. V. *sup.*, 2ᵉ partie, chap. v, p. 420 et s.

En principe, il n'y a lieu de produire un certificat de vie que pour le *renouvellement* des titres. *Sup.*, p. 263.

Cependant, le Trésor exige la production de cette pièce même dans d'autres circonstances; quand, par exemple, l'opération requise a, en même temps, le caractère d'un renouvellement.

Il en est ainsi notamment en matière de *changement de qualité.*

Si un titre, déjà *ancien* de plusieurs années, était inscrit au nom d'une *fille mineure* et que, *devenue majeure*, on voulût faire constater sa nouvelle qualité, le Trésor demanderait, non seulement la copie de l'acte de naissance, mais encore un certificat de vie, afin de s'assurer que la titulaire n'est pas décédée. Cpr. *Sup.*, p. 270.

Par contre, si la titulaire devenue majeure s'était mariée récemment, il suffirait, pour faire inscrire le titre à son nom, comme *femme mariée*, de produire seulement la copie de son acte de mariage, qui prouverait à la fois son changement de qualité et son existence.

Cette observation s'applique à tous les cas analogues à celui de l'exemple cité.

2. La Dette inscrite n'exige pas que ce certificat soit signé du rentier; le maire (*ou* le notaire) est seul fondé à imposer cette formalité au requérant.

Form. 134. — **Certificat de vie délivré par un Notaire.**

(*Forme sous seing privé.*)

Je, soussigné..., notaire à..., arrondissement de..., département de...,

Certifie que M. Louis Alfred Marie Plessis, rentier, demeurant à..., est vivant pour s'être présenté devant moi aujourd'hui.

41

En foi de quoi je lui ai délivré le présent certificat, pour servir au renouvellement d'un titre de 400 francs de rente française 3 1/2 p. 100, inscrit au Grand-Livre de la Dette publique, n°..., série...

A..., le...

(*Sceau du notaire.*)   (*Signature du notaire.*)

(*Légalisation par le Président du Tribunal ou le Juge de paix*).

Form. 135. — **Certificat de vie en forme d'acte notarié.**

Devant M°..., notaire à..., arrondissement de..., département de..., soussigné,

A comparu :

M. Louis Henri Muller, négociant, demeurant à...,

  Tuteur légal de Frédéric Muller, son fils mineur, né à..., le...,

  de son mariage avec Mme Gabrielle Chantal, décédée[1],

Lequel a présenté au notaire soussigné ledit mineur Frédéric Muller et a requis ce notaire de lui donner acte de sa comparution pour constater son existence, afin de servir au renouvellement d'une inscription de 100 francs de rente 3 p. 100, portée au Grand-Livre de la Dette publique, n°..., série..., au nom dudit mineur.

Ce qui lui a été octroyé.

       Dont acte (*en brevet*).

Fait et passé à..., le...

Et après lecture faite, MM. Muller père et fils ont signé avec les témoins et le notaire[2].

1. Lorsque le certificat de vie concernant un mineur est délivré par un maire, c'est celui de la commune où demeure le tuteur et où, par conséquent, le mineur à son domicile qui a qualité.

2. Il est d'usage, en pareil cas, de faire signer le mineur, s'il sait le faire.

Form. 136. — **Certificat de vie avec notoriété rectificative.**

Devant M°..., notaire à..., soussigné,

A comparu :

M. Paul Lestang, capitaine au long cours, demeurant à... ;

Lequel a requis le notaire soussigné de lui donner acte de sa comparution à l'effet de constater son existence, pour servir au renouvellement et à la régularisation d'un titre de 500 francs de rente perpétuelle 3 p. 100

lui appartenant, porté au Grand-Livre de la Dette publique, n°..., série...

Ce qui lui a été octroyé.

Aux présentes sont intervenus :

M.

Et M.

Lesquels ont déclaré bien connaître M. Paul Lestang susnommé et savoir que c'est à tort et par erreur que dans l'inscription de rente sus-énoncée, appartenant audit M. Lestang, ce dernier a été nommé Lestan au lieu de Lestang, qui est la véritable orthographe de son nom patrony-mique, et qu'il y a identité de personne.

Dont acte (*en brevet*).

Form. 137. — Certificat de vie par acte extrajudiciaire [1].

L'an mil huit cent quatre-vingt-dix-sept,

Le... du mois de septembre,

A la requête de M. Adolphe Martin, négociant, demeurant à...,

Je..., huissier près les tribunaux de..., demeurant à..., soussigné,

Certifie m'être transporté cejourd'hui, à... heure du..., dans une maison, sise à..., rue..., n°..., domicile de M. Pierre Langlois, rentier ;

Où étant et parlant à ce dernier *en personne*,

Je lui ai dit et déclaré :

Que le requérant est titulaire d'une inscription de 200 francs de rente 3 p. 100 sur l'État, portée au Grand-Livre de la Dette publique, sous le n°... de la série..., à son nom pour l'usufruit, comme jouissant sur la tête et pendant la vie dudit M. Langlois, en vertu d'un acte de cession devant Me..., notaire à..., du... ;

Qu'il y a lieu de renouveler ce titre ;

Que pour obtenir ce renouvellement, il est nécessaire de produire un certificat de vie dudit M. Langlois ou de faire constater son existence par acte extrajudiciaire ;

Que ce dernier s'est jusqu'à ce jour refusé à fournir cette justification ;

Et qu'en conséquence, pour suppléer à ce certificat de vie, je me suis transporté à son domicile, où étant et parlant comme il est dit ci-dessus, j'ai constaté par moi-même, et par MM... (*noms, prénoms et domiciles*), témoins qui m'ont accompagné [2], que ledit sieur Langlois est bien vivant et est bien aussi la même personne que celle sur la tête et pendant la vie de laquelle le requérant jouit de l'usufruit du titre de 200 francs de rente susrappelé et dont le nom figure dans l'immatricule de ce titre.

En foi de quoi j'ai délivré le présent certificat, pour servir et valoir ce que de droit et dont, afin qu'il n'en ignore, j'ai, étant et parlant comme il est dit, laissé copie audit M. Langlois.

Le coût est de...

1. Cette constatation pourrait aussi être faite par procès-verbal du ministère d'un notaire assisté de témoins.

2. Dans ce cas l'huissier doit être assisté de deux témoins.

PROCURATIONS [1]

FORM. 138. — **Procuration authentique pour vendre et transférer.**

Par-devant M⁰..., notaire à...,

A comparu :

M... (*nom, prénoms*[2], *profession, demeure*),

Lequel a, par ces présentes, constitué pour son mandataire :

M...[3],

A qui il donne pouvoir de, pour lui et en son nom :

Vendre au cours de la Bourse que le mandataire jugera convenable et transférer[4] la totalité ou partie[5], d'une inscription de[6]... francs de rente française[7]... p. 100, inscrite au Grand-Livre de la Dette publique sous le n⁰... de la série[8] *ou* immatriculée ainsi : (*rapporter l'immatricule*);

A cet effet, signer tous certificats et déclarations de transfert[9], recevoir le prix de la vente, en donner quittance et décharge.

Commettre tous agents de change, élire domicile, substituer[10] et généralement faire le nécessaire.

Lorsque le vendeur ne doit pas retirer lui-même les fonds de chez l'agent de change négociateur, pour éviter une décharge de mandat, l'on ajoute :

Verser le produit de la vente[11] au crédit du compte de M...[12] chez M...,
agent de change, lequel versement opérera la décharge du mandataire[13].

Dont acte ([14]).

1. V. *sup.*, 2⁰ PARTIE, chap. IV. p. 412 et s.

2. Ces indications doivent concorder avec celles correspondantes portées sur le titre. Comp. *Suprà*, 2⁰ PARTIE, chap. II, art. 1⁰ʳ, § 10.

3. Prénoms, nom, etc... à remplir d'accord avec l'agent de change.

Les agents de change font mettre les procurations tantôt à leur nom, tantôt à celui d'un de leurs employés.

Si l'opération a lieu en province, par l'intermédiaire d'une Trésorerie, le mandat doit être au nom du Syndic des agents de change ou de son adjoint en exercice. (V. form. 140.)

4. Il faut avoir soin de se garder d'employer cette expression incorrecte que l'on rencontre souvent dans la pratique et dans presque tous les formulaires : *Vendre et transférer au cours de la Bourse*, etc...; en effet, c'est la *vente* qui a lieu au cours de la Bourse et non le *transfert*, qui n'est que la consécration de la négociation, en d'autres termes, l'opération qui a pour objet de déposséder du titre le vendeur pour en saisir l'acquéreur. *Suprà*, 2⁰ PARTIE, ch. II, art. 1⁰ʳ, § 2, p. 258.

5. *Ou :* une inscription de rente française, etc.

Ou encore : une somme de... francs de rente à prendre dans une inscription, etc...

6. Les sommes ou quantités de rente doivent être indiquées en toutes lettres.

7. Il faut mentionner le taux de la rente en toutes lettres et sa nature.

8. Les numéros et séries peuvent être mis en chiffres; indiquer de la même manière le volume, s'il y a lieu.

9. V., quant à l'utilité de ces pouvoirs, *suprà*. 2⁰ PARTIE, chap. II, § 2, p. 251 et s.

10. Il est très important de ne pas oublier le pouvoir de substituer, surtout si

le mandat est au nom de l'agent de change, afin qu'il puisse le faire, car la substitution n'est acceptée, en principe, par le Trésor que si elle est expressément autorisée. *Suprà*, 2ᵉ PARTIE, ch. IV, p. 416.

11. Et non du *transfert*. (V. *suprà* la note 4.)

12. Le vendeur lui-même, s'il est le correspondant de l'agent de change; sinon l'intermédiaire qui a transmis l'ordre et les pièces.

13. Certains agents de change demandent que cette stipulation fasse l'objet d'une autorisation s. s. p. timbrée, comme décharge, à 0 fr. 10, avec légalisation de la signature par le maire.

Ils considèrent, quand la remise des fonds est autorisée entre les mains du notaire qui reçoit l'acte, que cette disposition peut être critiquée comme une stipulation en faveur du notaire. L. 25 vent. an XI, art. 8, arg.

14. En brevet ou en minute, suivant les distinctions établies *suprà*, 2ᵉ PARTIE, ch. IV, p. 414 et s..

FORM. 139. — **Procuration pour opérer la vente, le transfert, la conversion ou le remboursement de toutes rentes sur l'État.**

Par-devant Mᵉ..., notaire à..., soussigné,

A comparu :

M...

Lequel a, par les présentes, constitué pour son mandataire[1] :

M...,

A qui il donne pouvoir de, pour lui et en son nom :

Vendre au cours de la Bourse que le mandataire jugera convenable et transférer toutes les inscriptions de rentes françaises nominatives, mixtes, perpétuelles ou amortissables qui peuvent appartenir au constituant, sous quelques volumes, séries et numéros qu'elles soient inscrites au Grand-Livre de la Dette publique;

Opérer toutes conversions de titres nominatifs ou mixtes en titres au porteur;

Requérir le remboursement de toutes rentes amorties;

A cet effet, signer tous certificats, déclarations, bordereaux ou demandes de transfert ou de remboursement;

Retirer tous titres au porteur provenant de conversions;

Recevoir toutes sommes provenant d'aliénations ou d'amortissements, donner toutes décharges et quittances;

Commettre tous agents de change, élire domicile, substituer et généralement faire le nécessaire pour opérer ces ventes, transferts, conversions ou remboursements;

Remettre soit le produit de la vente ou du remboursement, soit les nouveaux titres, chez M..., agent de change à Paris, à la disposition de M...; retirer récépissé de ce dépôt qui vaudra décharge au mandataire[1].

Dont acte.

1. On conçoit que les termes de cette autorisation sont susceptibles de varier suivant les circonstances. — V. aussi la note 13, sous la formule précédente.

Form. 140. — **Procuration donnée en province pour vendre et transférer par l'intermédiaire de la Trésorerie générale**[1].

Par-devant M⁰..., notaire à..., soussigné,

A comparu :

M...,

Lequel a, par les présentes, constitué pour son mandataire :

M. le Syndic des agents de change de Paris ou son adjoint en exercice[2],

A qui il donne pouvoir de, pour lui et en son nom :

Vendre au cours de la Bourse que le mandataire jugera convenable et transférer une inscription de rente française, etc.

Verser le produit de la vente à la caisse du Trésor public au crédit du compte de M. le trésorier-payeur général du département de..., en retirer le récépissé, lequel dépôt vaudra décharge au mandataire.

Dont acte.

1. Ainsi que nous l'avons dit (*sup.*, p. 254), lorsque la vente a lieu par l'intermédiaire des trésoreries et recettes, la procuration doit être donnée au Syndic des agents de change ou à son adjoint.

Les receveurs particuliers sont tenus d'intervenir dans les opérations d'achat et de vente de rentes sur l'État, lorsque le trésorier les en charge, mais seulement comme ses correspondants, et ils doivent porter directement à son compte les recettes et les paiements auxquels elles donnent lieu.

Les trésoriers et receveurs doivent se charger immédiatement en recette des fonds qui leur sont versés pour être employés en achats de rentes sur l'État.

Le trésorier doit être informé sans retard des recettes faites par les receveurs particuliers, et c'est lui qui a seul qualité pour adresser à la Direction du mouvement général des fonds les demandes nécessaires pour qu'elle fasse opérer les achats de rentes.

2. Il n'est dû qu'un droit sur cette procuration, attendu qu'il n'y a, en réalité, qu'un seul mandataire qui soit appelé à bénéficier des pouvoirs conférés.

Form. 141. — **Procuration sous seing privé pour vendre et transférer.**

Par les présentes,

Le soussigné, Albert Camille Trébla, clerc de notaire, demeurant à...,

Constitue pour son mandataire :

M...,

A qui il donne pouvoir de, pour lui et en son nom :

Vendre au cours de la Bourse que le mandataire jugera convenable et transférer une inscription de 15 francs de rente française 3 p. 100, inscrite au nom du soussigné au Grand-Livre de la Dette publique, sous le n°... de la série...

A cet effet (*le surplus comme aux autres formules*).

Fait à..., le...

Bon pour pouvoir.

A. Trébla.

Vu par nous..., soussigné, maire de la commune de..., pour légalisation de la signature de M. Albert Camille Trébla, domicilié en cette commune, apposée ci-dessus.

(Signature du Maire et cachet de la mairie.)

(La signature du maire doit être légalisée à la préfecture ou à la sous-préfecture.)

Form. 142. — **Procuration pour vendre une rente sujette à remploi et remettre les fonds au notaire chargé du remploi.**

Par-devant Mᵉ..., notaire à...,

Ont comparu :

M.... et Mᵐᵉ..., son épouse, qu'il autorise, demeurant ensemble à... [1];
Lesquels ont, par les présentes, constitué pour leur mandataire :
M..., agent de change, demeurant à Paris, rue..., n°...,
A qui ils donnent pouvoir de, pour eux et leurs noms :
Vendre au cours de la Bourse que le mandataire jugera convenable et transférer une inscription de... francs de rente française 3 1/2 p. 100, au nom de la comparante, n°... série... ;
A cet effet, signer tous certificats et déclarations de transfert, recevoir le prix de la vente, en donner quittance et décharge, fournir toutes justifications, substituer et généralement faire le nécessaire ;
Verser le produit de cette négociation entre les mains de Mᵉ..., notaire à..., chargé de recevoir l'acte de remploi du prix du transfert au nom de la mandante, conformément à son contrat de mariage, reçu par Mᵉ..., notaire à..., le ... ;
Lequel versement opérera la décharge de l'agent de change, qui n'aura pas à s'immiscer dans le remploi, ainsi que le prescrit l'article... dudit contrat [2] et sera exempt de toute responsabilité à cet égard,

Dont acte.

---

1. Lorsqu'il s'agit de vendre une rente appartenant à une femme, surtout lorsque cette rente est soumise à remploi, il est nécessaire que les deux époux agissent conjointement.

2. Quand le contrat, comme cela arrive souvent, stipule que le produit de la vente des rentes propres à la femme et sujettes à remploi sera remis au notaire chargé de recevoir l'acte de remploi, il est utile de le mentionner dans la procuration donnée pour vendre et de dire que la remise ainsi faite opérera la décharge de l'agent de change.

Form. 143. — **Procuration pour vendre et transférer — avec notoriété rectificative.**

Par-devant M°..., notaire à...,

A comparu :

M. Jean Victor Rattier, propriétaire, demeurant à...,

Lequel a, par les présentes, constitué pour son mandataire :

M...,

A qui il donne pouvoir de, pour lui et en son nom :

Vendre au cours de la Bourse que le mandataire jugera convenable et transférer une inscription... de francs de rente française 3 1/2 p. 100, inscrite au Grand-Livre de la Dette publique, sous le n°... de la série..., au nom de Jean Victor Rattié ;

A cet effet, etc...,

Commettre, etc...,   } *Ut suprà.*

Verser le produit, etc...)

Aux présentes, sont intervenus et ont comparu :

M....

Et M....,

Tous deux demeurant à... ;

Lesquels ont, par les présentes, déclaré parfaitement connaître M. Rattier, comparant ;

Et ont attesté savoir, comme étant de notoriété publique et d'ailleurs la vérité :

Que c'est à tort et par erreur si, dans l'inscription susénoncée le nom patronymique du comparant a été écrit Rattié, au lieu de Rattier, qui est son véritable nom et la manière de l'écrire ;

Qu'il y a parfaite identité de personnes entre M. Jean Victor Rattier, comparant, et la personne prénommée et nommée Jean Victor Rattié dans l'inscription de rente dont il s'agit.

Et à l'appui de leurs déclarations et attestations MM... et M. Rattier ont représenté au notaire soussigné une copie légalisée (*s'il y a lieu*) de l'acte de naissance de ce dernier, inscrit aux registres des actes de l'état civil de la ville de..., à la date du..., duquel acte il résulte que le nom du comparant s'écrit bien Rattier[1].

Cette copie est demeurée ci-jointe après avoir été certifiée véritable par les comparant et intervenants et revêtue d'une mention d'annexe.

         Dont acte.

---

1. Sur l'utilité de la représentation et de l'annexe d'une copie d'un acte de l'état civil, v. *sup.*, 1re PARTIE, n°s 74 et s. — V. aussi *sup.*, 2e PARTIE, § 10, *Rectif. de libellés*, p, 280 et s.

FORM. 144. — **Procuration par un maire.**

Par-devant Mᵉ..., notaire à ...,

A comparu :

M...,

Agissant en qualité de maire de la commune de..., en vertu d'une délibération prise à l'effet ci-après par le conseil municipal de ladite commune, le..., approuvée par M. le préfet du département de..., suivant arrêté en date du...¹,

Lequel, ès dite qualité, a, par les présentes, constitué pour son mandataire :

M...,

A qui il donne pouvoir de, pour lui et en son nom :

Vendre au cours de la Bourse que le mandataire jugera convenable et transférer une somme de... francs de rente 3 p. 100, inscrite au nom de ladite commune sur le Grand-Livre de la Dette publique, sous le nᵒ... du Livre auxiliaire de la Trésorerie générale du département de...;

A cet effet..., etc....².

1. Il faut produire, à l'appui du transfert, avec le titre, une expédition de la délibération et une ampliation de l'arrêté.

2. Il est préférable, en ce qui concerne l'agent de change, et à cause de la remise des fonds à provenir de l'opération que le receveur municipal concoure à la procuration ou tout au moins qu'elle contienne le pouvoir de verser entre ses mains le produit de la négociation.

C'est, du reste, une règle générale que toutes les fois qu'un administrateur quelconque est assisté d'un comptable, c'est entre les mains de celui-ci que les paiements doivent être faits.

Généralement les opérations concernant les rentes provenant aux établissements publics de libéralités sont faites par l'intermédiaire des trésoreries générales et de la Chambre syndicale, et les instructions données aux comptables sont dans ce sens; cependant, les établissements restent libres de choisir leur agent de change particulier.

Quant aux rentes déjà inscrites au nom de ces établissements, elles figurent encore presque toutes au livre auxiliaire du département et sont transférables à la trésorerie départementale comme nous l'avons indiqué *suprà*, p. 168. Elles peuvent aussi être vendues et transférées de Paris. *Sup.*, 2ᵉ PARTIE, p. 257 et 289.

Depuis le 1ᵉʳ janvier 1897, il n'est plus fait d'inscription aux livres auxiliaires des départements qui sont appelés à disparaître. *Suprà*. 2ᵉ PARTIE, p. 257.

FORM. 145. — **Procuration par un membre d'une commission administrative d'hospice.**

Par-devant Mᵉ..., notaire à...,

A comparu :

M...,

Agissant en qualité de membre de la commission administrative de l'hospice de..., et comme désigné par une délibération de cette commission, en date du..., pour exercer les fonctions de tuteur du mineur..., enfant trouvé, déposé et admis dans cet hospice, le... ¹,

Le comparant autorisé, en outre, à transférer et vendre l'inscription de rente ci-après par une délibération de ladite commission administrative, réunie en conseil de famille du mineur...,

Laquelle délibération a été homologuée, etc...,

Lequel a, par les présentes, constitué pour son mandataire :

M...,

A qui il donne pouvoir, etc...

1. La formule serait la même pour un aliéné, placé sous l'administration hospitalière.

Quand il s'agit d'un mineur ou d'un aliéné non interdit se trouvant sous l'administration légale hospitalière, il est bon de faire concourir le receveur de l'établissement ou d'autoriser le versement du produit de la vente entre ses mains. En effet, si, aux termes de l'art. 31 de la loi du 30 juin 1838, il appartient à l'administrateur de recouvrer même les sommes dues à l'aliéné et par suite d'en donner quittance, les sommes provenant des ventes ou recouvrements doivent, en vertu du même article, être versées *directement* dans la Caisse de l'établissement. — Comp. Av. Cons. d'État 29 oct. 1890 ; Grisolle, *L'Aliéné non interdit*, p. 20.

Form. 146. — **Procuration par des héritiers.**

Par-devant Mᵉ..., notaire à..., soussigné,

A comparu :

1° M..., demeurant à... ;

2° Et M... et Mᵐᵉ..., son épouse, qu'il autorise, demeurant ensemble à...,

M. et Mᵐᵉ..., mariés sous le régime de la communauté légale, à défaut de contrat préalable à leur union, célébrée à la mairie de..., le..., ainsi qu'il en a été justifié au notaire soussigné ¹ ;

M. ... et Mᵐᵉ..., seuls héritiers ² de M..., leur père, décédé, ainsi qu'il est établi par un certificat de propriété délivré par le notaire soussigné, à la date du... ³.

Lesquels, unis d'intérêts ⁴, ont, par les présentes, constitué pour leur mandataire :

M...,

A qui ils donnent conjointement pouvoir de, pour eux et en leur nom :

Vendre au cours de la Bourse que le mandataire jugera convenable et transférer une inscription de ... francs de rente 3 p. 100, inscrite au Grand-Livre de la Dette publique sous le n°..., au nom de M..., leur père susnommé.

A cet effet, etc.

Ou :

Vendre au cours de la Bourse que le mandataire jugera convenable et transférer, soit avant, soit après partage[5], toutes les rentes sur l'État dépendant de la succession dudit M...

A cet effet, etc.

1. Cette énonciation n'est pas obligatoire; mais, généralement, lorsqu'elle existe, l'agent négociateur y ajoute foi et n'exige pas de justification à cet égard, bien qu'il en ait le droit. — V., quant à la manière de justifier de l'absence de contrat, *sup.*, 1re part., nos 534 et s.

2. A moins que les héritiers n'agissent en vertu d'une décision judiciaire les autorisant à réaliser les titres de rente sans attribution de qualité, — décision qui serait à énoncer, — il ne faut pas dire : HABILES *à se porter héritiers;* car le pouvoir donné par eux emporte nécessairement prise de qualité.

3. Cette énonciation n'est pas nécessaire, les héritiers devant justifier de leurs droits aux titres de rente par la production d'un certificat de propriété. Nous donnons cette formule, parce que cette façon de procéder est souvent employée dans la pratique.

4. Quand les héritiers agissent dans un intérêt commun, c'est-à-dire avant le partage, il n'est dû qu'un droit.

5. Dans ce cas, la procuration pouvant profiter à chaque héritier séparément, il est dû autant de droits de pouvoir qu'il y a d'héritiers.

Form. 147. — **Procuration par une femme mariée mineure.**

(*Énonciation dispensant de produire le contrat*[1].)

Par-devant Me..., notaire à...,

A comparu :

Madame Louise Bernier, épouse assistée et autorisée de M. Victor Rattier, négociant, avec lequel elle demeure à...,

Ladite dame, encore mineure comme étant née à..., le..., mais émancipée par le mariage et ayant pour curateur de droit son mari[2];

Si on veut se dispenser de produire le contrat de mariage, on ajoute, s'il y a lieu :

M. et Mme Rattier, mariés sous le régime de la communauté de biens réduite aux acquêts, aux termes du contrat régissant leur union, reçu par Me..., notaire soussigné, le..., ne contenant aucune clause restrictive de la capacité civile de la femme, ni prescriptive d'emploi ou de remploi de ses propres;

Lorsque le notaire qui reçoit la procuration n'a pas le contrat au rang de ses minutes, il doit s'en faire justifier par la représentation d'une expédition; dans ce cas on ajoute :

Duquel contrat une expédition a été représentée au notaire soussigné et a été par lui à l'instant rendue;

Laquelle, avec l'assistance et l'autorisation de M. Rattier, son mari et son curateur, a, par les présentes, constitué pour son mandataire :

M...

A qui elle donne pouvoir de, pour elle et en son nom :

Vendre au cours de la Bourse que le mandataire jugera convenable et transférer, etc...

(*Le surplus comme aux formules précédentes.*)

1. V. *sup.*, 2ᵉ PARTIE, chap. III, p. 379 et s.
2. V. *sup.*, 2ᵉ PARTIE, chap. III, p. 401.

FORM. 148. — **Procuration par un tuteur.**

Par-devant Mᵉ..., notaire à...,

A comparu :

M...

Agissant au nom et comme tuteur légal de..., son fils mineur, né à..., le..., de son union avec Mᵐᵉ..., décédée à..., le... ;

Ou bien :

Agissant au nom et comme tuteur datif de..., son neveu, mineur... né à..., le... ; nommé à cette fonction aux termes d'une délibération du conseil de famille de ce dernier, tenue sous la présidence de M. le juge de paix du canton de..., le... ;

M... autorisé aux fins des présentes, aux termes d'une délibération du conseil de famille dudit mineur, reçue et présidée par M. le juge de paix du canton de..., le... [1] ;

Si le capital est supérieur à 1,500 francs, on ajoute :

Laquelle délibération a été homologuée suivant jugement rendu en la chambre du conseil par le tribunal civil de première instance de..., le... [2] ;

Lequel a, par les présentes, constitué pour son mandataire :

M...,

A qui il donne pouvoir de, pour lui et en son nom :

Vendre, etc. (*Le surplus comme aux autres formules.*)

1. Il y a lieu, même en cas d'homologation, de produire une expédition légalisée de la délibération.
2. Dans ce cas, il faut joindre au dossier la grosse ou une expédition légalisée du jugement d'homologation : — mais il n'y a pas lieu de produire de certificats de non-opposition ni appel. L. 27 février 1880, art. 2, arg.

FORM. 149. — **Procuration par un mineur émancipé
au cours de la tutelle.**

Par-devant M⁰..., notaire à...,

A comparu :

M.

Mineur, né à..., le..., du mariage ayant existé entre M. et Mᵐᵉ...,
tous deux décédés ;

Emancipé par son conseil de famille, suivant délibération prise
sous la présidence de M. le juge de paix du canton de..., le...,

Et autorisé à aliéner l'inscription de rente ci-après énoncée,
aux termes d'une délibération du même conseil de famille,
tenue aussi sous la présidence de M. le juge de paix du même
canton, le... ;

S'il y a lieu, on ajoute :

Ladite délibération homologuée, etc...

Assisté de M..., demeurant à..., curateur à son émancipation,
nommé à cette fonction, aux termes de la délibération de conseil de famille précitée du... ;

Lesquels unis d'intérêts ont, par les présentes, constitué pour leur
mandataire :

M...,

A qui ils donnent conjointement pouvoir de, pour eux et en leur nom[1] :
Vendre, etc...

1. Rigoureusement, il suffirait que la procuration fut donnée par le mineur
avec l'assistance de son curateur ; toutefois, comme le transfert doit avoir lieu
avec le concours de curateur, il est préférable de faire donner la procuration
par tous deux conjointement, agissant dans un intérêt commun.

FORM. 150. — **Procuration par une société de bienfaisance.**

Par-devant M⁰..., notaire à..., soussigné,

A comparu :

M...

Agissant en qualité de Trésorier (ou de Président) de la
Société de bienfaisance et de secours mutuels de... ;

Autorisé à l'effet ci-après, par une délibération de ladite Société, prise en assemblée générale, à la date du...[1] ;

Lequel, ès dite qualité, a, par les présentes, constitué pour son mandataire :

M...,

A qui il donne pouvoir de, pour lui et en son nom :

Vendre, au cours de la Bourse que le mandataire jugera convenable, et transférer une rente de... francs 3 p. 100, inscrite au nom de ladite Société sur le Grand-Livre de la Dette publique, sous le n°..., du Livre auxiliaire du département de...

A cet effet, etc...

1. Il faut produire un extrait légalisé de la délibération ou l'annexer à la procuration.

2. V. *suprà* la note 2 *in fine*, sous la formule 144.

FORM. 454. — **Procuration pour réaliser un cautionnement à l'occasion de coupons au porteur perdus, détruits ou volés.**

Par-devant Me..., notaire à...,

A comparu :

M...

Lequel a, par les présentes, constitué pour son mandataire :

M...,

A qui il donne pouvoir de, pour lui et en son nom :

Opérer le dépôt au Trésor public de toutes inscriptions de rentes françaises nominatives inscrites au Grand-Livre de la Dette publique au nom du constituant (ou de telle inscription déterminée), en nantissement et garantie de la délivrance qui sera faite au constituant (ou à telle personne désignée) de coupons d'arrérages de rentes sur l'État au porteur, en remplacement de coupons de même nature qu'il (ou telle personne) a déclaré avoir perdus (ou avoir été détruits ou volés);

Consentir que l'inscription affectée en gage ou nantissement réponde du paiement de ces coupons pendant cinq années à partir de leurs échéances respectives;

Passer et signer avec l'Agent judiciaire du Trésor l'acte d'affectation dans les termes qu'il appartiendra;

Conférer audit Agent judiciaire le droit et le pouvoir spécial et irrévocable, pendant toute la durée du cautionnement, de faire vendre en totalité ou en partie, en vertu d'une simple décision du Ministre des finances, et sans qu'il soit besoin de formalités judiciaires, les rentes affectées à titre de gage et nantissement pour le cas ou les coupons perdus (détruits ou volés) seraient retrouvés et où le paiement en serait réclamé au Trésor;

Lors de l'expiration de la durée du cautionnement, en demander l'annulation; retirer du Trésor public les inscriptions données en garantie, en requérir le transfert d'ordre à l'effet d'obtenir de nouveaux titres ne portant pas trace du cautionnement et retirer les titres provenant de cette opération, donner tous reçus et décharges;

A ces effets, passer et signer tous actes, élire domicile, substituer et généralement faire le nécessaire;

Retirer du Trésor public tous bordereaux d'annuel représentatifs des inscriptions devant servir à l'encaissement des arrérages, en donner décharge.

Dont acte.

FORM. 152. — **Procuration pour laisser en cautionnement au Trésor les rentes nominatives, provenant de la conversion de rentes au porteur perdues, détruites ou volées et donner un nantissement pour les coupons.**

Par-devant Mᵉ..., notaire à...,

A comparu :

M...

Lequel a, par les présentes, constitué pour son mandataire :

M...,

A qui il donne pouvoir de, pour lui et en son nom :

Laisser en dépôt et affecter en nantissement au Trésor public, pour une durée de vingt ans de l'acte de nantissement, une inscription de... francs de rente française 3 p. 100 (*ou* 3 1/2 p. 100), inscrite au Grand-Livre de la Dette publique au nom du constituant et provenant de la conversion de pareille somme de rente de même nature au porteur en un titre nᵒ..., (*ou plusieurs*) que le mandant a déclaré adiré et ce, en garantie de ce titre au porteur, dans le cas où il viendrait à être retrouvé et représenté au Trésor ;

Déposer aussi au Trésor public toutes inscriptions (*ou telle inscription déterminée*) de rentes françaises nominatives inscrites au Grand-Livre de la Dette publique au nom du constituant ; les affecter en nantissement et garantie des coupons qui restaient attachés au titre adiré et, en outre, de cinq années d'arrérages du même titre ; consentir que lesdites inscriptions répondent du paiement de ces coupons pendant cinq ans à partir de leurs échéances respectives ;

A ces effets, passer et signer avec l'Agent judiciaire du Trésor tous actes d'affectation, dans les termes qu'il appartiendra ;

Conférer à cet Agent judiciaire le pouvoir spécial et irrévocable pendant toute la durée du cautionnement de, pour et au nom du constituant, faire vendre ou annuler, en tout ou en partie, en vertu d'une simple décision du Ministre des Finances et sans formalités judiciaires, les inscriptions de rentes laissées ou données en nantissement, soit pour le capital, soit pour les arrérages du titre au porteur adiré, pour le cas où ce titre ou des coupons en provenant viendraient à être retrouvés et représentés au Trésor ;

Lors de l'expiration du cautionnement relatif aux coupons, en demander l'annulation ; retirer du Trésor public les inscriptions données en garantie, en requérir le transfert d'ordre, à l'effet d'obtenir de nouveaux titres ne portant pas mention du cautionnement, et retirer les titres provenant de cette opération, donner tous reçus et décharges ;

Aux effets ci-dessus, passer et signer tous actes, élire domicile, substituer et généralement faire le nécessaire ;

Retirer du Trésor public tous bordereaux d'annuel représentatifs des inscriptions et devant servir à l'encaissement des arrérages, en donner décharge.

Dont acte.

1. Si les rentes au porteur adirées étaient de différents fonds, leur conversion en titres nominatifs donnerait lieu à plusieurs inscriptions et il y aurait lieu de modifier la procuration en conséquence.

2. Il est inutile de donner semblable pouvoir pour le titre converti laissé en dépôt, ce dépôt devant durer 20 ans et le Trésor n'acceptant pas les procurations ayant plus de 10 ans de date.

FORM. 153. — **Procuration pour toucher un bon du Trésor.**

Par-devant Me..., notaire à...,

A comparu :

M...

Lequel a, par les présentes, constitué pour son mandataire :

M...

A qui il donne pouvoir de, pour lui et en son nom :

Toucher et recevoir de la Caisse du Trésor public un bon du Trésor de la somme de... francs, échéant au ... prochain, portant le n°..., et délivré au nom de M..., comparant ;

Signer tous acquits et endos ;

En cas de perte dudit bon, former toutes oppositions entre les mains de M. le Caissier-payeur central du Trésor public ou de tous autres qu'il appartiendra, conformément à l'art. 149 du Code de commerce ;

Adresser à M. le Ministre des Finances (Direction du Mouvement des fonds) toutes demandes à l'effet d'obtenir, à l'échéance, le remboursement dudit bon, produire, à cet effet, toutes les pièces qui seraient nécessaires ;

En cas de paiement, donner toutes quittances et décharges, substituer et généralement faire le nécessaire.

Dont acte.

FORMULES DIVERSES

Form. 154. — Demande d'origine d'une rente [1].

DETTE PUBLIQUE
Trois pour cent.
Extrait d'inscription au Grand-Livre.
N°..., Série..., Rente : 800 francs.
Au nom de : GIRAUD (PIERRE AUGUSTE).

A Monsieur le Ministre des finances.

Monsieur le Ministre,

Le soussigné..., notaire à..., ayant besoin de connaître l'origine du titre de rente susrelaté, afin de délivrer le certificat de propriété nécessaire pour en faire opérer la mutation par suite du décès du titulaire,

A l'honneur de vous prier, Monsieur le Ministre, de vouloir bien lui délivrer un certificat indiquant à quel titre et de quelle manière M. Giraud est propriétaire de ladite inscription de rente [2].

Et il a l'honneur d'être,

Monsieur le Ministre,
Votre très respectueux serviteur.

A..., le...

(*Signature et sceau.*)

1. V. *sup.*, 2° PARTIE, chap. I, § 8, p. 223.
2. On a recours au même moyen, en modifiant en conséquence les termes de la demande, quand on veut obtenir des renseignements sur l'existence de titres de rente.

Form. 155. — **Demande de rétablissement** [1].

DETTE PUBLIQUE
Trois et demi pour cent.
Extrait d'inscription au Grand-Livre.
N°..., Série..., Rente : 6 francs.
Au nom de : CORNIQUET (ALFRED).

A Monsieur le Ministre des finances.

Monsieur le Ministre,

Le soussigné, Alfred Corniquet, commerçant, demeurant à..., propriétaire de l'inscription de rente susénoncée, a l'honneur de vous prier de vouloir bien ordonner le rétablissement de son certificat d'inscription,

42

atteint par la prescription quinquennale, attendu qu'aucun arrérage n'a pu être touché depuis cinq ans.

Il joint à l'appui de sa demande... (indiquer les pièces : certificat de vie, certificat de propriété ou autres).

Et il a l'honneur d'être,

Monsieur le Ministre,
Votre très humble serviteur.

A..., le...

1. V. *sup.*, 2e PARTIE, art. 1er, chap. II, § 9, p. 278 et s.

FORM. 156. — **Déclaration de perte d'une rente sur l'État** [1].

Aujourd'hui, le...[2], mil huit cent quatre-vingt...,

A comparu devant nous, Maire de la commune de...[3], arrondissement de..., département de...,

Le sieur...[4], demeurant à..., rue..., n°...,

Lequel nous a déclaré avoir perdu l'extrait d'inscription de... francs de rente dont il est titulaire[5] sous le n°..., de la série..., du Grand-Livre des... pour cent de la Dette publique de France, et nous a dit qu'il désirait en obtenir le remplacement dans la forme prescrite par le décret du 3 messidor an XII, s'obligeant à rapporter l'extrait d'inscription adiré, s'il se retrouve.

La présente déclaration faite en présence de M...[6], demeurant à..., et de M..., demeurant à..., tous deux témoins, majeurs, qui ont attesté l'individualité du sieur..., et ont, ainsi que le déclarant, signé avec nous, après lecture faite.

(*Cachet de la mairie.*)   (*Signature du Maire, du déclarant*
            (*Légalisation*   *et des témoins.*)
        de la signature du Maire.)

1. *Sup.*, 1re PARTIE, n° 822 et s.
2. Date en toutes lettres.
3. Domicile du déclarant.
4. Nom, prénoms, profession et qualité civile.
5. Si la déclaration émanait d'héritiers ou représentants du titulaire, il y aurait lieu d'énoncer leurs qualités.
6. Nom, prénoms, profession et qualité civile.

FORM. 157. — **Déclaration de perte d'une inscription de pension au Trésor** [1].

Devant nous, Maire de la commune de..., canton de..., arrondissement de..., département de...,

S'est présenté..., (*nom, prénoms, profession, qualité civile*), né à..., le..., domicilié à...

Lequel nous a déclaré qu'ayant adiré [2] le certificat qui constate, sous le nº..., son inscription au Trésor pour une pension... (*nature de la pension*), de... francs, à... accordée en qualité de..., il lui a été impossible d'en percevoir les arrérages depuis le...; c'est pourquoi il se propose de demander au Ministre des finances qu'il lui soit accordé une nouvelle expédition dudit certificat d'inscription, et... s'engage à rapporter celle qui a été délivrée précédemment, dans le cas où... viendrait à la recouvrer.

La présente déclaration a été reçue par nous en présence des sieurs... [3], qui ont attesté parfaitement connaître..., et savoir qu'... est bien la même personne que celle à laquelle la pension ci-dessus a été accordée.

En foi de quoi nous avons signé ladite déclaration avec l... pensionnaire et les deux témoins ci-dessus nommés, après lecture faite [4].

A..., le... 189...

(*Légalisation de la signature du Maire* [5].)

Le payeur du Trésor dans le département d...,
Certifie que les arrérages de la pension énoncée
dans la déclaration qui précède ont été payés
jusqu'au...

A..., ce... 189...

1. *Sup.*, 1re PARTIE, nº 895.
2. Si le certificat d'inscription n'est pas perdu mais déposé en nantissement d'une somme prêtée au pensionnaire, à ces mots : *qu'ayant adiré*, on substituera ceux-ci : *qu'ayant déposé entre les mains d'un tiers, qui se refuse à le lui rendre*, etc.
3. Noms, prénoms, professions et demeures des témoins.
4. Cette déclaration doit être écrite sur papier timbré (L. 12 brum. an VII).
5. Pour les déclarations reçues par les Maires de Paris, cette légalisation n'est pas nécessaire.

FORM. 158. — **Déclaration de perte d'un certificat de privilège de second ordre** [1].

Aujourd'hui...

A comparu devant nous, Maire de la ville de..., arrondissement de..., département de...,

M..., demeurant à..., agissant comme seul héritier de M... [2], son père, en son vivant rentier, demeurant à..., décédé en son domicile, le..., ainsi que le constate l'intitulé de l'inventaire fait après ce décès par Me..., notaire à..., le...

Lequel nous a déclaré qu'il a perdu le certificat de privilège de second ordre [3] délivré au profit de M... [4], sur le cautionnement de ... francs, versé par M... [5] en qualité de..., et nous a dit qu'il désirait en obtenir le remplacement, dans la forme prescrite par le décret du 3 messidor an XII, en s'obligeant à rapporter le certificat de privilège, s'il se retrouve.

La présente déclaration faite en présence de M..., et M...⁰ demeurant à..., tous deux témoins majeurs, qui ont attesté l'individualité du sieur..., et ont, ainsi que le déclarant, signé avec nous, après lecture faite.

(Signature et légalisation.)

1. *Sup.*, 1ʳᵉ ᴘᴀʀᴛɪᴇ, n° 856.
2. Bailleur de fonds.
3. S'il s'agissait du titre de cautionnement, on libellerait : le certificat constatant que M... (nom, prénoms, profession), était inscrit sur le Livre des cautionnements avec jouissance du..., pour une somme de...

Le privilège de second ordre sur les cautionnements en numéraire, s'acquiert par l'inscription, aux registres spéciaux du Bureau des oppositions, de la déclaration passée devant notaire en faveur du bailleur de fonds accompagnée, s'il y a lieu, d'un certificat de non-opposition au greffe du tribunal du ressort, levé dans les huit jours qui ont précédé cet acte. Décr. 28 août 1808, 22 déc. 1812, 14 déc. 1853.

Le consentement de la part de tout créancier d'un comptable à résidence fixe à ce que le cautionnement de celui-ci réponde de sa gestion dans un nouvel emploi, doit être donné par acte notarié, dans la forme tracée par l'ordonn. du 23 sept. 1816.

4. Bailleur de fonds.
5. Fonctionnaire assujetti au cautionnement.
6. Désigner les noms, prénoms et demeures des deux témoins.

Foʀᴍ. 159. — **Déclaration de perte d'un livret ou d'une inscription de rente de la Caisse nationale des retraites** [1].

Aujourd'hui, le...² 189.,

A comparu devant nous, Maire de la commune de..., arrondissement de..., département de..., (*nom, prénoms, profession du déclarant*), demeurant à...,

L...quel, nous a déclaré :

avoir perdu { le livret de la Caisse des retraites / (*ou*) / l'extrait d'inscription de rente viagère... de fr...

portant le n°..., dont... est titulaire, et nous a dit qu'... désirerait en obtenir le remplacement dans la forme prescrite en cas de perte d'extraits d'inscriptions de rente par le décret du 3 messidor an XII, s'obligeant à

rapporter { le livret adiré, / ou / le titre adiré, } s'il se retrouve.

La présente déclaration faite en présence de..., et de... (*noms, prénoms, professions et demeures des témoins*), qui nous ont attesté l'individualité

de... (*nom, prénoms, profession du déclarant*), et ont, ainsi que l...
déclarant..., signé avec nous, après lecture faite[3].

(*Cachet de la Mairie.*)   (*Signatures et légalisation.*)

1. *Sup.*, 1ᵉ PARTIE, n° 884.
2. La date en toutes lettres.
3. Cette déclaration doit être délivrée gratuitement; elle est dispensée des droits de timbre et d'enregistrement. (Art. 11 de la loi du 18 juin 1850 et 19 de la loi du 11 juillet 1868.)

FORM. 160. — **Décharge en cas de perte de récépissé** [1].

Par-devant Mᵉ..., notaire à...,
A comparu :
M... [2], demeurant à...,
Lequel a, par les présentes, d'abord expliqué :
Qu'il avait déposé à... [3], le... [4], pour en obtenir... [5], un (ou deux, trois...) titres 3 p. 100 mixtes *ou* au porteur, nᵒˢ..., de... [6], francs de rente;
Qu'on lui a délivré, le même jour, un récépissé de la somme de... fr. de rente, portant le n°...;
Que ce récépissé a été égaré depuis et que toutes recherches pour le retrouver ont été infructueuses;
Et que, sur sa décharge, le Trésor avait consenti à lui remettre les inscriptions de... fr. de rente 3 p. 100 [7].
Par suite de cette remise, M... comparant a déclaré, par ces présentes, donner décharge entière et définitive au Trésor public des inscriptions ci-dessus désignées.
Renonçant pour lui et ses héritiers ou ayants droit à jamais se prévaloir dudit récépissé, dans le cas où il serait retrouvé.
L'expédition de la présente déclaration sera produite à... [8] pour lui servir de quittance et décharge, conformément à la décision ministérielle du 5 janvier 1857.

Dont acte.

1. V. *Sup.*, 2ᵉ PARTIE, chap. II, p. 231.
2. Nom, prénoms, profession, qualité civile.
3. A Paris, au Bureau des reconversions et renouvellements..., à la Trésorerie générale de... ou à la Recette particulière de...
4. Date du dépôt en toutes lettres.
5. La conversion, la réexpédition, la division, ou la réunion.
6. Somme de rente.
7. Désigner les inscriptions et en indiquer la nature.
8. A l'Agent comptable des reconversions ou au Trésorier-payeur général de... ou au Receveur particulier de...

— 662 —

Form. 161. — **Déclaration de non-cumul** [1].

Devant nous, Maire de la commune de..., arrondissement de...,

S... présenté M... (*noms, prénoms, qualités et domiciles de tous les héritiers du pensionnaire* [2]).

Le... quel nous... déclaré que M... (*nom, prénoms du pensionnaire*), en son vivant titulaire d'une pension... (*nature de la pension*), n°..., de fr..., ne recevait sur les fonds de l'État, des départements, des communes, ou des établissements publics, ni traitement, ni remises, salaires ou indemnités quelconques, en outre, qu'il ne jouissait d'aucune autre pension ou solde de retraite, soit à la charge de l'État, soit sur les fonds de la Caisse des Invalides de la marine, des départements ou des communes, et qu'il n'était pas titulaire d'un bureau de tabac [3].

En foi de quoi nous avons signé la présente déclaration avec M..., après lecture faite.

(*Signature et cachet du Maire.*)　　　(*Signature des héritiers.*)

1. V. *sup.*, 1re PARTIE, nos 249 et s.

2. Dans le cas où tous les héritiers ne seraient pas présents, il y aurait lieu d'ajouter, à la suite des noms des héritiers présents, la mention suivante : agissant tant en... nom personnel que comme se portant fort de M... (*noms, prénoms*, etc., *des héritiers absents*) ses (ou leurs) cohéritiers.

Une héritière mariée doit faire elle-même sa déclaration, comme y étant seule appelée par la loi, mais elle doit être assistée et autorisée de son mari. De Marcillac, n° 1199, p. 320.

3. Modifier la déclaration suivant le cas.

Form. 162. — **Certificat rectificatif** [1].

DETTE PUBLIQUE

Trois pour cent.

Extrait d'inscription au Grand-Livre.

N°..., Série..., Rente : 200 francs.

Au nom de : BÉRAUT (LÉON).

Je soussigné..., notaire à...,

Vu :

I. — L'extrait d'inscription dont le libellé précède ;

II. — Et la minute d'un acte de notoriété dressé par moi, le..., constatant que c'est à tort et par erreur que M. Léon Marie Joseph Béraud, inspecteur de l'enregistrement, des domaines et du timbre, demeurant à..., titulaire de l'inscription de rente susvisée, a été, dans ladite inscription, nommé Béraut (avec un *t*) au lieu de Béraud (avec un *d*), qui est la véritable orthographe de son nom patronymique, et prénommé seulement Léon au lieu de Léon Marie Joseph, qui sont ses véritables prénoms, et qu'il y a identité de personne entre ledit M. Léon Marie Joseph Béraud susqualifié et domicilié et la personne nommée et prénommée seulement Béraut (Léon) dans cette inscription ;

Certifie que c'est à tort et par erreur que ledit M. Béraud, propriétaire du titre de 200 francs de rente susvisé, a été nommé Béraut et prénommé seulement Léon dans ce titre, au lieu d'avoir été nommé et prénommé Béraud (Léon Marie Joseph), qui sont ses véritables nom et prénoms et la manière de les écrire, et qu'il y a lieu de rectifier cette erreur.

En conséquence, je requiers M. le Directeur de la Dette inscrite, de délivrer, en remplacement du titre susvisé, un titre de mêmes somme et nature de rente, avec jouissance de tous les arrérages échus et à échoir ainsi immatriculé :

Béraud (Léon Marie Joseph).

En foi de quoi j'ai délivré le présent certificat.

A..., le...

1. V. *sup.*, 1re partie, n° 78. et 2e partie, chap. ii, art. 1, § 10, *Rectification*.

Form. 163. — **Certificat d'immatricule** [1].

Emploi en rente de prix d'immeubles dotaux soumis en remploi.

Je soussigné..., notaire à... [2],

Vu :

I. — L'expédition du contrat de mariage de M. Abraham Holler, pharmacien, et Mlle Rachel Mayer, sans profession, demeurant actuellement ensemble à..., reçu par Me..., notaire à..., le..., [3] aux termes duquel les futurs époux ont adopté pour base de leur union, — célébrée depuis à la mairie de..., le..., — le régime dotal, avec constitution en dot, par l'épouse, de tous ses biens immeubles présents et à venir et stipulation notamment que, nonobstant cette dotalité, elle pourrait, avec la seule autorisation de son mari et sans être tenue à remplir aucune formalité judiciaire, aliéner ses immeubles présents et à venir, sous la condition que le prix des aliénations serait employé lors de leur réception, au nom de la femme, à l'acquisition d'autres immeubles urbains ou ruraux de rapport, avec acceptation de l'épouse et que les biens ainsi acquis en remploi pourraient eux-mêmes être indéfiniment aliénés, de la même manière, à la charge du même remploi ;

II. — La minute d'un acte reçu par moi, le..., contenant vente par M. et Mme Holler susnommés à M. Benjamin Levy, rentier, demeurant à..., d'une maison sise à..., rue..., n°..., faisant partie des immeubles dotaux de la venderesse, comme comprise dans son apport en mariage, moyennant un prix principal de..., stipulé payable aussitôt après l'accomplissement des formalités de transcription, à la charge par les vendeurs de se conformer aux stipulations du contrat de mariage susvisé ;

III. — La minute d'un acte passé devant Me... notaire à..., et moi, le..., contenant quittance par M. et Mme Holler à M. Lévy de la somme de..., montant en principal du prix de la vente susénoncée, qui a été immédiatement versée entre les mains de M..., agent de change près la Bourse de..., intervenu à cette quittance, pour en faire l'emploi dans le plus bref délai, en achat d'autant de rente française 3 p. 100 perpétuelle, conformément à l'art. 46 de la loi du 2 juillet 1862, du consentement de Mme Holler [1] ;

Certifie et atteste que l'inscription à acquérir devra être immatriculée de la manière suivante :

MAYER (RACHEL), *femme de* ABRAHAM HOLLER, *mariée sous le régime dotal, suivant contrat reçu par M° ..., notaire à ..., le ...; la présente rente provenant de fonds touchés aux termes d'une quittance devant M° ..., notaire à ..., du ..., ne pouvant être aliénée qu'aux conditions de remploi stipulées audit contrat* [2].

En foi de quoi j'ai délivré le présent certificat pour servir et valoir ce que de droit.

A...

1. Nous avons expliqué *sup.* (1re PARTIE, n°s 587 et s.), qu'il pouvait quelquefois être utile d'avoir recours à un certificat de cette nature. Rappelons ici que ce certificat, surtout destiné à l'agent de change chargé de l'emploi des fonds, n'a rien d'obligatoire et qu'il n'est pas assujetti aux règles prescrites par la loi ou les instructions de la Dette inscrite pour la délivrance des certificats de propriété.

2. Par suite de ce que nous disons à la note précédente, le notaire rédacteur du certificat peut viser les expéditions d'actes reçues par ses confrères, sans les avoir en dépôt.

3. Généralement ce certificat est délivré par le notaire de la femme dotale, qui a reçu le contrat; mais il l'est, quelquefois aussi, par le notaire rédacteur de la quittance constatant le paiement.

4. A moins de stipulation contraire *formellement exprimée*, les emplois et remplois prescrits ou autorisés en immeubles peuvent avoir lieu en rentes sur l'Etat de toutes natures. Sup., 2e PART., chap. 1er, *Immobilisation*, p. 169.

Par conséquent, dans l'espèce de la formule, bien que le contrat prescrive le remploi en immeubles, — comme il n'est pas dit en immeubles de même nature ou en immeubles seulement, — il peut avoir lieu en rentes sur l'Etat.

Ce cas est un de ceux donnant lieu à la délivrance d'un certificat d'immatricule, l'agent de change pouvant ne pas vouloir se faire l'interprète du contrat.

5. Lorsqu'on a recours à un certificat de cette nature, il est de toute évidence qu'il doit contenir l'immatricule du titre à acquérir. Cet acte ne se conçoit qu'à cette condition, et on s'explique difficilement que certains ouvrages donnent des formules ne répondant pas à ces conditions.

FORM. 164. — **Délibération de conseil de famille autorisant l'aliénation d'une rente indivise entre majeurs et mineurs** [1].

L'an...

Par-devant nous..., juge de paix du canton de..., assisté de M°.., greffier de ladite justice de paix,

S'est présentée, en notre prétoire, sis à...,

Mme Célestine Barbier, sans profession, demeurant à..., veuve en premières noces de M. Benjamin Dumoulin et non remariée;

Agissant au nom et en qualité de tutrice naturelle et légale de Claude Dumoulin, son fils mineur, né à..., le..., de son union avec son mari susnommé décédé à..., le...

Laquelle comparante nous a exposé :

Que M. Jacques Dumoulin, en son vivant pharmacien, demeurant à..., est décédé *intestat*, en son domicile, le..., laissant :

Premièrement. — Sa veuve survivante, non remariée, Mme Lucie Caillard, demeurant à... :

1° Comme commune universellement en biens, aux termes du contrat ayant régi leur union, passé devant M^e..., notaire à..., le...;

2° Comme ayant droit, en qualité d'épouse survivante non divorcée ni séparée de corps, en vertu de l'article 767 du Code civil, à l'usufruit du quart de la succession du *de cujus;*

Deuxièmement. — Pour ses seuls héritiers, conjointement pour le tout ou chacun pour 1/2 :

1° M. Marcel Dumoulin, chef de gare, demeurant à...,

Son fils, issu de son union avec sa veuve survivante;

2° Et le mineur Claude Dumoulin, fils de l'exposante,

Son petit-fils, par représentation du mari de cette dernière, père dudit mineur et fils du *de cujus;*

Ainsi que le constate l'intitulé de l'inventaire fait après le décès de M. Jacques Dumoulin par M^e..., notaire à..., suivant procès-verbal en date du...;

Qu'il dépend de la communauté ayant existé entre les époux Dumoulin-Caillard un titre de 300 francs de rente 3 p. 100, inscrit au Grand-Livre de la Dette publique sous le numéro... de la série..., au nom de Dumoulin (Jacques);

Que ce titre se trouve appartenir conjointement et indivisément à Mme veuve Dumoulin née Caillard, à M. Marcel Dumoulin et au mineur Dumoulin, en leurs qualités susexprimées;

Qu'il résulte de l'inventaire susénoncé qu'il existe différentes dettes exigibles, grevant la communauté Dumoulin-Caillard et la succession du mari, qu'il est nécessaire d'acquitter;

Que, de plus, l'exposante va avoir à acquitter les droits de mutation incombant à son fils mineur, en sa qualité héréditaire susexprimée;

Que, par contre, il ne dépend desdites communauté et succession aucuns deniers disponibles permettant de faire face à ces charges;

Qu'il est donc avantageux et même nécessaire pour le mineur de vendre, conjointement avec les autres copropriétaires, le titre de rente susénoncé pour en employer le prix à l'acquit des dettes et charges afférentes à la communauté Dumoulin-Caillard et à la succession du mari;

Mais que, pour réaliser cette vente, l'autorisation du conseil de famille est nécessaire, conformément à l'article 1er de la loi du 27 février 1880;

Que dans le but de délibérer aux fins ci-dessus, la comparante a, de notre agrément verbal, convoqué pour ces lieu, jour et heure, les membres composant le conseil de famille du mineur Dumoulin, qui sont :

1°, 2°, etc...;

Que, dans ces circonstances, la comparante, selon qu'elle agit, nous requiert de faire délibérer le conseil de famille et de retenir acte de sa délibération.

Et après lecture faite la comparante a signé.

Se sont alors présentés devant nous les membres du conseil de famille susdénommés, qualifiés et domiciliés.

Le conseil de famille ainsi formé, nous l'avons constitué sous notre présidence, nous lui avons donné connaissance du motif de sa convocation par la lecture que le greffier a faite de la réquisition ci-dessus, et délibérant avec nous :

Considérant qu'il résulte de l'exposé qui précède, des renseignements qui ont été fournis au conseil et qu'il est en même temps certain pour chacun des membres qu'il y a avantage évident et même nécessité pour le mineur Dumoulin, à aliéner, conjointement avec ses copropriétaires, l'inscription de rente susénoncée, pour le produit de cette vente être employé à l'acquit des dettes grevant la communauté Dumoulin-Caillard et la succession du mari et des droits de mutation incombant au mineur[2];

Que dès lors, il y a lieu d'autoriser la tutrice de ce dernier, en ce qui concerne celui-ci, à vendre et transférer l'inscription dont s'agit.

Par ces motifs, ce conseil de famille, à l'unanimité des voix[3], la nôtre comprise, autorise Mme Veuve-Dumoulin, tutrice dudit mineur Claude Dumoulin, à vendre au cours de la Bourse et transférer, par ministère d'agent de change, conjointement avec tous autres copropriétaires, l'inscription de ... francs de rente 3 1/2 p. 100 susénoncée, n°..., série..., au nom de Dumoulin (Jacques)[4];

En conséquence, signer tous certificats et déclarations de transfert; recevoir le prix de la vente, en donner quittance et décharge, commettre tous agents de change, élire domicile, constituer tous mandataires et généralement faire le nécessaire; pour le produit de la négociation être employé jusqu'à due reconcurrence, en ce qui concerne le mineur Dumoulin, à l'acquit des dettes et charges lui incombant en sa qualité d'héritier de M. Dumoulin, son grand-père[5];

Dit, toutefois, que le Trésor et l'agent de change négociateur seront dispensés de surveiller l'emploi dont ils n'auront, au contraire, pas à s'occuper, ce dernier devant être valablement libéré et déchargé par la remise des fonds entre les mains de la tutrice ou de la personne qui sera désignée par elle[6];

Et attendu que la valeur du titre à aliéner excède 1,500 francs en capital, dit que la présente délibération sera soumise à l'homologation du tribunal de première instance de...[7].

De tout ce que dessus nous avons dressé le présent procès-verbal qui, après lecture faite, a été signé par tous les membres du conseil de famille ainsi que nous et le greffier.

1. Nous ne nous sommes occupé, dans cette formule, que de l'autorisation de vendre ; le plus souvent, l'autorisation d'accepter sous bénéfice d'inventaire a lieu en même temps. — V., en ce qui concerne l'utilité de cette acceptation, *sup.*, 1re PARTIE, n° 355 et s.

2. En principe, la vente des rentes sur l'État, comme celle des autres valeurs appartenant aux mineurs, ne doit être autorisée qu'autant qu'il y a nécessité ou avantage pour ceux-ci.

Les motifs à invoquer varient avec les circonstances ; mais il faut se garder d'invoquer le désir ou même l'utilité de sortir de l'indivision. Ce serait une façon détournée d'éviter un partage judiciaire, et la délibération serait nulle comme contraire à la loi et à la jurisprudence. *Sup.*, 2e PARTIE. *Cap. civile,* v° *Mineurs,* p. 402 et s.

3. Toutes les fois que les délibérations de conseil de famille ne sont pas unanimes, l'avis de chacun des membres doit être mentionné. C. proc.. 883.

4. *Ou bien :* Les part et portion indivises revenant au mineur... dans l'inscription de rente, etc. Comp. Gorges et de Bray, v° *Tuteur,* VI, *form.*. p. 355 et 356.

5. Si la valeur à aliéner était notablement supérieure au passif à acquitter, on pourrait dire : et pour le surplus être compris dans la masse à partager.

Mais il ne faudrait pas dire que le produit de la vente ou le surplus serait retiré par les vendeurs dans la proportion de leurs droits.

6. Pour éviter toutes difficultés, il est bon que les délibérations fassent mention que le Trésor et surtout l'agent de change négociateur seront dispensés de surveiller l'emploi des fonds. *Sup.*, 1re PART., *eod. verbo, ub. sup.*

7. Quand un titre appartient indivisément à des mineurs avec des majeurs, c'est la valeur de la totalité du titre qui doit être prise en considération pour savoir si la délibération est ou non sujette à l'homologation du tribunal.

CERTIFICATS DE COUTUME [1]

FORM. 165. — **Femme anglaise** [2]. — **Capacité.**

Je soussigné, etc.

Certifie et atteste :

Que pour une femme mariée avant le 1er janvier 1883, et à défaut de contrat de mariage ou de donation conditionnelle, il y a trois lois différentes, applicables selon le cas :

1° Les biens mobiliers acquis avant le 9 août 1870 appartiennent au mari ; des immeubles se trouvant dans les mêmes conditions, il a l'usufruit et l'administration sans faculté d'aliénation de la nue propriété.

2° Les biens mobiliers acquis après la susdite date du 9 août 1870 par le travail indépendant de la femme, et les placements qu'elle en a faits lui appartiennent à l'exclusion de son mari ; lui appartiennent aussi, à l'exclusion de son mari, tout héritage mobilier et les revenus de toute propriété immobilière dévolue *ab intestat* et toute somme, ne dépassant pas 200 livres sterling[3], reçue par elle par donation ou par testament.

3° Toute propriété mobilière ou immobilière, qu'elle qu'en soit la source, acquise ou revenant après le 31 décembre 1882 à la femme mariée, lui appartient en propre comme sa propriété séparée et à l'exclusion de son mari.

Il n'y a, d'après les lois anglaises, en aucun des cas susindiqués, obligation d'emploi ou de remploi[4].

Attestation du Consulat.

Je soussigné... (vice) consul à..., de Sa Majesté Britannique, certifie que M... est avocat du barreau anglais, qu'en conséquence il a qualité pour délivrer le certificat ci-dessus, et que foi est due à son attestation.

1. *Sup.*, 2e PARTIE, chap. III, *Capacité civile*, v° *Certif. de coutume*, p. 370 et s.
2. Cette formule et la suivante sont empruntées à la brochure de Me Thomas Barclay, avocat du Barreau anglais (à Paris, 17, rue Pasquier): *La Femme anglaise.*
3. La livre sterling vaut 25 fr. 22.
4. Nous donnons ces formules comme modèles de cadres à employer; mais il ne faut pas perdre de vue que pour donner les garanties voulues et produire leur plein effet, les certificats de coutume doivent être spéciaux au cas visé et attester notamment que telle personne peut vendre et transférer tels titres sur la production de telles pièces ou avec le concours de telles personnes. V. au surplus, à ce sujet, ce que nous disons *suprà*, chap. III, *Capacité civile*, v° Certif. de coutume.

FORM. 166. — **Femme anglaise.** — **Exécuteur testamentaire.**

Je soussigné, etc.,

Vu l'article 7 de la loi anglaise du 18 août 1882 (45 et 46 Victoria, ch. 75);

Certifie et atteste :

Que d'après les lois anglaises, les rentes, inscrites après la date du 31 décembre 1882 au nom d'une femme mariée anglaise, sont légalement présumées être sa propriété exclusive et que, en l'absence de la preuve contraire, le mari ou les héritiers de celui-ci n'y ont aucun droit; que cette présomption est obligatoire pour les tiers, les administrations publiques et sociétés quelconques, et les dispense d'exiger d'autres justifications, notamment en ce qui concerne l'existence d'un contrat de mariage ou le régime matrimonial des époux;

Que, d'après les mêmes lois, l'exécuteur testamentaire d'une femme mariée anglaise ou d'une veuve, après l'homologation au profit dudit exécuteur du testament de la défunte par la Haute Cour de justice d'Angleterre, a seul droit et qualité pour gérer et administrer toutes les valeurs mobilières et spécialement toutes rentes sur l'État inscrites au au nom de la testatrice, de les vendre, céder et transférer, d'en toucher le prix et, de toutes sommes reçues, donner bonne et valable quittance, sans que les tiers, l'agent de change ou le Trésor français aient à veiller à l'emploi ou au remploi des deniers[1].

(Voir attestation consulaire, formule n° 165.)

1. V. *sup.*, formule 165, note 4.

FORMULES DU TRÉSOR [1]

Form. 167.

Dette publique. — Rentes 3 p. 100.

CERTIFICAT DE TRANSFERT

Jouissance du 1er   189

ANCIENNES INSCRIPTIONS

Tableau indicatif de l'ordre des Séries à observer dans la confection de ce Certificat.	SÉRIES	NUMÉROS du Grand-Livre.	COUPURES	NOMS ET PRÉNOMS DES TITULAIRES des inscriptions vendues.	SOMMES de rentes.

Nos des SÉRIES	LETTRES
1re	**A.C.**
2e	**B.**
3e	**D.**
4e	**E.F.G.**
5e	**H.I.J.K.M.**
6e	**L.N.O.**
7e	**P.Q.R.**
8e	**S.T.U.V.W.X.Y.Z.**

NOTA. — Placer les Rentes de la Caisse d'amortissement et celles des Agents et Banquiers acquéreurs après les Séries ci-dessus indiquées.

Total.   Francs.

Transfert n°   NOUVELLES INSCRIPTIONS

DÉPARTEMENTS où les arrérages seront payés.	Nos DU JOURNAL des écritures.	SÉRIES	COUPURES	NUMÉROS du Grand-Livre.	NOMS, PRÉNOMS et qualités des acquéreurs.	SOMMES de rentes.
					Total. Francs.	

Vu bon pour transfert,   Certifié exact,

Le Chef Agent Comptable des Mutations et Transferts,

1. Nous donnons seulement ici quelques-unes des principales formules en usage au Trésor.

Form. 168.

	DÉCLARATIONS DE TRANSFERTS SUR LES **3** P. 0/0	MONTANT DES INSCRIPTIONS	
N°		anciennes.	nouvelles.
3 0/0	Du S présenté		
	propriétaire de de rente sur le Grand-Livre de la Dette publique, sous le N°		
	L quel déclar par ces présentes qu' entend que l ci-après nommé s inscrit lieu et place ;		
	SAVOIR :		
	avec jouissance du 1er 189 et , le déclarant , signé après avoir remis ledit extrait d'inscription.		
	CERTIFIÉ		
	Total.		

Form. 169.

MINISTÈRE
DES FINANCES

BUREAU
DES
TRANSFERTS ET MUTATIONS

AVIS

1° Il ne pourra être délivré de titres avec coupons au porteur qu'aux rentiers ayant la pleine et entière disposition de leurs inscriptions (Art. 1er du décret du 18 juin 1864).

2° La signature du déclarant doit être certifiée par un agent de change ou par un notaire.

La signature de l'agent de change doit être légalisée par le président du tribunal de commerce, et celle du notaire par le président du tribunal civil ou par le juge de paix du canton, agissant en vertu de la loi du 2 mai 1861.

3° Les arrérages des trimestres échus doivent être touchés avant le dépôt pour échange.

4° Si le déclarant ne sait signer, le notaire ou l'agent de change doit le certifier expressément.

5° Lorsque la rente appartient à une femme mariée, la demande d'échange doit être signée par les deux époux.

(A) Nom, prénoms, qualité et domicile.

(B) Cette légalisation n'est nécessaire que lorsque l'agent de change ou le notaire exerce hors du département de la Seine.

ÉCHANGE DE RENTE NOMINATIVES
EN RENTES MIXTES
(Loi du 17 janvier 1894.)

ÉTAT *des inscriptions de rentes* 3 1/2 P. 0/0
déposées pour échange.

SÉRIES	NUMÉROS	IMMATRICULE	SOMMES de rente.

Le soussigné (A)
propriétaire des inscriptions de rente ci-dessus désignées, demande, en conformité du décret du 23 juin 1871, qu'elles soient converties en inscriptions nominatives pourvues de coupons au porteur.

A   , le   189 .

(*Signature et domicile du déclarant.*)

(Cachet de l'agent de change ou du notaire.)

CERTIFIÉ par le soussigné, agent de change *ou* notaire à

(*Signature du certificateur.*)

(B) VU pour la légalisation de la signature de M...
agent de change *ou* notaire à

A   , le   189.

(*Signature du président ou du juge de paix.*)

(Sceau du tribunal.)

QUITTANCE VISÉE

RENTES TROIS POUR CENT

Exercice 189

Bordereau-Quittance des Inscriptions présentées au visa du Bureau du Grand-Livre pour les trimestres échus.

SÉRIE	NUMÉROS des inscriptions.	NOMS	SOMMES	TRIMESTRES				TOTAUX
				1er janvier.	1er avril.	1er juillet.	1er octobre.	
				fr. c.	fr. c.	fr. c.	fr. c.	fr. c.

Pour acquit *de la somme de*

reçue par moi demeurant à

Payable dans le département de

NOTA

Comprendre dans cette quittance toutes les inscriptions d'une même série payables dans le même département.

Vu :

Par le chef, agent comptable du Grand-Livre.

Timbre du paiement.

Vu au contrôle central.

No

FORM. 171.

MINISTÈRE
DES FINANCES
—
DIRECTION
de
la Dette inscrite

*Bureau
du Grand-Livre.*

Rente 3 p. 100.

CRÉDIT DUPLICATA[1]

(Aucune ius-
cription ne doit
être expédiée sur
ce duplicata qui
ne doit servir
qu'à remettre
l'inscription dé-
partementale).

Paris, le

Le Directeur de la Dette inscrite

à Monsieur le Trésorier-payeur

Somme de rente : *général du département de*

J'ai l'honneur, Monsieur, de vous donner avis
que le compte du Grand-Livre des rentes
3 p. 100, au nom de la Trésorerie Générale qui
vous est confiée, a été crédité de la somme de
rente appartenant à M.

Enregistré
au Bureau central.

Avec jouissance du 1er juillet 1896, et que
vous êtes, en conséquence, autorisé par le Ministre à expédier l'inscription départementale,
en vous conformant, à cet égard, aux dispositions du titre II, § 17 des instructions.

J'ai l'honneur, Monsieur, de vous offrir l'assurance de ma considération distinguée.

Vérifié : Pour le Directeur :

Transfert, n°
Mutation, n°
Journal, n°

*Le Chef agent comptable
des transferts et
mutations
ou des Reconversions
et Renouvellements.*

*Le Chef
agent comptable du
Grand-Livre.*

Vu par le contrôleur.

1. D'après la loi de finances du 24 déc. 1896, supprimant par voie d'extinction
à partir du 1er janvier 1897 les *Livres auxiliaires*, il ne sera plus délivré de
lettres de crédit, mais seulement des *lettres de débit*. V. sup., APPENDICE, p. 452 et s.

TABLE ALPHABÉTIQUE

NOTA

Le sommaire des matières, placé en tête du volume et que le lecteur pourra consulter utilement pour se guider dans ses recherches, étant très complet et très détaillé, nous nous sommes borné à indiquer à la présente table seulement les principaux sujets traités.

On consultera aussi avec fruit les index alphabétiques placés dans le cours de l'ouvrage et notamment celui qui précède les formules.

Les numéros portés indiquent les pages.

ERRATA

Nous rectifions ci-après quelques-unes des erreurs faites au cours de
l'impression :

P. 21, à l'index, lire : Établissem. publics, *121 et s.*
Établissem. religieux, 121 et s.
Immatricule, 92, 121, 140 et s.
P. 39, au n° 206, et p. 627, à la note 2, ajouter : Le capital au jour du décès s'en-
tend des fonds inscrits à cette date sur le livret, *à la condition que
les intérêts échus au 31 décembre précédent, devenus eux-mêmes des capi-
taux, y aient été inscrits.* Cpr. J. des C. d'Ep., 1896, n° 83, p. 262.
P. 172, à la note 6 de la page 171, *in fine*, lire : s'il la trouvait contraire à la
législation spéciale aux rentes et à la règle de l'insaisissabilité de
celles-ci.
P. 333, à la note 8, lire : l'arr. de Cass. du 13 août *1883.*
P. 338, à la 3e ligne, lire : Copropriétaires *divis.*
P. 363, à la 6e ligne, lire : Lorsqu'il n'y a pas *contradiction.*
P. 492, à la form. 45, lire : *III.* — Et la minute de l'inventaire.
P. 498, au titre de la form., lire : succession *irrégulière.*
P. 530, au visa III, 4e ligne, lire : première *instance* de...
P. 536, au titre de la form., lire : Décès du *donataire.*
P. 536, à la note 1, lire : V. au sujet *des* certificats de propriété.
P. 537, au titre de la form., lire : Décès du *donateur.*
P. 584, au titre de la form., lire : loi 18 avril *1886.*
P. 587, observer que la note 1 se rapporte au titre *conseil judiciaire,* p. 586 et,
par suite, aux form. 89 et 90.
P. 590, à la note 4, *in fine*, lire : quand l'opération porte sur une *nue propriété.*
P. 663, au sous-titre de la form., lire : *soumis à remploi.*

PRINCIPAUX OUVRAGES CITÉS

OUVRAGES SPÉCIAUX

C. Bailliot . . . . Guide pratique des Opérations de transferts. 1873, et Suppl. 1880.

A. Bavelier . . . . Des Rentes sur l'État français. Législation les concernant. 1886.

J. Bédarride . . . . . . Des Bourses de Commerce. 2ᵉ édition, 1885.

A. Berthaut . . . . Manuel-formulaire des Opérations concernant les Rentes sur l'État, nominatives, mixtes et au porteur, 2ᵉ édition. 1893.

E. de Bray . . . . Traité de la Dette publique. Rentes sur l'État. Législation. Contentieux. 1895.

A. Buchère . . . . Traité théorique et pratique des Opérations de Bourse. 3ᵉ édition. 1892.

— . . . . Traité des Valeurs mobilières. 2ᵉ édition. 1881.

A. Courtois . . . . Traité des Opérations de Bourse et de Change. 11ᵉ éd.

T. Crépon . . . . De la Négociation des effets publics et autres. 2ᵉ édition. 1891.

De Lacroix . . . . De la Rente constituée en perpétuel sur les particuliers et des Rentes de l'État (Thèse de doct.). 1880.

G. Deloison . . . . Traité des Valeurs mobilières françaises et étrangères et des Opérations de Bourse. 1890.

J. Dumesnil et G. Pallain. Traité de la Législation spéciale du Trésor public en matière contentieuse. Nouvelle édition par PALLAIN. 1881.

G. Duvert . . . . Traité du Contentieux des transferts. 2ᵉ édition. 1891.

L. Foyot . . . . Guide du rentier sur l'État. Nouv. édition. 1892.

E. Fuzier-Hermann. . . . Répertoire gén. alph. de Droit français, vᵒ *Certificat de propriété* traité par l'auteur).

T. L. Galland. . . . . . . Code expliqué des transferts, mutations et conversions des valeurs de Bourse. 1868.

J. M. Gorges, V. A. Bézard et E. de Bray. . . . . . Manuel des transferts et mutations de Rentes sur l'État par Georges et Bézard. 2ᵉ édition par GORGES et DE BRAY. 1891.

A. Lécolle . . . . De l'Insaisissabilité des Rentes sur l'État et de son application. 1896.

C. de Marcillac. . . . . . La Caisse centrale du Trésor public, avec la collaboration de HENRI GUERNAULT. 1890.

E. Ourry . . . . Dictionnaire des pensions inscrites au Trésor public. 1874.

H. Paulme . . . . Petit Manuel à l'usage des Rentiers et Pensionnaires de l'État. 1888.

— . . . . Devoirs des Maires vis-à-vis des Titulaires de Rentes sur l'État. 1891.

H. Pradier. . . . . Des Certificats de propriété. Observations publiées dans la REV. DU NOT., de sept. 1862 à juill. 1867.

G. Robin. . . . . De l'Insaisissabilité des Rentes sur l'État. Thèse de doct. 1889.

Saumur . . . . Pensions et Secours. 1895.

Trentesaux . . . . Étude sur les Rentes. 1877.

Verdalle . . . . Traité pratique de la Comptabilité des communes et des établissements de bienfaisance. 2ᵉ édit. 1885.

A. Wahl . . . . Traité théorique et pratique des Titres au porteur français et étrangers. 1891.

OUVRAGES DIVERS

Alauzet.	Commentaire du Code de commerce et de la Législation commerciale.
Amiaud.	Traité-formulaire général du notariat.
André	Dictionnaire de Droit.
Arnaud.	Guide des Caisses d'épargne et de leurs déposants.
—	Manuel des déposants aux Caisses d'épargne.
Aubry et Rau	Cours de Droit civil français.
Barclay (Thomas) . . .	La Femme anglaise.
Baudry-Lacantinerie. . .	Précis de droit civil.
Bédarride	Traité des faillites et banqueroutes.
Bertin	Chambre du conseil. 3e édition par Bloch et Breuillac.
Boistel.	Cours de Droit commercial.
Bonnet.	Des droits de l'époux survivant (L. 9 mars 1891).
Boulanger	Traité des Radiations hypothécaires. 3e édition avec la collaboration de R. de Recy.
Carré et Chauveau	Lois de la procédure civile et commerciale.
Clerc (Edouard)	Traité général du Notariat et de l'Enregistrement.
Dalloz	Répert. de législation, de doctrine et de jurisprudence.
De Croissy	Dictionnaire municipal.
Delacourtie et Robert. .	Traité pratique de la Discipline des notaires.
Demolombe	Cours du Code Napoléon.
Dictionnaire du Notariat et Supplément	Par les Rédacteurs du *Journal des Notaires et des Avocats.*
Eloy	De la Responsabilité des Notaires et de la Discipline.
Enregistrement (Dictionnaire des droits d'). . .	Par les Rédacteurs du *Journal de l'Enregistrement et des Domaines.*
Enregistrement (Répert. gén. et raisonné de l').	Par Garnier.
Grisolle	L'Aliéné non interdit.
Grévin	Traité du Divorce.
Houpin.	Traité général des Sociétés civiles et commerciales.
Isaure-Toulouse	Traité formulaire de procédure pratique.
Laferrière	Traité de juridiction administrative et des recours contentieux.
Laurent	Principes de Droit civil français.
Legrand	Traité pratique et formulaire des Assemblées générales des notaires.
Marcadé	Explication du Code Napoléon.
Michel	Vade mecum des Juges de Paix (Conseils de famille).
Pandectes françaises. . .	Nouveau répertoire de doctrine, de législation et de jurisprudence.
Robert.	De l'Emploi et du Remploi sous le régime dotal spécialement considérés au point de vue de la responsabilité des tiers.
Rodière et Pont	Traité du contrat de mariage.
Rosse (R.)	Droits et devoirs professionnels des huissiers.
Rutgeerts	Commentaire de la loi de ventôse. Nouvelle édition par A. Amiaud.
Thomas	Des droits du conjoint survivant.

Paris. — Imp. de la Cour d'appel, L. Marétheux, directeur, 1, rue Cassette. — 8636.

www.ingramcontent.com/pod-product-compliance
Lightning Source LLC
Chambersburg PA
CBHW071131270326
41929CB00012B/1710